LUTHERIANA

ARCHIV ZUR WEIMARER AUSGABE DER WERKE
MARTIN LUTHERS

Texte und Untersuchungen

―――――

Im Auftrag der Kommission zur Herausgabe
der Werke Martin Luthers
herausgegeben von
Gerhard Ebeling, Bernd Moeller und Heiko A. Oberman

Band 5

LUTHERIANA

Zum 500. Geburtstag Martin Luthers
von den Mitarbeitern der Weimarer Ausgabe

im Auftrag der Kommission zur Herausgabe
der Werke Martin Luthers
herausgegeben
von
Gerhard Hammer und Karl-Heinz zur Mühlen

1984

BÖHLAU VERLAG KÖLN WIEN

Gedruckt mit Unterstützung der Deutschen Forschungsgemeinschaft

---

CIP-Kurztitelaufnahme der Deutschen Bibliothek

Lutheriana:

Zum 500. Geburtstag Martin Luthers / von d. Mitarb. d. Weimarer Ausg. Im Auftr. d. Komm. zur Hrsg. d. Werke Martin Luthers. Hrsg. von Gerhard Hammer u. Karl-Heinz zur Mühlen. – Köln ; Wien : Böhlau, 1984.

(Archiv zur Weimarer Ausgabe der Werke Martin Luthers ; Bd. 5)
ISBN 3-412-02084-2

NE: Hammer, Gerhard [Hrsg.]; GT

Copyright © 1984 by Böhlau-Verlag GmbH & Cie, Köln

Alle Rechte vorbehalten

Ohne schriftliche Genehmigung des Verlages ist es nicht gestattet, das Werk unter Verwendung mechanischer, elektronischer und anderer Systeme in irgendeiner Weise zu verarbeiten und zu verbreiten. Insbesondere vorbehalten sind die Rechte der Vervielfältigung – auch von Teilen des Werkes – auf photomechanischem oder ähnlichem Wege, der tontechnischen Wiedergabe, des Vortrags, der Funk- und Fernsehsendung, der Speicherung in Datenverarbeitungsanlagen, der Übersetzung und der literarischen oder anderweitigen Bearbeitung.

Satz und Druck: Nettesheim Druck GmbH, Köln

Buchbinderische Verarbeitung: Georg Kränkl, Heppenheim

Printed in Germany

ISBN 3-412-02084-2

INHALT

Vorwort Gerhard Ebeling VII

I. THEOLOGISCH-LITERARISCHE BEITRÄGE

Karl-Heinz zur Mühlen, Luthers Kritik der Vernunft im mittelalterlichen und neuzeitlichen Kontext 3

Heiko A. Oberman, „Immo". Luthers reformatorische Entdeckungen im Spiegel der Rhetorik 17

Helmar Junghans, Die Widmungsvorrede bei Martin Luther 39

Jun Matsuura, Zur Unterscheidung von Deus revelatus und Deus absconditus in „De servo arbitrio" 67

Bernhard Lohse, Zur Überlieferung von Luthers Predigten über 1 Kor 15 . . 87

Gerhard Ebeling, Die Rechtfertigung vor Gott und den Menschen. Zum Aufbau der dritten Thesenreihe Luthers über Röm 3,28 103

Ernst Koch, Johann Agricola neben Luther. Schülerschaft und theologische Eigenart 131

II. UNTERSUCHUNGEN ZUR PSALMENEXEGESE LUTHERS

Siegfried Raeder, Die Auslegung des 50.(51.) Psalms in Augustins Enarrationes in psalmos und in Luthers Dictata super Psalterium 153

Horst Beintker, Luthers Bemühungen um die Erarbeitung eines Psalmenkommentars zwischen 1515 und 1523 193

Heino Gaese, Psalm 1 der Operationes in psalmos im Spiegel der späteren Auslegung Luthers 219

Ursula Stock, Spes exercens conscientiam. Sprache und Affekt in Luthers Auslegung des 6. Psalms in den Operationes in psalmos 229

Manfred Biersack, Die Unschuld Davids. Zur Auslegung von Psalm 7 in Luthers Operationes in psalmos 245

III. STUDIEN AUS DER REGISTERARBEIT

Heiko Jürgens, Christus non est spiritus. Luthers Aussagen über den Menschen Jesus von Nazareth 271

Peter Maier, Aussagen Luthers über die Stadt Rom seiner Zeit 281

Beatrice Frank, Zauberei und Hexenwerk. Eciam loqui volo vom zaubern. Da sehet ir, quod ein rechter zeuberer 291

Klaus Lämmel, Luthers Verhältnis zu Astronomie und Astrologie (nach Äußerungen in Tischreden und Briefen) 299

IV. EDITORISCHES

Jun Matsuura, Restbestände aus der Bibliothek des Erfurter Augustinerklosters zu Luthers Zeit und bisher unbekannte eigenhändige Notizen Luthers. Ein Bericht 315

Martin Brecht, Der „Libellus auro praestantior de animae praeparatione in extremo laborantis, deque praedestinatione et tentatione fidei". Eine unerkannte frühe Predigt Luthers? 333

Johannes Schilling, Determinatio secunda almae facultatis Theologiae Parisiensis super Apologiam Philippi Melanchthonis pro Luthero scriptam. 1521 351

Martin Brecht, Datierung, Textgrundlage und Interpretation einiger Briefe Luthers von 1517–1522 377

Gerhard Hammer, Der Streit um Bucer in Antwerpen. Ein rätselvoller Textfund und ein unbekannter Lutherbrief 393

Markus Jenny, Sieben biblische Begräbnisgesänge. Ein unerkanntes und unediertes Werk Martin Luthers 455

Namen- und Ortsregister 475

VORWORT

Die Anregung, zum fünften Zentenarium von Luthers Geburt einen Band mit Forschungsbeiträgen zu publizieren, entsprang aus dem Kreis der Mitarbeiter an der Weimarer Ausgabe und wurde von der Kommission zur Herausgabe der Werke Martin Luthers begrüßt. Vornehmlich denjenigen, die z.T. schon seit Jahren die entsagungsvolle Vorarbeit für die Register zur Abteilung Schriften leisten, war es ein berechtigtes Anliegen, mit einer Nebenfrucht ihres intensiven Luther-Studiums an die Öffentlichkeit zu treten. Darüber hinaus aber darf es zu einem Zeitpunkt, in dem die editorische Arbeit eines Jahrhunderts zum Abschluß gelangt, als ein Ausdruck freudiger Dankbarkeit gelten, wenn sich möglichst viele von denen, die zuletzt an diesem großen Werk beteiligt sind, zu einer solchen Gemeinschaftsarbeit verbanden. Aus Zeitgründen konnten leider nicht alle Eingeladenen daran mittun. Gleichwohl ist hier der Ort, allen ohne Ausnahme für ihren Einsatz zu danken.

Ein besonderer Dank gilt den beiden Herausgebern Gerhard Hammer und Karl-Heinz zur Mühlen für die Initiative und die Durchführung im einzelnen sowie stud. theol. Veronika Hartmann und stud. theol. Steffen Wuth für ihre Mithilfe bei der Drucklegung und der Erstellung des Registers. Zu danken ist schließlich auch der Deutschen Forschungsgemeinschaft, die seit langem die Arbeit an der Weimarer Ausgabe finanziell gefördert und nun auch das Erscheinen dieses Bandes durch einen Druckkostenzuschuß ermöglicht hat.

Zürich, 27. März 1984

Gerhard Ebeling
Präsident der Kommission
zur Herausgabe der Werke
Martin Luthers

I.
THEOLOGISCH-LITERARISCHE BEITRÄGE

LUTHERS KRITIK DER VERNUNFT IM MITTELALTERLICHEN UND NEUZEITLICHEN KONTEXT[*]

von

Karl-Heinz zur Mühlen

Nachdem die neuere theologiegeschichtliche Forschung im Anschluß an die dialektische Theologie und die durch Karl Holl inaugurierte Lutherrenaissance dem „reformatorischen" Protestantismus eine wesentliche Rolle für die Entstehung und das Verständnis der Neuzeit in Europa zuerkannt hatte, sieht sie sich inzwischen mit Fragen konfrontiert, die jene Ortsbestimmung erneut in Frage zu stellen scheinen. Hatte Ernst Troeltsch[1] im Anschluß an Wilhelm Dilthey[2] die reformatorische Theologie durch seine Unterscheidung von Alt- und Neuprotestantismus zu einem noch dem Mittelalter verhafteten Übergangsphänomen relativiert und ihre Relevanz für die Neuzeit erst ihrer Vermittlung durch den Neuprotestantismus zugeschrieben, der die religiösen Innovationen der Reformation in allgemeine Vernunftwahrheiten des neuzeitlichen Bewußtseins transformierte[3], so sprachen Karl Holl[4], Emanuel Hirsch[5], Friedrich Gogarten[6], Hanns Rückert[7], Gerhard Ebeling[8]

---

[*] Der vorliegende Beitrag ist meinem verehrten Lehrer GERHARD EBELING zum 70. Geburtstag gewidmet. Er enthält die überarbeitete Gestalt eines Referates, das ich auf dem Kongreß der Wiss Gesellschaft für Theologie am 3. April 1979 in der Sektion Kirchengeschichte in Göttingen gehalten habe.

[1] Vgl E TROELTSCH, Die Bedeutung des Protestantismus für die Entstehung der modernen Welt (1906) (München ³1924) 25ff.

[2] W DILTHEY, Weltanschauung und Analyse des Menschen seit Renaissance und Reformation, in: Gesammelte Schriften 2 (⁵1957), hg v G MISCH (Göttingen ⁹1970) 41ff.

[3] E TROELTSCH, Die Bedeutung des Protestantismus... 101ff.

[4] Vgl K HOLL, Die Kulturbedeutung der Reformation (1911), in: Gesammelte Aufsätze 1 (Tübingen ⁷1948) 468–543; ders, Was verstand Luther unter Religion? (1917), in: AaO 1,1–110; ders, Der Neubau der Sittlichkeit (1919), in: AaO 1,155–287 und ders, Der Protestantismus in seiner Kulturbedeutung (1923), in: AaO 3 (Tübingen 1928) 514–519.

[5] E HIRSCH, Luthers Rechtfertigungslehre bei Kant, in: LuJ 1922, 47ff (zitiert nach: Lutherstudien 2 [Gütersloh 1954] 104–121) und ders, Fichtes, Schleiermachers und Hegels Verhältnis zur Reformation (Göttingen 1930) (= Lutherstudien 2,121–168).

[6] FR GOGARTEN, Verhängnis und Hoffnung der Neuzeit. Die Säkularisierung als theologisches Problem (Stuttgart 1953) (= Siebenstern-Taschenbuch 72 [München 1966]). Zu GOGARTENS Bestimmung des Verhältnisses von Reformation und Neuzeit vgl K H ZUR MÜHLEN, Reformatorische Vernunftkritik und neuzeitliches Denken. Dargestellt am Werk M Luthers und Fr Gogartens = BHTh 59 (Tübingen 1980) 242ff und 272ff.

[7] H RÜCKERT, Die geistesgeschichtliche Einordnung der Reformation, in: ZThK 52 (1955) 43–63 (= Vorträge u Aufsätze zur historischen Theologie [Tübingen 1972] 52–70).

[8] G EBELING, Gewißheit und Zweifel. Die Situation des Glaubens im Zeitalter nach Luther und Descartes, in: ZThK 64 (1967) 282–324 und ders, Luther und der Anbruch der Neuzeit, in: ZThK 69 (1972) 185–213.

u a der reformatorischen Theologie selbst wieder entscheidende Relevanz für die Entstehung und das Verständnis der Neuzeit zu.

Für Gogarten ist so zB die autonome Vernunft der Neuzeit durchaus eine legitime Folge der Entklerikalisierung der Welt durch die reformatorische Theologie. Nur hat sich diese Vernunft vom reformatorischen Glauben als ihrem Freiheit gewährenden Ursprung emanzipiert. Durch diese Emanzipation wurde sie zu einer „säkularistischen" Größe, die zwar der Welt gegenüber autonom geworden ist, diese Autonomie aber nicht aus sich selbst oder aus der Welt begründen kann. So bedarf es weiterhin der Hoffnung bzw. der Gegenaufklärung des christlichen Glaubens, damit diese Vernunft nicht sich selbst zum Verhängnis wird[9].

Auch nach Ebeling hat die Neuzeit und die in ihr erfolgte Säkularisierung der Freiheit des Gewissens zur Selbstgewißheit der Vernunft bei Descartes die Bodenlosigkeit und Ungewißheit des Zweifels nicht hinter sich. Das Gewissen ist von der Identitätsfrage des Menschen in der Neuzeit ursprünglicher betroffen, als es der theoretische Zweifel der Wissenschaft wahrnehmen kann. Es bedarf deshalb einer Gewißheit, die jener Verunsicherung ursprünglicher gewachsen ist als die Ergebnisse methodischer Wahrheitsfindung der Wissenschaft[10]. „Wenn die Reformation ihren Namen zu Recht trägt, so vollzog sich in ihr eine Einkehr in den Ursprung wahrer Gewißheit, die den christlichen Glauben zu neuer Geschichtsoffenheit ermächtigt. Dann kann der geschichtliche Auftrag der Reformation noch nicht erschöpft sein. Er wartet vielmehr auf seine weitere Ausführung"[11]. Wird man auch der apologetischen Versuchung widerstehen, das Verhältnis von Reformation und Neuzeit geschichtsphilosophisch zu konstruieren, so ist dennoch zu fragen, inwiefern die Reformation eine manifeste oder eine latente Sinndimension des neuzeitlichen Bewußtseins darstellt, ohne die dieses letztlich nicht zu verstehen ist[12].

Interpretiert man mit Hegel die Bedeutung der Reformation für die Neuzeit als „Fortschritt im Bewußtsein der Freiheit"[13], so wird man neuerdings mit der von Herbert Marcuse aufgeworfenen Frage konfrontiert, ob es sich in jenem Geschehen nicht nur um das Bewußtwerden einer Scheinfreiheit handelt, weil der hier zur Geltung kommende Freiheitsbegriff seine bürgerliche Klassenschranke nicht überschreite und in der Gefahr stehe, praxisvergessen zu sein. Nach Marcuse kommt dieser Schein zustande, weil der idealistische Freiheitsbegriff verinnerlicht wird: „Vernunft und Freiheit werden Aufgaben, die das Individuum in sich selbst zu erfüllen hat und erfüllen kann, in welchen äußeren Verhältnissen auch immer es sich befinden mag"[14]. Die Reformation steht nach Marcuse am Anfang dieses Freiheitsbegriffes. In Luthers Schrift *Von der Freiheit eines Christenmenschen* sind

---

[9] FR GOGARTEN, AaO 134ff; ders, Der Mensch zwischen Gott und Welt (Stuttgart 1956) 139ff.
[10] G EBELING, Gewißheit und Zweifel 310.
[11] AaO 319.
[12] Vgl dazu H-G GADAMER, Rezension von: H BLUMENBERG, Die Legitimität der Neuzeit (Frankfurt Main 1966), in: PhR 15 (1968) 201f.
[13] Vgl G W F HEGEL, Die Vernunft in der Geschichte, hg v G LASSON = PhB 171a (Hamburg 1970) 40.
[14] H MARCUSE, Philosophie und kritische Theorie, in: ders, Kultur und Gesellschaft 1 = Ed Suhrkamp 101 (Frankfurt Main 1965), 105.

alle Elemente eines Freiheitsbegriffes enthalten, der zur ideologischen Grundlage des bürgerlichen Freiheitsbegriffes wurde[15]. Indem Kant die Freiheit endgültig an das moralische Gesetz als an ihre einzige Wirklichkeit verweist, wird sie mit jeder faktischen Unfreiheit verträglich. „Sie kann in ihrer Transzendentalität von keiner faktischen Unfreiheit betroffen werden"[16]. Entsprechend reißt dieser Freiheitsbegriff Theorie und Praxis auseinander. Das macht nach Marcuse den reaktionären Charakter dieses von der Reformation herkommenden Freiheitsbegriffes aus, den es durch eine Synthese von Theorie und Praxis in der kritischen Theorie zu überwinden gilt, um die Freiheit unter neuzeitlichen Bedingungen wahrhaft zu realisieren.

Gesteht die kritische Theorie Marcuses der Reformation noch eine wesentliche Bedeutung für die Entstehung des neuzeitlichen Bewußtseins zu, so weist der kritische Rationalismus Hans Blumenbergs in konsequenter Weiterführung der Aufklärung auch noch diese positive Funktion der Reformation zurück. Blumenberg spricht sich für die Legitimität[17] der Emanzipation der neuzeitlichen Rationalität vom Mittelalter und der Reformation in Gestalt einer auf sich selbst gestellten theoretischen Neugierde aus. Provoziert durch das transzendent Absolute der nominalistischen-mittelalterlichen Theologie, zu der trotz aller Korrekturen im einzelnen nach Blumenberg noch die reformatorische Theologie zu rechnen ist, sei es zu einem Umschlag im menschlichen Bewußtsein und zur Aufdeckung eines immanent Absoluten, dh der autonomen neuzeitlichen Vernunft gekommen[18]. Geblieben sei die Frage nach verläßlicher Wahrheit wenigstens für die Daseinsfristung, wenn auch nicht für die Daseinserfüllung[19]. Die Emanzipation der neuzeitlichen Vernunft von Mittelalter und Reformation sei ein Ereignis partieller, endlicher Freiheit, die die Last eines absoluten Freiheitsbegriffes abgeworfen hat. Wie ist nun diese neuere Infragestellung der Bedeutung der Reformation für die Neuzeit kritisch zu beurteilen?

Um zu dieser komplexen Frage einen genauer umrissenen Beitrag geben zu können, wollen wir im folgenden Luthers Kritik und Würdigung der Vernunft an der Epochenschwelle zur Neuzeit herausgreifen und fragen, wie sie sich historisch im Spannungsfeld zwischen Mittelalter und Neuzeit beurteilen läßt.

---

[15] H MARCUSE, Studie über Autorität und Familie, in: Studien über Autorität und Familie. Forschungsberichte aus dem Institut für Sozialforschung (Paris 1936) 136–228 (zitiert nach: Ideen zu einer kritischen Theorie der Gesellschaft [Frankfurt Main ²1969] 55–156, Zitat ebd 55).

[16] H MARCUSE, AaO 95.

[17] Vgl H BLUMENBERG, Die Legitimität der Neuzeit (Frankfurt Main 1966); ders, Säkularisierung und Selbstbehauptung. Erweiterte und überarbeitete Neuausgabe von „Die Legitimität der Neuzeit" 1. und 2. Teil = STW 79 (Frankfurt Main 1973) und ders, Der Prozeß der theoretischen Neugierde. Erweiterte und überarbeitete Neuausgabe von „Die Legitimität der Neuzeit" 3. Teil = STW 24 (Frankfurt Main 1973). Vgl auch ders, Arbeit am Mythos (Frankfurt Main 1979).

[18] H BLUMENBERG, Säkularisierung und Selbstbehauptung 50f.

[19] AaO 239.

I.

Wie die neuere Forschung zum Thema Vernunft bei Luther gezeigt hat[20], ist Luthers Vernunftkritik in ihrem mittelalterlichen Kontext nicht so sehr an dem Thema „Vernunft und Offenbarung" als vielmehr an der Frage „Vernunft und Gnade" orientiert. So stellt B A Gerrish in seiner Studie „Grace and Reason"[21] fest: „For Luther the problem of faith and reason is not so much an epistemological question ... it is a soteriological question"[22]. Natürlich diskutiert Luther auf dem Hintergrund der erkenntnistheoretischen Bemühungen der nominalistischen Theologie zum Verhältnis von „Metaphysik und Offenbarung" auch den erkenntnistheoretischen Aspekt und vertieft ihn theologisch im Horizont seiner theologia crucis, doch führt die Dominanz seiner soteriologischen Fragestellung ihn zu einer intensiven Kritik der praktischen Vernunft im Rahmen der Gnadenlehre[23].

Durch die im 13. Jahrhundert erfolgende Rezeption der aristotelischen Ethik und ihrer ontologischen Voraussetzungen in die mittelalterliche Theologie bekam die Vernunft als sogenannte recta ratio eine zentrale Funktion in der Gnadenlehre. Nach Thomas von Aquin[24] findet die Person des Menschen als individua substantia naturae rationalis ihre Vervollkommnung nicht in ihrer Natur als solcher, sondern in der gnadenhaft ermöglichten Partizipation am Sein Gottes. So sehr diese Partizipation als perfecta beatitudo ein eschatologisches Gnadengeschenk Gottes ist, so richtet die Gnade im Zusammenspiel von recta ratio und bona voluntas schon in diesem Leben den Menschen auf jene beatitudo aus. Was dabei erreicht werden kann, ist zwar eine imperfecta beatitudo, aber diese ist bereits eine ontologisch zu beschreibende Selbstbewegung der Seele auf ihre eschatologische Vollendung hin. Diese Selbstbewegung der Seele, die teleologisch auf Gott als ultimus finis ausgerichtet ist, vollzieht sich durch die voluntas gemäß der in der recta ratio als lex naturalis manifesten lex dei. Sie hat dabei ihre Notwendigkeit nicht als meritorische Ergänzung der Gnade, sondern in dem durch die göttliche Weisheit gesetzten ordo rei der Schöpfung, den Gott in seiner Gnadenmitteilung berücksichtigt. Hier gilt der Augustinische Grundsatz: „(Deus) creavit te sine te, non iustificabit te sine te"[25]. Zur Interpretation dieses ordo rei benutzt Thomas ontologische Kategorien des Aristoteles, der menschliches Sein als Selbstvollzug der Seele in sittlicher Praxis versteht. Die Seele verwirklicht im Handeln ihre rational begriffene Entelechie.

---

[20] Zur neueren Forschung zum Thema Vernunft bei Luther vgl K H ZUR MÜHLEN, Reformatorische Vernunftkritik ... 67ff. Diese Arbeit fußt u a auf der Materialanalyse zum Register-Probeartikel „ratio" aus dem Sachregister zur Weimarer Lutherausgabe. Vgl dazu K H ZUR MÜHLEN, „Ratio" und Ableitungen bei Luther, in ABG 14,2 (1971) 192–265.

[21] B A GERRISH, Grace and Reason. A Study in the theology of Luther (Oxford 1962). Vgl auch bes B LOHSE, Ratio und Fides. Eine Untersuchung über die ratio in der Theologie Luthers = FKDG 8 (Göttingen 1958).

[22] B A GERRISH, Grace and Reason 135.

[23] Vgl K H ZUR MÜHLEN, Reformatorische Vernunftkritik ... 67ff.

[24] Vgl AaO 11ff.

[25] AUGUSTINUS, Sermo 169 c 11 zu Ioh 14,12 (ML 38,923). Bei THOMAS, STh 1II q 11 a 2 obj 2.

Gerechtes Sein entsteht durch wiederholte Akte. In diesem Zusammenhang von Seele, Vernunft und Werk kommt letzteres nicht nur als Resultat einer Handlung in den Blick, sondern ontologisch als Handlungsvollzug bzw als Seinsmodus menschlicher – wenn auch gnadenhaft ermöglichter – Selbstrealisation. Entsprechend ist die heiligmachende Gnade konditioniert durch Werk und Vernunft. Kategorien der griechischen Ontologie überfremden das der christlichen Offenbarung entsprechende Verständnis von Person als ein relational verstandenes Sich-Empfangen aus der schaffenden und rechtfertigenden Macht Gottes.

Auch der gegen den ontologischen Rationalismus des Thomas gerichtete eschatologische Vorbehalt der göttlichen acceptatio in der nominalistischen Theologie verhindert nicht, daß Gott seine Gnade und die in ihr begründete dignitas, die des ewigen Lebens würdig ist, in freier Setzung an die aus dem Zusammenspiel von recta ratio und bona voluntas im facere quod in se est erreichte moralische bonitas bindet. Denn dem, der tut, was in ihm ist, verneint Gott nicht seine Gnade[26]. Die Wendung „was in ihm ist" entspricht dem Spruch der recta ratio in uns und das „tun" ist als ein „se conformare" der bona voluntas mit der recta ratio zu verstehen. Die recta ratio wiederum ist transzendental in Gestalt der synteresis auf die prima principia operabilia bezogen, die sie im Spruch der recta ratio bzw im dictamen rectae rationis oder der conscientia auf konkrete ethische Einzelentscheidungen bezieht. Da Gott an ein so verstandenes facere quod in se est seine Gnade bindet, gerät diese faktisch in Abhängigkeit von der recta ratio, bzw erhält die recta ratio eine soteriologische Funktion.

II.

Gegenüber diesem substanzontologischen Verständnis der menschlichen Person, die sich als unmittelbare Geistsubstanz im Zusammenspiel von recta ratio und bona voluntas realisiert, bringt Luther im Zusammenhang konkreter exegetischer Ausführungen ein Personverständnis zur Geltung, das das Sein der Person nicht mehr als Resultat menschlicher – wenn auch gnadenhaft vervollkommneter – Praxis versteht, sondern als ein Sich-Empfangen aus dem Handeln des schaffenden und rechtfertigenden Gottes in Christus vor allem menschlichen Tun.

So stellt Luther im Scholion zu Röm 4,6f fest: „(Deus) non personam propter opera sed opera propter personam, hoc prius personam quam opera acceptat. Sicut scriptum est: ‚Respexit Dominus ad Abel (primo) et (post hoc) ad munera eius'" ⟨Gen 4,4⟩[27]. Entsprechend unterscheidet Luther im Scholion zu Gal 2,6 (1516) das Personverständnis der scholastischen Theologie vom biblischen: „Deinde notandum, quod ‚persona' in tota scriptura, praesertim in novo testamento, nullo

---

[26] Vgl G Biel, Sent II d 27 q un a 3 dub 4 O (Collectorium circa quattuor libros Sententiarum, hg v Wilfrid Werbeck u Udo Hofmann, 2 [Tübingen 1984] 523f).
[27] WA 56,268,4–7 Schol zu Röm 4,6f.

modo accipitur ut apud theologos scolasticos pro rationalis naturae individua substantia"[28]. Person ist vielmehr das sich vor aller Praxis im Glauben aus Gott empfangende individuelle Sein des Menschen, das von der Person im Sinne der Rolle, die der Mensch in der Welt spielt, zu unterscheiden ist. Ist so die Praxis nicht mehr eine ontologische Bedingung des Seins vor und aus Gott, so ist sie dennoch der Ort, an dem das aus und vor Gott empfangene Sein seine Früchte in Gestalt von guten Werken in seiner innerweltlichen Rolle zeitigt.

Für diesen soteriologischen Zusammenhang ist aber nach Luther die natürliche recta ratio blind. Sie bedarf deshalb der Kritik und Erleuchtung durch den Glauben. Denn nicht mehr die der recta ratio entsprechende Praxis realisiert die menschliche Person vor und aus Gott, sondern das glaubende Sich-Empfangen aus und vor Gott. Scheidet so das Urteil der natürlichen recta ratio für das Sein des Menschen vor Gott aus, so auch das Zusammenspiel von recta ratio und bona voluntas im facere quod in se est, aber auch in der cooperatio der voluntas mit der heiligmachenden Gnade. Theologisch ist daher auch der Mensch nicht hinreichend definiert, wenn man ihn als „animal rationale" begreift, sondern erst dann, wenn man ihn mit Paulus als den versteht, der durch die iustificatio sola fide[29] definiert wird. Im Glauben realisiert Gott unser Personsein als sein Werk vor allen unseren Werken. Diese folgen der von Gott realisierten gerechten Person als opera iusta.

Diese soteriologische Kritik des Zusammenhangs von Person, Vernunft und Werk dokumentiert sich auch in einem neuen Verständnis des Gewissens. So nimmt Luther das Gewissen nicht primär als eine ethische Instanz in den Blick, die als dictamen rationis die in der recta ratio erfaßten prima principia operabilia auf konkrete ethische Einzelentscheidungen bezieht und entsprechend gerecht oder schuldig spricht, sondern als eine metaethische vis iudicandi, in der über das Sein des Menschen vor und aus Gott geurteilt wird. Unter dem Urteil der Vernunft bzw des Gesetzes ist das Gewissen aufgrund der soteriologischen Blindheit der Vernunft in Wahrheit eine „mala conscientia", unter dem Urteil des Evangeliums wird es dagegen zu einer „bona et libera conscientia", weil das Evangelium dem Menschen sein Sein als individuelles Personsein aus Gott vor aller Praxis zurückschenkt.

Das Gottesverhältnis des Menschen ist deshalb für Luther auch nicht mehr in der synthesis als portio superior rationis transzendental verfügbar und jederzeit neu aktualisierbar, sondern ereignet sich geschichtlich-konkret in der Verkündigung des Evangeliums, die den Menschen aus seiner Verstrickung in die für das Heil blinde natürliche Rationalität befreit. Diese Freiheit der Person meint deshalb als libera conscientia[30] auch nicht die Autonomie eines transzendentalen Ichs, sondern das durch das Evangelium gewährte Sein des Menschen, das im Gewissen nicht erzeugt, wohl aber erfahren werden kann.

---

[28] WA 57 II 67,18–20 Schol zu Gal 2,6.
[29] Vgl WA 39 I 176,33ff (Disputatio De homine, 1536, These 32). Vgl dazu auch G EBELING, Lutherstudien 2: Disputatio De homine 1. Teil (Tübingen 1977) und 2. Teil (Tübingen 1983).
[30] Vgl WA 40 I 279,13–280,1 (1531/35) zu Gal 2,19.

Dieser Befreiung und der mit ihr verbundenen soteriologischen Kritik der natürlichen Rationalität durch den Glauben korrespondiert nun andererseits eine soteriologische Entlastung der Vernunft, die diese zugleich zu säkularer Weltverantwortung legitimiert. Doch ist diese Säkularität der Vernunft nicht einfach vom Glauben ablösbar, weil die Vernunft aufgrund der Sünde immer in der Gefahr steht, ihren sachlogischen Umgang mit der Welt soteriologisch zu mißbrauchen, und weil sie letztlich nicht der Motivation durch die Liebe entbehren kann, die dem Glauben entspringt.

Theologiegeschichtlich schließt diese Kritik und Würdigung der Vernunft zugleich eine Kritik des scholastischen Aristotelismus ein. Das Sein der Person aus und vor Gott ist nicht länger als Resultat sittlicher – wenn auch gnadenhaft vervollkommneter – Praxis zu deuten, sondern als im Glauben allein realisiertes Werk Gottes. Deshalb argumentiert Luther: „Fides facit personam"[31]. Indem Luther so den Unterschied zwischen Person und Werk einerseits und zwischen Glaube und Vernunft andererseits einschärft, bringt er gegenüber der scholastischen Theologie den Unterschied zwischen aristotelischer Ontologie und christlicher Eschatologie wieder zur Geltung[32].

III.

Ist die Freiheit der Person, die Luther als ein Sich-Empfangen aus und vor Gott vor allen Werken versteht, nun eine verinnerlichte Freiheit und angesichts äußeren Elends – wie Marcuse urteilt – nur Scheinfreiheit? Bildet sie den Ausgangs-

---

[31] Vgl WA 39 I 282,16 (1537).

[32] Vgl K H ZUR MÜHLEN, Reformatorische Vernunftkritik... 158ff. Wenn Luthers Kritik des scholastischen Aristotelismus die Funktion der Werke für die Rechtfertigung in Frage stellt, so hat er dazu, wie A ZUMKELLER in seinem Aufsatz „Das Ungenügen der menschlichen Werke bei den deutschen Predigern des Spätmittelalters", in: ZThK 81 (1959) 265–305 nachgewiesen hat, wichtige Voraussetzungen in der Theologie der Augustiner-Eremiten. So betonen JORDAN VON QUEDLINBURG und SIMON FIDATI VON CASCIA die Unzulänglichkeit der menschlichen Werke. SIMON lehnt geradezu das Vertrauen auf die eigene Gerechtigkeit ab. „Der Mensch vermöge sich eben nicht aus eigener Kraft und mit eigenen Werken gerecht zu machen, sondern werde durch Gottes Barmherzigkeit im Glauben an Jesus Christus gerechtfertigt, wie es der hl Paulus Tit 3,5f und Phil 3,9f ausspreche" (AaO 283). Dennoch hält SIMON am verdienstlichen Werk der treuen Erfüllung der Gebote Christi fest. „Der Christgläubige vermag nach Simon auf Grund von übernatürlichen Gaben mit Christus zu seinem Heil mitzuwirken" (AaO 285). Im Unterschied zu SIMON FIDATI VON CASCIA bestreitet aber LUTHER nicht nur die Vollkommenheit der Werke, sondern darüber hinaus ihre Verdienstlichkeit und damit das Werk als ontologische Bedingung der Seinsweise der Gnade in uns (vgl dazu auch A ZUMKELLER, Die Augustinertheologen Simon Fidati von Cascia und Hugolin von Orvieto und Martin Luthers Kritik an Aristoteles, in: ARG 54 [1963] 15–37). Auch die nominalistische Bestreitung der Notwendigkeit einer natürlichen oder übernatürlichen Seelenform für die acceptatio divina bietet de potentia dei absoluta einen theoretischen Denkanstoß für Luthers Kritik des scholastischen Aristotelismus. Faktisch jedoch behalten auch die Nominalisten de potentia dei ordinata die aristotelische Ontologie bei der Beschreibung der Wirksamkeit der heiligmachenden Gnade im verdienstlichen Handeln bei. Auch hier führt LUTHER weiter. Vgl dazu auch K H ZUR MÜHLEN, Luthers Kritik am scholastischen Aristotelismus in der 25. These der „Heidelberger Disputation" von 1518, in: LuJ 48 (1981) 54–79.

punkt des bürgerlichen Freiheitsbegriffes, wie er sich in transzendentaler Verengung bei Kant zeigt? Beginnen wir mit der zweiten Frage.

Nach Kant ist eine Erkenntnis transzendental, „die sich nicht sowohl mit Gegenständen, sondern mit unserer Erkenntnisart von Gegenständen, sofern diese a priori möglich sein soll, überhaupt beschäftigt"[33]. Transzendental ist dementsprechend die Verfaßtheit der Vernunft, die als das reine Bewußtsein des Menschen a priori, dh vor aller Erfahrung, Erfahrungserkenntnis möglich macht. Dieses Bewußtsein oder die tranzendentale Apperzeption, als welche Kant jenes auch beschreibt, ist die „reine Form des denkenden Ich überhaupt, sofern dieses Denken den Regeln der Logik gehorcht"[34]. In dieser reinen Form des Bewußtseins ist das Ich eine jeden Menschen transzendental bestimmende Größe. „Das individuelle, empirische Ich hingegen, das Ich als Person, ist das Ich als bloße Erscheinung in der Zeit, nicht das Ich an sich selbst als das reine unwandelbare Bewußtsein"[35]. Das reine Selbstbewußtsein geht ideal allen Erscheinungen in der Zeit voraus, ja es ist die Bedingung der Möglichkeit, die in den Erscheinungen wirksame Erfahrung zu begreifen und zur Verstandeserkenntnis zu erheben. Im Bereich der sittlichen Erfahrung gibt es für Kant Freiheit nun nur als Übereinstimmung des transzendentalen Ichs mit dem Sittengesetz. Empirisch ist diese Freiheit angesichts der Macht des radikalen Bösen letztlich nur unvollkommen darstellbar. Es gibt so für Kant keine positive Vermittlung von transzendentaler Freiheit und empirischer Unfreiheit.

In Luthers Personbegriff geht es demgegenüber nicht um eine bloße Erscheinung des transzendentalen Ichs in der Zeit und im Bereich sittlicher Erfahrung, sondern um das empirische Ich in der konkreten Erfahrung zeitlich bestimmten Seins. Es hat seine Freiheit nicht als Ausdruck transzendentalen Bewußtseins, sondern als Ausdruck im Glauben erfahrener Freiheit, die als solche Antizipation eschatologischer Freiheit im Glauben ist. Sie ist eine Befreiung des Menschen, die im Gewissen erfahrbar wird und als solche ihn ursprünglicher – sein Sein im ganzen betreffend – umgreift als eine am Sollen orientierte Moralität. Im Anruf des Evangeliums erkennt sich der Mensch nicht in einer idealen Identität, sondern in seinem einmaligen, unwiederholbaren Sein aus und vor Gott.

Denkt Kant die Freiheit des Menschen noch im Horizont der traditionellen Definition des Menschen als animal rationale und die Freiheit transzendental als Ausdruck einer idealen moralischen Identität menschlichen Bewußtseins, so denkt Luther Freiheit als Widerfahrnis des Glaubens, indem der Mensch, der der Macht der Zeit unterworfen ist, an der der Zeit mächtigen Freiheit Gottes partizipiert. Indem der Mensch im Glauben so an der Freiheit Gottes partizipiert, ist er als Christenmensch ein freier Herr aller Dinge und niemand untertan[36].

---

[33] I Kant, Kritik der reinen Vernunft, hg v R Schmidt = PhB 37a (Hamburg 1956) B 25.
[34] G Picht, Die Erfahrung der Geschichte, in: ders, Wahrheit, Vernunft, Verantwortung. Philosophische Studien (Stuttgart 1969) 281–317, Zitat ebd 303.
[35] AaO.
[36] WA 7,21,1f (1520).

So wenig diese Freiheit nur eine Tatsache transzendentalen Bewußtseins ist, so wenig ist sie im Blick auf die empirische Unfreiheit Scheinfreiheit oder praxisvergessen. Denn der im Glauben freie Christenmensch ist in der Liebe zugleich ein dienstbarer Knecht aller Dinge und jedermann untertan[37]. Die gerechte Person wirkt in der Liebe gerechte Werke und entäußert sich ihrer Freiheit im Dienste der Liebe zum Nächsten. Wenn der im Glauben freie Christ in der Liebe ein dienstbarer Knecht aller Dinge und jedermann untertan ist, so ist damit die Knechtschaft des Liebenden, nicht die des Nächsten gemeint, dem durch solche Knechtschaft ja gerade Freiheit gewährt werden soll. Nun weiß Luther aber darum, daß diese Liebe in täglicher Anstrengung dem Bösen widersteht und an seiner Überwindung arbeitet, ohne schon in der Lage zu sein, in einer teleologisch gedachten Synthese von Theorie und Praxis – wie sie Marcuse vorschwebt –, das Böse aufzuheben und das Reich der Freiheit innerweltlich herbeizuführen.

So sehr Kant im Unterschied zu Luther Freiheit als die Freiheit eines transzendentalen sittlichen Bewußtseins versteht und damit in gewisser Hinsicht noch dem scholastischen Freiheitsbegriff, der im Sinne des liberum arbitrium ebenfalls in der transzendental auf das Gute bezogenen recta ratio begründet ist, näher stehen dürfte[38], so knüpft er doch in anderer Hinsicht an das protestantische Erbe an. So dürfte bei Kant das in der Reformation radikalisierte Verständnis der Sünde und des Bösen[39] nachwirken, wenn er das Verhältnis von transzendentaler und empirischer Freiheit nicht positiv vermittelt und sich gegenüber einer Synthese von Theorie und Praxis kritisch verhält. Steht Kant nach Marcuse auch in der Gefahr, das Verständnis von Freiheit transzendental zu idealisieren, so ist doch umgekehrt an Marcuse die Frage zu stellen, ob dieser die Macht des Bösen richtig einschätzt, wenn er Freiheit als teleologisch gedachte Synthese von Theorie und Praxis versteht.

---

[37] AaO 21,3f. Zu Luthers Freiheitsbegriff vgl M LUTHER, Freiheit und Lebensgestaltung. Ausgewählte Texte. Hg v K H ZUR MÜHLEN (Göttingen 1983) Lit AaO 245f, und G EBELING, Der kontroverse Grund der Freiheit. Zum Gegensatz von Luther-Enthusiasmus und Luther-Fremdheit in der Neuzeit, in: B MOELLER (Hg), Luther in der Neuzeit (Gütersloh 1983) 9–33.

[38] Auch die scholastische Theologie bestimmt ihren Freiheitsbegriff im Sinne des liberum arbitrium mit sittlichen Kategorien. So ist zB für THOMAS (vgl o S 6f) der Mensch in seiner praktischen Vernunft transzendental auf Gott als bonum universale bezogen und hat im liberum arbitrium die Wahlfreiheit, das universale Gute auf ethische Einzelentscheidungen zu beziehen, wobei er von der heiligmachenden Gnade unterstützt wird. Dieser Freiheitsbegriff ist auch bei ERASMUS wirksam und gelangt nach W DILTHEY (Weltanschauung und Analyse des Menschen seit Renaissance und Reformation 42ff. 83) in aufklärerisch modifizierter Form auch zu KANT. Dieser verlegt jedoch die kooperative Kraft der Gnade in den menschlichen Willen selbst und vollzieht so in der Tat eine Säkularisierung des Zusammenhangs von liberum arbitrium und Gnade. KANTS transzendentaler Freiheitsbegriff hat so eine größere Affinität zur scholastischen Theologie als zu LUTHER. In einem geistesgeschichtlich interessanten Briefwechsel macht u a GRAF YORK VON WARTENBURG DILTHEY darauf aufmerksam, daß die Tradition des transzendentalen Freiheitsbegriffs keinen Anhalt hat an der reformatorischen Theologie LUTHERS. GRAF YORK wagte deshalb DILTHEY gegenüber die Feststellung, „daß Luther der Gegenwart präsenter sein solle und müsse als Kant, wenn sie eine historische Zukunft in sich tragen solle" (Brief 98 an DILTHEY vom 8. Juni 1892, in: SIGRID VON DER SCHULENBURG (Hg), Briefwechsel zwischen Wilhelm Dilthey und dem Grafen Paul York von Wartenburg 1877–1897 [Halle 1923], 145).

[39] Vgl dazu E HIRSCH, Luthers Rechtfertigungslehre bei Kant 113f.

Wenn Kant in dieser Weise positiv an das reformatorische Erbe anknüpft, so ergibt sich dennoch die Frage, ob er die Macht der Liebe, das Böse real einzuschränken, nicht zu einem Postulat säkularisiert. Denn die der Freiheit eines Christenmenschen entspringende Liebe ist nicht ein im transzendentalen Bewußtsein von Freiheit gründendes Postulat zu gutem Handeln, sondern reale Ermächtigung dazu, täglich neu die faktische Macht des Bösen einzuschränken.

Das diese Liebe begründende Freiheitsverständnis ist so nicht einfach – mit Marcuse – der Anfang des transzendentalen bürgerlichen Freiheitsbegriffes, sondern ein ständiges Korrektiv desselben, weil es den Menschen in seinem Sein ursprünglicher erfaßt als ein im Horizont der Moralität und damit des Sollens gedachtes Freiheitsverständnis. Hier dürfte sich zugleich die bleibende Relevanz des reformatorischen Freiheitsverständnisses für ein kritisches Selbstverständnis der Neuzeit zeigen.

IV.

Fragen wir zum Schluß mit Blumenberg, ob der Reformation eine Befreiung vom spätmittelalterlichen Nominalismus gelungen ist[40], oder ob sie nur eine immanente Korrektur desselben darstellt und mit ihm bleibend auf die Seite des Mittelalters gehört, von dem die neuzeitliche Vernunft sich emanzipiert hat? Wie verhält sich zu dieser Problemstellung Luthers Kritik der Vernunft an der Epochenschwelle zur Neuzeit?

Nach Blumenberg gehört die reformatorische Theologie erkenntnistheoretisch noch auf die Seite der spätmittelalterlichen Theologie. Diese war wesentlich geprägt von der nominalistischen Theologie, die ihren Namen aus der erkenntnistheoretischen Behauptung hat, daß die Grundbegriffe (nomina), mit denen wir die Realität deuten, dieser nicht – wie zB Thomas annahm – immanent sind, sondern ihr nachgeordnet sind als bloße Operationen unseres Verstandes, der die ihm vorgegebenen Erfahrungen unter diese Begriffe zu subsumieren sucht. Den Allgemeinbegriffen kommt außerhalb des Verstandes in den Einzeldingen keinerlei reale Existenz zu, sie sind bloße Namen, dh Abstraktionen unseres Verstandes, mit denen wir die uns vorgegebene Realität zu begreifen versuchen. Diese Neuorientierung in der Geschichte der abendländischen Erkenntnistheorie ist für die Entstehung des empirischen Denkens, und dh namentlich des naturwissenschaftlichen Denkens der Neuzeit von erheblicher Bedeutung geworden. Denn nun haben nicht mehr die Ideen Priorität, sondern die Erfahrung[41].

---

[40] Zum Thema vgl auch R LORENZ, Die unvollendete Befreiung vom Nominalismus. Martin Luther und die Grenzen hermeneutischer Theologie bei Gerhard Ebeling (Gütersloh 1973). Diese von ihrem Thema her interessante Arbeit führt in der Frage einer historischen Verhältnisbestimmung von Nominalismus und Reformation leider nicht viel weiter, da sie zu sehr an einer Verifizierung geschichtsphilosophischer Gedanken BLUMENBERGS und HEIDEGGERS interessiert ist.

[41] Vgl dazu H A OBERMAN, Contra vanam curiositatem. Ein Kapitel der Theologie zwischen Seelenwinkel und Weltall = ThSt 113 (Zürich 1974) und die darin enthaltene Kritik an BLUMENBERGS Verkennung der eminenten Bedeutung der nominalistischen Theologie für das empirische Denken der Neuzeit.

Theologisch hat diese Neuorientierung zur Folge, daß sich die Vernunft nicht mehr durch eine spekulative Erfassung der im Seienden liegenden Ideen Gottes vergewissern kann, sondern dazu auf die geschichtliche Faktizität der Offenbarung angewiesen ist. Zwar vermag nach Wilhelm von Ockham die Vernunft durch gedankliche Abstraktion von der Erfahrung zu dem Schluß zu gelangen, daß Gott existiert, aber die Kraft eines stringenten Beweises hat dieser Schluß nicht. Ebenso vermag die praktische Vernunft das ihr schöpfungsmäßig eingestiftete Gesetz Gottes zu erkennen, doch wird ihr die auf das Heil gerichtete Intention des göttlichen Gesetzes erst durch die Offenbarung erschlossen. Läßt sich so nach nominalistischer Anschauung Gott durch die rationale Argumentation der Vernunft nicht verfügbar machen, so entspricht das zugleich dem biblischen Gedanken der Freiheit Gottes. Deshalb setzte die nominalistische Theologie gegen einen gewissen Rationalismus des Thomas, der mit dessen sich an Aristoteles anschließenden Gottesbeweisen gegeben war, ein Wirklichkeitsverständnis, das durch den faszinierenden biblischen Gedanken der Freiheit Gottes bestimmt war.

Da jedoch von den nominalistischen Theologen der Gedanke der Freiheit Gottes auf die Spitze getrieben wurde, geriet nach Blumenberg die menschliche Vernunft unter den alles verunsichernden Gedanken der absoluten Macht Gottes. Gott ist absolut frei, sich dem Menschen mit Gewißheit zu erkennen zu geben oder nicht, frei, den Menschen zum Heil zu akzeptieren oder nicht. Wenn sich Gott dagegen in seiner faktischen Offenbarung verpflichtet, demjenigen seine Gnade zu geben, der tut, was in ihm ist, dh der in seinem moralischen Verhalten den Handlungsmaximen der praktischen Vernunft folgt[42], so beruht das nicht auf einer rational einsichtigen Notwendigkeit, sondern auf einer faktischen Selbstbindung Gottes in seiner Offenbarung.

Nach Blumenberg hat diese strikte Unterscheidung von Philosophie und Offenbarung zur Folge, „daß der Mensch sich noch die letzten physischen und metaphysischen ‚Zusicherungen' seiner Rolle in der Welt zugunsten" der uneingeschränkten Freiheit Gottes negiert. Das wiederum „läßt die Frage nach dem Minimum der Möglichkeiten seiner Selbstbehauptung . . . nun mit voller Schärfe hervortreten . . . Die Provokation des *transzendenten* Absoluten schlägt am Punkt ihrer äußersten Radikalisierung um in die Aufdeckung des *immanenten* Absoluten"[43]. Dieser Umschlag vollzieht sich nach Blumenberg u a in den Meditationen des Descartes als „Reduktion des Zweifelsprozesses auf die Gewinnung des neuen absoluten Fundaments im" Cogito ergo sum[44]. Realitätsgewißheit wird zur Selbstgewißheit.

Auch die Reformation fällt nach Blumenberg aus dem Rahmen der nominalistischen Theologie nicht heraus, sondern steigert diesen noch, weil sie im Blick auf das Heil dem Menschen nicht mehr einen freien Willen einräumt, sondern das

---
[42] Vgl K H ZUR MÜHLEN, Reformatorische Vernunftkritik . . . 32ff.
[43] H BLUMENBERG, Theologischer Absolutismus und humane Selbstbehauptung, in: Säkularisierung und Selbstbehauptung 209.
[44] AaO.

Heil schlechterdings als Werk Gottes versteht. Nach Blumenberg ist das aber eine Provokation der menschlichen Vernunft, gegen die es nur deren immanente Selbstsetzung zu theoretischer Neugierde gab. Dadurch werde allerdings die Vernunft Instrument bloßer Daseinsfristung und gebe das Ringen um eine letzte Daseinserfüllung auf.

Nach Blumenberg hat Luther die neuzeitliche Emanzipation der menschlichen Vernunft in der 17. These seiner Disputation gegen die scholastische Theologie von 1517 vorausgesehen, wenn er feststellt: „Der Mensch kann natürlicherweise nicht wollen, daß Gott Gott sei, fürwahr er will, daß er Gott sei und daß Gott nicht Gott sei"[45]. Blumenberg fügt kommentierend hinzu: „Der Gott, der dem Menschen nichts schuldig geworden und nichts schuldig geblieben war, ... war nicht mehr der höchste und notwendige, nicht einmal mehr der mögliche Bezug des menschlichen Willens. Vielmehr ließ er dem Menschen nur die Alternative seiner natürlichen und rationalen Selbstbehauptung, als deren Inbegriff Luther das ‚Programm' der gegengöttlichen Selbstvergöttlichung extrahierte"[46].

Sieht man sich nun einmal Luthers Disputation gegen die scholastische Theologie genauer an, so ergibt sich, daß deren oben zitierte 17. These sich nicht gegen die Emanzipation der neuzeitlichen Vernunft zu innerweltlicher Autonomie, sondern gegen die Behauptung des nominalistischen Theologen Gabriel Biel richtet, der Mensch könne natürlicherweise – dh ohne die Gnade – wollen, daß Gott Gott sei, und könne aufgrund seines freien Willens Gott aus natürlichen Kräften über alle Dinge lieben[47]. Blumenberg verkennt damit, daß die nominalistische Theologie keineswegs die menschliche Willensfreiheit der absoluten Macht Gottes opferte, sondern jener, wie wir schon zu Anfang dargestellt haben, die optimistische Möglichkeit einräumte, sich auf den Gnadenempfang disponieren zu können. Die nominalistische Theologie forderte aufgrund der Ebenbildlichkeit des Menschen geradezu dessen Willensfreiheit als Korrelat zur Freiheit Gottes und räumte jener Freiheit sogar ein, die Gnade Gottes zu verdienen. Damit erfuhr der Mensch im Sinne der nominalistischen Theologie die Freiheit Gottes nicht als ihn erdrückende Willkür, sondern als Komplement seiner eigenen Freiheit, deren soteriologische Möglichkeiten in einer viel größeren Affinität zum neuzeitlichen Bewußtsein stehen, als Blumenberg das gelten lassen möchte.

Im Blick auf die reformatorische Theologie übersieht Blumenberg durch die geschilderte Mißdeutung der 17. These von Luthers Disputation gegen die scholastische Theologie die wesentliche Trennung der reformatorischen Theologie von ihren spätmittelalterlichen Voraussetzungen in der Gnadenlehre. Denn die reformatorische Theologie entnimmt das Heil radikal den natürlichen Möglichkeiten des Menschen und interpretiert es strikt als Geschenk Gottes an den Sünder allein aus Glauben. Das bedeutet aber nicht eine Steigerung der Thesen der nominalistischen Theologie, sondern die Befreiung von deren Pelagianismus.

---

[45] BoA 5,321,24f.
[46] H BLUMENBERG, Theologischer Absolutismus...210.
[47] Vgl K H ZUR MÜHLEN, Reformatorische Vernunftkritik... 34ff.

Indem so die reformatorische Theologie das Heil radikal den Möglichkeiten des Menschen entnimmt, führt sie in Wahrheit nicht zu der von Blumenberg diagnostizierten Provokation der menschlichen Vernunft, sondern zu einer soteriologischen Entlastung derselben. Denn nun ist das Heil nicht mehr abhängig von einer der praktischen Vernunft entsprechenden moralischen Leistung, so sehr diese ethisch gesehen vom Gebot Gottes gefordert wird, sondern Vorgabe Gottes vor aller sittlichen Praxis.

Dieser soteriologischen Entlastung der Vernunft korrespondiert, wie wir bereits oben betont haben[48], zugleich ihre Befreiung zu wahrhaft säkularer Praxis in der Welt, so daß die Säkularisierung der neuzeitlichen Vernunft nicht als provokative Antithese zur reformatorischen Theologie verstanden werden muß, sondern umgekehrt sogar als deren legitime Folge begriffen werden kann. Allerdings ist diese Säkularisierung bleibend an die Gott und Welt unterscheidende Macht des Evangeliums gebunden, weshalb sie sich kritisch vom Säkularismus der neuzeitlichen Vernunft unterscheidet.

Im Sinne dieser Säkularität ist Luther keineswegs vernunftfeindlich, sondern räumt der Vernunft in der Erforschung der Dinge dieses Lebens eine legitime Funktion ein und stellt fest, daß die Vernunft in dieser Hinsicht das Beste sei, was der Mensch in diesem Leben besitze. Sie sei geradezu etwas Göttliches: „Et sane verum est, quod ratio omnium rerum res et caput et prae caeteris rebus huius vitae optimum et divinum quiddam est"[49]. Luthers soteriologische Kritik der Vernunft führt so gerade nicht zu einer Provokation derselben in ihrer innerweltlichen Funktion, sondern zu deren Legitimierung und Freisetzung, so sehr Luther auch andererseits den autonomen Anspruch der Vernunft für das Sein des Menschen im ganzen im Lichte des Glaubens soteriologisch einschränkt. Diese Einschränkung aber ist notwendig, damit die Vernunft vor Gott nicht ihre endlichen Grenzen überschreitet und sich selbst absolut setzt und ihre immer wieder latente Theomorphie kritisch erkennt.

So erweist sich auch in diesem Zusammenhang die reformatorische Theologie wiederum in einem konstruktiven Spannungsverhältnis zum Mittelalter wie zur Neuzeit und entzieht sich der allzu einseitigen Einordnung Blumenbergs in ein Epochenschema[50].

---

[48] Vgl o S 9.
[49] WA 39 I 175,9f (Disputatio De homine, 1536, These 4).
[50] Vgl das entsprechende Urteil über die Reformation bei H RÜCKERT, Die geistesgeschichtliche Einordnung der Reformation 70.

„IMMO"

Luthers reformatorische Entdeckungen im Spiegel der Rhetorik

von

Heiko A. Oberman

I. Ciceronianer

Das unscheinbare Adverb „immo", seit der Antike auch „imo" geschrieben[1], spielt in Martin Luthers Schriften eine bisher nicht beachtete Rolle. „Immo" ist eine seiner Lieblingspartikel, oder genauer: Sie zeigt eine Spracheigentümlichkeit mit ganz bestimmter Funktion an. Vermutlich aus zweierlei Gründen ist dieses Thema bislang in der Lutherforschung nicht aufgegriffen worden. Zum einen hat Luther in seinem Werden sich nie ausführlich mit diesem Ausdruck befaßt, auch dort nicht in der Paulus-Exegese, wo der in der Vulgata vorgegebene Schrifttext – Gal 4,9 „Nunc autem cum cognoveritis deum, immo cogniti sitis a deo..." – solches nahegelegt hätte. Zu dieser Stelle findet sich in seiner Vorlesung über den Galaterbrief vom Jahre 1531 der erste aufschlußreiche Hinweis auf die Herkunft der Partikel: „,Immo': das ist castigatio *rethorica*; er wends so erumb: ,immo'..."[2] Zum andern, weil in Luthers Umwelt der Renaissancehumanismus die rhetorische Sprachgestaltung so zu hegen und zu pflegen gelehrt hatte, daß die Verwendung von „immo" kaum auffiel. Ob nun Erasmus oder Crotus Rubianus, Ulrich von Hutten oder Wolfgang Capito, sie alle greifen zu diesem Stilmittel, um von analytischer Beschreibung und objektivierender Darstellung zu lebendiger Anrede zu wechseln. „Immo" bezeichnet eine *bewegende* (movere)[3] Steigerung der Rede,

---

[1] Zum Gebrauch von „immo" in der Antike siehe PAUL SPECHT, De immo particulae apud priscos scriptores usu (Jena 1904 [Diss phil Jena 1903]). – Die verschiedenen Bedeutungsnuancen des Begriffs sind aufgeschlüsselt im Thesaurus linguae latinae 7 (Leipzig 1934–1964) 473–480.

[2] WA 40 I 609,7; ausführlicher im Drucktext von 1535: Castigatio rethorica est, priorem enim sententiam („Iam cum cognovistis Deum") corrigit seu potius invertit ad hunc modum: „Immo cogniti estis a deo..." (Ebd 609,33 f). Im Kommentar zu Röm 3,27 (1515/16) wird „immo" übergangen. Das Vorkommen in Röm 8,34 – „qui mortuus est: immo qui et resurrexit" – wird im Scholion zu Röm 2,15 zwar ausdrücklich festgehalten, aber nicht erläutert (WA 56,85,5; 204,28).

[3] BIRGIT STOLT, Docere, delectare und movere bei Luther. Analysiert anhand der „Predigt, daß man Kinder zur Schule halten solle", in: Deutsche Vierteljahrsschrift für Literaturwissenschaft und Geistesgeschichte 44 (1970) 433–474; jetzt in: Wortkampf. Frühneuhochdeutsche Beispiele zur rhetorischen Praxis (Frankfurt M 1974) 31–77; ULRICH NEMBACH, Predigt des Evangeliums. Luther als Prediger, Pädagoge und Rhetor (Neukirchen-Vluyn 1972) 130–174; GEORGE A KENNEDY, Classical Rhetoric and Its Christian and Secular Tradition from Ancient to Modern Times (Chapel Hill 1980) 195–210. Das Referat von JOHN W O'MALLEY SJ (Weston School of Theology) „Luther the Preacher", gehalten auf der Internationalen Lutherkonferenz im September 1983 in Ann Arbor, durfte ich dankenswerterweise im Manuskript einsehen. Die neueste Darstellung stammt von EBERHARD OCKEL, Martin Luther und die rhetorische Tradition, in: Muttersprache. Zeitschrift zur Pflege und Erforschung der deutschen Sprache 94 (1983/84) 114–126.

die deshalb nicht in wissenschaftlicher Analyse, sondern im Akt des Sprechens, im Plädoyer und in der Predigt, sowie in persönlichen Briefen bevorzugt verwendet wird. Darin waren alle Ciceronianer, denn bei dem großen Lehrmeister der Rhetorik fanden sie das klassische Beispiel einer durch „immo" eingeleiteten ‚correctio' vorgeführt: „hic [sc Catilina] tamen vivit; vivit? immo vero etiam in senatum venit"[4].

Wenige Monate nach seiner Ankunft in Wittenberg veröffentlicht Philipp Melanchthon im Frühjahr 1519 bei Johannes Rhau-Grunenberg[5], bis 1525 auch einer von Luthers Druckern, dessen Druckerei in der Frühzeit nahe dem Augustinerkloster untergebracht war, einen übersichtlichen Leitfaden zur Rhetorik. Bei Melanchthon begegnet nach dem Vorbild Ciceros „immo" unter der Rubrik ‚correctio' mit der Funktion, die vorausgehende Aussage rückgängig zu machen und den folgenden Satzteil hervorzuheben: „Correctio, quae tollit, quid dictum est, et magis idoneum supponit: ‚fur, immo praedo – emphasin auget'"[6]. Eine bewußte Verbindung beider Beispiele könnte man aus dem Anfang von Luthers kleinem Galaterbriefkommentar heraushören, der, im Frühjahr 1519 noch einmal von Melanchthon vor der Drucklegung sprachlich überprüft, Anfang September bei Melchior Lotther in Leipzig erschien. Zu den Eingangsworten „Paulus Apostolus" hebt Luther hervor, daß ein wahrer Apostel das Wort Gottes verkündigt; doch jemand, der seine eigenen ‚dogmata' vorbringt, kann nicht ‚Apostel' genannt werden: „Immo veniens et fur et latro et perditor et mactator animarum est"[7]. Dieser Satz ist aber so sehr in den Kontext eingebettet, daß auch umgekehrt Melanchthon den eindrucksvollen Introitus Luthers über das Apostolat im Gedächtnis gehabt haben mag, als er ‚sein' Beispiel der ‚correctio' formulierte. Überdies war dem Reformator, anders als bei der Neufassung des Substanzbegriffes (Hebr 11,1), für die sich Luther in diesem Kommentar ausdrücklich bei seinem Griechischlehrer bedankt[8], „immo" als emphatisches Korrektiv schon längst geläufig; es war eine spitze Waffe im eigenen Spracharsenal.

Das Element der Negation wird von Melanchthon noch einmal unterstrichen, als er später in den ‚Elementorum Rhetorices libri duo' (1531) „immo" als Beispiel der ‚inversio' anführt, die er zusammen mit der ‚absolutio' zu den Formen der ‚confutatio' zählt. Seine Definition lautet: „Inversio, cum docemus signum vel causam, contra nos allatam pro nobis facere ... Paulus in Galatis utitur hoc loco: Numquid lex est adversus promissiones, siquidem auget peccata? Paulus respondet: Immo

---

Auf andere Formen der emphatischen Hervorhebung – durch Wiederholung – hat JOHANNES FICKER aufmerksam gemacht (siehe WA 56,181, Anm zu Z 16, mit Stellenangaben).

[4] Contra Catilinam I 1,2. Siehe weiter HEINRICH LAUSBERG, Handbuch der literarischen Rhetorik (München ²1973) 386–388.

[5] Vgl JOSEF BENZING, Die Buchdrucker des 16. und 17. Jahrhunderts im deutschen Sprachgebiet (Wiesbaden ²1982) 497 Nr 4.

[6] De Rhetorica libri tres (Wittenberg 1519), fol I iij^r. – KARLSTADT hebt 1521 in der Vorrede zu der MELANCHTHON gewidmeten Schrift „De legis littera sive carne et spiritu enarratio" (FREYS-BARGE Nr 65.66) die theologische Bedeutung der Rhetorik hervor, deren Kenntnis er MELANCHTHON verdanke.

[7] WA 2,452,32f zu Gal 1,1.

[8] WA 2,595,18–27 zu Gal 5,22.

tunc esset adversus promissiones lex si iustificaret"⁹. Da hier das paulinische „absit" – in der Vulgatafassung von Gal 3,21 – wiedergegeben wird, ist „immo" weit mehr als Korrektiv, es wird zur übersteigernden Negation.

Die Verwendung von „immo" ist gewiß keine Entdeckung des Renaissancehumanismus. In den Luther zugänglichen scholastischen Quellen findet diese rhetorische Figur vereinzelt, bei Gregor von Rimini in manchen Quaestiones sogar gehäuft Verwendung als Korrektiv und Steigerung¹⁰. Johannes Altenstaig – der im Jahre 1517 seinen bekannten theologischen ‚Vocabularius' Luthers Ordensvorgesetzten Johann von Staupitz widmete – hatte acht Jahre zuvor einen viel weniger bekannten, aber nicht nur für die Neolatinistik höchst aufschlußreichen philologischen ‚Vocabularius' in Straßburg bei Johann Prüß veröffentlicht. Altenstaig ordnet „immo" den ‚adverbia eligendi' zu, gemeinsam mit „potius", „magis quam" und „melius quam". Er weiß darum, daß es nicht nur eine Steigerung, sondern auch und zugleich einen Gegensatz ausdrückt und bringt das schlagende Beispiel: „Non humanitas, immo saevitia est laedere innocentem"¹¹.

II. Zweierlei: Gericht und Gerechtigkeit

Bereits in den Frühwerken Luthers finden wir „immo" oft und gerne als Negation des Vorhergehenden verwendet, und zwar als Korrektiv und Steigerung zugleich. Nie gedankenlos, selten beiläufig, meistens mit erhobener Stimme will er ein Anliegen in lebendiger Anrede unterstreichen. Aber noch mehr als zu unterstreichen ist bezweckt, wenn er die Vokabel gezielt einsetzt, um einen Tatbestand theologisch aufzudecken, etwa um ‚coram Deo' zu entlarven, was ‚coram hominibus' in Geltung steht, oder um jene ‚larva', die in der Welt ihren eigenen Wirklichkeitsbezug hat, bis auf Gott hin durchsichtig zu machen. Es geht dann um weit mehr als um Steigerung, nämlich um den dialektischen Gegensatz zwischen Gott und Welt, Himmel und Erde, Geist und Buchstabe, Sehen und Hören, kurz um das Wort Gottes, das unsere Erwartungen, unser Empfinden, Denken und Wahrnehmen übersteigt, ja diesen sogar widerspricht. Im Dienste dieses Widerspruchs will „immo" den Studenten im Hörsaal, den Hörer in der Kirche, den Briefempfänger in seiner Stube direkt ansprechen, will ihn herausreißen aus vernünftiger

---

⁹ CR 13,435.
¹⁰ GREGOR VON RIMINI OESA, Lectura super primum et secundum sententiarum 2 = Spätmittelalter und Reformation (SuR) 7 (Berlin 1982) 73,15; 88,30; 267,10; 326,4; 327,6; 329,31; 417,27; 424,10; 425,20; 432,32. Aber auch bei dem von GREGOR angeführten PETRUS AUREOLI, siehe ebd 3 = SuR 8 (Berlin 1984) 333,20; sowie bei dem von JOHANNES VON PALTZ angeführten IACOBUS CARTHUSIENSIS. Siehe Supplementum Coelifodinae, hg v BERNDT HAMM = SuR 3 (Berlin 1983) 47,16.22.
¹¹ Vocabulari(us) | Ioannis Altenstaig Mindelhaimensis. || (Straßburg: JOHANN PRÜSS, 13. Oktober 1509), fol 97ʳᵇ: „Immo" per duplex ‚m' apud veteres significat ‚quasi ex intimo', nunc vero significat ‚quin potius'. Varro: „Non humanitas, immo saevitia est laedere innocentem".

Selbstverständlichkeit und zu jener nicht natürlich einleuchtenden Wahrheit treiben, die alle ‚Vernunft übersteigt'.

Diese eminent theologische Funktion des unscheinbaren Wortes „immo" macht es möglich, die fundamentale Bedeutung der ‚primitiae', der Anfänge von Luthers Theologie, in ihrer Tragweite für den reformatorischen Durchbruch aufzudecken. Die so oft schon diskutierte *Praefatio* vom Jahre 1545 wird neu gelesen werden müssen. Luther hat hier seine Leser darauf hinweisen wollen, daß einige Schriften in diesem ersten Band der lateinischen Werke die „primitias cognitionis et fidei Christi"[12] zwar bereits enthalten, allerdings ohne voll ausgetragen zu sein.

In der neueren Forschung ist vor allem die ‚Unreife' berücksichtigt worden. Die theologische Relevanz der Sprache Luthers und die programmatischen Zielsetzungen seiner Rhetorik zwingen jedoch, die Frühschriften gerade auf die ‚primitiae' aufmerksam zu befragen. In der Praefatio argumentiert Luther zweifach: Einmal heftet er den Blick auf die endgültige Reformation im Endgericht, das andere Mal auf seine – mit Recht so genannte – reformatorische Entdeckung[13].

Zunächst unterstreicht Luther, wie wenig er ‚geborener' und selbstbestimmender ‚Reformator' war. Mit einem dreifachen „immo" vollzieht er die ‚correctio' am triumphalen Reformationsbild: (1.) Nicht einmal die Gesamtausgabe seiner Werke hat er selber veranlaßt, der Kurfürst vielmehr bestand auf ihrer Herausgabe – „iussit, immo coegit". (2.) Der Leser soll mit kühlem Kopf, vielmehr mit blutendem Herzen in seinen Schriften lesen – „legat cum iudicio, immo cum multa miseratione"; (3.) denn ich war trunken, vielmehr ertrunken im Papsttum – „ebrium immo submersum in dogmatibus papae"[14]. Die hier gebotene Kurzfassung des Ablaßstreits mit Vor- und Nachgeschichte hat ihre eigene Pointe, indem sie aufzeigt, daß Gott die Geschichte ans Ende bringt: zu erwarten ist jetzt Gottes Gericht[15].

Nachdem das Endgericht klar ausgemacht ist, wendet sich Luther der ‚iustitia dei' zu, denn nun folgt der Bericht über die reformatorische Entdeckung der Gerechtigkeit Gottes in Röm 1,17, die so lange Zeit mit dem Strafgericht Gottes identifiziert war. Diese Argumentationsebene ist darin mit der ersten verbunden, daß Luther die Entdeckung der Rechtfertigung im Kontrast zum Gericht darstellt. Dieser Entdeckungsweg wird ausdrücklich als mühsam und langwierig bezeichnet[16]. Rechtfertigung ‚aus Glauben' zu entdecken, bedeutet, die philosophische

---

[12] WA 54,183,27f.

[13] Der Übergang ist durch „interim" angezeigt: Nunc frustra quaeruntur consilia, frustra coguntur studia. Dominus evigilavit ⟨Dan 9,14⟩ et stat ad iudicandum populos; etiamsi nos occidere possent, non tamen haberent, quod volunt, immo minus haberent, quam nobis vivis et salvis habent. Id quod nonnulli inter eos, qui non omnino obesae naris ⟨Horaz, Epod 12,3⟩ sunt, satis olfaciunt.
Interim eo anno iam redieram ad Psalterium denuo interpretandum... (WA 54,185,7ff).
Was das für LUTHERS – von unserem abweichenden – Reformationsverständnis bedeutet, habe ich ausgeführt in meinem Aufsatz „Martin Luther, Vorläufer der Reformation", in: Verifikationen. Festschrift für GERHARD EBELING (Tübingen 1982) 91–119.

[14] WA 54,179,25.

[15] Siehe meinen Anm 13 genannten Aufsatz, S 98f.

[16] Die gängige Übersetzung „Tag und Nacht" suggeriert Intensität statt Dauer. Es ist darauf zu achten, daß LUTHER als Zeitdauer der Meditationen „dies et noctes" im Plural angibt. Als er in den Dictata Ps 1,2

Deutung von Röm 1,17 auf das Strafgericht zu überwinden[17]. Die Praefatio berichtet somit nicht von einer, sondern von zwei Entdeckungen: Die eine enthüllt die Vergeblichkeit (frustra) menschlichen Bemühens, dem endzeitlichen Eingreifen Gottes zu entrinnen. Gott steht ‚ante portas'! Die andere Entdeckung, bislang als die einzige ausgewiesen, betrifft die Neudeutung von Röm 1,17. Dieser zweite Bericht mündet ebenso in eine Warnung ein: Der Leser achte darauf, daß ich nicht zu denen gehöre, die plötzlich (repente) die Schrift in ihrer Fülle auszuschöpfen imstande sind! Die Forschungsgeschichte bezeugt, daß auch diese zweite Warnung kein Gehör gefunden hat. Eifrig ist die plötzliche Erleuchtung, eben das „repente", gesucht worden. Die ‚primitiae' der reformatorischen Theologie aber werden angesichts der heutigen Hochkonjunktur der Spätdatierung vernachlässigt und sogar als mittelalterliche ‚Mönchstheologie' eingeordnet und damit abgeheftet. Luthers eigene Beschreibung seines theologischen Weges ist jedoch ernst zu nehmen; eine unübersehbare Hilfe dazu bietet das Wort „immo".

III. Luthers theologia crucis: Gegen ‚Juden' und ‚Griechen'

Der Begriff ‚primitiae cognitionis' illustriert und belegt, daß Luther seine Erschließung der Schrift schon früher angelegt sieht. Die notwendige Bestätigung ergab sich ihm aber erst dann, als er Röm 1,17 neu zu deuten lernte. Die Beseitigung des scheinbaren Widerspruchs durch Paulus hatte eine entfesselnde Wirkung: Vieles hatte er schon zuvor geahnt, erfahren und erfaßt, doch ohne den festen – gegen Teufel und Welt öffentlich vertretbaren – Boden einer abgesicherten, ausweisbaren Schriftaussage erreicht zu haben. Jetzt aber waren die ‚primitiae' rundum, auch an Paulus festgemacht. Sicher muß die Auslegung sein, wenn sie Bestand haben soll im theologischen Streit; nur die klare Schrift gibt dem Interpreten Halt in der Anfechtung. Vielerlei Lösungen waren von Luther schon zuvor erwogen und Teillösungen auch gefunden worden. Immer wenn sich ihm ein dunkler Text neu geöffnet hat, heißt es: „Fixa stat sententia"[18] – ein neuer Pfosten wird eingerammt. Zwischen diesen nunmehr festen Orientierungspunkten stellt nicht die syllogistische Logik[19], sondern die der Schrift abgelauschte Rhetorik die Verbindung her. Hinter dem Wort von Propheten und Aposteln steht der souveräne Gott, der in seiner

---

erläutert – „in lege eius meditatur die ac nocte" –, deutet er bereits den Singular ‚ad litteram' als „omni tempore seu assidue". Erst die ‚usurpatio' der Schrift läßt auch andere Bedeutungen zu, wie ‚in guten und in schlechten Zeiten' (WA 3,20,1–9 / 55 II 12,18–13,6).

[17] WA 54,185, 17–20: Oderam enim vocabulum istud ‚iustitia dei', quod usu et consuetudine omnium doctorum doctus eram philosophice intelligere de iustitia (ut vocant) formali seu activa, qua deus est iustus, et peccatores iniustosque punit.

[18] Um nur einige Beispiele zu nennen: WA 56,159,23; 10 II 194,29 (Stat enim fixa sententia); 8,588,15 (Stat enim fixa apud deum sententia).

[19] LUTHER an SPALATIN am 22. Februar 1518 (WABr 1,149,10–150,14 Nr 61): Ego sane non video, quomodo non sit noxia potius dialectice vero theologo. Esto, quod sit forte utilis iuvenilium ingeniorum lusus vel exercitatio, sed in sacris litteris, ubi mera fides et superna exspectatur illustrato, foris relinquendus universus syllogismus, non aliter quam Abraham sacrificaturus reliquit pueros cum asinis.

Majestät nicht auszurechnen ist, der aber in seinem Wort redet, anredet, bewegt, zu gewinnen sucht: Christus ist die lebendige Schrift, Wort und Tat Christi sind Gottes Rhetorik, sagt Luther in einer Marienpredigt aus seinen frühen Jahren[20]. Das bewegende Wort ist es, das „Christum treibet", nicht die einleuchtenden Schlüsse philosophischer Logik.

Das tertium comparationis zwischen der klassischen und der göttlichen Rhetorik ist das Bemühen, die Affekte des Hörers zu bewegen. Die einfachen Christen brauchen kein Griechisch, Latein oder Hebräisch, um zum großen Wunder, zum ‚Tausch mit Christus' bewegt werden zu können[21]. Die akademischen Theologen jedoch müssen sich einlassen auf die Rhetorik der Schrift, auf den ihr eigenen ‚tropus loquendi' und dabei besonders auf den „locutionis tropus Apostolo familiaris" achten[22]. Wenn Paulus sagt, Gott zu kennen heiße *vielmehr*, von Gott erkannt zu werden – „... immo cogniti sitis a deo" ⟨Gal 4,9⟩ –, dann, so Luther im Galaterkommentar des Jahres 1519, verwendet der Apostel ‚treffend' die Umwälzung von ‚kennen' durch ‚erkannt werden' als biblische Redeweise gegen menschliche Selbstgerechtigkeit – „... aptissime hoc utitur tropo in eos, qui iam in sua iustitia niti ceperunt..."[23] Durch den Bibeltext vorgegeben, könnte die Tragfähigkeit von „immo" hier noch außer Betracht bleiben. Doch nicht erst 1519 sucht Luther scholastische Logik mit biblischer Rhetorik zu widerlegen, um unerwartetes und widersprüchliches Gotteshandeln aufzudecken. Das läßt sich bis in die *Dictata super psalterium* zurückverfolgen. So sehr aber ist Luthers Suche nach dem Schlüssel für Röm 1,17 zur Testfrage nach dem ‚reformatorischen Luther' geworden, daß leicht übersehen wird, wie – vom Mittelalter her gedacht – schon in den frühesten Zeugnissen überraschende Klarheit bestand über die für Exegese und Theologie weitreichenden Konsequenzen eines weiteren paulinischen Kernsatzes: „Non iudicavi me scire aliquid inter vos, nisi Ihesum Christum et hunc crucifixum" ⟨1Kor 2,2⟩[24]. Diese Stelle wird im ganzen ersten Psalmenkolleg im Kontext von 1Kor 1,23 so gedeutet, daß die Predigt vom gekreuzigten Christus Ärgernis ist für die Juden und Torheit für die Griechen. Vom Evangelium her ungebrochen bis ‚heute' als Gegner zusammengesehen[25], wird Luther die Auseinandersetzung mit ‚Juden' und ‚Griechen'[26] sein Leben lang austragen.

---

[20] Habent saeculi rhetores, quod boni oratoris sit docere, delectare, flectere, quod nullus umquam praestitit nisi carnaliter; solus autem Christus si docet, delectat, movet eum, qui attendit ipsum, quid loquatur per sanctissimam vitam suam. Nam alii, si humano ore moventur, ad tempus tantum moventur, nec gratuito amore, sed suiipsius affectu. Hic autem movetur sola affectione Christi efficaciter et inaeternum (WA 4,646,32–38). ERICH VOGELSANG datiert die Predigt auf den 15. August 1520 (ZKG 50 [1931] 132f). Wegen der ‚secunda pars' dieser Predigt ist eher an den 15. August 1516 zu denken. Vgl schon 1515: WA 4,284,32–39 Randglosse zu Ps 118,28.

[21] WA 4,646,29–32.   [22] WA 2,533,11.   [23] WA 2,539,10f.

[24] Dieser Text ist der vierte Zeuge, die letzte und damit besonders betonte Schriftstelle zu der „Praefatio Ihesu Christi", die LUTHER dem Wittenberger Psalterdruck von 1513 vorangestellt hat (WA 3,13,2f / 55 I 6,19–21).

[25] Besonders zu beachten sind WA 3,160,7–16 / 55 II 164,1–12 und WA 3,416,6–418,18; ferner ebd 166,38f; 301,34–302,7; 391,36–392,24; 463,14–18; 4,45,4–16; 77,34–78,9; 87,18–37; 382,28–383,19.

[26] Programmatisch: die ‚conversatio contraria' in der sog Druckbearbeitung von Psalm 4 (ca 1516): WA 3,52,9–23 / 55 II 72,21–73,11.

Die Auseinandersetzung mit den Juden bildet den Anfang jenes Kampfes, den Luther fortgesetzt sieht im Ablaßstreit gegen die verstockte Kurie, gegen die Gottes Stimme erstickende Autorität des Kirchenrechts. Parallel dazu wendet er sich wider die Griechen und tritt an zum Kampf gegen Aristoteles, gegen die scholastische Theologie und schließlich gegen jene philosophische Deutung der Schrift, die Luther so lange den Zugang zu der dem Apostel eigenen Redeweise von der ‚iustitia Dei' blockiert hatte.

Die ‚primitiae cognitionis', von denen Luther in seinem Rückblick des Jahres 1545 spricht, treten in dieser doppelten Front der ‚theologia crucis' gegen Juden und Griechen in Erscheinung. Diese fundamental-theologische Basis, wie sie aus dem ersten Korintherbrief entwickelt wird, ist bereits in den Dictata 1513–1515 gelegt. Dort werden Juden, Häretiker und ‚antichristiani'[27] als jene Kräfte zusammengesehen, die, wie immer, Christus und seiner Kirche widerstehen[28]. An den Juden vermag Luther abzulesen, wo und wie ‚hodie', in der eigenen Zeit, die Kirche bedroht und angegriffen wird[29]. Durch die Wiederentdeckung und öffentliche Verkündigung hat zwar der Exodus der Christen aus ihrer babylonischen Gefangenschaft begonnen, damit aber wird ein bislang ungekannter, massiver Widerstand durch die Juden ‚heute' ausgelöst, der erst und bald am Jüngsten Tag durch Gottes Gericht überwunden sein wird[30].

Die zweite Linie, die Luther neben Judenkampf und Endgericht verfolgt, setzt ein mit der Betonung der ganz eigenen Weisheit Gottes. Sie ist unserem ‚griechischen' Wissen und Rechnen zuwider und erfordert deshalb ein ganz neues Hören auf die eigene Sprache der Schrift. Die Begeisterung Luthers für die ‚Deutsche Theologie', die er im Dezember 1516 – zunächst unvollständig – herausgibt, illustriert, was er in seiner Psalmenvorlesung entfaltet hat[31]. 1Kor 1,23 wird zugespitzt gegen die Weisheit der Griechen, denen die christliche Botschaft nichts anderes ist

---

[27] Vgl WA 3,142,23 / 55 I 218,8.

[28] Siehe meine Ausführungen in: Wurzeln des Antisemitismus. Christenangst und Judenplage im Zeitalter von Humanismus und Reformation (Berlin ²1983) besonders 135–143.

[29] LUTHER nennt dieses Vorgehen Exegese ‚per analogiam' und beruft sich für die Reihenfolge von Juden und Heiden auf Röm 1,16 – erst den Juden, dann den Heiden: Cum enim de Iudaeis fuerit recte expositus [id est Ps 59], facilis est ad exponendum de gentibus, haereticis et malis Christianis, per analogiam (WA 3,339,15–17). Vgl die Begründung mit der ‚viva scriptura': WA 3,342,19–25. Im Ergebnis führt Röm 1 zur *Zusammenschau*, 1Kor 1 zur *Unterscheidung* der Fronten gegenüber Juden und Griechen.

[30] H A OBERMAN, Martin Luther. Vorläufer der Reformation, in: EBELING-Festschrift (wie Anm 13) 100–102. Einen aufschlußreichen Kontrast bietet JOHANNES VON PALTZ in der ‚De causa additionis Supplementi' genannten Rechenschaft für sein Supplementum Coelifodinae. Zwar droht den ‚fideles' der Rückfall (recividatio), aber die Gefangenschaft in Babylonien gehört der Vergangenheit an. LUTHERS älterer Ordensbruder PALTZ will Zufluchtsstätten bauen, um jene Gefangenschaft zu vermeiden, „ne iterum contingeret eos a Babyloniis abduci captivos in Babyloniam, de qua per gratiam sacramentorum et indulgentiarum erepti fuerant" (Supplementum [wie Anm 10] 447, 26–28).

[31] Im Scholion zu Ps 64,2 hatte LUTHER den Begriff ‚negative Theologie' aufgegriffen, die „velut in raptu (
Gegen
keine l
audact

als Torheit[32]. Luther warnt die Aufgeklärten unter seinen Zeitgenossen: „Zuvoran vormanet diß Buchleynn alle die das leßen und versteen wollen, sunderlich die von heller vornunfft und sinnereych vorstandts seyn, das sie tzum ersten mal nit sich selb mit schwindem urteyl uber eylen ... gruntlich lere der heilgen schrifft muß narren machen, adder narre werden. Als der apostel Paulus berurt 1.Co. 1: ‚Wir predigen Christum, eyne torheyt den heyden, aber eyne weyßheit gottis den heylgen‘"[33].

IV. „Immo" in den Dictata super psalterium (1513–1515)

In hervorstehender Weise verwendet Luther das Wort „immo", um den Hörern seiner ersten Psalmenvorlesung die Diskrepanz zwischen der Wirklichkeit ‚coram hominibus' und ‚coram Deo' nahe zu bringen. „Immo" wirkt als Korrektiv oder Steigerung und sogar als umwerfende emphatische Assertio, wenn der Gegensatz zwischen Torheit und Weisheit offengelegt werden soll. Die Häufigkeit des Gebrauchs ist ein Indiz – zunächst dafür, daß wir es mit einem für Luther typischen ‚modus locutionis' zu tun haben.

Bei der folgenden Zusammenstellung – in repräsentativer Auswahl – einschlägiger Belegstellen ist zu bedenken, daß „immo" stets die Aufmerksamkeit wecken will, damals des Hörers, heute des Lesers. Der moderne Benutzer, der mit den so umfangreichen Dictata super psalterium konfrontiert wird, darf sich deshalb die von Luther mit „immo" gebotene *Hilfeleistung durch Hervorhebung* nicht entgehen lassen. Die den Forscher leitenden Interessen werden so durch den Autor selbst in Zucht genommen und objektiviert: Eine theologische Ent-Deckung ist zu erwarten.

1. ... gratuita dona non dantur ad utilitatem privatam, sed Ecclesiae communem immo saepius in retributionem et scandalum eius, cui dantur[34].
2. Wenn Gott im Zorn redet, loqui faciet Christum et alios sanctos in ira sua ... ipse autem in se manens quietissimus et tranquillus, immo summe bonus et non turbatus[35].
3. „Iudica illos, deus" ⟨Ps 5,11⟩, immo nos iudicamus eos, deus, et faciemus vindictam pro honore tuo ...[36]
4. „Omnia mirabilia" ⟨Ps 9,2⟩ inquit, quod non est possibile. Sed amoris et vehementis affectus est haec natura ... Amanti enim nihil difficile, immo impossibile videtur possibile ... Mirabilia ista sunt, quod dominus per infirma destruxit fortia, per stultitiam crucis sapientiam mundi ...[37]

---

[32] Für die parallele ‚Kürzung' auf die Juden siehe WA 4,303,35–37.
[33] WA 1,153,1–13.
[34] WA 3,14,19–21 / 55 II 26,4–6 Schol. Wo nicht anders angegeben, handelt es sich jeweils um Scholien.
[35] WA 3,35,11–15 / 55 II 45,11–15 zu Ps 2,5.
[36] WA 3,50,24f / 55 II 70,4f (sog Druckbearbeitung 1516).
[37] WA 3,89,23–35 / 55 II 106,3–17.

5. Quoniam destruxerunt ⟨Ps 10,3⟩ id in lege, quod est perfectum in ea, scil spiritum, immo quod Christus perfecit et implevit, id est spiritum promissum olim[38].

6. ... iustitiam sanctorum deus non remunerat coram hominibus, immo potius econtra magis flagellat ...[39]

7. ... Ecclesia protegitur non in manifesto in rebus visibilibus, immo in illis derelinquitur ad voluntatem tyrannorum et malorum, licet nunc pontifices maxime defendi velint in manifesto tabernaculi diaboli, id est mundi ...[40]

8. Et puto, quod non sit autoritas et figura, immo nec unum iota aut apex, in quo hoc teterrimum monstrum [= Nequitia adinventionum; Ps 27,4] non tangatur et arguatur per totam scripturam[41].

9. „Anima" ⟨Ps 30,10?⟩ autem est ordo administratorum in sacramentis et verbo dei, qui vivificant ecclesiam sicut anima corpus, immo sunt ipsa vita ecclesiae per spiritum sanctum eam vivificans[42].

10. Originale enim peccatum vocatur multa peccata: primo quia est primum et caput omnium; secundo in quo multi, immo omnes involvuntur[43].

11. Non enim sufficit nobis, quod placeat [sacrificium altaris] ex opere operato et non ex opere operantis. Quia non ideo nobis datum est, quod tantum ex se placere debeat, immo omnino ex nobis[44].

12. ... nos coram deo sumus iniusti et indigni, ut quaecumque facere possemus, nihil coram eo sint. Immo et fides et gratia, quibus hodie iustificamur, non iustificarent nos ex seipsis, nisi pactum dei faceret[45].

13. Cuius [den Gegner: mordere, den Anhänger: delenire] si vis exemplum, vide in Iudaeis contra nos et pro se: immo et in haereticis. Sed et hodie sic Scotistae contra Occam, Occam contra Scotum dentes habent et linguam[46].

14. Iniustitia enim est contraria iustitiae, quae est fides in Christo ... in terra ⟨Ps 57,3⟩ iniquitas autem est praeferre iustitiam suam iustitiae dei: immo iniustitias istas, quas operantur, volunt esse iustitias[47].

15. ... volunt sibi demonstrari contrarium, antequam sensum suum deponant. Vinci [= converti] volunt [Iudaei, haeretici et omnes capitosi – „Köpfchenträger" – et superstitiosi] ad fidem, immo ad manifestam notitiam, et non credere[48].

16. [„Parasti" (id est, sacramentum eucharistiae) „in dulcedine" ⟨Ps 67,11⟩:] ... Iam cur „in dulcedine tua"? ... non sua sed nostra quaerens, adeo contentus est vilissimo honore, immo potius irreverentia nostra quam maxima. Vere dulcis dulcedo dei, in qua nos vehementer humiliat tanta dignatione[49].

---

[38] WA 3,93,30–32 / 55 I 86,15–17 Randglosse zu Ps 10,4.
[39] WA 3,116,17f / 55 I 146,2f Zeilenglosse zu Ps 17,25.
[40] WA 3,150,31–151,2 / 55 II 152,17–20 zu Ps 26,5.
[41] WA 3,155,35–37 / 55 II 158,23–25. In den Jahren 1518–1522 oft als ‚nequitia Romana'.
[42] WA 3,170,14–16; vgl CA Art VII (Die Bekenntnisschriften der Evang-lutherischen Kirche [Göttingen ⁶1967] 61).
[43] WA 3,175,3f zu Ps 31,1.
[44] WA 3,280,32–34 Randglosse zu Ps 49,23.
[45] WA 3,288,41–289,3 zu Ps 50,7.
[46] WA 3,319,10–12 zu Ps 56,5.
[47] WA 3,323,30–34.
[48] WA 3,331,32–34 zu Ps 58,2.
[49] WA 3,393,34.37–39.

17. Sed nota, quod oculi [der Kirche, des Glaubens; Ps 68,4] magis deficiunt somnolentia quam adversitate, immo hac excitantur ... securitas omni adversitate peior et terribilior est [50].
18. ... perit anima ecclesiae, immo multae animae, immo forte plures per ignaviam et desidiam quam per haeresim et persecutionem ... Quia omnia, quae sunt fidei, tenent, nisi quod virtutem eius abnegaverunt[51].
19. Unde ‚intelligere' in scriptura aliter quam in philosophia capitur ... philosophia semper de visibilibus et apparentibus, vel saltem ex apparentibus deducta loquitur; fides autem est non apparentium, nec ex apparentibus deducta: immo de caelo est, cum ex apparentibus potius contrarium fidei semper deducatur, ut patet[52].
20. Immo nisi fides doceat, quod passio tua tanta opera faciat, videbitur, quod sint opera infirmissimi hominis cuiusque. Quid enim est pati? Numquid est hoc opus dei? Igitur diabolum esse victum, mortem occisam, caelum apertum, fides intelligit: ratio autem non cognoscit[53].
21. O quam multi [contra Christum pugnare] hoc faciunt et nesciunt, quod Iudaeis similes, immo peiores sunt[54].
22. Haec enim est mystica incarnatio Christi, quod nascitur in illis spiritualiter: immo ipsi ex eo nascuntur[55].
23. ... exteriora et visibilia sunt in nobis, immo nos in ipsis ...[56]
24. Et dimissis aliis nostrum quoque sensum permittamus abundare salva fide et reverentia maiorum, immo et aequalium et minorum [57].
25. Ecce enim in spiritibus et interiori homine deus operatur gloriam, salutem, divitias, decorem, virtutem inaestimabilem. Sed tamen foris nihil horum apparet, immo contraria omnia apparent; deserit enim in ignominia, infirmitate, divitiarum penuria, contemptu, sordibus, immo usque ad mortem[58].
26. ... caelum repletum est possessione Christi, immo et infernus; omnia enim sunt ipsius, per eum facta[59].
27. ... beneficia dei in nobis sunt purae misericordiae et non merita ... Si autem non confitentur ei, non sunt misericordiae eius, et ita auferuntur ei, immo iam nec sunt eius nec misericordiae, sed crudelitates ... Homini autem peccatori confiteantur peccata sua et miseriae, immo diffiteantur ei et negent eum[60].
28. Sicut enim creat et fecit omnia, sed non mox abiit, immo conservat etiam creata, ita nunc etiam glorificat et gratiam conservat[61].
29. In iustificationibus tuis meditabor; non obliviscar sermones tuos. Illi enim per contrarium volunt, quod mandata dei exerceantur et loquantur in suis mandatis, immo quod exercitia et doctrinae suae hominum sint mandata dei. Et ita faciunt idola ex auro divinae scripturae ...[62]
30. Igitur obtenta misericordia et salutari dei, qui est Christus, facile contemnitur ignominia crucis, immo in cruce gloriantur et exprobrantibus respondetur verbum: non simile exprobratur, sed monentur et suaviter docentur, quod omnis homo mendax, qui hoc pro ignominia reputat, quod deus in gloriam convertit. Hoc enim facit fides et spes futurorum[63].

---

[50] WA 3,423,32–40.
[51] WA 3,445,1–5 zu Ps 69,5.
[52] WA 3,507,36–508,5 zu Ps 73,1.
[53] WA 3,548,4–7 zu Ps 76,21.
[54] WA 3,568,9f zu Ps 77,9.
[55] WA 4,3,19f zu Ps 84,1.
[56] WA 4,11,9 zu Ps 84,9.
[57] WA 4,69,9f zu Ps 90,6.
[58] WA 4,81,28–32 zu Ps 91 Titulus.
[59] WA 4,189,29–31 zu Ps 103,24.
[60] WA 4,212,8–22 zu Ps 106,8.
[61] WA 4,252,30–32 zu Ps 111,5.
[62] WA 4,318,10–13 zu Ps 118,17f.
[63] WA 4,330,13–17 zu Ps 118,42.

31. a) Immo et mirum est, diligi mandata Christi et voluntatem in eis haberi, quae passiones et cruces huius mundi praecipiunt subire...[64]
    b) Mirum enim est, quod iucunda est in loco peregrinationis, immo humiliationis[65].

32. Item potest hoc etiam intelligi de adventu Christi in carnem... Immo lex generalis esto, quod ubicumque aliquis versus de adventu Christi in carnem exponitur vel exponi potest, debet simul exponi de adventu eius per gratiam et in futuro per gloriam, secundum quod triplex est adventus eius[66].

33. Sic enim fides non intellectum illuminat, immo excaecat, sed affectum: hunc enim ducit, quo salvetur, et hoc per auditum verbi[67].

34. Et ideo in conspectu dei errant et mortui sunt, in conspectu hominum recte ambulant et vivunt. Econtra iusti in conspectu hominum errant et non habent vias, immo mortui sunt, sed in conspectu dei omnes viae eorum et viae rectae[68].

35. ... sedes sunt in ipsa et manifestae sunt (id est potestates et principatus Episcopatuum, sacerdotii etc), sed sessor ipse Christus non apparet estque absconditus per fidem et in fide, et tamen in ipsis sedet et praesens est, immo praesentissimus, cum sint isti sedes eius[69].

36. Non sic in iustitia et sapientia, ubi aequalis aequalem, immo inferior superiorem potest erudire et iustificare sine potestate. Quo circa non levi ictu iste David percutit frontem Goliath, id est durissimam frontem corporis Babylonici, qui sunt haeretici, isto lapideo verbo[70].

Den angeführten Stellen ist gemeinsam, daß „immo" immer Emphase, Hervorhebung, bewirken will, sei es als Korrektiv oder Steigerung, meistens als Verbindung beider. Die Verwendung von „immo" ist somit der von Luther in anderem Zusammenhang als ‚modus loquendi emphaticus' bezeichneten rhetorischen Figur zuzuweisen. Bereits die Auswahl belegt, wie sich „immo" als Führer durch den Text anbietet, der Luthers besondere Anliegen akzentuiert: Alle großen Fragen von der Erbsünde (10) und Abendmahlslehre (11, 16) bis zur Ekklesiologie (7, 9, 17, 18, 35) und Eschatologie (2, 26) kommen zur Sprache, aber doch immer von dem einen Zentrum des Kreuzes aus beleuchtet, im Gegensatz und Kampf mit ‚jüdischer' Gerechtigkeit (12, 14, 21) und ‚griechischer' Weisheit (13, 15). Was Luther in den Dictata der ‚theologia ex apparentibus' (19) entgegensetzt, das wird er später auf der Heidelberger Disputation als ‚theologia crucis' bezeichnen.

Auffallend ist die Verbindung mit mire, mirifice, mirum und mirabilia: Gottes Wort übersteigt alle Erwartungen, es ist dem menschlichen Denken sogar zuwider. Die affektive Dimension des Glaubens der Kirche in Verfolgung und Anfechtung gestaltet den Widerspruch immer von neuem zum pastoralen Zuspruch und zum assertorischen Lehrspruch.

Zur Debatte über Luthers reformatorische Entdeckung ist besonders darauf hinzuweisen, daß auf der gesicherten Basis der ‚viva scriptura' – als regulatives

---

[64] WA 4,332,1–3 zu Ps 118,47.   [65] WA 4,333,24–25 zu Ps 118,54.
[66] WA 4,344,5–10 zu Ps 118,76. Hier erhält „immo" bereits die Funktion des Widerspruchs, die später besonders die assertiones in den Disputationsthesen markieren wird. Siehe zB WA 1,224,32; 226,16 (1517); 284,15; 301,26 (1518).
[67] WA 4,356,23–25.   [68] WA 4,390,7–10 zu Ps 118,168.
[69] WA 4,403,32–35 zu Ps 121,5; vgl AWA 2,541,2.
[70] WA 4,405,11–14 zu Ps 121,5; vgl ebd 422,35–37; 445,33–446,28.

‚principium theologiae' allen Interpreten einschließlich Augustin vorangestellt – mit dem ersten Korintherbrief als Skopus die Grundzüge der wahren Kirche und der rechten Theologie hier in den Dictata entfaltet werden. Folgende ekklesiologische Fundamente sind gelegt:

Das Prinzipat der römischen Kirche wird ausdrücklich gegen die Böhmen aufrechterhalten[71], aber eben im Kontext des einen Episkopats, an dem alle Bischöfe teilhaben[72], in dem – in forma servi! – Christus „praesentissimus" ist[73]. Das Priestertum aller Gläubigen ist bereits vorhanden[74]. Die Sakramente sind in ihrer Siebenzahl noch beibehalten[75], aber schon auf das eine Ursakrament zurückgeführt und bis auf das verbum externum Christi durchsichtig gemacht[76]. Die Kirche seiner Zeit – hodie – ist eine von innen bedrohte Kirche. Die ‚observantini'[77] im eigenen Orden sind prototypisch für die schismatische Zerstückelung der Einheit[78] und für die gefährliche ‚Judaisierung' durch selbstauferlegte Gesetzlichkeit[79], verwechselt mit Gehorsam gegenüber den Geboten Gottes[80]. Statt, wie im Zeitalter der Verfolgungen, der Welt ausgeliefert zu sein in Fortsetzung des Leidens Christi[81], wollen viele sich der Nachfolge entziehen und weltliche Macht und Reichtum erstreben. Wahre Christen dürfen sich dennoch nicht von der verweltlichten Kirche trennen, sondern sollen um Gottes Einschreiten beten[82].

Wie Kirche und Glauben von den ‚Juden', so ist die Theologie von den ‚Griechen' bedroht, und zwar von der Umklammerung durch die scholastische Philosophie: Die Thesen der ‚Disputatio contra scholasticam theologiam' vom September 1517 sind – einschließlich ihrer assertorischen „immo"-Sätze – insgesamt in den Dictata vorgebildet. Die philosophische Theologie ist blind und außerstande, die Größe Gottes zu erfassen. Noch bevor die philosophische Ethik sich reibt am „simul iustus et peccator", stolpert die philosophische Erkenntnislehre über das „simul" der Offenbarung: „Immo ubicumque illuminat, simul accendit, simul erudit intellectum et affectum ..."[83] Wie für die Kirche im ganzen gilt auch für den Theologen, daß diese ‚eruditio' oder ‚Einbildung' nur im Leiden, individuell gefaßt in der Anfechtung, empfangen wird und Bestand hat: „Qui non est tentatus, qualia scit? Qui non expertus, qualia scit? Qui non experientia cognovit tentationum qualitates, non scita, sed vel audita vel visa vel, quod periculosius est, cogitata sua tradet. Ergo qui vult certus esse et aliis fideliter consulere, prius ipse experiatur, portet ipse primum crucem ..."[84] Das ist die Vorform der Assertio vom September 1517: „Error est dicere: Sine Aristotele non fit theologus. Immo theologus non fit, nisi

---

[71] WA 4,345,24f. Zum weiteren Kontext der Ekklesiologie in der ersten Psalmenvorlesung siehe SCOTT H HENDRIX, Ecclesia in Via. Ecclesiological Developments in the Medieval Psalms Exegesis and the Dictata super Psalterium (1513–15) of Martin Luther (Leiden 1974).

[72] WA 4,138,19–22.   [73] WA 4,403,35.   [74] WA 4,224,21f.

[75] Nunc enim pauca sunt caeremonialia, immo nulla fere de necessitate euangelii, nisi 7 sacramenta, quae olim erant plurima, sed tamen spiritualiter ista remanent et adhuc sunt multa (WA 3,262,23–25).

[76] WA 3,262,9.   [77] WA 4,315,14.

[78] Vgl H A OBERMAN, Luther. Mensch zwischen Gott und Teufel (Berlin ²1983) 139ff.

[79] ZB WA 3,155,8–10; 332,9–29; 4,386,7–20.

[80] WA 4,389,19–35.   [81] WA 4,380,7–32.   [82] WA 4,349,20; 240,20–25; 431,10.

[83] WA 4,103,37f.   [84] WA 4,95,7–10.

id fiat sine Aristotele"⁸⁵. Positiv gefaßt heißt es 1519 in den Operationes in psalmos: „Vivendo, immo moriendo et damnando fit theologus ..."⁸⁶

V. „Immo" in den Operationes in psalmos (1519–1521)

In seinem Rückblick vom Jahre 1545 hat Luther die zweite Psalmenvorlesung als Neuanfang nach seiner beglückenden Entdeckung der ‚iustitia Dei' angegeben. Wenigstens als ‚terminus ad quem' dürfte darüber ein Forschungskonsens erzielt sein⁸⁷. Doch wie unzulässig es ist, diesen Neuanfang Luthers zu stilisieren und als einzige Entdeckung zu isolieren, zeigt sein Gutachten an Spalatin vom 15. Februar 1518 über die richtige Vorbereitung auf die Eucharistie und andere pia opera. Er gebraucht dort Argumente, die Zeile für Zeile aus den Dictata belegt werden können. Die zentrale Aussage wird wiederum durch „immo" eingeleitet: Schuldbekenntnis und Selbstanklage, der Furcht vor Gottes Gericht entsprungen, machen ein Werk Gott gefällig – „... immo non tam opus quam eius illa accusatio deo placet ... Et haec est optima sola ultima intentio omnium"⁸⁸. Was in der Forschung als vorreformatorische, dem Mittelalter geläufige Demutstheologie des jungen Luther beiseite geschoben wird, dessen erinnert er sich sogar 1518 noch als befreiende Entdeckung: „O ignorata diu diffinitio iustitiae! Quid est iustitia? Est accusatio sui. Quid iustus? Accusator sui. Quare? Quia praevenit iudicium dei et idem damnat, quod deus damnat, scilicet seipsum ..." Die Entdeckungen in der ersten Psalmenvorlesung werden somit nicht als unwesentlich zurückgelassen, sondern als tragfähig fortgeführt, eben deshalb die von Luther gezogenen Schlußfolgerungen: „Igitur sic de te desperatus et idipsum domino humiliter confessus iam sine scrupulo tibi praesumendum est de misericordia eius". Daraus folgt wiederum: „Igitur tantum bene operaberis, quantum de misericordia dei praesumpseris et de opere tuo desperaveris. Tunc enim iam non tu nec pro gloria tua, sed deus pro gloria sua in te operatur"⁸⁹.

Etwa ein Jahr später – bereits in der letzten Phase vor Beginn der Operationes in psalmos – macht Luther wiederum eine Entdeckung, und zwar mit Hilfe seines Griechischlehrers Melanchthon, „so jung an Jahren und alt an Verstandesschärfe".

---

⁸⁵ WA 1,226,14–16 (1517).
⁸⁶ AWA 2,296,10f.
⁸⁷ Vgl zum folgenden KURT ALAND, Der Weg der Reformation = Theologische Existenz heute NF 123 (München 1965); BERNHARD LOHSE (Hg), Der Durchbruch der reformatorischen Erkenntnis bei Luther = WdF 123 (Darmstadt 1968); ROLF SCHÄFER, Zur Datierung von Luthers reformatorischer Erkenntnis, in: ZThK 66 (1969) 151–170; OSWALD BAYER, Promissio. Geschichte der reformatorischen Wende in Luthers Theologie (Göttingen 1970); MARTIN BRECHT, Iustitia Christi. Die Entdeckung Martin Luthers, in: ZThK 74 (1977) 179–223.
⁸⁸ WABr 1,145,23f; 146,50f.
⁸⁹ WABr 1,145,28–31. 38–40. 46–49. Die ‚canonica significatio' der ‚iustitia Dei' wird in den Operationes ebenfalls bezeichnet als „alius ... ab usitato humanae locutionis modo" (AWA 2,259,9f).

Er lernt, den Glauben als Vertrauen auf Gottes Zusage zu verstehen[90]. Wie im Falle der ‚iustitia Dei' (Röm 1,17), so ist es auch hier: Die imputative Dimension des Glaubens, der sich auf das ‚testamentum' als ‚pactum Dei' verläßt, hatte Luther bereits in den Dictata einzelnen Psalmen entlockt[91]; jetzt kann er diese auch exegetisch am Neuen Testament festmachen (Hebr 11,1).

Die folgende Zusammenstellung belegt wiederum, daß sich auch in den Operationes durch „immo" emphatisch hervorgehobene Themen eruieren lassen:

1. Wie früher die doctores beziehen wir das Gericht Gottes auf unsere eigene Zeit: . . . immo sequamur potius, ut qui nos praevenit omnes impios arguens, et a nobis inveniatur hoc agere, magis quam cogatur[92]. „Cogatur" sollte gedanklich erweitert werden durch „hoc agere" und bezieht sich auf das Strafgericht Gottes – von Luther in der Auslegung ‚vorweggenommen'.

2. Non sane haec dico, quod caerimonias ecclesiarum et monasteriorum reprobem, immo haec fuit prima religiosorum institutio, ut, qui monasterium ingressus esset, maiori subiectus disceret nihil proprie operari, sed promptus omnibus in omnibus servire. Erantque monasteria vere quaedam gymnasia Christianae libertatis exercendae et perficiendae, sicut adhuc sunt, sicubi priscam servant institutionem . . .[93]

3. Timor ipse pietas est, immo sapientiae et pietatis caput et principium[94].

4. „Tamquam vas figuli" . . . Apostolus 2Cor 4<,7> „vas fictile" allegorisans corpus, immo hominem . . . Der ‚totus homo' wird unterstrichen[95].

5. Timor itaque iste in tota vita, in omnibus operibus est magna pars crucis, immo fere tota crux[96].

6. . . . nolite fidere in iustitiis vestris, immo „filium osculamini" <Ps 2,12>, filium amplectimini . . .[97]

7. Haec [furor Domini] est insustentabilis prorsus et ipse proprie infernus . . .; denique nisi expertus sis, ne cogitare quidem illam possis. Nota modestiam, immo singularem quendam affectum eius, qui in hac parte tentatur[98].

8. Iam illud, quod in Hebraeo per futurum dicit: „Clamabo" et „exaudiet me", affectum maiorem habet quam „clamavi" in praeterito, licet praeteritum non excludat, immo praeteritum prae vehementia includit. Atque ut explicem, si possum, affectus eius est huiusmodi: Ego,

---

[90] WA 2,595,12–33. Erst im Januar 1519 hatte LUTHER mit Hilfe seines neuen Kollegen (seit August 1518) MELANCHTHON griechische Buchstaben zu schreiben gelernt; WABr 1,149 Anm 14.

[91] Siehe zB WA 3,491,10; zur pactum-Theologie vgl BERNDT HAMM, Promissio, pactum, ordinatio. Freiheit und Selbstbindung Gottes in der scholastischen Gnadenlehre = BHTh 54 (Tübingen 1977) 377ff.

[92] Wir zitieren im folgenden nach AWA 2 und beschränken uns auf die erste Dekade. – AWA 2,35,9–11 zu Ps 1,1.

[93] AWA 2,50,5–10 zu Ps 1,3. Für diese Kritik am Mönchtum aus der Perspektive der ‚libertas Christiana' siehe BERNHARD LOHSE, Mönchtum und Reformation. Luthers Auseinandersetzung mit dem Mönchsideal des Mittelalters = FKDG 12 (Göttingen 1963) 331f.

[94] AWA 2,58,4f zu Ps 1,5. Dieser ‚timor' ist nicht ‚Ehrfurcht', sondern Erläuterung der Drohung im Psalmtext: Ideo non resurgent impii in iudicio . . .

[95] AWA 2,102,11–13 zu Ps 2,9.

[96] AWA 2,109,26f zu Ps 2,11.

[97] AWA 2,115,6f.

[98] AWA 2,127,7–11 zu Ps 3,3.

qui iam expertus sum, quam bonus, quam dulcis dominus, quam non deserat, quam non despiciat clamantes ad se, quam fideliter suscipiat, servet, exaltet ⟨v 4⟩ omnes invocantes se, talem me erga eum habebo deinceps inaeternum, ut cum plenissima fiducia ad solum ipsum confugiam[99].

9. Adeo res ardua est de monte sancto dei exspectare salutem. Vir enim insipiens non intelligit has profundas cogitationes dei . . . Immo in isto excessu cogitur exclamare fidelis: „Omnis homo mendax" ⟨Ps 115,11⟩. Adeo necesse est hic occidere et captivari „omnem intellectum in obsequium dei" ⟨2Cor 10,5b⟩[100].

10. . . . nec sic timebo, immo securus ero, non meis viribus, sed quia „tu exsurges, domine" etc. Sic, inquam, spiritus sanctus ubique nos ad fidei et spei in deum magnanimitatem benigniter provocat[101].

11. . . . Christum nosse est crucem nosse et deum sub carne crucifixa intelligere. Hoc enim vult deus. Haec voluntas dei, immo hoc deus est[102].

12. Non enim deus propitius est iis, quibus haec largitur bona; immo quia pessimum et fallacissimum signum id est, melius et fidelius signum affert: Nempe „lumen vultus tui, domine", quasi dicat: Nullum nosse signum est optimum signum, sed sola fide et spe niti[103].

13. Si enim de sanctis id credis, quod sint securi et fidentes, cur non etiam de teipso idem credis, qui sanctorum similis esse cupis, qui idem baptisma, eandem fidem, eundem Christum et omnia eadem accepisti? Immo impiissime credis aliud de te et aliud de sanctis, qui doces oportere omnes dubitare, sicut tu dubitas[104].

14. Si omnes, qui sperant, laetabuntur in domino, nullos exceptos sinit intelligi, nec eos, qui in tribulatione sunt, immo de his ipsis maxime loquitur, quod in domino laetantur, dum in seipsis vel hominibus tristantur[105].

15. a) Proinde quae in Canticis de sponso et sponsa velut lascivo et de hominum carnali amore dicuntur, immo et omnia, quae inter sexum maris et feminae etiamnum geruntur, non significant nisi extreme contraria voluptatibus illis, nempe fidei, spei, caritatis perfectissima opera, hoc est, mortem et infernum . . .[106]

b) Vivendo, immo moriendo et damnando fit theologus, non intelligendo, legendo aut speculando[107].

c) Tribulatio enim, dum a nobis omnia tollit, solum utique deum relinquit – neque enim deum potest tollere –, immo deum adducit[108].

d) In his vero conscientiae procellis et meritorum ruinis spes ipsa pugnat contra desperationem et fere contra seipsam, immo contra deum, quem sentit sibi iratum . . . Et tamen, si perseveret homo et contra spem in spem ⟨Rom 4,18⟩ speret, probatus invenietur et hac tribulatione meritis exutus spe induetur et coronabitur inconfusibili corona in aeternum[109].

---

[99] AWA 2,137,23–138,6 zu Ps 3,5.   [100] AWA 2,141,12–19 zu Ps 3,5.
[101] AWA 2,148,18 21 zu Ps 3,7. LUTHER findet in diesem Vers eine ‚epitasis', von ihm meist synonym mit ‚emphasis' gebraucht; zB AWA 2,60,16.
[102] AWA 2,180,7–9 zu Ps 4,4.   [103] AWA 2,199,26–29 zu Ps 4,6f.
[104] AWA 2,214,15–19 zu Ps 4,9f.
[105] AWA 2,285,1–3 (Exkurs „De spe et passionibus").
[106] AWA 2,294,10–14 (Exkurs „De spe et passionibus").
[107] AWA 2,296,10f (Exkurs „De spe et passionibus"). Vgl 389,15f: Crux Christi unica est eruditio verborum dei, theologia sincerissima.
[108] AWA 2,302,18–20 (Exkurs „De spe et passionibus").
[109] AWA 2,303,20–22.29–31.

16. Quid ergo? Nihil faciendum, quia ille omnia fabricat, et nos ea nescimus? . . . Vides, quam omnia nos doceat nescire et tamen non ideo cessare, immo eo magis operari iubet, quo nescimus, quid futurum sit, cum illi perversi ideo nolint agere, quia nesciant, quid futurum sit. Hoc enim quaerit diabolus, ut non operentur in vita . . .[110]

17. . . . rapiturque [anima] per verbum (cui adhaeret, immo quod eam apprehendit et ducit mirabiliter) . . .[111]

18. . . . sed intus in spiritu, immo extra et supra spiritum in exstasi illa suprema, ubi nemo audit, videt, sentit, nisi spiritus, qui gemitibus inenarrabilibus postulat pro sanctis ⟨Rom 8,26b⟩, ac cum ipso quodammodo deo certat . . .[112]

19. Verum quia alia sunt hominum iudicia et alia dei, immo contraria, coram hominibus, qui vident ea, quae patent . . .[113]

20. Nostra laus, quia dei laus est seu a deo, non est in propatulo et theatro mundi nec apparet hominibus, sed neque nobis; immo sicut vita nostra abscondita est cum Christo in deo (Col 3⟨,3⟩), ut sapiamus, quae sursum sunt ⟨Col 3,2⟩, ita et laus nostra cum eodem assumpta et abscondita est in deo, ut sit in fide et spe, non in re praesente[114].

21. Porro – quod diximus neminem debere in ecclesia docere nisi vocatum a deo –, ne quis desideret, quae sit ista vocatio dei, id observet, si quis praeter, immo contra voluntatem suam, per maiorum suorum sive ecclesiasticorum sive saecularium auctoritatem in officium verbi vocatur. „Nam non est potestas nisi a deo" Rom 13⟨,1⟩. Ideo, quicquid potestas utraque mandat, non est dubium, quin deus mandet[115].

22. a) Hic impii semper superiores sunt, immo apparent esse superiores, dum sancti nonnisi patiuntur, non reverberant, non vindicant[116].
    b) . . . dum non sentiunt de eo secundum veritatem, immo sibi tribuunt, quae dei sunt . . .[117]

23. Non quod negemus illorum expositionem; immo dum generaliter sapimus, Antichristum includimus[118].

24. Ideo quod hic versus invocat dominum, ut exsurgat et potentiam ostendat, ad diem extremi iudicii pertinere puto; quod et sequentia iuvabunt, ut non sit dubium nostro saeculo, immo iam plusquam tribus saeculis huius psalmi rem pleno cursu geri et gestam esse[119].

25. . . . diversissimi, immo adversissimi sunt conspectus dei et conspectus hominum[120].

Wie in den *Dictata* steht die Verwendung von „immo" – als Steigerung oder Korrektiv – im Dienste der theologischen Klärung: Die nicht vorfindlich-sichtbaren Mächte von Gott und Teufel werden hinter irdischen Ereignissen und menschlichen Handlungen aufgedeckt. Die assertorische Verwendung von „immo" ist nicht aufgegeben; aber wo früher „immo" eine ‚conclusio' ankündigte, steht jetzt ausdrücklich ‚fixa stat sententia'[121]. Stärker als je zuvor markiert „immo" den Umbruch von Menschenwissen und menschlicher Erwartung zu Gottes Weisheit und Willen. Es kann kein Zweifel darüber bestehen, daß

---

[110] AWA 2,314,25.28–31; ähnlich gegen ERASMUS: WA 18,747,1–4.
[111] AWA 2,318,8f.
[112] AWA 2,364,28–31 zu Ps 6,1.
[113] AWA 2,421,19f zu Ps 7,10.
[114] AWA 2,451,5–9 zu Ps 8,2.
[115] AWA 2,463,1–6 zu Ps 8,3.
[116] AWA 2,550,20f zu Ps 9,16.
[117] AWA 2,560,7 zu Ps 9,18.
[118] AWA 2,567,13–15 zu Ps 10,1.
[119] AWA 2,606,1–4 zu Ps 10,12.
[120] AWA 2,648,13f.
[121] ZB AWA 2,181,21; 282,9; 351,31; 377,2.

„immo" – wo es mehr bewirken soll als emphatische Zuspitzung – die Aufmerksamkeit des Hörers – bzw Lesers – auf Gottes Wirken ‚sub contrario' lenken will: „Immo" ist zur rhetorischen Figur der ‚theologia crucis' geworden.

Drei verschiedene Anwendungsgebiete von „immo" lassen sich aufgrund des gebotenen Materials[122] unterscheiden, wobei der erste nunmehr am wenigsten der Erläuterung bedarf:

1. Als rhetorische Figur schon grundsätzlich ausgerichtet auf ‚flectere affectus'[123], wirkt „immo" als Ausdruck von Erleben und als Einladung zum Miterleben. Die hier angelegte Verbindung von ‚affectus' und ‚intellectus' ist ein Merkmal wahrer Theologen und genuiner Theologie (germana theologia) mit programmatischer Spitze gegen Wissen ohne Weisheit (1Kor 1,23). „Immo" ist Ausdrucksmittel der lebendigen Rede, um innere Ergriffenheit durch veränderte Tonhöhe zu übertragen. Dafür gibt es in der deutschen Sprache kein stringentes Äquivalent. Am nächsten kommt die Übersetzung: „Ja, wahrhaftig"[124].

2. „Immo" enthüllt die in und hinter Personen und Ereignissen verborgene Wirkursache. In der Aussage „sedes episcopi, immo christus praesentissimus" werden Bischofssitz und Bischof keineswegs abgelehnt, vielmehr in ihrer zentralen Bedeutung herausgestellt, als Amtssitz ‚in Stellvertretung' und als Amtsperson ‚im Auftrag'[125]. Umstürzend wirkt dieses Stilmittel im angehenden Kirchenkampf insofern, als Kirche, Ämter und Sakramente auf ihre rechte Einsetzung hin durchleuchtet und in ihrem wahren Auftrag sichtbar gemacht werden. Das nächstliegende deutsche Äquivalent ist das herausfordernde ‚Ja, richtig betrachtet'. An solchen Beispielen wird deutlich, wie wichtig es ist, „immo" zu beachten und richtig zu deuten. Es wehrt in diesem Falle dem hartnäckigen Mißverständnis, als ob Luther sich von der sichtbaren ‚Amtskirche' auf die ‚ecclesia invisibilis' zurückziehe[126].

---

[122] Bislang sind von mir die lateinischen Schriften und Briefe bis 1531 erfaßt; die drei Anwendungsbereiche bleiben nicht nur in den Dictata und Operationes konstant.

[123] Siehe oben Anm 20.

[124] Deutsche Schriften LUTHERS können selbstverständlich nur ‚mutmaßlich' als Beleg herangezogen werden. So selten gibt es jedoch lateinische Briefe, in denen „immo" fehlt, daß es nicht zu gewagt erscheint, auch in deutschen Briefen „immo"-Aussagen zu erwarten. In seinem Brief vom Sommer 1518 (zum Datierungsproblem siehe WABr 13,10) an KURFÜRST FRIEDRICH gibt es höchstwahrscheinlich sogar zwei Beispiele, zum einen ein emphatisch steigerndes „immo": ... dann das e.f.g. ym [Staupitz] auffs beßte ynn seynem hertzen unnd ym der Churfurst von sachßen eynn lieber furst ist, *unnd vorwar* gar sunderlich e.f.g. gunstig ist, ... (WABr 1,120,17–19); zum anderen die ‚freche' Assertio, die schlicht mit „Ja" eingeleitet wird: Aber mag doch wol seynn, Ja gott will es ßo haben, das groß vornunfft zcu weylen durch weniger vornunfft gewißen werde, auff das niemand auff sich selb sich vorlaße, sundernn alleyne auff gott unßernn herrn (WABr 1,120,33–36).

[125] Vgl den Amtsbezug auf STAUPITZ: Quid enim iucundius scribere potuisti, quam quod R Patrem, immo Christum in organo suo, Vicario nostro, tam dignis extulisti praeconiis? (WABr 1,86,6–8; an CHRISTOPH SCHEURL am 27. Januar 1517).

[126] Die Hervorhebung der Wirkursache bewirkt zugleich die Aufwertung des ‚concursus generalis', des von allen scholastischen Schulen gemeinsam vertretenen unpersönlich-kosmischen Beistandes Gottes. In der bewußt rhetorisch gestalteten Diatribe gegen ERASMUS ist „immo" öfters formelhaft stilisiert, um Aussagen des Opponenten hervorzuheben; verschiedentlich auch als Bezeichnung einer eigenen Assertio eingesetzt: WA 18,747,2f; 603,10–12.

Ein weiteres Beispiel: Luther begegnet einem Argument der Freiheitsschrift des Erasmus mit Verweis auf Röm 8,15: „Qui orat, spiritu orat, immo spiritus ipse in nobis orat, Rom.8. Quomodo igitur per conatum spiritus sancti probatur potestas liberi arbitrii?"[127] So, wie Gottes Geist das Gebet, so bewirkt Gott alle rechten Handlungen des Menschen. Was Luther hier im Bereich der Rechtfertigungslehre festschreibt, gilt ihm in gleicher Weise auch für die Kirche. Wo aber der Bischof dem Wirken des Geistes trotzt, da wird die ‚sedes Christi' zur ‚sedes diaboli'.

3. In der Rechtfertigungslehre erhält „immo" die besondere Funktion, den Rechtsstreit zwischen Gott und Mensch, den Kampf zwischen den Bereichen ‚coram hominibus' und ‚coram Deo' zu markieren (19, 25), bis zur Spitzenaussage der ‚spes contra spem' (15 d). Zur Illustration diene ein Satz, der dem modus loquendi Luthers nachgebildet ist: *Homo, immo creatura.* Die blinde Philosophie sieht den Menschen nur in seiner Vorfindlichkeit. Aus der Perspektive Gottes und des Glaubens aber erweist sich der Mensch als Geschöpf[128]; so wird der Ursprung aufgedeckt, von dem Aristoteles keine Ahnung hat. Diese biblische Perspektive wird vollends dann in ihrem Spannungsbogen sichtbar, wenn der jetzt enthüllten Wirklichkeit noch einmal widersprochen wird, denn Offenbarung ist nicht nur Enthüllung, sondern auch Kampf und Widerspruch. Genau das ist umstürzende Glaubensschau, wenn Leben und Freiheit des Geschöpfes allein in Sterben und Versklavung Bestand haben: „Vivendo, immo moriendo et damnando fit theologus" (15 b; 1519). Genau die gleiche Spannung bringt Luther bereits zwei Jahre zuvor in der Selbstbezeichnung zum Ausdruck: „Frater Martinus Eleutherius, immo dulos et captivus nimis"[129].

---

[127] WA 18,746,23f.

[128] Vgl in der ‚Disputatio de homine' die Thesen 1ff mit den Thesen 20ff; siehe GERHARD EBELING, Lutherstudien 2 I (Tübingen 1977) 15ff.19ff; dazu EBELINGS Kommentar in: AaO 2 II (Tübingen 1982).

[129] WABr 1,122,56f. An JOHANNES LANG am 11. November 1517.
Einzugehen ist hier auf die gemeinsame Arbeit von BERND MOELLER und KARL STACKMANN, Luder – Luther – Eleutherius. Erwägungen zu Luthers Namen = Nachrichten der Akademie der Wissenschaften in Göttingen, Phil-hist Klasse 7 (Göttingen 1981) 177–203. Zunächst erscheint die germanistische Beweisführung bestechend, daß die Schreibweise seit dem 31. Oktober 1517 mit ‚h', „Luther" statt „Luder" , programmatische Implikationen habe. Nicht berücksichtigt ist hier aber, daß LUTHER bereits bei seiner Immatrikulation in Erfurt 1501 als „Ludher" eingetragen wurde (Acten der Erfurter Universität, bearb v J C HERMANN WEISSENBORN 2 = Geschichtsquellen der Provinz Sachsen ... 8 II [Halle 1884/Aalen 1976] 219). Falls man damit rechnen möchte, daß hier ein eigenwilliger Pedell die Feder geführt hätte, ist zu bedenken, daß LUTHER noch am 7. Februar 1546 eigenhändig seine Gattin als „Katherin Ludherin" angeschrieben hat (WABr 11,286,1 Nr 4201).

Theologisch bedeutsamer und einmal mehr ein Beweis für die zentrale Funktion des „immo" ist die rechte Deutung der Unterschrift dieses Briefes: „F. Martinus Eleutherius, immo dulos et captivus nimis" (WABr 1, 122,56). MOELLER übersetzt paraphrasierend: „Bruder Martinus, der [durch Gott Freigemachte und daher] Freie, allerdings [noch] allzusehr Knecht und Gefangener [der Sünde]" (ebd 32). „Immo" ist bei LUTHER aber nie Einschränkung, sondern immer überraschende Steigerung, wie bereits zweimal zuvor in demselben Brief (ebd 121,14; 122,37). Hier liegt eben jene korrigierende Steigerung vor, die wir als LUTHERS rhetorische Fassung der ‚theologia crucis' gedeutet haben. Die Übersetzung im Lichte unseres Befundes müßte also lauten: „Bruder Martin, Freier [Befreiter], ja vielmehr ganz und gar Knecht und Gefangener [Gottes]". Es handelt sich also nicht um eine Rücknahme des Vorhergehenden durch das

Ende des Jahres 1531 schreibt Luther Randbemerkungen zur Apologie Melanchthons, in denen er, explizit wie nie zuvor oder danach, „immo" als rhetorische Figur bezeichnet. „Est ergo inversio Rhetorica: Ipsa [mulier; Lc 7,47] est peccatrix, immo ipsa est iusta"[130]. Die Frau, die Jesu Füße salbt, ist ‚peccatrix', vor Gott aber ‚iusta' – also nicht nur als Korrektiv ‚anders', sondern mit „immo" ‚totaliter aliter'. Die Möglichkeiten der Übersetzung geraten hier an ihre Grenze. „Immo" steht zwar wiederum für ‚Ja, vielmehr', aber nun so, daß der Gegensatz zugleich den Grund für die Aussage bildet: ‚Ja, eben deshalb' gerecht!

Dieses „immo" ist in seiner Zweischichtigkeit aussagekräftiger als „simul peccator et iustus" und schon gar als die Formulierung in der Frühform „peccatores in re, iusti autem in spe"[131]. Das in der Lutherforschung zu Recht oft herausgehobene ‚simul' beschreibt das paradoxe Ergebnis der Rechtfertigung. „Immo" bezeugt ebenfalls dieses Paradox, lenkt aber darüber hinaus den Blick auf den Wunder wirkenden Gott. Seine Rechtfertigung ist umstürzend, ist wider alle Erwartung neue Schöpfung. So wird thetische doctrina zur Verkündigung. Das reformatorische „simul" verstößt nur gegen die Macht der Logik, „immo" widerspricht der Macht des Teufels! Zusammenfassend darf man für „immo" in Anspruch nehmen, was der junge Luther einmal in anderem Kontext treffend auf den Begriff gebracht hat: „Parum Latine loquitur, sed plurimum theologice ..."[132]

VI. Epilog: Experientia facit theologum

Luther war ein mächtiger Redner, weil er die Grundregel aller Rhetorik, den Intellekt mit dem Affekt zu verbinden, selbst praktiziert und in den Dienst der Vermittlung des Evangeliums gestellt hat – in der Öffentlichkeit von Hörsaal und Kirche genauso, wie im persönlichen Briefpastorat[133]. Der Verkündigung geht zwar die Meditation voraus, vor der Meditation steht aber die ‚observatio intenta verborum'[134], die genaue wissenschaftliche Schriftexegese. „Experientia facit theologum"[135] – gemeint ist jene ‚Erfahrung', die an der Schrift geschult ist. Die Übersicht, wie Luther das von ihm so bevorzugte Stilmittel „immo" verwendet, erlaubt den Rückblick auf die Entwicklung dieser Schulung.

Eingeständnis eines moralischen Defizits. Die Unterschrift ist viel wesentlicher. Es ist eine Amtsbezeichnung, so wie sie auch in LUTHERS Unterschriften üblich ist. Die Bezeichnung ist in der Tat neu; ein Einschnitt ist das allemal. Zum ersten Male weist LUTHER sich aus als von Gott Befreiter und in Gottes Dienst Genommener zugleich: der Reformator ist Instrument.

[130] WA 30 III 490,9f (Ende 1531). Vgl CR 27,451f.
[131] WA 56,269,30 zu Röm 4,7; vgl ebd 272,17–20.
[132] WA 4,257,25 Randglosse zu „in exitu" (Ps 113,1).
[133] Aus Platzgründen muß auf das reiche Vorkommen von „immo" in den Briefen verzichtet werden.
[134] AWA 2,42,7 zu Ps 1,2.
[135] WATR 1,16,13 Nr 46 (1531); vgl auch WA 25,106,26f (1532/34); siehe H A OBERMAN, Contra vanam curiositatem. Ein Kapitel der Theologie zwischen Seelenwinkel und Weltall = ThSt 113 (Zürich 1974) 53f.

Als „scopus des ganzen Evangeliums"[136] bezeichnet Luther in den Operationes in psalmos „Christum nosse filium Dei", mit Verweis auf zwei Schriftstellen: zum einen auf das Petrusbekenntnis in Mt 16,15-18 als Fundament der Kirche; zum andern auf das Bekenntnis des Paulus in 1Kor 1,23f. Kirche und Glauben bilden hier genauso eine Einheit, wie das bereits in den Dictata durchgehend angelegt war.

Es ist bezeichnend, daß in der neuen Kampfsituation der zweiten Psalmenvorlesung von den beiden Fronten in 1Kor 1 jetzt die Spitze gegen die ‚Griechen' ausgezogen wird[137]. Die Polemik gegen die Juden bleibt. Sie ist aber im Vergleich zu den Dictata ganz der Kirche ‚heute' zugewandt. Text für Text, zuvor im Blick auf die Juden ausgelegt, wird nun programmatisch gegen die ‚modernen Juden' gerichtet, die Prälaten, die Kurie, die großen ‚Hansen' in der Kirche.

Bei dem biblischen Ausweis für den Scopus des ganzen Evangeliums, wie er von Luther in der Auslegung von Ps 2,6 eingebracht wird, fehlt Röm 1,17, ja der Römerbrief überhaupt[138]. Luther beruft sich statt dessen auf die Weisheit Gottes, die alle Weltweisheit zuschanden macht. Was als überwundene und zurückgelassene Humilitas-Theologie in der Forschung bezeichnet wird, erweist sich als bleibendes Fundament. Die Selbstbeschuldigung im Angesicht des Endgerichts führt zur einzig rechten ‚intentio' den guten Werken gegenüber, schrieb Luther 1518 an Spalatin. Das begründet und erläutert der zweite Psalmenkommentar an zentralen Stellen. Die angeführten „immo" Sätze belegen das reichlich: „Timor ipse pietas est, immo sapientiae et pietatis caput et principium" (3; vgl 4, 5, 6,). Diese Furcht führt in die Hölle, in jene höllische Verlassenheit (7, 9), in der wir nur noch „spes contra spem" setzen können: „Immo" in isto excessu cogitur exclamare fidelis: ‚Omnis homo mendax' <Ps 115,11>". Die befreiende Antwort lautet: „immo securus ero, non meis viribus, sed quia ‚tu exsurges, domine'. . ."[139] Der Grundsatz der Demutstheologie ist auch dem Reformator unverzichtbar: „Nam iustus in principio accusator est sui"[140]. Denn, sola fide zu leben, heißt, ohne jeden Anhalt zu leben, gänzlich ent-rüstet[141]. Dasselbe, was zuvor vom ‚timor' ausgesagt wurde, gilt somit auch vom Glauben: „Fides est primum principium omnium bonorum operum . . ."[142] Dieser ‚timor' ist nicht vorreformatorisch, er wird nicht vom Glau-

---

[136] AWA 2,90,3 zu Ps 2,6.
[137] AWA 2,90,6.
[138] Als LUTHER dann Röm 1,17 zitiert (AWA 2,100,25f), soll ‚iustitia dei' die ‚lex Christi' erläutern, wie bereits in den Dictata (WA 55 II 40,1-3). Die ‚iustitia dei' als ‚gratia gratificans' in der Auslegung von Ps 4,2 (AWA 2,166,20f). Die ‚canonica significatio' wie in dem Rückblick des Jahres 1545: AWA 2,255,11-259, 14 zu Ps 5,9. Vom Gesamtbrief heißt es mit Bezug auf Gottes Urteil eindeutig: In universum, tota illa epistola – meo iudicio totius sacrae scripturae tum commentarius tum epitome, immo lux et apocalypsis –: quem non reum statuit mortalium? quanta fiducia universos increpat! Quod nullus alius liber scripturae tanta copia, tanta luce facit, ut huic versui glossa non inepte daretur ista: „Increpasti gentes", scilicet per apostolum Paulum, verbo quidem multas alias, litteris autem maxime Romanos (AWA 2,523,29–524,5).
[139] AWA 2,148,19 zu Ps 3,7; vgl ebd 341,4f: In nomine meo peribo, immo perditus sim, in tuo autem salvus ero.
[140] Prov 18,17; siehe AWA 2,170,3f zu Ps 4,2. Der Apparat verweist auf WA 57 I 21,13ff.
[141] . . . sola dei fide vivens et fiducia rerum exutus (AWA 2,179,1f).
[142] AWA 2,204,2f.

ben überwunden und nie von Luther zurückgelassen: „Terror irae tuae [Dei] violentior est, quam ut ferre possum ... nec spes nec caritas, immo nec fides satis sit ad ferendum, nisi roborentur"[143].

Die Forschung hat, veranlaßt durch die verfehlte Alternative ‚iudicium' oder ‚iustitia', die Dimension der prophetischen Sorge Luthers um die von Gottes Gericht gefährdete Kirche zu stark ausgeblendet. Stellt man diese Sorge wieder recht heraus, dann erweist sich der Ablaßstreit als Streit gegen eine Kirche auf der Flucht vor Kreuz und Gericht. Der Ablaßhandel ist Symptom dieser Flucht. Kurie und Prälaten entlarven sich als Gegenkirche und Feinde des Kreuzes, indem sie statt Kreuz und Gericht den Frieden verkündigen und verkaufen. Vielmehr aber gilt: „Pax, pax et non est pax" – Das Gericht Gottes steht bevor[144].

Die zwei Linien, die Luther in seinem Rückblick von 1545 ins Gedächtnis ruft, sind im Jahre 1519 fest zusammengefügt. Das Amt, zu dem er sich berufen weiß, ist die Verkündigung von Gericht und Gerechtigkeit zugleich. Den exegetischen Ausweis am Text und damit die wissenschaftliche Sicherheit über die ‚iustitia Dei' wird er zur jener Zeit gewonnen haben, als ihm deutlich wurde, wie weit die Kirche von ihrem Fundament in Petrus und Paulus[145] abgedrängt worden ist[146]. Der alte Luther hat sich nicht geirrt, als er auf die Zeit von Ende 1518 bis Anfang 1519 wies, also in die Zeit der Vorbereitung auf die Operationes in psalmos. Zu seiner reformatorischen Theologie ist Luther über einen langen, doppelten Weg von exegetischen Entdeckungen und kirchenhistorischen Erfahrungen gelangt, geführt von Athanasius und Euseb, Augustin und Bernhard, vorangestoßen durch Zeitgenossen wie Prierias, Cajetan und Eck. Die mit „immo" von Luther selbst gezeichneten Hervorhebungen geben einen Leitfaden in die Hand, diesen Weg zurückzuverfolgen.

Das Ergebnis kann nur sein, daß die Ansätze zur reformatorischen Theologie, die sogenannten ‚primitiae cognitionis et fidei Christi', sich bereits in der ersten Psalmenvorlesung des dreißigjährigen Theologen in vielerlei Hinsicht ausgebildet haben. Luther sah den Scopus der Schrift im Gekreuzigten (1Kor 1); er hat Christus in doppelter Front gegen Juden und Griechen „getrieben". Dabei ist Luther bis zum Ende geblieben. Der unsichere Boden des vierfachen Schriftsinns konnte aber erst verlassen werden, als sich zunächst die hebräischen[147] und dann auch die

---

[143] AWA 2,370,9; 371,4f zu Ps 6,3.
[144] AWA 2,411,21–23 zu Ps 7,7; 593,7; vgl WA 3,416,17–26 mit Verweis auf 1Kor 1 (!); 424,9–35 zu Ps 68,4.
[145] Ende Februar veröffentlicht LUTHER auf Drängen von KARL VON MILTITZ seine letzte versöhnliche Stellungnahme mit dem Angebot, nunmehr zu schweigen, falls er nicht erneut angegriffen würde: „Unterricht auf etliche Artikel, die ihm von seinen Abgönnern aufgelegt und zugemessen werden". In dem Schlußabschnitt „Von der römischen Kirche" wird zur Liebe und Treue zu Rom ebenso deutlich gemahnt, wie eine für das Seelenheil einschlägige Jurisdiktionsgewalt abgelehnt (WA 2,72,31–73,16).
[146] AWA 2,415,4–7 zu Ps 7; 588,19–589,3 zu Ps 10,7; 605,6–14 zu Ps 10,12.
[147] Siehe SIEGFRIED RAEDER, Das Hebräische bei Luther, untersucht bis zum Ende der ersten Psalmenvorlesung = BHTh 31 (Tübingen 1961); ders, Die Benutzung des masoretischen Textes bei Luther in der Zeit zwischen der ersten und zweiten Psalmenvorlesung (1515–1518) = BHTh 38 (Tübingen 1967); ders, Grammatica Theologica. Studien zu Luthers Operationes in Psalmos = BHTh 51 (Tübingen 1977).

griechischen Sprachkenntnisse gefestigt hatten. Doch ein hermeneutisches Regulativ ist schon früh ausgearbeitet: Christus ist das eine Werk Gottes von der Schöpfung bis zum Endsieg, zugleich Grundstein des Glaubens und der Kirche[148]. Dieser christozentrischen Theologie setzen die paulinischen Vorlesungen der nächsten Jahre wichtige und neue Akzente[149]. Wir werden ‚primitiae' aber nicht länger mit ‚erste Versuche' übersetzen dürfen, sondern den Bezug zu 1Kor 15,20 und 23 bedenken müssen: „Nunc autem Christus resurrexit a mortuis, primitiae dormientium". – „Unus quisque autem in suo ordine: primitiae Christus, deinde ii, qui sunt Christi, qui in adventu eius crediderunt".

Die letzte, reformatorisch entscheidende Entwirrung von Gerechtigkeit und Gericht fehlte noch. Als Luthers ‚Vater in Gott', Johannes von Staupitz, am 14. November 1516 an Johannes Lang, seinem Ordensuntergebenen, nach Erfurt schrieb: „... Iustitia te damnet, misericordia salvet"[150], formulierte Staupitz genau das *Ausmaß und die Grenze* seiner theologisch-pastoralen Hilfe, die er Luther hatte leisten können. Denn diese Formel wahrt die Gegenüberstellung von ‚iustitia' und ‚misericordia' und die Gleichsetzung von ‚iustitia Dei' mit ‚iudicium', von Gottes Gerechtigkeit und seinem Gericht. Diese Zusammenschau liegt Luthers reformatorischer Entdeckung voraus und hat sie blockiert. Reformatorisch hätte der Staupitz-Satz lauten müssen: „... Iustitia te damnat, immo salvat". Nach diesem „immo" hatte Luther schon seit den Dictata gesucht.

---

[148] WA 3,369,2–10 zu Ps 63,10. ‚Christus litteraliter' – ‚fides moraliter' ist somit nur ein Teil dieses Ganzen (WA 3,458,8–11 zu Ps 70,19).

[149] So zB in der Aufgabe der ‚merita de congruo'; vgl meinen Aufsatz: Facientibus quod in se est Deus non denegat gratiam. Robert Holcot OP and the Beginnings of Luther's Theology, in: HThR 55 (1962) 317–342 und in: The Reformation in Medieval Perspective, hg v STEVEN E OZMENT (Chicago 1971) 119–141. – In den Dictata kann LUTHER noch von ‚promereri' sprechen und davon, daß die Hoffnung „merita aliqua praerequirit" (WA 4,389,39 zu Ps 118,168).

[150] THEODOR KOLDE, Die deutsche Augustiner-Congregation und Johann von Staupitz (Gotha 1879) 439. KOLDE las – im reformatorischen Sinne: „... iustitia te damnet immo salvet". Daß ihm dabei ein Lesefehler unterlaufen ist – Staupitz schreibt: „... misericordia salvet" –, hat OTTO CLEMEN in ARG 38 (1941) 46 festgestellt.

DIE WIDMUNGSVORREDE BEI MARTIN LUTHER

von

Helmar Junghans

Als Karl Schottenloher 1953 in seiner Untersuchung „Die Widmungsvorrede im Buch des 16. Jahrhunderts" aus den Jahren 1501 bis 1585 in Regestform 390 Beispiele von Widmungsvorreden anführte, erwähnte er zwar mehrfach Luther, insofern dieser in den behandelten Texten erwähnt wurde, erfaßte aber nicht eine einzige Widmungsvorrede aus Luthers Feder[1]. Er ging von der Überzeugung aus, daß die Renaissance einen ganz neuen Menschen, den Humanisten, hervorgebracht habe, der sich durch ein gesteigertes Selbstbewußtsein auszeichnete und einen entsprechenden Geltungswillen entwickelte[2]. Er stellte Erasmus von Rotterdam als denjenigen heraus, der mit Vorliebe „die geistvolle, formvollendete Widmungsvorrede als durchaus selbständige literarische Erscheinung" verwendete[3]. So schien der Gegner des „Fürsten der deutschen Humanisten" kaum der Beachtung wert, zumal Schottenloher die schriftstellerische Eigenart des Wittenberger Reformators im Abfassen packender deutscher Flugschriften sah[4]. Luther verdient es aber durchaus, unter die Autoren von Widmungsvorreden im Buch des 16. Jahrhunderts gezählt, ja als solcher besonders beachtet zu werden.

1. Widmungen und Vorreden vor und um Luther

Als älteste Widmung gilt die des griechischen Dichters Hesiodos, der in „Ἔργα καὶ Ἡμέραι" seinen Bruder Perses ansprach, mit dem er einen Erbstreit hatte[5]. Doch das Werk belehrt so über die rechte Lebensweise, daß von hier aus auch eine Linie über den Lehrbrief zum Trostbrief gezogen werden kann[6]. Deutlicher trat der Widmungscharakter bei den astronomischen Werken heraus, die Archimedes

---

[1] KARL SCHOTTENLOHER, Die Widmungsvorrede im Buch des 16. Jahrhunderts (Münster 1953) 11–174.

[2] Ebd 1.

[3] Ebd 4–11; bes 5.

[4] Ebd 5.

[5] WOLFGANG LEINER, Der Widmungsbrief in der französischen Literatur (1580–1715) (Heidelberg 1965) 20; Der Kleine Pauly: Lexikon der Antike (München 1979) 2,1115; HESIODOS, Ἔργα καὶ Ἡμέραι 10,27.

[6] Vgl JOHANNES SYKUTRIS, Epistolographie, in: PRE Supplementbd 5 (1931) 202,47–204,62.

im 3. vorchristlichen Jahrhundert seinem Freund Dositheos widmete[7]. Freundschaftliche Verbundenheit und gemeinsame Interessen als Motive für eine Widmung finden sich auch im 16. Jahrhundert wieder[8]. Ein neues Motiv kam im 1. vorchristlichen Jahrhundert hinzu, als die von Maecenas geförderten Dichter seinen Namen in ihre Werke aufnahmen[9]. Dabei wurde schon ausgedrückt, daß eine solche Nennung dem Nachruhm des Widmungsempfängers dienlich sei[10] und von ihm das gewidmete Werk mit angeregt wurde, das der Dichter unter Anstrengungen verwirklichte[11]. Seit dieser Zeit war für viele Dichter und Schriftsteller die Versuchung groß, mit Hilfe von Widmungen den Schutz und die materielle Unterstützung eines Gönners zu gewinnen. Als Bezeichnung für Widmung verwendeten die römischen Schriftsteller „dedicatio", das ursprünglich im Zusammenhang mit der Tempelweihe benutzt wurde. Durch die Widmung wurde ein literarisches Werk zu einer Opfergabe bzw Dankesgabe, die einem vorhandenen oder erwünschten Gönner bzw einem Freund dargeboten wurde. Widmungs*briefe* waren jedoch zunächst selten, sie kamen erst im 1. nachchristlichen Jahrhundert auf. Die des Martialis zählen zu den bekanntesten[12].

Unter dem Einfluß der antiken Autoren und der Kirchenväter entfalteten sich Vorreden und Widmungsvorreden im frühen Mittelalter weiter, so zB bei den Geschichtsschreibern, die zahlreiche Topoi aus der Antike übernahmen, sich besonders stark des Bescheidenheitstopos bedienten und ihre Arbeiten häufig als Auftragswerk vorstellten, wobei sie weniger die Kritik des Freundes oder Sachkenners suchten als vielmehr den Schutz ihrer Schriften von seiten hervorragender Persönlichkeitkeiten begehrten[13].

Elemente, die sich in Widmungsvorreden finden, kamen auch in allgemeinen Vorreden vor, zumal die Widmungsvorreden literargeschichtlich um Widmungen erweiterte Vorreden sind. Die vor der Reformation am meisten gelesene Vorrede dürfte die von Petrus Lombardus zu seinen „Sententiae in IV libris distinctae" aus der Mitte des 12. Jahrhunderts sein. Der Lombarde gab seine Beweggründe für dieses Werk an, den Glauben zu schützen, Ergebnisse der theologischen Forschung zu erschließen und Kenntnisse über Geheimnisse der Kirche zu vermitteln[14]. Er

---

[7] LEINER, AaO 20.

[8] SCHOTTENLOHER hat die Widmung „des Freundes an den Freund" zwar erwähnt (Die Widmungsvorrede im Buch ... 175), den Freund aber nicht unter den „Widmungsempfängern" (ebd 177–192) aufgezählt, da ihm offenbar mehr an den Widmungsvorreden für Mäzene lag.

[9] Vgl zB VERGIL, Georgica 1,2.   [10] Ebd 2,40f.

[11] Ebd 3,40f.   [12] Vgl LEINER, AaO 18.21f.

[13] GERTRUD SIMON, Untersuchungen zur Topik der Widmungsbriefe mittelalterlicher Geschichtsschreiber bis zum Ende des 12. Jahrhunderts, in: Archiv für Diplomatik, Schriftgeschichte, Siegel- und Wappenkunde 4 (1958) 52–119; 5/6 (1959/60) 73–153. SCHOTTENLOHER täuschte sich in der Annahme, daß das Mittelalter die Widmungsvorrede kaum kannte (Die Widmungsvorrede im Buch ... 1). Zutreffender ging PAUL OSKAR KRISTELLER, Der Gelehrte und sein Publicum im späten Mittelalter und in der Renaissance, in: Medium aevum vivum = Festschrift für WALTER BULST, hg v HANS ROBERT JAUSS und DIETER SCHALLER (Heidelberg 1960) 221, davon aus, daß der Widmungsbrief „auch im Mittelalter häufig vertreten" war, obgleich er den Eindruck hatte, daß dieser erst durch den Humanismus seine weite Verbreitung fand.

[14] PETRUS LOMBARDUS, Sententiae in IV libris distinctae (Grottaferrata ³1971) 1,3,9–13.

kleidete dies in die Demutsbekundung ein: „Begehrend etwas von unserem Mangel und unserer Dürftigkeit zusammen mit der armen Witwe in den Opferstock des Herrn zu tun, haben wir uns vorgenommen, Schwieriges zu bezwingen, ein Werk über unsere Kräfte zu betreiben . . ."[15] Zugleich behauptete er – unter Verwendung eines Augustinzitates –, daß er dem Drängen studierender bzw. gelehrter Brüder habe nicht widerstehen können[16]. Er nahm diese Aufgabe auf sich, obgleich er keinen Zweifel hatte, daß jedes menschliche Reden der falschen Anklage und dem Widerspruch Eifersüchtiger bzw Feinden ausgeliefert ist, wozu er Hilarius von Poitiers zitierte[17]. Nach einer kurzen Inhaltsangabe schloß Petrus sein Vorwort mit dem Hinweis, daß dieses Werk für die Ungelehrten – zu denen er sich ausdrücklich zählte – notwendig sei und seine Sammlung von Aussagen der Väter von der Mühe befreie, in vielen Büchern zu suchen. Schließlich behauptete er, indem er wiederum Augustin zitierte, daß er sich nicht nur einen wohlgesonnenen Leser, sondern auch einen freimütigen Verbesserer wünsche[18].

Zu neuer Blüte gelangte die Widmungsvorrede in der Renaissance. Dazu trug vieles bei. Die Humanisten beschäftigten sich mit dem Abfassen von Gedichten und Briefen. Die Widmungen eröffneten Möglichkeiten, diese Neigungen zu entfalten. Soweit die Humanisten keine ausreichenden Einkünfte hatten, konnten sie mittels Widmungen Gönner finden. Widmungsempfänger waren als Schutzpatrone in den geistigen Auseinandersetzungen begehrt. Der Widmungsbrief, eine spezielle Form der Widmungsvorrede, ermöglichte es, in einem persönlichen Ton für die gesamte Leserschaft Bestimmtes zu erörtern. In der Widmungsvorrede konnte für das jeweilige Buch geworben und das Ziel der Ausgabe oder die wissenschaftliche Absicht vorgetragen werden. Außerdem schien die Widmungsvorrede sowohl dem Widmungsschreiber als auch dem Widmungsempfänger den ersehnten Ruhm zu bringen[19].

Als die frühesten gedruckten Vorreden gelten die des italienischen Humanisten Giovanni Andrea Bussi (1417–1475), der als Bibliothekar der Vaticana Werke klassischer Schriftsteller und der Kirchenväter bei den deutschen Druckern Konrad Sweynheym und Arnold Pannartz von 1467 bis 1472 in Rom herausbrachte. Er versah diese Ausgaben mit Widmungsvorreden an Paul II. (1464–1471) und Sixtus IV. (1471–1484), um dadurch ihre Unterstützung zu gewinnen und zugleich diesen Veröffentlichungen ein größeres Ansehen zu verschaffen[20]. Bussi fand rasch Nachfolger.

Die unterschiedlichen Widmungen lassen sich gut anhand der verschiedenen Ausgaben der „Lectura super primum et secundum Sententiarum" des Gregor von Rimini verfolgen. Den ersten Druck, der 1482 in Paris erschien, versah der Humanist Dominicus Mancinus mit einem Widmungsgedicht, in dem er den Sentenzen-

---

[15] Ebd 1,3,2–4.   [16] Ebd 1,3,13–15.
[17] Ebd 1,3,16–4,10.   [18] Ebd 1,4,21–30.
[19] Vgl KARL SCHOTTENLOHER, Die Widmungsvorreden deutscher Drucker und Verleger des 16. Jahrhunderts, in: GutJb 17/18 (1942/43) 141; ders, Die Widmungsvorrede im Buch . . . 1–3.
[20] Vgl ebd 2; LEINER, AaO 25.

kommentar Gregors lobte und hervorhob, daß die Stimme dieses Augustinereremiten durch diesen Druck wieder zur Geltung komme, wozu der französische König Ludwig XI. (1461–1483) und der Drucker Ludwig Martineau beigetragen hätten[21]. Die Ausgabe, die 1503 in Venedig herauskam, erhielt einen mit griechischen Wendungen bereicherten Widmungsbrief, den der Augustinereremit Paulus von Genazzano an den „theologus excellentissimus" Aegidius von Viterbo, den späteren Ordensgeneral, richtete und mit dem Datum vom 1. April 1502 versah. Darin berichtete er von seinen Anstrengungen, angesichts der verderbten Überlieferung den ursprünglichen Text herzustellen. Er bat Aegidius, „haec parva nostra munuscula" anzunehmen, was ihn zu größeren Anstrengungen anspornen würde. Einerseits betonte er, daß er viel Fleiß aufgewendet habe und diese Gregorausgabe das Ergebnis von lucubrationes und vigiliae, von Nachtarbeiten und Nachtwachen sei, andererseits bezeichnete er das Ergebnis als kleines Geschenk, wie es die Bescheidenheit erforderte. Den Widmungsempfänger dagegen rühmte er als „nostrae religionis decus et omnium bonarum artium vir". Der Name Aegidius bot Gelegenheit, auf den Schild der Athene anzuspielen und den Schutz dieses Schildes, des Aegidius, zu erbitten[22]. In der um 1520 in Paris herausgebrachten Ausgabe wandte sich Astensis „ad lectores", um die Sorgfalt zu rühmen, mit der diese Ausgabe von Petrus de Garanta und dem Drucker Claudius Chevallon hergestellt wurde[23]. Schließlich wurde die Ausgabe von 1522 mit allen Arten von Widmungen versehen. Der Herausgeber, der Augustinereremit Augustinus von Montefalco, setzte auf die Titelseite einen Vierzeiler „pro Gregorio". Auf deren Rückseite druckte er einen Widmungsbrief an Kardinal Dominicus Grimani vom 21. Oktober 1521, in dem er sich selbst als „Theologorum minimus" vorstellte, während er Grimani als „studiosorum omnium pater, tutor ac protector" und „Cardinei coetus ornamentum" lobte. Außerdem berichtete er über seine Herausgebertätigkeit, um für diese Ausgabe zu werben, die er mit bis dahin unbekannten Zusätzen ergänzen konnte. Danach folgte ein Gedicht auf Grimani. Darüber hinaus widmete noch Aloisius von Puteoli in einem Gedicht das Werk dem Leser[24]. Der Drucker Amadeus Scotus mußte nun befürchten, daß seine Gregorausgabe von 1518 nicht mehr zu verkaufen war, nachdem Augustinus von Montefalco einen erweiterten Text vorgelegt hatte. So veröffentlichte er noch 1522 die Ergänzungen in einem Separatdruck, wobei er wortreich an den Leser gewandt die Sorgfalt seiner Arbeitsweise anpries und auf die Zusätze einging[25].

Für die Widmungsvorreden deutscher Humanisten lieferte Konrad Celtis ein Muster, als er 1501 seine in Nürnberg erscheinende Roswithaausgabe mittels eines ausführlichen Briefes Friedrich dem Weisen widmete. Darin beschrieb er sich als einen unbeirrbaren Humanisten, der weder Kosten noch Gesundheit schonte, um

---

[21] GREGORIUS ARIMINENSIS, Lectura super primum et secundum Sententiarum, hg v A DAMASUS TRAPP und VENICIO MARCOLINO (Berlin 1981) 1,LVII–LIX. Der Nachdruck in Valencia übernahm auch das Widmungsgedicht (ebd LIX).

[22] Ebd 1,LXf.   [23] Ebd 1,LXIV.
[24] Ebd 1,LXVIf. [25] Ebd 1,LXXIIf.

Handschriften aufzuspüren und zum Druck zu bringen. Er forderte die Deutschen auf, die Werke ihrer Vorfahren selbst zu veröffentlichen, wodurch der nationale Zug seines Humanismus deutlich wurde. Er zeigte die humanistischen Bestrebungen an, als er hervorhob, daß jeder bildungsfähig sei. Die Roswithaausgabe widmete er Friedrich dem Weisen, weil dieser ihren Druck finanziert hatte, wofür er den sächsischen Kurfürsten mitsamt seinem Geschlecht rühmte und seine Frömmigkeit, sein Eintreten für das Deutsche Reich, seinen Charakter und seine Förderung der Wissenschaften lobte. Am Schluß erwähnte er, daß er diesen Brief im Haus von Willibald Pirckheimer verfaßt hatte. Damit stellte er sich und das Werk in die Humanistengemeinschaft hinein[26]. Und diese bekannte sich auch selbst zu Roswitha und Celtis, denn außer ihm steuerten dreizehn Humanisten für diese Ausgabe noch Epigramme bei[27].

Solche ein Buch empfehlende Gedichte wurden offenbar in dieser Zeit bei deutschen Herausgebern und Druckern sehr beliebt, ohne daß die Ziele der Dichter und die der von ihnen geschmückten Werke immer übereinstimmen mußten. So ließ Wendelin Steinbach von dem Tübinger Humanisten Heinrich Bebel für den Druck des Sentenzenkommentars von Gabriel Biel 1501 ein Gedicht verfassen, in dem jener die Studenten mehr auf das Studium der Kirchenväter verwies als für Biel begeisterte[28]. Der Scholastiker Jodocus Trutvetter schmückte von elf Ausgaben seiner philosophischen Werke zwischen 1500 und 1518 zehn mit Gedichten von Humanisten, manche mit mehreren[29]. Diese Ausstattung mit Gedichten führte auch zu Merkwürdigkeiten. Otto Beckmann, der humanistische Neigungen hatte und zugleich deren Gegensatz zur Scholastik überbrücken wollte, lobte 1514 in einem Gedicht zur Schrift „Cursus physici. Collectanea. Cursus philosophiae naturalis" des Martin Pollich aus Mellerstadt dessen scholastische Wissenschaftsmethode, obgleich Pollich in diesem Werk sich selbst für die scholastische Form entschuldigte und sich für die humanistischen Studien aufgeschlossen zeigen wollte[30].

Den Wittenbergern waren alle Gattungen von Widmungen sehr vertraut, denn es waren damit nicht nur die in Wittenberg erscheinenden Drucke versehen, sondern auch Werke von Wittenbergern, die außerhalb dieser Stadt gedruckt wurden[31]. Außerdem waren seit 1486 mit Widmungsbriefen an Kurfürst Friedrich den Weisen

---

[26] Der Briefwechsel des Konrad Celtis, hg v HANS RUPPRICH (München 1934) 461–467 (267); SCHOTTENLOHER, Die Widmungsvorrede im Buch ... 11f; MARIA GROSSMANN, Humanism in Wittenberg 1485–1517 (Nieuwkoop 1975) 101f.
[27] Der Briefwechsel des Konrad Celtis 468–471 (268).
[28] GABRIEL BIEL, Collectorium circa quattuor libros Sententiarum, hg v WILFRIDUS WERBECK und UDO HOFMANN (Tübingen 1973) 1,1f.
[29] Vgl ERICH KLEINEIDAM, Universitas studii Erffordensis: Überblick über die Geschichte der Universität Erfurt im Mittelalter 1392–1521 (Leipzig 1969) 2,293f; A GRAMSCH, Widmungsgedicht, in: RDL 3 (1928/29) 501–503.
[30] GROSSMANN, Humanism ... 72f.
[31] Vgl ebd 70–73.89f.94.96f.

eine ganze Anzahl von Werken ausgestattet worden, die zum Teil in die Wittenberger Schloßbibliothek gelangten[32].

Widmungsvorreden entstanden sogar in Luthers unmittelbarer Nähe, im Schwarzen Kloster zu Wittenberg. So schickte Johann Lang seiner für eine Vorlesung bestimmten Ausgabe von zwei Hieronymusbriefen auf der Titelrückseite einen Widmungsbrief an einen seiner Kollegen in der Artistischen Fakultät, Heinrich Stackmann, mit dem Datum vom 10. Juni[33] 1515 voraus. Er rechtfertigte seine Ausgabe mit der Absicht, mehr der sittlichen Erziehung als der reinen Belehrung dienen zu wollen. Den ersten dieser beiden Briefe pries er als Verteidigung gegen diejenigen Kritiker an, die die weltlichen Wissenschaften einem Christen entziehen wollten und die Autorität von Ockham über die des Hieronymus, die von Scotus über die Augustins und die von Capreolus über die des Ambrosius stellten. Lang beschrieb damit die Bestrebungen der Wittenberger Humanisten, die Kirchenväter – nicht nur Augustin – neben den Scholastikern aller Richtungen – denn er griff ja Ockhamisten, Scotisten und Thomisten zusammen an – mindestens zur Geltung zu bringen. Als Grund für seine Widmung gab er an, er wolle Stackmann dazu bewegen, mit seinen Schülern ebenfalls Hieronymus auszulegen[34]. Tatsächlich erreichte er dies, denn Stackmann gab eine Sammlung von zehn Hieronymusbriefen heraus, die er mit einem Widmungsbrief vom 21. Februar 1517 an Heinrich Rommel versah. Er wollte diesem damit seine Dankbarkeit erweisen und ihm zugleich eine Hilfe gegen seine körperlichen Schmerzen darreichen. Durch diesen Brief wurde diese Hieronymusausgabe für Rommel zur Trostschrift[35].

Während Lang am 10. Juni 1515 noch Gefährten für die Förderung des Studiums der Kirchenväter warb, konnte er in seinem Brief zu dem Wittenberger Nachdruck der „Sententiae morales" des um 430 verstorbenen griechischen Mönches Neilos von Ankyra vom 5. März 1516 an Georg Spalatin über die Wiederbelebung der Studien, die sich auf die Kirchenväter und die Heilige Schrift erstreckten, berichten. Lang nutzte die Gelegenheit, sein Programm darzustellen und über die Veränderungen des Wittenberger Studiums zu berichten, wobei seine Erwartungen die Darstellung prägten, denn er wollte diese Vorrede zur Propaganda für seine Anliegen nutzen. Er unterrichtete über den Neilosübersetzer Wolfgang Stromer sowie über das Urteil Pirckheimers über diesen und sah in Johannes Reuchlin und Erasmus eine große Hilfe für die neuen Studien. Aber er gedachte auch seiner Gespräche mit Spalatin und Konrad Mutianus. Damit signalisierte Lang, daß sein Reformprogramm von einem breiten Kreis getragen wurde. Wenn Lang auch nicht ausdrücklich schrieb, daß er diese Neilosübersetzung Spalatin widmete, sondern

---

[32] Ebd 57.62.95.100–105; BERND STEPHAN, Beiträge zu einer Biographie Kurfürst Friedrichs III. von Sachsen, des Weisen (1463–1525) (Leipzig 1980) 174–178. 521–524 Anm 1092f.

[33] WABr 1,51 Anm 6 ist „IIII idus Iunii" irrtümlich mit 11. Juni aufgelöst.

[34] Die vollständigen bibliographischen Angaben siehe MARIA GROSSMANN, Wittenberger Drucke 1502 bis 1517: ein bibliographischer Beitrag zur Geschichte des Humanismus in Deutschland (Wien 1971) 48 (99). Der Herzog August Bibliothek in Wolfenbüttel danke ich für die rasche Zusendung von Xerokopien der Widmungsvorreden dieses und der in der Anm 35 und 37 genannten Drucke.

[35] Zum Titel siehe GROSSMANN, Wittenberger Drucke 1502 bis 1517, 51 (111).

nur, daß er sie ihm zusende und anempfehle, so brachte es doch der Ort der Veröffentlichung dieses Briefes mit sich, daß er als eine Widmungsvorrede verstanden werden mußte, die diesen Kirchenvater dem Schutz Spalatins und der aufgezählten Humanisten anvertraute[36].

Otto Beckmann widmete seinen „Sermo... in laudes sanctissimae Parthenices Catharinae rei totius literariae Deae Tutelaris: habitus" dem Wittenberger Juristen und Propst des Allerheiligenstiftes Henning Goede und dem Juristen und Kanzler des Kreuzritterordens in Livland, Hermann Runnenberg. Am Anfang des Briefes teilte er mit, daß es üblich sei, bei der Veröffentlichung von etwas Neuem sich Schutzherren auszuwählen, um gestützt auf deren Autorität, Hilfe und Schutz den Angriffen von Neidern zu wehren. Nachdem Beckmann dazu antike Schriftsteller zitiert und erörtert hatte, widmete er seinen Sermon in aller Form den beiden einflußreichen Persönlichkeiten[37].

Zum Abschluß sei noch auf den Widmungsbrief des Johann von Staupitz vom 1. Januar 1517 an den Nürnberger Bürgermeister Hieronymus Ebner zu seinem „Libellus de exsecutione aeternae praedestinationis" verwiesen[38]. Während von Staupitz für den Bürgermeister sich der üblichen Kanzleisprache, also des Deutschen bediente, erstellte Christoph Scheurl eine lateinische Fassung[39], in der die humanistischen Elemente stärker hervortraten. Als Beweggrund für die Widmung gab von Staupitz seine Dankbarkeit gegenüber der Stadt Nürnberg an, die ihn zu einem Dienst für sie bewege. Die lateinische Fassung redete Ebner ausdrücklich als Schutzherrn an. Beide Texte äußerten den Wunsch, daß Ebner für die Verbreitung des Buches sorge. Die lateinische Fassung behauptete noch, von Staupitz gebe das Buch auf Wunsch seiner Predigthörer heraus. Außerdem forderte sie den Leser auf, Falsches freimütig zu verbessern[40]. Damit war ein Gedanke von Augustin übernommen, den zwar schon der Lombarde zitiert und damit überliefert hatte, der sich aber zugleich in die humanistische Bescheidenheitsbetonung der Widmungsbriefe seht gut einfügte. Es verdient Beachtung, daß nicht der Augustinereremit von Staupitz den Leser zum kritischen Urteil über sein Werk aufforderte, sondern der humanistisch geschulte Jurist Scheurl, so daß diese Aussage mehr als eine Bescheidenheitsformel als ein Ausdruck für mönchische Demut verstanden werden muß.

Da Luther in solch einem Maße in seiner engsten Umgebung Widmungsvorreden begegnete, konnte es nur eine Frage der Zeit sein, wann er sich ihrer bediente.

---

[36] Zum Titel siehe ebd 50 (108); den Text des Briefes siehe KENNETH HAGEN, An addition to the letters of John Lang: introduction and translation, in: ARG 60 (1969) 30f.

[37] Zum Titel siehe GROSSMANN, Wittenberger Drucke 1502 bis 1517, 48 (97). Entsprechend widmete LUTHER die „Operationes in psalmos" und den ersten Teil seiner Postille FRIEDRICH DEM WEISEN; vgl unten 51f.61.

[38] JOHANN VON STAUPITZ, Sämtliche Schriften, hg v LOTHAR GRAF ZU DOHNA und RICHARD WETZEL (Berlin 1979) 2,70–75.

[39] Ebd 2,26–29.

[40] Ebd 2,72.

2. Luthers Vorreden bis zu seinen beiden ersten Widmungsbriefen

Das erste Werk, das Luther herausgab und nicht für eine Vorlesung bzw Disputation bestimmt war, erhielt von ihm den Titel „Eyn geystlich edles Buchleynn"[41]. Der Drucker gab als Erscheinungsdatum den 4. Dezember 1516 an. Luther versah das 14 Blätter umfassende Büchlein mit einer Vorrede, die zwar keine Widmung war, aber auch nicht nur eine sachliche praefatio. Luther sprach die Leser an – ohne allerdings eine entsprechende Anrede zu verwenden –, wie sie mit dem Buch umgehen sollten, empfahl den Inhalt und stellte Überlegungen zur Herkunft des von ihm herausgebrachten Fragments an. Darunter setzte er seinen Namen und „Subscripsit"[42].

Mit der Anrede „Allen lieben glidmaßen Christi die diß puchleyn leßen" wendete sich Luther in den im Frühjahr 1517 gedruckten „Die sieben Bußpsalmen" schon direkt an seine Leser. Nach dem Gruß „Gnade und frid von gott" kommt er der möglichen Kritik an seiner Psalmenübersetzung und seiner Auslegung zuvor[43], was sich seit der Antike in der Widmungsvorrede findet[44]. Während die Widmungsvorrede oft den Anlaß eines Werkes nannte, um dadurch dem Vorwurf zu entgehen, der Autor hätte das Werk aus Anmaßung unternommen[45], schrieb Luther hier sich bewußt über diese Gewohnheit hinwegsetzend: „Meyne vormessenheyt aber, die psalmen auß zulegen, sunderlich yns deutsche, befilh ich frey yn eyns iglichen gutduncken zu urteylen, dan nit myr nach dyr, sundern gote alleyn lob unnd eere an ende"[46]. Das entsprach seiner Überzeugung, die er am 1. März 1517 Lang schrieb: „Die von mir übersetzten und in der Volkssprache ausgelegten Psalmen, wenn sie keinem gefallen, gefallen sie mir sehr gut"[47]. Doch diese gegenüber dem Freund geäußerte Meinung wiederholte er nicht in seinem Brief vom 6. Mai 1517 an Scheurl, in dem er sich vielmehr für die sprachliche Gestalt entschuldigte und das Werk sogar als Albernheiten (ineptiae) bezeichnete[48]. Damit holte Luther noch etwas von dem nach, was mancher Humanist in seiner Vorrede erwartete. Humanistischer als seine Äußerung zur Anmaßung war in seiner Vorrede die Begründung für seine Übersetzung, daß er nicht einfach dem Text der Vulgata gefolgt sei, sondern die Übersetzungen von Hieronymus und Reuchlin zu Rate gezogen habe[49]. Mit diesem Hinweis stellte Luther „Die sieben Bußpsalmen" in das von Lang am 5. März 1516 verkündete humanistische Studienprogramm. Formal kam Luther dem Widmungsbrief noch dadurch näher, daß er außer seinem Namen noch Ort und Datum – wenn auch nur die Jahreszahl – nannte[50].

Mit diesem Vorwort eröffnete Luther die lange Reihe der Vorworte, in denen er sich direkt an die Leser wandte und die sich bis zum 5. März 1545 verfolgen läßt,

---

[41] Zum Titel vgl GROSSMANN, Wittenberger Drucke 1502 bis 1517, 49 (105).
[42] WA 1,153.
[43] WA 1,158,3–15.
[44] Vgl SIMON, AaO 4,87.
[45] Ebd 87.
[46] WA 1,158,15–18.
[47] WABr 1,90,12f (35).
[48] WABr 1,93,5–94,11 (38).
[49] WA 1,158,5–10.
[50] WA 1,158,18–20.

als er das Vorwort zum ersten Band seiner Opera latina der Wittenberger Ausgabe abschloß, das er mit der antiken Formel „Martinus Luther pio lectori salutem" begann und mit Datum beendete[51].

Den frühesten Widmungsbrief für eine Lutherschrift verfaßte nicht Luther selbst, sondern Johannes Agricola, der ihn der „Auslegung und Deutung des heiligen Vaterunsers durch D. M. Luther im Frühjahr 1517 gepredigt und durch seiner Schüler einen zusammengesetzt" voranstellte. Obgleich die Auslegung deutsch war, bemühte sich Agricola in seiner Vorrede um humanistisches Latein, das er mit einigen griechischen Wörtern würzte. Er wandte sich an den Juristen Christoph Blanck (Plangk), der seit 1516 Dekan und Prokurator des Kleinen Chores in der Wittenberger Schloßkirche war. Agricola lobte ihn wegen seiner vorbildlichen Lebensführung und stellte ihn als seinen Wohltäter vor, ehe er ihm das Buch als Zeichen seiner Liebe widmete. Mit einem Schlußgruß und Datum beendete er am 13. Januar 1518 diesen Widmungsbrief[52]. Agricola folgte treu dieser Literaturgattung, indem er als Beweggrund für diese Widmung die Dankbarkeit angab und zugleich den Schutz für dieses Buch erhoffte[53]. Er sparte nicht mit Ausdrücken der Bewunderung für den Widmungsempfänger und nannte demgegenüber und doch zugleich damit korrespondierend sein Werk bescheiden ein „opellum", von dem er freilich zugleich behauptete, daß er es bei Licht, also in Nachtarbeit, erstellt habe[54]. Er unterrichtete über die Entstehung dieses Werkes und warb für den Inhalt, indem er seinen Lehrer einen unvergleichlichen Mann nannte[55].

Seine erste Vorrede in Briefform schrieb Luther nicht für eines seiner eigenen Werke, sondern für die „Apologetica responsio contra dogmata" des Johannes Silvius Egranus. Nachdem Luther bereits am 24. März 1518 in einem Brief an Egranus die gegen diesen gerichteten Thesen des Hieronymus Dungersheim aus Ochsenfurt verurteilt hatt[56], verfaßte er – wahrscheinlich noch im selben Monat – ein erbetenes Urteil über die Entgegnung des Egranus, das dem Druck vorangestellt wurde. Luther hob darin hervor, daß der Inhalt dieses Buches seiner Lehre entspreche[57]. Vor allem aber ging er auf die zu erwartenden Anfeindungen ein. Daß er die Freunde mit den eruditi und die Feinde mit den indocti gleichsetzte[58], läßt die humanistischen Kategorien erkennen, nach denen er wertete. Indem er auf den weise urteilenden Midas anspielte[59], zeigte er sich klassisch gebildet und trug zugleich humanistischen Erwartungen Rechnung. Daß ihm dieser Brief als Verteidigung des Egranus – also seine Widmung als Parteinahme gegen die Scholastiker – ausgelegt wurde,

---

[51] WA 54,179,1–187,7.

[52] WA 9,123,1–124,23; zu CHRISTOPH BLANCK († 1541) siehe Germania sacra, Abt 1: Die Bistümer der Kirchenprovinz Magdeburg, Bd 3: Das Bistum Brandenburg Teil 2, hg v FRITZ BÜNGER und GOTTFRIED WENTZ (Berlin 1941) 136. LUTHER richtete an BLANCK seine „Responsio ad condemnationem doctrinalem per Lovanienses et Colonienses factam" um den 19. März 1520 (WA 6,181–195).

[53] WA 9,124,14: „Hinc tibi, qui meum es praesidium,..."; 124, 21f: „Vale, observandissime Patrone".

[54] WA 9,124,14f.   [55] WA 9,124,16f.   [56] WABr 1,157,4–8 (65).

[57] WA 1,316,7f.   [58] WA 1,316,11f.

[59] Vgl OVID, Metamorphoses 11,92f; Der Kleine Pauly 3,1287–1289.

erfuhr er sehr bald[60]. Vorreden zu den Werken anderer schrieb Luther bis zu Spalatins „Magnifice consolatoria exempla et sententiae ex vitis et passionibus sanctorum . . . collectae" vom 8. März 1544[61].

Die ersten Widmungsbriefe als Widmungsvorreden für ein eigenes Werk verfaßte Luther für die „Resolutiones disputationum de indulgentiarum virtute".

Den Widmungsbrief an Johann von Staupitz datierte Luther auf den 30. Mai 1518[62]. Er verzichtete auf verherrlichende Epitheta – was auch sonst in humanistischen Widmungsbriefen vorkam –, und rechtfertigte seine Veröffentlichung, indem er seine Entwicklung im Verstehen der Buße darstellte, wie er dadurch in Gegensatz zur Ablaßpraxis geriet und sich zur Veröffentlichung von Thesen und schließlich des nachfolgenden Werkes genötigt sah. Luther beschrieb damit nicht seine allgemeine Entwicklung zum Reformator, sondern begründete damit – wie es einer Widmungsvorrede zu diesem Werk zukam – allein sein Verhalten im Ablaßstreit. Und wenn er hervorhob, daß von Staupitz ihn auf den rechten Weg wies, so mag dies nicht falsch sein, doch daß er die Anregungen seines Ordensoberen so hervorhob, hing damit zusammen, daß dieser Brief an ihn gerichtet war. Mit diesem Widmungsbrief wurden Luthers Ablaßthesen zu einer Angelegenheit seines Ordens, denn Luther hatte von Staupitz als „Augustinianae familiae Vicarius" angesprochen[63]. Das versuchte er sogleich wieder herunterzuspielen, indem er schrieb, er bitte nicht um Schutz, sondern nur darum, daß von Staupitz diese Schrift annehme und an Leo X. weiterleite, und zugleich betonte er, er wolle nicht, daß von Staupitz sich mit seiner Gefahr verbinde[64]. Diese Ausführungen waren überflüssig, wenn die Widmungsvorrede bei den Zeitgenossen nicht die Überzeugung weckte, daß hinter einer von Staupitz gewidmeten Schrift auch der von ihm geleitete Teil des Augustinereremitenordens stehe. Während Luther Gefahr von seinem Orden abwenden wollte, stellte er sich in die Gemeinschaft der Humanistenfreunde hinein, indem er einen Ausspruch Reuchlins – gegen den ein Ketzerprozeß anhängig war –, einführte[65]. Humanistischer Widmungsvorrede entsprach auch, daß Luther betonte, er wende sich nur aufgrund der Entwicklung gezwungen und ungern an die Öffentlichkeit, da er ein Liebhaber des Winkels – also der Verborgenheit – gewesen sei und lieber das Spiel der Genies in seinem Jahrhundert betrachtet habe, als sich beurteilen und auslachen zu lassen. Aber er tröstete sich damit, daß ein Gauchheil – ein schlechtes Gemüse – unter den guten Gemüsearten[66], ein Schwarzer unter den Weißen stehen müßte, um den Schmuck und die Schönheit der anderen hervortreten zu lassen[67]. Luther hatte damit der erwarteten Bescheidenheit Genüge getan und zugleich einen Ausdruck dafür verwendet, um den ihn manche Humanisten beneiden konnten. Es braucht daher nicht zu überraschen, daß er

---

[60] WABr 1,171,67–70 (74), am 9. Mai 1518 an JODOCUS TRUTVETTER.
[61] WA 54,113,1–115,16.   [62] WA 1,525,1–527,15.   [63] WA 1,525,2.
[64] WA 1,526,38–527,2.   [65] WA 1,527,6f.
[66] Cl 1,18 Anm zu 25 verweist darauf, daß diese Redewendung bei THEOPHRASTOS vorkommt und von ERASMUS in seinen „Adagia" erläutert wurde.
[67] WA 1,526,33–37.

anschließend sein Werk wieder als „ineptiae" bezeichnete[68], ohne daß er damit etwas von seinem Inhalt zurücknehmen wollte.

Noch stärker treten die humanistischen Elemente in dem Widmungsbrief an Leo X. hervor. Auch hier ging es Luther um die Rechtfertigung seines Vorgehens, ein Gegenstand, der durchaus in eine Widmungsvorrede gehörte. Nur berichtete er hier weniger über seine theologische Entwicklung als von seinem Kampf gegen den Mißbrauch des Ablasses. Die gewählte Literaturgattung brachte es mit sich – sie forderte ja Rechtfertigung –, daß er betonte, wie korrekt er sich in seinem Vorgehen verhalten habe. Luther sparte auch nicht mit Bescheidenheitsklauseln, indem er sich als „lallend und unberedt"[69] und als „ungelehrt, stumpfsinnig in bezug auf Begabung, bar jeder Gelehrsamkeit" vorstellte[70]. Seine „Resolutiones disputationum de indulgentiarum virtute" bot er als „meas nugas" – also Albernheiten – an[71]. Wie sehr diese Aussagen weniger mit mönchischer Demut als mit humanistischer „Bescheidenheit" zu tun haben, wird daraus ersichtlich, daß Luther im Gegensatz zu seiner „Ungelehrtheit" das blühende Zeitalter rühmt, in dem selbst ein Cicero gezwungen sein könnte, sich in den Winkel zurückzuziehen, so daß Luther – mit seinem stilistischen Ausdruck – nur als Gans unter Schwänen schnattere[72]. Schwieriger ist es, die Unterwerfungsformel am Schluß des Briefes einzuordnen[73], weil hier zwei verschiedene Vorbilder vorhanden waren. Einerseits finden sich Bereitschaftserklärungen, sich belehren zu lassen und sich zu unterwerfen, wiederholt in spätscholastischen Werken und gehören zur scholastischen Disputation[74]. Andererseits konnte mit der Widmung die Bitte an den Widmungsempfänger verbunden sein, das Werk zu beurteilen, was sich soweit steigerte, daß ihm die Entscheidung angetragen wurde, das Werk zu veröffentlichen, zurückzusenden oder gar vernichten zu lassen. Regino von Prüm überließ es dem Widmungsempfänger, seine Arbeit anzuerkennen (approbare) oder zu verdammen. Trotz solcher Bitten rechnete naturgemäß jeder Autor mit einer Zustimmung für sein Werk[75]. Die Beziehung eines Widmenden zu einem Höherstehenden veranschaulicht ein Widmungsbild, das Celtis auf der Ausgabe seiner Gedichte „Amores", die er 1502 Maximilian I. widmete, anbringen ließ. Darauf wird der das Werk überreichende Dichter vor dem thronenden Kaiser kniend dargestellt[76]. Mußte nicht mancher daran denken, wenn er bei Luther las: „Deshalb, Seligster Vater, gebe ich mich

---

[68] WA 1,526,38.   [69] WA 1,527,28.   [70] WA 1,529,5f.
[71] WA 1,529,11.   [72] WA 1,529,6–9.   [73] WA 1,529,22–26.
[74] Vgl zB GUILLELMUS DE OCKHAM, Opera politica, hg v H S OFFLER (Mancunii 1974, 1956) 1,228,24–26 (An princeps pro suo succursu, scilicet guerrae, possit recipere bona ecclesiarum, etiam invito papa); 3,29, 14–16 (Contra Ioannem); 3,166,10–12 (Contra Benedictum); GERHARD HAMMER, Militia Franciscana seu militia Christi: das neugefundene Protokoll einer Disputation der sächsischen Franziskaner mit Vertretern der Wittenberger theologischen Fakultät am 3. und 4. Oktober 1519, in: ARG 70 (1979) 99; s auch WA 59,667.
[75] SIMON, AaO 5/6,112–136; bes 118–121.
[76] SCHOTTENLOHER, Die Widmungsvorrede im Buch ... 4. CELTIS behauptete, daß er nichts habe, was einem so großen Fürsten und Kaiser der christlichen Welt würdig wäre, aber er wollte wenigstens „nostris nugis, ineptiis et inlepidis iocis" seine gute Absicht erkennen lassen (Der Briefwechsel des Konrad Celtis 495,22–496,38 [275]).

preis, niedergeworfen zu den Füßen Eurer Seligkeit mit allem, was ich bin und habe"[77]? In welchem Maße die von der gewählten Literaturgattung erwarteten Formen echte Überzeugungen enthalten, ist nicht immer leicht zu ermitteln. Dagegen ist eindeutig, daß von diesen Erwartungen abweichende Ausführungen bei der Interpretation besonderes Gewicht erhalten müssen. Dazu gehört im Widmungsbrief an Leo X. ohne Zweifel Luthers „Widerrufen kann ich nicht"[78]. Und wenn sich diese Aussage und die erklärte Bereitschaft, sich dem zukünftigen Urteil des Papstes zu unterwerfen, auch logisch widersprechen und es scheint, daß eine „gewisse Spannung in diesem Brief zwischen der Ablehnung des Widerrufs und der Unterwerfung... unübersehbar" ist[79], so ergibt sich doch aus der damals geläufigen Form eines Widmungsbriefes, daß Luthers grundsätzliche Bereitschaft zum Gehorsam nicht mehr bedingungslos war. Und man kann davon ausgehen, daß die Empfänger solcher Widmungen diese „Unterwerfungsformeln" so zu lesen vermochten wie wir heute die Empfehlungen der Werbung.

Für Luthers Widmungsbrief an Leo X. ist noch das Fragment eines Entwurfs erhalten. Darin schrieb Luther, daß er den Papst nicht um die Verteidigung seiner Sache, auch nicht um eine Entscheidung darüber bitten, sondern sich nur an ihn selbst wenden wolle, um zu zeigen, daß er nicht allzu sehr die Drohungen seiner Feinde fürchte[80]. Während Luther hier noch abweichend von dem in seiner Zeit verbreiteten Beweggrund für Widmungen, nämlich einen Beschützer zu gewinnen[81], argumentierte, gab er in dem endgültigen Brief als Grund an: „Deshalb – wodurch ich auch meine Feinde besänftige und die Wünsche vieler erfülle – sende ich diese meine Albernheiten, die Erläuterungen zu meinen Disputationsthesen. Ich schicke sie aber, damit ich dadurch geschützter bin, unter dem Schutz Deines Namens und dem Schatten Deiner Hilfe, ..." Zugleich sollte damit deutlich werden, daß er mit dem Ablaßmißbrauch keineswegs die kirchliche Gewalt angreifen wollte[82]. Den möglichen Vorwurf der Anmaßung hat Luther mit dem Hinweis auf die Wünsche vieler abgefangen und den Papst als Patron in Anspruch genommen. Ein Schweigen des Papstes wäre einer Zustimmung gleichgekommen. Während Luther in dem Widmungsbrief an von Staupitz durch den Hinweis auf Reuchlin sich zu den Humanisten stellte, ihre Unterstützung für sich herausforderte, argumentierte er nun an Leo X., daß die Rechtmäßigkeit seines Vorgehens daraus ersichtlich sei, daß Kurfürst Friedrich der Weise und die Wittenberger Universität ihn duldeten[83]. Für den Papst konnte das kein Wahrheitsbeweis sein. Diese Aussage signalisierte vielmehr dem Papst, noch mehr aber den übrigen Lesern dieses ja als Einleitung gedruckten Widmungsbriefes, daß Luther nicht mehr allein stand, sondern sich der Duldung eines Reichsfürsten und der Leucorea erfreute. Für die

---

[77] WA 1,529,22–24.   [78] WA 1,529,3.
[79] MARTIN BRECHT, Martin Luther: sein Weg zur Reformation; 1483–1521 (Stuttgart 1981) 214.
[80] WA 9,173,1–6.
[81] SCHOTTENLOHER, Die Widmungsvorrede im Buch... 175.
[82] WA 1,529,10–15.
[83] WA 1,529,15–22.

gewöhnlichen Leser dieser Schrift mußte dieser Hinweis von Bedeutung sein, aber Leo X. mußte kirchenpolitische Überlegungen anstellen.

Beide Widmungsbriefe zeigen, wie Luther bereits im Frühjahr 1518 sich dieser Literaturgattung zu bedienen wußte und wie er die einzelnen Elemente aufnehmend die Texte abfaßte. Luthers Widmungsvorreden können daher nicht einfach als sachliche Einleitungen gelesen werden, in denen alles logisch aufeinander abstimmbar ist. Sie müssen vielmehr als das Eingehen Luthers auf die unterschiedlichen Elemente dieser Literaturgattung aufgefaßt werden. Nur so ist zu erkennen, wie Luther bewußt darauf einging oder sich darüber hinwegsetzte, und welche Freude er auch daran hatte, hier mit Humanisten zu wetteifern, die er in der Regel nicht nur durch Sachkenntnisse übertraf, sondern häufig genug auch durch seinen sprachlichen Ausdruck erfreute oder vor Neid erblassen ließ.

3. Elemente in Luthers Widmungsbriefen

3.1. Die Beweggründe für die Widmung

Welche Gründe gab Luther selbst dafür an, daß er seine Werke bestimten Persönlichkeiten widmete? Aufschlußreich für eine Antwort auf diese Frage ist der Widmungsbrief vom 27. März 1519 an Friedrich den Weisen zu den „Operationes in psalmos". Hier zählte Luther als verbreitete Beweggründe auf, Schutz für ein Buch zu erlangen, zum Ruhm des Widmungsempfängers beizutragen oder sich ihm dankbar zu erweisen[84]. Er behauptete, daß von diesen drei Gründen bei ihm keiner vorliege, denn einerseits verdiene sein Werk nicht den Schutz des Kurfürsten, andererseits könne er nichts mehr zu seinem Ruhm hinzufügen und außerdem sei er zu gering, um sich für die sehr reichen Wohltaten zu bedanken. Da Luther aber deutlich machte, daß kein Mensch – damit auch nicht Friedrich der Weise, den er als „patronus suus clementissimus" angeredet hatte[85] – ihn im Jüngsten Gericht vor dem Urteil über sein Reden schützen könnte, und sowohl des Kurfürsten weit bekannte Ruhmestaten als auch die Luther erwiesenen Wohltaten aufzählte[86], diente seine Zurückweisung dieser drei Beweggründe Schutz, Ruhm und Dankbarkeit gerade dazu, diese in einer sehr kunstvollen Weise und überhöht zum Ausdruck zu bringen. Außerdem gewann Luther dadurch noch die Möglichkeit, herausgehoben einen vierten Beweggrund zu nennen: seine Liebe zu dem Kurfürsten, dessen Herz lauter und rein die Heilige Schrift sehr liebe[87]. Dieser Beweggrund

---

[84] AWA 2,4,7–5,9 (WA 5,19,9–25); Erörterungen über verbreitete Beweggründe waren nicht ungewöhnlich (vgl oben S 45), ebensowenig das Zurückweisen bestimmter Beweggründe neu (vgl SIMON, AaO 4,83–87).

[85] AWA 2,4,5 (WA 5,19,7f).   [86] AWA 2,5,10–10,5 (WA 5,19,25–21,16).

[87] AWA 2,10,6–10 (WA 5,21,17–21). Liebe als Beweggrund nannte bereits AGRICOLA (vgl oben S 47), wofür es ebenfalls ältere Vorbilder gibt (vgl SIMON, AaO 4,83).

zielte aber nicht auf Friedrich allein, sondern Luther stellte damit die Liebe zur Heiligen Schrift als Kriterium heraus, um zwischen den wahren und falschen Theologen zu unterscheiden[88]. Er bekannte, daß er jeden, von dem er höre, daß er die Heilige Schrift liebe, lieben, und jeden, der sie verderbe oder verachte, hassen müsse[89].

Die Liebe zur Heiligen Schrift benannte Luther mehrfach als Widmungsgrund, so im Oktober 1519 gegenüber der Herzoginwitwe Margarethe von Braunschweig-Lüneburg[90] und im Oktober 1520 gegenüber dem Zwickauer Stadtvogt Hermann Mühlpfordt – wobei wiederum gleichzeitig die Gegner der Heiligen Schrift entgegengestellt wurden[91]. In allen Fällen bemerkte er ausdrücklich, daß er über die Liebe des Widmungsempfängers zur Heiligen Schrift unterrichtet worden sei[92].

Ohne Zweifel war es für Luther ein wichtiges Anliegen, das Verhältnis zur Heiligen Schrift anzusprechen, aber er stand damit nicht allein. Denn bereits Spalatin nannte am 22. August 1518 in dem Widmungsbrief an Ebner zu Luthers Schrift „Auslegung des 109. (110.) Psalms" als Widmungsgrund, daß Ebner ein Liebhaber aller Schriften, besonders aber der heiligen sei[93]. Es läßt sich in den Widmungsvorreden eine Entwicklung erkennen, die von der Hinwendung der Wittenberger zu den Kirchenvätern und zur Heiligen Schrift zur immer stärkeren Hervorhebung der Bibel führte und sich auch in anderen Schriften Luthers nachweisen läßt.

Seltener begehrte Luther von seinen Widmungsempfängern ausdrücklich Schutz für seine Schriften. Aber es ist vielleicht kein Zufall, daß er sein Reformprogramm „An den christlichen Adel deutscher Nation von des christlichen Standes Besserung" einem Adligen, seinem Freund Nikolaus von Amsdorf, widmete und ihn bat, ihn bei anderen für sein Vorgehen zu entschuldigen, also um Verständnis in diesem Stand zu werben[94].

Häufiger sprach Luther in seinen Widmungsvorreden seine Dankbarkeit oder Verpflichtung an. So begründete er Ende 1520 seine Widmung der „Tessaradecas consolatoria pro laborantibus et oneratis" an Friedrich den Weisen mit einer dreifachen Verpflichtung, die sich aus der Nächstenliebe zu Kranken, der Dienstpflicht des Untertanen gegenüber seinem Herrscher und seiner Dankbarkeit für empfangene Wohltaten ergäben[95]. Ebenso wollte er mit der Widmung der Schrift „Von den guten Werken" Herzog Johann seinen untertänigen Dienst und seine Pflicht erweisen[96]. Als Landeskind fühlte er sich zu einer Widmung an Graf Albrecht von Mansfeld verpflichtet[97].

---

[88] AWA 2,11,14–21 (WA 5,21,40–22,6).
[89] AWA 2,12,5–9 (WA 5,22,9–14).
[90] WA 2,713,17f.   [91] WA 7,20,8–16.
[92] AWA 2,10,9f (WA 5,21,20f); WA 2,713,18; 7,20,7–9.
[93] WA 1,690,3f.
[94] WA 6,405,3–6.
[95] WA 6,105,12–106,2.
[96] WA 6,202,10–12; 203,32f.
[97] WA 10 I 1,5,2f.

Aus Dankbarkeit für Tröstungen und Angebote, die Luther auf seiner Wormsreise erfahren hatte, widmete er Franz von Sickingen am 1. Juni 1521 „Von der Beichte, ob die der Papst Macht habe zu gebieten"[98]. Die Widmung an Mühlpfordt sollte dem unter Humanisten verbreiteten und von Egranus angeregten Wunsch dienen, dadurch eine Bekanntschaft und Freundschaft einzuleiten[99].

Luther konnte aber auch – wie seit der Antike – das gewidmete Buch als eine Gabe verstehen, über die der Widmungsempfänger sein Urteil abgeben soll, so Anfang 1519 bei seinem Kommentar zum Galaterbrief, den er seinen Wittenberger Kollegen Petrus Lupinus und Andreas Bodenstein aus Karlstadt widmete[100]. Am 23. Juni 1520 bat er in der Widmungsvorrede von Amsdorf um sein Urteil über „An den christlichen Adel…"[101] Da er sich in diesen Fällen an kompetente Männer wandte, können diese Beweggründe als echt angesehen werden.

Manche Beweggründe waren sehr speziell, so als er am 8. Juni 1521 Justus Jonas die „Rationis Latomianae pro incendiariis Lovaniensis scholae sophistis redditae, Lutheriana confutatio" widmete, weil er ihm nicht persönlich in Wittenberg zu seiner Wahl als Propst des Allerheiligenstiftes gratulieren konnte[102]. Die Auslegung „Der 36. (37.) Psalm Davids, …" widmete er dem „armen Häuflein Christi zu Wittenberg", um zu trösten[103]. Mit „De abroganda Missa privata sententia" wendete er sich am 1. November 1521 an die Schwachen unter den Wittenberger Augustinereremiten, die infolge der vorgenommenen Veränderungen in Anfechtungen gerieten, um ihnen seelsorgerlich zu helfen[104]. Mit diesen letztgenannten Widmungen gelang es Luther, ganz persönliche Beweggründe zu nennen, die sich von den konventionellen unterschieden und somit eine besondere Beachtung verdienen, sowohl in bezug auf Luthers Beziehung zu den Widmungsempfängern als auch den Inhalt der gewidmeten Schrift.

Demgegenüber waren die in anderen Widmungsvorreden angeführten Beweggründe nicht immer die ursprünglichen. Einige Widmungen regten Bekannte oder gar die Widmungsempfänger selbst an. So bat der rührige Scheurl im November 1517 Luther um die Widmung eines Werkes an die Familie Ebner, was Luther unter Hinweis auf seine geringen Fähigkeiten am 11. Dezember 1517 ablehnte[105]. Dennoch erfolgte eine solche Widmung, wenn auch erst am 22. August 1518 mit einem von Spalatin verfaßten Widmungsbrief[106]. Zunächst drängt sich die Vermutung auf, Scheurl habe sich mit Luthers Absage nicht zufriedengegeben, aber es gibt keine Nachricht über weiteres Drängen. Es wäre auch möglich, daß Luther doch noch darauf einging, denn seine Ablehnung ist ziemlich wortreich und voller Bescheidenheitsklauseln, so daß ihr nicht zu viel Gewicht beigemessen werden muß. Zu

---

[98] WA 8,139,23–26.
[99] WA 7,20,18f. Mindestens in der Zeit bis zum Wartburgaufenthalt spielen Widmungen infolge von Freundschaften (vgl oben Anm 8) kaum eine Rolle.
[100] WA 2,449,16–20. [101] WA 6,404,16f. [102] WA 8,43,7–10.
[103] WA 8,212,29–213,7. [104] WA 8,412,7–10.
[105] WABr 1,116,21–26 (49); 126,16–35 (54).
[106] WA 1,689,1–690,12.

der Widmung an Margarethe von Braunschweig-Lüneburg hatte ihn Otto Beckmann gedrängt, so daß er sich selbst darüber wunderte, dem nachgekommen zu sein[107]. Als Luther wiederholt ersucht wurde, Herzog Johann oder jemandem aus seiner Familie etwas zu widmen, befürchtete er, daß seine Arbeit über die Heilige Schrift und damit die Heilige Schrift selbst mißbraucht werden sollten, Menschen zu Ruhm zu verhelfen. Daher hatte Luther Neigung, das Ersuchen abzulehnen, wollte sich aber von Spalatin raten lassen[108]. Da er Herzog Johann, „meynem gnedigen hern und patron"[109], am 29. März 1520 „Von den guten Werken" aus Dienstpflicht[110] widmete, scheint ihn Spalatin überzeugt zu haben, daß er sich den herzoglichen Erwartungen nicht entziehen konnte. Zum Ruhm des Widmungsempfängers trug Luther in diesem Widmungsbrief nicht viel bei, da er auf verherrlichende Ausführungen verzichtete. Aber er knüpfte daran an, daß Herzog Johann gerne in deutsch über die guten Werke und den Glauben etwas lesen möchte, und nutzte die Gelegenheit, seine deutschen Flugschriften gegen Angriffe derjenigen zu verteidigen, die diese verachteten und nur große lateinische Bücher gelten lassen wollten[111].

Mit dem Ansehen, das Luther zuwuchs, mußte auch gründlicher als bei der Herzoginwitwe Margarethe überlegt werden, wem er eine Schrift widmen sollte. So besprach sich Luther, ob es angebracht sei, Franz von Sickingen die deutsche Fassung der „Assertio omnium articulorum ..." zu widmen. Manche befürchteten jedoch, daß dies den Neid anderer auslösen werde. So wartete Luther, bis er damit eine Dankesschuld begleichen konnte[112]. In diesem Zusammenhang erfahren wir, daß die Mansfelder Grafen ihn schon lange wegen einer Widmung bedrängten. Dabei ergab sich angesichts der vielen Mansfelder Grafen die Schwierigkeit, welchem von ihnen er etwas widmen sollte[113]. Luther löste das Problem, indem er unter Hinweis auf den König David, der den Jüngsten zum Erben bestimmt habe, seine Widmungsvorrede zur Weihnachtspostille am 19. November 1521 an den Grafen Albrecht richtete[114]. Das geschah keinesfalls aus Verlegenheit. Luther wendete sich damit an den am frühesten für die Reformation aufgeschlossenen Grafen. Und indem er betonte, die Erbordnung Davids habe dessen Reich so lange erhalten, warnte er die Mansfelder zugleich, ihre Herrschaft durch Teilungen zugrunde zu richten, was sie freilich dennoch taten.

Luther beriet sich mehrfach mit Spalatin wegen der Widmungen. So räumte er ihm auch die Möglichkeit ein, von der Widmung seiner „Enarrationes epistolarum et evangeliorum, quas postillas vocant" an Friedrich den Weisen abzuraten[115], was Spalatin aber nicht tat, denn Luther verfaßte am 3. März 1521 die ent-

---

[107] WABr 1,539,23–25 (211), LUTHER an SPALATIN am [16. Oktober] 1519.
[108] WABr 2,75,12–17 (271), LUTHER an SPALATIN am 25. März 1518.
[109] WA 6,202,5f.   [110] WA 6,202,10–12.
[111] WA 6,203,5–34.
[112] WABr 2,230,9–11 (359), LUTHER an SPALATIN am 7. Dezember 1520; vgl oben S 53.
[113] WABr 2,230,11–13 (359).
[114] WA 10 I 1,1,5–5,2.
[115] WABr 2,249,26–29 (368), LUTHER an SPALATIN am 16. Januar 1521.

sprechende Widmungsvorrede[116]. Dagegen scheint Spalatin Luthers Bedenken bestärkt zu haben, „Von Menschenlehre zu meiden und Antwort auf Sprüche, so man führet, Menschenlehre zu stärken" dem Hauptmann der Wartburg, Hans von Berlepsch, zu widmen, obgleich er diese Schrift angeregt hatte, weil die Gefahr bestand, daß dadurch Luthers Zufluchtsort bekannt werde[117].

Am 10. März 1521 unterzeichnete Luther die Widmungsvorrede an Herzog Johann Friedrich zu „Das Magnificat verdeutscht und ausgelegt", in der er seine Dienstbereitschaft bekräftigte. Den entscheidenden Beweggrund deutete er nur an, als er den Eingang eines für ihn tröstlichen Briefes bestätigte[118]. Es handelte sich um das Schreiben vom 20. Dezember 1520, das Luther die Unterstützung der kursächsischen Fürsten vergewisserte[119]. Die Auslegung des Magnifikat sah Luther als seine Antwort darauf an[120], die Widmung darf als Ausdruck seiner Dankbarkeit verstanden werden. Ungenannte Dankbarkeit stand auch hinter der Widmung vom 1. Dezember 1520 an Fabian von Feilitzsch[121] und der von Anfang 1521 an Haugold von Einsiedel – mit Beschränkung auf die Initialen[122] –, da diese kursächsischen Räte Luther und Melanchthon am 13. November 1520 sehr ehrenvoll in Eilenburg behandelt hatten[123].

Luther hat also – zum Teil aus Rücksicht auf die Widmungsempfänger – nicht alle Beweggründe erwähnt oder auch andere angeführt. Spalatin übte bei der Entscheidung über Widmungen einen großen Einfluß aus. Luther erwähnte ihn ausdrücklich als Anreger für eine Widmung an Friedrich den Weisen[124]. Und als Luther dem Prinzenerzieher und Altenburger Kanoniker Alexius Chrosner die „Confitendi ratio" widmete, bat er diesen um die Zustimmung, das Werk unter seinem Namen ausgehen zu lassen, damit er wie bisher auch in dieser Sache Spalatin gleich sei[125]. Luther scheint damit einem Wunsch seines Ratgebers nachgekommen zu sein.

Aber nicht jede Widmung war genau gezielt, denn Luther überließ es Melanchthon, die von ihm mitgeschickte Widmungsvorrede zum „Evangelium von den zehn Aussätzigen" Haugold von Einsiedeln oder wem er wolle zu widmen. Melanchthon hielt es für zweckmäßig, noch zwei weitere kursächsische Räte hinzuzufügen[126].

Die Entwicklung läßt erkennen, wie Luther sich bewußt mit der humanistischen Widmungsvorrede beschäftigte und sie sich fortschreitend dienstbar zu machen verstand. Daher dürfte für ihn schon sehr bald der Beweggrund für eine

---

[116] WA 7,463–465.
[117] WABr 2,480,10–15 (463), LUTHER an SPALATIN am 24. März 1522.
[118] WA 7,544,10–13.   [119] WABr 2,237f (363).
[120] WABr 2,270,18f (378), LUTHER an SPALATIN am 27. Februar 1521.
[121] WA 7,94f.   [122] WA 7,271,3–15.
[123] WABr 2,214,37f (352), LUTHER an SPALATIN am 13. November 1520; WA 7,94,9f, zur genossenen Gastfreundschaft als Beweggrund für eine Widmung vgl auch SCHOTTENLOHER, Die Widmungsvorrede im Buch . . . 175f.
[124] WA 6,106,3f.   [125] WA 6,157,23f.
[126] WABr 2,392,20–22 (431); WA 8,340,4–7.

Widmung wichtig geworden sein, den er im Widmungsbrief vom 21. November 1521 an seinen Vater zu „De votis monasticis" so formulierte: „ . . ., damit ich die Gelegenheit – die sich zwischen Dir und mir günstigerweise ergibt – ergreife, mittels eines kurzen Vorwortes die Ursache, die Beweisführung und das nachzuahmende Beispiel dieses Büchleins den gutwilligen Lesern zu erzählen"[127]. Luther nutzte also die Widmungsvorrede, um an einer hervorgehobenen Stelle Dinge in die Öffentlichkeit zu bringen, die ihn gerade bewegten und in der Regel – aber nicht immer – mit der gewidmeten Schrift im Zusammenhang standen.

3.2. Das Rühmen des Widmungsempfängers

Luther war sich bewußt, daß eine Widmung den Ruhm einer bekannten Person erhöhte oder den Widmungsempfänger überhaupt erst bekannt machte. Er scheute sich, der Geltungssucht seine Feder zu leihen, wie aus dem bereits erwähnten Brief[128] und aus dem Widmungsbrief an seinen Vater hervorgeht, in dem er einleitend festhielt: „Dieses Buch Dir, liebster Vater, zu widmen, habe ich beabsichtigt, nicht damit ich Deinen Namen in die Welt trage, und wir uns entgegen der Lehre des Paulus im Fleisch rühmen, sondern . . ."[129] Luther hatte offenbar auch in seiner Frömmigkeit begründete Scheu, ruhmseligen Schriftstellern zu folgen. Er hatte überdies keinen Anlaß, sich darin hervorzutun, da er nicht wie mancher brotlose Humanist sich damit ernähren mußte.

Dennoch konnte sich Luther den Gesetzen der Widmungsvorrede nicht entziehen. Wenn Luther auch nicht mit überschwenglichen Epitheta seinen Vater pries, hat die Vorrede zu „De votis monasticis" doch seinen Vater einer breiten Öffentlichkeit vorgestellt und zugleich bis auf den heutigen Tag porträtiert. Überdies gehörte das Zurückweisen von Lob zu dieser Literaturgattung. Aber nicht nur das, Luther konnte durchaus auch ein Loblied auf den Widmungsempfänger anstimmen, so unter dem 27. März 1519 an Friedrich den Weisen: „Welchen Ruhm, welches Lob, welche Unsterblichkeit Eures Namens kann für Eure Durchlauchtigste Herrlichkeit von mir erhofft werden, da Ihr ein solcher Fürst seid, der sowohl durch die übrigen wahrhaft fürstlichen Gaben als auch durch die außerordentliche Liebe zu den Wissenschaften und zu den Gelehrten sich einen so großen Namen und so viel Ruhm erworben hat, daß selbst ein Appion nicht Euch, sondern Ihr dem Appion und allen, die Euch rühmen, einen unsterblichen Namen geben werdet? Wer weiß nicht, daß der Fürst Friedrich in bezug auf die Förderung der Wissenschaften den übrigen Fürsten zum Vorbild geworden ist? Sehr glücklich treibt Euer Wittenberg das Griechische und das Hebräische, die Freien Künste werden mit gefälligerem Geschick als bisher gelehrt. Die echte Theologie triumphiert über

---

[127] WA 8,573,8–12.
[128] Vgl oben Anm 108.
[129] WA 8,573,6–9.

die Meinungen und Fragen der Menschen, die fast nichts meinen noch fragen. Das alles blüht unter Eurer Leitung, aufgrund Eurer Ausgaben und unter Eurem Schutz. Daß doch die geistlichen Fürsten, die verpflichtet sind, als Vorbilder in diesen Dingen den weltlichen Fürsten am meisten voranzugehen, wenigstens die Vorbilder der Laien nachahmten; Reichtum und Macht der Kirche werden nämlich ganz unglücklich angewendet"[130].

Ebenso rühmte Luther Friedrich den Weisen in der Widmung zu den „Tessaradecas consolatoria pro laborantibus et oneratis" als einen Naëman, durch den Gott Deutschland das Heil gebe. Darum schaue das ganze Römische Reich auf ihn und verehre und bewundere ihn als „Pater patriae", als Schmuck und Schutz der deutschen Nation[131]. Am 3. März 1521 lobte Luther ihn wegen seiner Studien der Heiligen Schrift und seiner Urteilsfähigkeit in theologischen Dingen, wobei er allerdings hervorhob, daß er sich infolge seiner Kenntnisse nicht von römischen Verlautbarungen verwirren lasse[132].

An Fabian von Feilitzsch lobte Luther ebenfalls sein Urteil in christlichen Dingen, um sofort zu entfalten, daß Gott den Laien das Recht zum Urteilen gegeben habe[133].

Ohne Zweifel fällt die humanistische Bildung Luthers im Zusammenhang mit den Widmungsvorreden in diesen Lobgesängen am stärksten ins Auge. Jedoch darf nicht übersehen werden, daß sich die Humanisten auf diesem Gebiet besonders schulten und betätigten, so daß sie ihre rhetorischen Fähigkeiten darin besonders entfalteten und es infolgedessen genügend Anleitung dazu gab. Trotzdem handelte es sich bei Luther – wie auch bei manchen anderen Humanisten – nicht einfach um ein leeres Loben, sondern dieses wird von dem Gedanken geleitet, die Beschützer der Reformation als nachahmenswertes Vorbild, als Ideal für andere Fürsten und Laien herauszustellen. Dieses Lob erlaubt daher mehr Rückschlüsse auf die Wünsche des Lobenden als auf den Charakter des Gelobten.

3.3. Die Bescheidenheit des Widmenden

Während Luther sich im Rühmen zurückhielt, trug er den Erwartungen auf Bescheidenheitsäußerungen häufiger Rechnung. Dazu gehörte es, von dem gewidmeten Werk herabsetzend zu reden, es zB als „nugae"[134] oder „meyn untuchtigs buchlin"[135] oder „geringen dienst"[136] zu bezeichnen. Mit dem Titel „Operationes in psalmos" wollte er die Ausdrücke „interpretationes" und „commentaria" als zu anspruchsvoll vermeiden[137].

---

[130] AWA 2,6,10–7,9 (WA 5,20,13–25).
[131] WA 6,105,28–33.   [132] WA 7,465,5–10.   [133] WA 7,94,6–19.
[134] WA 2,445,15; 6,157,22f.   [135] WA 6,202,16f.
[136] WA 2,713,26.
[137] AWA 2,10,6–8 (vgl Anm 39 mit weiteren abwertenden Urteilen innerhalb dieses Werkes) (WA 5,21,17–19).

Luther hob die Dürftigkeit seiner Begabung und Fähigkeiten[138], sein geringes Vermögen[139] hervor, um zum Ausdruck zu bringen, daß das Werk über seine Kräfte gehe, und um ein nachsichtiges Urteil zu erlangen. Der unvorgebildete Leser könnte hier die Frage stellen, warum ein Autor, der sich so untüchtig zu einer Veröffentlichung fühlt, nicht das Schreiben läßt. Die erste Antwort gibt die Literaturgattung der Widmungsvorrede, die solche Bescheidenheitserklärungen nahelegte, um entsprechend dem Rat des Quintilianus die Gunst des Lesers zu gewinnen[140]. Diese Tradition hat Luther herausgefordert, sich darüber zu äußern. Daher schrieb er an Lupinus und Karlstadt, er sei sich bewußt, infans und ineruditus zu sein. Diese Feststellung traf er, nachdem er Erasmus von Rotterdam als „vir in theologia summus" vorgestellt hatte. Und obgleich er sich als ungelehrt bezeichnete, hielt er sich doch in bezug auf die Frömmigkeit und Bildung für gelehrter als diejenigen, „die die göttlichen Gebote durch den gottlosen Prunk menschlicher Gesetze ganz lächerlich und zum Spott gemacht haben". So konnte Luther bei aller Selbstbescheidung überzeugt sein, durch seinen Kommentar zum Galaterbrief Paulus zugänglicher zu machen als alle Werke vor ihm[141].

Ähnlich behauptete er in der Widmung zu den „Enarrationes epistolarum et evangeliorum...", daß er in bezug auf die Eleganz der lateinischen Rede unerfahren sei und daher dies Buch nicht für die Sachkundigen erarbeitet habe, sondern für das Volk[142]. Zieht man in Betracht, daß Luther den Text lateinisch abfaßte, kann man dies kaum wörtlich nehmen. Als Ziel seiner Darstellungsweise nannte Luther, die Reinheit und Lauterkeit des Evangeliums in allgemein verständlicher Form darzulegen. Er wollte dadurch die scholastischen Erläuterungen überwinden[143].

Zunächst verdient Beachtung, daß die Bescheidenheitsaussagen in Widmungsvorreden bevorzugt auf die formale Seite eines Werkes zielten[144]. Zugleich wird deutlich, daß Luther humanistische Maßstäbe verwendete und sich ihnen unterwarf. Wenn er gewiß auch keine vorwiegend rhetorisch ausgerichtete Auslegung bzw Erläuterung anstrebte, so war sein Werk doch keinesfalls ohne rhetorischen Schmuck. Es war auch nichts Neues, in der Vorrede zu behaupten, man schreibe nicht für Gebildete, um der Kritik am Stil zuvorzukommen[145]. Luthers Bescheidenheitsäußerungen lassen klar erkennen, daß er sich im Bewußtsein, der scholastischen Gelehrsamkeit überlegen zu sein, humanistischer Wissenschaftsmethoden und Ausdrucksweisen bediente und sich in bezug auf diese und deren Anwendung auf die Heilige Schrift als ein Lernender fühlte, der seinem Bewußtsein des Unvollkommenen betont und unter Verwendung vorgeprägter Muster Ausdruck verlieh[146].

---

[138] WA 6,106,2f.
[139] WA 6,202,12f; 7,545,32f.
[140] Vgl SIMON, AaO 4,108–110.
[141] WA 2,449,21–31.
[142] WA 7,465,1–5.
[143] WA 7,465,11–15.
[144] SIMON, AaO 4,94f.
[145] Vgl SIMON, AaO 5/6,74–78.
[146] Daneben verwendete LUTHER auch Ausdrücke, die seinen untergeordneten sozialen Stand gegenüber Hochgestellten übersteigert ausdrückten, wie in bezug auf den deutschen Adel „ich vorachter, begebener [ins Kloster gegangene] mensch" (WA 6,404,18f) oder gegenüber FRANZ VON SICKINGEN „mir unwirdigen geschehen" (WA 8,139,25f).

Eine gelungene Aufnahme erwarteter Bescheidenheitsbekundung stellt seine Mitteilung an die Wittenberger dar, er habe sich die Heilige Schrift vorgenommen und verdeutsche und erkläre ihnen den Psalm 36, weil er nicht wie Paulus aus eigenem Geist schreiben und trösten könnte[147]. In der Weihnachtspostille nannte er sich eine verachtete und (durch den Papst) verdammte Person[148]. Da aber diese ganze Vorrede darauf ausgerichtet ist zu betonen, daß das Evangelium dem Kleinsten und Jüngsten den Vorzug gibt[149], erwuchs daraus zugleich eine Kritik an der Hierarchie und der Scholastik.

3.4. Die Rechtfertigung der Veröffentlichung

Diese Rechtfertigung hatte die Aufgabe, dem Vorwurf entgegenzuwirken, der Autor maße sich etwas an, was ihm nicht zustehe. So fürchtete auch Luther, der Anmaßung (arrogantia) und Ruhmsucht beschuldigt zu werden[150]. Er rechtfertigte daher einen Teil seiner Veröffentlichungen, indem er sie als Folge des Verhaltens seiner Feinde oder Freunde vorstellte.

Obgleich Luther die „Assertio omnium articulorum M. Lutheri per bullam Leonis X. novissimam damnatorum" auf Befehl seines Kurfürsten herausbrachte[151], rechtfertigte er dieses Werk nicht mit dessen Auftrag, denn damit wäre Friedrich der Weise nur stärker in Luthers Prozeß hineingezogen worden. Er widmete es aber Fabian von Feilitzsch, der ihn unterstützt hatte[152], und begründete die Veröffentlichung damit, daß er seine Sache dem Urteil der Laien unterbreiten wolle, nachdem die Kleriker dazu übergegangen waren, seine Bücher zu verbrennen[153]. Damit schob Luther die „Schuld" für diesen Druck und die Hinwendung zu den Laien in seiner Auseinandersetzung mit der römischen Kurie seinen Gegnern zu.

Seine Widmungsvorrede an Leo X. zu dem „Tractatus de libertate christiana" verfaßte er als Verteidigung gegen den Vorwurf, er habe den Papst persönlich angegriffen[154], ohne zu erwähnen, daß es sich bei dieser Widmungsvorrede und dem dazugehörigen Büchlein um mit Karl von Miltitz am 12. Oktober 1520 abgesprochene und auf den 6. September zurückdatierte Arbeiten handelte[155]. „Von der Beichte, ob die der Papst Macht habe zu gebieten" rechtfertigte er damit, daß sein Angebot zum Frieden nicht angenommen wurde[156]. Die vorgezogene Veröffentlichung der Auslegung zum Evangelium des 14. Sonntags nach Trinitatis „Evangelium von den zehn Aussätzigen" begründete er mit der falschen Beichtlehre seiner Gegner[157]. Der unmittelbare Anlaß war zwar die in der Widmungsvorrede nicht

---

[147] WA 8,213,2–7.
[148] WA 10 I 1,5,10f.
[149] WA 10 I 1,4,9–11.
[150] AWA 2,23,6f (WA 5,26,6–8).
[151] WABr 2,264,53f (376).
[152] BRECHT, AaO 253–257.
[153] WA 7,94,20–95,8.
[154] WA 7,3,18–21; 43,1–5.
[155] Vgl BRECHT, AaO 386f.
[156] WA 8,139,9–140,4.
[157] WA 8,343,26–31.

erwähnte Bitte des Herzogs Johann, dieses Evangelium auszulegen, weil davon die Pflicht zur Beichte vor einem Priester abgeleitet und gegen Luthers Beichtlehre argumentiert wurde[158]. Immerhin gab diese Rechtfertigung den sachlichen Zusammenhang ziemlich genau wieder.

Während es bei Verteidigungsschriften genügte, auf die Herausforderungen von seiten der Feinde zu verweisen, bedurfte es einer überzeugenden Rechtfertigung für reformatorische Werke, die entsprechende scholastische ablösen sollten.

Den Druck der „Confitendi ratio" rechtfertigte Luther damit, daß ein für Spalatin privat verfaßter Brief über das Beichten abgeschrieben verbreitet wurde und schließlich zum Druck gebracht werden sollte. So fühle er sich infolge der Aufmerksamkeit, die seine Freunde selbst seinen Silben schenkten, gezwungen, die erste Fassung zu widerrufen und in verbesserter Form herauszubringen[159].

Mit „In epistolam Pauli ad Galatas M. Lutheri commentarius" brachte die neue Wittenberger Theologie 1519 ihren ersten Bibelkommentar heraus. Dieses herausragende Ereignis erfuhr eine breite Unterstützung von seiten der Humanisten in der ihnen vertrauten Form. Unter Verwendung von Pseudonymen steuerten sie ein Vorwort, zwei Gedichte und ein Nachwort bei. Otto Beckmann rühmte in seiner Vorrede Luther, betonte, daß dieser das Werk auf Drängen der Freunde veröffentlicht habe, und stellte Wittenberg als Ort des Dreisprachenstudiums vor[160]. Luther selbst rechtfertigte in seinem Widmungsbrief an Karlstadt und Lupinus die Ausgabe damit, daß die von Erasmus angekündigten Kommentare noch nicht erschienen seien. Dadurch sei er „gezwungen", sich an die Öffentlichkeit zu wenden[161]. Die „Paraphrasis ad Galatas" des Erasmus erschien aber bald im Mai 1519 in Löwen, während der Druck von Luthers Kommentar sich von Mitte Mai bis zum 3. September 1519 hinzog. So war der genannte Grund für die Veröffentlichung zum Zeitpunkt des Erscheinens entfallen. Und wenn der Bogen mit den Vorworten tatsächlich am Ende gedruckt wurde, konnte Luther die vielleicht schon im Februar verfaßte Vorrede leicht noch ändern[162]. Das geschah aber nicht, denn der Mangel eines Kommentars zum Galaterbrief von Erasmus war nicht der Grund für Luthers Werk, sondern er mußte als Rechtfertigung herhalten, damit Luther es wagen konnte, einen mit bibelhumanistischen Methoden erstellten Kommentar herauszubringen, obgleich viele ihre Erwartungen auf Erasmus richteten. Daß Luther seine Arbeit nicht nur als Ersatz ansah, geht daraus hervor, daß er auch noch nach dem Erscheinen der „Paraphrasis in Galatas" des Erasmus seinen Kommentar als die beste Paulusauslegung ansah[163]. Der Hinweis auf Erasmus diente zugleich den Bestrebungen seines Kurfürsten und Spalatins, mit dem „Fürsten der deutschen Humanisten" Verbindung aufzunehmen. Luther verdankte einerseits Erasmus

---

[158] WABr 2,391,5–11 (431).
[159] WA 6,157,5–19.
[160] WA 2,444,18–36; 445,6f; vgl 618,29–32.
[161] WA 2,449,21–24.
[162] WABr 1,323f (143); 400,22f (176); 506,20f (196).
[163] WABr 1,513,7f (202), LUTHER an VON STAUPITZ am 3. Oktober 1519.

exegetische Einsichten sowie den griechischen Text des Neuen Testament und stimmte mit ihm in der Kirchenkritik weitgehend überein, war sich aber andererseits seit 1516 bewußt, daß er sich in der Rechtfertigungslehre von ihm unterschied[164]. Gerade dieser Hintergrund läßt Luthers Vorgehen in seinen Widmungsvorreden gut erkennen: Luther trug dieser Literaturgattung Rechnung, indem er etwas dafür Geeignetes einseitig herauskehrte und Ungeeignetes überging. Das hatte nichts mit Unwahrhaftigkeit oder bewußter Täuschung zu tun, denn die Rechtfertigung einer Veröffentlichung hatte nicht vollständig über die Beziehung zu den angesprochenen Personen zu unterrichten, sondern den Vorwurf der Anmaßung abzuwehren.

In seiner Widmungsvorrede zu den „Enarrationes epistolarum et evangeliorum..." hob Luther hervor, daß Friedrich der Weise ihn zu dieser Arbeit aufgefordert habe, damit er seine Zeit nicht mit Streitschriften vergeude, sondern Frieden halte[165]. Der harmlose Leser mag daraus schließen, diese Postille sei die Frucht eines Ablenkungsmanövers von seiten des Kurfürsten. Tatsächlich handelte es sich aber um die Ausführung einer schweren, langerwogenen reformatorischen Aufgabe, die zu besonders wirkungsvollen Veröffentlichungen Luthers, den Postillen, führte, so daß er 1527 die Kirchenpostille – wenn auch in einer Klage über ihre Verfälschung – als sein „aller bestes buch, das ich yhe gemacht habe", bezeichnen konnte[166].

Als der Kurfürst Luther ersuchen ließ, Auslegungen zu den Episteln und Evangelien der Sonn- und Feiertage zu verfassen, antwortete Luther am 16. Oktober 1519 Spalatin, daß er schon oft und sehr eindringlich von vielen dazu aufgefordert worden sei und auch lieber als alles andere dieses Werk verfasse, das Priestern und Mönchen helfen könnte, die reine Theologie von Christus auszubreiten und Irrtümer zu vertreiben. Und er fügte hinzu, daß dies eigentlich die Aufgabe der Päpste gewesen sei[167]. Luther war sich also bewußt, daß in einer Kirche, die vor allem auf die Verkündigung des Wortes Gottes gegründet ist, der Anleitung zur Predigt eine entscheidende Bedeutung zukam. Er wollte diese Arbeit keinesfalls unter Zeitdruck erledigen. Darum zog sich auch die Erstellung des Manuskriptes in die Länge. Denn obgleich er am 7. November 1519 Spalatin mitteilte, daß er sich der Auslegung der Episteln und Evangelien zugewandt habe[168], erschien die lateinische Fassung der auf die Adventszeit beschränkten Postille erst 1521.

Daß die Anregung Friedrichs des Weisen nicht vorrangig die Absicht verfolgte, Luther von seiner Auseinandersetzung mit seinen Gegnern abzuziehen, geht auch daraus hervor, daß er einerseits schon vor Luthers Auftreten religiöses Schrifttum veranlaßte bzw förderte und andererseits ein Jahr, nachdem er die Postille gewünscht hatte, eine Verteidigungsschrift Luthers gegen die Bannandrohungsbulle wünschte, die Luther sogleich unter dem Titel „Assertio omnium articulorum..." auf den Markt warf[169].

---

[164] Vgl CORNELIS AUGUSTIJN, Erasmus von Rotterdam im Galaterbriefkommentar Luthers von 1519, in: LuJ 49 (1982) 115–132.
[165] WA 7,463,8–18. [166] WA 23,278,13f. [167] WABr 1,538,5–12 (211).
[168] WABr 1,553,3f (218). [169] STEPHAN, AaO 104–107. 419–425; WABr 2,220,5f (355).

Warum hat dann aber Luther in seiner Widmungsvorrede den Wunsch des Kurfürsten so in den Vordergrund gerückt? Die Antwort ergibt sich aus dieser Literaturgattung. Je anspruchsvoller der Inhalt eines Werkes war, um so mehr bedurfte es einer Rechtfertigung, die jeden Gedanken an Anmaßung eines Autors abwies. Und es gehörte zur Tradition, einen Auftraggeber in den Vordergrund zu rücken. Luther verband dies noch mit einer Ausdeutung des Namens Friedrich[170], wodurch er Gelegenheit hatte, einerseits zu bedauern, daß seine Feinde ihn durch ihre Angriffe von seinen Studien abziehen und zu Streitschriften nötigen, und andererseits den Friedenscharakter der folgenden Auslegung und zugleich die Friedensliebe seines Schutzherrn herauszustellen[171]. Er konnte es sich aber nicht versagen, zugleich das reine Evangelium der scholastischen Auslegung und Predigt entgegenzustellen[172], wobei er unter Bescheidenheitsformeln durchblicken ließ, daß er mit dieser Schrift – wenn auch nicht polemisch – die spätmittelalterliche Predigt angreifen und durch die reformatorische ablösen wollte. So ermöglichte die Widmungsvorrede dem Wittenberger Reformator, eine seiner schwierigsten Aufgaben anzupacken, und die Postille doch nicht als seinen persönlichen Einfall, sondern als Auftragswerk eines angesehenen Reichsfürsten und als Friedensarbeit zum Aufbau der Kirche erscheinen zu lassen.

Das Reformprogramm „An den christlichen Adel..." rechtfertigte Luther weder mit einem Hinweis auf seine Feinde noch auf seine Freunde, sondern mit seiner Verpflichtung zum Wahrheitsbekenntnis, die sich aus seinem Doktoreid ergab[173]. Außerdem unterlief er den Vorwurf der Anmaßung mit der Vermutung, daß er vielleicht Gott und der Welt noch eine Torheit schuldig sei[174].

Noch selbstbewußter trat Luther in der Widmung von „De abroganda missa privata sententia" und „Vom Mißbrauch der Messe" auf, wo er als Ziel des Buches die seelsorgerliche Hilfe für seinen Wittenberger Konvent nannte und die Veröffentlichung damit rechtfertigte, daß dasjenige, was er vorher geschrieben habe, angesichts des Widerstandes der Bischöfe noch nicht genügend in Bewegung setze[175].

Es lag in der Natur der Dinge, daß die Ausführungen einzelner Elemente der Widmungsvorreden, nachdem sie eine gewisse Höhe erreicht hatten, nur noch wiederholt und kaum noch gesteigert werden konnten. Daher trat die Rechtfertigung in der Widmung an Friedrich den Weisen zu den „Operationes in psalmos", dem zweiten Bibelkommentar, zurück. Dafür wandte Luther sich in einem besonderen Brief an die Wittenberger Theologiestudenten und bat sie, sich nicht um diejenigen zu kümmern, die ihm Anmaßung und Ruhmsucht vorwerfen[176].

---

[170] Zu Namensausdeutungen vgl auch WA 7,94,4.6; 95,5f, wo LUTHER FEILITZSCH auf foelix zurückführte, aber auch oben bei Anm 22.
[171] WA 7,463,19–464,32.
[172] WA 7,465,11–15; vgl WABr 1,538,8–10 (211).
[173] WA 6,405,1–3.
[174] WA 6,404,17–31.
[175] WA 8,412,21–23; 483,28–32.
[176] AWA 2,23–25 (mit wertvollen Hinweisen zur Tradition von Bescheidenheitsformeln in Anm 10) (WA 5,26,4–27).

Bei der Weihnachtspostille rechtfertigte er sein Unternehmen einfach damit, daß alle hohen Schulen, Stifter und Klöster das Evangelium vernachlässigten, und daß es „foddert unnd tzwingt die nott", daß wenigstens einer sich des verachteten Gottessohnes Buch annehme, ob es ihm gut oder schlecht gelinge[177].

4. Folgerungen

Der begrenzte Raum läßt nur eine Einführung in die Problematik der Widmungsvorreden Luthers zu. Daher beschränkt sich die Untersuchung auf Texte bis zu Luthers Wartburgaufenthalt, ohne sie unter allen Gesichtspunkten zu analysieren. Immerhin reicht das Material aus, um einige Folgerungen zu ziehen.

Schottenloher hat – aus welchen Gründen auch immer – zu Unrecht Luther als Autor von Widmungsvorreden im Buch des 16. Jahrhunderts übergangen. Bei der Fülle seiner Widmungsvorreden und der großen Verbreitung und Beachtung seiner Schriften gehört Luther zu den einflußreichsten Verfassern von Widmungsvorreden, so daß er in einer Geschichte dieser Literaturgattung während des 16. Jahrhunderts nicht fehlen darf.

Die Widmungsvorreden erlauben in vorzüglicher Weise, das Ineinander von humanistischer Bildung, eigenständigem Sprachschaffen und sachlichen Anliegen in Luthers Schriften zu untersuchen. Theodor Lockemann hat 1912 die Widmungsvorreden Luthers an Friedrich den Weisen analysiert. Dabei erkannte er den humanistischen Einfluß, aber er sah ihn vorwiegend nur in den überschwenglichen Ausdrücken des Lobens und der Selbstbescheidung sowie in den Rückgriffen auf die heidnische Antike. Als nichthumanistisch bewertete er programmatische Äußerungen, die sogar über den Inhalt des Buches hinausgehen konnten, die biblischen Anspielungen und die Natürlichkeit der Sprache[178]. Demgegenüber hat Schottenloher in bezug auf die Vielfalt der humanistischen Widmungsvorreden mit seinem Buch das Wissen über diese Literaturgattung bereichert[179]. Die Hervorhebung des Gegensatzes zwischen einer künstlichen rhetorischen Schulung und einer natürlichen Sprachbegabung ist als romantische Beurteilung und als unzutreffender Maßstab für literaturgeschichtliche Untersuchungen erkannt[180], die einseitige Zuordnung der Humanisten zur heidnischen Antike als Irrtum weitgehend aufgegeben worden. Aber es fehlt noch an umfassenden Veröffentlichungen, die mit denen zur Widmungsvorrede in der Antike[181], bei den mittelalterlichen Geschichtsschreibern

---

[177] WA 10 I 1,5,11–6,2.
[178] THEODOR LOCKEMANN, Technische Studien zu Luthers Briefen an Friedrich den Weisen (Leipzig 1913) 162–172.
[179] SCHOTTENLOHER, Die Widmungsvorrede im Buch . . . 196–232.
[180] Von daher bedarf auch HEINRICH BORNKAMM, Luther als Schriftsteller, in: ders, Luther: Gestalt und Wirkung. Gesammelte Aufsätze (Gütersloh 1975) 39–64, der Korrektur.
[181] Vgl die Literaturangaben bei SIMON, AaO 4,53 Anm 1.

bis zur Mitte des 12. Jahrhunderts oder in der französischen Literatur von 1580 bis 1715 vergleichbar wären[182]. Obgleich eine gründliche Untersuchung dieser Literaturgattung seit ihrem Aufkommen unter den Humanisten wünschenswert ist, wäre doch schon eine Darstellung der Widmungsvorreden in den Büchern aus deutschen Verlagsorten bis 1521, die sowohl die Ausbreitung bestimmter topoi als auch eine sorgfältige Terminologie für die einzelnen Elemente bietet, eine bedeutende Interpretationshilfe für die reformatorischen Widmungsvorreden. Ein solches Werk erlaubte zunächst, relativ rasch genau zu erfassen, wie sich der jeweilige Autor in Abhängigkeit und Selbständigkeit mit den Erwartungen seiner Zeitgenossen, die diese an eine Widmungsvorrede stellten, auseinandersetzte. Zugleich könnten Luthers Widmungsvorreden in ihrer Anregung aufnehmenden und Anstöße weitergebenden Funktion innerhalb des breiten Stromes dieser Literaturgattung während des 16. Jahrhunderts eingeordnet und begriffen werden. Dadurch wäre es möglich, die bis in die Gegenwart hinein verbreitete Methode zu überwinden, die bei humanistischen Elementen in Luthers Schrifttum zu schnell die relativ leicht zugänglichen Werke des Erasmus von Rotterdam heranzieht, anstatt die ganze Breite der seit seiner Erfurter Zeit auf Luther wirkenden humanistischen Einflüsse einzubeziehen.

Schottenloher äußerte die Meinung, daß auf der genauen Kenntnis der Widmungsvorreden „beinahe eine Geschichte des Humanismus aufgebaut werden könnte"[183]. Das wirft die Frage auf, ob nicht auch anhand der Widmungsvorreden Luthers, die dieser sehr bewußt einzusetzen verstand[184], sich Wesentliches über sein Leben, sein Werk, seine Ziele[185], seine Erwartungen, seine Beziehungen zu anderen, sein Verhalten und seinen Charakter in ihrer Entwicklung aussagen läßt. Zumindest hätte eine solche Darstellung den Vorteil, auf der Grundlage eines überschaubaren Materials das Wirken Luthers von 1516 bis zu seinem Tode zu verfolgen. Dazu bedürfte es allerdings sorgfältiger Analysen der Texte, die den Hintergrund ihrer Entstehung, die genannten und ungenannten Beweggründe für Luthers Widmungen, die Rechtfertigungen der Veröffentlichungen, das vorgebrachte Lob auf den Widmungsempfänger und die sonstigen Urteile über ihn, die zur Schau getragene Bescheidenheit und die an anderen Stellen geäußerten Meinungen über das jeweilige Werk und sich selbst, die Anleihen bei anderen Widmungsvorreden – vor allem auch in seiner unmittelbaren Umgebung –, die Funktion der einzelnen Aussagen im Rahmen einer Widmungsvorrede mit Hilfe einer exakten Terminologie und die Beziehung zu dem gewidmeten Werk und zu anderen Widmungsvorreden – besonders an denselben Widmungsempfänger – aufweisen. Und so verdienstvoll es ist,

---

[182] Vgl die angeführten Arbeiten von SIMON und LEINER.
[183] SCHOTTENLOHER, Die Widmungsvorrede im Buch ... 2.
[184] Vgl WA 23,279,13–19.
[185] So nutzte LUTHER seine Gratulation für JONAS zu seinem Propstamt, mit dem eine juristische Professur verbunden war, um seine Gedanken über die Aufgaben seiner zukünftigen Lehrtätigkeit zu äußern (WA 8,44,32–45,13).

die rhetorische Disposition einer Widmungsvorrede aufzuzeigen[186], mindesten so wichtig ist es, die einzelnen Elemente in ihrer Funktion im Rahmen einer Widmungsvorrede zu benennen.

Der Reichtum an Beziehungen und Inhalten läßt es lohnend erscheinen, bei Erwägungen zu Neueditionen von Luthertexten im „Archiv zur Weimarer Ausgabe" eine Neubearbeitung aller Widmungsvorreden in die engere Wahl zu ziehen, weil damit auf engstem Raum den vielen Erfordernissen nachgekommen werden kann. Außerdem gestattet die Konzentration auf diese Literaturgattung eine effektive Editionsarbeit, die Vermeidung von Wiederholungen in den Erläuterungen und eine methodische Anleitung für die Auswertung dieser Texte. Das Ergebnis könnte zu einem Handbuch für die Interpretation aller Widmungsvorreden des 16. Jahrhunderts werden.

---

[186] Vgl BIRGIT STOLT, Studien zu Luthers Freiheitstraktat: mit besonderer Rücksicht auf das Verhältnis der lateinischen und der deutschen Fassung zu einander und die Stilmittel der Rhetorik (Stockholm 1969) 12–14.

ZUR UNTERSCHEIDUNG VON DEUS REVELATUS UND DEUS ABSCONDITUS IN „DE SERVO ARBITRIO"

von

Jun Matsuura

I.

Wie alle Unterscheidungen, in denen sich Luthers Denken in Bewegung zeigt, ist gerade auch die von Deus revelatus und Deus absconditus, wie sie am bekanntesten in der Auseinandersetzung mit Erasmus zum Zuge gebracht wurde, so durch ihre eigentümliche Dynamik gekennzeichnet, daß sie sich einem formal reinlich auseinanderhaltenden Erfassen widersetzt. Zuerst sollen die Interpretationsprobleme unter diesem Gesichtspunkt kurz vergegenwärtigt werden[1].

In den beiden Passus in *De servo arbitrio,* in denen diese Unterscheidung ausdrücklich thematisiert wird (WA 18,684,32–686,12; 689,18–690,27), stellt sich diese in folgenden Variationen dar: (a) praedicata et oblata misericordia Dei – occulta illa et metuenda voluntas Dei ordinantis suo consilio, quos et quales praedicatae et oblatae misericordiae capaces et participes esse velit (684,34–37); (b) Deus vel voluntas Dei nobis praedicata, revelata, oblata, culta – Deus non praedicatus, non revelatus, non oblatus, non cultus (685,3–5); (c) Deus, quatenus est praedicatus et cultus, id est, verbum et cultus quo Deus nobis cognitus est et nobiscum

---

[1] Im Rahmen dieses kleinen Beitrags sind Bezugnahmen auf die Forschungsliteratur nur in sehr beschränktem Maße möglich. Bei einem schon so oft verhandelten Thema wie diesem ergeben sich für Einzelaspekte auf Schritt und Tritt Berührungen, und zwar so, daß dabei Übereinstimmung und Abgrenzung, Gelerntes und Anzufragendes manchmal sehr dicht beieinanderliegen oder gar ineinandergreifen. – Entscheidende Hilfen verdanke ich im übrigen mündlichen Anregungen. Im SS 1978 konnte ich an den letzten Sitzungen des Seminars über ERASMUS und LUTHER bei Herrn Prof D GERHARD EBELING in Zürich teilnehmen, im SS 1979 in Tübingen am Seminar über „De servo arbitrio" bei Herrn Prof Dr EBERHARD JÜNGEL. Außer diesen beiden Seminaren, die direkt mit der eingehenden Interpretation dieser Schrift zu tun hatten, konnte ich auch im WS 1979/80 in Tübingen an Prof EBELINGS Lutherseminar teilnehmen und eine Luthervorlesung von Herrn Prof Dr HEIKO AUGUSTINUS OBERMAN hören, dem ich auch sonst über Jahre hin wertvolle Hinweise verdanke, wie überhaupt die Gelegenheit für eine zweieinhalbjährige Mitarbeit im Tübinger Institut für Spätmittelalter und Reformation mit Teilnahme an Kolloquien in einem Kreis von Fachforschern auf dem Gebiet Spätmittelalter und Reformation. Da man seine Dankbarkeit mündlichen Anregungen gegenüber nicht durch Zitate angemessen bekunden kann, sei an dieser Stelle den genannten Lehrern herzlich gedankt, die mit ihrem jeweils ganz anderen Stil teilweise übereinstimmende und teilweise von anders gelagerten Interessen geleitete Arbeits- und Frageweisen zur Geltung brachten. Denn der hier vorgelegte Interpretationsversuch wurde in seinen Grundzügen im Zeitraum Sommer/Winter 1979 konzipiert, und gerade auch da, wo man ein Stück eigenen Weg zu gehen versucht, verdankt man den viva voce erfahrenen Anregungen seine eigene Arbeit.

habet commercium – Deus non cultus nec praedicatus, ut est in sua natura et maiestate (685,10–14); (d) quatenus indutus et proditus est verbo suo, quo nobis sese obtulit – Deus in maiestate et natura sua (685,14–16); (e) Deus praedicatus – Deus absconditus in maiestate (685,19–24); (f) verbum Dei – Deus ipse (685,25–27); (g) verbum – voluntas illa imperscrutabilis (et incognoscibilis) (685,28–686,3); (h) Deus praedicatus – maiestas illa (686,4–12); (i) Deus incarnatus seu Ihesus crucifixus – secreta illa voluntas maiestatis (illa secreta maiestatis, quae impossibile est attingere, ut quae habitet lucem inaccessibilem) (689,18–690,2). Deus revelatus oder praedicatus ist dabei der Gott, der den Tod des Volks „vorfindet", beklagt und aufzuheben sucht, der darauf aus ist, daß Sünde und Tod beseitigt, und wir selig werden, während der Deus absconditus den Tod weder beklagt noch wegnimmt, sondern Leben, Tod und alles in allem wirkt (685,18–24). Jener will, daß *alle* Menschen gerettet werden, und kommt mit dem Heilswort zu allen, so daß der menschliche Wille ihm gegenüber durchaus verantwortlich ist, während der Deus absconditus auch diesen menschlichen Willen in seiner Gewalt hat, ihn das Heilswort auch ablehnen läßt und doch unbegreiflicherweise den Menschen darüber zur Rechenschaft zieht (686,5–10). Mehr: Mit seinem Wort wolle Gott nicht den Tod des Sünders; er wolle ihn aber mit „jenem unerforschlichen Willen" (685,28f). – Aus diesen Ausführungen sowie aus (a) und (g) entsteht also der Eindruck, hier seien zwei Willen bei Gott konstatiert, die sich zumindest zum Teil widersprechen, so daß auf jeden Fall das Wort Gottes als sein geoffenbarter Wille relativiert werde. Der Eindruck verstärkt sich, wenn in (c), (f) und (g) der Deus revelatus mit dem Wort identifiziert wird, über das sich doch jemand erheben könne (685,10–12), und der Deus absconditus dagegen als „Gott selbst" bezeichnet wird, über den sich ja nichts und niemand erheben könne und in dessen Macht alles stehe (685,12–14). Die Frage nach dem Deus absconditus als nach dem „eigentlichen Gott" scheint nicht ausbleiben zu können[2]. Noch brisanter wird es, wenn in (i) Deus revelatus als Deus incarnatus, als Ihesus crucifixus identifiziert wird. Kein Geringerer als Theodosius Harnack mußte hier Luthers „eigenes Prinzip, Gott in Christo" in Frage gestellt sehen[3]. Indes, für Luthers Ausführungen an dieser Stelle ist charakteristisch, daß die Unterscheidung, die in bezug auf Gott gemacht wird, verknüpft, vielmehr geradezu ineins gesehen ist mit einer Unterscheidung in bezug auf das *menschliche Verhalten*, auf die Weise des menschlichen *Umgangs* mit dem Willen Gottes: Die Erörterung wird damit eingeleitet, daß vom gepredigten Gotteswillen und vom nicht gepredigten Gott jeweils anders zu disputieren sei (aliter . . . et aliter disputandum – 685,3–5). Eben dieser Hinweis soll hier als zweites Argument die Frage des Erasmus, ob denn Gott in Ez 33,11 (mit 18,23) den Tod des Volks beklage, den er nach Luthers Behauptung selber wirke (685,1f), als eine falsch gestellte qualifizieren[4].

---

[2] Vgl die vorsichtig geäußerte Befürchtung KARL BARTHS in Kirchliche Dogmatik II/2 (Zürich 1942) 71.
[3] THEODOSIUS HARNACK, Luthers Theologie mit besonderer Beziehung auf seine Versöhnungs- und Erlösungslehre 1 (1862; Neue Ausgabe München 1927) 144.
[4] Das erste Argument war, daß ERASMUS das Wort des Ezechiel als Gesetz verstehe, während es Verheißung sei (WA 18,683,11–684,32).

Die Logik der Argumentation ist also nicht einfach die, daß Erasmus darin einen Fehler begehe, von zwei disparaten *Gegenständen* wie von einem zu reden (daß Gott Einer ist, ist freilich stets vorausgesetzt), sondern vielmehr, daß dem einen und dem anderen jeweils eine andere Umgangsweise zukomme und deshalb nicht beides auf *eine* Ebene gestellt und so zwischen beiden ein Widerspruch reklamiert werden könne. Diese zunächst nur formale Beobachtung sei festgehalten, da schon hierin ein Wink dafür gegeben sein kann, in welchem Zusammenhang die zur Frage stehende Unterscheidung zu sehen ist. Und der rechte Umgang mit dem Deus absconditus ist – das ist hier entscheidend –, sich ihn nichts angehen zu lassen: nihil ad nos[5]. Ihm kommt nur Fürchten, Verehren und Anbeten zu (684,37–40; 686,1–3). Also: der rechte Umgang besteht darin, mit ihm gerade *nicht* umzugehen, sondern nur in Ehrfurcht um ihn zu wissen. Denn umzugehen hat der Mensch nur mit *dem* Gott, der, mit seinem Wort „bekleidet" und hervorgetreten, sich uns angeboten hat (685,16f), mit dem fleischgewordenen Gott, mit dem gekreuzigten Jesus (689,22f). Uns richten sollen und können wir nur nach dem Wort, nicht nach jenem unerforschlichen Willen (685,31–686,1).

So reiht sich diese Aussage in die Luthers über das Prädestinationsproblem ein[6]. Dies und (a) wie (i) (mit 689,33–690,1) legen nahe, den Deus absconditus in maiestate als den Gott der doppelten Prädestination zu fassen. Aber zunächst muß der Begriff weiter gefaßt werden, da der Deus absconditus „alles in allem wirkt", also aktuale Allmacht und Allwirksamkeit ist. In diese Richtung weist auch, daß es in dem „Sendschreiben an die Christen zu Antwerpen" (April 1525), in dem unsere Unterscheidung direkt vorgebildet ist, um die Frage geht: „wie Gott sunde nicht wollt, und doch durchs verhengen wollt"[7]. Man wird also bei der Inter-

---

[5] Von EBERHARD JÜNGEL sehr scharf zur Geltung gebracht mit seinem Aufsatz: Quae supra nos, nihil ad nos. Eine Kurzformel der Lehre vom verborgenen Gott – im Anschluß an Luther interpretiert, in: EvTh 32 (1972) 197–240.

[6] Hier nur zwei Beispiele. Aus der Frühzeit: „Sic oportet piam animam velle nescire dei secretum super se nec scrutari maiestatem, ne opprimatur a gloria, prover.25., nec permittere, ut inducatur ad hoc impossibile, quo pelagus inscrutabile divinae sapientiae exhauriat et deum tentet. Hoc enim conantur demones, dum urgent, ut homo certus esse cupiat et curet de sua praedestinatione. Eyn ferlicher furvvicz ist das" (WA 5,623,1–6). HEIKO A OBERMAN, Contra vanam curiositatem. Ein Kapitel der Theologie zwischen Seelenwinkel und Weltall = ThSt(B) 113 (Zürich 1974), läßt diese „curiositas scrutandae maiestatis" (AaO 623,29) auf dem Hintergrund der mittelalterlichen Tradition sehen. – Aus der Spätzeit: „Vulgantur iam passim voces istae de praedestinatione ab hominibus epicuraeis, qui ita dicunt: Nescio, an sim praedestinatus ad salutem; si praescitus ad vitam aeternam, quidquid fecero, salvabor, et econtra, si non sum praescitus, quidquid fecero, condamnabor. [...] Respondeo: [...] Haec est nobis valde necessaria doctrina, et primum distinguendum est de notitia vel abiectione divinitatis, vel disputandum est de Deo revelato vel de notitia divinae voluntatis non revelatae. Ibi prorsus nulla est scientia. Hic est dicendum: Quae supra nos, nihil ad nos" (WATR 5,293,7–11.17.30–33). Von der ganzen „Tischrede" 5658a wird angenommen, sie sei eine „fast stenographisch getreue Nachschrift" aus der großen Genesisvorlesung (vgl WA 48,363f). Vgl zu dieser Aufzeichnung auch WA 43,457,32–463,2 und WABr 9, Nr 3716 (hier mit einem offensichtlichen Druckfehler: 627,42 „das lest fahren, das ihm zu wissen undt zu thun nicht bevohlen ist" wäre „nicht" zu tilgen; vgl ENDERS 14,189,55).

[7] WA 18,549,36. Darauf heißt es dann: „Ich sage, Gott hat verbotten die sunde, und will der selben nicht, Dieser wille ist uns offenbart und not zu wissen. Wie aber Gott die sunde verhenget odder will, das sollen wyr nicht wissen, denn er hats uns nicht offenbart. [...] Derhalben ist meyne bitte, ob euch

pretation nicht von der Prädestinationsfrage auszugehen, sondern sich vielmehr von dem Kontext, in dem hier Gottes Allwirksamkeit zur Diskussion steht, Gesichtspunkte für Luthers Prädestinationsverständnis geben zu lassen haben. Weiter ist vor allem darauf zu achten: Während der Deus absconditus hier vom Wort Gottes unterschieden wird und uns nichts angehen soll, insistiert Luther an anderen Stellen gerade darauf, von der Allwirksamkeit Gottes zu reden, *weil es Gotteswort sei*[8]; daß Gott alles in allem wirkt, gehöre zum heilsnotwendigen Wissen[9]. Daß also Gottes Allwirksamkeit einschließlich der Erwählung und Nichterwählung einerseits als zum Wort Gottes gehörig eingeschärft wird und andererseits als Wirken des Deus absconditus von ihm unterschieden, und dementsprechend Gottes Wort einerseits als auch die doppelte Prädestination aussagend und andererseits als Deus praedicatus das Heil *aller* wollend zur Sprache gebracht wird, macht den einen Problemknoten für die Interpretation aus.

Der andere, damit zusammenhängende Problemknoten betrifft die Verborgenheit selbst. In dem jetzt im ersten Durchgang vergegenwärtigten Textkomplex (im folgenden als „Stelle A") war von der unerforschlichen Verborgenheit Gottes in seiner Majestät die Rede, der in dieser Verborgenheit uns nichts angehen soll. Eine andere, ebenso oft zitierte Stelle spricht dagegen von der Verborgenheit unter dem Gegenteil (sub contrario), in der alles Heilshandeln Gottes am Menschen geschieht, das deshalb nur geglaubt werden kann (633,7–23; im folgenden als „Stelle B"). Und in diesen Zusammenhang wird gerade auch Gottes Allwirksamkeit und doppelte Prädestination gestellt: Die höchste Stufe des Glaubens sei die, den als gütig zu glauben, der so wenige rette und so viele verdamme, als gerecht zu glauben den, der mit seinem Willen uns notwendigerweise verdammenswert mache. Weil hier Gottes Gerechtigkeit und Barmherzigkeit auf keine Weise begriffen werden könne, werde Raum für Einübung des Glaubens, „non aliter quam, dum Deus occidit, fides vitae in morte exercetur"[10]. Damit ist die ganze theologia crucis zur Stelle.

---

dieser Geyst [ELOY PRUYSTINCK] mit der hohen frage von dem heymlichen willen Gottes viel wolt bekömmern, So weycht von yhm und sprecht also: Ists zu wenig, das uns Gott leret von seynem offentlichen willen, den er uns offenbart hat? Was narrestu uns, und wilt uns dahyneyn füren, das uns zu wissen verbotten ist, und du selbst nicht weyssest? las Gott solchs befolhen seyn, wie das zugehet. Uns ist gnug, das wyr wissen, wie er keyne sunde will, Wie er aber die sunde verhenget odder will, sollen wyr lassen gehen, Eyn knecht soll nicht wissen seynes herren heymlickeyt, sondern was yhm seyn herre gebeut. Viel weniger soll eyn arme creatur yhrs Gotts maiestet heymlickeyt erforschen und wissen wöllen" (550,6–20). Am Schluß verweist LUTHER auf seine Römerbriefvorrede (550,30–32), so daß die Zusammengehörigkeit dieser Frage mit der Prädestinationsfrage auch deutlich ist.

[8] „Si autem Dei verba esse credis ea paradoxa, ubi est frons tua? ubi pudor? ubi, non dico iam modestia illa Erasmi, sed timor et reverentia Deo vero debita? qui dicis, nihil inutilius dici posse hoc verbo Dei? [. . .] Paulus Apostolus in Epistola ad Rom. non hoc in angulum, sed in publicum ac coram toto mundo, liberrimo ore, eadem etiam durioribus verbis palam disserit, dicens: Quos vult, indurat, Et iterum: Deus volens notam facere iram suam etc. Quid durius (sed carni) illo Christi verbo: Multi vacati, pauci electi? Et iterum: Ego scio, quos elegerim" (WA 18,630,32–631,3.8-13).

[9] „cum Deus operetur omnia in omnibus" (614,12, im Zusammenhang von 614,1–20).

[10] WA 18,633,22f. Von dem Ausdruck „fidei summus gradus" (633,15) könnte man sich darauf bringen lassen, in diesem Verhalten eine höhere Stufe gegenüber dem nihil ad nos zu erblicken, wie es LUTHER tatsächlich in seinem Sendbrief an HANS VON RECHENBERG 1522 (WA 10 II 318–326) bei einer ähnlichen Fragestellung tut (323,1–26). Aber weder will LUTHER die Stelle B nur an die Glaubensstarken („utilitas

Es stellt sich also auch die Frage, wie sich die Begriffe Deus absconditus in maiestate von *De servo arbitrio* und Deus absconditus in passionibus der *Heidelberger Disputation* bzw Deus crucifixus et absconditus der Resolutio zur 58. These der *95 Thesen* zueinander verhalten[11]. Denn im Erfassen des Deus crucifixus et absconditus als Deus revelatus ist jene Sicht von der Verborgenheit sub contrario begründet[12].

Diese Vielfalt der Aussagen bringt es mit sich, daß entscheidende Weichen für die Interpretation nicht nur durch das Verständnis der einzelnen Texte, sondern auch dadurch gestellt werden, an welchem Text man sich zentral orientiert und wie die Texte von daher einander zugeordnet werden[13]. So kommt es darauf an,

---

aut necessitas talia *invulgandi*" WA 18,632,21) und Stelle A an eine bestimmte Gruppe gerichtet wissen, noch ist die Problemlage an allen Stellen dieselbe. Die Frage nach „ursache und grund solchs gestrengen und ernsten urteyl Gottis" (WA 10 II 322, 25f), „das er die menschen so dahyn werffen und zur ewigen peyn geschaffen haben sollt" (322,10f), ist zwar der nach der Gerechtigkeit des prädestinierenden Gottes bei Stelle B analog, deckt sich aber mit der – noch zu erarbeitenden – Problemlage bei Stelle A nicht.

[11] Vgl WA 1,361,31–363,15; 613,21–614,27.

[12] Vgl etwa: „Necesse est enim opus Dei abscondi et non intelligi tunc, quando fit. Non autem absconditur aliter quam sub contraria specie nostri conceptus seu cogitationis. [...] Sic enim egit in opere suo proprio, quod est primum et exemplar omnium operum suorum, i.e. in Christo. Quem tunc, quando voluit glorificare et in regnum statuere, sicut omnium discipulorum piissima cogitatio ferventer optabat et expectabat, maxime contrarie fecit mori, confundi et ad inferos descendere" (WA 56,376,31–377,1.4–8). Zu diesem Aspekt ausführlich WALTHER VON LOEWENICH, Luthers Theologia crucis (1929; 5. Aufl Witten 1967) und HELLMUT BANDT, Luthers Lehre vom verborgenen Gott. Eine Untersuchung zu dem offenbarungsgeschichtlichen Ansatz seiner Theologie (Berlin 1958) I. Teil.

[13] Um es an signifikanten Beispielen zu veranschaulichen: THEODOSIUS HARNACK, AaO 135–148 behandelt nur Stelle A zusammenhängend und kommt zu dem schon genannten Urteil, wobei das nihil ad nos als Verlegenheitsauskunft angesehen wird (S 141). So bleiben unsere beiden Stellen bei seiner Auffassung von „Gott der verborgene und geoffenbarte" (84–97) ohne Bedeutung. – Bei ALBRECHT RITSCHL, Geschichtliche Studien zur christlichen Lehre von Gott. 2. Artikel (1868; in: ders, Gesammelte Aufsätze. Neue Folge [Freiburg i B u Leipzig 1896] 65–127), hat das Ausgehen von Stelle A (wobei das Entscheidende im *Anbeten* des verborgenen Gottes gesehen wird; im „nihil ad nos" sei LUTHER vielmehr mit ERASMUS einig – S 78) zur Folge, daß von da aus der Gedanke von der Verborgenheit sub contrario bei Stelle B als unzulässige lehrhafte Fixierung von an sich verständlichem religiösem Interesse hinter jenem „Anbeten" gedeutet wird (78f), die doch zu einer contradictio in adjecto führe (83). Was bleibt, ist also ein „Widerspruch" zwischen den „entgegengesetzten Aussagen über den verborgenen und den offenbaren Gott" (84), der dann durch die „Nachwirkung der nominalistischen Schulbildung auf den Reformator" erklärt werden soll (84–89) – (Die seither verschieden beurteilte Frage nach dem Verhältnis dieser Unterscheidung zur Denkstruktur im Nominalismus kann hier nicht behandelt werden. Vgl OBERMAN, AaO 44–54. Es wird darauf ankommen, genau anzugeben, auf welcher Ebene eine analoge Struktur, und auf welcher entscheidende Divergenzen zu sehen sind.). – FERDINAND KATTENBUSCH, Deus absconditus bei Luther, in: Festgabe für JULIUS KAFTAN (Tübingen 1920) 170–214, geht den genau entgegengesetzten Weg. Aus Stelle B wird herausgelesen, „daß Gott gerade als *revelatus* auch (letztlich überall) als ein *absconditus* gelten *wolle*, weil *müsse*" (S 181; Hervorhebungen von KATTENBUSCH), so daß „abscondere" eigentlich überall als „verstecken" oder „verstellen" zu verstehen sei (183). Stelle A kommt in Anmerkungen vor und wird nicht zur Begriffsbestimmung von Deus absconditus herangezogen. Zwischen beiden Verborgenheitsaussagen wird also nicht unterschieden (vgl 197, 203 und 204 A 29 u ö), vielmehr wird gewagt, vom genannten Verständnis von abscondere aus den Glauben mit der Möglichkeit rechnen zu lassen, daß auch die doppelte Prädestination „Schein" sei (201). – RUDOLF HERMANN, Zu Luthers Lehre vom unfreien Willen, in: Greifswalder Studien zur Lutherforschung und neuzeitlichen Geistesgeschichte 4 (Berlin, Leipzig 1931) 17–38, nennt beide Stellen in einem Atem (S 19), und in der Stelle B wird ein „Wegweiser zum verborgenen Gott" gesehen (20). Bei der Interpretation von Stelle A wird entsprechend auf den „freien Vorbehalt" Gottes abgehoben (33), so daß der Mensch auch und gerade hier vor das Prädestinationsproblem *gestellt* wird, statt daß die Unterscheidung mit dem nihil ad nos zusammengesehen und die Frage nach dem allwirksamen

jeweils die Problemlage hinter den Aussagen zu eruieren. Hellmut Bandts Monographie (s o Anm 12) stellte sich zwar als Grundproblem gerade die Frage nach dem Verhältnis unserer beiden Stellen im Sinne von zwei verschiedenen Arten der Verborgenheit Gottes (Bandt S 19). Aber seine Auskunft befriedigt nicht ganz, wenn die Verborgenheit Gottes bei Stelle A letzten Endes als diejenige „hinsichtlich seiner Entscheidung über jene *anderen*, die durch sein Wort nicht überwunden werden", gesehen wird (AaO 152; Hervorhebung von Bandt). Luther spricht durchweg von „wir". – Angesichts des oben kurz umrissenen dynamischen Charakters dieser Unterscheidung soll also im folgenden, darin Regin Prenters Votum entsprechend[14], nicht nach einer „Lehre" Luthers vom Deus absconditus gefragt, sondern ein Versuch unternommen werden, Aspekte für Notwendigkeit und Sinn der Unterscheidung von Deus revelatus und Deus absconditus in *De servo arbitrio* herauszuarbeiten, um Luthers Denkbewegung womöglich ein Stück näher zu kommen. Von den Ausführungen Gerhard Ebelings, die eben der Dynamik dieser Unterscheidung eminent Rechnung tragen[15], wird sich das Nachstehende insofern

---

Gott als abgewiesen verstanden wird. „Nicht nach den andern schielen", und nicht nach dem Warum der Auswahl und der Anrechnung doch von uns aus unüberwindlicher „Laster unseres Willens" fragen, ist dann der Inhalt von „nihil ad nos" (37). – HANNS RÜCKERT, Luthers Anschauung von der Verborgenheit Gottes. Schwedisch 1952, deutsch in: ders, Vorträge und Aufsätze zur historischen Theologie (Tübingen 1972) 96–107, der von der Verwurzelung der Verborgenheitsgedanken in der Rechtfertigungslehre ausgeht (97), faßt den Deus absconditus zunächst als den in der Gestalt des Gesetzgebers und Richters verborgenen Gott, dem gegenüber es immer neu den „in Christus erschienenen reinen Liebeswillen Gottes" als den geoffenbarten Gott zu ergreifen gilt (97–101), und sieht diese Anschauung dann „auf die anderen großen Probleme der Daseinsdeutung angewendet" (101). In der Prädestinationsfrage als „Gipfelpunkt der Verborgenheit Gottes" verschiebe sich aber die Auffassung, da sie auch für den Glauben undurchsichtig sei, wobei allerdings im Stehenlassen widersprüchlicher Realitäten die Grundhaltung durchgehalten werde (105). Die Stellen A und B scheinen also, soweit sie die Prädestination betreffen, ineins gesehen zu sein, und diese Verborgenheit wird dann vor allem im Licht der „tria lumina" (WA 18,784,35–785,38) verstanden: es gehe um die Unabgeschlossenheit des Redens von Gott (106) und das Vertrauen auf den „allweisen Rat des gütigen Vaters" (107). – EBERHARD JÜNGEL, AaO schenkt dem Dictum Socraticum „Quae supra nos, nihil ad nos" besondere Aufmerksamkeit, orientiert sich also an der Stelle A. Hier wird nachdrücklich geltend gemacht, daß es bei der Unterscheidung von verborgenem und offenbarem Gott keinesweges um Relativierung, sondern um Sicherstellung der Definitivität der Offenbarung geht (219–222). Im genauen Gegensatz zu A RITSCHL wird darauf hingewiesen: „Das Geheimnis des verborgenen Gottes respektiert der Mensch also, indem er es sich *nichts* angehen läßt" (222; Hervorhebung von JÜNGEL). Aus Stelle B hingegen wird nur der Satz zitiert, der die Verborgenheit sub contrario formuliert (225). Diese wird dann als die zur Offenbarung gehörende „präzise Verborgenheit" sogleich auf Gottes Verborgenheit im Menschen Jesus und in der Predigt von ihm konzentriert (AaO). Die „Erfahrung der Gottlosigkeit der Welt" kann so als „positiv" bezeichnet werden, sofern sie *vom nihil ad nos des verborgenen Gottes her* im Sinne der Konzentration auf das Kreuz Jesu Christi als den Ort der Frage nach Gott verstanden werden kann (236f), während bei LUTHERS Stelle B die Haltung angedeutet ist, das *Bedrängende* an der Welterfahrung gerade für den Glauben, der an Gott auch als den allwirksamen glaubt, nur als unbegreiflicherweise *sub contrario* verborgenes Wirken des gnädigen Gottes auszuhalten.

[14] REGIN PRENTER, Luther als Theologe, in: Luther und die Theologie der Gegenwart. Referate und Berichte des Fünften Internationalen Kongresses für Lutherforschung Lund, Schweden 14.–20. August 1977 (Göttingen 1980) 112–124, S 113.

[15] GERHARD EBELING, Luther. Einführung in sein Denken (Tübingen 1964) bes 259–279 u 302–307, und ders, Existenz zwischen Gott und Gott. Ein Beitrag zur Frage nach der Existenz Gottes (ZThK 62 [1965] 86–113), in: ders, Wort und Glaube 2 (Tübingen 1969) 257–286, bes 279–286, sowie ders, Dogmatik des christlichen Glaubens 1 (Tübingen 1979) 254–257.

unterscheiden, als es die Problemlage, in der diese Unterscheidung bei Stelle A gemacht wird, *zunächst* als eine ganz spezifische faßt und dabei verweilt, um Aspekte zu bedenken, die von dieser Perspektive aus sichtbar werden. Dabei geht es u a darum, jenes von Ebeling sachlich keineswegs übergangene, aber besonders von Eberhard Jüngel zentral hervorgehobene „nihil ad nos" in seiner in der Tat programmatischen Nachdrücklichkeit zu würdigen[16].

II.

Vom großen Rahmen her gesehen, gehört die Stelle A in die Zurückweisung der von Erasmus behaupteten Absurdität der These von Gottes Allwirksamkeit und der Unfreiheit des menschlichen Willens, die Stelle B in die Behauptung der von Erasmus bestrittenen Notwendigkeit des *Redens* darüber[17]. Die Argumentationen des Erasmus sind dabei insofern ganz konsequent, als es ihm darum geht, mit einer unreflektiert vorausgesetzten und nicht zur Diskussion zu stellenden (*Diatribe* Ia), oder zwar durch theologische Überlegungen äußerst eingeschränkten, aber nie ganz zu eliminierenden (II, III und IV; eindrücklich bei IV 8–12) gewissen freien Kraft des menschlichen Willens das Personsein des Menschen mit dessen Verantwortlichkeit und ethisch-religiösem Bemühen sowie Gottes Güte und Gerechtigkeit in seinem Umgang mit Menschen zu wahren (vgl IV 16), kurz: um das personale Gegenüber von Gott und Mensch[18]. Der Streit geht also insofern um das rechte Erfassen vom Vor-Gott-Sein des Menschen als Personsein.

Die Grundposition des Erasmus zeigt sich vor allem in *Diatribe* Ia 8, diejenige Luthers in seiner Reaktion darauf. Für Erasmus ist es in bezug auf die Frage des freien Willens „genug für die christliche Frömmigkeit", sich in jeder Lebenssituation zum Guten oder zum jeweils Besseren *aufgerufen* zu wissen: im Guten fortzuschreiten, sich mit sakramentaler Hilfe aus den Sünden herauszuringen, um Barmherzigkeit zu flehen – ohne die der menschliche Wille und Versuch unwirksam seien –, das Böse sich selbst und das Gute Gottes Güte zuzuschreiben, der wir unser Sein selbst verdanken, auf Gottes Gerechtigkeit zu vertrauen auch in der

---

[16] Vgl EBELING, Luther, 306, und vor allem Wort und Glaube 2,284. Für JÜNGEL vgl oben Anm 5 und 13.

[17] Die „Diatribe" von ERASMUS wird hier nach der Einteilung durch JOHANNES VON WALTHER in seiner Ausgabe (Quellenschriften zur Geschichte des Protestantismus. 8.Heft. Anastatischer Druck Leipzig 1935) zitiert. Ia 7–11 sucht ERASMUS nachzuweisen, daß die Frage der Willensfreiheit zu den unklaren und unnötigen Fragen gehöre und eigentlich nicht diskutiert werden sollte; gerade auch dann, wenn LUTHER mit seiner These recht haben sollte, dürfte davon keineswegs geredet werden (Ia 10). WA 18,606,1–639,12 ist diesem Teil der Diatribe gewidmet. – In II soll dann gezeigt werden, daß eine ganze Reihe von Bibelstellen durch die These von Gottes Allwirksamkeit absurd würde (daß also diese These absurd sei), so auch Ez 33,11 mit 18,23 (IIa 15) und Mt 23,37 (IIb 1).

[18] Daß diese Charakterisierung des Anliegens von ERASMUS schon vom Vergleich mit LUTHER mitbestimmt ist, sei zugestanden. Aber hier ist nicht der Ort, ausführlich von ERASMUS zu handeln. Vgl auch BERNHARD LOHSE, Lutherdeutung heute = Kleine Vandenhoeck-Reihe 276 (Göttingen 1968) 52.

Erfahrung unverdient scheinender Härte, und auf Vergebung von seiten des gütigen Gottes zu hoffen. Nach Präszienz, nach dem Verhältnis von freiem Willen und Gnade, nach der Notwendigkeit alles Geschehens zu fragen ist „irreligiosa curiositas", also ein vermessenes Unterfangen, wodurch der rechte Ort des Menschseins verfehlt wird. Verfehlt wird er also dadurch, daß der Mensch auf sich selber zurückblickt, um seine Kräfte zu messen[19], statt unbeirrt auf den gütig zurufenden, immer zu helfen bereiten, auf ihn wartenden väterlichen Gott zu blicken und im Vertrauen einen Schritt vorwärts zu tun (vgl auch IV 9). – Gegen diese doch so bestechende Darstellung des Vor-Gott-Seins des Menschen donnert Luther: „Ohne Christus!"[20]. Um so auffälliger ist es, daß Luther seinerseits bei der Darstellung der „Summe" des Christentums auch nicht direkt Christus erwähnt. Stattdessen wird gerade das Wissen über das von Erasmus als unnötig Zurückgestellte als heilsnotwendig behauptet (WA 18,609,15–620,37; bes 614,1–615,17). Im Zentrum steht dabei die Notwendigkeit der „certissima distinctio" zwischen Gottes und unserer Kraft, zwischen Gottes und unserem Werk (614,15f) in dem Sinne, daß Gott alles wirkt (614,12), also wir nichts. Da stehe eben „cognitio suiipsius, cognitio et gloria Dei" auf dem Spiel, beides bezeichnenderweise nur mit einem Komma verbunden und gleichsam in einem Atem ausgesprochen (614,17f). Von Christus reden heißt also eo ipso hiervon reden. Die bekannte Bestimmung des Themas der Theologie als „cognitio dei et hominis", näher als „homo reus et perditus et deus iustificans vel salvator" klingt hier an[21], und damit zeigt sich zugleich die bleibende zentrale Bedeutung der Neuentdeckung der iustitia Dei als das Luthers theologisches Denken strukturierende Moment.

Ohne auf umstrittene Einzelfragen einzugehen, sei hier also der Inhalt dieser Entdeckung – soweit es für unseren Zusammenhang notwendig ist – charakterisiert[22]. Luther sagt, er habe gelernt, iustitia Dei als sogenannte iustitia formalis seu activa zu verstehen, mit der Gott gerecht sei und die Sünder strafe. – Er nennt sie auch die „selbwesende ynnerliche gerechtickeyt gottis"[23]. – Dieses Verständnis habe ihn auch bei Röm 1,17a in schwerste Anfechtung und Gottashaß getrieben. Die befreiende Erkenntnis habe darin bestanden, daß er die iustitia Dei

---

[19] Vgl die Äußerung LUTHERS: „Sic tu quoque nobis facta decernis sola, vetas vero primum explorare et metiri aut nosse vires, quid possimus et non possimus, tanquam hoc sit curiosum et supervacaneum et irreligiosum" (WA 18,613,1–3).

[20] WA 18,611,5. Gekränkt protestiert ERASMUS: „Cedo mihi, ubi nominatur Deus, utique Christianorum, an illic abest Christus? Nisi Christum non habes pro Deo; et ubi Christianus nominatur, an ibidem non intelligitur Christus?" (Hyperaspistes I, in: Desiderii Erasmi Roterodami Opera Omnia 10 [Lugduni Batavorum 1706 / Republished London 1962] 1266B).

[21] WA 40 II 327,11f; 328,1f. Für unseren Zusammenhang sind auch die vorhergehenden Zeilen wichtig: „Non disputamus de deo, sed de homine peccatore vel reo, morti et peccato subiecto, – non sedente in maiestate, sed iustitia dei vel iustificante deo" (327,8–10). Vgl dazu EBELING, Cognitio dei et hominis, in: ders, Lutherstudien 1 (Tübingen 1971) 221–272, bes 255–272.

[22] Eingehende Interpretation der in Frage kommenden Texte in Auseinandersetzung mit der Forschungsliteratur habe ich in meiner Dezember 1975 der Universität Tokyo eingereichten Magisterarbeit „Rechtfertigung und Heiligung beim jungen Luther" S 8–191 vorgelegt.

[23] WA 10 I 2, 36,23f.

aufgrund des Zusammenhangs von Vers 17a und 17b als die habe verstehen können, durch die als Geschenk Gottes der Mensch als Gerechter aus Glauben lebe, oder als die „passive", mit der der barmherzige Gott durch Glauben rechtfertige[24]. Gegenüber Heinrich Denifles mit reicher Materialsammlung belegtem Nachweis, daß die abendländische mittelalterliche Exegese für diesen Begriff schon immer um Gottes rechtfertigende Gnade und die Gerechtigkeit des Glaubens gewußt habe, der auch bei Joseph Lortz für seine Sicht Luthers als Opfer der „theologischen Unklarheit" seiner Zeit geltend gemacht wird, hat – nach den Entgegnungen von Karl Holl und Heinrich Bornkamm – Heiko A Oberman darauf hingewiesen, daß in der gesamten mittelalterlichen Tradition wie im Tridentinum die von Gott dem Menschen gewährte Gerechtigkeit als Gnade von der Gerechtigkeit Gottes als Maßstab im Gericht unterschieden bleibe, während bei Luther beides zusammenfalle[25]. Für Luther ist nämlich dies entscheidend, daß Gottes *eigene* Gerechtigkeit in Christus (oder als Christi Gerechtigkeit) dem Menschen durch den Glauben zugesprochen wird, so daß dieser vor Gott durch sie als gerecht gilt[26]. Gottes eigene Gerechtigkeit kommt im Gegenüber von Gott und Mensch auf die Seite des Menschen zu stehen. Gottes eigene Gerechtigkeit wird hier als die sich dem Menschen schenkende verstanden, und der Glaube als das Geschehen selbst, daß diese sich dem Menschen schenkende Gerechtigkeit Gottes für diesen Menschen („pro me") wird, was sie ist. Auf dem Hintergrund der scholastischen Terminologie, die zwischen caritas (dilectio) increata als Gott selbst und caritas creata als Liebeshabitus mit dessen Betätigung, oder zwischen gratia increata als gnädigem Willen Gottes und gratia creata als Gottes Gabe unterscheidet[27], ließe sich diese iustitia-Dei-Auffassung wohl am besten auf die Formel „iustitia Dei *incarnata*" bringen, um alle Momente in einem festzuhalten: Gottes bleibend und sich dem Menschen schenkend, so dem Menschen zuteilgeworden und als in Christus verborgen stets neu

---

[24] WA 54,185,12–186,24.

[25] HEINRICH DENIFLE OP, Luther und Luthertum in der ersten Entwicklung. 2. Aufl Bd I, 2. Abt: Die abendländischen Schriftausleger bis Luther über Justitia Dei (Rom 1,17) und Justificatio (Mainz 1905); JOSEPH LORTZ, Die Reformation in Deutschland 1 (2. Aufl Freiburg Br 1941) 183; KARL HOLL, Die iustitia dei in der vorlutherischen Bibelauslegung des Abendlandes (Festgabe für A v HARNACK [Tübingen 1921] 73–92), in: ders, Gesammelte Aufsätze zur Kirchengeschichte 3: Der Westen (Tübingen 1928) 171–188; HEINRICH BORNKAMM, Iustitia dei in der Scholastik und bei Luther, in: ARG 39 (1942) 1–46; H A OBERMAN, „Iustitia Christi" and „Iustitia Dei". Luther and the Scholastic Doctrines of Justification, in: HThR 59 (1966) 1–26.

[26] Vgl: „Scite itaque, quod iustitia, virtus, sapientia nostra sit ipse Christus a Deo nobis factus, in quem posuit Deus Pater omnem sapientiam, virtutes, iustitiam suam, ut nostra fieret. Hoc est nosse Filium. Deinde scite, quod Pater misericordia sua nobis reputet iustitiam Filii sui, i.e. suam ipsius, quia eadem est iustitia Patris et Filii, eadem vita, virtus nobis donata. Hoc est nosse Patrem Christi" (WA 1,140,8–13); „quamquam non sit penitus reiciendum iustitiam dei etiam tropo iam dicto esse iustitiam, qua deus iustus est, ut eadem iustitia deus et nos iusti simus, sicut eodem verbo deus facit et nos sumus, quod ipse est, ut in ipso simus, et suum esse nostrum esse sit" (AWA 2,259,11–14 = WA 5,144,18–22).

[27] Vgl etwa: BONAVENTURA, Sent I d 17 P 1 a un q 1; Sent II d 26 a un q 2; GREGOR VON RIMINI, Sent I d 17 q 1 a 1; GABRIEL BIEL, Sent II d 26 q un a 1 N 1. – REINHARD SCHWARZ, Fides, spes und caritas beim jungen Luther (Berlin 1962) 25, beobachtet schon in LUTHERS Randbemerkungen zum LOMBARDEN die Tendenz, beides enger zu verbinden.

zuteilwerdend, also als Interpretation des Christusgeschehens im Gegenüber von Gott und Mensch, als Sein Christi beim Menschen im Glauben an ihn.

Das Gegenüber von Gott und Mensch wird also durch das Hereinkommen Gottes in das Sein des Menschen durchbrochen. Aber gerade dadurch werden Gott und Mensch definitiv und definitorisch unterschieden – Gott als der sich Gebende, das Sein Gewährende und der Mensch als der sich immer neu Empfangende[28], so daß das so verstandene Vor-Gott-Existieren, das „Coram Deo", zu dem wird, was das Sein des Menschen erst konstituiert als ein radikal Geöffnetes und *in diesem Sinne* „Personales". Da dieses Gegenüber von Gott und Mensch eben in der Durchbrechung des Gegenüber sich ereignet, ist es ein höchst bewegtes, immer neu Ereignis werdendes, so daß zwischen Gott und Mensch erst recht stets unterschieden werden muß. Auch die Allwirksamkeit Gottes des Schöpfers wird von hier aus, von Christus her, interpretiert. – Soweit erhellt sich die Sachlogik hinter Luthers Entgegnung.

So hängt in diesem Punkt die Differenz zwischen Luther und Erasmus ganz und gar am jeweiligen Verständnis des „Vor-Gott", und von hier aus erschließt sich ihr jeweiliger Standort oder gleichsam das „Feld" des Denkens, in dessen totaler Divergenz trotz der Überschneidung ihr weitgehendes Aneinandervorbeireden wurzelt.

Diese Divergenz steht auch mit ihrer Stellung zur Klarheit der Heiligen Schrift in Zusammenhang. Für Luther ist Christus der Inbegriff der Schrift und mit ihm alles der Sache nach klar (WA 18,606,24–607,7), nämlich durch den genannten Gedankengang vor allem Gottes Allwirksamkeit und die Unfreiheit des menschlichen Willens. Für Erasmus dagegen, der zwischen verschiedenen Stufen der Klarheit und Wissensnotwendigkeit der Schriftaussagen unterscheidet und die diese Frage betreffenden Stellen zu den unklaren zählt, sind die „bene vivendi praecepta" das, was unbedingt gewußt werden muß (Ia 9). Das „Vor-Gott" im Sinne des Erasmus ist so am Gesetz orientiert, das den Menschen auf das jeweils Bessere hin anspricht und dann gemäß seinem (durchaus als von Gott geschenkt verstandenen) Tun vor Gott stellen wird (vgl IV 8 u 11). Demgegenüber sind als deutlichste Indizien für das „Feld" von Luthers Denken zu nennen: sein Festhalten an der Verantwortlichkeit des Menschen trotz Gottes Allwirksamkeit (WA 18,710,31–711,7), die Aussage, daß Gott den Menschen „sich selbst überlasse", sodaß dieser unter Satans Macht zu stehen komme, obwohl Gott freilich auch da als der Allmächtige in beiden wirke, womit also die Absenz des allwirkenden Gottes und Allmacht des abwesenden Gottes behauptet wird (675,25–39; 708,20–23; vgl auch

---

[28] Vgl: „Gottis natur ist, das er auß nicht etwas macht. darumb wer noch nit nichts ist, auß dem kan gott auch nichts machen. die menschen aber machen auß etwas eynn anders. das ist aber eytell unnutz werck" (WA 1,183,39–184,3); „32. Paulus Rom 3. Arbitramur hominem iustificari fide absque operibus, breviter hominis definitionem colligit dicens: hominem iustificari fide. 33. Certe, qui iustificandum dicit, peccatorem et iniustum ac ita reum coram Deo asserit, sed per gratiam salvandum. [. . .] 35. Quare homo huius vitae est pura materia Dei ad futurae formae suae vitam" (EBELING, Lutherstudien 2: Disputatio de homine, 1. Teil [Tübingen 1977] 22f = WA 39 I 176,33–37; 177,3f).

WA 7,143,6–11 aus der *Assertio omnium articulorum* Art 36), und vor allem der Gedanke, daß Gott der Schöpfer und Allwirksam-Allmächtige den Sünder „vorfinde" (WA 18,709,22–36; 710,31–711,19). Dies alles hat nur in einem an der coram-Relation orientierten Denken Sinn[29].

III.

Die Notwendigkeit des *Redens* von Gottes Allwirksamkeit ist für Luther schon damit gegeben, daß es Gotteswort sei, dh daß er es in der Schrift ausgesagt findet (s o Anm 8). Wenn er aber über dessen Sinn „ex abundantia" (632,26f) Rechenschaft zu geben versucht, wird sichtbar, daß es darum geht, den Menschen zum Stehen „coram Deo" zu bringen. Erstens gehe es um „humiliatio nostrae superbiae et cognitio gratiae Dei" (632,28). Durch das Wissen, daß sein Heil ganz außerhalb seiner stehe und allein in Gottes Verfügung gestellt sei, müsse der Mensch „zu Nichte gemacht" werden, um *so* gerettet zu werden (632,30–633,6). Daß Gott nichts anderes als sich selbst als Heil setzt und so Alles wird, hat diese Konsequenz (vgl Anm 28). Dem entspricht die zweite Erklärung, daß der Glaube mit nicht-augenscheinlichen Dingen zu tun habe, und deshalb das zu glaubende Heilshandeln Gottes unter dessen gegenteiliger Erfahrung verborgen werden müsse; so das Lebendigmachen unter dem Töten (Stelle B). Denn der Glaube ist das Sein „coram Deo" selbst.

Für Luther stellt so, in diametralem Gegensatz zu Erasmus, gerade das *Reden* von Gottes Allwirksamkeit den Menschen an seinen rechten Ort, „coram Deo". Bemerkenswert ist hierbei, wie aus derselben Aussage ganz entgegengesetzte Folgen erwartet werden. Während Erasmus daraus – mindestens für viele Menschen – die Determiniertheit und also Sinnlosigkeit alles Handelns folgen sieht (Ia 10), also die Aussage als objektiv gültig gleich auf das jeweils geschehende Handeln bezogen sein läßt, führt sie für Luther so zur Selbsterkenntnis des Menschen, daß dieser *die Haltung einnimmt*, „den wirkenden Gott zu erwarten" (633,1). Die Aussage wird hier als *Rede* vernommen, nicht als eine objektiv gültige Feststellung von höherer Warte, daß das Tun des Menschen – auch das in diesem und im nächsten Augenblick – so oder so bestimmt sei, sondern eben als Gottes*wort*, als *Anrede* des Gottes *vor* uns; „coram Deo" soll der Mensch durch diese Rede gedemütigt werden (vgl 632,34f). In diesem Sinne soll und kann der Mensch, sofern er „coram Deo" das Wort von Gottes Allwirksamkeit vernimmt, Gott auch mit seiner Prädestination als den sub contrario verborgenen gerechten Gott glauben. Aber: Die „objektive" Seite der Aussage kommt freilich darin zur Sprache, daß gesagt wird, es seien nur die Erwählten, die auf diese Rede so reagieren (633,1–6). Wie der Mensch auf Gottes Wort, auf Gott-*vor*-uns reagiert, stehe also in der allwirksamen

---

[29] Zur coram-Relation s vor allem EBELING, Luther, 220–230 und 274f.

erwählenden Hand Gottes. Und diese soll das „Coram Deo" doch gerade mitkonstituieren. Ist Luthers „Coram Deo" dann, von innen her bedroht, nicht letztlich eine Illusion, ein sich selbst notwendig ad absurdum führendes Gebilde, so daß sein ganzes Denken um Gott und Mensch in sich zusammenbrechen müßte?

Wenn Erasmus durch die Frage „Beklagt der liebe Gott den Tod seines Volks, den er selber wirkt?" die Absurdität der Behauptung Luthers erweisen will, ist gerade dieses Problem zur Stelle. Gegenüber den anderen Argumentationen des Erasmus, aus Konditional- und Imperativsätzen das liberum arbitrium zu folgern, konnte Luther darauf hinweisen, daß sie keine Tatsachen beweisen, sondern dem Menschen seine Unfähigkeit zeigen sollen (vgl 678,1–679,12 u passim); hier aber hat man ein Wort im Indikativ vor sich („Ich will nicht den Tod des Sünders"), das durch die These von Gottes Allwirksamkeit mit der doppelten Prädestination seines Ernstes beraubt zu werden scheint. Gottes *Anreden* selbst droht zu einem Affentheater zu werden, sein Sprachlichsein überhaupt zu einem trügerischen Schein. Aber mit dieser Frage hat sich die Problemlage zugleich präzisiert. Nach Luthers Verständnis ist dieses Wort Verheißung (683,11–684,32). Hier vernimmt der Mensch also das Heilswort, nicht etwa das Wort, das von Gottes Allwirksamkeit redet. Er steht vor Gott, der Heil zusagt. *Hier* die Frage nach dem allwirksamen und prädestinierenden Gott zu stellen, heißt also im Angesicht des Heil verheißenden, aus dem Tod ins Leben rufenden Gottes nach dem Gott *hinter uns* fragen wollen, der als der Allwirksame schon immer in uns gewirkt hat und auch in diesem und im nächsten Augenblick unsere Reaktion auf Gott vor uns bestimmt und in alle Zukunft hinein uns so oder so bestimmend und immer schon bestimmt habend vor sich stellen wird. Die Frage nach dem Gott über uns ist, verselbständigt gegenüber seinem Wort, im Vor-Gott-Sein des Menschen die Frage nach dem Gott hinter uns. *Hier* macht Luther die Unterscheidung geltend: Gott, der freilich als der Allwirksame zu glauben ist, geht uns *in dieser Weise* nichts an. *So* ist mit ihm nicht umzugehen. *Da* hat er sich verborgen. „Quatenus igitur Deus sese abscondit et ignorari a nobis vult, nihil ad nos" (685,5f). Mit Gott umgehen soll und kann der Mensch nur nach dem Wort, also nur insofern, als er vor Ihm und Er vor ihm steht, nur „coram Deo". Es ist aber andererseits auch deutlich, daß sich das Denken damit in einem Zirkel bewegt. Und Luther ist sich darüber ganz im klaren, daß die Bedrohung des „Coram Deo" durch Gott selbst nicht etwa weggeräumt werden kann. Gerade in der Zuwendung zum geoffenbarten Gott *weiß* der Mensch doch um den Allwirksamen. Insofern hat Luthers „nihil ad nos" den Charakter eines *Bekenntnisses* zum „Coram Deo" als Ort des Menschseins, das Bekenntnis zu Ihesus crucifixus als iustitia Dei incarnata ist. Und in dieser Haltung zur Frage nach dem allwirksamen Gott weiß er sich mit der Schrift einig (690,9–27). Mit dem „nihil ad nos" hat Luther so sein theologisches „Ich kan nicht anders, hie stehe ich" ausgesprochen[30].

---

[30] Vgl WA 7,838,9. Leider ist die Authentizität gerade dieses Wortes nicht erwiesen.

IV.

Bekenntnis ist kein Gewaltakt einer Entscheidung. Die innere Notwendigkeit dieser Unterscheidung für Luthers Denken zeigt sich weiter in deren fester Verankerung in seinen sonstigen zentralen Gedanken.

Fragt man nach dem Verhältnis dieser Verborgenheit Gottes zu seiner Verborgenheit sub contrario im Kreuz, so tut man gut daran, sich nicht auf den Vergleich Deus absconditus in maiestate – Deus absconditus in passionibus zu fixieren, sondern zunächst die *Unterscheidung* Deus revelatus – Deus absconditus in maiestate und die *Gegenüberstellung* Deus absconditus in passionibus – Deus manifestus ex operibus nebeneinander zu stellen. Denn Deus manifestus ex operibus ist auch Deus in gloria et maiestate (WA 1,362,12). Und in der Resolutio zur 58. These der *95 Thesen* lautet die Gegenüberstellung: deus crucifixus et absconditus – deus gloriosus ubique praesens omnia potens (AaO 614,17–20). Der in seinen Werken „offenkundige" Gott ist demnach Deus in maiestate, der überall präsent und allmächtig ist. Die Entsprechung geht also übers Kreuz. Indem der gekreuzigte und sub contrario verborgene Gott der offenbare Gott ist, entspricht dem in seinen Werken „offenkundigen" Gott der theologia gloriae der in seiner Majestät *verborgene* Gott von *De servo arbitrio*. Darin wird sichtbar, daß die Unterscheidung von Deus relevatus und Deus absconditus in *De servo arbitrio* auch eine Explikation der Bedeutung der Offenbarung sub contrario im Kreuz für das Vor-Gott-Sein des Menschen ist. Ein ausdrücklicher Hinweis darauf ist mit dem Satz gegeben: „per hunc [sc Ihesum crucifixum] enim abunde habet, quid scire et non scire debeat" (WA 18,689,24f). Durch Ihesus crucifixus werde auch offenbar, was der Mensch *nicht* wissen soll. Die Frage nach dem allwirksamen Gott hinter uns, der uns doch als immer schon Gewirkte und Gewordene vor sich stellt, ist die Frageweise der theologia gloriae, die „per ea, quae facta sunt" Gottes unsichtbares Wesen erkennen und den Deus in gloria et maiestate durch das vor Augen Liegende hindurch als „offenkundig" sehen will (vgl WA 1,361,32f). Denn das heißt im Vor-Gott-Sein des Menschen: hinter unserem jeweiligen Schon-Sein Gott als den „offenkundigen" erkennen wollen. Die Verwerfung der „sapientia invisibilium" Gottes ist auch hier Verwerfung des entsprechenden Selbstverständnisses des Menschen, das sich analog zum Deus in maiestate, Gott in seiner Aseität, gestaltet und in seinem jeweiligen in sich geschlossenen Schon-Sein und dessen Werken sein eigentliches Selbst und seine Herrlichkeit (oder aber seine endgültige Misere) findet. Das Selbstverständnis des Menschen, das der Erkenntnis Gottes als des im Kreuz verborgenen entspricht, ist dagegen, daß „unser Leben mit Christus in Gott verborgen ist" (WA 56,393,5f; nach Kol 3,3). In diesem Sinne kann man die Unterscheidung von Deus revelatus und Deus absconditus durchaus von der theologia crucis her verstehen. Der Paradoxie der Offenbarung in der Verborgenheit entspricht die der Verbergung im „Offenkundigen".

So zeigt sich auch, daß die Frage nach dem allwirksamen Gott als dem Gott hinter uns dem am Gesetz orientierten Gottes- und Selbstverständnis entspringt. Zwar muß man mit der Bezeichnung des Deus absconditus in maiestate als „Gott des Gesetzes" vorsichtig sein. Das Gesetz gehört als Wort Gottes zum Deus revelatus und soll mit dem Evangelium zusammen in seiner Zusammengehörigkeit und Unterschiedenheit den Menschen „coram Deo" stellen (vgl etwa WA 18,684,26–32). Aber die *Frage* nach ihm (als dem Gott hinter uns) als nach dem „eigentlichen Gott" ist dem Gesetz verhaftet und so vom Evangelium her abzuweisen. Insofern kann man sagen, daß diese Unterscheidung im Zusammenhang mit der Unterscheidung von Gesetz und Evangelium zu sehen ist[31]. Hanns Rückerts Grundthese von der Verwurzelung Lutherscher Anschauung von der Verborgenheit Gottes in seiner Rechtfertigungslehre behält über ihre Ausführung hinaus in diesem Sinne auch für diese Verborgenheit Gültigkeit (s o Anm 13).

Umgekehrt kann diese Unterscheidung Gesichtspunkte für die Interpretation der Auffassung Luthers von der Prädestination geben. Was man nicht wissen soll, war als der „unerforschliche Wille Gottes", „der nach seinem Vorsatz verfügt, welche Menschen für die verkündigte und angebotene Barmherzigkeit aufnahmefähig und ihrer teilhaftig sind" angegeben (Stelle A a und g; o S 67f). Sofern der Prädestinationsgedanke die Struktur hat, den Menschen mit seinem Glauben oder Nichtglauben als den endgültig durch Gottes Wirken schon *Gewordenen* vor Gottes Gericht zu stellen, ist er hier von Luther zunächst total abgewiesen. Sich nach diesem „Willen" Gottes zu richten, sich danach verstehen zu wollen, wäre genau das verworfene Verständnis des Vor-Gott-Seins des Menschen. Die Allwirksamkeit Gottes, die das „Gott alles, der Mensch nichts" im Sinne der Rechtfertigung solo Christo sola fide aufrechterhalten soll, wird, sobald sie primär als die Allwirksamkeit des Gottes hinter uns verstanden wird, zum letzten getarnten Stützpunkt des am Gesetz orientierten Gottes- und Selbstverständnisses des Menschen. Denn man orientiert sich in dem Fall paradoxerweise in letzter Instanz doch am (gleichsam nunmehr vollendeten) *unbewegten* Gegenüber von Gott und Mensch im Sinne des Erasmus, statt in dem in Christus als iustitia Dei incarnata sich ereignenden „Coram Deo" sich *immer neu* zu empfangen[32]. Auch der Glaube bliebe dann als etwas, das – zwar als von Gott geschenkt verstanden, aber – im Gegenüber von Gott und Mensch von der Seite des Menschen Gott entgegengebracht wird, an einem vom *Geschehen* zwischen Gott und Mensch unabhängig konzipierten Menschenverständnis orientiert. Er bliebe letztlich also der Definition des Menschen als animal rationale verpflichtet, und wäre somit als (freilich total Gott zu verdankende) Tätigkeit des liberum arbitrium verstanden, sosehr dabei von Gottes Allwirksamkeit

---

[31] Im sachlich gleichen Zusammenhang, daß „deus non vult cognosci nisi per Christum" (WA 40 I 602,5f), kann gesagt werden: „Non est differentia inter Iudaeum, Papistam, Turcam. Diversi quidem ritus, sed idem cor et cogitationes: quod cogitat Carthusianus, etiam Turca, quia sic: si sic fecero, erit mihi deus clemens. Eadem passio omnium hominum in animis" (AaO 603,8–11). Es kann auch heißen: „Iam extra Iesum quaerere deum est diabolus, ibi desperatio sequitur, si accedat angustia conscientiae, praesumptio, si accedat vana religio" (WA 40 III 337,11–13). Angustia conscientiae wie vana religio sind Zeichen der Orientierung am Gesetz.

[32] Vgl die oben Anm 6 zitierte Stelle aus WATR 5, die die Folgen der Orientierung an der Prädestination vor Augen führt.

geredet würde³³. Erst *der* Glaube, der jeweils nicht in sich selbst, sondern in Gott sein Sein hat und sieht (vgl o S 79) und darin im Unterschied zum liberum arbitrium „neue Kreatur" wird (vgl 768,13–15; 772,25), kann Gott auch dann als den guten glauben, „etiam si omnes homines perderet" (708,8f). Also nicht der Prädestinations- oder Allwirksamkeitsgedanke als solcher, sondern nur das rechte *Zueinander* von „docendum" und „nihil ad nos" ist im Sinne Luthers legitim³⁴. Erst das „nihil ad nos" wehrt so dem Mißverständnis und Mißbrauch auch der All- und Alleinwirksamkeit Gottes in Richtung auf die subtilste Form der Selbstgerechtigkeit des Glaubenden.

Die Erwählungsaussagen müssen daher im Sinne Luthers streng als *Wort* des den Menschen anredenden Gottes vernommen werden (s o S 77), also im Zusammenhang des in Gesetz und Evangelium den Menschen „coram Deo" rufenden Wortes des im Töten lebendigmachenden Gottes. Seine Römerbriefvorrede (zuerst 1522) bringt das vor allem mit dem Hinweis auf die „ordnung" des Römerbriefs zur Geltung: „Eyn iglich lere hat yhr maß, zeyt und allter"³⁵. Wenn also gesagt wird, mit seinem Wort wolle Gott nicht den Tod des Sünders, er wolle ihn aber mit „jenem unerforschlichen Willen" (685,29), oder daß der Deus praedicatus wolle, „omnes homines salvos fieri" (686,6), ist die negative Seite der Erwählungsaussage vom „Wort" herausgenommen und als der *uns nichts angehende* „Wille" von ihm unterschieden, so daß dieses „Wort" mit seiner inneren Bewegtheit, die den Menschen in seine Bewegung mit hereinnimmt, *als Ganzes* „den Tod des Sünders nicht will", in dem Sinne, daß dies das (immer neue) letzte Wort ist. Da gehört also auch die Aussage von Erwählung als Gotteswort hin. Die Behauptung der Allwirksamkeit Gottes, die im Erfassen der Alleingültigkeit und Totalität des Heils in Christus sowie in deren Gerichtscharakter für jegliche Selbstgerechtigkeit des Menschen wurzelt³⁶, wird so an den rechten Ort gebracht: in das den Menschen zum Sein „coram Deo" rufende Wort. In dieser Rückverlegung der Allwirksamkeit und Allmacht Gottes in das Wort, die als deren Außerkraftsetzung erscheinen

---

³³ THOMAS VON AQUIN kann doch eine strenge Prädestination und das liberum arbitrium des Menschen zugleich aufrechterhalten: „Non est autem distinctum quod est ex libero arbitrio, et ex praedestinatione; sicut nec est distinctum quod est ex causa secunda, et causa prima: divina enim providentia producit effectus per operationes causarum secundarum, ut supra dictum est. Unde et id quod est per liberum arbitrium, est ex praedestinatione" (Sth I q 23 a 5 c); „Homo autem secundum propriam naturam habet quod sit liberi arbitrii; sed ita infundit donum gratiae iustificantis, quo etiam simul cum hoc movet liberum arbitrium ad donum gratiae acceptandum, in his qui sunt huius motionis capaces" (Sth I-II q 113 a 3 c) Vgl auch ERASMUS, Diatribe IIb 2.

³⁴ Vgl: „Docendum est quidem de voluntate Dei imperscrutabili, ut sciamus talem esse, sed niti, ut comprehendas eam, hoc est praecipitium periculosissimum" (WABr 4,589,23–25).

³⁵ WADB 7,24,9f. Vgl den Zusammenhang aaO 22,29–39; 24,1–10.

³⁶ Vgl die ganze Argumentationsweise im dritten Teil der Schrift (WA 18,756,24–786,20), wo LUTHER „copias nostras" (756,25) vorführen will, vor allem die Zusammenfassung: „Sed summa, Si credimus Christum redemisse homines per sanguinem suum, totum hominem fateri cogimur fuisse perditum, alioqui Christum faciemus vel superfluum vel partis vilissimae redemptorem, quod est blasphemum et sacrilegium" (786,17–20).

könnte, radikalisiert sie sich vielmehr für das Selbstverständnis des Menschen, indem so das „extra nos" erst in aller Strenge aufrechterhalten wird[37].

Es kann aber freilich keine Rede davon sein, daß damit die stets wirksame Allmacht unter der Hand wegdisputiert wäre. Dann wäre Gott ein „lächerlicher Gott" (718,17), dem kein Fürchten und Anbeten zukäme (vgl o S 69). Damit kommen wir zu weiteren Aspekten der Verborgenheit.

V.

Die Explikationsversuche bis hierher haben die Linie verfolgt, auf der der Deus absconditus nicht als der „verborgene, aber wirksame", sondern als der „wirksame, aber verborgene" zu verstehen ist, dh als der, der im vermeintlich „Offenkundigen" sich in dem Sinne total verbirgt, daß er dort den Menschen Gottes- und Selbstverständnis verwehrt. Es war darum zu tun, die Paradoxie, Gott hinter seinem auch in uns immer schon verwirklichten und stets sich verwirklichenden Werk gehe uns nichts an, in ihrer Entsprechung zur inneren Logik von Luthers Denken festzuhalten. Wenn man in bezug auf den Deus absconditus von „Grenzen" sprechen will, sind diese nicht so sehr im Sinne der Eingeschränktheit menschlichen Erkennens zu verstehen, sondern vielmehr im Sinne von Grenzen, wie sie eine Orientierung möglich und das Leben lebbar machen. Jenseits dieser Grenze sieht Luther ein „praecipitium horrendum" klaffen[38]. Die Unterscheidung von Deus revelatus und Deus absconditus bildet insofern gleichsam die Klippe am Rand des Lebensraums, der von Ihesus crucifixus als iustitia Dei incarnata eröffnet und getragen wird. Ohne diese Unterscheidung bräche das „Coram Deo" in sich zusammen. Die Rede von der All- und Alleinwirksamkeit Gottes *und* diese Unterscheidung – beides in ihrem Zugleich – sollen also das „Coram Deo" sichern. *Nachdem* dies festgehalten ist, muß die andere Richtung zur Sprache kommen, daß der verborgene Gott auch der „verborgene, aber wirksame" ist.

---

[37] Darin unterscheidet sich LUTHER grundlegend von LORENZO VALLAS Dialog „De libero arbitrio", in dem die Vorherbestimmung auch mit „ingenium" interpretiert werden kann: „Lau. Sic se habet Sexte. Iupiter ut lupum rapacem creavit, leporem timidum, leonem animosum, onagrum stolidum, canem rabidum, ovem mitem: ita hominum alii finxit dura praecordia, alii mollia, alium ad scelera, alium ad virtutes propensiorem genuit. Praeterea alteri corrigibile ingenium dedit, tibi vero malignam animam, nec aliena ope emendabilem tribuit. Itaque et tu pro qualitate ingenii male ages, et ita Iupiter pro actionum tuorum atque operum modo male mulctabit, et ita per Stygiam paludem iuravit" (LAURENTIUS VALLA, Opera Omnia. Con una premessa di EUGENIO GARIN. Tomus Prior. Scripta in editione Basiliensi anno MDXL collecta [Torino 1962] 1006). – Zu „extra nos" vgl die Monographie von KARL HEINZ ZUR MÜHLEN, Nos extra nos. Luthers Theologie zwischen Mystik und Scholastik (Tübingen 1972).

[38] „Proinde qui in excelsis quaerunt Dominum, inveniunt praecipitium horrendum, sicut multos legismus, qui facti sunt miserrimi, ad insaniam redacti et furorem nimia deitatis speculatione" (WA 4,648,24–27). Vgl auch oben Anm 34.

Wenn der Mensch nicht nach dem Gott hinter uns fragt und sich dem Deus revelatus zuwendet, *hat* jener, der ihm in den Rücken zu fallen drohte, schon ihm zugunsten gewirkt und wirkt so weiter. Gott, der immer schon im Menschen selbst am Werk ist, zu dem hin also kein „Zurückblicken", kein Sichzuwenden möglich ist, der also auch in diesem Sinne „in seiner Majestät verborgen", mit dem so kein *Verhältnis* realisierbar ist, wird gerade dadurch, daß der Mensch ihn sich nichts angehen läßt, zu einem Gott, der im Wort mit dem Menschen ins Verhältnis tritt (nobiscum habet commercium – 685,11f). Und so *deckt* ihm Gott in seiner Majestät nunmehr den Rücken. Das immer schon verwirklichte, stets sich verwirklichende Werk Gottes wird zum Werk des den Tod vorfindenden und ins Leben rufenden Gottes. Der „alles in allem wirkende" Gott wird so durch die Konzentration auf das Wort hindurch zum Gott der Gnade[39]. Nun kann auch der Prädestinationsgedanke Trost bedeuten. Hier hat der Mensch, um mit der Großen Galaterbriefvorlesung (1531) zu sprechen, „ab imo" angefangen, beim Deus incarnatus et humanus deus, und dann, führt Luther dort aus, „videbo maiestatem meo captui attemperatam, tum omnia inveniam in isto speculo, ‚omnes sapientiae thesauri in eo absconditi' "[40]. Auch vom Abgrund der maiestas kann jetzt ganz anders gesprochen werden. So etwa in der kurz vor *De servo arbitrio* erschienenen *Fastenpostille*: „Hie [Phil 2,8] schleusst S. Paulus mit eym wort den hymel auff und reumet uns eyn, das wyr ynn den abgrund Göttlicher Maiestet sehen und schawen den unaussprechlichen gnedigen willen und liebe des veterlichen hertzen gegen uns, das wyr fulen, wie Gott von ewickeyt das gefallen habe, was Christus die herliche person fur uns sollte und nu gethan hat"[41].

Über das „nihil ad nos" bekennt sich also der „coram Deo" stehende erst recht vorbehaltlos zu Gott als dem, der alles in allem wirkt. Seine Selbst- und Welterfahrung wird so auch zur Erfahrung von Gottes Wirken. Er empfängt auch sich selbst, *wie er ist*, neu. Aber: Die Welterfahrung stellt sich für Luther so dar, daß die Vernunft urteilen muß, „aut nullum esse Deum, aut iniquum esse Deum" (WA 18,784,38f). *So* vollzieht sich das Wirken *des* Gottes, der als der geglaubt wird, der „den unaussprechlichen gnedigen willen und liebe des veterlichen hertzen gegen uns" trage. Die Propheten, „qui Deum crediderunt, magis tentantur de iniquitate Dei" (785,9f). In der Anfechtungssituation, zu der die Welterfahrung für den Glaubenden werden kann und in der seine Selbsterfahrung als „simul iustus et peccator" ihren Ort hat, kann die Verborgenheit Gottes in seiner Majestät, der alles in allem wirkt, nur als seine unbegreifbare Verborgenheit sub contrario durchgehalten werden. Der Deus absconditus in maiestate kann also, sofern der Mensch sein Wirken

---

[39] Vgl das Bekenntnis LUTHERS, er würde das liberum arbitrium auch dann nicht wollen, wenn es möglich wäre (WA 18,783,17–39; bes 28–33), und die Bezeichnung „mysterium hoc gratiae dei" in der „Assertio" (WA 7,148,18) sowie aus der Römerbriefvorrede die Stelle WADB 7,22,26–34.

[40] WA 40 I 79,3–5. „ab imo" 79,9, „deus incarnatus et humanus deus" 78,6. Vgl auch: „Der Christus wird dich bringen ad absconditum Deum" (WATR 5,294,34).

[41] WA 17 II 244,27–32.

vor sich sieht und mit ihm konfrontiert wird, *als ganzer* doch nur als der sub contrario verborgene Gott geglaubt werden (vgl Stelle B). Als im Töten verborgener lebendigmachender Gott geglaubt, wird er dann der Gott im Geschehen des Kreuzes. Der Deus crucifixus et absconditus in seiner trinitarischen Einheit mit dem dahingebenden und auferweckenden Vater und der Deus absconditus in maiestate kommen so im Geschehen des Glaubens zusammen, in dem der Glaube selbst dem Tod ausgesetzt wird („dum Deus occidit, fides vitae in morte exercetur" 633,22f). Darin zum Sein „coram Deo" als sich radikal dem „extra nos" verdankendem „Person"-Sein gerufen, ist der Mensch zugleich von aller Theodizee als vermeintlicher theoretisch-theologischer Bewältigung des Bösen in der Welt weg zum *tätigen* Wahrnehmen und -machen des „Person"-Seins seiner und anderer im Ganzen des mitmenschlichen Beisammenseins gerufen[42].

VI.

Die Struktur des „für die christliche Frömmigkeit Ausreichenden" bei Erasmus, nicht auf sich selbst, sondern auf den rufenden Gott zu blicken und darin als Person mit ihrer ethischen Praxis zu existieren (s o S 73f), ist so bei Luther durch die „cognitio suiipsius, cognitio et gloria Dei" hindurch in vertiefter Form realisiert. Aber trotz der Lozierung der Aussagen über die Auserwählung in das als Ganzes das Heil aller wollende Wort mußte er doch auch die negativen Konsequenzen daraus sich ergeben sehen. Die Frage nach dem *Warum* des göttlichen Handelns, die also in der nach der Gerechtigkeit des allwirksamen und doch die Menschen im Endgericht richtenden Gottes kulminiert, bleibt unbeantwortet und *muß* es für Luther bleiben (vgl 712,22–28 u 729,7–730,15). Nachdem sie als Frage nach dem Gott vor uns nur im Sinne seiner Verborgenheit sub contrario durchgehalten (Stelle B) und als Frage nach dem Gott hinter uns einfach abgeschnitten wurde (Stelle A), wird sie gegen den Schluß der Schrift in die eschatologische Verborgenheit Gottes gestellt (784,1–785,38). Dieses Problem sei auch im Licht der Gnade unlösbar, aber das Licht der Herrlichkeit werde Gott auch darin in seiner überaus gerechten und offenkundigen Gerechtigkeit zeigen. Inzwischen sei der Mensch dazu angehalten, das zu glauben und darauf zu vertrauen.

Wenn man bis hierher die Gedankengänge Luthers von der sich dem Menschen schenkenden Gerechtigkeit Gottes aus verfolgt hat, möchte man versucht sein, zu meinen, ob es nicht auf dieser Linie läge, das Eschaton als die endgültige Vollendung des eschatologisch begonnenen „im Töten lebendigmachenden" Werks Gottes zu verstehen. Aber eine solche Aussage wäre für Luther Spekulation, wäre

---

[42] Vgl „Von der Freiheit eines Christenmenschen" und den lateinischen Traktat mit ihrer Doppelthese und der Zweiteiligkeit im Aufbau (WA 7,20–38. 49–73).

Zugriff auf Gottes Geheimnisse. Mit seiner Antwort, die die Frage im letzten offenläßt, hat er noch einmal deutlich gemacht, daß Gott als der im Töten lebendigmachende nur *geglaubt* werden kann. Und – in seinem Sinne würde auch eine solche Spekulation von einem *Wunder* des gerechten Gottes weit übertroffen werden[43].

---

[43] „In lumine gratiae est insolubile, quomodo Deus damnet eum, qui non potest ullis suis viribus aliud facere quam peccare et reus esse. Hic tam lumen naturae quam lumen gratiae dictant, culpam esse non miseri hominis sed iniqui Dei, nec enim aliud iudicare possunt de Deo, qui hominem impium gratis sine meritis coronat et alium non coronat sed damnat forte minus vel saltem non magis impium. At lumen gloriae aliud dictat, et Deum, cuius modo est iudicium incomprehensibilis iustitiae, tunc ostendet esse iustissimae et manifestissimae iustitiae, tantum ut interim id credamus, moniti et confirmati exemplo luminis gratiae, quod simile *miraculum* in naturali lumine implet" (WA 18,785,29–38).

ZUR ÜBERLIEFERUNG VON LUTHERS PREDIGTEN ÜBER 1 KOR 15

von

Bernhard Lohse

I.

In der Zeit vom 11. August 1532 bis zum 27. April 1533 hat Luther in siebzehn Nachmittagspredigten fortlaufend das 15. Kapitel des 1. Korintherbriefes ausgelegt. Diese Predigten sind von Rörer nachgeschrieben worden. Die Nachschriften sind in der Universitätsbibliothek Jena erhalten (siehe WA 36,VII.XXXIIff). Für den Druck hat Caspar Cruciger diese Nachschriften bearbeitet. In der WA sind die Nachschriften und die Druckbearbeitung geboten worden. Der Herausgeber in der WA, Georg Buchwald, hat bereits bemerkt, daß Cruciger „die Predigten in ziemlich freier Bearbeitung" ediert habe (WA 36,XXXIII). Freilich hat Buchwald es bei dieser knappen Feststellung bewenden lassen und das Verhältnis von Nachschriften und Druckbearbeitungen der Predigten nicht weiter untersucht. Auch sonst hat das Verhältnis beider Texte zueinander bislang offenbar keine weitere Aufmerksamkeit gefunden. Das ist insofern bedauerlich, als diese Predigtreihe Luthers ausführlichste Erörterung des Glaubens an die Auferstehung darstellt und von daher für seine Theologie nicht geringe Bedeutung hat[1]. Dabei dürfte es so sein, daß die Forschungen, die im Blick auf die Überlieferung anderer Äußerungen Luthers unternommen worden sind, Anlaß zu einer gewissen Skepsis hinsichtlich der Zuverlässigkeit von Crucigers Edition geben. Insbesondere haben die sorgfältigen Untersuchungen von Luthers Genesisvorlesung[2] deutlich gemacht, wie kompliziert der Sachverhalt bei den von Luthers Schülern herausgegebenen Texten ist. Auf der einen Seite haben die Herausgeber, insbesondere Veit Dietrich, an vielen Stellen eine „melanchthonisierende Theologie" vertreten (Meinhold 370); auf der anderen Seite hat sich jedoch häufig die Zuverlässigkeit der Überlieferung gezeigt, so daß die Gedanken der Genesisvorlesung vielfach der Theologie des jungen Luther nahestehen (Seeberg 105; Meinhold 236). Von daher verbietet sich im Blick

---

[1] ULRICH ASENDORF, Gekreuzigt und Auferstanden. Luthers Herausforderung an die moderne Christologie, in: AGTL 25 (Hamburg 1971) 326ff, hat kurz auf diese Predigtreihe LUTHERS hingewiesen und ihr einige wichtige theologische Aussagen entnommen.

[2] Siehe vor allem ERICH SEEBERG, Studien zu Luthers Genesisvorlesung. Zugleich ein Beitrag zur Frage nach dem alten Luther = BFChTh 36,1 (Gütersloh 1932); PETER MEINHOLD, Die Genesisvorlesung Luthers und ihre Herausgeber = FKGG 8 (Stuttgart 1936).

auf die Genesisvorlesung ein glattes Urteil, was die Zuverlässigkeit der Überlieferung angeht.

Die Untersuchungen von Albert Freitag[3] und Bernhard Klaus[4] haben diese Ergebnisse auch im Blick auf andere editorische Leistungen der Lutherschüler bestätigt. Freitag hat dabei u a besonders Dietrichs Bearbeitung der Hauspostille geprüft und auf eine Notiz Crucigers hingewiesen, welche dessen editorische Grundsätze beleuchtet. In einem Brief vom 26. Januar 1543 hat Cruciger über die Edition der Hauspostille geäußert: „De concionibus domesticis d. doctoris Lutheri dixi Georgio nostro [d i Rörer] mihi placere et existimare utile fore, ut edantur breves et ad populi captum aptae, quae ab indoctioribus pastoribus vel de scripto pronunciari possint. Nam illae, in quibus ego nunc sum, prolixiores sunt et interdum integrae enarrationes, colligo enim ex pluribus et addo etiam iam ante edita, quarum quaedam ex te excepta sunt; haec fortasse proderunt mediocribus qui sunt studiosi, etsi mihi quidem in hoc opere minime satisfacio. Si nihil aliud, certe nimia abundantia verborum reprehendenda est" (Freitag 197; Zitat aus Th Kolde, Analecta 387). Freitag hat mit Recht hierzu bemerkt: „Wir sehen ... hier bei Cruciger dieselbe Absicht und dasselbe Verfahren bei der Verwertung der Lutherüberlieferung, wie wir es bei Dietrich beobachten und oftmals tadeln mußten" (ebd).

Von daher ist es von vornherein wahrscheinlich, daß die Situation bei der Überlieferung der Predigten über 1Kor 15 ähnlich ist[5]. Dabei sind wir hier jedoch in der besonders günstigen Lage, auf Grund der vorhandenen Nachschriften Rörers das Verfahren Crucigers bei der Edition überprüfen zu können. Darum läßt sich hinsichtlich der „Bearbeitung" der Nachschriften durch Cruciger auch eine größere Sicherheit erlangen, als das bei der Überlieferung der Genesisvorlesung der Fall sein konnte. Insofern hat das Nebeneinander von Nachschrift und Druckbearbeitung von Luthers Predigten über 1Kor 15 besonderes Gewicht.

II.

Bei einem Vergleich zwischen Rörers Nachschrift (R) und Crucigers Druckbearbeitung (Dr) fällt schon rein äußerlich auf, daß der Druck einen wesentlich größeren Umfang hat als die Nachschrift. Dies kann anhand einer kurzen Übersicht über einige zufällig ausgewählte Seiten leicht gezeigt werden. Durchweg nimmt in der WA der Druck von Crucigers Bearbeitung einen sehr viel größeren Raum ein

---

[3] ABERT FREITAG, Veit Dietrichs Anteil an der Lutherüberlieferung, in: Lutherstudien zur 4. Jahrhundertfeier der Reformation, veröffentlicht von den Mitarbeitern der Weimarer Lutherausgabe (Weimar 1917) 170–202.

[4] BERNHARD KLAUS, Veit Dietrich. Leben und Werk = EKGB 32 (Nürnberg 1958) bes 337ff. 432ff.

[5] Auf dem 5. Internationalen Kongreß für Lutherforschung in Lund, 1977, wurde in dem Seminar „Theologia crucis – theologia resurrectionis" auch die Überlieferung dieser Predigtreihe kurz erörtert; siehe Luther und die Theologie der Gegenwart. Referat und Berichte des 5. Internationalen Kongresses für Lutherforschung Lund, Schweden, 14.–20. 8. 1977, hg v LEIF GRANE und BERNHARD LOHSE (Göttingen 1980) 145–147.

als Rörers Nachschrift. Auf Seite 482 etwa umfaßt R 9 Zeilen, Dr 24 Zeilen. Auf Seite 483 hat R 11, Dr 28 Zeilen; auf Seite 484 R: 4, Dr: 29; auf Seite 485 R: 4, Dr: 28; auf Seite 486 R: 3, Dr: 31; auf Seite 487 R: 8, Dr: 29. Auf den Seiten 495–500 hat R jeweils 2 Zeilen, Dr hingegen über 30 Zeilen. Handelt es sich bei den bisher genannten Fällen um die erste Predigt, so ist bei den folgenden die Relation etwas anders: hier macht im Druck der WA der Text von R ein Viertel bis die Hälfte des Textes von Dr aus, wobei jedoch im ganzen Dr durchgehend ein beträchtliches Übergewicht hat. Lediglich eine Ausnahme gibt es, die unten noch näher zu betrachten ist: bei den Predigtanfängen ist Dr zwar deswegen umfangreicher, weil Dr jeweils den Text ausführlich abdruckt, während in R lediglich die ersten Worte des in der Predigt behandelten Textes geboten werden; sonst aber ist Dr hier kürzer, weil Dr nicht wie R die Rekapitulation des jeweils in der vorangegangenen Predigt behandelten Stoffes bietet.

Natürlich muß berücksichtigt werden, daß die Nachschrift von R oft sehr knapp ist, also nicht den vermutlich ausführlicheren Text der von Luther gehaltenen Predigten tatsächlich im einzelnen festgehalten hat, und daß gerade diese Kürze von R den Bearbeiter dazu aufzufordern schien, den zu druckenden Text wieder ausführlicher zu gestalten. Eine Drucklegung von R würde also im 16. Jahrhundert kaum hinreichend Leser gefunden haben und würde für die meisten auch nur einen ganz unzureichenden Eindruck von Luthers Auslegung von 1Kor 15 vermittelt haben. Freilich ist oft genug zu beobachten, daß die Druckbearbeitung doch in mehr oder weniger starkem Maße eigene Wege gegangen ist, die von R her nicht erklärt werden können, die auch nicht einfach durch sonst von Luther geäußerte Gedanken verständlich gemacht werden können, die vielmehr Ausdruck der Theologie des Bearbeiters sind. Es finden sich aber auch kleinere Abweichungen, die ohne erkennbaren Grund vorgenommen worden sind. Im folgenden sollen die ersten vier Predigten daraufhin durchgegangen werden, wie sich der Text von R und derjenige von Dr zueinander verhalten. Damit mag eine hinreichende Grundlage für die Bewertung der gesamten Druckbearbeitung gegeben werden.

1. R 478,3–479,2 „Occasio huius Epistolae, quod Christiani in Corintho habuerunt Rottas inter se, Graecos, qui docebant resurrectionem omnino nihil".

   Dr 481,9–12 „Dis Capitel handlet durch aus den Artikel unsers glaubens von der Aufferstehung der todten, Die ursach aber desselben ist gewest, das die zu Corintho etliche Rottengeister unter sich kriegt hatten, die jren glauben zurrutten und lereten, die Aufferstehung der todten were nichts ..."

Nach R hat Luther also in der ersten Predigt über 1Kor 15 kurz die Veranlassung für die Ausführungen des Paulus über die Auferstehung genannt. Nach Dr wird jedoch dieser Veranlassung positiv der Inhalt des Glaubens an die Auferstehung der Toten vorangestellt, wodurch die bleibend gültige, lehrmäßige Bedeutung von 1Kor 15 stärker betont wird. Darüber hinaus ist aber auch bei der Bestimmung des Anlasses ein Unterschied: übereinstimmend nennen R und Dr die „Rotten(geister)"; Dr erwähnt jedoch im Gegensatz zu R nicht die „Griechen". Da Dr jedoch die Ablehnung der Auferstehung nennt, soll die Auslassung der "Griechen" wohl der Aktualisierung der Kontroverse des 1Kor dienen.

2. R 479,2–480,1 „... quod per baptismum resurreximus ex peccatis et viveremus..."

Dr 481,15 „....jnn ein new geistlich leben getretten etc..."

Die Hinzufügung von „geistlich" in Dr dient der Verdeutlichung.

3. R 482,3–8 „Sed hoc scriptum uns zu ermanung, ut verbum wol fassen, quia qui sic ceciderunt, die sind uns zum exempel gesetzt, ut sciamus, ne, cum sthen, cadamus, ut, cum audio talem factum porcum, cruce me signem, ne in hanc incredulitatem cadam, quia Satan ficht grosse leute mit an, ut istum articulum non credant vel ungwis seyen. Cardinales et papa sunt sapientes homines, sed vix duo vel 3 credunt".

Dr 482,12–32: hier fehlt die Polemik gegen den Papst und die Kardinäle. Statt dessen: ... Z 29–31 „ettliche ... auffstehen als der Apostel Junger und offentlich predigen, die Aufferstehung und zukunfftige leben were nichts..."

Während Luther hier nach R gegen die Rotten (siehe das Vorangehende) und gegen die Papisten polemisiert, nennt Dr nur die Polemik gegen die „Klůgler" (482,12). Erst später wird auch auf die Papisten kritisch Bezug genommen: 484,14–16: „Bapst, Cardinel und ander grosse leut (sonderlich jnn welschlanden) sind auch feine, weise, vernůnfftige, gelerte leut, aber sind jr drey drunter, die diesen Artikel ernstlich gleuben, so ist es viel..." Freilich, das „auch" und die Bemerkung in der Klammer schwächen die Aussage gegenüber R ab.

4. R 483

Dr 483,13f „Denn wo dieser Artikel (sc von der Auferstehung) hinweg ist, da sind auch alle ander hinweg und der Heubtartikel und gantze Christus verloren..."

Der Satz in Dr hat keine Entsprechung in der Nachschrift von R. Allenfalls kann man auf R 484,1f verweisen: „qui ein artikel post alterum hin reissen werden et baptismum, Sacramentum". Inhaltlich ist der Satz in Dr jedoch eine treffende Zusammenfassung von Luthers Gedanken.

5. R 483

Dr 483,16–21 „Denn das ist ja das ende davon, darumb wir an Christum gleuben, getaufft werden, predigt und Sacrament treiben, das wir eines andern lebens hoffen, zu Christo zu komen und ewiglich mit jm zu regieren, erlőset von sunden, Teuffel, tod und allem ubel, Wer darnach nicht dencket odder noch dazu solchs leugnet und spottet, der wird freilich auch von Christo und allem, was er gethan, geben und gestifftet hat, nicht viel halten konnen..."

Die längeren Ausführungen in Dr haben in R keine Entsprechung. Höchstens könnte man auf R 483,4f verweisen: „Es werden leute bleiben, qui nihil de Christo, deo, von praeceptis halten..." Interessant ist, daß Cruciger bei der Erweiterung Aussagen aus Luthers Kleinem Katechismus aufgenommen hat; beachtlich ist ferner die Betonung der „Stiftung", die im ganzen auf melanchthonischen Einfluß schließen läßt.

6. R   484
   Dr 484,5–23.
   Hier ist der Text von R in Dr erheblich erweitert worden. Während in R kurz von der Verachtung des Sakraments durch grobe Tölpel die Rede ist und auf den Teufel als „Abt" Bezug genommen wird, finden sich in Dr paränetische Erweiterungen; besonders Dr 484,8: „‚Wer da stehet, der sehe eben zu, das er nicht falle'" (1Kor 10,12).

7. R   483,2–5 „Tolerabilius, quando error bleibt bey den tolpeln und Adel und bauer, ut quidam dicebat: Ein bauer stirbt wol an [= ohne] olung. Es werden leute bleiben, qui nihil de Christo, deo, von praeceptis halten..."
   Dr 484,24–30 „Es ist noch viel leidlicher, Gott sey gelobt, wo der jrtumb bleibt allein bey dem tollen pobel, als jtzt der bawr auff dem dorff, burger jnn stedten und Juncker Adel auff dem land, die so gar verrucht leben, das sie nichts von Gott und Gottes wort halten, Denn die sterben wol als sew und kwe, wie sie gelebt haben, Gleich wie jener Bawr bey uns zu seinem pfarrher sagt, der zu jm kam, da er sterben solt, und fragt, ob er wolt die ölung haben: Nein, Lieber Herr (sprach er) ein bawr stirbt wol on ölung..."
   In Dr finden sich hier gleich mehrere Umformungen. Zunächst sind die Irrtümer der verschiedenen Stände spezifiziert. Sodann wird die Leugnung Gottes und des göttlichen Wortes als Frucht des verruchten Lebens hingestellt. Schließlich ist das Wort von dem Bauern, der ohne letzte Ölung stirbt, zu einer Geschichte ausgesponnen.

8. R   485,2–4 "Ideo si deus tantum daret fideles pastores et tantum der predigtstuel rein, nihil officeret malitia hominum".
   Dr 485,6–9 „Denn wo nur die prediger recht bleiben und die lere erhalten wird, so wird Gott gnade geben, das dennoch jmer etliche unter dem hauffen seien, die es annemen, Denn wo das Wort rein und lauter ist, da gehets ja on frucht nicht abe".
   Während in R die allgemeine Erwartung geäußert wird, daß die Bosheit der Menschen letztlich nichts gegen die lautere Predigt ausrichten wird, wird in Dr betont, daß die rechte Predigt niemals ohne Frucht bleibt. Der zugrundeliegende Gedanke ist zwar der gleiche, nur erhält er in Dr eine ethische Anwendung.

9. R   487,4–6 „... video alios velle praedicare Euangelium, et obscurare volunt meum Euangelium, ut Paulus nihil sit".
   Dr 488,15–17 „Denn es ist jm eben gangen, gleich wie es uns jtzt auch gehet durch unser Rotten, nach dem das Euangelium durch uns widder an tag bracht ist, und sie selbs haben erstlich von uns gelernet, das sie jnn unser erbeit tretten..."

Hier handelt es sich bei R nicht um eine direkte Vorlage für Dr. Interessant ist jedoch die Veränderung des Skopus: in R läßt Luther Paulus selbst sprechen. Das ist zwar in Dr zunächst in den Sätzen vor dem angeführten Zitat auch der Fall, wird aber dann durch Verschiebung des Blickwinkels auf die eigene Gegenwart hin abgewandelt, wobei Luther in Parallele zu Paulus gesehen wird.

10. R 492
    Dr 492,32–37 „Sihe, also wil uns der Apostel anfenglich, wie ich gesagt habe, furen von allem disputiren und meistern der vernunfft allein auff das wort, so er von Christo empfangen und jnen geprediget hatte, Und damit uns zeigen, wie wir jnn allen Artikeln des glaubens faren und thun sollen, davon ich allzeit sage, das der glaube schlecht nichts denn das Wort fur sich haben sol und nur kein klůgeln noch gedancken leiden, sonst ist nicht můglich, das er bleibe . . ."

Die Gedanken, die hier in Dr entfaltet werden, sind zwar grundsätzlich sicher ganz im Sinne Luthers; sie sind jedoch ohne Anhalt in R.

11. R 495
    Dr 495,14f „Ja das Euangelium kan nicht anders sagen, denn das wir sollen herrn sein uber tod, sund und alle ding, und sehen doch nur das widderspiel an uns . . ."

Das Wort von dem „Widerspiel" (vgl auch etwa 494,19) ist ganz im Sinne Luthers, findet sich jedoch hier nicht in R.

12. R 498,1f „Et 500, Petrum, Iacobum habetis et 12. Isti omnes certi testes, qui suis oculis viderunt".
    Dr 500,7–13 „. . . zeugen der aufferstehung Christi, von welchen er gesehen ist, Erstlich, von Kepha odder Petro, darnach von den Zwelff Aposteln, welchen allen er sich lebendig erzeigt, das sie jn gesehen und gehöret haben, und mit jnen umbgangen ist nach eusserlichem, leiblichen wesen, Item darnach mehr denn uber fünffhundert Brůdern, bey einander versamlet, darnach auch sonderlich von Jacobo und zu letzt von allen Aposteln . . ."

Der knappe Text in R ist in Dr durch ausführliches Zitat aus dem Auferstehungsbericht nach 1Kor 15 erweitert worden.

13. R 503,10–504,3 „Ideo in hoc articulo non quaere rationem, non audi Schwermeros, sed auff die schrifft mercken. Ubi in ea non haereo, furt mich ratio et Rottenses davon, quando von der schrifft kom etc".
    Dr 503f: hier begegnet im ganzen derselbe Gedanke, nur sehr viel breiter ausgeführt.

14. R 505,6–506,2 „Nunquam experti, nullus potest testari, quod yhe habuerit laetam conscientiam. Sed post omnia opera mea servata stund mein hertze also: feci, sed nescio, an etc? Sic faciunt omnes Rottae etc. neminem kunnen

auffbringen, qui dicat: Ich habs versucht. Ideo non solum sine scriptura, sed et erfarung praedicant".

Dr 505,30–36 „Denn das ist jrer aller predigt: wenn ein fromer monch lebt nach seiner regel, so wird er, ob Gott wil, selig, Item, Wenn ein mensch viel almosen gibt und Gottes dienst stifftet, so kriegt er eine gute zuversicht gegen Gott, das er jm dafur werde den himel geben etc. Also predigen und leren sie alle auff ungewissen wahn, welches noch nie keiner erfaren hat, noch einen vermogen auffzubringen, der davon zeugen und sagen konne, Ja jch hab es erfaren, Denn jch bin auch ein solcher fromer Mönch gewest wol funfftzehen jar . . ."

Sachlich stimmen R und Dr in der Schilderung der Werke und des Bemühens um Heilsgewißheit an sich überein. Freilich sind diese Gedanken in Dr nicht nur ausführlicher entwickelt, sondern auch durch autobiographische Äußerungen, die Luther in den Mund gelegt werden, ausgeschmückt worden; demgegenüber war in R auf die Mönche nicht direkt Bezug genommen worden.

Im folgenden wird in beiden Texten auf die Schrift und die Erfahrung verwiesen, freilich wieder mit etwas unterschiedlicher Akzentsetzung. R 506,4f: „Ideo dicit: manete cum ea doctrina, ubi certa scriptura et experientia hominis". In Dr 506,19–21 heißt es: „. . . das wir feste bey der selben lere und predigt bleiben, der wir beide, gewisse Schrifft und auch erfarung haben, Das sollen zwey zeugnis und gleich als zween prufestein sein der rechten lere . . ." Die Aussage in Dr ist somit deutlich zugespitzter.

15. R 506,6–9 „Ego per gratiam dei possum praedicare de fide, quia habeo pro me scripturam, deinde etiam experientiam. Si quaeris omnes Rottenses, fateri coguntur se non expertos".

Dr 506,29–34 „Denn ich kan auch Gott lob predigen aus der erfarung, das mich keine werck nicht helffen noch trösten können widder die sund und Gottes gericht, sondern Christus allein das hertz und gewissen stillet und tröstet, Und habe des alle Schrifft zu zeugen und viel fromer leute exempel, die es auch sagen und erfaren haben, Dagegen alle Rotten nichts können wedder aus jr eigen noch ander leut erfarung beweisen noch zeugen".

Auch hier ist die Bedeutung der Erfahrung im Blick auf die Bemühung um Werkgerechtigkeit in Dr gegenüber R verstärkt.

16. R 507,7f Der Anfang der zweiten Predigt lautet: „Pergemus, ubi nuper dimisimus in X5. capite Cor. ubi praedicat Paulus de resurrectione mortuorum . . ."

Dr 507f.

Hier wie auch bei den anderen Predigten läßt Dr die Verknüpfung der jeweiligen neuen Predigt mit dem Inhalt der vorangegangenen Predigt aus. Statt dessen bietet Dr einen fortlaufenden Text. Vgl u Nr 27; 35.

17. R 508,14f „‚Postremo et a me'. Das ist ein Apostolica conditio, quae cuilibet Apostolo wol ansthet, ut ab ipso domino sine medio etc".

Dr 508,29–31 „Denn das ist eine rechte Apostolische Condicio odder eigenschafft, die einem jglichen Apostel zu rhůmen wol anstehet, das er on mittel von seinem Herrn selbs gesand sey und befelh habe . . ."

Hier ist der Text von R in Dr nur leicht, dabei sorgfältig erweitert worden.

18. R 509,4–6 „‚Zuletzt' [sc 1Kor 15,8] i.e. ein kind, das zu frue geporn wird, nicht zeitig, reiff, qui non baptizatus, das verworffen ist. Mea mater, Synagoga bracht mich unzeitig zur welt, quia verfolgt Christum . . ."

Dr 509,14–25 „Er nennet sich aber mit verblůmeten worten eine unzeitige geburt, das ist: ein kind, das zu frů geborn ist, ehe es gar vǒllig und reiff ist und, wie wir sagen, das ungetaufft bleibt, Denn eben wie ein solch kind zur welt kompt, ehe es komen sol, und nicht lebend bleiben noch die sonne sehen kan (wie der 58. Psal. sagt), noch dieses lebens fro wird, Also ist mir auch geschehen, (wil er sagen), und bin als ein rechte unreiffe odder unzeitige verworffene frucht von der mutter komen, welches war die Synagoga odder das Jůdenthumb, darinn ich war und lebete, welche mich solt geistlich geberen und zu Gottes Reich bringen, das ich solte Gotte leben und frucht bringen und auch geistlich kinder zeugen zum leben wie die andern Apostel aus dem Judischen volck, Aber es ward ein unreiff und tod kind draus, das Christum verfolget und seine Christenheit . . ."

Auch hier sind die Gedanken in Dr gegenüber R zwar weiter ausgeführt worden; eine sachliche Akzentverschiebung ist dabei jedoch nicht festzustellen.

19. R 510,8–511,2 „Num spiritus sanctus tantus mendicus, ut tantum Vuitembergae, num non Strasburg, Auspurg, Normbergae? quid aliud norunt quam nos?"

Dr 510,35–511,13 „Ist der Heilig geist so ein armer bettler, das er niemand finden kan denn den einigen Paulum? Gleich wie sie itzt sagen: Sind denn die zu Wittemberg allein so klug? sol sonst niemand nichts wissen, und der geist nicht auch bey uns sein kǒnnen? Was kǒnnen sie mehr denn wir?"

Der Gedankengang von R ist in Dr im ganzen korrekt wiedergegeben worden. Freilich fehlt in Dr die Bezugnahme auf Straßburg, Augsburg und Nürnberg. Auf diese Weise wird in Dr die Autorität Wittenbergs stärker herausgestellt.

20. R 514,1–3 im Blick auf Paulus: „Summa: erat Christi feind, den wolt er fressen. Tales kunnen sich nicht rhumen, Sed zu ruck denken".

Dr 514,6–12 „. . . und kǒnnen uns mit Paulo rhůmen, das Gott durch uns das Euangelion widder an tag bracht und so weit ausgebreitet hat, Das sie uns dennoch můssen den trotz lassen, das wir ehe denn sie dazu komen sind und das Euangelion geprediget haben, das sie villeicht nichts davon wusten, wo wirs nicht zuvor jnn die welt bracht hetten, Kurtz, wir seien gewest, wer wir wollen, so můssen sie das Euangelion, absolutio und Sacrament von jren Pfarherrn und beruffenen predigern empfahen und solch Göttlich ordnung nicht verachten ..."

Gegenüber R sind hier in Dr eine Reihe wichtiger Aussagen hinzugefügt worden. War in R Paulus nur als ehemaliger Christenverfolger hingestellt worden, so wird in Dr darüber hinaus die apostolische Autorität sowie die göttliche Ordnung betont. Sachlich liegt hier natürlich kein Gegensatz vor; aber in Dr soll einem möglichen Mißverständnis gewehrt werden: Die Autorität des Paulus muß gerade dann eingeschärft werden, wenn dessen frühere Tätigkeit als Christenverfolger erwähnt wird.

21. R 514,1–5
   Dr 514, besonders 24 „... (wie jene unversuchte geister thun)..."
   Dr fügt hier eine kritische Abgrenzung von den Rottengeistern ein und verstärkt damit die Polemik gegen die „Schwärmer".

22. R 516
   Dr 516,23f „... und sol mir der Teuffel nicht weren und keinen danck dazu haben".
   In Dr wird hier eine fast wörtliche Bezugnahme auf das Lied „Eine feste Burg" hinzugefügt. Zu diesem Lied siehe Martin Brecht, Zum Verständnis von Luthers Lied „Ein feste Burg", in: ARG 70 (1979) 106–121. Ebd 108 weist Brecht darauf hin, daß Luther Psalm 46, die Grundlage seines Liedes, als u a gegen die Rottengeister gerichtet versteht.

23. R 516,9–11 „[sc Paulus:] minimus Apostolus. Sed mihi datum, ut sim Apostolus, ich sey wie schendlich gewest, ‚Gratia', und das wil ich auch sein, quod sum, quod sum conversus pro mea persona et Apostolus ..."
   Dr 516,25–28 „Denn die person sey gewest, wie böse ein mensch jmer sein kan, so ist es doch nu vergeben, und bin jtzt durch Gottes gnade, das ich bin, und wils auch sein und rhumen, das ich jtzt fur meine person bekeret und aus einem lesterer und verfolger bin worden ein Christen und ein Apostel ..."
   Der Gedankengang von R ist hier in Dr näher ausgeführt worden, aber in einer sachlich ganz korrekten Weise.

24. R 519,5–9 „Ist denn das war, quod plus quam 500? Ego praecipue intelligo contra Rottas. Si ad Apostolos, sua praedicatio et officium ist weiter gangen quam Apostolorum, quia reliqui missi ad Iudaeos et manserunt Ierosolymis. Sed Paulus et Barnabas segregati ut zwen sonderlich prediger".
   Dr 519,16–31 „Aber ich achte, weil er so jnn hauffen redet und ‚Alle' on unterscheid nennet, das er nicht meine die rechten Apostel, sondern trotze widder die Rottengeister, Als solt er sagen: Wenn sie gleich viel gethan hetten und hoch rhumen, noch haben sie alle semptlich nicht soviel gethan als ich, der jch doch ein einzeler man und der geringst unter den Aposteln

angesehen bin, . . . [sc die anderen Apostel] musten bleiben zu Jerusalem und jm iudischen land und wůrden nicht weiter gesand denn zu jrem volck, Aber S. Paulus ward mit Barnaba aus gesondert durch den heiligen geist (wie Act. 13 stehet) als zween sonderliche prediger, das sie solten jnn die heidenschafft durch alle welt zihen . . ."

Auch hier ist der Text von R in Dr beträchtlich weiter ausgeführt worden, jedoch wiederum in einer durchweg kongenialen Weise.

25. R 520,5–521,3 „Sed ynn aller demut dicit se nihil, Sed propter homines, ut sciant se non habere nequam zum Apostel, sed dei gratia et utilem i.e. qui sollen horen und abschrecken a Rottis, ut sciant: das ist ein Rottengeist, is unser Apostel".

Dr 520,31–521,17 „Sihe, Also kan man die rechte lere jnn der leut hertzen behalten, das sie bleiben bey dem, das jn Gott gegeben hat, und sie erkand haben, Und ist uns zum Exempel also geschrieben, Denn also müssen wir auch rhůmen widder das Bapsttumb und alle Rotten, das uns Gott sein wort und rechte prediger desselben gegeben hat, und ob sie uns wol verachten und dazu verdamen als ketzer, doch sind wir rechte prediger und Christus diener, dazu auch vom Bapst selbs beruffen und zu leren gesetzt und sollen solchen rhum und trotz nicht verachten, Nicht, das wir davon etwas für gott besser seien, sondern das unser lere deste fester jm volck bleibe und nicht jnn wancken odder zweivel gestellet werde, Denn wo wir selbs wancken odder zweiveln wolten, ob wir rechte prediger seien, so mus der gantze hauff hinach wancken und der sach ungewis werden".

An dieser Stelle entfernt sich der Text von Dr erheblich von demjenigen von R. Gewiß könnte Luther etliches von dem, was ihm in Dr in den Mund gelegt wird, wohl gesagt haben; aber nach R hat er es hier nicht gesagt. Insbesondere handelt es sich dabei um den Gedanken, daß „unsere" Prediger und Diener Christi auch vom Papst selbst berufen und als Lehrer eingesetzt worden sind. Die Absicht dieser Äußerung in Dr ist deutlich: Gegen die „Schwärmer" soll die Autorität der evangelischen Pfarrer herausgestellt werden.

26. R 521,4–9, besonders 4f „Sic mus ein vater auch thun: Si etiam ein unchrist ist, tamen iactat se patrem et habet ius zw handeln ut pater cum filio".

Dr 521,18–26 „Mus doch ein jglicher mensch jnn seinem stand und leben solchen rhum haben und desselben gewis sein, das er Gott gefalle, Als ein jglicher Vater gegen dem kind, ob er gleich ein Unchristen ist und nicht an das Euangelium gleubt, doch hat er den rhum, das er ein Vater ist, und gebürt jm zu handlen mit seinem son als einem Vater, und sol sich nicht lassen verachten, ob er gleich arm, gebrechlich, kranck ist, als sey er jm darumb nicht gut gnug zu einem Vater, sondern so zu jm sagen: Las mich sein, wie du wilt, dennoch bin ich dein Vater und du mein son und solt mir mein Vater ampt nicht nemen noch dich aus meinem gehorsam ziehen etc. . . ." Z 36: „. . . Gottes werck und ordnung". Vgl auch 522,14 „Gottes wort und ordnung". 522,24ff: hier werden noch drei Zeugnisse angeführt, nämlich die Schrift oder Gottes Wort, die Erfahrung vieler Leute sowie das Amt und die Frucht desselben.

In Dr ist der Gedankengang von R sehr viel breiter ausgeführt. Dabei findet sich auch hier eine Verstärkung der Amtsautorität, nämlich besonders hinsichtlich des Vater-Amtes. Die Hinzufügung der Zeugnisse soll die Autorität absichern. Dabei handelt es sich auch hier keineswegs um Gedanken, die bei Luther nicht begegnen; aber diese Gedanken fehlen eben doch in der Nachschrift von R. Durch die Hinzufügung dieser Argumente kommt es darum zu einer nicht unbedeutenden Akzentverschiebung.

27. R 523,8–21: die ersten Sätze der dritten Predigt mit ihrem Rückbezug auf die frühere Auslegung von 1 Kor 15 finden sich nur in R, nicht jedoch in Dr; vgl o Nr 16; u 35.

28. R 524,1–9 „,So aber Christus gepredigt wird'. Inter Christianos in Corintho et inter ipsorum praedicatores, quos Paulus ordinaverat, et scholas eorum turen etlich sagen, quod is articulus nihil. Si vis credere, inquiebat jhener ruchlose geist, werd sehen, das nicht draus werd. Et vos, inquit, debetis praedicare et alios furet da von. Iam incipit ir wesen umbzustossen et articulum zu grunden. Si resurrectio nihil, nec Christus. Si vultis negare resurrectionem mortuorum, etiam negatis, quod Christus etc. quia etiam est mortuus et praecipuus, qui etiam mortuus et resurrexit. Si hoc erlogen, et jhens".

Dr 524,21–30 „Da sihestu erstlich, was sie fur frome kinderlin gewest sind, die zarten Rottengeister, die S. Paulum versprachen [= beschimpften] und thůrsten jm auffrucken [= vorrücken] sein geringe person und vergangens leben, als weren sie vol geists und die treflichsten heiligen, Und důrfften dennoch solchs von sich sagen und predigen, das die aufferstehung nichts sey, widder aller rechten Apostel predigt und zeugnis, beide, aus der schrifft und jr eigen erfarung, Jst das nicht ein schendlicher grewel von denen, so Christen wollen heissen und sich rhůmen grosses geists als die ersten prediger nach den Aposteln, auch ettliche von S. Paulo geweyhet und eingesetzt? Und solchs predigen unter seinen Jůngern, welchen er selb so lang gepredigt und den Artickel getrieben hat".

Über R hinaus betont Dr hier, daß die Einwände der Korinther gegen die Auferstehung sich „widder aller rechten Apostel predigt und zeugnis" und zwar „beide, aus der schrifft und jr eigen erfarung" richten. So wird auch hier die Autorität in Dr stärker herausgestellt.

29. R 525,2–8 „Sic hic: Mortui non resurgunt, ergo nec Christus. Quid ergo incipit Paulus, quod per hoc vult beweisen, quod ipsi negant, quia utrumque negant, et Christi et mortuorum resurrectionem. Et wens starck wer, a particulari ad universale. Si etiam admittitur, quod unica persona Christi

resurrexit, non concluditur: una fraw, her schalk, ideo omnes, 1 pfarrer ein Rottengeist, ergo omnes ..."

Dr 525,13–19 „Denn es henget alles an einander wie eine ketten, das, wo ein Artikel bleibet, da bleiben sie alle, Darumb zeucht und fasset er auch hiemit alles zu samen und schleusst jmer eines aus dem andern. Es scheinet aber ein schwache Dialectica odder beweisung sein bey den Heiden und ungleubigen, welche leugnen nicht allein den Artikel, so er furnimpt, zu beweisen, sondern auch, das alles, das er anzeucht zu des selben beweisung, Und heissens probare negatum per negatum und petere principium ..."

Hier findet sich ein erheblicher Unterschied zwischen R und Dr hinsichtlich des Argumentationsganges. In R heißt es, daß Paulus die Aussage über die Auferstehung „beweisen" will und daß er dabei einen Schluß „a particulari ad universale" zieht, also von der Auferstehung Christi auf die Auferstehung der Toten schließt. In Dr ist daraus jedoch eine „Kette" von Glaubensartikeln geworden, die alle miteinander zusammenhängen und bei der immer eine Aussage aus der anderen folgt; der Artikel von der Auferstehung ist dabei in gewissem Sinne die Zusammenfassung aller Glaubensaussagen. Den Gegnern der Auferstehung wird demgegenüber eine schwache Dialektik unterstellt. Zugespitzt gesagt, wird somit in Dr an dieser Stelle das dogmatische System gerechtfertigt.

30. R 526,1–7 „Si etiam Christus filius dei resurrexit, qui est unica persona, tamen non sequitur, quod alii. Ideo confirmat hoc argumentum et partes knupfft an einander et reducit hic Syllogismum recht per impossibile. Qui vult hunc articulum negare, mus mher leugnen, quod creditis, et quod verbum non rectum, quod audistis, et non war, quod nos apostoli et veritatem praedicamus, et quod deus verax et deus deus. Ista omnia sequuntur: Si fides unrecht, et verbum, si verbum unrecht, praedicator non recte gesand".

Dr 526,19–27 „Und doch, das man seine beweisung nicht môge taddeln, feret er zu und macht das argument starck, flichtet und knůpffet die beweisung jnn einander, das es gewaltiglich schleusset, Und brauchet recht des stůcks aus der Dialectica, das man heisset Reducere per impossibile, Wil also sagen: Wer diesen Artikel wil leugnen, der mus viel mehr leugnen, Als nemlich, Zum ersten, das jr recht gleubet, Zum andern, das das wort, so jr gleubt, recht gewest sey, Zum dritten, das wir Apostel recht predigen und Gottes Apostel seien, Zum vierden, das Gott warhafftig sey, und Summa, das Gott Gott sey".

Auch hier zeigt sich ein Unterschied im Argumentationsgang. Schon in R wird auf das Argument aus der Dialektik „per impossibile" verwiesen. Die verschiedenen Schlüsse, die in R und Dr im wesentlichen übereinstimmend genannt werden, sind in Dr durch die Aufzählung erst zu einer in sich geschlossenen Kette geworden. Siehe jedoch u 35.

31. R 527,10–12 „Impossibile est, quod erlogen sit, quod Ecclesia credit, alioqui verbum nicht recht, praedicatio, verus deus, sonst must er nicht Gott sein. Si non vis credere, noli".

Dr 527,31–36 „Denn es ist unmüglich, das das erlogen sey, das die Christenheit gleubt, und die Apostel predigen, So ists auch unmüglich, das die Apostel falsche zeugen Gottes sein, sonst were Gott nicht warhafftig und müste nicht Gott sein, Weil nu diese principia stehen, so dringet dich die folge, das du die aufferstehung der todten must gleuben, so gewis als Gott Gott ist ...". 527,40–528,16 „Also bindet sichs alles jnn einander, der Apostel und Christus wort, der Christenheit glaube und bekentnis und Gottes warheit und Maiestet, das man keines on das ander lügen straffen kan ...".

Hier zeigt sich wiederum ein beträchtlicher Unterschied im Argumentationsgang. Nach R hat Luther im Sinne des paulinischen Textes die Zusammengehörigkeit von Glauben der Kirche und Gottes Gottheit betont, so wie in 1Kor 15 die Zusammengehörigkeit von Auferstehung Christi und Auferstehung der Toten begegnet. In Dr heißt es dagegen, daß, weil „diese principia stehen", die Folge der Argumente „dringt", den Glauben an die Auferstehung der Toten zu übernehmen. Auch hier ist also aus der Verknüpfung einzelner, zusammengehöriger zentraler Argumente der Trend zum System deutlich abzulesen.

32. R 528,4–7 „Ideo hengt als an einander: Gott, sein wort, Christus, Apostolorum praedicatio, fides. Ideo so Gott lebt, nicht liegen kan, so gewis der Apostolorum praedicatio recht et fides, so gewis resurrectio mortuorum. Sic concludit Paulus".

Dr 528,16–22 „Und weil das gewis stehet und war bleibt, so mus das auch gewis sein, das die todten aufferstehen werden, weil es jnn Gottes wort und der Christen glauben gefasset ist, Und machet also eine ketten, das alles jnn einander henget und aus einander gehet, das man mus sagen: So gewis das war ist, das Gott lebt und Christus lebt und der Christenheit glaube und predigt recht und gewis ist, so gewis ist auch dieser Artikel ...".

Auch hier findet sich wieder der Trend zum System. Wurde in R bereits betont, daß alles aneinander hängt, so begegnet hier wieder der Begriff der Kette. Daß von dem zentralen Argument her auch „alles auseinandergeht", schließt das Recht zu Konklusionen und Deduktionen ein.

33. R 528,13–529,3 „Qui non vult der schrifft bestendig sein etc. Ego non possum eum convertere, quia non bsthet, quicquid dico de Christo, Prophetae, Paulus, Esaias. Ideo dico: Lieber Turck, wiltu mein ler nicht halten etc. qui non vult scripturae credere, dem lohne der leidige Teufel, si mihi credit. Nos non praedicamus nosipsos, sed dei verbum a principio mundi de Christo dei filio".

Dr 528,32–36 „Denn wer nicht wil gleuben, das Gott und die Christenheit, glaub und wort, etwas sey, der wird sich nichts lassen weisen noch uber reden, ist alles umb sonst und verloren, was man jm saget, Gleich als wenn du einen Türcken woltest uber weisen mit unserm glauben, Denn er gestehet dir nichts und leugnet alle deine gründe".

Auch hier findet sich ein Unterschied im Argumentationsgang. Nach R will der Türke die Lehre (= Predigt) nicht annehmen und der Schrift nicht glauben. Darauf kann der Prediger nur entgegnen, daß er nicht sich selbst, sondern Christus als Gottes Wort verkündigt. In Dr hingegen heißt es, daß der Türke alle „Gründe" (= Argumente) des Predigers zugunsten der Wahrheit des christlichen Glaubens nicht gelten lassen will.

34. R 533,7f „Sic non possumus fortius praedicare quam per illum Syllogismum per impossibile herumb".
Dr 532,36–533,29 „Also setzet er nu hie die stuck nacheinander und rucket sie herumb per impossibile, wie jch gesagt habe, Zum ersten, wo die todten nicht auff erstehen, so folgt, das auch Christus nicht aufferstanden sey, Ursach: Denn Christus ist ja auch der todten einer, ja unser aller heubt und der erstlinger, (wie er hernach sagt), der da solt aufferstehen, Und wo der Artikel jnn jm nicht war ist, so ist er jnn keinem war, Zum andern must auch folgen, das unser predigt vergeblich sey . . ."
Hier zeigt sich ebenfalls ein Unterschied im Argumentationsgang. Der Schluß „per impossibile" wird zwar schon in R erwähnt, aber die Zusammengehörigkeit und Folgerichtigkeit wiederum verstärkt.

35. R 533,18–534,1: die ersten Sätze der vierten Predigt mit ihrem Rückbezug auf die frühere Auslegung von 1Kor 15 finden sich nur in R, nicht jedoch in Dr; vgl o Nr 16; 27. Dabei findet sich hier in R eine Aufzählung (533,21–534,1): [sc Paulus] „nympt den Syllogismum per impossibile, ruck yhn herumb. Si mortui non, nec Christus etc. et quod vergeblich predigt, 3. quod frustra credidistis et quod falsi praedicatores, 5. quod mortui in Christo sind verloren, 6. sumus miserrimi in terris et qui venient. Istis stucken vult monere, ne ab isto articulo cedant".
Bei dieser Aufzählung bleibt Luther nach R aber nah am Text, dessen einzelne Aussagen hier lediglich in eine numierte Folge gebracht worden sind, während oben in Nr 30 bei Dr eine systematische Reflexion auf Grund von 1Kor 15 in numierter Folge begegnet.

36. R 533–537
Dr 532–537
Die in R begegnende, nicht streng durchgeführte Gliederung ist in Dr sorgfältig ausgeführt worden.

R 534,1	„1."	Dr 532,37	„Zum ersten"
R 534,9	(nicht erwähnt)	Dr 533,28	„Zum andern"
R 535,1	„3."	Dr 535,13	„Zum dritten"
R 536,3	(nicht erwähnt)	Dr 536,17	„Zum vierden"
R 536,11	(nicht erwähnt)	Dr 536,28	„Das fünffte stuck"
R 537,3	„Et zu letzst"	Dr 537,18	„Das sechst und letzt".

Hier zeigt sich, daß Cruciger die entweder von Luther in der Predigt nicht streng durchgeführte oder von Rörer nicht sorgfältig mitgeschriebene Gliederung behutsam eingefügt hat.

37. R 540,12–541,4 „Sed qui vident se peccatores et timent mortem, infernum, die sollen sich annhemen des predigstuhls, tauff et domini et dicunt: cum me furcht fur der hell, est certum signum, quod credam esse infernum, qui non, non terretur fur gottes gericht, zorn. Ideo sol mich erumb werffen et pugnare contra hanc diffidentiam".
    Dr 540,38–541,20 „... die den Teuffel und die helle furchten, die sollen sich der Tauffe, predigstuls und des Euangelij annemen Und also schliessen: Weil ich fule, das ich mich fur der hellen und Gottes gericht furchte, so ists ein gewis zeichen, das ich auch ein Christen bin und etwas vom glauben habe, Denn wer sich dafur entsetzt, der mus gewislich gleuben, das ein helle und himel sey, Und widderumb, wer sich nicht dafur furchtet, der gleubt auch nichts, Darumb sol ich mich eben jnn solchem schrecken und engsten desselben trosten und herumb werffen durch den glauben ..."
Schon in R findet sich, wie der Begriff „certum signum" deutlich macht, ein Ansatz zu einem Syllogismus practicus. In Dr ist dieser Ansatz weiter entwickelt, wie die Formulierung „ein gewis zeichen, das ich auch ein Christen bin und etwas vom glauben habe", aber auch die Betonung „also schliessen" zeigen. Ferner wird in Dr die Aufgabe der Selbstprüfung verstärkt betont (siehe die Worte „Weil ich fule"); vgl dazu Dr 541,22–24 „Der [sc Christus] sol mir mehr gelten denn alle mein fulen und gedancken, Und jmer also gekempfft und gewehret, das man den Artikel fest fasse und halte ..."; hierzu gibt es keine Entsprechung in R.

38. R 543,3–5 „Sic Christianus consolatur et hac consolatione mus er zu feld liegen contra mortem. Die leute, qui im Saus, sollen sichs annhemen, quod cum diabolo. Ja hett ich gelt zu zelen".
    Dr 542,36–543,30 „... Christen mussen ein andern höhern trost haben denn gold und silber odder singen und tantzen und alles, was die welt hat, Einen geitzwanst kan man trösten mit gelt, einen krancken mit ertzney, einen bettler odder hungerigen mit einem stuck brot, Aber einen Christen kan der keines helffen, Denn weil er gleubt und weis, das Gott beide, einen himel und helle hat, erschrickt er bald fur Gottes zorn und wird ein blöde, erschlagen (= niedergeschlagener) mensch ..."
Der Gedankenausgang von R ist hier in Dr bei der Schilderung des Gerichts sowie durch weitere Beispiele (Kranker, Hungriger) ausgeschmückt und paränetisch zugespitzt worden.

III.

Die Untersuchung der ersten vier von den insgesamt siebzehn Predigten Luthers über 1Kor 15 dürfte exemplarisch gezeigt haben, daß die Überlieferungsprobleme hier im ganzen ähnlich sind wie bei der Genesisvorlesung. Es finden sich sehr verschiedene editorische Eingriffe nebeneinander. Auf der einen Seite hat Cruciger geglättet oder auch bestimmte Gedankengänge in sachlich korrekter Weise etwas weiter ausgearbeitet. Auf der anderen Seite begegnen jedoch auch stärkere Überarbeitungen. Diese reichen von mehr oder weniger ausführlichen Einschüben bis hin zu sachlichen Umformungen in Richtung auf eine an Melanchthon orientierte Theologie. Dabei ist es wichtig, daß sich nirgends eine durchgreifende Tendenz feststellen läßt. Man kann weder sagen, daß Cruciger um möglichste Treue bei der Vorbereitung des Druckes bemüht war, noch läßt sich ihm die Absicht einer Umdeutung vorwerfen. Er selbst dürfte vielmehr der Überzeugung gewesen sein, seine Aufgabe sachgerecht erfüllt zu haben. Die Tatsache, daß die Nachschriften Rörers für viele Leser ohne erläuternde Zusätze oder ohne eine glättende Ausarbeitung kaum verständlich gewesen wären[6], hat sicher dazu beigetragen, ihm ein gutes Gewissen bei seiner Editionsarbeit zu verschaffen.

---

[6] EMANUEL HIRSCH, Luthers Werke in Auswahl, Bd 7 (2. Aufl. Berlin 1950) 278–355, hat bei seiner Auswahl von Predigten über 1Kor 15 sich ganz auf die Nachschrift beschränkt. Im Blick auf CRUCIGER spricht HIRSCH im Anschluß an WA 36,XXXIII von dessen „ziemlich freier Bearbeitung" (278).

DIE RECHTFERTIGUNG VOR GOTT UND DEN MENSCHEN

Zum Aufbau der dritten Thesenreihe Luthers über Röm 3,28

von

Gerhard Ebeling

1. Die Kompositionskunst Luthers

In einer anregenden Akademierede hat Heinrich Bornkamm wichtige Beobachtungen über „Luther als Schriftsteller"[1] zusammengetragen in dem Bewußtsein und der Absicht, damit nicht mehr als eine einführende Skizze zu bieten[2]. Ergänzend möchte ich auf einen dort nur beiläufig berührten Gesichtspunkt eingehen: Luthers Kompositionskunst.

Heinrich Bornkamm bemerkt mit Recht, Luther habe weithin auf strenge Formbindung verzichtet, sei deshalb aber infolge seines Einfallsreichtums der Gefahr ausgesetzt gewesen, daß der Strom über die Ufer trat. „Luther hat sich selbst oft genug als ‚Wäscher', als verbosus, getadelt. Dem war am leichtesten gewehrt, wenn seinem Schreiben eine natürliche Grenze gesetzt war, etwa durch die Länge einer Predigt, den pädagogischen Zweck der Katechismen – sie gehören darum zu seinen sprachlichen Meisterleistungen – oder den Zeitzwang eines Briefes."[3]

Für den ersten Fall: die unbekümmerte Formlosigkeit seiner Schriften, ließen sich viele Beispiele anführen, jedenfalls was die äußere Struktur betrifft; etwa der „Sermon von den guten Werken" (1520)[4]. Bei lässiger Handhabung der Überschriften[5] und mit stark abnehmender Ausführlichkeit[6] folgt er den zehn Geboten, während die Unterabschnitte einfach beziffert werden, beim ersten und zweiten Gebot zunächst durchlaufend, vom dritten an aber je für sich[7]. Daß dagegen das Ganze

---

[1] SAH Phil-hist Kl 1965, 1.Abhandlung; jetzt in: ders, Luther. Gestalt und Wirkungen = SVRG Nr 188 Jg 80/82,1 (Gütersloh 1975) 39–64.
[2] AaO 7 = 39.   [3] AaO 33 = 61f.
[4] WA 6,(196) 202–276 = BoA 1,227–298.
[5] Beim 1. Gebot fehlt sie ganz; beim 2. Gebot heißt es: „Von dem andern guten werck"; beim 3. und 5. Gebot steht nur diese Bezifferungsangabe: „Von dem dritten gebot", „Von dem Funfften Gebot"; in weiteren Fällen wird auch der Gebotstext hinzugefügt, im ersten Fall mit dem gleichzeitigen Hinweis auf die Unterscheidung der beiden Tafeln: „Das erst Gebot der ander taffel Mosi. Du solt dein Vatter und Mutter ehrenn", „Von dem Sechsten Gebot. Du solt nit Ehebrechen", „Das Siebend Gebot. Du solt nit stelen", „Das Acht Gebot. Du solt nit falsch getzeugnisz geben widder deynen nehesten"; beim 9. und 10. Gebot wird die gemeinsame Überschrift „Die letzten zwey gebot" unmittelbar in den Text einbezogen.
[6] Das Verhältnis der Ausführungen über die ersten vier Gebote zu denen über die weiteren sechs Gebote ist ungefähr 6:1.
[7] 1. und 2. Gebot: 31 Abschnitte; 3. Gebot: 25 (mit versehentlicher Verdoppelung der Ziffer 17); 4. Gebot: 21; 5., 6. und 8. Gebot: je 3; 7. Gebot: 4; 9. und 10. Gebot ohne Unterteilung, da nur wenige Zeilen.

von einer beispiellos systematischen Konzentration auf das erste Gebot hin bestimmt ist, wird durch diese Art der Anlage jedenfalls nicht erkennbar. Und darüber hinaus bedürfte es erst noch genauerer Analyse, um zu erkennen, welche innere Ordnung der Gedankenfolge sich auch bei der Behandlung jedes einzelnen Gebots hinter der Fassade fortlaufender Numerierung verbirgt. Selbst bei einem anscheinend derart evidenten Beispiel ist der Tatbestand also differenzierter, sofern man nicht den Gesichtspunkt der Form völlig veräußerlicht und vom Inhaltlichen ablöst, obschon Luthers unmittelbare Gliederungsangaben von der eigentlichen Komposition kaum etwas verraten.

Als Beispiel für den zweiten Fall: eine erstaunliche Gestaltungskraft in sprachlicher und auch in kompositorischer Hinsicht, wären außer etwa den Katechismen, auf die in diesem Zusammenhang Heinrich Bornkamm mit Recht besonders hinweist, die Disputationsthesen zu nennen. Die Thesenform lädt zu äußerster Knappheit und Präzision ein, gewährleistet aber nicht ohne weiteres entsprechendes Gelingen. Auf diesem Gebiet war Luther ein Meister. Es würde sich lohnen, seine Kunst im Umgang mit jenem Stilelement des herkömmlichen wissenschaftlichen Disputs ausführlich zu untersuchen. Mir geht es jetzt jedoch nicht um die oft geniale Formulierung einzelner Thesen, sondern um die auf den ersten Blick gar nicht in Erscheinung tretende Komposition einer ganzen Thesenreihe. Die übliche fortlaufende Numerierung erweckt den Eindruck bloßer Aneinanderreihung ohne differenzierten Gesamtplan. Der Anschein einer mehr oder weniger zufälligen oder rein additiven Anordnung täuscht jedoch oft über die strenge Architektonik, die sich erst genauerer Analyse erschließt. An den Thesen „De homine" ist mir dies erstmals staunenerregend aufgegangen[8]. Es liegt mir aber fern, daraus ein generelles Urteil über die Komposition von Luthers Thesenreihen herzuleiten. Der Sachverhalt muß von Fall zu Fall sorgfältig geprüft werden.

Grundsätzlich ergibt sich freilich das interpretatorische Gebot, in jedem Fall auf die Herausarbeitung der Gliederung größtes Gewicht zu legen. Durch das Erfassen der Gedankenbewegung erschließen sich oft erst entscheidend wichtige Sachaspekte. Deshalb ist es unmöglich, die Gliederung einer Thesenreihe zu untersuchen, ohne dadurch tief in die Sachprobleme selbst einzudringen, von denen sie handelt. Gewiß muß man sich vor einer mechanischen Lösung der Aufgabe hüten. Wo die Zäsuren zu setzen und wieweit Subordinationen berechtigt und erforderlich seien, darüber läßt sich im Einzelfall verschieden urteilen, weil eine Bewegung zu fixieren stets fragwürdig ist. Oft läßt sich darüber streiten, ob eine These, an der sich eine Peripetie abzeichnet, noch zum Bisherigen oder schon zum Folgenden zu rechnen sei oder ob man gegebenenfalls der Parataxe oder der Hypotaxe den Vorzug geben solle. Dabei ist die Gefahr natürlich nicht grundsätzlich auszuschließen, daß man es mit dem Aufspürenwollen eines kompositorischen Filigrans zu weit treibt.

---

[8] Vgl meine Lutherstudien II 1 und 2: Disputatio de homine. Erster Teil: Text und Traditionshintergrund (Tübingen 1977) 43–45. Zweiter Teil: Die philosophische Definition des Menschen. Kommentar zu These 1–19 (1982) passim.

Der Einwand jedoch, Luther habe sich darüber schwerlich so viele Gedanken gemacht, trifft am Entscheidenden vorbei. Ist das Denken mit ungewöhnlicher Konzentration auf seinen Gegenstand gerichtet und in ihn eingedrungen, so erwächst daraus ein souveränes Ordnen der Gedankenführung, während der Außenstehende es erst in mühsamem Nachdenken rekonstruiert. Die gleiche Fähigkeit, komplexe Sachverhalte ihrer inneren Bewegung nach zu strukturieren, begegnet uns eindrücklich auch in Luthers knappen Vorlesungspräparationen[9]. Die Frage, wieweit sich Luther selbst solcher kompositorischen Leistungen bis ins letzte bewußt war, wird den dafür erforderlichen Bedingungen schöpferischer Art gar nicht gerecht.

Aus Luthers verschiedenen Thesenreihen über Röm 3,28[10] wähle ich die dritte, über die zusammen mit der vierten am 10. Oktober 1536 anläßlich der Promotion von Jakob Schenk und Philipp Motz disputiert wurde[11]. Da der beschränkte Umfang eines Aufsatzes die umfassende Interpretation der Thesen ausschließt, lenke ich trotz der ständigen Verwicklung in die Sachprobleme das Hauptaugenmerk auf die Fragen des Aufbaus. Ich stelle den Text voran, wobei ich editorische Mängel der Weimarer Ausgabe, insbesondere solche der Interpunktion, stillschweigend verbessere. Die Beigabe einer Übersetzung[12] soll nicht nur schlechter Sprachkenntnis aufhelfen, sondern auch der Verstehenskontrolle dienen. Der Darbietung des Textes folgt mein Gliederungsvorschlag, den ich anschließend in einer Aufbauanalyse zu begründen versuche.

2. Text und Übersetzung der Thesen

1. Satis claret hoc loco aliam esse rationem iustificandi hominis coram Deo a ratione iustificandi eius coram hominibus.

Hinreichend deutlich geht aus dieser Stelle hervor, daß die Art, wie der Mensch vor Gott gerecht wird, eine andere ist als die Art, wie er vor den Menschen gerecht wird.

---

[9] ZB zur Galaterbriefvorlesung 1531, WA 40 I 15–22.
[10] Vgl LuSt II 1,5 (bes Anm 18) 7.
[11] WA 39 I 82f. Die vierte Thesenreihe (ebd 84–86) hatte ich in diese Untersuchung mit einbeziehen wollen, mußte aber aus Raumgründen darauf verzichten. Die zu beiden Reihen gehörende Disputationsnachschrift: 87–126. Zur Datierung s WA 39 II, XV Ziffer 10. Auf diese Thesenreihe war ich schon kurz in dem Aufsatz eingegangen: Die Toleranz Gottes und die Toleranz der Vernunft, in: ZThK 78 (1981), (442–464) 449–456; jetzt auch in: G EBELING, Umgang mit Luther (Tübingen 1983) 101–130.
[12] Weitere von mir konsultierte Übersetzungen in folgenden Luther-Ausgaben: WALCH[1] 19 (1746) 1761–1768, in nicht unerheblicher Überarbeitung: WALCH[2] 19 ([1889] 1907) 1450–1453. Luther Deutsch[2] (hg von K ALAND) 4 (1964) 294–297. Text und Übersetzung der „Dritten Disputation über Röm 3,28" samt knapper Gliederung und Erläuterungen in dem Aufsatz von P ALTHAUS, Die Rechtfertigung allein aus Glauben in Thesen Martin Luthers, in: LuJ 28 (1961), (30) 44–51.

2. Nam Paulus aperte fidem operibus opponit et iustificationem coram Deo detrahit operibus tribuitque fidei.

Denn Paulus stellt offenkundig den Glauben zu den Werken in Gegensatz, spricht die Rechtfertigung vor Gott den Werken ab und schreibt sie dem Glauben zu.

3. Iustificatur quidem homo ex operibus, sed gloriam habet coram hominibus, non coram Deo ⟨Rom 4,2⟩.

Gerechtfertigt wird der Mensch unstreitig aus Werken, hat damit jedoch Ruhm vor den Menschen, nicht vor Gott.

4. Iustificatur quidem homo fide coram Deo, etiamsi apud homines et in se ipso ignominiam tantum inveniat.

Gerechtfertigt wird der Mensch unstreitig durch den Glauben vor Gott, obwohl er dabei den Menschen gegenüber und in sich selbst nur Schande antrifft.

5. Hoc est mysterium Dei sanctos suos mirificantis ⟨Ps 4,4⟩; quod non solum est impiis impossibile intellectu, sed etiam ipsis piis mirabile et difficile creditu.

Dies ist das Geheimnis Gottes, der „seine Heiligen wunderbar führt"; [ein Geheimnis,] das nicht nur den Gottlosen zu begreifen unmöglich, sondern auch sogar den Frommen wundersam ist und schwer zu glauben.

6. Natura enim vitio originalis peccati corrupta et excaecata non potest ultra et supra opera ullam iustificationem imaginari aut concipere.

Denn die Natur [des Menschen], durch das Gebrechen der Ursünde verdorben und verblendet, kann keinerlei Rechtfertigung sich vorstellen oder begreifen, welche die Werke hinter sich und unter sich läßt.

7. Hinc illa pugna hypocritarum contra fideles de iustificatione nullius nisi Dei solius iudicio dirimenda.

Von daher rührt jener Kampf der Heuchler wider die Gläubigen um die Rechtfertigung, [ein Kampf,] dem allein durch Gottes Urteil ein Ende zu setzen ist.

8. Concedimus itaque hypocritis seu philosophis opera et iustificationem legis, modo retineamus eam iustitiam esse hominum, non Dei.

Wir gestehen deshalb den Heuchlern oder Philosophen [durchaus] Werke und Rechtfertigung nach Art des Gesetzes zu, nur wollen wir festhalten, daß diese Gerechtigkeit Menschengerechtigkeit ist und nicht Gottes Gerechtigkeit.

9. Iustitia vero hominis, ut eam Deus temporaliter honoret donis optimis huius vitae, tamen coram Deo larva est et hypocrisis impia.

10. Et mirum est problema, quod Deus remuneret iustitiam, quam ipse reputet iniquitatem et malitiam.

11. Aperte enim in prophetis malum manuum nostrarum ⟨Mi 7,3⟩ appellat opera secundum legem et nostram rationem pulcherrima.

12. Simile videtur, ac si quis princeps malum servum toleret, quem sine maiore periculo regni non possit occidere.

13. Igitur non est respiciendum neque ad personam impii, qui iustitiam operatur, neque ad pulchritudinem talis operis,

14. sed ad incomprehensibilem tolerantiam et sapientiam Dei minus malum ferentis, ne maiore malo omnia subvertantur.

15. Sicut vomica, claudicatio aut alius morbus in corpore insanabilis toleratur necessitate vitae corporalis fovendae.

16. Est enim legis iustitia morbosa valde et adeo imbecillis, ut saepe suam legem optimam non solum non impleat, sed levissimo etiam motu prorsus obliviscatur.

Menschengerechtigkeit aber, wie sehr auch Gott sie zeitlich auszeichnet mit den höchsten Gaben dieses Lebens, ist dennoch vor Gott eine bloße Maske und gottlose Heuchelei.

Und es ist ein wundersames Problem, daß Gott eine Gerechtigkeit belohnen soll, die er selbst als Ungerechtigkeit und Nichtswürdigkeit einschätzt.

Denn in den Propheten bezeichnet er geradeheraus als „das Böse unserer Hände" die Werke, die nach dem Gesetz und unserer Vernunft den schönsten Anschein haben.

Das scheint dem vergleichbar, daß ein Fürst einen bösen Knecht erträgt, den er nicht töten kann, ohne daß dadurch dem Reich noch größere Gefahr erwüchse.

Deshalb soll man weder auf die Person des Gottlosen, der Gerechtigkeit wirkt, das Augenmerk richten noch auf die Trefflichkeit solchen Werkes,

vielmehr auf die unbegreifliche Geduld und Weisheit Gottes, der das geringere Übel erträgt, damit nicht durch ein größeres Übel alles umgestürzt werde.

So wie ein Geschwür oder das Hinken oder ein anderes unheilbares körperliches Gebrechen ertragen wird im Interesse der Erhaltung des leiblichen Lebens.

Denn die Gesetzesgerechtigkeit ist sehr siech und so schwach, daß sie oft ihr eigenes Gesetz, auch wenn es das trefflichste ist, nicht nur nicht erfüllt, sondern aus geringfügigstem Beweggrund gänzlich vergißt.

17. Sed quia alia non potest haberi, toleratur et fovetur summis huius mundi bonis.

Jedoch weil eine andere [Gerechtigkeit] nicht zu haben ist, wird sie ertragen und durch die höchsten Güter dieser Welt begünstigt.

18. Deus enim pro magnitudine suae bonitatis parum reputat tam indignis et malis iustis seu sanctis tot et tanta donare.

Denn Gott ist es im Verhältnis zu der Größe seiner Güte ein Geringes, so unwürdigen und bösen Gerechten oder Heiligen so vieles und so Großes zu schenken.

19. Sicut sapiens magistratus civi malo et improbo interdum connivet et frui sinit civitate pro bono pacis publicae.

So wie eine weise Obrigkeit gegenüber einem bösen und ungesetzlichen Bürger zuweilen ein Auge zudrückt und ihn im Genuß des Bürgerrechts läßt zugunsten des öffentlichen Friedens.

20. Deus enim alio spectat, scilicet ad futuri regni gloriam, in quo non pertransibit incircumcisus aut immundus, ut scriptura loquitur etc ⟨Ies 52,1⟩.

Denn Gott richtet sein Auge anderswohin, nämlich auf die Herrlichkeit des künftigen Reiches, in dem kein Unbeschnittener und Unreiner sein Wesen treiben wird, wie die Schrift sagt.

21. Quin et cum ecclesia et sanctis suis in terra non dissimili tolerantia et bonitate agit.

Ja sogar auch mit der Kirche und seinen Heiligen auf Erden handelt er in einer gar nicht so unähnlichen Geduld und Güte.

22. Ut quos et tolerat et fovet propter initium creaturae suae in nobis, deinde et iustos esse et filios regni decernit.

Auch sie erträgt und erhält er mit Rücksicht auf den Anfang seiner [Neu-] Schöpfung in uns und erklärt sie dann auch für gerecht und zu Söhnen des Reiches.

23. Iustificari enim hominem sentimus hominem nondum esse iustum, sed esse in ipso motu seu cursu ad iustitiam.

Denn daß der Mensch gerechtfertigt wird, verstehen wir so: Der Mensch ist noch nicht gerecht, sondern befindet sich vielmehr gerade in der Bewegung und dem Lauf auf die Gerechtigkeit hin.

24. Ideo et peccator est adhuc, quisquis iustificatur, et tamen velut plene et perfecte iustus reputatur ignoscente et miserente Deo.

Deshalb ist auch jeder, der gerechtfertigt wird, immer noch ein Sünder, und dennoch wird er als ein voll und ganz Gerechter geachtet, weil Gott verzeiht und sich erbarmt.

25. Ignoscit autem et miseretur nostri Deus intercedente et sanctificante nostrum initium iustitiae Christo advocato et sacerdote nostro.

26. Cuius iustitia, cum sit sine vitio et nobis umbraculum contra aestum ⟨Ies 4,5s⟩ irae Dei factum, non sinit nostram inceptam iustitiam damnari.

27. Iam certum est Christum seu iustitiam Christi, cum sit extra nos et aliena nobis, non posse nostris operibus comprehendi.

28. Sed fides, quae ex auditu Christi nobis per spiritum sanctum infunditur, ipsa comprehendit Christum.

29. Quare et sola fides iustificat sine operibus nostris; non enim possum dicere: Ego facio Christum seu iustitiam Christi.

30. Sicut tamen possum dicere: Ego facio opera sive iustitiae coelestis per spiritum, sive terrenae per naturam.

31. Sed sic dicendum: Ego credo in Christum; et post facio opera bona in Christo vere.

32. Recte igitur dicitur: iustificari nos ex fide sine operibus legis.

33. Quod iustificari ista includit, fide scilicet propter Christum reputari nos iustos;

34. nec peccatum ullum, sive praeteritum sive reliquum in carne manens, imputari, sed, velut nullum sit, remissione interim tolli.

Gott aber verzeiht und erbarmt sich unser, weil Christus, unser Fürsprecher und Priester, für uns eintritt und unseren Anfang in der Gerechtigkeit heiligt.

Da seine Gerechtigkeit ohne Fehl und uns zum schützenden Schatten bereitet ist wider die Glut des Zornes Gottes, läßt sie die Verdammung unserer erst begonnenen Gerechtigkeit nicht zu.

Nun ist es gewiß, daß Christus oder Christi Gerechtigkeit, da sie außerhalb unser und uns fremd ist, nicht durch unsere Werke ergriffen werden kann.

Vielmehr der Glaube, der uns aus der Botschaft von Christus durch den heiligen Geist eingegossen wird, – er ergreift Christus.

Deshalb rechtfertigt auch allein der Glaube ohne Zutun unserer Werke; kann ich doch nicht sagen: Ich tue Christus oder Christi Gerechtigkeit.

Wie ich hingegen sagen kann: Ich tue die Werke, sei es der himmlischen Gerechtigkeit kraft des Geistes, sei es der irdischen kraft der Natur.

Vielmehr muß es so heißen: Ich glaube an Christus; und daraufhin tue ich tatsächlich in Christus gute Werke.

Es heißt also mit Recht: daß wir aus Glauben gerechtfertigt werden ohne Werke des Gesetzes.

Dieses Gerechtfertigtwerden schließt folgendes in sich: daß wir durch den Glauben um Christi willen für gerecht erklärt werden;

und daß keinerlei Sünde, sei es vergangene, sei es im Fleisch zurückgebliebene, angerechnet, sondern vorerst durch Vergebung aufgehoben wird, als wäre keine da.

35. Hanc fidem comitatur initium creaturae novae et pugna contra carnis peccatum, quod eadem fide Christi et ignoscitur et vincitur.

Diesen Glauben begleitet der Anfang der neuen Kreatur sowie der Kampf gegen die Sünde des Fleisches, die durch eben diesen Glauben an Christus verziehen und besiegt wird.

3. Thema und Gliederung der Thesen

Das Geheimnis göttlicher Toleranz
als Verklammerung der gegensätzlichen Weisen
von Rechtfertigung vor Menschen und vor Gott

A (1–5) Die zwei Weisen von Rechtfertigung
   I. (1–2) Ihre Herleitung aus Röm 3,28
      1. (1) Thetisch: zwei rationes iustificandi in Röm 3,28
      2. (2) Begründung: Antithese von fides und opera in Röm 3,28
   II. (3–4) Das spannungsvolle Beziehungsgeflecht der beiden rationes iustificandi
      1. (3) Aus Werken – vor Menschen – ohne Doxa vor Gott
      2. (4) Aus Glauben – vor Gott – mit Schande in der Welt
   III. (5) Der Geheimnischarakter dieses Beziehungsgeflechts für impii und pii

B (6–20) Das Geheimnis göttlicher Toleranz gegenüber der Menschengerechtigkeit
   I. (6–9) Die Unbegreiflichkeit für die impii
      1. (6) Die Blindheit der sündigen Natur in Sachen der Rechtfertigung
      2. (7) Der daraus erwachsende, allein durch Gott zu beendende Kampf um die Rechtfertigung
      3. (8–9) Der Doppelaspekt der iustitia hominis
         a) (8) Bloße Menschengerechtigkeit
         b) (9) Vor Gott, obwohl von ihm gelohnt, gottlose Heuchelei
   II. (10–17) Die Unbegreiflichkeit auch für die pii
      1. (10–11) Problemstellung und Schriftbeleg
      2. (12–14) Erste (politische) Analogie
         a) (12) Das Ertragen eines bösen Menschen zur Verhütung von Schlimmerem
         b) (13–14) Entsprechend auf die Toleranz Gottes blicken, nicht auf Person und Werk des Täters
      3. (15–17) Zweite (medizinische) Analogie
         a) (15) Das Ertragen körperlicher Gebrechen zwecks Lebenserhaltung
         b) (16–17) Entsprechend das Elend der iustitia legis hinnehmen

III. (18–20) Zusammenfassung aus der Perspektive Gottes
      1. (18) Die Großzügigkeit Gottes
      2. (19–20) Sein Orientierungspunkt: die gloria futuri regni
C (21–35) Das Geheimnis göttlicher Toleranz auch gegenüber den aus Glauben Gerechtfertigten
   I. (21–26) Der Zusammenhang zwischen Rechtfertigung aus Glauben und Toleranz Gottes
      1. (21) Die Einführung des Toleranzbegriffs auch in bezug auf die sancti
      2. (22–24) Begründung im Wesen der Rechtfertigung
         a) (22) Rechtfertigung als Schöpfungsakt und Verheißungsdekret
         b) (23) Rechtfertigung als Bewegung auf Gerechtigkeit hin
         c) (24) Der Gerechtfertigte zugleich peccator und iustus
      3. (25–26) Christus als Grund der die Rechtfertigung begleitenden Toleranz Gottes
         a) (25) Positiv: Heilung des initium iustitiae
         b) (26) Negativ: Beschirmung vor der Verdammung der incepta iustitia
   II. (27–31) Erfassung Christi nicht durch Werke, sondern durch Glauben
      1. (27–28) Unter sachlogischem Gesichtspunkt
         a) (27) Extra nos, darum nicht durch Werke
         b) (28) Ex auditu, darum durch Glauben
      2. (29–31) Unter sprachlogischem Gesichtspunkt
         a) (29–30) Objekt von facere: nicht Christus, sondern Werke
         b) (31) Objekt von credere: Christus, und dadurch Konstituierung des Subjekts guter Werke
   III. (32–35) Zusammenfassung im Rückblick auf den Ausgangspunkt
      1. (32) Bestätigung von Röm 3,28
      2. (33–35) Die Elemente der ratio iustificandi coram Deo
         a) (33) iustum reputari
         b) (34) non-imputatio peccati
         c) (35) initium creature novae

4. Analyse des Aufbaus der Thesenreihe

Zu A Die zwei Weisen von Rechtfertigung (Thesen 1–5)

Von dem Satz, der eine Thesenreihe eröffnet, darf man erwarten, daß er das Thema des Ganzen anschlägt[13]. Dieses ist im vorliegenden Fall nicht die bloße

---

[13] Das ist zB in großartiger Weise bei der ersten der 95 Thesen der Fall, in der die grundlegende Aussage über das Verständnis von poenitentia die ganze weitere Erörterung über den Ablaß einleitet, WA 1,233,10f = BoA 1,3, 18–20. Ebenfalls wird in den Thesen De homine am Anfang die philosophische Definition des Menschen förmlich „zitiert" und vor Gericht geladen, WA 39 I 175,3f, vgl LuSt II 1,15 und II 2,1–22.

Bibelstelle Röm 3,28, die ja verschiedenen Thesenreihen zugrundeliegt, auch nicht einfach die ihr direkt entnehmbare theologische Aussage über die Rechtfertigung aus Glauben, vielmehr ein bestimmter Aspekt, der sich aus jenem Generalthema ergibt. Überraschenderweise ist nicht, wie der Bibeltext und der auf ihm gründende theologische Locus vermuten lassen, von einer einzigen Weise der Rechtfertigung des Menschen die Rede, vielmehr von einer zweifachen ratio iustificandi. Diese Duplizität wird thetisch durch die Unterscheidung der beiden Fora eingeführt, vor denen der Mensch Rechenschaft schuldig ist und der Rechtfertigung bedarf: coram Deo und coram hominibus. Wie ergibt sich exegetisch aus Röm 3, 28 der Schluß auf eine duplex ratio iustificandi hominis? Was Luther für ganz deutlich erklärt, liegt durchaus nicht ohne weiteres am Tage.

Das biblische Denken ist von Relationsaussagen geradezu durchtränkt, für die in der Vulgata überwiegend die Präposition coram verwendet wird. Deren Vorkommen für den Gottesbezug und für den Bezug zu den Menschen hält sich in der Bibel statistisch etwa die Waage. Aber nur selten treten diese beiden coram-Bezüge korrelativ auf, sei es bloß nebeneinander: vor Gott und den Menschen[14], sei es antithetisch, so daß im Verhältnis beider Relationen zueinander eine Umkehrung eintritt[15]. Nun wird im Kontext der Rechtfertigungsaussage von Röm 3,28 direkt zwar nur die Gottesrelation angesprochen, weil es hier allein um die Rechtfertigung vor Gott geht[16]. Jedoch meldet sich unüberhörbar die Antithetik der Urteilsweisen Gottes und des Menschen an[17], in einer von Luther in These 3 angezogenen Wendung sogar in dem Sinne, daß Rechtfertigung aus Werken zwar Ruhm eintrage, jedoch nicht vor Gott[18], sondern, wie man notwendig ergänzen müßte: vor den Menschen. Damit ist genau der Gesichtspunkt im Blick, auf den sich Luther zur Begründung seiner Exegese von Röm 3,28 in These 2 bezieht. Die Entgegensetzung von fides und opera, von denen nur der fides, nicht den opera die iustificatio coram Deo zugesprochen wird, legitimiert die Unterscheidung zweier rationes iustificandi: coram Deo und coram hominibus. Insofern geht diese Interpretation allerdings über den paulinischen Wortlaut hinaus, als nicht nur ausdrücklich das coram hominibus hinzugefügt wird (vgl These 1 und 3), sondern auch die gloria, die man auf Grund der Werke haben kann, nun ausdrücklich den Charakter eines iustificari annimmt, wenn auch entschieden nicht coram Deo, so doch coram homi-

---

[14] ZB Prov 3,4: et invenies gratiam et disciplinam bonam coram Deo et hominibus. Eccli 10,7: odibilis coram Deo et hominibus superbia et execrabilis omnis iniquitas gentium. 25,1: in tribus placitum est spiritui meo, quae sunt probata coram Deo et hominibus. 2Kor 8,21: providemus enim bona non solum coram Deo sed etiam coram hominibus. Vgl Prov 3,4 und Röm 12,17 in der Vulgata-Fassung.

[15] Mt 10,32f: omnis ergo qui confitebitur me coram hominibus, confitebor et ego eum coram Patre meo, qui est in caelis. Qui autem negaverit me coram hominibus, negabo et ego eum coram Patre meo, qui est in caelis. Vgl Lk 12,8f, dort: coram angelis Dei. Lk 16,15: Vos estis, qui iustificatis vos coram hominibus, Deus autem novit corda vestra; quia quod hominibus altum est, abominatio est ante Deum.

[16] Röm 3,20: quia ex operibus legis non iustificabitur omnis caro coram illo. Vgl Röm 2,11: non est enim personarum acceptio apud Deum; 2,13: non enim auditores legis iusti sunt apud Deum.

[17] Röm 2,29: cuius laus non ex hominibus sed ex Deo est; 3,4: est autem Deus verax, omnis autem homo mendax.

[18] Röm 4,2: si enim Abraham ex operibus iustificatus est, habet gloriam, sed non apud Deum.

nibus (vgl ebenfalls These 1 und 3). Damit wendet sich die negative Anführung der opera als zur Rechtfertigung vor Gott untauglich in eine positive Aussage darüber, inwiefern sie gleichwohl zur Rechtfertigung taugen, nämlich coram hominibus.

Der Anschein trügt freilich, als wolle Luther das Rechtfertigungsproblem dadurch entschärfen, daß er Rechtfertigung aus Glauben und Rechtfertigung aus Werken verschiedenen Lebensdimensionen zuweist und sie so beide gleichermaßen ins Recht setzt und voneinander unabhängig macht. Schon die Formulierung der ersten These zeigt ein Gefälle von der allgemein menschlichen und vermeintlich selbstverständlichen Art von Rechtfertigung fort zu der ganz andersartigen Rechtfertigung vor Gott. These 2 unterstreicht von Paulus her nachdrücklich diese Aussagerichtung, welche die Rechtfertigung aus Werken negiert. Wenn er dann in den parallel gebauten Thesen 3 und 4 dennoch die beiden rationes iustificandi, jeweils mit Vorbehalt bejahend (quidem – sed; quidem – etiamsi), nebeneinander stellt, so doch nicht, um sie voneinander zu scheiden, sondern um das spannungsvolle Beziehungsgeflecht beider rationes iustificandi hervorzuheben. Die Rechtfertigung vor den Menschen und die dadurch erlangte gloria schließen die gloria vor Gott aus, wie umgekehrt die Rechtfertigung vor Gott nach der Seite der Welt hin das Gegenteil von gloria einbringt.

Diese Problemexposition erhält dadurch ihre Schärfe, daß der Mensch nicht beliebig auf eine der beiden rationes iustificandi verzichten kann. Er lebt untrennbar in beiden Relationen: coram hominibus und coram Deo, wobei ihm jeweils das eine das Gegenteil vom andern einbringt. Die ratio iustificandi coram hominibus ist nicht ablösbar von dem Angewiesensein auf iustificatio coram Deo und bleibt darum, selbst wenn relativ ins Recht gesetzt, letztlich vor Gott im Unrecht. Die ratio iustificandi coram Deo hingegen ist ebensowenig ablösbar von dem Angewiesensein auf den Umgang mit den Menschen und die hier aus Werken zu liefernde Rechtfertigung. Luthers anderweitige Unterscheidung von iustitia Christiana (fidei, passiva, coelestis) und iustitia civilis (operum, legis, activa, terrena)[19] drängt sich hier auf. Indem jedoch der Blick bei dem Vorgang der Rechtfertigung verweilt, haftet der ratio iustificandi coram hominibus trotz relativer Anerkennung unausweichlich die letztgültige Negierung an, zumal der Mensch gar nicht anders kann, als bei einem Beharren auf Rechtfertigung aus den Werken die eigene Person damit zu meinen und deshalb, ob ausdrücklich oder nicht, die Rechtfertigung vor Gott für sich zu usurpieren.

Luther hat also am Anfang der Thesenreihe von Paulus her, aber in gewisser Weise ihn verschärfend, das Verhältnis von fides und opera, welches coram Deo antithetischen Charakter annimmt, da hier die opera als ratio iustificandi ausgeschlossen sind, auf das untrennbare Beieinander von fides und opera hin bedacht. Dabei bleiben die opera stets in dem Zwielicht, ob sie, sogar als Früchte des Glaubens, von der Rechtfertigung vor Gott ausgeschlossen sind oder ob sie als Werke

---

[19] Vgl besonders WA 40 I 40,1–52,2.

des Unglaubens der Selbstrechtfertigung vor Gott dienen. Die sich hier aufdrängende Frage, wie der Mensch in diesem gegensätzlichen Geflecht der beiden rationes iustificandi überhaupt existieren könne, überbietet Luther von vornherein durch die Frage nach Gottes eigenem Willen und Verhalten angesichts dieses Problemknäuels, in dem es nicht um bloße Gedanken, sondern um das Leben selbst geht.

Die Einleitung der Thesenreihe gipfelt darum in These 5. Hinter der widerspruchsvollen Lebenskonstellation, wie sie aus Röm 3,28 entwickelt wurde, steht das Geheimnis Gottes. Unter Bezugnahme auf Ps 4,4 wird der Begriff mysterium Dei durch sanctos suos mirificantis erläutert, weil dieses mysterium gerade dem Glaubenden bedrängend widerfährt. Es handelt sich um kein bloßes Rätsel, kein finsteres Geheimnis, sondern um die freilich alles Begreifen übersteigende Weise, wie Gott in seiner Güte die Seinen führt. Denn es gilt hier zu unterscheiden – und damit wird eine weitere für den Aufbau der Thesenreihe wichtige Distinktion eingeführt – zwischen den Gottlosen, denen dieses mysterium zu verstehen gänzlich unmöglich ist, und den Frommen, die es zwar auch nicht im strengen Sinne verstehen, aber dennoch, wenn auch mit fassungslosem Staunen, glauben. Dieser Unterschied ändert jedoch nichts daran: Pii und impii sind einander darin gleichgestellt, daß sie ausnahmslos vom Geheimnis der göttlichen Toleranz[20] leben.

Zu den beiden Hauptteilen B und C

An dieser Gemeinsamkeit, welche die impii und die pii unter dasselbe Vorzeichen göttlicher Toleranz rückt, orientiert sich die weitere Erörterung der beiden rationes iustificandi. Ihr Unterschied wird dadurch nicht nivelliert, ihr Gegensatz jedoch differenziert. Die Gliederung der folgenden Thesen ist an dem Gegensatz von impii und pii orientiert. Er kommt in doppelter Hinsicht in Betracht. Zum einen in Hinsicht darauf, daß sie – die impii und die pii – die gegensätzlichen rationes iustificandi repräsentieren und darin zwar beide, wenn auch in verschiedener Weise, auf die göttliche Toleranz angewiesen, also gewissermaßen das Objekt des mysterium Dei sind (Thesen 6–20, 21–35). Zum andern in Hinsicht darauf, daß sie als Subjekt des Verstehens infolge ihrer gegensätzlichen Orientierung in bezug auf die ratio iustificandi das mysterium der göttlichen Toleranz in seiner Unbegreiflichkeit ganz unterschiedlich einschätzen: im Unglauben und im Glauben. Diese zweite, noetische Hinsicht, unter der für den weiteren Gedankengang der Gegensatz von impii und pii gliederungsbestimmend wird, ist in These 5 direkt angesprochen, wirkt sich aber nur auf den nächstgelegenen, den ersten Hauptteil aus, der das Geheimnis göttlicher Toleranz gegenüber der Menschengerechtigkeit zum Thema hat (Thesen 6–20). Hier setzt die Darlegung mit der Unbegreiflichkeit für den impius ein (Thesen 6–9), stellt dem die Unbegreiflichkeit auch für den pius zur Seite (Thesen 10–17) und schließt damit, wie sich der Sachverhalt im Urteil Gottes darstellt, wie er also von Gott her zu begreifen ist (Thesen 18–20).

---

[20] Tolerantia in den Thesen 14 und 21, tolerare in den Thesen 12, 15, 17, 20, 22.

Daß die Hauptzäsur innerhalb des eigentlichen Corpus der Thesen (6–35) zwischen These 20 und 21 anzusetzen ist, ergibt sich deutlich allein schon aus dem Wortlaut von These 21. Dreifach wird hier die Beziehung zum Vorausgehenden hergestellt: Zum einen wird das Hauptstichwort tolerantia (These 14) wieder aufgegriffen, nun aber in einem anderen Horizont und deshalb so, daß eine doppelte Verneinung die Gleichheit stark unterstreicht, deren Hervorhebung so überraschend und anstößig wirkt und die ja in der Tat nicht ohne Berücksichtigung der Verschiedenheit behauptet werden kann. Das kommt darin zum Ausdruck, daß nun dem gemeinsamen Stichwort tolerantia statt sapientia (These 14) bonitas zur Seite tritt, obschon in Gottes eigener Perspektive jene sapientia ebenfalls Ausfluß der magnitudo suae bonitatis ist (These 18). Zum andern betont die einleitende Konjunktion quin et, daß sich hier eine Wende des Gedankengangs vollzieht, die den Charakter einer unvermuteten Steigerung hat, so daß die Behauptung der Gleichheit nur im Widerspruch zu einem offensichtlichen Gegensatz zum Ausdruck gebracht werden kann. Zum dritten endlich wird der andere Kreis der Betroffenen gleich am Anfang des neuen Teils betont als ecclesia et sancti sui (sc Dei) namhaft gemacht, in scharfem Kontrast zur bisherigen Ausrichtung auf die durch die Erbsünde verderbte Natur (These 6), auf die persona impii (These 13), die hypocritae (These 7 und 8, vgl in These 9 larva und hypocrisis), die indigni et mali, als welche hier gerade diejenigen eingeschätzt werden, die vor sich selbst oder vor anderen als iusti seu sancti gelten (These 18), und zusammenfassend auf die iustitia hominum (These 8f) und iustificatio legis (These 8, iustitia legis These 16). Das Wort pii, der Gegenbegriff zu impii in These 5, begegnet nun freilich nicht wieder. Es wird jetzt vielmehr theologisch präzisiert durch ecclesia und sancti sui (These 21, vgl zu sancti schon das Zitat aus Ps 4,4 in These 5), durch iusti und filii regni (These 22) sowie durch die Erläuterung der Art und Weise solcher Gerechtigkeit als einer im Anbruch befindlichen Bewegung (These 22 und 35: initium creaturae suae [sc Dei] bzw creaturae novae, These 25: initium iustitiae, These 26: incepta iustitia, These 23: motus seu cursus ad iustitiam, These 35: pugna contra carnis peccatum).

Zu B Das Geheimnis göttlicher Toleranz gegenüber der Menschengerechtigkeit (Thesen 6–20)

Die oben schon vorskizzierte Untergliederung des ersten Hauptteils (Thesen 6–20) bedarf noch weiterer Erläuterung und Unterteilung. Das Geheimnis Gottes, das in der Rechtfertigung aus Glauben und nicht aus Werken beschlossen ist, wird zunächst, gemäß der Aussage in These 5, als dem impius völlig unverständlich dargelegt (Thesen 6–9). Dabei erscheint der impius nicht als Sonderfall, sondern als der Mensch, wie er seiner sündigen Natur nach ist (These 6). Die Ursünde des Menschen ist die Ursache nicht nur der mangelnden Gerechtigkeit vor Gott, sondern auch der mangelnden Erkenntnis in bezug auf die entsprechende Rechtfertigung. Die sündhafte Verblendung des Menschen kennt eine Rechtfertigung nur aus Werken, also ausschließlich die Selbstrechtfertigung, die nichts anderes ist als die

Perpetuierung des peccatum originale. Deshalb entzündet sich an diesem Punkt der entscheidende Kampf zwischen Glaube und Unglaube (These 7). Im Gegensatz zu der landläufigen Meinung, die Auseinandersetzung um die Frage der Rechtfertigung sei unter den vielleicht ohnehin für peripher gehaltenen religiösen Themen eine extrem marginale theologische Spitzfindigkeit, sieht Luther einen unmittelbaren Zusammenhang zwischen der Ursünde des Menschen und dem Unverständnis gegenüber der Rechtfertigung aus Glauben. Der in These 7 erwähnte Kampf meint kein Theologengezänk, sondern den leidenschaftlichen Widerspruch des selbstgerechten Sünders wider den Glaubenden, der sich auf Gottes Urteil verläßt. Der impius ist als solcher ein Heuchler, weil er sich selbst, der Welt und Gott etwas vormacht und nicht in der Wahrheit ist. Die eigentliche Auseinandersetzung um das Thema der Rechtfertigung ist darum nicht durch theologischen Disput zu schlichten, sondern allein durch Gottes eigenes Urteil, wobei hier sowohl an das Wort der Verheißung, der Zusage, des Evangeliums, der Absolution zu denken ist als auch an dessen definitive Bestätigung im Gericht, wenn die Anfechtung des Glaubens zum Schweigen gebracht wird.

Die in These 6 und 7 geschilderte Verblendung des impius in Sachen der Rechtfertigung würde man völlig mißverstehen, wenn man sich ihn als evidenten Bösewicht vorstellte. Zu dem Vorwurf der Hypokrisie berechtigt eben dies, daß hier ein in der Tat schöner Schein, ein nach menschlichem Ermessen rechtes, ehrenwertes Verhalten das Nein gegen Gottes Urteil enthält und das nicht einmal wahrhaben will. Deshalb insistiert Luther hier auf der Zweideutigkeit menschlicher ratio iustificandi (These 8). Es soll gar nicht bestritten werden, daß der Mensch von sich aus Großes und Edles zustandebringt. Aber das behält qualitativ den Charakter der Menschengerechtigkeit und erreicht durch quantitative Steigerung nie den Umschlag in die Gerechtigkeit, die vor Gott gilt. Diese Zweideutigkeit menschlicher Rechtschaffenheit wird durch Gottes Verhalten dazu noch verschärft (These 9). Was sich vor Gott als gottlose Heuchelei darstellt, wird durch Gott selbst dennoch gelohnt, da sich tatsächlich im menschlichen Leben das Rechttun nicht selten bezahlt macht und Menschengerechtigkeit Ehre einbringt. Dann aber liegt es nahe, den Vorwurf der Heuchelei gegen Gott selbst zu richten, weil er anscheinend anders tut, als er denkt.

Diese Entfaltung des gottlosen Unverständnisses gegenüber der Rechtfertigung aus Glauben konzentriert sich ausschließlich auf das Ärgernis an der biblischen ratio iustificandi coram Deo. Dabei wird allerdings der Punkt erreicht, wo das Ärgernis für den Ungläubigen in das Ärgernis für den Frommen umschlägt. These 9 bildet die Gelenkstelle zwischen beidem. Sie gibt dem Gegensatz zwischen Menschengerechtigkeit und Gottes Urteil die äußerste Zuspitzung. Insofern gehört sie mit zu der Darlegung, warum vom mysterium Gottes gilt: impiis impossibile intellectu. Sie führt aber zugleich dahin, wo sich für den pius die Anfechtung entzündet, so daß hier in charakteristischer Abwandlung gilt: etiam ipsis piis mirabile et difficile creditu. An dem Widerspruch zwischen Gottes vernichtendem Urteil über die Menschengerechtigkeit und seiner anerkennenden, ja geradezu belohnenden Verhaltensweise ihr gegenüber nimmt allein der pius Anstoß (These 10). Deshalb wird erst hier das Leitwort von These 5: mysterium Dei sanctos suos mirificantis, wieder aufgenommen. Bei der Darlegung des gottlosen Unverständnisses stand es wohl als Gegenstand des Widerspruchs im Hintergrund, konnte aus der Sicht des impius aber gar nicht so bezeichnet werden, weil es für ihn schlechterdings Unsinn ist. Aus der Sicht des pius dagegen erwächst hier ein ins Grübeln treibendes Problem. Solange es aber nur so sich auswirkt, ist es noch gar nicht als das mysterium Dei erfaßt. Luther variiert deshalb hier diesen Begriff in den Ausdruck mirum problema: das auch für den Frommen schier Unglaubliche, daß bei Gott ein solcher Widerspruch klafft zwischen dem, was er belohnt und wie er es einschätzt.

Diese für den Frommen anfechtungsvolle Problematik findet noch dazu aus der Schrift selbst ihre Bestätigung (These 11). Der Beleg, den Luther dafür aus Mi 7,3 anführt, hat allerdings seine Schwierigkeiten auch dann, wenn man sich an den Vulgata-Text hält. Dort ist innerhalb einer Klage über die Verkommenheit des Menschengeschlechts u a auch davon die Rede, daß man das Böse seiner Hände als gut ausgibt. Aufs Grundsätzliche applizierend formuliert Luther nicht nur um in malum manuum nostrarum, sondern radikalisiert auch den Maßstab von Gut und Böse, indem er die Wendung malum manuum aus dem unmittelbaren Kontext herauslöst. Nicht darauf, als was die Menschen das Böse ihrer Hände ausgeben, wird jetzt abgehoben, vielmehr darauf, was bei strengem Verständnis von Gottes Wort als malum manuum nostrarum zu gelten hat, was also Gott so beurteilt und nennt: nicht nur das moralisch Gesetzwidrige und der Vernunft ohnehin als verwerflich Einleuchtende, vielmehr gerade auch die Gesetzeswerke samt dem, was der Vernunft imponiert.

Dieser von der Erfahrung (These 10) und der Schrift (These 11) her geschürzte Problemknoten wird zunächst durch zwei Analogien der Auflösung nähergebracht: einen Vergleich aus der Politik (Thesen 12–14) und einen aus der Medizin (Thesen 15–17). Beide haben dieselbe Pointe: Das kleinere Übel sei um der Vermeidung des größeren willen zu erdulden.

Das Beispiel aus dem politischen Leben mag irritieren, nicht nur wegen der darin möglicherweise anklingenden tyrannischen Justiz, die einem mißliebigen Untertanen mit der Todesstrafe droht, sie aber aus Opportunitätsgründen nicht zur Ausführung bringt (These 12). Verwirren kann vor allem auch die Verschiebung zwischen den Ebenen des Vergleichs und seiner Anwendung. Geht es in der politischen Wirklichkeit, sofern man hier die Geltung des Rechts einmal voraussetzt, um einen tatsächlich kriminellen Fall, der aufs härteste bestraft zu werden verdient, jedoch nicht stur und verantwortungslos ohne Rücksicht auf die daraus entstehenden Folgen für das Gemeinwesen, so zielt die Anwendung gerade auf einen solchen impius, der nach politischem Maßstab der iustitia civilis gerecht wird, in dieser Hinsicht sogar Bewundernswertes leistet (These 13). Das Tertium comparationis ist also nicht dieselbe persönliche Qualität derer, über die zu urteilen ist, vielmehr gerade die Nötigung, von der Person abzusehen um eines übergeordneten Gesichtspunktes willen. Gewiß geht es in beiden Fällen um die Suspendierung der Exekution eines vernichtenden Urteils, das jedoch an grundverschiedenen Foren orientiert ist: dem politisch-moralischen und dem geistlich-theologischen.

Wie in dem einen Fall der Anblick des Verbrechers nicht davon abhalten darf, die Vollstreckung des Rechts notfalls um eines höheren Zieles willen zu unterlassen, so darf für die Schonung im andern Fall nicht etwa die Rücksicht auf das bürgerliche Ansehen des impius bestimmend sein. Und wie das eine Mal die Weisheit des Regierenden den Ausschlag dafür gibt, das Weiterleben eines bösen Untertanen in Kauf zu nehmen, um nicht durch dessen Hinrichtung den Fortbestand des Reiches zu gefährden, so ist erst recht im Verhalten Gottes gegenüber der iustitia civilis des impius eine beispiellose Toleranz und Weisheit das Entscheidende, also weder ein Rechtsanspruch dieses impius noch das rücksichtslose Wahrnehmen des Rechtsstandpunktes seitens Gottes. Wie jener Fürst, wenn er weiß, was er tut, nicht aus Gleichgültigkeit und Leidensscheu Toleranz übt, sondern in einem Erdulden der notwendig gewordenen partiellen Außerkraftsetzung des Rechts, so steht auch Gottes Welterhaltung im Zeichen dessen, daß er durch Duldung von Menschengerechtigkeit auf die gewaltsame Durchsetzung seiner Ehre verzichtet.

Auch das Beispiel aus dem medizinischen Bereich ist auf den Ton gestimmt, daß eine Krankheit oder ein Gebrechen zu erdulden ist, falls der Preis für deren Beseitigung der Verlust des Lebens wäre (These 15). Jedoch tritt eine Akzentverschiebung ein. Im ersten Beispiel trat bei der Anwendung an die Stelle des malus servus die persona impii qui iustitiam operatur, und es war sogar von der pulchritudo talis operis die Rede. Im zweiten Beispiel zieht Luther dagegen die Linie von der körperlichen Krankheit in die Gebrechlichkeit auch der iustitia legis hinein aus (These 16). Freilich wird ebenfalls hier der Gesetzesgerechtigkeit insofern respektvolle Anerkennung zuteil, als zugestanden wird, daß die lex, an der sie sich ausrichtet, ausgezeichnet sein mag. Jedoch bleibt man weit dahinter zurück und vergißt das Gesetz völlig schon aus geringfügigstem Beweggrund. Während also im ersten Beispiel nur der Gegensatz zwischen der Menschengerechtigkeit und ihrer göttlichen Einschätzung als iniquitas und malitia (These 10) im Blick war, wird nun zusätzlich auf die eigene Schwäche und innere Widersprüchlichkeit der iustitia legis selbst hingewiesen. Dadurch kommt aber ein Gesichtspunkt der Ausgangsproblematik deutlicher heraus. In der politischen Analogie blieb es bei einer sozusagen negativen Toleranz, dem Unterlassen der Strafe. In der medizinischen Analogie wird durch die Kennzeichnung der iustitia legis als morbosa und imbecillis fraglich, ob denn dadurch, daß man sie gewähren läßt, die Erhaltung des Lebens gewährleistet sei. Es gibt jedoch keine andere iustitia im Bereich der Menschengerechtigkeit. Deshalb muß Gott ihr durch Belohnung mit weltlichen Gütern beistehen, da sie ohne solchen Anreiz vollends zu versagen droht.

Die restlichen drei Thesen dieses ersten Hauptteils (Thesen 18–20) scheinen bloß bereits ausgesprochene Gedanken zu wiederholen und könnten darum in kompositorischer Hinsicht eher als Störung empfunden werden. Was schon in These 9 und 10 und nun unmittelbar vorher in These 17 angeklungen ist, wird in These 18 noch einmal etwas breiter ausgesagt. These 19 greift sodann inhaltlich wieder auf These 12 und damit auf das erste Beispiel zurück. These 20 schließlich knüpft durch den Hinweis auf den erforderlichen Blickpunkt an These 13 an und rundet zugleich die Übertragung der Bildhälfte (These 12) dadurch ab, daß nun auch in der theologischen Applikation vom Reich die Rede ist.

Indessen scheinen mir diese Rückbezüge auf das bereits Dargelegte durchaus kein Anzeichen von Nachlässigkeit zu sein. Wenn die Beobachtung zutrifft, daß in den Thesen 6–9 erläutert wird, inwiefern das mysterium Dei den impii zu verstehen unmöglich (These 5), und in den Thesen 10–17, inwiefern eben dieses mysterium Dei sogar den pii wundersam und schwer zu glauben sei (These 5), dann hebt sich davon deutlich ab, daß nun Gottes eigene Sicht ausgesagt wird (vgl besonders, wie These 18 und 20 jeweils einsetzen). Es liegt in der Art der Thematik, daß dadurch die bisherigen Darlegungen zu einem Abschluß gelangen. Dies gilt hauptsächlich für das in These 9 und 10 formulierte Problem, das, wie sich zeigte, innerhalb dieses ganzen Teils eine Schlüsselstellung einnimmt. Darauf wird nun in den Thesen 18–20 aus der Perspektive Gottes geantwortet.

Auch an der Art, wie auf die beiden vorher eingeführten Analogien erneut Bezug genommen wird, läßt sich die Besonderheit dieses Abschnittes erkennen. Von dem Urteil Gottes, das allein imstande ist, dem Kampf der Heuchler wider die Glaubenden in Sachen der Rechtfertigung ein Ende zu setzen, war in These 7 vorgreifend die Rede. Es ist zu beachten, daß dann in dem Abschnitt, der die Unbegreiflichkeit jenes mysterium Dei auch für die pii zum Gegenstand hat und an jenen zwei Beispielen erläutert, was so wundersam und schwer zu glauben ist, nicht Gott selbst als Subjekt eingeführt wird. These 13f sagt innerhalb der ersten Analogie etwas darüber aus, woran der Blick des Glaubenden sich halten muß: an die tolerantia und sapientia Gottes. Und These 17 bringt innerhalb der zweiten Analogie nur passivisch Gottes tolerare und fovere zum Ausdruck, ohne Gott selbst dabei ausdrücklich zu erwähnen. Erst danach wird die Zusammenfassung des Ganzen als Gottes Urteil formuliert.

Dabei werden im Rückblick die zwei Vergleiche ihrem Ertrag nach ineinander verwoben und auf den folgenden zweiten Hauptteil hin ausgerichtet. These 18 schließt unmittelbar an den in These 17 erreichten Gesichtspunkt einer positiven, unverdient schenkenden Toleranz an, der in These 9f den Problemknoten bildete. Dabei vollzieht sich zugleich die Rückwendung zu der ersten Analogie, die auf den impius in Gestalt des nach menschlichem Urteil Gerechten abzielte (These 18; vgl These 13). Nun aber wendet sich von hier die vorher nur negativ, im Sinne der Amnestie bestimmte Toleranz ins Positive: Auch der böse und ungesetzliche Bürger soll zuweilen, wenn die Obrigkeit weise verfährt, im Genuß des Bürgerrechts bleiben, also an dem Segen der pax publica teilhaben, sofern dies im wohlverstandenen Interesse der pax publica liegt. Mit diesem bonum pacis publicae[21], das als der Inbegriff der dona optima huius vitae (These 9), der summa huius mundi bona (These 17) gelten darf, ist nun aber durchaus nicht die Zielperspektive angegeben, die Gott dabei im Auge hat. Für die Obrigkeit ist dies allerdings das höchste Ziel. Sie muß um der pax publica willen der Gefährdung des Gemeinwesens entgegentreten, selbst wenn dies gegebenenfalls nur so möglich ist, daß sie durch die Finger

---

[21] Zu diesem Thema vgl die Ausführungen über: Pax huius vitae im theologischen Urteil: LuSt II 2, 384–391.

sieht. Das ist die Regierungsweisheit der Epieikie (aequitas, Billigkeit), auf die Luther stets größtes Gewicht gelegt hat. Wenn er hier an diese Ausrichtung auf die pax publica als höchstes irdisches Gut erinnert, so hat er aber zweifellos zugleich vor Augen, daß solche Frucht der iustitia legis ebenso wie diese selbst (vgl These 16) etwas höchst Fragiles und immer schon vielfältig Angeschlagenes ist, wie dies unter der Herrschaft der Ursünde (vgl These 6) nicht anders sein kann. Deshalb deckt sich Gottes Ziel bei der Verleihung solcher irdischen Gaben, wie es zuhöchst die pax publica ist, nicht mit dieser selbst. Er ist auf anderes ausgerichtet, als worauf bestenfalls die weltliche Obrigkeit ihr Augenmerk richtet. Sie wäre ihrer Aufgabe nicht nur dann untreu, wenn sie hinter der Sorge für die pax publica zurückbliebe und diese leichtfertig aufs Spiel setzte, sondern auch dann, wenn sie über die Gebrechlichkeit und Unvollkommenheit irdischen Friedens hinaus einem utopischen Reich der Vollkommenheit nachjagte. Gott dagegen ist auf die gloria futuri regni ausgerichtet, von dem, wie mit Jes 52,1 gesagt wird, die Sünde schlechterdings ausgeschlossen ist.

Es mag verwundern, daß sich im Gesichtspunkt der pax publica nicht beides trifft: dasjenige, was vergleichsweise zur Erläuterung angeführt worden ist, und dasjenige, worauf der Vergleich abzielt. Das zu beantwortende Problem ist doch letztlich dies, warum Gott die Welt trotz der Sünde erhält und warum er die menschliche Gerechtigkeit, obwohl sie vor Gott nicht zu rechtfertigen vermag, dennoch in irdischer Hinsicht belohnt. Angesichts dieses Problems sind die angeführten Analogien letztlich gar nicht Vergleiche, sondern selber Bestandteile des Problemsachverhalts: daß Gott trotz des Bösen, durch welches das menschliche Leben sich selbst zu zerstören droht, seine guten, das Leben erhaltenden Gaben gewährt. Dazu gehören vor allem die bürgerliche Gerechtigkeit und die durch die Obrigkeit zu wahrende pax publica. Sollten nicht diese irdischen Güter selbst das Worumwillen göttlicher Welterhaltung sein? Gott also nichts anderes als ein weiser und gütiger Weltregent, der viele Mängel in Kauf nimmt und auf die rigorose Durchsetzung von Vollkommenheitsvorstellungen verzichtet, um die gefährdete pax publica und das gebrechliche irdische Leben so lange wie möglich einigermaßen zu erhalten? In der Tat bekennt der Glaube: „Gott sitzt im Regimente und führt alles wohl." Das wäre aber, auf sich selbst gestellt, eine haltlose, sinnlose Aussage. Worauf Gott mit der Welterhaltung aus ist, erschöpft sich nicht in der barmherzigen Fürsorge für den Fortbestand des – an Gott gemessen: höchst unrühmlichen – Reiches der Welt. Er hat sein Auge auf die Herrlichkeit des künftigen Reiches gerichtet. Die Toleranz Gottes, wie sie zur Erhaltung dieser Welt erforderlich ist, schöpft ihre Kraft aus einem völlig anderen Ziel als dem unmittelbaren Effekt solcher Welterhaltung. Die Toleranz Gottes beruht auch nicht auf der Erwartung einer Evolution dieser Welt zur gloria ihrer selbsterstellten Zukunft. Die göttliche Welterhaltung geschieht nicht um einer sukzessiven Weltverbesserung willen. Denn aus dem Reich der Sünde entwickelt sich nicht dasjenige Reich, in dem keine Sünde ihr Unwesen treibt. Wenn Gott trotzdem die Welt nicht um der Sünde willen zerstört, sondern sie im Zustande menschlicher Sündhaftigkeit erhält, so deshalb, weil er sein Reich auf einem anderen Wege als dem seines welterhaltenden

Regiments errichtet. Eben deshalb erhält er diese Welt, um zu ihr sein Reich kommen zu lassen, das nicht von dieser Welt ist. Eben deshalb will Gott die pax publica, damit sein Friede, der alles Begreifen übersteigt, verkündet und verbreitet werden kann. Eben deshalb erträgt Gott die menschliche Scheingerechtigkeit (die von sich aus stets mehr zu sein beansprucht als bloße iustitia civilis), weil die göttliche Rechtfertigung des Sünders schon im Gange ist, die allen Schein entlarvt und sogar der iustitia civilis zu ihrer Wahrheit verhilft.

Die Anlage der Thesenreihe zeigt also in tiefgründiger Weise, daß das Thema der göttlichen Welterhaltung keine theologische Sonderrolle neben der Rechtfertigungslehre spielt. Es erhält seine Schärfe nicht durch die übliche Gestalt der Theodizeefrage, wie sich das Böse in der Welt mit Gottes Weltregiment reime; auch nicht durch ein nur partielles Sündenverständnis, wonach allein dies zum Problem wird, daß es vielfach den Schlechten gut und den Guten schlecht ergeht. Das Weltregiment Gottes wird vielmehr dann auf äußerste Weise zum Problem, wenn es im Licht der Rechtfertigungsfrage bedacht wird, also nicht, wie Gott vor dem Menschen, sondern wie der Mensch vor Gott gerechtfertigt wird. Jedoch auch dies nicht etwa nur kraft eines gewaltsamen Rollentauschs, indem die menschlichen Fragen an Gott unterdrückt und verdrängt werden, sondern so, daß die tiefe Andersartigkeit der ratio iustificandi coram hominibus und coram Deo mit eingebracht wird. Damit sind radikal verschiedene Maßstäbe gesetzt. Das Urteil nach Leistung und Verdienst, das für die ratio iustificandi coram hominibus maßgebend ist, steht gegen dasjenige Urteil, das allein nach dem Glauben fragt, der sich bedingungslos Gott anvertraut, ohne dabei das eigene Vermögen oder Versagen in die Waagschale zu werfen. Unter diesem Aspekt, der den Unglauben zur Ursünde werden läßt, verschwinden die moralischen Unterschiede zwischen den Menschen durchaus nicht, kommen aber für die ratio iustificandi coram Deo nicht in Betracht. Sie haben eine relative Bedeutung im Rahmen göttlicher Welterhaltung, aber auch hier nur dank göttlicher Toleranz gegenüber der stets in hypocrisis sich verkehrenden Menschengerechtigkeit und nur im Zeichen einer die Welt transzendierenden Hoffnung auf das Reich Gottes. Es ist somit folgerichtig, daß die theologische Behandlung der Frage der Welterhaltung unter dem Gesichtspunkt erörtert wird, wie sich Gott gegenüber der ratio iustificandi hominis coram hominibus verhält, wobei vorausgesetzt ist, daß die Natur des Menschen ursündlich verdorben (These 6) und sie deshalb den Unterschied zwischen Menschengerechtigkeit und Gerechtigkeit vor Gott nicht wahrhaben will. Und es ist gleichfalls folgerichtig, daß dem ersten Hauptteil der Thesenreihe, der vom Geheimnis göttlicher Toleranz gegenüber der Menschengerechtigkeit handelte, nun im zweiten Hauptteil eine Darlegung der ratio iustificandi hominis coram Deo folgt.

Zu C Das Geheimnis göttlicher Toleranz auch gegenüber den aus Glauben Gerechtfertigten (Thesen 21–35)

Völlig unerwartet ist jedoch die Art, wie Luther den Übergang vollzieht. Statt der Antithetik, auf die man von der Einleitung her (Thesen 1–5) gefaßt ist, oder statt der finalen Beziehung, die gemäß dem Ende des ersten Hauptteils (These 20) zu erwarten wäre, wird zum Leitgesichtspunkt eine Übereinstimmung erhoben: Auch hier sei Gottes Handeln durch gütige Toleranz bestimmt. Bei oberflächlichem Verständnis ließe sich das so auffassen: Hier werde beim Übergang von der Erhaltungs- zur Vergebungsgnade nur eine höhere Stufe der Nachsicht erreicht. Während zuerst bloß davon die Rede gewesen sei, daß Gott den Sünder straflos sein läßt, erlasse er ihm nun auch die Schuld und mache ihn zu einem wirklich Gerechten. Das durchgehend Gemeinsame könnte man dann, obschon es ans Blasphemische streift, als großzügige Lässigkeit Gottes bezeichnen, der es mit der Sünde schließlich doch nicht so ernst nimmt, wie es erst scheint. Doch sträubt sich dagegen der Begriff der Toleranz. Er paßt zu einem Erdulden der Sünde, aber nicht zu ihrer Vergebung und Überwindung. Es wäre gewaltsam, wollte man das Versöhnungswerk Gottes, das in der Rechtfertigung aus Glauben dem Sünder zuteil wird, dem Begriff der Toleranz subsumieren. Soll doch nun im Unterschied zu den impii von den pii die Rede sein, von der ecclesia und den sancti. Könnte man allenfalls noch hinnehmen, daß tolerantia und bonitas als Beweggrund dafür angegeben werden, daß Gott die impii zu sancti macht, so erscheint es rätselhaft, daß der Umgang Gottes mit der Kirche und seinen Heiligen – und auf Gottes agere cum ecclesia et sanctis suis legt These 21 den Ton – ebenfalls noch unter den Begriff der tolerantia fallen sollte, und zwar einer tolerantia, die derjenigen gar nicht so unähnlich ist, die Gott den Sündern gegenüber übt. Wo bleibt da der Unterschied zwischen dem Sünder und dem Gerechten? Das mysterium Dei sanctos suos mirificantis (These 5) gestaltet sich auch hier gerade für den Frommen zu einem unbegreiflichen mirum problema (These 10), während doch zu erwarten wäre, daß sich für ihn nun alle anfechtungsvollen Rätsel auflösen.

Verschafft man sich zunächst einen Überblick, wo im Gedankengang des zweiten Hauptteils Zäsuren zu erkennen sind, so hebt sich zum einen These 32 durch die Einführungsformel: Recte igitur dicitur, deutlich als eine Schlußfolgerung heraus. Da als dasjenige, dessen Richtigkeit bestätigt wird, nichts anderes angeführt wird als der Wortlaut von Röm 3,28, wird hier also auf den Ausgangspunkt der Thesenreihe (These 1f) zurückgeblickt. Was dann in den drei letzten Thesen noch folgt, erweist sich schon durch den relativen Anschluß an These 32 als eine äußerst geraffte inhaltliche Zusammenfassung dessen, was iustificari im Sinne von Röm 3,28 in sich schließt (vgl den Anfang von These 33). Obwohl dies nur den Ertrag des zweiten Hauptteils summiert, bildet doch dieser Abschnitt durch den betonten Rückbezug auf These 1f zugleich den Abschluß des Ganzen.

Sucht man sodann in dem davorliegenden Komplex (Thesen 21–31) nach einer weiteren Zäsur, so läßt sich vom Vokabelbestand her ein Wechsel beobachten. Sieht man von der einleitenden These 21 ab, so dominiert in den Thesen 22–26 der Begriff des iustus und der iustitia. In jeder dieser Thesen tritt eine der beiden Vokabeln (oder beide miteinander) auf, und zwar stets von dem Menschen ausgesagt, dem im Sinne von Röm 3,28 Rechtfertigung zuteil wird. Nur gegen Ende, in These 26, tritt daneben auch die Rede von der iustitia Christi. Diese Wendung, die dann sogleich noch einmal in These 27 aufgenommen wird, bildet die Brücke zu einem neuen Abschnitt, der sich wiederum schon rein durch den Vokabelbestand vom Vorausgehenden abhebt. Nun sind nicht mehr iustus und iustitia die bestimmenden Begriffe, sondern fides und opera, die je allein oder miteinander in jeder These des Abschnitts 27–31 begegnen.

Der erste dieser so sich herausbildenden drei Abschnitte des zweiten Hauptteils der Thesen (21–26, 27–31, 32–35) hat die Aufgabe, den Gesichtspunkt der Toleranz Gottes, der trotz des scharfen Gegensatzes jener zwei rationes iustificandi beide Hauptteile verklammert, auch in Hinsicht auf die Rechtfertigung vor Gott zu erläutern und zu begründen. Dabei tauchen die Worte tolerantia und tolerare bezeichnenderweise nur am Anfang als Bindeglieder zum ersten Hauptteil hin auf (These 21f). So sehr gerade auf dieser Verbindung im Ganzen der Thesenreihe der entscheidende Akzent liegt, gehören doch die Vokabeln tolerantia und tolerare nicht zur üblichen Terminologie der Rechtfertigungslehre. Nun, wo es um die Entfaltung der ratio iustificandi hominis coram Deo nach Röm 3,28 geht, muß jedoch der Sachverhalt aufgedeckt werden, der zu dieser befremdenden Einführung des Toleranzgedankens in die Rechtfertigungslehre befugt. Daraus ergibt sich ein doppelter Begründungsgang. Der eine legt dar, warum es in bezug auf den von Gott Gerechtfertigten überhaupt noch einer Toleranz Gottes bedarf (Thesen 22–24). Der andere gibt an, worauf diese Toleranz Gottes gründet (Thesen 25–26).

Die Berechtigung, auch in bezug auf die sancti von Gottes Toleranz zu reden und sie dadurch in gewisser Weise den impii gleichzustellen, erwächst nicht aus einem Nebenaspekt von Luthers Rechtfertigungsverständnis, sondern aus dessen Zentrum. Maßgebend dafür ist, daß das Sein der sancti nicht wie das der impii den Charakter einer zuständlichen Natur besitzt (vgl These 6). Freilich will der Begriff der Natur in der Verbindung natura corrupta durchaus geschichtlich verstanden[22] sein im Blick darauf, was aus der ursündlichen Natur des Menschen hervorgeht: jene zwielichtige Verbindung von Aufruhr gegen Gott (vgl These 7) und eindrücklichen, wenn auch fragwürdigen Leistungen (vgl die Thesen 8, 13 und 16). In solchen Andeutungen einer scheinbar abstrakten theologischen Sprache verbirgt sich die ganze widersprüchliche Wirklichkeit der Menschheitsgeschichte, oder richtiger gesagt: tritt sie für den in Erscheinung, der theologische Aussagen erfahrungsbezogen zu hören vermag[23]. Während nun aber aus der sich gleichbleibenden ursündlichen Natur des Menschen das grundsätzlich sich gleichbleibende Gewoge der Geschichte hervorgeht, hat das, was durch die Rechtfertigung des Menschen vor Gott in Gang gesetzt ist, durchaus nicht den Charakter einer entsprechenden – wenn auch übernatürlich qualifizierten – menschlichen Zuständlichkeit, aus der im Gegensatz zur unheiligen Weltgeschichte sozusagen eine heilige Kirchengeschichte erwächst. Der natura vitio originalis peccati corrupta (These 6) entspricht nicht als Effekt der iustificatio coram Deo eine natura supernaturali gratia sanata. Es

---

[22] Vgl LuSt II 1,81–84 im Hinblick auf ARISTOTELES: Der Physisbegriff als Interpretament von Geschichte.
[23] Zu der Art, wie auch in den Thesen De homine die geschichtliche Dimension anklingt, s LuSt II 2,194–202, 203–210, 284–290.

bleibt hier bei einem anhaltenden Handeln Gottes mit dem Menschen. Und allein in Hinsicht auf diese Relationalität läßt sich aussagen, was es um die Rechtfertigung ist.

Luther bestimmt diesen Sachverhalt in den Thesen 22–24 unter drei Aspekten: der Art des Handelns Gottes (These 22), dem Geschehnischarakter der Rechtfertigung (These 23) und der Seinsweise des Gerechtfertigten (These 24). Jede dieser Beschreibungen ist polar bestimmt, um das zum Ausdruck zu bringen, was im Gange ist, solange wir leben, und was sowohl unser Begreifen als auch unsere Zeitlichkeit übersteigt.

Unter dem Gesichtspunkt seines rechtfertigenden Handelns kommt Gott der Versöhner als Schöpfer und Vollender in Betracht (These 22). Er ruft die neue Kreatur ins Leben, jedoch so, daß nur ein erster Anfang davon ins Dasein tritt. Die noch ausstehende Vollendung ist jedoch kein Prozeß kreatürlicher Selbstverwirklichung, sondern göttliches Verheißungsdekret, bei dem die Zeitdifferenz zwischen Zusage und Ausführung nur aus irdischer Perspektive zu Gesicht kommt, während sie sachlich irrelevant ist, weil Gottes Wort wirkt, was es sagt (Ps 32,4–9; 148,5; Jes 55,10f). Eben diese Zeitdifferenz zwischen Anfang und Vollendung der neuen Kreatur ist die Zeit des göttlichen Erduldens. Wie Gott den Widerspruch des impius aushält, so darf man von ihm erst recht erwarten, daß er den Zuspruch seiner Verheißung durchhält.

Der Geschehnischarakter der Rechtfertigung (These 23) ist, dem Leben entsprechend, kein momentaner Akt, sondern andauernde Bewegung mit der ihr eigenen Dialektik von „noch nicht" und „doch schon". Dieses Rechtfertigungsverständnis entspricht Luthers Taufverständnis, wie er es seit 1519 in Ausrichtung auf das Lebensganze dargelegt hat[24], und ist durch Luther immer wieder unter Indienstnahme von Elementen aristotelischer Ontologie der Bewegung erläutert worden[25]. Daß dieser motus seu cursus ad iustitiam, in dem sich der homo iustificandus befindet, nicht als eine von ihm selbst zum Ziel zu bringende Entwicklung zu verstehen ist, wird nicht nur durch die vorangegangene Aussage verwehrt, welche diese Bewegung durch Gottes Schöpfungsakt und Verheißungsdekret bestimmt sein läßt. Jenes drohende Mißverständnis wird vor allem durch den dritten Interpretationsaspekt verhindert.

Hier werden nun anscheinend die Unterscheidung zwischen Anfang und Ziel sowie der Gesichtspunkt der Bewegung aufgehoben und durch die paradoxe

---

[24] WA 2,728,10–29 = BoA 1,186,19–39 (Sermon v d Taufe, 1519). WA 6,534,3–535,26 = BoA 1, 468,4–469,41 (De capt bab, 1520).

[25] Vgl zB WA 7,337,30–35 (Grund u Ursach, 1521): Das alszo ditz leben nit ist ein frumkeit, szondernn ein frumb werden, nit ein gesuntheit, szondernn eyn gesunt werden, nit eyn weszen, sunderen ein werden, nit ein ruge, szondern eyn ubunge, wyr seyns noch nit, wyr werdens aber. Es ist noch nit gethan unnd geschehenn, es ist aber ym gang unnd schwanck. Es ist nit das end, es ist aber der weg, es gluwet und glintzt noch nit alles, es fegt sich aber allesz. WA 40 II 532,14f (Prael Ps 45): Iam sumus in fieri sancti non in facto esse. WA 39 I 204,10–13 (6.Thesenreihe über Röm 3,28): Igitur, si humanis verbis liceat dicere, Non actu perfecto, sed potentia propinqua iusti sumus. Formatur enim Christus in nobis continue, et nos formamur ad imaginem ipsius, dum hic vivimus. 252,10–13 (Disp Nachschr): Est in agendo, in fieri, non in actu aut facto, nec in esse. Es ist noch jhm bau. Vgl LuSt II 2,404f.

Gleichzeitigkeit des peccator und des iustus in einer und derselben Person ersetzt (These 24). Wie sich jenes Nacheinander und dieses Zugleich in Luthers Rechtfertigungsverständnis zueinander fügen, stellt für eine umfassende Interpretation, die hier nicht beabsichtigt sein kann, den Hauptknoten dar. Die Meinung, Luther widerspräche sich selbst, wenn er sich das eine Mal so, das andere Mal anders äußert, hält allein schon der hier vorliegenden strengen Kompositionsweise nicht stand. Im übrigen geht man mit der Annahme nicht fehl, daß der hier an letzter Stelle stehende Aspekt im Sinne Luthers geradezu das hermeneutische Kriterium des rechten Verständnisses der ersten beiden Aspekte darstellt. Dabei ist das bleibende Sündersein des Gerechtfertigten nur die andere Seite des bleibenden Angewiesenseins auf das Erbarmen Gottes, dessen Zugesprochensein die Gewähr bietet, vor Gott als plene et perfecte iustus geachtet zu sein. Erst diese Zuspitzung zu dem streng reputativen Rechtfertigungsverständnis, das den Gesichtspunkt des initium creaturae novae und des motus seu cursus ad iustitiam nicht ausschließt, gibt Luthers Auffassung die äußerste Präzision.

Sind das Recht und die Notwendigkeit, den Toleranzbegriff in das Rechtfertigungsverständnis einzubeziehen, durch das bleibende Sündersein des Gerechtfertigten bedingt, so ist der Ermöglichungsgrund dieses reputativen Rechtfertigungsverständnisses mit seiner streng christologischen Ausrichtung gegeben (These 25f). Wie zuweilen auch sonst, wird der neue Gedankenschritt bei dem Übergang von These 24 zu These 25 durch eine besonders enge Verbindung mittels Wiederaufnahme derselben Worte markiert. Das ignoscere und misereri Gottes, das den Grund reputativer Rechtfertigung und damit den Grund der in ihr beschlossenen Toleranz Gottes bildet, wird nun ausdrücklich auf Christus zurückgeführt.

Der außerordentlichen Dichte der These 25 könnte man nur dann einigermaßen gerecht werden, wenn man den biblischen und theologiegeschichtlichen Hintergrund dieser Formulierungen samt sonstigen Äußerungen Luthers dazu mit heranzöge. Der Satzstruktur nach wird die Hauptaussage: daß Gott verzeiht und sich unser erbarmt, durch einen Ablativus absolutus unterbaut, der die Bedeutung Christi für unser initium iustitiae unterstreicht und ihm zwei Tätigkeiten zuschreibt, die wiederum den beiden ihm beigelegten Titeln entsprechen: das intercedere dem advocatus, das sanctificare dem sacerdos. Auffallend ist, daß in dieser und der darauf folgenden These 26, die dasselbe noch einmal in negativer Wendung umschreibt (non sinit nostram inceptam iustitiam damnari), der Bezugspunkt von Christi Eintreten für uns nicht, wie zu erwarten wäre, unsere Verlorenheit in der Sünde ist, sondern unser Anfang in der Gerechtigkeit. Daran wird erkennbar, daß es hier Luther nicht auf eine vollständige christologische Interpretation der Rechtfertigung ankommt. Darüber, wie uns durch Christus das initium iustitiae zuteil wird, äußert er sich hier nicht direkt, sondern nur darüber, wie wir trotz dieses initium iustitiae dank Christus vor Gott bestehen. Der Blick ist also auch hier deutlich auf den Sachverhalt gerichtet, der zur Einführung des Toleranzbegriffs in die Rechtfertigungsthematik Anlaß gibt. Dennoch ist es offensichtlich nicht so, daß ein Werk Christi die Rechtfertigung initiiert und ein anderes die Heiligung verursacht. Wie sich schon dieser Effekt des Werkes Christi nicht aufspalten läßt in Rechtfertigung und

Heiligung – eben die in den Thesen 22–24 unter verschiedenen Polaritäten als Bewegung beschriebene Rechtfertigung ist Heiligung, und die in These 25 ausdrücklich erwähnte Heiligung ist nichts anderes als das fortgesetzte Rechfertigungsgeschehen[26] –, so verweist auch das hier auf die göttliche Toleranz hin ausgerichtete Wirken Christi als priesterlicher Anwalt auf nichts anderes als auf das, was sich zutiefst im Sühnetod am Kreuz ereignet hat und so das ganze Leben Christi in sich schließt. Auf diesen Christus ist und bleibt der Glaubende angewiesen, nicht etwa nur trotz seines initium iustitiae, sondern sogar um dessentwillen. Denn als solches ist es völlig außerstande, den Gerechtfertigten, der ja immer noch Sünder ist, vor Gott zu decken.

Das wird in These 26 mit geradezu erschreckender Schärfe bestätigt. Könnte man das fürbittende Eintreten und Heiligen schließlich als einen bloß zusätzlichen, die noch bestehende Lücke deckenden Beistand deuten, sozusagen als Ausstattung für höchste Ansprüche, so wird nun schonungslos die incepta iustitia als verdammungswürdig bezeichnet, da doch Gott uneingeschränkt den Menschen ganz fordert. Angesichts dessen kommt Christus anscheinend eine widersprüchliche Rolle zu. Seine iustitia, die ohne Fehl ist, stellt unsere höchst mangelhafte und fehlbare incepta iustitia in den Schatten und unterstützt dadurch, wie man meinen könnte, das Verwerfungsurteil. Aber diese seine makellose Gerechtigkeit ist ja als solche gerade die sich dem Sünder liebevoll zuwendende Hingabe. Deshalb ist der Schatten, der von ihm her auf uns fällt, in Wahrheit der schützende Schatten gegenüber der Glut des Zornes Gottes, von der auch das initium iustitiae versengt und verzehrt würde.

Die Jes 4,5f entnommene Metapher des umbraculum ab aestu droht allerdings der christologischen Begründung der Toleranz Gottes eine Wendung zu geben, die den Gedanken der göttlichen Toleranz zerstört. Hier tritt unverhüllt die Intoleranz Gottes auf – doppelt anstößig, weil dadurch die Rede von seiner Toleranz nun doch widerrufen scheint und weil nun das widersprüchliche Bild eines Gottes entsteht, der sich durch ein priesterliches Opfer, gar ein Menschenopfer, besänftigen läßt. An all dem ist allerdings dies richtig, daß die Wahnvorstellung von der Selbstverständlichkeit göttlicher Toleranz entschwindet. Das ist ohnehin ein depraviertes Verständnis von Toleranz, wenn sie zu einem leichtfertigen, schmerzlosen Dulden dessen wird, was gleichgültig geworden ist. Der dem Worte tolerare ursprünglich zugehörige Sinn des Ertragens und Erduldens von Widerwärtigkeiten darf in der Verbindung tolerantia Dei auf keinen Fall unterschlagen werden, als bedeute das Hinnehmen des Widergöttlichen durch Gott kein Leiden Gottes. Auch wenn ausdrücklich erklärt wird, Gott achte sogar das darüber hinausgehende Vergelten des Bösen mit Gutem gering (These 18), als mache ihm dieser Widerspruch gar nichts aus, so ist das Maß solcher Einschätzung doch nicht eine Großzügigkeit der Indifferenz, vielmehr die magnitudo suae bonitatis, einer unbegreiflich starken, leidens-

---

[26] Vgl dazu meinen Aufsatz: Luthers Ortsbestimmung der Lehre vom heiligen Geist, in: Wort und Glaube 3 (Tübingen 1975) 316–348, bes 335f.

fähigen Liebe. Darin klingt wieder das mysterium Dei sanctos suos mirificantis (These 5) an. Es ist kein anderes als das mysterium crucis, so daß die Toleranz Gottes den impii wie den pii gegenüber gleichermaßen auf das verweist, was in Jesus Christus geschehen ist. Dann aber ist ein Verständnis des Leidens und des Sühnetodes Christi ausgeschlossen, bei dem nicht Gott selbst der Leidende ist und die Glut seines Zornes sich nicht zur Glut seiner Liebe wandelt.

Die Erklärung dafür, warum die Thesenreihe mit dieser christologischen Erhellung der Toleranz Gottes noch nicht endet, liegt in der Notwendigkeit, zu dem Text zurückzukehren, von dem ausgegangen wurde. Aus Röm 3,28 war bisher in den Ausführungen über den Zusammenhang zwischen Rechtfertigung und Toleranz Gottes (Thesen 21–26) nur das Hauptstichwort iustificari erläutert worden. Nun bedarf noch die für die Gesamtthematik fundamentale Antithese in Röm 3,28 von opera und fides (vgl die Thesen 2–4) der Berücksichtigung (Thesen 27–31). So verlangt es nicht etwa ein bloßes Formgesetz der Vollständigkeit und Abrundung, damit das Ende zum Anfang zurückkehre und sich der Ring schließe. Die Sache selbst erfordert hier noch eine Klarstellung, und zwar in zweierlei Hinsicht. Zum einen muß das, was über die angefangene Gerechtigkeit gesagt worden ist, noch so präzisiert werden, daß nicht doch etwa durch den Gesichtspunkt der opera eine Konkurrenz zur iustitia entsteht. Dem in nobis (These 22) muß, ohne daß es aufgehoben würde, das extra nos (These 27) entschieden vor- und übergeordnet werden. Zum andern ist diese Vor- und Überordnung des extra nos im Hinblick auf die Antithese von fides und opera dadurch zu sichern, daß die fides als iustificans mit der particula exclusiva versehen wird (These 29). Beide Spitzenformulierungen reformatorischer Rechtfertigungslehre: extra nos und sola fide, sind Ausdruck der christologischen Zentrierung des Rechtfertigungsverständnisses. Deshalb schließen die nun folgenden Thesen an die christologischen Zentralaussagen in These 25f an, indem auf verschiedene Weise von Christus her das Verhältnis von fides und opera klargestellt wird (Thesen 27–31, von denen vier ausdrücklich von Christus reden).

Luther geht aber nicht so vor, daß er den Aufbau dieses Abschnitts unmittelbar erkennbar auf die beiden Formeln extra nos (These 27) und sola fide (These 29) hin entwirft. Diese Ausrichtung ist vielmehr in zwei parallele Argumentationen eingebettet. Die eine (These 27f) ist sachlogisch orientiert: Christus ist nicht durch Werke, sondern nur durch Glauben zu ergreifen. Die andere (Thesen 29–31) ist sprachlogisch orientiert: Christus kann nicht Objekt des Verbums facere, sondern nur Objekt des Verbums credere sein. In beiden Fällen setzt Luther mit einem Argument ab absurdo ein, dem jeweils, mit sed eingeleitet, eine affirmative Aussage folgt.

Im ersten Fall (These 27) ist zwar nicht ohne weiteres ersichtlich, inwiefern die Externität Christi bzw seiner iustitia das Ergreifen durch Werke ausschließt. Verbindet man doch mit tätigem Ergreifen gerade die Vorstellung von einem Ergreifen externer Gegenstände. Luther meint aber nicht eine räumliche Externität im Bereich unserer Verfügbarkeit. Gewiß kann auch der Gesichtspunkt räumlicher oder zeitlicher Distanz mit im Blick sein, sofern dadurch das von uns unabhängige

Gegebensein unterstrichen wird. Luther denkt hier aber nicht an physikalische Relationen, sondern an die personalen Bezüge von Rezeption und Produktion. Dementsprechend fallen die opera unter den Gesichtspunkt des Aus-sich-selbst-Hervorbringens, demzufolge das von mir Hervorgebrachte grundsätzlich zu mir gehört, mein eigen ist. Ein Werk, das ich vollbringe, ist mein Werk samt allem, was daran haftet wie zB Verdienst und Schuld. Dem entspricht folgende Definition innerhalb der zu den Thesen gehörenden Disputationsnachschrift: Extra nos esse est ex nostris viribus non esse[27]. Und ebenfalls wird verständlich, daß dem extra nos in diesem Sinne das Uns-fremd-Sein gleichbedeutend ist. So gesehen, ist es widersinnig, etwas, was wesenhaft nicht von uns hervorgebracht ist, nicht aus unseren Kräften stammt, so behandeln zu wollen, als könnten wir es als eigenes Produkt hervorbringen. Vergleichsweise wäre zu sagen, man könne sich zwar beliebt machen, aber nicht das Geliebtsein herstellen. Die Externität und Fremdheit, auf die Luther hier Wert legt, bedeutet also ganz und gar nicht ein Fernbleiben. Im Gegenteil, dieser Externität und Fremdheit ist das Eindringen ins Innerste und die persönliche Zuneigung höchst angemessen, wie dies der Glaube dokumentiert, der uns auf die Botschaft von Christus hin, also in aufnehmendem Hören, durch den heiligen Geist eingegossen wird (These 28). Luther hat offenbar nichts gegen den Begriff einer fides infusa einzuwenden[28]. Aber gerade der auf das Wort und damit auf Christus bezogene Glaube ist, weil ins Innerste dringend, auf dasjenige gegründet, was schlechterdings extra nos bleibt. Daran hängt die Gewißheit des Glaubens[29].

Im zweiten Fall (These 29) ist der logische Unsinn der Wortverbindung: Ego facio Christum seu iustitiam Christi, so evident, daß man Mühe hat, diesen Satz auf deutsch wiederzugeben. Selbst wenn man sich zu der Formulierung verstiege: Ich verwirkliche Christus und seine Gerechtigkeit, so könnte doch damit höchstens eine sekundäre Auswirkung gemeint sein, die das von mir unabhängige Gegebensein Christi und seiner Gerechtigkeit voraussetzt. Nur in gänzlich verwirrender Weise ließe sich durch das Wort facere, verbunden mit dem Akkusativobjekt Christum seu iustitiam Christi, zum Ausdruck bringen, wie Christus und seine Gerechtigkeit an uns und durch uns zur Wirkung kommt. Wenn Luther gelegentlich sagt, daß einer dem andern ein Christus werden solle, so zeigt seine abgewogene Formulierung eindeutig, daß Christus selbst darin der Handelnde und allein durch den Glauben Ergriffene ist[30]. Selbstverständlich ist das menschliche Handeln dadurch

---

[27] WA 39 I 109,1f.

[28] Vgl WA 39 I 45,29f (Thesen de fide, 1535): Haec est illa fides, quae vere infusa dici debeat, nec viribus nostris acquiri (sicut illa acquisita) potest.

[29] Vgl WA 40 I 589,8–10 (Gal Vorl, 1531): Ideo nostra theologia est certa, quia ponit nos extra nos: non debeo niti in conscientia mea, sensuali persona, opere, sed in promissione divina, veritate, quae non potest fallere.

[30] WA 7,66,25–28.33–36 (Tract de lib chr, 1520): ideo sicut pater coelestis nobis in Christo gratis auxiliatus est, ita et nos debemus gratis per corpus et opera eius proximo nostro auxiliari et unusquisque alteri Christus quidam fieri, ut simus mutuum Christi et Christus idem in omnibus, hoc est vere Christiani. ... certe a Christo sic [Christiani] vocamur, non absente sed inhabitante in nobis, idest, dum credimus in eum, et invicem mutuoque sumus alter alterius Christus facientes proximis, sicut Christus nobis facit. In der deutschen Fassung heißt es kürzer und abgeschwächt nur, WA 7,35,34f = BoA 2,25,14f: Unnd gegen meynem nehsten auch werden ein Christen, wie Christus mir worden ist.

nicht ausgeschlossen, dessen sinngemäßes Objekt die opera sind (These 30). Das ist dem Menschsein wesenhaft eigen und hält sich auch über den Umbruch des Rechtfertigungsgeschehens hinweg durch. Das facere opera ist der gemeinsame Nenner dessen, wie sich der Mensch kraft seiner natura corrupta oder kraft des heiligen Geistes betätigt, ob nun durch ihn Menschengerechtigkeit zustande gebracht oder Erstlingsfrüchte der himmlischen Gerechtigkeit dargebracht werden (These 30). Am richtigen Ort ist die Redefigur facio opera also sprachgerecht, weil sachgerecht. In der Beziehung zu Christus dagegen gibt es nur die eine sinnhafte Redeform: Ego credo in Christum (These 31). Weil aber das Verhältnis von fides und opera ja nur in Hinsicht auf den Rechtfertigungsgrund den Charakter einer ausschließenden Antithetik hat, während es sich in Hinsicht auf den Lebensvollzug des Menschen um eine untrennbare Polarität handelt, wird durch das credere in Christum allererst das Subjekt konstituiert – nicht von opera überhaupt, wohl aber von guten Werken, die in Wahrheit so zu heißen verdienen (These 31).

Der letzte Abschnitt der Thesenreihe (Thesen 32–35) wurde bereits in der Vorausschau seiner Funktion nach gekennzeichnet und seiner Struktur nach umrissen. These 32 schlägt den Bogen zurück zu These 1f. These 33 hebt als erstes Moment der ratio iustificandi hominis coram Deo das reputative Rechtfertigungsverständnis hervor, das mit seiner christologischen Begründung zusammenfällt. Hier wird besonders auf These 24 und 25f zurückverwiesen.

These 34 erläutert dieses forensisch-reputative Geschehen durch die negative Aussage der non-imputatio peccati. Davon ist das gesamte Rechtfertigungsgeschehen umschlossen, nicht bloß die Einmaligkeit der Vergebung in der Taufe, sondern auch das andauernde Angewiesensein gerade auch des Gerechtfertigten als immer noch Sünders auf Gottes Toleranz in dem Leben, das eine anhaltende Bewegung des Gerechtfertigtwerdens oder, wie es in der ersten der 95 Thesen formuliert wurde, in seiner Ganzheit Buße ist[31]. Das verdächtig klingende „als ob" in der Wendung: (peccatum ullum) velut nullum sit, hat nur für denjenigen illusionären Sinn, der den Widerspruch des Verheißungswortes sowie des Glaubens daran wider den Augenschein für etwas Unwirkliches hält, anstatt darauf zu bestehen, daß darin die wahre Wirklichkeit am Werk ist. So weist These 34 noch einmal auf die positive Fassung des „als ob" in These 24 (tamen velut plene et perfecte iustus reputatur) zurück, ferner auf das Verheißungsdekret in These 22, auf das umbraculum contra aestum irae Dei in These 26 und auf das Christus-Ergreifen des Glaubens in These 28, aber auch, was die umfassende Geltung der non-imputatio peccati betrifft, auf den Anfang des ersten Hauptteils, der in These 6 mit der schwerwiegenden Formulierung eröffnet worden ist: Natura vitio originalis peccati corrupta et excaecata. Das Wörtlein interim in These 34 erinnert tröstlich an die eschatologische Perspektive Gottes, die am Ende des ersten Hauptteils in These 20 erwähnt war und dort den Gegenpol zu These 6 bildete.

---

[31] WA 1,233,10f = BoA 1,3,18–20.

These 35 endlich nennt als Begleitmoment des Rechtfertigungsglaubens den Anfang der neuen Kreatur. So wird am Schluß des Ganzen noch einmal herausgestellt, was in Hinsicht auf die göttliche Toleranz in der Mitte der Thesenreihe stand: daß gerade auch der Anfang von Gottes neuer Kreatur in uns der göttlichen Toleranz bedarf (These 22), daß Christus auch unsern Anfang in der Gerechtigkeit heiligen (These 25) und diese unsere erst begonnene Gerechtigkeit schirmen muß gegenüber der Glut des göttlichen Zorns (These 26). Damit wird zugleich daran erinnert, daß gerechtfertigtwerden heiße, sich in der Bewegung und im Lauf auf die Gerechtigkeit hin zu befinden, was nun als Kampf des Glaubens gegen die Sünde des Fleisches beschrieben wird. Dieses Stichwort pugna korrespondiert wohl nicht zufällig seinem Vorkommen in These 7. Was unter der ungebrochenen Herrschaft der Ursünde sich als Kampf der hypocritae gegen die fideles (worin als Gegensatz zur Heuchelei das Verläßlich- und In-der-Wahrheit-Sein mitschwingt) vollzieht, das findet nun sein Gegenstück als Kampf des Glaubenden wider die Sünde. Aber wie dort der Ausgang allein in Gottes Hand und Urteil lag (These 7), so nun auch hier. Der Kampf im Zeichen des initium novae creaturae bleibt auf den Christus-Glauben und somit auf Gottes Verzeihen (vgl These 24f) angewiesen. Und so kann erst recht vom Siegen nur unter Berufung des Glaubens auf Christus gesprochen werden.

Ich möchte nicht den Anspruch erheben, mit dieser Analyse die Disposition der Thesenreihe, die Kunst des Aufbaus und die Fülle der Querverbindungen erschöpfend nachgezeichnet zu haben. Bei weiterem Nachdenken würden sich vielleicht neue Entdeckungen einstellen. Erst recht bleibt die Tiefendimension des theologischen Sachgehalts unauslotbar. Wollte man zuletzt die Aufmerksamkeit gar noch auf einen ganz äußerlichen Gesichtspunkt lenken, das auffallende Ebenmaß der Teile (die Einleitung mit fünf, die beiden Hauptteile mit je fünfzehn Thesen und je drei Unterteilen), so drohte man damit ins Spielerische zu geraten. Doch wenn, wie selbstverständlich anzunehmen ist, eine solche Symmetrie vom Autor nicht gewollt war, ist sie desto eindrücklicher ein Zeichen ungewöhnlich gesammelten Denkens.

JOHANN AGRICOLA NEBEN LUTHER

Schülerschaft und theologische Eigenart

von

Ernst Koch

„... man kann schon fragen, wer Luther in den entscheidungsreichen Jahren der Reformation persönlich nähergestanden habe, ob Agricola oder Melanchthon". Mit diesen Worten hat Joachim Rogge[1] das enge Verhältnis zwischen Luther und Johann Agricola in den Jahren zwischen 1516 und 1525 angesprochen, das die spätere Trennung so schmerzvoll für beide Seiten hat werden lassen. Die bekanntermaßen engen Beziehungen zwischen beiden haben, von wenigen Ausnahmen abgesehen, die Frage nach dem eigenen Weg Agricolas neben Luther vergessen lassen[2]. Sein Bild in der Forschung ist stark an Luther und auch an dem Bild orientiert,

---

[1] JOACHIM ROGGE, Humanistisches Gedankengut bei Johann Agricola (Islebius), in: Renaissance und Humanismus in Mittel- und Osteuropa, hg v JOHANNES IRMSCHER, Bd 1 (Berlin 1962) 228.
Im Folgenden sind folgende Schriften AGRICOLAS zitiert:

Auslegung	= Auslegung der Episteln S.Pauls / eine an die Römer vnd zwo an die Corinther / Philippi Melanthons / gedeudscht, Wittenberg 1527.
De capitibus	= De capitibus ecclesiasticae doctrinae..., 1524.
Drey Sermon	= Drey Sermon vnd Predigen..., Wittenberg 1537.
Ein predig	= Ein predig auff den XII. Sontag nach Trinitatis..., Berlin 1541.
Elementa	= Elementa pietatis congesta..., 1527.
Episteln	= Die Episteln durchs gantz Jar, 1544.
Formulae	= Formulae et interrogatiuncule Pueriles..., Berlin 1541.
Fragstücke	= Hundert vnd dreissig gemeyner Fragestücke..., Wittenberg 1528.
Grüntl anz	= Grüntliche anzeigung was die Theologen des Churfürstentumbs der Marck zu Brandenburgk von der Christlichen Euangelischen Lehr halten..., Frankfurt/Oder 1552.
Historia	= Die Historia des leidens vnd Sterbens vnsers lieben Herrn vnd Heilandes Jhesu Christi..., 1543.
Kol	= Die Epistel an die Colosser S. Pauls / zu Speier gepredigt auff dem Reychstage..., Wittenberg 1527.
Leichpredigt	= Eine Leichpredigt / in der Sepultur... der Durchlauchtigsten... Frawen Elisabeth... Marggrafinnen zu Brandenburgk..., 1555.
Luc	= In Euangelium Lucae Annotationes..., Hagenau 1526.
Tit	= In Epistolam Pauli ad Titum Scholia..., Wittenberg 1530.

[2] Noch 1973 konnte SIEGFRIED BRÄUER den Forschungsstand, AGRICOLAS Theologie im Jahre 1524 betreffend, so beschreiben: „Agricola stand damals noch ganz auf Luthers Seite. Eine eigenprofilierte Theologie hat man bei ihm für diese Zeit noch nicht nachweisen können. Immerhin deuten sich in seinen frühen Schriften bereits seine späteren theologischen Neigungen an" (SIEGFRIED BRÄUER, Die zeitgenössischen Dichtungen über Thomas Müntzer und den Thüringer Bauernaufstand [Diss Leipzig 1973] 155). – Nach Abschluß des Manuskripts ist erschienen: STEFFEN KJELDGAARD-PEDERSEN, Gesetz, Evangelium und Buße. Theologiegeschichtliche Studien zum Verhältnis zwischen dem jungen Johann Agricola (Eisleben) und Martin Luther (Leiden 1983).

das Luther nach 1537 von ihm gezeichnet hat. Daß er „ehrgeizig und eitel"[3] seine Stellung auch gegen Luther habe behaupten wollen, ist eine der beherrschenden Beurteilungskategorien für Agricola bis in die jüngste Zeit hinein geblieben[4]. Auch eine differenzierte Beschreibung seines theologischen Verhältnisses zu Luther ist bisher nicht gelungen, vermutlich deshalb nicht, weil man Agricolas Theologie meist nur an Luther gemessen und nicht auf ihre eigenen Tendenzen hin befragt hat.

Eine solche Befragung wird bei Agricolas Veröffentlichungen vor 1527 einsetzen müssen. Damit rücken auch seine Anfänge erneut in den Blick der Untersuchung. Jedoch ist eine strenge Beschränkung auf diese Zeit von der Sache her nicht notwendig. Rogge wird recht haben mit der Feststellung, daß Agricola „seine Theologie bis an sein Lebensende nicht geändert hat"[5]. Diese Feststellung steht bei Rogge im Zusammenhang der Probleme des sogenannten Antinomismus Agricolas. Ihr Sinn darf wohl weiter gefaßt werden: Agricola hat auch abgesehen von der Frage nach Buße und Gesetz seine ursprünglichen theologischen Ansätze nicht geändert. Zu dieser Feststellung berechtigt die Beobachtung, daß sich bestimmte Grundmotive von Agricolas Theologie bis in seine Spätzeit durchhalten und wohl ausgebaut, aber nicht wieder verlassen werden. Geht man ihnen nach, so entdeckt man das Voraussetzungs- und Beziehungsgeflecht, in dem die Fragen nach Gesetz und Buße für Agricola ihren eigentlichen Platz haben.

Was die Anfänge von Agricolas Theologie betrifft, muß es vorerst dabei bleiben, daß die Einflüsse, unter denen Agricola vor seiner Ankunft in Wittenberg 1516 gestanden hat, unbekannt bleiben. Eine Nähe seiner Frömmigkeit zur franziskanischen Passionsfrömmigkeit ist immer wieder vermutet worden[6], ohne daß sich sichere Beziehungen zu seiner Braunschweiger Zeit nachweisen lassen[7]. Unklar bleibt auch, ob es sich bei der von Agricola erwähnten Teilnahme an einer Franziskanerdisputation[8] um die Disputation in Wittenberg 1519 handelt, deren Protokoll kürzlich bekannt geworden ist[9], oder um eine frühere Disputation, deren Zeuge Agricola gewesen ist.

Rogge hat als frühestes Zeugnis für Agricolas Theologie seine Übersetzung, Veröffentlichung und Bearbeitung von Luthers *Vaterunserpredigten* aus dem Jahre 1517 im Jahre 1518 gewertet[10]. Dagegen sind jedoch starke Bedenken aus methodischen Gründen zu erheben. Rogge hat den Vergleich mit Luthers eigener Druck-

---

[3] WALTER DELIUS in RGG 3.Aufl 1,188.

[4] Vgl JOACHIM ROGGE, Agricola, Johann, in: TRE 2,117.

[5] JOACHIM ROGGE, Johann Agricolas Lutherverständnis. Unter besonderer Berücksichtigung des Antinomismus (Berlin 1960) 254.

[6] Ebd 14. Vgl dazu auch die Bemerkung AGRICOLAS über die franziskanische Frömmigkeit in: Drey hundert Gemayner sprüchwörter..., 1529, Sprichwort 166.

[7] Vgl dazu JOACHIM ROGGE (Anm 5) 12–13 und Historia, Bl A 2a.

[8] Historia, Bl CVIb.

[9] GERHARD HAMMER, Militia Franciscana seu militia Christi. Das neugefundene Protokoll einer Disputation der sächsischen Franziskaner mit Vertretern der Wittenberger theologischen Fakultät am 3. und 4. Oktober 1519, in: ARG 69 (1978) 51–81; 70 (1979) 59–105.

[10] Auslegung und Deutung des heiligen Vaterunsers, 1518. WA 9,122–159. Dazu J ROGGE (Anm 5) 19–24.

ausgabe seiner Vaterunserauslegung von 1519[11] bei weitem nicht vollständig durchgeführt. Es gibt erheblich mehr Unterschiede zwischen beiden Fassungen als von ihm erhoben. Hinzu kommt, daß sich gerade zwischen 1517 und 1519 wichtige theologische Wandlungen bei Luther vollzogen haben, die sich gerade im Unterschied der beiden Veröffentlichungen von 1518 und 1519 niederschlagen[12]. Es ist also nicht zwingend, in den Eigenarten der Fassung von 1518 Spuren von Agricolas Theologie zu sehen. Es muß immer damit gerechnet werden, daß der Text Luthers theologische Position von 1517 wiedergibt.

Somit kommen als Quellen für Agricolas frühe Theologie lediglich die Veröffentlichungen der Jahre 1524 bis 1527 in Betracht[13], wobei seine späteren Veröffentlichungen der erwähnten Einheitlichkeit seiner Theologie wegen zur Interpretation herangezogen werden können, wo es sich als wünschenswert erweist.

Wege und Motive von Agricolas Lutherrezeption

Rogge hat gemeint, die genauen Etappen der Entwicklung des Verhältnisses zwischen Luther und Agricola seien kaum noch zu ermitteln[14]. Es wird sich zeigen, daß es bei diesem Verzicht nicht bleiben muß. Denn es gibt eine Reihe von Anhaltspunkten, die es ermöglichen, den Einfluß Luthers auf Agricola zwischen 1516 und 1520 näher zu bestimmen. Dabei braucht man nicht bei Agricolas bekannter Berufung auf Luthers *Sermon von der Betrachtung des heiligen Leidens Christi* von 1519[15] im Jahre 1537[16] stehen zu bleiben, obwohl auch dieser Tatbestand nachdenklich macht. Denn die Thematik der Betrachtung des Leidens Christi ist ein Thema, das Agricola sein Leben lang begleitet hat. Im *Lukaskommentar*, der 1524 entstanden und 1525 veröffentlicht worden ist, stellt sich dies so dar, daß die meditatio passionis Christi *der* Weg zum Heil ist, der darin besteht, daß der Betrachtende sein Fleisch mit Christus kreuzigt und dadurch den Geist erlangt[17]. Das macht gerade den wahren Christen aus, daß er die Evangelien nicht als Historie liest, sonden mit dem Ziel, „ut transformemur in novitatem quandam vitae"[18]. Die contem-

---

[11] WA 2,74–130. Übrigens müßte auch AGRICOLAS Ausgabe des Sermons vom ehelichen Stand (WA 9,213–219) in die Untersuchung mit einbezogen werden.

[12] Dazu OSWALD BAYER, Promissio. Geschichte der reformatorischen Wende in Luthers Theologie (Göttingen 1971) 95–100 und ERNST BIZER, Fides ex auditu. Eine Untersuchung über die Entdeckung der Gerechtigkeit Gottes durch Martin Luther (3. erw Aufl Neukirchen 1966) 131–147.

[13] Das Pamphlet aus dem Jahre 1521 (Ain Kurtze anred zů allen myszgünstigen Doctor Luthers vnd der Christenlichen freyheit, o O 1521) kann hier unberücksichtigt bleiben, weil es zur Sache nichts hergibt. Wichtige Deutungsansätze und Erörterungen zu AGRICOLAS früher Theologie finden sich bereits bei GUSTAV HAMMANN, Nomismus und Antinomismus innerhalb der Wittenberger Theologie von 1524–1530 (Diss Bonn 1952) 12–56.

[14] JOACHIM ROGGE (Anm 5) 14.

[15] WA 2,141,8ff.

[16] WABr 8,279,8.20f (AGRICOLA an LUTHER Ende November/Anfang Dezember 1537).

[17] Luc, Bl 168b–169a.

[18] Ebd Bl 14a.

platio bzw meditatio carnis Christi ist der Weg, der dorthin führt, worauf es Agricola ankommt: zum usus Christi und zur Buße[19]. Oswald Bayers Untersuchungen haben gezeigt, daß dies auch der christologische Kern von Luthers Theologie bis 1517 gewesen ist[20]. Luthers Verständnis des Leidens Christi vor 1518, das die Passion Jesu als Anklage und Anleitung zur Buße versteht und das Luther nach 1518 nach und nach überwunden hat[21], ist für Agricolas Theologie prägend geworden. Es ist kein Zufall, daß Agricola gerade seine *Auslegung der Passionsgeschichte* von 1543[22] als sein theologisches Testament verstanden hat und sie sich hat auf seinem letzten Krankenlager vorlesen lassen[23], und immer wieder taucht in seinen katechetischen Arbeiten ein besonderer Abschnitt „De usu historiae passionis Iesu Christi" auf[24].

Vielleicht ist es sogar möglich, den Beginn des theologischen Einflusses Luthers auf Agricola noch genauer zu datieren. Bisher ist für das Datum der ersten Begegnung Agricolas mit Luther die Deutung von Ernst Thiele maßgebend gewesen. Thiele hatte 1907 das Fragment von Aufzeichnungen Agricolas zu seiner Biographie auf den Vorsatzblättern eines hebräischen Alten Testaments[25] veröffentlicht und aus den ersten fragmentarisch erhaltenen Sätzen von Agricolas Niederschrift geschlossen, es handele sich bei ihnen um die Inhaltsangabe einer Predigt vom Epiphaniastag 1516, da vom Epiphaniastag 1521 eine Predigt Luthers erhalten ist, die ähnliche Gedanken enthält[26]. Agricolas Niederschrift läßt auf Grund ihrer Fortsetzung noch einen anderen Schluß zu, nämlich daß es sich bei den wiedergegebenen Worten Luthers um den Inhalt eines Beichtgesprächs handelt. Damit wird die von Thiele vorgenommene und seither von der Forschung übernommene Datierung von Agricolas Erstbegegnung mit Luther auf Anfang Januar 1516 zumindest unsicher.

Es gibt einen anderen Bericht Agricolas, durch den eine genauere Datierung von Agricolas Erstbegegnung mit Luther möglich wird. Da er handschriftlich an

---

[19] So in De capitibus, Bl A 2b und A 7a.

[20] OSWALD BAYER (Anm 12) 144.

[21] Der Passus in AGRICOLAS Ausgabe der Vaterunserauslegung LUTHERS, der davon spricht, daß die Leiden Christi *uns* treffen und uns zur Buße anleiten (WA 9,128,30–129,10), fehlt in LUTHERS eigener Bearbeitung von 1519. Zur Änderung von LUTHERS Verständnis der Passion Jesu vgl OSWALD BAYER (Anm 12) passim. Vgl aber auch WA 9,651,26–655,7 (Predigt vom 29. März 1521, vielleicht von AGRICOLA nachgeschrieben) und WA 32,28–39 (Sermon vom Leiden und Kreuz, 1530) sowie GERHARD HEINTZE, Luthers Predigt von Gesetz und Evangelium (München 1958) 221–231.

[22] Vgl Anm 7.

[23] GUSTAV KAWERAU, Johann Agricola von Eisleben (Berlin 1881) 334.

[24] Elementa, Bl D 8b–E 1a. Vgl Fragstücke, Bl C 2a/b; Formulae, Frage 247–287. Hierher gehört auch die Beschreibung, die AGRICOLA 1552 von der Passion Christi als Beispiel für Gottes Zorn und als Mittel zur Tröstung der Angefochtenen gibt: Grüntl anz, Bl G 2b–3a. Vgl ebd Bl E 4b: „die negelmhal des Herren in seinen henden / füssen und seitten sind mein frideschild / die machen mir alle leiden süsse". Ich halte das Buch von 1552 aus inhaltlichen Gründen gegen MARTIN STUPPERICH, Osiander in Preußen 1549–1552 (Berlin 1973) 289, für ein Werk AGRICOLAS.

[25] Sog Bombergiana (Venedig 1518), jetzt: Lutherhalle Wittenberg 762/3235.

[26] E THIELE, Denkwürdigkeiten aus dem Leben des Johann Agricola von Eisleben, von ihm selbst aufgezeichnet, in: ThStKr 80 (1907) 253 Anm 2.

einer entlegenen Stelle überliefert ist[27], sei zunächst der Wortlaut mitgeteilt: „Ich wil hie gleich ausbeichten modum conversionis meae, Ich bin mitt ein bösen gewißen von Jugendt auff gemartertt gewesen, und in die Clöster unnd Cartheuser gelauffen, aber wenig trostes funden, bis zu Braunschweig ein Barfueßer Monnich ein klein Liechtelein ansteckte 15.14. Es muste anders werden, die menschen genugthuung wurden es nicht ausmachen, hierauff bin ich Anno 1516. gen Wittenbergk kommen, unndt M(artin) L(uther) gantze funff stunden in die Passion horen Predigen, die war auff zwo stucke gerichtett, Er hatt gelitten, er hatt gestorben Mihi et tibi, Das war ein himlischer friede in meinem hertzen nie erhortt zuvorn, da ermanete ich mich, nach dem es frue fur tage geschehen war, diesem Prediger meine beichte zu thun unnd meine noth zu Clagen unnd seines Radts zugebrauchen, das ich aufs hochste begierig war, er hörte mich unndt sprach mir diese Absolution. Hoc debemus Scholasticae Theologiae, Quae fecit ex Christo iudicem cum revera sit a Deo constitutus mediator, qui suo sanguine reconciliavit iram patris, modo de hoc sciamus et credamus, Gott hatt seinen Sohnn einmahl ins fleisch gegeben die krippen in der Jungfrawen Marien schoß kommen laßen, unnd eines weibes bruste laßen saugen, da wirdt er in bleiben laßenn, unnd daßelbige nimmermehr endern, Wer Ihn in Himmel sucht, wirdt ihn nicht finden, Darumb wenn do werden kommen solche gedancken, wie Ihr mir ertzelt, so solt ihr euch zur krippen unndt zum Stellichen halten, do das Ochselein und Eselein inne stehett, so werdett ihr trost haben. Ab illa hora coepi plaudiss(ime) in misericordia domini placide ac quiescere et acquiesco adhuc neque commovebor in aeternum, Sic et ego legi, per legem mortuus sum et vixi Christo, Mortuus mundo et peccato, adeo ut animo contemptore parum sit mihi iuducari [!] ab homine aut ab ullo die humano. Didici (e)n(im) patientia(m) non ut eam scirem, sed ut eam viverem et efficit per me miserum miseranda Deus, quae enim finitam misericordiam Dei reiciendi [?] hoc uno, quia conscientia hilaris perpetuum gaudium sit".

Die Problematik eines autobiographischen Spätberichts, wie er hier vorliegt, verbietet eine zu direkte Auswertung und Übernahme seiner Aussagen. Bei aller Vorsicht lassen sich aber einige Punkte festhalten:

1. Agricolas Erstbegegnung mit Luther ist nicht Anfang Januar 1516 anzusetzen, sondern offenbar in der Passionswoche 1516, die am 9. März begann.

2. Die fragmentarisch erhaltenen Aussagen Luthers, die den Anfang der von E Thiele veröffentlichen Niederschrift Agricolas bilden, sind der Schluß eines Beichtrates, den Luther Agricola erteilt hat, wie die nahezu wörtliche Übereinstimmung des Berichts mit dem von E Thiele veröffentlichten Text zeigt.

---

[27] Der Ander theil des Dritten theis [!] MONOTESSARI. Des Ehrwirdigenn vnd hochgelartenn M.Johannis Agricolae Eißleben weylandt General Superintendenten der Marcke Brandenbürg..., ANNO M.D.LXXXIX, Bl 356a–357a (Berlin-West, Staatsbibliothek Preußischer Kulturbesitz: Ms germ fol 182). Es handelt sich im Textzusammenhang um eine Predigt über Lk 10,1–12, die offenbar zwischen 1562 und 1565 gehalten worden ist. Der Band ist – wie auch der bei JOACHIM ROGGE (Anm 5) 301 angeführte Predigtband der Marienbibliothek Halle und zwei weitere bei J ROGGE nicht erwähnte Predigtbände der Marienbibliothek Halle (Mscr 11 und 11b) – die Reinschrift von Predigtnachschriften und wahrscheinlich auch teilweise die Abschrift von Predigtmanuskripten AGRICOLAS.

3. Agricola hat seine Erstbegegnung mit Luther als entscheidend für seinen weiteren Weg angesehen. Sie hat ihn an eine Begegnung mit einem Franziskanermönch im Jahre 1514 in Braunschweig erinnert, der ihm „ein klein Liechtelein ansteckte", dh ihn auf den Weg hinwies, der ihm zwei Jahre später im Zusammenhang der Begegnung mit Luther zur geistlichen Befreiung verholfen hat.

Zweifel erwecken muß jedoch nach unsrer bisherigen Kenntnis der Entwicklung Luthers zwischen 1515 und 1518 die Inhaltsangabe der Predigt Luthers und des an Agricola erteilten Beichtrates. Vermutlich hat Agricola hier spätere Erinnerungen an Luther in die Erinnerung an seine Erstbegegnung mit ihm eingetragen. Die vermutlich oder möglicherweise aus dem Jahr 1516 stammenden Passionspredigten Luthers geben jedenfalls kaum etwas für das her, was Agricola von ihnen berichtet[28]. Zweifel erwecken muß darum auch Agricolas Bericht von der Plötzlichkeit der Wende, die ihm widerfahren ist, ein Zweifel, der seinen Bericht mit anderen reformatorischen Bekehrungsberichten verbindet.

Aber an einer anderen Stelle läßt sich der prägende Eindruck des Luther von 1516 auf Agricola nachweisen. Auffallend ist die Bedeutung, die das Kapitel 8 des Römerbriefes – und dabei besonders die Verse 14–16 und 26 – im gesamten Schrifttum Agricolas haben. Direkte oder indirekte Zitate dieser Stellen begegnen bei Agricola immer dann, wenn sich seine theologische Gedankenführung zu den ihm eigentümlichen Beiträgen verdichten[29]. Die Bedeutung, die Röm 8,26 für den frühen Luther hatte, ist von Regin Prenter beschrieben worden: „Diese Schriftstelle ist sozusagen der Orientierungspunkt, von dem aus alle seine Gedanken über den Heiligen Geist bestimmt werden"[30].

Luthers Ausführungen zu Röm 8,7 und 8,15 befaßten sich damit, daß wahre Buße nicht aus der Furcht stamme, sondern aus der Liebe. „Non enim timendo, Sed amando fugitur ira Dei et miseria atque horror Iudicii et per conformitatem voluntatis Dei quietatur conscientia"[31]. Die, die Gott in Furcht begegnen, können ihn nur für einen Tyrannen und Feind halten, der ihnen mit dem Gesetz Unmögliches auferlegt. Erst die deiformes homines et filii Dei, die den Geist empfangen haben und Gott lieben, werden frei, ihn als Vater anzurufen. Dieses Gebet aber ist nicht ein Ruf des Mundes, sondern des Herzens[32]. Zu Röm 8,26 führt Luther

---

[28] OSWALD BAYER/MARTIN BRECHT, Unbekannte Texte des frühen Luther aus dem Besitz des Wittenberger Studenten Johannes Geiling, in: ZKG 82 (1971) 236–237.240–241.243–248.

[29] Nur einige Stellen seien angeführt: De capitibus, Bl A 2b und A 4a; Luc, Bl 154a/b; Historia, Bl 60b–61a; 136b; Ein predig, Bl A 4a/b; Grüntl anz, Bl D 4a; Leichpredigt, Bl G 2b–3a; Episteln, Bl V 3b zu Röm 8: „Dis gantze Capitel ist der grőste trost / der eim Christen und rechten heyligen kan gegeben werden / und vom hymel zukommen". Auch an wichtigen Stellen in der Beziehung zwischen AGRICOLA und LUTHER hat Röm 8,26 eine Rolle gespielt, so bei AGRICOLAS Bericht über seine Predigt in Altenburg im September 1528 (WABr 4,562–565, bes 564,80–82, AGRICOLA an LUTHER Mitte September 1528) und in den Drey Sermon, Bl C 1a.

[30] REGIN PRENTER, Spiritus creator. Studien zu Luthers Theologie (München 1954) 34.

[31] WA 56,365,16–20. Vgl den ganzen Zusammenhang 365,12–366,12. Das Problem des Verhältnisses des im Konzept von LUTHER Vorbereiteten zu dem wirklich Vorgetragenen kann hier beiseite bleiben. Es ist damit zu rechnen, daß, wenn irgend jemand, dann AGRICOLA Zugang zu LUTHERS Konzept hatte.

[32] WA 56,368,9–369,25. Vgl die Nachschrift WA 57 I 188,19–189,15.

aus, es sei Gottes Art, zunächst unsere Pläne und Wünsche zu zerstören, bevor er in uns mit seinen Plänen und seinen Wünschen beginnt. Wir müssen zunächst völlig passiv werden, bevor die gemitus inenarrabiles beginnen[33]. Auch Gottes Wirken sub contraria specie spielt dabei eine Rolle[34] ebenso wie das Beispiel Abrahams[35].

Alle diese von Luther in der Auslegung von Röm 8 berührten Themen gehören zu Agricolas zentralen theologischen Motiven bis in seine Spätzeit hinein. Vermutlich hat die Erstbegegnung mit Luther auf ihn einen so starken Eindruck gemacht, daß sie für seine gesamte Theologie prägend geworden sind. Nach Johannes Fickers Berechnungen könnte die Passionswoche 1516 ungefähr die Zeit gewesen sein, in der Luther bei der Vorlesung über den Römerbrief bis zu Kap 8 gekommen war[36].

Auch Luthers Auslegung der *sieben Bußpsalmen* von 1517, „das authentische Kompendium seiner frühen Theologie"[37], und hier besonders die Auslegung der Psalmen 6 und 51, muß Agricola stark beeindruckt haben. Das Erschrecken des Herzens als Voraussetzung für das Gebet von Grund des Herzens[38], der Charakter der Gewissensschrecken als Vorgeschmack der Hölle[39], die Auslegung von Lk 24,47 auf die, die nach Christus seufzen[40], das Vernehmen der Vergebungszusage als des inneren Wortes, als das „heimlich eynrunen"[41], die Verbindung des Begehrens nach Christus mit der Klage[42] – das alles sind Motive, in denen sich Agricola offenbar wiedererkannt hat und die er festgehalten und ausgebaut hat.

Eine weitere Perikope, die auf Agricolas Theologie großen Einfluß ausgeübt hat, ist die Zachäusgeschichte Lk 19,1–10. Auch hier kann die Übernahme und Fortführung einer Deutung des frühen Luther durch Agricola deutlich verfolgt werden, wobei von Wichtigkeit ist, daß in ihrem Zusammenhang wiederum Röm 8,26 eine entscheidende Rolle spielt. Agricola bezieht sich an einer Stelle der 1518 übersetzten Ausgabe von Luthers *Vaterunserauslegung* von 1517 auf eine Deutung des *Sermon von Zachaeo* durch Luther[45]. Diese Bezugnahme fehlt in Luthers eigener Textausgabe von 1519. Allerdings bringt Agricolas Erwähnung einige Probleme mit sich. In Agricolas Ausgabe erscheint die Bezugnahme nämlich als eigene Aus-

---

[33] WA 57 I 193,1–18; 56,375,14–378,17.
[34] WA 57 I 194,7–14; 56,376,32–377,1.
[35] WA 57 I 195,3.
[36] Das Wintersemester 1515/16 schloß mit der Auslegung von Röm 8: JOHANNES FICKER, WA 56 XXIX.
[37] OSWALD BAYER (Anm 12) 144.
[38] WA 1,160,20–31.
[39] WA 1,161,2 7.
[40] WA 1,187,29–37.
[41] WA 1,190,1–3. Vgl dazu OSWALD BAYER (Anm 12) 150f.
[42] WA 1,196,25–26.
[43] HEIKO A OBERMAN, Simul gemitus et raptus: Luther und die Mystik, in: Kirche, Mystik, Heiligung und das Natürliche bei Luther. Vorträge des Dritten Internationalen Kongresses für Lutherforschung Järvenpää, Finnland 11.–16. August 1966, hg v IVAR ASHEIM (Göttingen 1967) 56–59.
[44] WA 40 III 342,8 (Auslegung des 130.Psalms, 1532/33); 40 III 542,27–31; 543,8–13 (Enarratio in ps 90, 1534/35 – 1541); 42,662,1ff (Genesisvorlesung, 1535ff).
[45] WA 9,133,8.

sage Luthers. Es ist klar, daß sie sich auf die Predigt über Lk 19,8 bezieht, die freilich von Oswald Bayer im Anschluß an Karl Bauer auf den 31. Oktober 1517 (nicht – wie WA – 1516) datiert wird[46]. Wenn Bayer mit seiner Datierung recht hat, kann die Bezugnahme auf die Predigt über Lk 19,8 in Agricolas Ausgabe der Vaterunserauslegung Luthers nicht von Luther selbst stammen, da Luther das Vaterunser im Frühjahr 1517 ausgelegt hat. Damit aber ist der starke Eindruck nachgewiesen, den der „Sermon vom Zachaeo" – in unmittelbarer zeitlicher Nähe der Veröffentlichung der 95 Thesen! – auf Agricola gemacht hat. Worum geht es in diesem Sermon?

Luther führt gegen Ende der Predigt aus, daß die, die ihrer Unwürdigkeit wegen Gott nicht anrufen und anzurufen wagen, ihn per negativam umso heftiger anrufen. Denn Gott hört gerade die oratio mentalis. „Sed Deus illum intimi cordis fundum desiderii, quod est supra omnem cogitationem, exaudit... Sicut ait Christus et Apostolus Paulus: Sic sicut oportet orare nescimus. Sic S. Monica, ut ait B. Augustinus, exaudita est secundum cardinem desiderii sui"[47]. Im Hinblick auf die Begegnung Agricolas mit Luther im Frühjahr 1516 ist interessant, daß Luther bereits in der Auslegung von Röm 8,26 das Beispiel Augustins angeführt hatte, dem Gott gestattete, entgegen dem Wunsch seiner Mutter in die Irre zu gehen, sodaß Gott der Mutter mehr gab als der Inhalt ihres Gebetes war[48]. Luthers Interesse an dieser Geschichte ist also darin begründet, in ihr eine Erhörung über Bitten und Verstehen erblicken zu können.

Man braucht nur Agricolas Deutung der Zachaeusperikope im Lukaskommentar von 1525 neben die Deutung Luthers zu halten, um die Übernahme, aber auch die Akzentuierung von Luthers Motiven durch Agricola zu erkennen: „Verum enimvero si quispiam perscrutatus fuisset abyssum cordis Zachaee, nunquid cuperes, si tibi contingere posset Iesum a te acceptum, domi tuae coniuvari[49], tibi bene precari, adesse, benedicere, respondisse proculdubio maxime, neque est quod sub hoc sole cupiam vehementius? Huic voto interno, huic gemitui quem suscitat in cordibus filiorum Dei spiritus sanctus, ut clament, Abba pater, satisfit a Iesu, quod suspirium vocavit Augustinus desyderii cardinem. Postremo, praeventus Zachaeus beneficio ineffabili, quod ne ausus quidem fuisset sperare, mutatur cor eius, gestitque gaudio, cupiens omnibus quos fraudaverat, omnia restitui, non semel modo, sed quadritariam"[50]. Interessant an Agricolas Fortführung der Deutung Luthers ist sein Interesse an dem inneren Vorgang, dem Sehnen, das durch die Wirkung des Heiligen Geistes im „Abgrund des Herzens" nach Augustin, Confessiones V 8 hervorgerufen wird. Wo Luther am Handeln Gottes in der Erhörung des Gebets interessiert ist, ist Agricola an dem Vorgang interessiert, der sich im Innern des Beters abspielt. Die Zachaeusperikope ist noch 1555 für Agricola ein

---

[46] WA 1,94–99 (4,670–674 die Abschrift Poachs). OSWALD BAYER (Anm 12) 164.
[47] WA 1,95,35–40. Vgl 4,671,12–33.
[48] WA 56,377,8–10.
[49] Verbessert aus: conuiuari.
[50] Luc, Bl 154a/b.

Zeugnis für den vom Heiligen Geist im Herzen gespendeten Trost in der Anfechtung[51], während Luther selbst in ihrer Auslegung schon bald andere Wege gegangen ist[52].

Eine letzte Auslegungskombination beim frühen Luther ist zu erwähnen, die Röm 8,26 mit einer anderen biblischen Perikope verbindet und in dieser Form bei Agricola weiterverwendet worden ist, auch nachdem sie Luther selbst längst nicht mehr verwendete. Es handelt sich um die Deutung von Gen 1,2 als Allegorie für die Rechtfertigung mittels Röm 8,26. Bei Luther taucht sie interessanterweise wiederum zuerst in der Vorlesung zu Röm 8,26 im Frühjahr 1516 auf[53], also in zeitlichem Zusammenhang der Erstbegegnung Agricolas mit Luther, dann wieder in den *Resolutiones disputationis de indulgentiarum virtute* 1518, aber auch in den *Operationes in psalmos*[54]. Agricola übernimmt sie noch 1541[55] und 1552[56], um mit ihr den Vorgang der Wiedergeburt des Menschen zu erläutern und darzustellen.

Wiedergeburt – und damit wird ein weiteres gewichtiges Erbteil angesprochen, das Agricola vom frühen Luther übernommen hat – stellt sich für Agricola dar als ein beständiger geistlicher Kampf. Es sind zentrale Motive aus Röm 7 und 8, mit denen Agricola an dieser Stelle arbeitet, speziell dort, wo er diesen Kampf als einen Kampf zwischen der lex membrorum und der lex mentis beschreibt, die er mit dem Heiligen Geist gleichsetzt[57]. J Rogge hat Agricolas Intentionen nicht erkannt, wenn er ihm vorwirft, das 7. Kapitel des Römerbriefes spiele in seinen Gedankengängen so gut wie keine Rolle[58], und er hat Agricolas Frömmigkeit stark verzeichnet, wenn er unter Berufung auf die Deutung der Psalmen durch Agricola behauptet, Agricola

---

51 Leichpredigt, Bl C 1a und D 2a.
52 Vgl WA 17 II 496–514 (Festpostille, 1527). Aber noch in der Predigt vom 13. Mai 1520 – so datiert OSWALD BAYER (Anm 12) 322 den Text WA 17 I 251,8–252,3 – begegnet die Verbindung zwischen Röm 8,26 und der Zachaeusperikope im Sinne des begehrenden Gebets.
53 WA 56,378,2–12.
54 WA 1,565,23–26; AWA 2,366,22–367,7/WA 5,203,24–32 (Auslegung von Ps 6,2); 385,19–23 (Auslegung von Ps 13,1). Der Gesamtzusammenhang dieser Erwähnung ist im Hinblick auf AGRICOLAS Theologie interessant: LUTHER erwähnt die Art von Anfechtungen, die unbeschreiblich sind, und die Hoffnung, die verzweifelt ist und gleichzeitig hofft, und bezieht darauf Röm 8,26 in Verbindung mit Gen 1,2. – In welchem Verhältnis zu diesen sicher von LUTHER stammenden Texten der Abschnitt steht, der unter der Überschrift „Allegoria" die Nachschrift von LUTHERS Scholia in librum Genesios von 1519 enthält (WA 9,330,20–331,7), müßte noch untersucht werden. Es fällt auf, daß am Schluß des Textes nach der Erwähnung von Röm 8,26 die Bemerkung auftaucht: Exemplum de Zachaeo et Monica (331,7). AGRICOLA und MELANCHTHON haben LUTHERS Predigten im Jahr 1519 mitgeschrieben (WILHELM MAURER, Der junge Melanchthon zwischen Humanismus und Reformation 2 [Göttingen 1969] 114). W MAURER (ebd 526 Anm 96) meint, daß die Nachschrift der Scholia in librum Genesios auf MELANCHTHON zurückgehe.
55 Ein predig, Bl A 3a–4b. Bl B 1a/b die Parallele zwischen der Bekehrung des Paulus und Gen 1.
56 Grüntl anz, Bl D 3a–4b und H 3a 3b.
57 Dieser Kampf ist ein zentrales Thema, unter dem die Heilige Schrift zu lesen ist (Luc, Bl 6a–8b). Die Evangeliensummarien von 1537 hatte AGRICOLA als Lehrbuch für die Certamina spiritualia gedacht (CARL EDUARD FÖRSTEMANN, Neues Urkundenbuch zur Geschichte der evangelischen Kirchen-Reformation [Hamburg 1842/Neudruck Hildesheim–New York 1976] 297). Die gesamte Auslegung der Leidensgeschichte ist von der Betrachtung der Spannung zwischen lex membrorum und lex mentis durchzogen (Historia, bes Bl XLIVb–XLVa). Die KURFÜRSTIN ELISABETH wußte als „eine erfarene Theologa" von diesem Kampf in den Gliedern zu sprechen (Leichpredigt, Bl G 3a). Vgl auch Drey Sermon, Bl E 1a und Grüntl anz, Bl D 3a–4a.
58 JOACHIM ROGGE (Anm 5) 160.

beschreibe „den Christenstand fortgesetzt als spannungslose Ruhe"[59]. Das Gegenteil ist der Fall: Die Spannung zwischen Röm 7 und Röm 8 ist für „Meister Eisleben" das Grundmuster für die Bußlehre geworden, die ihm in Wittenberg zum Verhängnis geworden ist, und die Berufung auf ganze Reihen von Psalmen dient ihm dazu, das ängstliche Schreien der durch die lex membrorum Angefochtenen und Geängsteten in der Bibel vorgebildet zu finden[60]. Denn der Nerv von Agricolas Beschreibung des certamen spirituale ist, daß dieses certamen der Weg zur Wiedergeburt ist. Dies aber führt in weitere Zusammenhänge.

Der Einfluß des jungen Melanchthon auf Agricola

Der Sinn der Heiligen Schrift ist nach Agricola, daß sie zur Wiedergeburt führt[61], und der Weg zur Wiedergeburt wird von ihm später oft mit Worten geschildert, die an pietistische Beschreibungen des Bußkampfes erinnern[62]. Luther hatte in der Auslegung von Psalm 6 in den *Operationes in psalmos* 1519/21 die certamina spiritualia beschrieben, die allein der Geist kennt, der gemitibus inenarrabilibus für die Heiligen bittet und mit Gott kämpft[63]. Für Agricola ist es der Weg des Kreuzes, den der nachgehen muß, der die neue Geburt erfahren will: „Proinde nemo gloriam consequuturus est, nisi qui carnem CHRISTI probe meditatus vita expresserit, id est coniectus in medias presequutiones hostium, discat gemitu et anxio suspirio desiderare gloriam filiorum Dei, id est, liberationem corporis mortis huius. Haec arcta via est et angusta nimis, quam minima pars mortalium ambulat, crucem, mortem mala huius mundi formidantium"[64].

Agricola hat immer wieder betont, daß der Weg der Wiedergeburt ein Werk des Heiligen Geistes ist. Allerdings ist die Beschreibung der Funktion des Heiligen Geistes in diesem Prozeß unterschiedlich. Einmal betrifft sie nur die Hilfe, die den Bedrängten und Verzweifelten aus der Angst führt[65]. In diesem Falle identifiziert Agricola den Heiligen Geist und die lex mentis[66] bzw das Evangelium[67]. Freilich

---

[59] Ebd 227.
[60] Historia, Bl XLIVb: Ps 16 und 56–60, besonders Ps 22. Vgl Bl LIIa und LXIb.
[61] Vgl das Kapitel: Quid ex sacra historia requirendum sit: Luc, Bl 3b–14b und GUSTAV HAMMANN (Anm 13) 13ff.
[62] So etwa Historia, Bl XLIVb–XLVa.
[63] AWA 2,363,16–364,32 / WA 5,201,29–202,27.
[64] De capitibus, Bl A 2b. Später hatte AGRICOLA wohl Anlaß, darauf hinzuweisen, daß die Schrecken des Gewissens im Bußprozeß nicht menschliche Werke seien: Neque enim sunt actiones, sed merae passiones, quas patimur cum spiritus sanctus arguit naturam nostram, eo quod non credamus in Christum, Iam quod patitur quisque non est opus suum. Deinde isti terrores neque sunt praetium neque causa remissionis peccatorum. Sed sunt effectus necessario sequentes iustificationem (Formulae, Bl B 4a/b).
[65] De capitibus, Bl A 4a; Ein predig, Bl A 4a/b; Historia, Bl LXb–LXIa (Auslegung von Röm 8,26 im Zusammenhang der Perikope von der Verleugnung des Petrus); Leichpredigt, Bl E 2b–3a.
[66] So Grüntl anz, Bl D 3a–4a; Leichpredigt, Bl G 3a.
[67] So Historia, Bl CXXXb.

– und dies bedeutet eine Ausweitung der Funktion, die Agricola dem Heiligen Geist im Wiedergeburtsprozeß zuschreibt – umfaßt Evangelium beides: die Verurteilung dessen, was hochmütig ist, wie auch die Ankündigung der Vergebung der Sünden durch Christus[68]. „... das Euangelion behelt das ampt des gesetzes"[69]. Das bedeutet, daß der Heilige Geist es auch ist, der die Leute zum Erschrecken vor sich selbst und zur Buße zieht, treibt und weckt[70]. In jedem Falle ist der Prozeß der Wiedergeburt ein Prozeß, dessen Autor der Heilige Geist ist. Und weil Agricola Rechtfertigung als Erneuerung beschreiben kann[71], kann er auch sagen, daß diese Erneuerung solo spiritu Christi geschieht[72].

Ebenso konnte es auch Melanchthon ausdrücken, wenn er am Anfang der *Loci* von 1521 von denen sprach, „qui spiritu iustificati sunt"[73]. Diese kurze Bemerkung weist in weite Zusammenhänge der Theologie des jungen Melanchthon, deren sich die Forschung mehrfach angenommen hat[74]. Die Geisttheologie hat Melanchthon u a jene Ethik entwickeln lassen, die auf eine Motivierung durch Gottes Gebot zunächst völlig verzichten und – ganz ähnlich wie Agricola – die Eigenart christlicher Ethik in geistgewirkter Spontaneität sehen konnte[75]. Die Abkehr von dieser spiritualistisch-antinomistischen Ethik erfolgte bei Melanchthon seit 1522 – wohl im Gefolge des Scheiterns der Wittenberger Bewegung 1521/22[76]. Agricola hat sie nie aufgegeben.

Wichtig im Kontext von Agricolas Wittenberger Kontroverse 1527/28 und nach 1537 ist, daß der Wiedergeburts- und Erneuerungsprozeß mit dem Prozeß identisch ist, der über die Buße zur Vergebung der Sünden führt und den Agricola in Lk 24,47 klassisch ausformuliert findet[77]. Diese Stelle ist ein weiterer Punkt, der Agricola mit Melanchthons früher Theologie verbindet. Die *Epitome renovatae ecclesiasticae doctrinae* Melanchthons von 1524 entfaltet in Auslegung von Lk 24,47 das Ineinander von Geisttheologie und Bußlehre, die die Buße in das Evangelium hineinnimmt, in eindrücklicher Weise[78], und noch die *Scholien zum*

---

[68] Luc, Bl 20a/b.

[69] Historia, Bl LXXIXa.

[70] Ebd Bl CXXXb.

[71] Kennzeichnend dafür ist ein Abschnitt wie der Formulae, Bl B 3a–E 3b.

[72] Zu diesem Zusammenhang anhand des Lukaskommentars vgl GUSTAV HAMMANN (Anm 13) 18f.

[73] MELANCHTHON, StA II 1 (2. Aufl) 29,33. Vgl schon den Matthäuskommentar 1519/20: StA IV 169,4–6.

[74] HANS ENGELLAND, Melanchthon. Glaube und Handeln (München 1931) 57ff. 164f; ADOLF SPERL, Melanchthon zwischen Humanismus und Reformation (München 1959) 93ff; ERNST BIZER, Theologie der Verheißung. Studien zur Theologie des jungen Melanchthon 1519–1524 (Neukirchen 1964) 22ff; HANS-GEORG GEYER, Von der Geburt des wahren Menschen. Probleme aus den Anfängen der Theologie Melanchthons (Neukirchen 1965) 140ff.281ff.

[75] DIETRICH JUNGERMANN, Buße und Glaube. Studien zur Bußlehre Melanchthons 1519–1559 (Diss Göttingen 1967), Bd 1,20f, spricht von einer „übersteigerten pneumatischen Spontaneität" beim frühen MELANCHTHON und weist auf ihre Gefahren hin.

[76] Ebd 94.

[77] Luc, Bl 20a/b; Grüntl anz, Bl H 3a/b; Evangeliensummarien, Vorrede (FÖRSTEMANN [Anm 57] 298f). Hier auch die Bekehrung des Paulus und die Zachaeusgeschichte sowie die Nikodemusperikope und Joh 4 als Beispiele (300f. 304).

[78] StA I 181,1–37. Vgl dazu WILHELM MAURER (Anm 54) 492f.

Kolosserbrief von 1527 sind ein wichtiges Zeugnis für die integrative Funktion von Lk 24,27 in Melanchthons Theologie[79].

Das Wirken des Heiligen Geistes im Erneuerungsprozeß läßt sich für Agricola noch genauer bezeichnen. Immer und immer wieder hat Agricola das entscheidende Eingreifen des Heiligen Geistes als Erweckung des Angefochtenen zum Gebet beschrieben. In dem ihm eigenen Streben nach Anschaulichkeit und Introspektion legt er Nikodemus nach Joh 3 ein Gebet in den Mund, das er während der Begegnung mit Jesus gebetet haben könnte, nachdem die Unruhe über sein Heil in ihm eingezogen war[80]. Ja, das Gebet um Hilfe gehört als fester Bestandteil in Agricolas Beschreibung des ordo salutis: Gott sendet Prediger aus – die Botschaft wird von denen gehört, denen Gott das Herz anrührt – sie empfangen das Licht, das ihnen zeigt, wer sie sind und wer sie sein sollen – sie sehnen sich nach Hilfe und rufen Gott an – wer den Namen des Herrn anrufen wird, der wird selig werden (Joel 2,5)[81]. Charakteristisch für Agricola ist, daß sich ihm mit dem gebetserweckenden Wirken des Heiligen Geistes jene biblischen Sachverhalte verbinden, die er aus Luthers früher Theologie übernommen hatte: Der Heilige Geist „schaffet in des Sünders hertz / ein sehnlich geschrey / das im abgrund tieff tieff ligt / und saget zu Gott / Abba hertzlieber vater ... Dis funckeln / dis webern / dis hertzlich sehnen nach der hůlffe / welch sehnen im abgrund des hertzens ist / ist ... das schweben des geists des Herrn / uber den wassern / in der angst und verzweifelung"[82]. Agricola ist es wichtig, daß es sich hierbei nicht um eine natürliche Regung des Menschen handelt. „Dis geschrey vorursacet Gott / das er gerecht macht / Iustificat, das ist / das er meiner sachen zufellet und billiget sie"[83].

Auch Melanchthon kannte in seiner Anfangszeit den engen Zusammenhang von Rechtfertigung und Gebet. Ernst Bizer meint im Blick auf die *Theologica Institutio* von 1519: „Man könnte hier ebensogut von einer Rechtfertigung durch das Gebet wie von einer Rechtfertigung aus dem Glauben sprechen. Die Präposition ‚aus' ist hier wichtig, der Glaube ist die Wurzel des Gebets, aber Christus rechtfertigt das, was ‚aus dem Glauben' kommt"[84]. Freilich kannte auch der frühe Luther diesen Zusammenhang von Rechtfertigung und Gebet[85], und es ist damit zu rechnen, daß sich hier wiederum der nachhaltige Einfluß des frühen Luther bei Agricola meldet. Luther hat seine Position erst 1521 geändert, und wahrscheinlich steht Melanchthon 1519 ebenso unter dem Einfluß der gleichzeitigen Position Luthers[86].

---

[79] StA IV 246,29–247,13. Über die Gefahren für MELANCHTHONS Theologie, die aus dieser Deutung entstehen konnten, vgl HANS-GEORG GEYER (Anm 74) 346–349.

[80] Grüntl anz, Bl D 3a; vgl Bl E 4a–F 2a: das geistgewirkte Gebet nach der Bekehrung. Ähnliche Gebete, teilweise aus Psalmversen zusammengesetzt, Historia, Bl XLIVb–XLVa und Fragstücke, Bl A 5a/b.

[81] Kol, Bl C 5a; Formulae, Bl E 5a; Episteln, Bl N 5b–6a. Vgl schon De capitibus, Bl A 8b.

[82] Ein predig, Bl A 4a/b. Auch die Zachaeusgeschichte ist für AGRICOLA – wie übrigens auch für LUTHER 1517 (WA 1,95,25–40) – die Geschichte einer Gebetsbekehrung, vgl o S 137f.

[83] Grüntl anz, Bl F 2a. [84] ERNST BIZER (Anm 74) 39.

[85] OSWALD BAYER (Anm 12) beschreibt LUTHERS Position bis 1518 so: „Das Gesetz wirkt das Sündenbekenntnis, das Evangelium das Bittgebet" (157; vgl ebd Anm 107 die einschlägigen Stellen aus der Zeit zwischen 1515 und 1518).

[86] Ebd 287. 335f.

Es ist das Interesse an dem, was während der Bekehrung im Inneren des Menschen vorgeht, was Agricola darauf insistieren läßt, daß es ihm in alledem um einen Prozeß der persönlichen Erfahrung geht. „Darumb sol niemand von anfechtung reden / denn er habe sie versucht / und uberwunden durchs wort und gebet"[87]. Die Schriftauslegung Agricolas hält sich darum wenig bei der Nachzeichnung des Historischen auf; sie ist abgestellt auf die Erfahrung der Wiedergeburt im Weg von der Verzweiflung zum Trost[88]. Interessant ist auf diesem Hintergrund, in welcher Weise Agricola die Auseinandersetzung mit Osiander aufnimmt[89]. Für Agricola liegt es in der Natur der Sache, „das wir solche verenderung in uns fülen müssen"[90]. Rechtfertigung ist nicht nur ein Erkenntnisvorgang, sondern ein Vorgang, in dem Christus in uns lebt und stirbt[91]. Rechtfertigung = Wiedergeburt zeigt sich im Vertrauen auf die Vergebung und Gnade Gottes und daran, ob die Praktiken des Papsttums abgetan sind[92]. Die neue Geburt „lesset sich vil besser fülen und erfaren im hertzen / dann schreiben oder reden / wie alle die wissen / welche new geporn sein aus dem geiste / und kinder Gottes worden"[93]. Das sola in der Formulierung sola fides schließt nicht aus, was dem Glauben an Mitteln und Instrumenten vorausgeht, es schließt auch nicht aus, was ihm folgt. Es schließt die Buße nicht aus, die vor dem Wort hergeht wie die Morgenröte, es schließt auch das Wort nicht aus, das das Brüten des Geistes (nach Gen 1,2) herbeiführt, ebensowenig wie die Sakramente, die uns die Gerechtigkeit applizieren, und die Werke, die dem Glauben folgen. Agricola geht es um Füllung des Glaubensbegriffes durch Wirkung, Kraft und Leben. Der Glaube rechtfertigt, der Leben und Licht bei sich hat, der durch die Liebe wirkt, der das Fleisch mit Christus kreuzigt (was nicht bedeutet, daß die Liebe rechtfertigt)[94]. Luther hatte schon recht, als er Gerechtigkeit als die Gerechtigkeit definierte, die vor Gott gilt. Aber Luther hat bei Zacharias im Benedictus nach Lk 1 „einen gelerten Meister gehabt ... am Zacharia / der da singet / Wie der rechte Gottesdienst durch den glauben lebendig und webern sein solle"[95]. Darum ist sich Agricola mit Osiander darin einig, daß iustificare nicht nur absolvieren heißt, „sonder es heisse / das uns Got rechtschaffen gerecht / und jme angenem mache", wie Paulus es Röm 3 beschreibt[96]. In dieser Ausformung der Rechtfertigungslehre hat Agricola jedenfalls vom späteren Melanchthon Abstand genommen.

---

[87] Historia, Bl LXIb; Evangeliensummarien 1537 (C E FÖRSTEMANN 304).

[88] Zu erwägen wäre, ob das theologische Stichwort der „Erfahrung" auch die Brücke zum Verständnis AGRICOLAS als Sprichwörtersammler sein könnte.

[89] Die Bemerkung, die JOACHIM ROGGE (Anm 5) 226 dieser Auseinandersetzung widmet, ist nicht nur unzureichend, sondern auch für den theologischen Anteil OSIANDERS unzutreffend. Vgl jedoch ebd 246f.

[90] Grüntl anz, Bl C 1a und E 2b–3a.

[91] Ebd Bl B 4b.

[92] Ebd Bl E 3a/b.

[93] Ebd Bl F 2b.

[94] Ebd Bl H 4b–J 2a.

[95] Ebd Bl J 3b.

[96] Ebd Bl P 1a.

Das Interesse an dem, was im Inneren des Menschen vorgeht, und an der Erfahrbarkeit der Wiedergeburt[97] lassen natürlich fragen, welche Rolle Agricola dem Wort im Prozeß der Wiedergeburt und Rechtfertigung zuschreibt. Gustav Hammann hat bereits die Unausgeglichenheit von Agricolas Position in seiner Frühzeit beschrieben[98]. Sie ist unausgeglichen geblieben, wenn man die gelegentlich starke Betonung des Wortes als Anfang, Mitte und Ende in Schöpfung und Wiedergeburt[99] mit der stark spiritualistisch gefaßten Buß- und Wiedergeburtslehre vergleicht. Immerhin läßt es aufmerksam werden, wenn Adolf Sperl Melanchthons „reformatorische Entdeckung" als die Verbindung zwischen durch den Primat des Affekts vor dem Intellekt bedingter psychologischer Erkenntnis und Theologie des Heiligen Geistes beschreiben kann[100]. Es ist möglich, daß gerade diese Verbindung die werdende Theologie Agricolas mitgeprägt hat.

Sehr wahrscheinlich ein Erbe Melanchthons bei Agricola ist die Betonung der Methode des Buß- und Wiedergeburtsvorgangs, die der Theologie Agricolas so stark das Gepräge gegen hat[101]. Diese Betonung einer festen Reihenfolge bis hin zur Vollständigkeit der einzelnen Schritte des Prozesses hat er festgehalten, als Melanchthon und Luther schon längst von den theologischen Ansätzen ihrer frühen Theologie aus weitergeschritten waren.

Hier ist auch auf einige bezeichnende Unterschiede zwischen Melanchthon und Agricola aufmerksam zu machen. Kann die Abendmahlslehre Agricolas im Jahre 1527 als melanchthonisch angesprochen werden[102], so ist Agricola an Stellen, an denen ihm lag, zur selben Zeit eigene Wege gegangen. Das läßt sich an seiner Übersetzung von Melanchthons Kommentaren zum Römerbrief und den beiden Korintherbriefen zeigen. Zu Röm 8,5ff hatte sich Melanchthon zum Kampf zwischen Fleisch und Geist geäußert[103]. Agricola ergänzt Melanchthons Ausführungen: „Das sehnen zum Vater / das freundliche ruffen / Abba / Lieber Vater / und die

---

[97] Vgl die Zusammenstellung wichtiger Metaphern aus dem Lukaskommentar bei GUSTAV HAMMANN (Anm 13) Anmerkungen auf S 8 Anm 30. Hierher gehört auch AGRICOLAS Vorliebe für biblische Bekehrungsberichte: Paulus (Ein predig, Bl B 1a/b; Grüntl anz, Bl H 3a–4a; Leichpredigt, Bl C 1a/b), die Büßerin von Lk 7 (Ein predig, Bl C 1b; Leichpredigt, Bl C 1a/b), Nikodemus (Grüntl anz, Bl D 3a–4a), die Verleugnung des Petrus und die Buße des Petrus (Historia, Bl LXb–LXIa; Bl LXXIVaff; Leichpredigt, Bl C 1a/b, D 2a). Zur Zachaeusgeschichte Lk 19 s o. Sein geistliches Testament, die Historia, versteht AGRICOLA als eine Art geistlicher Selbstbiographie, die von seinen Anfechtungen und Gesprächen mit Gott erzählt (Bl A 4b).

[98] GUSTAV HAMMANN (Anm 13) Anmerkungen auf S 8f Anm 30.

[99] Grüntl anz, Bl H 3b; Historia, Bl XLIVb: Der Heilige Geist erinnert den Angefochtenen an das Gebet und an das Sterben Jesu (vgl auch Leichpredigt, Bl E 1b).

[100] ADOLF SPERL (Anm 74) 100–105.

[101] Zum Zusammenhang von Evangelium und Methode bei MELANCHTHON vgl StA IV 145,13–21 (Matthäuskommentar 1519/20) und ADOLF SPERL (Anm 74) 132f. AGRICOLA hat seine Beeinflussung durch MELANCHTHON in De capitibus 1524 selbst deutlich markiert, wenn er sich auf MELANCHTHONS Loci als einer DIDAKTIKA quaedam methodus bezieht (Bl A 3a).
Die Vorrede zu dieser frühen Schrift stellt zum ersten Mal im Zusammenhang die Theologie der Anfechtung und die Befreiung vom Gesetz dar und bringt erstmals die Berufung auf Lk 24,47.

[102] Vgl Elementa, Bl E 1a und 2a mit CR 1,1041 und CR 2,827.

[103] Annotationes... in Epistolam Pauli ad Romanos unam, 1525, Bl 49b. Über MELANCHTHONS Auslegungen des Römerbriefs und der Korintherbriefe 1520/21 vgl ARNO SCHIRMER, Das Paulusverständnis Melanchthons 1518–1522 (Wiesbaden 1967) 48–70.

angst die das ruffen erwecket / wenn sie einander beyde treffen / Wo̊llen und nicht kůnnen lo̊s seyn / ist die geburt und sehnen der heiligen Gottes / davon Paulus sagt"[104]. Handelt es sich an dieser Stelle um eine Ergänzung zu Melanchthon im Sinne von Agricolas Wiedergeburtslehre, so hat er an anderen Stellen Melanchthon vorsichtig oder auch deutlich uminterpretiert. Melanchthons Text: „Lex non est spiritus, Euangelium non est spiritus, sed affectus amans legem. Affectus constanter credens Euangelio spiritus est"[105] übersetzt Agricola: „Das gesetze ist nicht geist / Die lust / die zum gesetze von hertzen gehet / und das man dem Euangelio gleubet / das ist geist"[106]. Agricola dürfte Melanchthons Ablehnung der Identifizierung von Evangelium und spiritus bewußt umgangen haben. Wo Melanchthon formuliert: Durch den Glauben lebt Christus in mir[107], übersetzt Agricola: Durch den Glauben lebt Gott in mir[108]. Am deutlichsten meldet sich sein Widerspruch gegen Melanchthon vielleicht in der Auslassung der Beschreibung der Gerechtigkeit als aliena iustitia durch Melanchthon[109, 110]. Es war ja gerade das Interesse an der inneren Erlebbarkeit der Rechtfertigung, das Agricola daran hinderte, an dieser Stelle Luther und Melanchthon zuzustimmen.

Das Eigenprofil von Agricolas Theologie

Zusammenfassend läßt sich die Grundstruktur von Agricolas Theologie in der gegenseitigen Beziehung und Durchdringung folgender Feststellungen beschreiben:
1. Agricolas Theologie ist eine Theologie der geistlichen Erfahrung, die ihren Ansatz in der meditatio passionis Christi hat.
2. Geistliche Erfahrung nach Agricola ist der ständig neu zu durchschreitende Prozeß von Anfechtung durch Buße zu Wiedergeburt und neuem Leben[111].

---

[104] Auslegung, Bl 120a.
[105] Annotationes (Anm 103) Bl 38a.
[106] Auslegung, Bl 101a.
[107] Annotationes (Anm 103) Bl 18b.
[108] Auslegung, Bl 55b. Vgl die ‚conformitas Dei' bei LUTHER 1516, oben S 136.
[109] StA IV,74,13–16.
[110] Auslegung, Bl 235b. Tit, Bl D 8b spricht AGRICOLA allerdings von der „aliena iustitia".
[111] In AGRICOLAS Theologie hat sich die eigentümliche Zwischensituation von LUTHERS früher Theologie erhalten, die zwischen innerer Gewißheit und innerer Ungewißheit schwankte (vgl dazu OSWALD BAYER [Anm 12] 140f). LUTHER selbst hat diese Ungewißheit seit 1521 überwunden (OSWALD BAYER 287. 335f). AGRICOLA hat sich noch 1537 und später auf LUTHERS Aussage von 1516 vom ständigen Bleiben der Heiligen im ‚fieri' berufen. „Inns factum esse bringen sie es nimer mehr" (Drey Sermon, Bl E 1a, vgl Episteln, Bl V 5a zu Röm 8). Zu LUTHER 1516: WA 56,441,23–442,26 (zu Röm 12,2). Nachschrift: WA 57 I 216,16–20. In beiden Texten ist Gen 1,2 erwähnt: Der Geist ruht nicht, sondern schwebt über den Wassern!
Vgl ferner, wie AGRICOLA 1543 die Situation nach der Überwindung der Anfechtung und der Befreiung von der Angst beschreibt: „Hie werde ich mutig / das ich meyne mein freude und leben werde nymer auffhören / Und sage / Wenn sich der Teuffel und alle seine pforten wider mich legen / so wil ich mich

3. Dieser Prozeß ist ein Vorgang, in dem das geistgewirkte innere Gebet eine entscheidende Rolle spielt[112].

4. Die Bedeutung der innerseelischen Wirksamkeit des Heiligen Geistes im Prozeß von Anfechtung, Buße und Wiedergeburt gibt der Theologie Agricolas einen stark spiritualistischen Akzent.

5. Agricolas Interesse an dem, was sich in diesem Prozeß im Inneren des Menschen abspielt, macht seine Theologie zu einer Theologie, die an den Affekten des Menschen interessiert ist.

Es war gezeigt worden, daß es vor allem drei Perioden in Luthers früher Theologie sind, die Agricola maßgeblich mitgeprägt haben: die *Römerbriefvorlesung* des Jahres 1515/16, die *Auslegung der sieben Bußpsalmen* von 1517 und die *Operationes in psalmos* 1519/21[113]. Agricola hat immer daran festgehalten, daß das Jahr 1517 das Jahr der Wiedergeburt der apostolischen Lehre gewesen ist[114]. Außerdem hat die Begegnung mit dem frühen Melanchthon deutliche Spuren in seiner Theologie hinterlassen. Zweifellos ließe sich die Erforschung weiterer Einflüsse Luthers und Melanchthons auf ihn noch weiter vorantreiben. Zu fragen bleibt aber, ob sich ein Ort finden läßt, an dem die theologischen Grundmotive Agricolas zusammentreffen und ob es nicht auch originäre Eigenbeiträge Agricolas zu seiner Theologie über die Integration von Motiven und Anstößen durch Luther und Melanchthon hinaus gibt. Diese Frage stellt sich umso deutlicher, als bereits gezeigt worden ist, daß

---

doch nicht fürchten / Aber lieber Herr Christe das weret bis mein Lex membrorum / widerumb einen newen Lerm machet / Ein newe unglück und schande brawet / da bin ich wider in der Helle / Und war doch zuvor im Himel" (Historia, Bl XLVa). Vgl auch die bisher unbekannt gebliebene „Auslegung des Zehenden Psalm" (Berlin 1543) Bl 30aff (einziges bisher nachgewiesenes Exemplar: StB Hannover, Ratsbibl Nr 444).

[112] Dieses Gebet ist wohl auch der geistliche Ort für das zwischen 1526 und 1529 entstandene Lied AGRICOLAS „Ich rüff zů dir, her iesu christ" (PHILIPP WACKERNAGEL, Das deutsche Kirchenlied von der ältesten Zeit bis zum Anfang des XVII. Jahrhunderts 3 [Leipzig 1870 / Neudruck Hildesheim 1964] 54f). Der Wiener Text ist wohl der ursprünglichere, vgl JULIUS BOEHMER, Ich ruf zu Dir Herr Jesu Christ, eine bleibende Gabe von Johann Agricola an die Kirche der Reformation, in: Die Studierstube 16 (1918) 481–506.538–552. Aber er ist nicht älter als 1525, wie es SANDER L GILMAN für möglich hält (The Hymns of Johannes Agricola of Eisleben. A Literary Reappraisal, in: Modern Language Review 67 [1972] 375), da AGRICOLA erst 1526 zum ersten Mal Hofprediger des sächsischen Kurfürsten war. Es handelt sich bei dem Lied um ein Klagegebet zu Christus, das den rechten Glauben erbittet angesichts der Bedrohung durch das Gewissen („Verzeyh mir auch zů diser stund / schaff mir ein rechte rewe", Strophe 3). Das Motiv des geistlichen Kampfes („sonst werd ich bald verlieren", Strophe 3, besonders Strophe 5) verbindet sich mit der Überzeugung, daß das Bestehen im Kampf nicht verdienbar ist („Und wem dus gibst, der hats umb sonst, es mag nimand verdienen noch sich sehnen [!] durch werck nach deiner gunst, wie noch mancher thůtt wenen", Str 4). Ansprechend ist die Vermutung GILMANS (379, 381), das Lied sei eine Adaptation des 22.Psalms. Trifft sie zu, so sollten eventuelle Beziehungen zu LUTHERS Auslegung des 22.Psalms in den Operationes in psalmos untersucht werden.

[113] Offen bleibt die Frage nach der Bedeutung seiner Baccalaureatsdisputation vom 9. September 1519 für AGRICOLA. Bekanntlich fand sie zusammen mit der MELANCHTHONS statt. Die Thesen (StA I 23–25) hat WILHELM MAURER untersucht mit dem Ergebnis, daß lediglich die Thesen 12–24 von MELANCHTHON stammen. Die Thesen 1 bis 11 möchte er LUTHER zuschreiben (WILHELM MAURER [Anm 54] 102). Zu fragen wäre, ob nicht auch AGRICOLA als Verfasser in Frage käme. Besonders die Thesen 3 und 8 sprechen einen wichtigen Punkt seiner späteren Theologie aus.

[114] Vgl GUSTAV KAWERAU (Anm 23) 16–18.

Agricola die Anregungen Luthers und Melanchthons durchaus eigenständig verarbeitet hat.

Es gibt einen Text bei Agricola, an dem sich dieser Eigenbeitrag gut zeigen läßt, obwohl auch hier wieder Tradition interpretiert wird. Bekanntlich haben seine *Drey Sermon* von 1537 den Anstoß zum endgültigen Bruch mit den Wittenbergern gegeben[115]. Die erste dieser Predigten handelt *Von Abraham und vom Heidnischen weiblin* und stellt fest, der Glaube brauche etwas, worauf er sich stützen kann, „eine feste stone"[116], das sei das Wort Gottes. Als Beispiel dafür dient Abraham nach Röm 4. Abraham hängt angesichts des Befehls, seinen Sohn zu opfern, zwischen Himmel und Erde, zwischen Gott und Gott, zwischen zwei Worten Gottes. Hier steht Hoffnung gegen Hoffnung. In einer solchen Anfechtung schwinden den Menschen alle Gedanken und Mittel. „Allein es bleibt jnn jren hertzen ein kleglich senen / ein engstlich seuffzen und verlangen / dadurch sie alleine gern wolten / das jn doch endlich mochte geholffen werden / wie wol sie darneben sorge tragen / und dünckt sie unmüglich sein / das es geschehen könde". Dieses Sehnen, Seufzen und Verlangen ist das Zeugnis des Geistes nach Röm 8,16. Der Geist weckt Hoffnung gegen Hoffnung. Doch sofort stellen sich die Zweifel wieder ein. Der Angefochtene sagt: „Aber es wird nichts draus / Es ist alles umb sonst und vergebens. Denn dis sind die exercicia und erfarung der wort S. Pauels / Gleuben durch hoffnung widder hoffnung / Summa Ein gedanck treibt und jaget den andern. Das fleisch sagt / Es sey alles verloren. Der geist sagt / Gott sey noch Vater. Müglich und unmüglich sind nach beyeinander / wie wol das unmügliche / neher und stercker gefület wird". Insofern ist es ein süßer Trost für alle notleidenden Christen, daß der Heilige Geist in den Herzen seine gemitus inenarrabiles schreit, was Augustin Cardinem desiderij nennt. Ohne den Heiligen Geist kann das Herz es nicht aushalten. Aber weil der Geist schreit, *muß* Gott helfen, *muß* er sagen: Groß ist dein Glaube[117]. Mut findet die Frau daraus, daß sie schon von Jesus gehört hat. Und obwohl es sonst die Art der Frauen ist, bald aufzugeben, schreit sie weiter. „Denn hie schwebet die Hoffnung im grunde", der Heilige Geist schreit, wie es Paulus Röm 8,16 sagt. Die Frau spürt ein Brennen im Herzen wie ein brütender Vogel, der immer wieder bald zum Nest zurückkehrt, wenn er es einmal verläßt – ein versteckter Hinweis auf Gen 1,2[118].

In dieser Deutung von Mt 15,21–28 sind die wichtigsten Grundmotive von Agricolas Theologie und Frömmigkeit enthalten. Und man braucht nur die Auslegung derselben Perikope zu vergleichen, die Agricola zehn Jahre früher gegeben hat, um die gleiche Struktur und die gleichen Akzente zu erkennen[119]. Auch dort steht das Interesse an dem, was in der Frau vorgeht, im Mittelpunkt der Deutung: „Es stehet des weiblins hertze noch ymer also / ob sie wol nicht gleuben kan / Ach were Christus also wie ich von yhm gesehen und gehoret habe / und hulffe meiner tochter / Ach hulffe er / Ach hulffe er mir doch / Denn das funcklein ym

---

[115] Ebd 173–175. [116] Drey Sermon, Bl A 4b. [117] Ebd Bl B 4b–C 1a.
[118] Ebd Bl C 1b–4b. [119] Kol, Bl B 6b–8a.

hertzen / das nur spricht / Ach wer ich los / Ach were mir geholffen / Ach wen kompt got und hillfft / das ist die hoffnung die den puff / ym Creutz und anfechtung auff und aushelt / und lest niemand zuschanden werden / wenn schon der glaube schwach ist und not leidet / Got ist ein hertz kenner / und wenn die not am grosten ist / so schreiet der geist gottes ynn unserm hertzen / erweckt ein sehnen und hertzlichs verlangen nach gotte / Und als denn kompt got und gibt eben das / darnach sich das hertze senet / ob wol der selbige mensche dis weder fuelet noch weis / die weil er mit seinem glauben also hart und hoch angefochten wird / und meinet es sey aus mit yhm"[120]. Die Hilfe in der Anfechtung kommt zustande mittels einer Entsprechung, die Gott durch das Wirken des Geistes im Herzen des Angefochtenen schafft. Auf Grund dieser Entsprechung, die sich im seufzenden Gebet ausdrückt, ist er geradezu zur Hilfe genötigt. Das Vertrauen auf das Wort ist für Agricola eigentlich eine Hilfsfunktion für das Wirken des Geistes. Er konnte es in der Situation des Jahres 1537 den Wittenberger Freunden gegenüber betonen, wie er es 1525 Müntzer gegenüber betont hatte[121].

Von Luther ist bis zum Jahre 1523[122] keine Predigt über diese Perikope überliefert. Wohl aber gibt es eine Erwähnung der Perikope anläßlich des Hinweises auf die Predigt Taulers über diesen Text in den *Asterisci* von 1518[123], und bereits das Scholion zu Röm 8,26 in Luthers Vorlesungskonzept von 1516 hatte die für Agricola so typische Verbindung von Röm 8,26 und Gen 1,2 mit der Erwähnung Taulers und seiner Darlegungen über die Geduld verbunden[124]. Ein Blick in Taulers Predigt über Mt 15,21–28 zeigt überraschende Übereinstimmung mit Agricola im Duktus der Auslegung[125]. Mag die Interpretation im einzelnen jeweils eigene Wege

---

[120] Ebd Bl B 7a/b.
[121] GUSTAV HAMMANN (Anm 13) Anmerkungen S 9 Anm 30.
[122] WA 11,41–44. [123] WA 1,298,29–30.
[124] WA 56,378,9–27. In den Operationes in psalmos wird TAULER in der Auslegung von Ps 6,2 als Zeuge für die Anfechtungen erwähnt (WA 5,203,14–16) (vgl die Resolutiones von 1518: WA 1,557,25–558,18). Die Auslegung des Anfangs von Ps 6 durch LUTHER enthält gehäuft Motive, die bei AGRICOLA wiederkehren: Mt 15,21–28 (WA 5,201,20–25), Röm 8,26 (202,25–26, vgl 206,20–32), die Verbindung von Röm 8,26 mit Gen 1,2 (203,25–31), Jes 38 (203,15; 204,11–14; 206,16–207,9).
[125] Die Predigt ist zu finden in: Die Predigten Taulers, hg v FERDINAND VETTER (Berlin 1910) 40,11–46,32. Im folgenden wird zitiert nach: Sermones: des hochgeleerten in gnaden erleüchten doctoris Johannis Thaulerii (Augsburg 1508), Bl xxxjb–xxxija: "Welichs ist nu diß jagen. Nit anders dann das der inwendig mensch allzeit geren zů gott wåre. da sein aigne stat ist und treibt denn den auswendigen menschen alle zeit zů got und nach got. So jagt der außwendig mensch denn ainen andern wege und will allezeit außwendig sein da auch sein aigen stat ist. Also ist ain zwaiung in dem menschen. Also jagent und fechtent die natur und der gaist wider ainander darzů kommet denn got. und jaget sy baide mit seiner gnad. und da diß jagen recht und wol verstanden wirt da steet es vast wol. in dem selben menschen. Wann alle menschen die vonn dem gaist gottes geiaget werden. seind die auserwelten kinder ... Wann alle menschen die des treibens und schwåren gedrengs nit warnemen. und nit warlich volgen im leben mit ainem absterben im gaiste und in natur. auß den selben menschen wirtt nymmer nichts gůttes die weil sy hie in diser zeit leben". Der Druck, der so auf den Menschen ausgeübt wird, schafft "ain groß gedreng in dem menschen". Ein solcher Mensch soll zu Gott rufen. "in disem gejägd wirt war geboren ain unmessiger růffe und fröd der jnnwendikait. Unnd diß gaistes růff geet über tausent und tausent meyl mit ainem getürstigen sůchen das da ist über alle maß. mit ainem gruntlosen seüfftzen das ist dann verr über all natur. so můß denn der hailig gaiste das selb übrig in unß volbringen dz unß nodtürfftig ist". So ist es in Röm 8,26 beschrieben, "und also würt der grund beraytet von dem hailigen gaist mer dann von aller beraytung die man ymmer in disen zeiten erdencken mag".

gehen, so ist das gemeinsame Interesse an dem inneren Vorgang, der durch Röm 8,26 ausgedrückt ist und Röm 7 zur Voraussetzung hat, eindeutig[126]. Eine Übereinstimmung zwischen Agricola und Tauler liegt auch insofern vor, als der Übergang von der Anfechtung zur Befreiung für Tauler mit Sicherheit erfolgt[127].

Daß wir es hier mit einem eigenständigen Punkt von Agricolas Theologie zu tun haben, zeigt ein Vergleich mit den Auslegungen von Mt 15,21–28, die von Luther überliefert sind. Wohl gibt es auch bei Luther Anklänge an Motive Taulers[128], aber die Tendenz der Auslegung Luthers geht doch in ganz andere Richtung als bei Tauler, nämlich hin auf das Vertrauen auf das Wort[129]. Ja, 1534 übt Luther an Tauler Kritik, weil er sagt, man solle in bestimmten Stadien der Anfechtung vom Gebet ablassen[130]. Röm 8,26 spielt in Luthers Auslegungen der Perikope keinerlei Rolle.

Was Melanchthon betrifft, so finden sich in seiner Frühzeit 1519/20 starke mystische Einflüsse. Sie sind jedoch anderer Herkunft und haben bis 1521 mehr und mehr abgenommen, um 1522 fast völlig zu verschwinden[131].

Es ist denkbar bzw sogar wahrscheinlich, daß Agricola den Anstoß und die Anregung zur Beschäftigung mit Tauler 1516 von Luther erhalten hat. Die Beschäftigung selbst zeigt eigenständige Züge – Luther selbst war an anderen Stellen von Taulers Lehre interessiert[132]. Agricola konnte Tauler unmittelbarer rezipieren als Luther.

Trotzdem bleibt die merkwürdige Tatsache bestehen, daß, soweit ich sehe, Tauler von Agricola kaum einmal erwähnt wird. In der Predigt über Mt 15,21–28 von 1537 wird Gersons Theologia mystica einmal erwähnt[133]. Die Übereinstimmung zwischen Agricola und Tauler ist jedoch so stark, daß sie nicht zufällig sein kann. Agricola ist offenbar von derselben Welle mystisch beeinflußter Theologie und Frömmigkeit erfaßt worden, die zwischen 1516 und 1520 auch andere Vertreter der Wittenberger Theologie erreicht hat. Was das für sein Verhältnis zur Karlstadt

---

[126] Daß es AGRICOLA 1537 auf diesen inneren Vorgang ankommt, zeigen die parallelen Ausführungen in den beiden anderen Predigten: Drey Sermon, Bl D 3b–E 4b und J 2b–K 2a.

[127] Vgl BERND MOELLER, Die Anfechtung bei Johann Tauler (Diss Mainz 1956) 60f.

[128] „Aber da sihe, wie Christus den Glauben ynn den seynen treibt und iaget, das er starck und fest werde". Fastenpostille 1525, WA 17 II 201,20–21.

[129] So schon 1523: WA 11,44,17–31, aber auch 1525: WA 17 II 201,35–202,37. Eindrücklich 203,31–35: „Darumb mus sichs von solchem fülen keren und das tieffe heimliche Ja unter und uber dem Neyn mit festem Glauben auff Gotts wort fassen und hallten, wie dis weyblein thut, und Gotte recht geben ynn seinem urteyl uber uns, so haben wir gewonnen und fangen yhn ynn seynen eygen worten". Zum ganzen vgl W SPITTA, Die Anfechtung bei Luther und Tauler in den Predigten über das kanaanäische Weib, Mt 15,21–28, in: MPTh 28 (1932) 220–229.

[130] Predigt vom 1.März 1534: WA 37,314,15–20. Druckfassung in der Hauspostille 1544: WA 52,179,22–24.

[131] WILHELM MAURER (Anm 54) 388–392.

[132] Zum Thema ‚Tauler und Luther' siehe BERND MOELLER, Tauler und Luther, in: La Mystique Rhénane. Travaux du Centre d'Études supérieures spécialisé d'Histoire des Religions de Strasbourg (Paris 1963) 157–168, und zuletzt sehr profiliert und prägnant MARTIN BRECHT, Martin Luther. Sein Weg zur Reformation 1483–1521 (Stuttgart 1981) 138–141.

[133] Drey Sermon, Bl D 1a.

und Müntzer bedeutet, bleibt noch zu untersuchen[134]. Was bedeutet es für das Verhältnis zwischen Luther und Agricola?

Ohne einer umfassenden Untersuchung dieses Verhältnisses vorzugreifen, die noch aussteht, kann festgestellt werden, daß mit Agricola in wichtigen Zeiten der reformatorischen Bewegung ein Mann neben Luther gelebt und gearbeitet und das Vertrauen Luthers genossen hat, der tiefgreifend und nachhaltig durch Tauler beeinflußt war bzw dessen Prägung durch den frühen Luther eine Prägung durch Tauler und die Deutsche Mystik begleitete, wie sich u a auch am Sprachmaterial zeigt, das Agricola benutzt. Luther hat daran offenbar keinen Anstoß genommen – gerade in kritischen Zeiten hatte er an Agricolas Eigenprägung nichts auszusetzen[135]. Für Agricola bedeutete das, daß er zeit seines Lebens nicht verstanden hat, was ihn eigentlich 1537 von Luther getrennt haben sollte, da er sich mit sachlichem Recht als Sachwalter von Luthers früher Theologie fühlen konnte und fühlte. Zu beachten bleibt auch, daß Agricola sich mit Luther durch ein Befreiungs- und Trosterlebnis verbunden fühlte, das sie wahrscheinlich gemeinsam durchlebt haben – Agricolas „Turmerlebnis" scheint zeitlich und räumlich von dem Luthers nicht weit entfernt zu liegen. Allerdings war das, was ihn an Luther interessierte und faszinierte, möglicherweise durch eine Frömmigkeitspraxis vorprogrammiert, die Agricola längst vor seiner Begegnung mit Luther geläufig war. Auffallend ist der große Einfluß der Bußpsalmenfrömmigkeit auf ihn.

Auch darf bei der Beurteilung Agricolas nicht vergessen werden, daß der Wurzelgrund und Kontext dessen, was man seinen Antinomismus genannt hat, eben jene eigengeprägte Geisttheologie ist, die oben skizziert worden ist.

---

[134] Lediglich zwei Beobachtungen seien mitgeteilt: Für KARLSTADT ist die Sehnsucht der Seelen nach Vereinigung mit Gott, die das Eigene zunichte macht, identisch mit dem, was die Überlieferung Fegfeuer nennt (Andreas Karlstadt, Ein Sermon vom stand der Christglaubigen Seelen von Abrahams schoß vnd Fegfeür, der abgeschydnen Seelen, 1523, Bl b 4b–c 3b). Auch bei MÜNTZER spielt Röm 8,26 eine wichtige Rolle (ROLF DISMER, Geschichte, Glaube, Revolution. Zur Schriftauslegung Thomas Müntzers [Diss Hamburg 1974] 231–236). Es sei auch daran erinnert, daß AGRICOLA MÜNTZER im Herbst 1520 LUTHERS Operationes in psalmos zuschicken wollte (THOMAS MÜNTZER, Schriften und Briefe. Kritische Gesamtausgabe, hg v GÜNTHER FRANZ [Gütersloh 1968] 362,9f).

[135] Das war 1528 so, vgl LUTHER an AGRICOLA 1. Februar 1529, WABr 5,15,3–10, und auch 1537, falls hier nicht einfach LUTHERS Unaufmerksamkeit an seinem positiven Urteil beteiligt war, vgl GUSTAV KAWERAU (Anm 23) 173f. Bisher ist die Vorrede zu den Drey Sermon an GREGOR BRÜCK vom 1. Juni 1537 noch nicht genügend beachtet worden. AGRICOLA berichtet dort, er wisse „einen guten herrn und freund", mit dem er fast eine halbe Nacht in einer Kammer ein Gespräch über „unsers Herr Gotts wercken und fürnehmen" gehabt habe. Sie seien sich darüber einig gewesen: Omnia Opera et Consilia Dei sunt posita in contradictione (Bl A 2a). AGRICOLA schickt BRÜCK das Buch zu, „Auff das es durch E. A. dem selbigen meinem guten Herrn und freunde zu handen kommen mochte" (Bl A 3b). Um wen hat es sich dabei gehandelt? MELANCHTHON? CRUCIGER?

II.
UNTERSUCHUNGEN ZUR PSALMENEXEGESE LUTHERS

DIE AUSLEGUNG DES 50. (51.) PSALMS IN AUGUSTINS ENARRATIONES IN PSALMOS UND IN LUTHERS DICTATA SUPER PSALTERIUM[1]

von

Siegfried Raeder

1. Einleitung

Die Theologie des jungen *Luther* ist in ihrer Eigenprägung nur vor dem Hintergrund der vielgestaltigen Traditionen zu erkennen, mit denen sich der werdende Reformator auseinanderzusetzen hatte. Die noch nicht abgeschlossene Neuausgabe der *Dictata super Psalterium* (1513–1515) bietet wenigstens bis zu Psalm 30 durch ihren reichhaltigen traditionsgeschichtlichen Apparat eine bis ins einzelne gehende Anschauung von Luthers Verhältnis zu dem breiten Strom der theologischen Überlieferungen[2]. Von allen Autoren, aus deren Werken er schöpfte, stand bei ihm *Augustin* in höchstem Ansehen. Dies entsprach durchaus der überragenden Bedeutung des Bischofs von Hippo Regius für die Kirchen- und Theologiegeschichte des Mittelalters. Augustin war es, der der mittelalterlichen Theologie nicht nur die grundlegenden Aufgaben stellte, sondern auch in deren Lösungen weitgehend wegweisend blieb. Mochten auch die Ockhamisten sich von der ursprünglichen Gnadenlehre des großen Kirchenvaters entfernt haben – und mit gewissen graduellen Unterschieden gilt dies fast von allen mittelalterlichen Theologen –, so waren sie doch selbstverständlich überzeugt, daß der Vorwurf des Pelagianismus sie nicht treffe. Als Mönch gehörte Luther dem Orden der Augustinereremiten an. Schon darin lag für ihn eine Verpflichtung, das Erbe Augustins zu bewahren. Als Sententiarius (1509/10) rühmte Luther den Lombarden wegen seiner weisen Zurückhaltung gegenüber der Philosophie und weil er sich in allen Dingen auf die Leuchten der Kirche stütze, „ganz besonders (aber) auf das hochberühmte Licht und den niemals genug gelobten Augustinus"[3]. Daß Luther sich nicht mit einer durch die

---

[1] Was LUTHER betrifft, so konzentriert sich diese Untersuchung ihres begrenzten Umfanges wegen auf die Glossen. Adnotationen und Scholien werden nur in Auswahl zur Ergänzung herangezogen. Der Text wird nach BoA ²5 wiedergegeben, soweit er in dieser Auswahlausgabe abgedruckt ist. Die Fundstellen in WA werden in Klammern hinzugefügt. Der Ort der einzelnen Erklärungen AUGUSTINS wird jeweils zu Anfang mit der Nummer des betreffenden Abschnittes in CChr SL 38 vermerkt. Nur bei wörtlichen Zitaten kommt die Zeilenangabe hinzu. Bei LUTHERS Glossen genügt der Hinweis auf den betreffenden Vers. Zu den Glossen konnte noch berücksichtigt werden: MARTIN LUTHER, Wolfenbütteler Psalter, hg v R SCHWARZ und E ROACH (Frankfurt M 1983).

[2] WA 55 I 1 u II 1.

[3] BoA ²5,4,27–32 (= WA 9,29).

zahlreichen Augustin-Zitate des Sentenzenwerkes vermittelten Augustin-Kenntnis begnügte, sondern gleichzeitig auch bestrebt war, den Kirchenvater aus seinen eigenen Schriften genauer kennenzulernen, beweisen seine in den Jahren 1509/10 notierten Randbemerkungen zu einem Band kleinerer Abhandlungen Augustins[4] und zu den großen Werken „De trinitate" (verfaßt von 399–419)[5] und „De civitate dei" (von 413–426 stückweise veröffentlicht)[6]. Eine ausgiebige Benutzung von Werken Augustins, besonders der „Enarrationes in Psalmos", bezeugen einige Jahre später die Dictata super Psalterium. In der Römerbriefvorlesung (1515/16), wo ihn seine exegetischen Erkenntnisse zu heftiger Kritik an scholastischen Lehren führten, berief er sich besonders häufig auf Augustins antipelagianische Schriften, besonders auf den Traktat „De spiritu et littera". In der Einleitung zu den theologischen Thesen der Heidelberger Disputation von 1518 bezeichnete er Augustin als „interpres fidelissimus" des Paulus[7]. Obwohl Luther sich auch in späteren Jahren dessen bewußt blieb, was er Augustin verdankte, glaubte er doch, mit seiner Theologie über Augustin hinausgegangen zu sein und Paulus selbst entdeckt zu haben. Daher konnte er sagen: „Zu Anfang las ich nicht Augustin, nein, ich verschlang ihn. Aber da mir in Paulus die Tür aufging, da ich wußte, was iustificatio fidei ward, da ward es aus mit ihm"[8].

An Studien über das Verhältnis des jungen Luther zu Augustin mangelt es nicht. Was die Fülle des zusammengestellten Materials betrifft, ist noch immer grundlegend Adolf Hamels zweiteiliges Werk: „Der junge Luther und Augustin. Ihre Beziehungen in der Rechtfertigungslehre nach Luthers ersten Vorlesungen 1509–1518" von 1934/35. Neuere Arbeiten zu diesem Thema beziehen sich vor allem auf Luthers Römerbriefvorlesung[9]. Hamel behandelt die Beziehung Augustins zu den Dictata super Psalterium unter folgender systematischer Hauptgliederung: 1. „Die Selbstaufgabe des Menschen", 2. „Der Mensch der Sünde", 3. „Die Rechtfertigung", 4. „Christus der Mittler des Heils"[10]. Die Schwäche dieser Anordnung des Stoffes liegt darin, daß nicht deutlich wird, wie Augustin und Luther ein und denselben zusammenhängenden Text – von gewissen Unterschieden in der Übersetzung sei hier abgesehen – ausgelegt haben[11]. Ein Theologe offenbart seine Denkweise, indem er zeigt, wie er einen bestimmten Bibeltext versteht. Bei dieser

---

[4] WA 9,5–15.
[5] WA 9,16–23.
[6] WA 9,24–27.
[7] BoA ²5,377,21 (= WA 1,353).
[8] Sommer und Herbst 1532. BoA 8,45,36–46,2 Nr 347 (= WATR 1).
[9] Vgl vor allem BERNHARD LOHSE, Die Bedeutung Augustins für den jungen Luther, in: KuD 11 (1965) 116–135 (zu den Dictata: S 119f.124–127); DOROTHEA DEMMER, Lutherus interpres. Der theologische Neuansatz in seiner Römerbriefexegese unter besonderer Berücksichtigung Augustins (Witten 1968); LEIF GRANE, Modus loquendi theologicus. Luthers Kampf um die Erneuerung der Theologie (1515–1518) (Leiden 1975). Weitere Literatur zum Thema „Augustin und Luther" bei CARL ANDRESEN, Bibliographia Augustiniana (Darmstadt ²1973) 236–239.
[10] Ebd 40–206.
[11] Am Schluß des ersten Teils (1934) gibt HAMEL eine „Übersicht über die einzelnen Berührungen zwischen Luther und Augustin in Form eines Registers" (ebd 226–349).

Betrachtungsweise werfen gerade die Unterschiede im Verständnis des Textes kein weniger bezeichnendes Licht auf die Ausleger und ihre Denkweise als die Gemeinsamkeiten oder Ähnlichkeiten. Luther mußte Gründe haben, wenn er in der Auslegung eines Psalms der ihm sehr wohl bekannten Exegese Augustins ganz und gar nicht oder teilweise nicht folgte. Es steht letztlich in solchen Fällen die Überzeugung dahinter, daß jenes, was Augustin sage, wie fromm und wahr es auch sei, nicht Inhalt und Absicht des Textes selbst ausdrücke.

Die Enarrationes sind in der Zeit von 392 bis 418 entstanden[12]. Der Art nach gliedern sie sich in Predigten, die vor der Gemeinde gehalten wurden, und in diktierte Auslegungen, die sich ihrerseits wiederum in kürzere, glossenartige und in ausführlichere, kommentarartige Exegesen einteilen lassen.

Die Enarratio über Psalm 50 ist eine zwischen 411 und 413 in Carthago gehaltene Predigt[13]. In der Einleitung spiegelt sich die Auseinandersetzung mit dem Donatismus. Ebenso fällt diese Predigt in die Anfangszeit des antipelagianischen Kampfes.

2. Die Auslegung von Psalm 50 durch Augustin und Luther

Einleitung und Titulus

Augustin

(n 1) In der *Einleitung* geht Augustin zunächst auf die aktuelle Situation ein. Das Volk ist, wie er glaubt, deshalb in so großer Menge zusammengekommen, weil es für jene beten will, die eine verkehrte Neigung fernhält. Es ist klar: Augustin meint die Donatisten. Ihr Fernbleiben ist besonders beklagenswert, weil sie nicht Juden oder Heiden, sondern Katechumenen und zum guten Teil sogar Getaufte sind, „unsere Brüder"[14] also. Hinsichtlich der Taufe gibt es zwischen ihnen und den katholischen Christen keinen Unterschied, wohl aber in der Einstellung des Herzens. So trifft es sich gut, daß mit Psalm 50 gerade ein Psalm über die *Buße* gesungen worden ist. Damit ist das thematische Stichwort der Predigt gefallen. Augustin bittet die Gemeinde, seine Auslegung den Abwesenden mitzuteilen. Freilich müssen die Hörer selbst gesund sein, wenn sie den geistlich Kranken helfen sollen. Falsch ist die Meinung, für jene Getrennten gebe es nicht mehr die Brücke der Barmherzigkeit Gottes, über die sie zurückkehren könnten. Schwer wiegt allerdings die Verfehlung der Donatisten; denn es ist ein Unterschied, ob man in bewußter Verachtung der Stimme Christi dem Nichtigen nachläuft oder ob man es in Unwissenheit tut. Die Unterscheidung zwischen wissentlich und in Unwissenheit

---
[12] CChr 38,XV. XVIII. – Literatur zu den Enarrationes ebd XX–XXII; CARL ANDRESEN, AaO 21. 154–157; BERTHOLD ALTANER–ALFRED STUIBER, Patrologie (Freiburg i Br u a ⁸1978) 430f.461.
[13] CChr 38,XV,32.
[14] Z 10.

getanen Sünden ist wichtig für Augustins Verständnis dieses Psalms. Augustin schließt die Einleitung mit der Versicherung ab, auch für jene, welche Christi Stimme geflissentlich verachten, sei die Hoffnung auf Umkehr noch nicht verloren, was Psalm 50 zeige.

(n 2) Den *Titulus* gibt Augustin in folgender Form wieder:
Psalmus ipsi David, cum venit ad eum Nathan propheta, quando intravit ad Bersabee.

Mit tiefem Schmerz und wider Willen muß der Prediger von Davids schwerer Sünde reden. Der Mann, aus dessen Samen Christus hervorgehen sollte, brach die Ehe mit der Frau eines anderen und ließ den ahnungslosen Gatten ermorden! Kein Zweifel an diesem ungeheuren Verbrechen ist möglich; denn was der Psalmentitel andeutet, wird im (2.) Buch der Könige (= 2 Sam 11 und 12) ausführlich beschrieben, und der Heiligen Schrift muß man glauben. Auf Gottes Geheiß wies der Prophet Nathan den König zurecht.

(n 3) Augustin weiß wohl, daß seine Hörer nicht ausnahmslos auf der Höhe christlicher Sittlichkeit stehen. Er muß sie deshalb eindringlich warnen. Sie sollen sich ja nicht an dem tiefen Fall eines so großen Mannes ergötzen! Vielmehr soll der Fehltritt der Großen den Unbedeutenden zum Schrecken gereichen. Zu eben diesem Zweck ist der Psalm verfaßt worden und wird er in der Kirche oft gelesen und gesungen. Hören sollen ihn sowohl diejenigen, die noch nicht gefallen sind, damit sie nicht straucheln, als auch die, welche schon gefallen sind, damit sie wieder aufstehen. Augustin wendet sich dann an zwei Gruppen von Hörern: Die einen sagen sich: „Wenn David dies getan hat, warum sollte ich es nicht auch tun?"[15] Wer aber unter Berufung auf Davids Beispiel sündigt, sündigt schwerer als David. Dagegen hören auf heilsame Weise diese Geschichte diejenigen, die am Sturz des starken Mannes ihre eigene Schwäche erkennen. Sie meiden alle Versuchungen zur Fleischessünde. Augustin zitiert in diesem Zusammenhang Röm 6,12: „Non ergo regnet peccatum in vestro mortali corpore!" Paulus sagt bezeichnenderweise nicht: „Non sit", sondern: „Non regnet"! Das Dasein der „Sünde" auch im Getauften erscheint Augustin demnach als etwas Unvermeidliches, aber nicht eigentlich Schuldhaftes. Entscheidend ist, daß die Sünde nicht herrscht. Wird sie gezügelt, so ist sie nicht im strengen Sinne des Wortes Sünde, sondern eher Neigung oder Versuchung zur Sünde[16]. „Die Sünde ist in (dir), sooft du dich (an fleischlichen Dingen) ergötzt. Sie herrscht, wenn du (in die Sünde) einwilligst. Man muß das

---

[15] Z 13.

[16] In seiner Schrift „De nuptiis et concupiscentia" (verfaßt 419/21) verbindet AUGUSTIN mit Röm 6,12 folgende Erklärung: „Ipsa quidem concupiscentia iam non est peccatum in regeneratis, quando illi ad illicita opera non consentitur atque ut ea perpetrent a regina mente membra non dantur ... Sed quia modo quodam loquendi peccatum vocatur, quod et peccato facta est et peccatum, si vicerit, facit, reatus eius valet in generato. quem reatum Christi gratia per remissionem omnium peccatorum in regenerato, si ad mala opera ei quodam modo iubenti non oboediat, valere non sinit" (1,23,25). Vgl auch „Contra duas epistolas Pelagianorum" (verfaßt 421), 1,13,27: „Haec (sc concupiscentia) etiamsi vocatur peccatum, non utique quia peccatum est, sic vocatur; sicut scriptura manus cuiusque dicitur, quod manus eam fecerit".

fleischliche Ergötzen, besonders wenn es bis zum Unerlaubten und Fremden fortschreitet, zügeln. Man darf ihm nicht seinen Willen lassen"[17].

(n 4). Schließlich warnt die Geschichte von Davids Sündenfall vor den Gefahren des Wohlergehens. Als David von Saul verfolgt wurde, fiel er nicht in Sünde, weil er sich ganz auf Gott ausrichtete. Die Trübsal erwies sich gleichsam in der Hand des göttlichen Arztes als ein nützliches chirurgisches Instrument. Als David aber auf der Höhe des Erfolges stand, wurde er selbstsicher und stürzte.

(n 5) Augustin faßt die Absicht des Psalms im Hinblick auf die zwei Gruppen, in die sich seine Hörerschaft teilt, zusammen: Wer nicht gestrauchelt ist, sei seiner Schwäche eingedenk und wachsam; wer aber gefallen ist, verzweifle trotz der Größe der Wunde nicht an der Hoheit des Arztes, sondern tue mit David in tiefer Demut Buße für seine Sünde. Ein Bußpsalm im eigentlichen Sinne ist also nach Augustins Verständnis Psalm 50 nur für die, welche in (schwere) Sünde gefallen sind. Für die anderen, die sich bisher von Sünde rein halten konnten, ist er eher eine Warnung oder ein Lehrpsalm. Charakteristisch ist auch die Betrachtung der Sünde als schwere Verwundung. Dem entspricht es, daß Augustin das göttliche Heilswirken in den Anschauungsformen der ärztlichen Kunst beschreibt. Diese für Augustins Verständnis der Buße (und wohl auch der Rechtfertigung) höchst bezeichnende Metaphorik zieht sich durch die ganze Auslegung des Psalms hindurch, während sie bei Luther vollständig fehlt.

Luther

Psalm 50 ist in Luthers *Psalterdruck von 1513* (= Lps)[18] folgendes Summarium vorangestellt: „Beste Erziehung und (bestes) Beispiel für diejenigen, die Buße tun und bekennen (oder: beichten) wollen".

Der *Titulus* lautet: *Ad victoriam psalmus David, quando venit ad eum Nathan propheta: quando intravit ad Bathsabe.*

Die Vulgata (= Vg) gibt die Überschrift des Psalms wie folgt wieder: „In finem psalmus David, cum venit ad eum Nathan propheta, quando intravit ad Bathsabee"[19]. Als Vorlage für Luthers Textfassung kommt in erster Linie die Übersetzung des Nikolaus von Lyra in Betracht: „Ad victoriam psalmus David, cum venit ad eum Nathan propheta, quando intravit ad Bethsabee". Luther unterscheidet sich von Lyra durch die Konjunktion „quando" vor „venit" und die orthographische Form „Bathsabe". Das „quando" steht im Psalterium Hebraicum nach Faber (= PsH), während die Schreibweise „Bathsaba" (sic!) in Reuchlins Übersetzung der Bußpsalmen (= 7 pss poen) vorkommt. In der grammatischen Erklärung zSt zerlegt er den Namen in die Bestandteile בַּת , filia, und שֶׁבַע , iuramentum, weist auf die entsprechenden Artikel der Rudimenta hin (S 86 und S 506) und erklärt die gebräuchliche Lesart „Bersabea" für falsch.

---

[17] Z 38–40.
[18] Siehe hierzu WA 55 I 1,19*–23*.
[19] Zitiert nach: Biblia cum glossa ordinaria... (Basel 1506–08).

Luthers *Zeilenglosse* zum Titulus bietet drei Erläuterungen:

1. Der Psalm ist David offenbart worden: „Ei revelatus". Luther faßt also die Präposition לְ vor דָוִד als Bezeichnung für den Dativ auf. Nicht Autor, sondern Empfänger des ihm offenbarten Psalms ist David. Mit dieser Deutung entscheidet sich Luther gegen Reuchlin, der in den Rudimenta bemerkt, der articulus lamed diene dem Dativ, stehe aber in Psalmenüberschriften anstelle des Genitivs, „ut psalmus ipsi David, i.e. ipsius David"[20]. Dagegen stimmt Luther mit Faber überein, der zu Ps 3,1 schreibt: „Wo hier und anderswo psalmus David oder etwas Ähnliches steht, ist David ein Dativ". David ist nicht actor (lies: auctor?) des Psalms, sondern dieser ist ihm „im Geiste offenbart worden" (ostensus).

2. Der Psalm wurde David offenbart, als Nathan „aus Anlaß" (occasione) der in 2Sam 11 und 12 erzählten Geschichte zu ihm kam.

3. Bathsabe bedeutet „filia iuramenti". Luther zeigt sich hier von Hieronymus (Interpretationes nominum Hebraicorum) und Reuchlin abhängig[21].

In einer *Randglosse* äußert sich Luther zum Gesamtverständnis des Psalms. Man kann ihn „nach der Geschichte in der Person Davids" verstehen. Nach dem prophetischen Sinn muß man ihn aber „in der Person der menschlichen Natur, dh der Gemeinde Christi", auffassen[22]. Für die prophetische Deutung sprechen nämlich V 7, der sich auf die Erbsünde bezieht, und V 20, wo David „für das höchste (suprema) Zion" betet (vgl Gal 4,26). Schließlich ergibt sich das prophetische Verständnis auch aus Röm 3,4, wo Paulus diesen Psalm – V 6 – zitiert und auslegt.

Ausführlicher begründet Luther sein Gesamtverständnis des Psalms in der entsprechenden *Randbemerkung zu Faber Stapulensis*[23]. Hier geht es um die Frage, wie sich der Inhalt des Psalms zu der im Titel angedeuteten Geschichte verhält. Aus Ps 50,1f leitet Luther die Regel ab: Die Tituli bezeichnen nicht den Inhalt des jeweiligen Psalms, sondern den Anlaß (occasio), aus dem er entstanden ist. Veranlaßt ist der Psalm durch Davids Bekenntnis: „Ich habe gesündigt" und Nathans Antwort: „Vergeben hat der Herr deine Sünde" (2Sam 12,13). Daraus hat David die Erkenntnis gewonnen, „daß, wer sich als Sünder bekennt, Verzeihung erlangt und daß jeder Mensch Sünder ist und allein Gott gerecht, rechtfertigend und zu rechtfertigen ist". Diese Erkenntnis hat David vor allem in V 6 zum Ausdruck gebracht, womit er sagen wollte: „Ich möchte nicht im Besitz meiner Gerechtigkeit erfunden werden, damit deine Gerechtigkeit in mir sei". Aus dieser Erkenntnis ergibt sich folgerichtig die in V 7 gemachte Aussage. Auf Grund seines Gesamtverständnisses von Psalm 50, für das V 6 von grundlegender Bedeutung ist, verwirft

---

[20] S 575.

[21] In den Adnotationes gibt LUTHER Bathsabe mit „filia quietis" wieder (WA 4,497), wofür keine direkte Vorlage nachgewiesen werden konnte. Siehe S RAEDER, Das Hebräische bei Luther untersucht bis zum Ende der ersten Psalmenvorlesung (Tübingen 1961) 196f.

[22] „Secundum propheticum sensum". FABER, ein eifriger Verfechter der christologischen Psalmenexegese, bemerkt zu Psalm 50 (tit): „Et cum hic psalmus quid humanum contineat, *non* prophetiam..."

[23] BoA ²5,45,13–32.

Luther Lyras Auslegung der Worte (V 6): „... ut iustificeris in sermonibus tuis". In der Postilla litteralis fügt Lyra diesem Versteil die Erklärung hinzu: „Das bedeutet: damit deine an mich ergangene Verheißung erfüllt werde, wie es deiner Wahrheit entspricht". Gott erweist sich also dadurch als gerecht, daß er trotz Davids schwerer Sünde die diesem gegebene Verheißung[23a] nicht zurückzieht, sondern um seiner Wahrheit willen erfüllen wird. Luther wendet ein, zu Lyras Verständnis passe „weder die Ordnung des Satzes noch der Ort der Geschichte". Unter dem „ordo sententiae" kann dem Zusammenhang nach nur das in V 6 ausgesprochene Sündenbekenntnis, das Gottes Gerechterweisung zum Ziel hat, verstanden werden. Diesen inneren Zusammenhang zwischen beiden Vershälften (Tibi ... feci: ut ... tuis) erkennt Lyra nicht. Hinter die Worte „et malum coram te feci" fügt er ein: „Et subintelligitur: remitte mihi". Mit dem „locus historiae", der nach Luther ebenfalls gegen Lyras Deutung spricht, dürfte die Stelle 2Sam 12,13 gemeint sein, die Anlaß zum ganzen Psalm bot und speziell der in V 6 ausgedrückten Erkenntnis zugrunde liegt. Seine Kritik an Lyra steigert Luther bis zu der Behauptung, Gott hätte sich im Gegenteil gerade als gerecht erwiesen, wenn er wegen Davids Sünde seine Verheißung zurückgenommen hätte. Es geht also nach Luther nicht um die Frage, wie sich Davids Sünde zu Gottes Gerechtigkeit im Sinne von Gottes *Verheißungstreue* verhält, sondern um die finale Ausrichtung des Sündenbekenntnisses auf die *Gerechterweisung* Gottes. Wenn nach Luther zur Gerechterweisung Gottes auch das von Gott selbst ausgehende iustificare gehört (solus deus iustus, iustificans et iustificandus), so erklärt sich dieses sehr wichtige neue Gedankenelement aus dem Hebräischen: Reuchlin übersetzt in den 7 pss poen zu V 6: „Propterea iustificabis".

Luther wie *Augustin* – und die gesamte Tradition – verstehen Psalm 50 als Bußpsalm. Aber im Verständnis der Sünde, für die Buße getan werden soll, gehen Luther und Augustin verschiedene Wege. Augustin, der im Titulus einen Hinweis auf den Inhalt des Psalms findet, denkt an Buße für (schwere) Tatsünden. Luther, der im Titulus nur die Veranlassung des Psalms erkennt und den Inhalt vor allem auf Grund von V 6 versteht, meint die Sünde im radikalen Sinne als mit der menschlichen – auch christlichen – Existenz unlösbar verbundene „Erbsünde". Für Augustin besteht das Problem der geschehen oder der dem Unvorsichtigen drohenden konkreten Sündenverfehlung, für Luther das Problem der unentrinnbar bleibenden Sünde[24]. Den Hinweis auf dieses Gesamtverständnis des Psalms verdankt Luther *Paulus*.

[23a] Über den Inhalt der Verheißung schreibt LYRA in der litteralen Auslegung zu V 5: „Promiserat ... deus David ..., quod firmaret regnum eius ad posteros et quod filius suus aedificaret templum domini"; zu V 8: „Erat promissio ipsi David facta de successione regni in filiis et de descensu Christi de semine eius"; in der moralischen Auslegung zu V 6: „‚... in sermonibus tuis', quibus promisisti peccata dimittere vere poenitenti".

[24] Vgl zur Ergänzung LUTHERS Ausführungen zu V 6, besonders in der Scholie, hier S 166–168.

Für den Grundgedanken der Auslegung Luthers gibt es in der Tradition keine wirkliche Vorlage. Allen Exegeten bezeichnet der Titulus den Inhalt des Psalms: nach dem buchstäblichen Sinn Davids Buße für seine schwere Sünde. Freilich besteht neben der buchstäblichen Deutung auch die Möglichkeit des allegorisch-prophetischen Verständnisses. So berichtet *Cassiodor* von einer Auslegung des *Hieronymus*, die uns nicht erhalten ist, worin dieser Bersabee als Bild der Kirche oder des menschlichen Fleisches aufgefaßt und David auf Christus gedeutet habe. „Wie jene, als sie sich in der Quelle Cedron wusch, entkleidet David gefiel und verdiente, vom König umarmt zu werden, und (wie) ihr Ehemann auf obersten Befehl ermordet wurde, so weiß man auch von der Kirche, dh der Versammlung der Gläubigen, daß sie durch das Bad der heiligen Taufe nach Reinigung allen Sündenschmutzes mit dem Herrn Christus vereinigt ist"[25]. Haben wir hier nicht die Grundlage für Luthers Deutung, Psalm 50 sei „in der Person der menschlichen Natur, dh der Kirche Christi", gesprochen? Die entscheidende Frage ist aber: Hat Hieronymus die Sünde so wie Luther als gegenwärtige und unentrinnbare Wirklichkeit des Christseins verstanden? Nein! Die Gläubigen *sind schon* von „allem Sündenschmutz" gereinigt – *durch die Taufe.* Die Erbsünde hat für sie keine Aktualität mehr. Zudem versteht Luther seine Deutung von Psalm 50 auf die Kirche Christi nicht als eine allegorische, sondern literal-prophetische, die die eigentliche Absicht des Psalms wiedergibt, wie sie sich besonders aus dem schlichten Wortsinn von V 6f und V 20 ergibt und durch Röm 3,4 bestätigt wird. Ps 50,7 galt freilich allgemein als Schriftbeweis für die Erbsünde[26]. Aber dies bedeutete nicht, daß der ganze Psalm im Hinblick auf die Erbsünde verstanden werden mußte.

Eine Sonderstellung nimmt in der exegetischen Tradition freilich *Jakobus Perez von Valencia* (gest 1490) ein[27]. Auch er geht davon aus, daß der Titulus die „materia" des Psalms angibt. Aber er beschränkt sich nicht auf die buchstäbliche Auslegung im Hinblick auf David, sondern leitet aus der Bezeichnung „in finem" oder „ad victoriam" ab, „daß dieser Psalm uns über den Buchstaben, der von Davids Sünde handelt, hinaus zum Ende und zur Ankunft Christi hinleitet und daß er von der ganzen Kirche Christi zu verstehen ist". Demgemäß hat David den Psalm unter drei Gesichtspunkten verfaßt: „Erstens im buchstäblichen Sinn für sich selbst, indem er geistliche Vergebung erbittet, sofern er mit (wörtlich: in) Bersabee gegen Gott und Uria gesündigt hat . . .; zweitens mystisch für das ganze Menschengeschlecht oder für den mystischen Menschen, sofern er in Adam gegen Gott gesündigt hat und um Erlösung durch Christus und alle Sakramente bittet, mit den Worten ⟨V 20⟩: ,Tue Sion wohl in deinem guten Willen'; drittens für jeden beliebigen büßenden Sünder, der in sich gegen Gott und den Nächsten gesündigt hat, mit den Worten ⟨V 15⟩: ,Ich werde die Ungerechten deine Wege lehren'". Gemäß der

---

[25] CChr SL 97,452f, n 1.2, Z 9–17.
[26] Vgl außer den Psalmenkommentaren PETRUS LOMBARDUS Sent II dist 33 c 1.2; THOMAS STh III q 82 a 2.
[27] CL psalmi Davidici (Paris 1509 u ö).

zweiten Deutung wird der Psalm von der Kirche im Stundengebet (in officio canonico) gelesen, gemäß der dritten einzelnen Büßern auferlegt. Frühere Autoren haben den Psalm unter gemischter Anwendung der drei genannten Gesichtspunkte ausgelegt. Perez will aber den Leser nicht verwirren und wird deshalb den ganzen Psalm nacheinander 1. auf David, 2. auf den mystischen Menschen und 3. auf den einzelnen Büßer deuten. Neu ist die ekklesiologische, die 2., Deutung bei Perez nur in ihrer konsequenten Anwendung auf den ganzen Psalm, aber nicht im Verständnis der Sünde. Für den Getauften reduziert sich die Erbsünde auf die concupiscentia als Strafe für die Sünde Adams[28].

Vers 3

Augustinus

Miserere mei, deus, secundum magnam misericordiam tuam, et secundum multitudinem miserationum tuarum dele iniquitatem meam.

(n 6) Augustin ist vor allem das Wort „magna" wichtig. „Wer eine große Barmherzigkeit erfleht, bekennt ein großes Elend". Die Wunde ist schwer, ein großes Heilmittel ist daher erforderlich. Der Beter müßte verzweifeln, würde er nicht einen so großen Arzt finden.

Weil die Barmherzigkeit groß ist, äußert sie sich in der Gestalt vieler Erbarmungen. „Du achtest auf die Verächter, um sie zurechtzuweisen, du achtest auf die Unwissenden, um sie zu lehren, du achtest auf die Bekennenden, um ihnen zu verzeihen"[29]. Hat David aus Unwissenheit gesündigt wie Paulus, der (1Tim 1,13) sagt: „Barmherzigkeit habe ich erlangt, weil ich es in Unwissenheit und in Unglauben tat"? Nein, David hat wissentlich gesündigt. Deshalb erfleht er „die große Barmherzigkeit" Gottes. „Also erlangen die Barmherzigkeit des Herrn, die unwissend (Sünde) getan haben, und die wissentlich (gesündigt haben), erlangen nicht irgendeine Barmherzigkeit, sondern die große Barmherzigkeit"[30].

Luther

Zur Begründung der Bitte „Miserere mei" setzt Luther die Worte: „Denn ich bin elend und erbarmungswürdig". – Auch nach Augustin bekennt hier der Beter sein großes Elend.

Die „magna misericordia" Gottes schließt jedes Verdienst oder eigene Werk aus. Das Wort „magna" versteht Luther nicht wie Augustin im Sinne der quanti-

---

[28] „Sequitur *secunda expositio* ... propter peccatum Adae fuit corrupta tota sua generatio et natura humana quae trahit concupiscentiam in carne ab Adam, quae inclinatur generaliter ad illa tria peccata, scilicet ad superbiam, avaritiam et luxuriam ..." Zu V 6: „Tibi soli peccavi et te solum offendi in Adam. Nam sicut ego fui tibi rebellis, ita in me est rebellis sensualitas et caro ... et sic illa poena et morbus manet in carne mea in punitionem et poenam peccati (sc Adae)".
[29] Z 17–19.
[30] Z 25–27.

tativen Steigerung, sondern im Sinne einer exklusiven Intensität. Die „magna misericordia" ist *„mera* misericordia", der nichts von Seiten des Menschen beigemischt ist. Schließlich faßt Luther den Sinn dieser Wendung mit dem Wort „gratis" zusammen.

Von der „multitudo" der Erbarmungen Gottes spricht der Beter im Hinblick auf seine Sünden, „die nicht nur groß, sondern auch zahlreich sind". – Ähnlich interpretiert Faber: „Denn zahlreich sind meine Übertretungen".

„Nach der Vielzahl deiner Erbarmungen" bedeutet negativ: „Nicht nach der Vielzahl der Verdienste". – Es fällt auf, daß Luther mehrfach und auf verschiedene Weise die strenge Exklusivität der Barmherzigkeit Gottes betont, die kein menschliches Verdienst zuläßt. Denn der Mensch ist „miser et miserabilis", und dies gilt absolut und nicht wegen einer konkreten, schweren Verfehlung nach der Art von Davids Sünde.

Schließlich setzt Luther in Übereinstimmung mit dem PsH für den Singular „iniquitatem" den Plural „iniquitates".

Vers 4

Augustin

Magis magisque lava me ab iniustitia mea, et a delicto meo munda me.

(n 7) Die Worte „magis magisque" deuten die Schwere der wissentlich getanen Sünde an. Die Sünden des Unwissenden hat Gott (in der Taufe?) abgewaschen. Die Sünden des Wissenden müssen „mehr und mehr" abgewaschen werden. Auch im Hinblick auf diesen darf man an Gottes Barmherzigkeit nicht verzweifeln.

Bei der Auslegung des zweiten Halbverses stellt Augustin die gedankliche Verbindung zu V 5 her. Es geht um die Frage, welchen Lohn der Büßende dem Arzt für die heilende Reinigung, welches Opfer er Gott darbringen könne. Wenn Gott dem Sünder verzeiht, handelt er aus Barmherzigkeit. Diese ist aber unlöslich mit seiner Gerechtigkeit verbunden, und Gottes Gerechtigkeit fordert die Bestrafung der Sünden. Deshalb straft der Büßende selbst seine Sünde, um nicht von Gott gestraft zu werden. „Ich bitte, daß du verzeihst, weil ich selbst (meine Sünde) ‚anerkenne'"[31]. Mit dem Stichwort „agnosco" ist die Verbindung zu V 5 hergestellt.

Luther

Der *Lps* hat „Amplius" statt „Magis magisque", „iniquitate" statt „iniustitia" und „peccato" statt „delicto".

„Amplius" erklärt Luther nach den 7 pss poen durch „multum", dem er die Worte „vel copiose, multipliciter" erläuternd hinzufügt. Außerdem zitiert er Augustins Lesart „magis magisque". Offenbar will er mit den verschiedenen Interpretamenten die Vielfältigkeit und Gründlichkeit der Waschung unterstreichen, ohne

---
[31] Z 17f.

dies freilich aus der besonderen Schwere der Sünde Davids abzuleiten. In der Randglosse deutet er das Wort „Amplius" als Zeichen eines heftig drängenden Affektes, der keinerlei Aufschub ertragen könne. Den Sinn des ersten Halbverses drückt er mit den Worten aus: „Ich kann es kaum erwarten, bis du mich vollkommen wäschst".

Zu „lava" bemerkt Luther: „Tuipse". Damit werden vermittelnde Instanzen zwischen Gott und dem Menschen ausgeschlossen. Der Mensch steht unmittelbar vor Gott.

Warum Gott selbst den Beter reinwaschen muß, begründet eine weitere Zeilenglosse: „Denn das Gesetz und seine Waschungen können mich nicht reinwaschen, sondern allein du". Das Unvermögen des Gesetzes wird aus Hebr 10,4 bewiesen: „Impossibile est enim peccata auferri per sanguinem etc" (Vg: ... sanguine taurorum et hircorum auferri peccata).

Augustins Auslegung ist wiederum bestimmt von der quantitativen Unterscheidung zwischen schweren und weniger schweren Sünden. *Luther* hat den qualitativen Unterschied zwischen Gottes vollkommenem Heilswirken und dem Unvermögen des Gesetzes im Auge. Die Frage, welchen Lohn der Mensch Gott für die Reinigung von Sünde geben könne, wird im Hinblick auf Luther zu V 5 untersucht.

Vers 5

Augustin

Quoniam iniquitatem meam ego agnosco, et delictum meum coram me est semper.

(n 8) Der Angelpunkt von Augustins Auslegung sind die Worte „coram me". Wer auf die Sünde der anderen sieht, hat die eigene nicht vor Augen, sondern im Rücken. An zwei Beispielen verdeutlicht dies Augustin. Als Nathan David das Gleichnis vom einzigen Schaf des Armen erzählte, stand David die eigene Sünde noch nicht vor Augen. Sein hartes Urteil über den Rechtsbrecher war gerecht; aber so erbarmungslos gerecht kann nur sein, wer die eigene Sünde nicht im Blick hat. Nathan mußte David darauf hinweisen, daß er sich selbst das Urteil gesprochen hatte. Nathan machte aus Davids Zunge gleichsam ein chirurgisches Instrument, um die Wunde im Herzen des Königs zu heilen. Denselben Dienst erwies Jesus jenen Juden, die ihm die Ehebrecherin, die auf frischer Tat ertappt worden war, zur Steinigung vorführten (Joh 8,3–11). Zwar lenkte er ihren Blick auf die eigenen Sünden; aber sie überwanden ihre falsche Scham nicht, taten nicht Buße, begehrten nicht vom Arzt das Heilmittel.

Luther

Der *Lps* hat „cognosco" statt „agnosco" und „contra me" statt „coram me".

Das Erkennen der eigenen Sünde geschieht durch Bekennen, und dieses ist ein reines und wahres Bekenntnis.

Wie Augustin, so stellt auch Luther den gedanklichen Zusammenhang von V 4 und 5 heraus, was durch die V 5 einleitende Konjunktion „Quoniam" nahegelegt wird: „Ich habe nichts, womit ich verdiene (merear), gewaschen zu werden, außer daß (quia) ich meine Sünde anerkenne (agnosco!) und bekenne. Und dies allein genügt auch vor Gott". Hier zeigt sich Luther von Augustin beeinflußt *(n 7)*. Der Begriff mereri wirft die Frage auf, ob Luther das göttliche Heilshandeln von einer menschlichen Leistung abhängig macht. Aber die „Leistung" besteht allein im „reinen und wahren Bekenntnis" der Sünde, also eigentlich in der Erkenntnis, nichts leisten, mit nichts Vergebung verdienen zu können. Die Attribute „pura et vera" sind zu beachten. Das Sündenbekenntnis verliert seine Reinheit, wenn sich der Gedanke an ein wirkliches Verdienst einschleicht. Augustin spricht etwas unbekümmerter von dem Lohn und Opfer, das der Mensch der göttlichen Gerechtigkeit schuldig ist. Schließlich ist zu beachten, daß Luther hinzufügt: „Und dies allein (sc Anerkennen und Bekennen meiner Sünde) genügt auch vor Gott". Damit wendet er sich gegen jede Art selbstquälerischer Buße, wodurch der Mensch sich Vergebung verdienen möchte. Diese Worte implizieren eine gewisse Kritik am üblichen Verständnis der Satisfactio, die ja ein Bestandteil des Bußsakraments ist.

Die Sünde ist „gegen" den Beter (contra me) „durch Mißfallen und Reue" (per displicentiam et contritionem).

Vers 6

Augustin

Tibi soli peccavi, et malignum coram te feci, ut iustificeris in sermonibus tuis et vincas cum iudicaris.

(n 9) Für Augustin liegt eine Schwierigkeit in den Worten: „Tibi soli peccavi". Sie scheinen nicht zu der Geschichte von Davids Sünde zu passen; denn ohne Zweifel hatte David „vor den Menschen" durch Ehebruch und Mord gesündigt. Allen war seine schwere Verfehlung bekannt. David meint aber: „,An dir allein habe ich gesündigt...', weil du allein ohne Sünde bist"[32]. David redet hier Gott an; aber nicht Gott-Vater, den Menschen nicht richten können, sondern den „Gott-Menschen", Christus. Als Prophet sieht David voraus, wie der zukünftige gerechte Richter von den Sündern gerichtet werden muß, doch vergeblich! Selbst Satan wird an ihm keine verborgene Sünde finden. Die prophetischen Worte Davids bedeuten: „Du überwindest alle Menschen, alle Richter, und wer sich für gerecht hält, ist vor dir ungerecht"[33]. Der Gott-Mensch ist allen, die ihn richten wollen, überlegen, weil er mehr ist als die Menschen, die durch ihn geschaffen worden sind.

---

[32] Z 4f.
[33] Z 33–35.

Luther

Der *Lps* hat die Lesart „malum" statt „malignum".

Die in V 5 beschriebene Sündenerkenntnis führt den Psalmisten zu dem in V 6 abgelegten Bekenntnis: „Aus solcher Erkenntnis bekenne ich, daß ,ich an dir allein gesündigt habe'".

Diese Worte bedeuten: „Ich erkenne an und bekenne, daß es sich wahrlich so verhält, daß ich vor dir gesündigt habe, nicht an Mose und dem Gesetz mit buchstäblichen Sünden". Was vor Gott Sündigen sei, verdeutlicht Luther durch Ps 18,13: „Ab occultis meis munda". Die vor Gott geltenden Sünden sind also verborgen. Von ihnen sagt Luther in Anlehnung an Hiob 14,5 (nach den Septuaginta): „Sogar ein Kind, das nur einen Tag alt ist, sündigt vor Gott, dh ist Sünder". Dieses Zitat findet man bei Augustin (Nemo mundus in conspectu tuo, nec infans cuius est unius diei vita super terram), doch bezeichnenderweise erst in der Auslegung von V 7, der klassischen Beweisstelle für die Erbsündenlehre! Für die Worte „non mundus" setzt Luther verschärfend: „peccat, i.e. peccator est". Hier wird die Sünde nicht nur als schuldhafter Mangel (absentia iustitiae originalis) oder als zu Tatsünden geneigt machende Begehrlichkeit (concupiscentia) verstanden, sondern als Personsünde (peccator est), die voll innerer Dynamik und Tätigkeit ist (peccat). Das Sündersein ist kein ruhender Zustand, nichts Potentielles, sondern ein Tun, immer in actu. Es geht Luther bei der Gleichsetzung von peccare und peccatorem esse um die Tiefendimension der Sünde, um ihr Sein coram deo, im Unterschied zu den offenkundigen Verfehlungen gegen den Buchstaben. Der Mensch sündigt stets vor Gott, auch wenn er nach menschlicher Betrachtungsweise den Buchstaben des Gesetzes nicht verletzt.

Die zweite Vershälfte beschreibt Ziel oder Absicht des Sündenbekenntnisses: „Und dies bekenne ich deshalb so, ,damit du gerechtfertigt werdest'".

Die Worte „ut iustificeris" bedeuten: „Damit du allein als wahrhaftig, gerecht und (als solcher) der aus Gnaden rechtfertigt, erwiesen werdest". Das Interpretament „verax" zeigt den Einfluß von Röm 3,4 (Est autem deus verax), wo auch Ps 50,6 zitiert wird. Bedeutsam ist, daß Luther das Wort „iustificeris" auch ins Aktive wendet: Gott wird als „iustus solus" und „iustificator gratis" erwiesen. Das Wort „gratis" schließt im Hinblick auf die Rechtfertigung jegliches Verdienst aus. Wie schon zuvor erwähnt, beruht der Gedanke, daß Gott (auch) als der Rechtfertigende erwiesen wird, auf der Übersetzung Reuchlins in den 7 pss poen: „Propterea iustificabis".

Schließlich bezieht Luther die Worte „iustificeris" auf den Gegensatz von Gott und Mensch: Allein Gott soll als gerecht erwiesen werden, „nicht ich, sondern ich soll (oder: will) eher beschämt werden, und jeder Mensch mit mir".

Durch seine „Reden" hat Gott seine Gerechtigkeit verheißen und beschlossen, daß alle Menschen in der Sünde seien. Diese Stelle ist wichtig für Luthers Verständnis vom Worte Gottes. Es ist Gerichtswort (omnes in peccato esse decrevisti), aber auch Verheißung seiner Gerechtigkeit (iustitiam tuam promisisti). Zum Gerechtsein Gottes gehört nach der vorangehenden Zeilenglosse, daß Gott „iustificator gratis" ist.

Gott „siegt", indem er sich in der Gerechtigkeit jenen überlegen zeigt, die ihn dadurch „richten", daß sie sich selbst entschuldigen und rechtfertigen.

In der *Randglosse* verdeutlicht Luther den Sinn der Worte „et malum coram te feci" etc, indem er ihr Gegenteil beschreibt: „Denn andere tun Gutes vor Gott und sündigen nicht, damit sie selbst in ihren eigenen Worten gerechtfertigt werden". Wer sich als solchen betrachtet, der vor Gott Gutes tut und nicht sündigt, macht Gott in seinen Worten zum Lügner, wie 1Joh 1,10 beweist: „Si peccatum nos habere negamus, Deum mendacem facimus" (Vg: Si dixerimus quoniam non peccavimus, mendacem facimus eum). Von dieser verkehrten Gesinnung beherrscht waren Saul (1Sam 15,23ff) und – in neutestamentlicher Zeit – die Juden, gegen die sich Paulus in Röm 3 (wohl besonders V 9–20) wendet. Luther zitiert schließlich aus dem Daniel-Kommentar des Hieronymus (zu 9,20) das Wort: „Confessio peccati est laus dei".

Auch die *Adnotationen zu Faber* enthalten ausführliche Bemerkungen zu V 6[34]. Das Sündersein wird durchgehend als bleibend gegenwärtige Wirklichkeit verstanden. Daß ich Sünder bin, hat Gott durch das Sterben seines Sohnes „für meine Sünden" bewiesen. Daß wir in Sünden sind, ist der ganzen Welt gesagt worden, „die nicht wußte, daß sie in den Erbsünden (Plural! in peccatis originalibus) ist. Aber auch jetzt weiß es jeder beliebige nicht. Deshalb muß man immer sagen: ‚Dir bin ich Sünder, wenn du es willst; denn vor dir wird niemand gerechtfertigt, wenn du es nicht willst'".

Die langen und sehr inhaltsreichen Ausführungen über V 6 in den *Scholien* können im Rahmen dieses begrenzten Beitrags nicht im einzelnen untersucht werden[35]. Ihr wesentlicher Ertrag besteht in folgendem:
1. Luther hält die aus Ps 50,6 gewonnene und durch Stellen wie Lk 1,48 gestützte Erkenntnis für den zentralen Inhalt der Heiligen Schrift: „Diese Dinge sind das Innerste der Schrift und das Mark des himmlischen Weizens"[36].
2. Luther empfindet den Sinn von Ps 50,6 für sich persönlich als unermeßlichen Reichtum: „Ich für meine Person (ego) möchte für solches Verständnis nicht den Reichtum der ganzen Welt eintauschen, wenn ich die Möglichkeit dazu hätte"[37]. Ps 50,6 hat also für Luther theologisch-biographische Bedeutung!
3. An Ps 50,6 ist Luther deutlich geworden, daß seine Erfahrung der Sünde, für die es nach scholastischer Lehre keine rechte Erklärung gab und in der ihm seine Seelsorger letztlich nicht helfen konnten, im Lichte der Schrift notwendig war. Denn Gott will, daß der Mensch sich bleibend im vollen Sinne des Wortes als Sünder erkenne, und bewirkt selbst diese Erkenntnis[37a].
4. Den Hinweis auf das rechte Verständnis von Psalm 50 verdankt Luther Paulus, der in Röm 3,4 V 6 zitiert[38].

---

[34] WA 4,497,5–25.31–498,3.
[35] BoA ²5,118–126 (= WA 3,287–293). Vgl. hierzu die ausführliche Erklärung von REINHARD SCHWARZ in: Vorgeschichte der reformatorischen Bußtheologie (Berlin 1968) 228ff.
[36] BoA ²5,123,10f.   [37] Ebd Z 12f.   [37a] Ebd Z 4f.
[38] BoA ²5,118,31–33.

5. Nach Ps 50,6 gehören komplementär zusammen:
   a. beim Gerechten: Anerkennung der eigenen Sünde und Gerechterweisung Gottes;
   b. beim Gottlosen: Selbstrechtfertigung und Verurteilung Gottes[39].
6. Die Anerkennung der eigenen Sünde (bzw beim Gottlosen die Selbstrechtfertigung) ist das im logischen Sinne Vorangehende (primo, prius)[40].
7. Die Selbstanklage ist nicht zeitlich vorübergehender Ausgangspunkt, sondern bleibendes Charakteristikum des Gerechten (simul et prius[41], semper[42]).
8. Wer sich als Sünder erkennt, gibt Gottes Urteil recht und kann daher nicht von Gott verdammt werden, weil er schon „von sich selbst und folglich von Gottes ‚Reden' (sermonibus) gerichtet worden ist"[43]. Luther kann diesen Gedanken auf die Formel bringen, „daß sich selbst Anklagen Gott Rechtfertigen und folglich sich selbst (Rechtfertigen) sei"[44].
9. Dennoch geschieht die Rechtfertigung dessen, der sich als Sünder erkennt, „geschenkweise" (gratis)[45].
10. Denn wer sich als Sünder erkennt und anklagt, ist zwar kein Gottloser (impius), der sich selbst rechtfertigt, bleibt aber vor Gott und in Wirklichkeit (vere) Sünder (peccator)[46].
12. Die Selbstanklage ist also keine gemachte Demut, sondern Anerkennung dessen, was der Mensch wirklich vor Gott ist: Sünder[47], wie durch die Schrift und den Tod Christi für die Sünden bewiesen wird[48].
13. Die Rechtfertigung des Sünders geschieht also nicht, wie man aus dem Zitat in These 8 schließen könnte, in der Weise eines dialektischen Zwanges oder Automatismus, sondern „aus Gnaden".
14. Weil alles das, was der Mensch – auch der Heilige – tun kann, vor Gott nichts ist, vermögen Gnade und Glaube nicht aus sich selbst den Sünder zu rechtfertigen, sondern nur kraft des „Bundes", den Gott geschlossen hat. In diesem Bund hat Gott die Heilsordnung aufgestellt, daß „wer glaubt und getauft wird, selig wird" (Mk 16,16)[49].
15. In diesem Bund erweist sich Gott „als wahrhaftig und treu, und wie er verheißen hat, hält er (ihn? es?)"[50].

---

[39] Ebd 120,5–10.
[40] Ebd 121,28ff. Bei dem logischen Schema (Z 29ff) ist statt „contradict." „contrarie", statt „substantialiter" „subalterne" und statt „substantial. contrad." „subcontrarie" zu lesen. Siehe R Schwarz, AaO 239 Anm 272. – Ferner: BoA 25,120,5–7; 124,17.
[41] BoA 25,124,17.
[42] Ebd 120,22; 123,20–22.
[43] Ebd 123,24f. Die Reden, durch die Gott uns zu Sündern erklärt, bekräftigt er durch seine Werke, nämlich Kreuz und Leiden, die wir in aller Demut annehmen müssen (ebd 125,12–24).
[44] Ebd 123,35f.
[45] So in der Zeilenglosse zu V 6: BoA 25,70,19.
[46] Luther unterscheidet genau zwischen den Begriffen „peccator" und „impius". Vgl BoA 25,119,7f. 10f u 120,7.
[47] BoA 25,123,2f.
[48] Ebd 119,9–11.
[49] Ebd 120,15–20.
[50] Ebd Z 20f.

16. Das Wort Gottes, das in Ps 50,6 (nach den 7 pss poen) genannt wird, ist mit dem Bund Gottes identisch: „'Tibi soli peccavi, propterea iustificabis in verbo tuo', i.e. in pacto tuo"[51].

17. Aus der Verbindung von Mk 16,16 und Ps 50,6 unter dem Oberbegriff des pactum dei ergeben sich folgende Proportionen: Glaube und Taufe verhalten sich zum Heil wie das Sündenbekenntnis zur Rechtfertigung, und die Verhältnisordnung selbst ist das pactum dei.

Nicht nur *Luther,* sondern auch *Augustin* deutet V 6 nicht auf Davids Sünde. Die Worte „An dir allein habe ich gesündigt" lassen nach Augustins Meinung eine solche Auslegung nicht zu. So kommt Augustin auf dem Wege seines Verständnisses von V 6 als Prophezeiung auf Christus zu einem ähnlichen Ergebnis wie Luther: Vor dem Gottmenschen Christus ist jeder, der sich für gerecht hält, ungerecht. Weil Christus mehr ist als alle Menschen, überwindet er alle Menschen. Wie es nun aber zur Rechtfertigung derer kommt, die im Vergleich mit dem Gottmenschen nicht bestehen können, untersucht Augustin hier nicht. Gerade diese Frage – freilich in anderer Form – ist für Luther entscheidend. Vor Gott ist jeder Mensch, auch wenn er das Gesetz nach dem Buchstaben erfüllt, Sünder, immer in Sünden und sündigt. Die Einsicht in diese Wirklichkeit ist die unerläßliche Bedingung oder die Kehrseite der Rechtfertigung aus Gnade. Nirgendwo wird in der exegetischen Tradition an dieser Stelle der Gedanke, daß Gott (aktiv) den Menschen rechtfertige, ausgesprochen. Die entscheidend wichtige Verbindung der Rechtfertigung Gottes durch den Menschen und der Rechtfertigung des Menschen durch Gott beruht allein auf Reuchlins – übrigens falscher – Übersetzung.

Vers 7

Augustin

Ecce enim in iniquitatibus conceptus sum, et in peccatis mater mea me in utero aluit.
(n 10) Augustin greift zunächst auf V 6 zurück, wo von Gottes Sieg die Rede ist. Besiegt werden alle, die ähnlich wie David gesündigt haben. Was aber ist mit denen, die sich seit ihrer Geburt keines solchen Verbrechens schuldig gemacht haben? Sind sie etwa unschuldig? Um diese Frage geht es in V 7. Hier redet David nicht mehr in eigener Person, sondern in der „Person des Menschengeschlechts"[52]. Im Hinblick auf den Ursprung der Ungerechtigkeit sagt er: „In Sünden bin ich empfangen worden". Jeder Mensch zieht sich bei seiner Empfängnis die Sünde aus Adam zu. Mit der Sünde ist aber das Todesverhängnis unlösbar verbunden. Der Tod ist die Sündenstrafe, die jeder Mensch verdient hat. Daß alle der Sünde verfallen sind, beweist der Prophet (Hiob 14,4 nach LXX): „Nemo mundus in conspectu

---

[51] Ebd Z 24f. – 7 pss poen: „Tibi soli tibi peccavi..."
[52] Z 9.

tuo, nec infans cuius est unius diei vita super terram". Durch die Christustaufe werden die Sünden – wie Fesseln – „gelöst" und vergeben. Man sagt – so argumentierten die Pelagianer –, wenigstens die kleinen Kinder (infantes) seien unschuldig. Warum bringt man sie dann aber bei Krankheit eiligst zur Taufe, wenn nicht zu dem Zweck, daß sie Sündenvergebung erlangen? Ein weiteres Argument: Wie können schon kleine Kinder voller Zorn sein, wenn sie, wie es heißt, unschuldig sind? Könnte der Säugling reden, so würde er selbst bezeugen, daß er in Sünden empfangen worden sei, auch wenn er selbstverständlich noch keine Verbrechen begangen hat. Nur Christus ist nicht in Ungerechtigkeit empfangen worden, weil allein er von einer Jungfrau geboren wurde, die – ohne jede Mitwirkung eines Mannes – vom Heiligen Geist empfangen hatte. Den Zeugungsakt an sich will Augustin nicht als Sünde verstanden wissen. Aber die Zeugung wird vom sträflichen Fleisch vollzogen, das den Tod in sich trägt. Deshalb ist von der Sünde gefesselt, was vom Leib, der um der Sünde willen „tot" ist, empfangen und gesät wird. Sterblich war auch Christus, aber nicht infolge eigener Sünde, sondern um unsere Sünde zu lösen.

Luther

Statt der Worte: „mater mea me in utero aluit" steht im *Lps:* „concepit me mater mea".

Luther hat nicht erst V 7, sondern schon V 6, wie das Zitat Hiob 14,4 zeigt – ja, den ganzen Psalm von Anfang an – auf die Erbsünde gedeutet. Auch wenn David nicht Ehebruch und Mord begangen hätte, wäre er vor Gott durchaus Sünder. Denn „bis jetzt (adhuc) wird vor dir kein Mensch gerechtfertigt". Damit spielt Luther auf Ps 142,2 an: „Non iustificabitur in conspectu tuo omnis vivens".

Den Grund für das Sündersein aller Menschen beschreiben die Worte: „In iniquitatibus conceptus sum ...". Ps 50,7 galt in der Tradition allgemein als Schriftbeweis für die Erbsünde. In diesem Sinne deutet Luther „in peccatis" durch „originali", wobei der Singular dem PsH entspricht: „In peccato". Gleichwohl ist das „(peccatum) originale" identisch mit „multa peccata". Die Lesart der Vg behält also neben dem PsH ihre Berechtigung. Um die Gleichsetzung des „originale" mit den „multa peccata" zu begründen, verweist Luther auf die Scholien zu Ps 31,1. Dort bemerkt er, die Erbsünde werde in Ps 50,7 aus zwei Gründen „multa peccata" genannt:
1. weil sie die erste und das Haupt aller Sünden sei, 2. weil in ihr viele, ja sogar alle Sünden enthalten seien[53].

Wenn David im Hinblick auf sich sagt: „Concepit me mater mea", so hat dieser Satz einen allgemeinen Sinn. Der Psalmist ist von seiner Mutter ebenso in Sünden empfangen worden wie alle anderen Menschen von ihren Müttern.

Augustin und *Luther* deuten gemeinsam V 7 auf die Erbsünde, unterscheiden sich aber in der Art, wie sie von der Erbsünde reden. Bei Augustin steht das Bemü-

---
[53] BoA 25,106,1–3 (= WA 3,175,3f).

hen im Vordergrund, seine Lehre von der Erbsünde zu begründen, was angesichts der damaligen geschichtlichen Situation verständlich ist. Er muß sich mit Einwendungen auseinandersetzen, die zur Zeit Luthers schon längst gegenstandslos geworden sind. Augustins Lehre wurde – mindestens von manchen – als neu empfunden. So muß Augustin zeigen, wie die Erbsünde durch Adams Fall verursacht ist und durch die geschlechtliche Zeugung weitergegeben wird. Der Blick richtet sich auf die Urgeschichte und alle folgenden Generationen. Eine entscheidende Zäsur bedeutet für den einzelnen die Taufe. Durch sie wird die Fessel der Erbsünde gelöst. Augustin ist gewiß nicht der Optimist, der allen getauften Christen einen heiligen Lebenswandel bescheinigen würde. Aber für den Getauften hat die Erbsünde ihr Wesen als Sünde, die Schuld begründet, verloren. Was von ihr geblieben ist, ist Versuchung zur Sünde und das Todesschicksal als Strafe für die Sünde. Der beherrschende Gesichtspunkt in Luthers Ausführungen zu V 7 ist die Gegenwärtigkeit der Erbsünde, ihre Vielgestaltigkeit, ihre Unentrinnbarkeit. Von Adams Fall spricht er mit keinen Wort, über die Bedeutung des Geschlechtlichen bei der Übermittlung der Erbsünde redet er nicht. Es genügt ihm die bloße Feststellung: Alle Menschen werden als Sünder geboren, ja empfangen. Bemerkenswert ist auch, daß Luther nichts von der Taufe sagt. Selbstverständlich bestreitet er nicht die Heilswirkung der Taufe; aber er will nicht den Eindruck erwecken, als hätte der Getaufte aufgehört, Sünder zu sein.

Vers 8

Augustin

Ecce enim veritatem dilexisti, incerta et occulta sapientiae tuae manifestasti mihi.

(n 11) Die Worte „veritatem dilexisti" besagen, daß Gott auch die Sünden derer, denen er verzeiht, nicht ungestraft läßt. Denn Gott gewährt Barmherzigkeit, indem er zugleich seine Wahrheit unversehrt bewahrt. Seine Barmherzigkeit besteht darin, daß der Mensch, der seine Sünde bekennt und sich bestraft, Verzeihung erlangt und (von der Anklage?) befreit wird. Gottes Wahrheit geschieht Genüge, weil die Sünde bestraft wird. Augustin schreibt hier also der „veritas" Gottes dieselbe Wirkung zu wie bei V 4 der „iustitia", nämlich Bestrafung der Sünde, die sich durch die Selbstbestrafung des Büßenden verwirklicht.

Beim zweiten Halbvers konzentriert sich Augustin auf die Worte „incerta et occulta". Gott verzeiht auch solchen, denen die Vergebbarkeit ihrer (gewaltigen) Sünde (zunächst) ungewiß und verborgen ist. In solcher Ungewißheit schwebten die Niniviten, als ihnen der Prophet angekündigt hatte: „In drei Tagen wird Ninive zerstört werden" (vgl Jon 3,4–10). Obwohl ihr Schicksal besiegelt schien, entschlossen sie sich zur Buße, indem sie bei sich sagten: „Vielleicht ändert Gott seinen Urteilsspruch zum Besseren und erbarmt sich". Sie taten Buße in der Ungewißheit, ob Gott sie verschonen werde, und gerade so verdienten sie Gottes Barmherzigkeit.

Aber die über Ninive ergangene Gerichtsankündigung hat sich dennoch erfüllt, wenn auch vor Gott und nicht für menschliche Augen. Ninive wurde zerstört, und zwar im Bösen, und neu erbaut im Guten. Ebenso verhielt es sich mit dem Christenverfolger Saulus, der zerstört wurde, damit der Evangeliumsbote Paulus erbaut würde. Das alte und böse Carthago schließlich würde zerstört und ein neues errichtet, wenn alle Bewohner von ihrem (donatistischen) Wahn abließen und reuevoll zur Kirche zusammenströmten. Dieses Grundgesetz des Zerstörens und Aufbauens wird in Jer 1,10 und Dtn 32,39 ausgesprochen. Gott macht es wie die Ärzte, die schmerzhaft in die Wunde schneiden, um den Patienten zu heilen.

Dann kehrt Augustin zu den Worten „incerta et occulta" zurück. Die Ungewißheit der Niniviten war begründet in der Größe ihrer Sünden. Das Ungewisse wurde David (der sich schwer vergangen hatte) offenbart, als er unmittelbar auf sein Sündenbekenntnis vor Nathan durch diesen die göttliche Antwort empfing: „Erlassen ist dir deine Sünde".

Luther

Die Wahrheit, die Gott liebt, ist nicht der Schatten des Gesetzes in seinen Gerechtigkeiten, sondern die Wahrheit der Gerechtigkeit Gottes, und diese besteht in Demut (humilitas), Sündenbekenntnis und Selbstanklage. Mit dem Ausdruck „umbra legis" spielt Luther auf Kol 2,17 (umbra futurorum) und Hebr 10,1 (Umbram enim habens lex futurorum bonorum, non ipsam imaginem rerum) an. Die (rituellen) Vorschriften des Alten Testaments mit den ihnen entsprechenden „Gerechtigkeiten" sind also nur ein schwaches Abbild der Wahrheit selbst, nämlich der Gerechtigkeit Gottes, die nicht in der Einhaltung äußerlicher Riten besteht, sondern in Demut, Sündenbekenntnis und Selbstanklage.

Die Worte „incerta et occulta sapientiae tuae" bezeichnen „die Geheimnisse und den im Buchstaben verborgenen Geist". Der Begriff „littera" entspricht inhaltlich „umbra". Wie die umbra der veritas gegenübersteht, so die littera dem spiritus. Weil der Geist im Buchstaben (des Gesetzes) verborgen ist, kann Luther auch von „mysteria" sprechen. Darauf zitiert er das PsH: „Absconditum et arcanum sapientiae tuae". Diese Textfassung enthält zwar auch den Begriff der Verborgenheit (absconditum), aber nicht den der Ungewißheit (Vg: incerta), der Augustin besonders wichtig ist und der in Luthers Auslegung fehlt – man möchte sagen: keinen Platz hat. Dem Interpretament „mysteria" steht sinngemäß „arcana" nahe.

Das „manifestare" geschieht durch den Heiligen Geist.

Luther verbindet mit V 8 den Hinweis auf Röm 3,21: „‚Nunc autem' toti mundo ‚est manifestata'. Ro. 3." Röm 3,21 lautet nach der Vg: „Nunc autem sine lege iustitia dei manifestata est". Luther nennt kein Subjekt zu „est manifestata", denkt aber wohl an „iustitia dei" nach Röm 3,21. Wahrscheinlich läßt er das Subjekt weg, weil er andeuten will, daß die in Röm 3,21 erwähnte „iustitia dei" inhaltlich mit dem übereinstimmt, was David in Ps 50,8 „incerta et occulta sapientiae tuae" nennt. Zudem hat Luther unmittelbar zuvor „veritas" als „veritas iustitiae tuae" genauer bestimmt.

Von Röm 3,21 lenkt Luther den Blick wieder auf David zurück. Was seit Christus durch die Verkündigung des Evangeliums der ganzen Welt kundgeworden ist, die Gerechtigkeit Gottes, eben das wurde schon David offenbart, „nämlich die (quam) ich schon bekannt habe, daß du allein gerecht bist und daß wir alle in Sünden sind" (vgl V 6).

Nach *Augustin* fordert die Wahrheit Gottes die Bestrafung der Sünde, was dadurch geschieht, daß der Büßende sich selbst bestraft. Gottes Wahrheit und seine Barmherzigkeit gehören zusammen. Nur so verzeiht er kraft seiner Barmherzigkeit, daß seine Wahrheit unverletzt bewahrt wird. In ähnlicher Weise besteht nach *Luther* die Wahrheit der Gerechtigkeit Gottes (bzw die Gerechtigkeit Gottes) in Demut, Sündenbekenntnis und Selbstanklage. Das von Augustin hier (ausschließlich) gebrauchte Wort „punire" verwendet Luther aber nicht. Seine Begrifflichkeit zirrelt mehr auf das Erkennen und Anerkennen des Sünderseins vor Gott ab. Damit hängt es wohl auch zusammen, daß Luther die „veritas" nicht der „misericordia" zur Seite stellt, sondern dem Schatten und Buchstaben des Gesetzes gegenüberstellt. Es geht ihm darum, den äußeren Schein der Gerechtigkeit zu zerstören und die Sünde in ihrer Tiefe aufzudecken. Völlig auseinander gehen Luther und Augustin bei der Deutung der Worte „incerta et occulta". Augustins Gedanke, daß man zuweilen bei schwerer Sünde zunächst einmal in der Ungewißheit, ob Gott verzeihen werde, Buße tun müsse, kommt bei Luther nicht nur nicht vor, sondern ist eigentlich mit seinem Verständnis von V 6 unvereinbar. Denn Gott hat sich durch sein „pactum" dafür verbürgt, daß alle, die sich selbst als Sünder anklagen, von ihm aus Gnaden gerechtfertigt werden. Die Verheißungstreue Gottes läßt hier keine Buße in Ungewißheit zu, wenigstens nicht, was Gott betrifft. Das Problem wäre eher, ob der Mensch je wissen kann, ob er seine Sünde wirklich erkenne und bekenne. Aber diese Frage macht Luther in seiner Auslegung von V 6 nicht zu schaffen. – V 8 setzt Luther inhaltlich in Beziehung zu Röm 3,21.

Vers 9

Augustin

Asperges me hysopo et mundabor, lavabis me, et super nivem dealbabor.

(n 12) V 9 bezieht Augustin auf die Demut. Die Grundlage dafür ist das Wort „hysopus". Der Ysop ist eine unscheinbare (humilis) Pflanze, die mit ihren Wurzeln am Felsen haftet. Der Ysop ist ein Gleichnis des Herzens, das gereinigt werden soll. Wie jener mit seinen Wurzeln am Felsen haftet, so soll der Mensch mit den Wurzeln der Liebe seinen Felsen, Christus, umfassen. „Du sollst demütig sein mit deinem demütigen Gott, damit du erhaben seist mit deinem verherrlichten Gott"[54]. Man lasse sich durch die Demut Christi reinigen! Das ist die Besprengung mit Ysop. Augustin wertet ferner allegorisch die Tatsache aus, daß sich der Ysop besonders zur Reinigung der Lungen eigne. Die Lunge, die sich bläht und schnauft, ist ein

---

[54] Z 5f.

Bild des Hochmuts. Hochmütig war der Verfolger Saul, der nach Blut und Mord keuchte, als seine Lungen noch nicht gereinigt waren.

Der durch Ysop Gereinigte wird „über den Schnee hinaus weiß". Aus den Demütigen bereitet sich Christus die Kirche. Sie ist bildlich dargestellt durch das strahlend weiße Kleid, das er auf dem Berg der Verklärung trug (vgl Mt 17,2). Die Kirche ist als demütig gewordene gereinigt von allen Flecken der Sünde.

Luther

Der *Lps* hat nach den Worten „Asperges me" die Anrede „domine", die bei Augustin fehlt.

Gerade diese Anrede ist Luther wichtig. Der Herr soll durch sich selbst den Beter mit Ysop besprengen; nicht Aaron oder ein Levit soll es tun.

Der Ysop ist seiner Art nach jener verborgene und geheimnisvolle (mystica), den Gott (nach V 8) David offenbart hat.

In der *Randglosse* weist Luther zur Erklärung der Bitte „Besprenge mich mit Ysop" auf Ex 24,8 und Hebr 9,19 hin. Aus letzterer Stelle geht hervor, daß nach der Verlesung des Gesetzes alles mit Ysop und roter Wolle, die in das Blut von Böcken und Kälbern getaucht waren, besprengt wurde. Im mystischen Sinne geschieht die Besprengung mit Ysop, „wenn wir mit dem Blut Christi im Geist besprengt werden". Diese Deutung klingt an Hebr 9,13f an, wo die Reinigung des Gewissens durch Christi Blut mit der Besprengung durch das Blut von Opfertieren verglichen wird.

Zum Worte „mundabor" betont Luther, daß die Reinigung „in der Wahrheit und im Geist" geschehe. Damit wird unausgesprochen als Gegensatz eine bloß kultische oder sonst nach menschlichen Maßstäben geltende Reinheit angedeutet. Das Interpretament „in veritate et spiritu" erinnert an Jesu Wort an die Samaritanerin, man müsse Gott „in spiritu et veritate" anbeten (Joh 4,24).

An der Aussage „lavabis me" ist Luther zweierlei wichtig:
1. Er betont das Subjekt: „Tu". Es geht abermals, wie schon zuvor bei dem Wort „domine", um die Direktheit des göttlichen Handelns am Menschen. 2. Dennoch versteht Luther Gottes Handeln nicht spiritualistisch. Gott wäscht den Menschen „durch das Wasser der Gnade oder die Taufe". – Auch die Glossa interlinearis weist hier auf das Taufwasser hin[55].

Der Ausdruck „super nivem" bezeichnet ein mehr als körperliches Weißsein. Auf geistliche Art, im Gemüt wird der Beter hell erstrahlen. – Auch Lyra schreibt hier, das geistliche Weißwerden sei größer als das körperliche[56].

Augustin entnimmt V 9 den Gedanken, daß der Büßende von Sünden rein wird, wenn er dem Vorbild des demütigen Christus nachfolgt. Augustin hat die christliche Tugend der Demut im Auge, *Luther* die Heilstat Gottes durch Christi

---

[55] „Lavabis' aqua baptismi".
[56] „Quia dealbatio spiritualis maior est corporali et melior".

Tod. Augustins Auslegung beruht formal auf der Methode der Allegorese des Wortes Ysop, Luther deutet die Wendung von der Besprengung mit Ysop typologisch, indem er auf Ex 24 und Hebr 9 hinweist. Auch Perez bezieht das Wort Ysop auf „die Kraft der Passion und des Blutes des künftigen Christus", wobei er diese Erklärung u a aus Ex 24,8 ableitet. Dort ist aber nur von einer Besprengung mit Blut die Rede, ohne daß ausdrücklich – wie in der Parallelstelle Hebr 9,19 – der Ysop erwähnt wird. Hebr 9,19 nennt Perez nicht.

Vers 10

Augustin

Auditui meo dabis exsultationem et laetitiam, et exsultabunt ossa humilata.

(n 13) V 10 beantwortet die Frage, wo Demut sei. Sie zeigt sich im Hören. Augustin stellt das Hören dem Reden gegenüber. „Ich werde mich dadurch freuen, daß ich höre, daß ich nicht gegen dich rede"[57]. Das (falsche) Reden richtet sich gegen Gott und will die eigene Sünde verteidigen. Wer sich aber verteidigt und seine Sünde nicht bekennt, läßt Gottes Vergebung nicht zu sich gelangen, schiebt ihr gleichsam einen Riegel vor. Aber auch da, wo das Reden nicht von vornherein auf Selbstverteidigung gegen Gott abzielt, ist es gefährlich, weil sich zu leicht der Hochmut seiner bemächtigt. Hören bedeutet Lernen, und wer lernt, ist demütig. Der Lehrende muß immer gegen die Neigung kämpfen, Menschen zu gefallen. Augustin weiß um diese Versuchung. Er ruft Gott zum Zeugen seines inneren Zitterns an, mit dem er gegenwärtig seine Predigt hält. Überwunden wird die Versuchung zum Hochmut, wenn wir Gott selbst im Innern hören: „Wenn wir aber ihn selbst, der uns etwas eingibt und lehrt, im Innern hören, werden wir sicher sein und uns in Sicherheit freuen"[58]. Die Art, in der Augustin das Reden Gottes im Innern beschreibt, wirkt spiritualistisch: „Uns erfreut seine Wahrheit im Innern, wo niemand ein Geräusch macht oder hört"[59].

Was das Hören bewirkt, drücken die Worte aus: „Exsultabunt ossa humilata". Den Akzent legt Augustin auf „humilata". Die Gebeine dessen, der nicht redet, sondern hört, haben keinen Stolz. Beispielhaft zeigt sich diese Demut an Johannes dem Täufer. Die Leute hielten ihn für den Messias; aber er wies die falsche Ehrung zurück. Er wollte nicht der Bräutigam selbst sein, sondern nur dessen Freund, der „steht und ihn hört und sich über die Stimme des Bräutigams sehr freut" (Joh 3,29). So machte sich Johannes „zu einem Stehenden und Hörenden, nicht zu einem Fallenden und Redenden"[60].

Der Zusammenhang der Begriffe Hören und Demut ist bei Augustin nicht ganz eindeutig. Er kann das Hören gleichsam als Ort (ubi)[61] der Demut bezeichnen;

---

[57] Z 4f. [58] Z 24–26.
[59] Z 27f. [60] Z 47f.
[61] Z 1.

die Demut ist aber auch der Grund oder die Ursache des Hörens: „Quia humilis, audit"[62]. Schließlich kann Augustin umgekehrt sagen, die Demut sei eine Wirkung des Hörens (quid faciat auditio)[63] und komme vom Hören (humilitatem de auditu)[64]. Diese logisch-begriffliche Unschärfe unterstreicht aber nur, wie sich die Demut für Augustin, unter verschiedenen Gesichtspunkten betrachtet, immer wieder als das entscheidend Wichtige erweist.

Luther

Der *Lps* hat im ersten Halbvers „gaudium" statt „exsultationem", leitet den zweiten Halbvers mit „et" ein und bietet statt „humilata" die Form „humiliata".

Luther versteht unter dem Wort „auditus" nicht – wie Augustin – den Vorgang oder Akt des Hörens (= auditio), sondern das Organ des Hörens, das Gehör. Gemeint ist das „innere Gehör, nämlich das Gewissen, das durch Schmerz über die Sünde (peccatum et morsum) unruhig ist". – Auch Faber spricht hier vom inneren Gehör, dem Gewissen[65].

Dem beunruhigten Gewissen wird Gott durch Einhauchung seiner Gnade Freude und Fröhlichkeit geben.

Die den zweiten Halbvers einleitende Konjunktion „et" deutet eine Folge an: Gott wird dem angefochtenen Gewissen Freude schenken, und „dann" (tunc) werden die gedemütigten Gebeine frohlocken.

Die „ossa humiliata" sind die „Kräfte der Seele, die durch die Sünde niedergeworfen und betrübt sind" (oder: ist). – Ähnlich deutet Faber den Ausdruck „ossa humiliata" auf „alle meine Kräfte, die der Sünde wegen niedergeworfen, verlassen und unbedeutend geworden sind". Nach Cassiodor bezeichnet „ossa" die „animi firmamenta".

Augustin geht es wieder um die Tugend der Demut, die die Sünde überwindet. *Luther* beschreibt den Zustand des Menschen, der im Gewissen von seiner Sünde gepeinigt wird, also die Niedrigkeit des Sündenelends, nicht die Tugend der Demut. Dem von seiner Sünde Angefochtenen haucht Gott seine Gnade ein und erfüllt dadurch die niedergedrückte Seele mit Freude.

Vers 11

Augustin

Averte faciem tuam a peccatis meis, et omnes iniquitates meas dele.
  (n 14) In V 11 spricht der schon demütig Gewordene.

Wenn es hier heißt, Gott solle sein Angesicht von den *Sünden* des Beters abwenden, so ist zu beachten, daß David andererseits in Ps 26,9 bittet: „Wende dein

---
[62] Z 30f.   [63] Z 34.   [64] Z 45f.
[65] „Interno auditui, conscientiae, cui peccatum semper immurmurat, consolationem reparabis".

Angesicht *nicht* von *mir!*" „Der nicht will, daß Gott sein Angesicht von ihm abwende, will, daß Gott sein Angesicht von seinen Sünden abwende"[66]. Beides gehört zusammen. Wenn Gott nämlich sein Angesicht nicht von den Sünden abwendet, beachtet er sie (um sie zu strafen).

Beim zweiten Halbvers hebt Augustin das Wort „omnes" hervor. David hat schon allein mit seiner gewaltigen Sünde des Ehebruchs und Mordes vollauf zu tun. Nun erwartet er von der Hand des Arztes noch mehr: Tilgung *aller* seiner Ungerechtigkeiten. Schon in V 3 hat er im Vertrauen auf jene „große Barmherzigkeit" gebeten: „Omnes iniquitates meas dele". Gott tilgt die Sünden durch Abwendung seines Angesichts; er schreibt sie auf durch Hinwendung seines Angesichts. Gott kann aber sein Angesicht von den Sünden nur abwenden und sie tilgen, wenn der Mensch sein Angesicht von ihnen nicht abwendet. Der Psalmist hat ein Recht zu bitten: „Averte faciem tuam a peccatis meis", weil er schon vorher (V 5) gesagt hat: „Quoniam peccatum meum ego cognosco".

Luther

Die Bitte: „Wende dein Angesicht von meinen Sünden ab!" bedeutet: „Beachte sie nicht und habe sie nicht immer vor dir, um sie zu bestrafen!"

Gott tilgt alle Ungerechtigkeiten des Beters, indem er sie vergißt, so daß er sie nicht anrechnet. – Ähnlich erklärt Faber das Wort „dele": „Manda oblivioni!"

Augustin versteht V 11 mehr unter dem Gesichtspunkt der Heilung von der Sünde als dem der Sündenvergebung. Deshalb muß er das menschliche Tun in seiner Auslegung berücksichtigen: Gott wendet sein Angesicht von den Sünden nur ab, wenn der Mensch sie beständig vor Augen hat, um sie zu strafen. *Luther* betrachtet V 11 allein unter dem Gesichtspunkt der Vergebung oder Nichtanrechnung der Sünde.

Vers 12

Augustin

Cor mundum crea in me, deus, et spiritum rectum innova in visceribus meis.

(n 15) Das Wort creare bedeutet nicht, daß Gott etwas Neues ins Dasein setzt, sondern bezeichnet die Wiederherstellung des Ursprünglichen. David betet als Büßender, der vor seiner Sündentat unschuldiger war als danach.

Die Geradheit des Geistes Davids war durch den Ehebruch und Mord alt und krumm geworden. Gekrümmt wird nämlich der Mensch, wenn er sich irdischen Begierden (wie ein Tier) zuneigt. Dagegen wird das Herz gerade, wenn es sich zu den oberen Gütern aufrichtet, so daß Gott ihm gut ist (vgl Ps 72,1).

---

[66] Z 5f.

Wie die innere Erneuerung oder Ausrichtung auf Gott geschieht, zeigt Augustin an Davids Verhalten in den Leiden, die Gott über ihn verhängte, nachdem er Buße getan hatte. Es kommt nämlich vor, daß Gott den, welchem er in der zukünftigen (!) Welt verzeiht, im Erdenleben züchtigt (Hier scheint Augustin vorauszusetzen, daß Gott David nach dessen Buße noch nicht verziehen hatte). David hatte zwar durch Nathan den Zuspruch der Sündenvergebung vernommen; aber ihm blieben die nachfolgenden schweren Strafleiden nicht erspart. In ihnen erwies er sich als ein Mann geraden Herzens. Er erkannte seine Schuld und nahm die Strafen willig auf sich. Er lobte Gott nicht nur im Wohlergehen, sondern auch im Leiden. Die Verkehrten dagegen lästern Gott im Unglück, als würde er sie ohne Grund strafen.

Luther

Gott soll ein reines Herz schaffen, weil es durch die Sünde alt geworden ist.

„Schaffe!" bedeutet: „Gewähre von neuem!" Das reine Herz stellt Luther in Gegensatz zum reinen Körper, wie ihn das Gesetz geben kann. Der gerade Geist ist geistliche Geradheit. Sie steht im Gegensatz zum Buchstaben oder zur buchstäblichen Geradheit. Diese kann auch das Gesetz verleihen[67].

Die „viscera" sind das Innere der Seele. Dieses Innere steht im Gegensatz zum Äußeren, nämlich zu Kleidern und Körpergliedern. Im Bereich des Äußeren kann das Gesetz eine buchstäbliche Geradheit erneuern.

Die Worte „spiritum rectum" erklärt Luther in einer *Randglosse*. Da das rectum die kürzeste Verbindung zweier Punkte ist, verbindet er den Begriff des Geraden mit dem der Abkürzung. Der Psalmist spricht vom „spiritus rectus", weil dieser „durch die Abkürzung und (durch) das ‚abgekürzte Wort' führt und durch das Gerade zum Heil lenkt". Dagegen wandelt das Gesetz auf einem Umweg (oder: Umkreis). Eine positive Beziehung erhält das Gesetz erst durch Christus. „Der erhöhte Christus hat alles an sich gezogen, weil er der Mittelpunkt von allem ist. Wenn man ihn hat, so hat man alles im Kreis, und er selbst ‚erfüllt alles in allem'". Mit der Bezeichnung „abgekürztes Wort" spielt Luther auf Röm 9,28 an: „Verbum breviatum faciet dominus super terram". Paulus zitiert dort Jes 10,23 (Consummationem enim et abbreviationem dominus faciet in medio omnis terrae). Daß der erhöhte Christus alles an sich zieht, wird in Joh 12,32 ausgesprochen: „Et ego, si exaltatus fuero a terra, omnia traham ad meipsum". Die Aussage, daß Christus alles in allem erfülle, ist nach Eph 1,23 gebildet: „Corpus eius et plenitudo eius, qui omnia in omnibus adimpletur".

Augustin und *Luther* verstehen V 12 von der inneren Erneuerung des Menschen. Nach Augustin geschieht sie dadurch, daß der durch irdische Begierden

---

[67] Vgl FABER: „Et spiritualem rectitudinem legisque tuae oboedientiam repara in me". FABER spricht hier vom Gesetz unter einem anderen Gesichtspunkt als LUTHER. – In den Scholien schreibt LUTHER, einige, zB die Böhmen, würden zwar das sittenreinste Leben führen, seien aber dennoch in ihrem Geist auf sich verkrümmt, indem sie nach leerem Ruhm strebten und hochmütig seien (BoA ²5,124,32–125,11).

gekrümmte Geist sich zu den oberen Gütern, deren Inbegriff Gott selbst ist, aufrichtet. Der negative Bezugspunkt in Luthers Auslegung sind nicht die irdischen Begierden, sondern das Gesetz – viermal nennt er hier dieses Wort! – und der Buchstabe (des Gesetzes). Die unterschiedliche negative Abgrenzung des „spiritus rectus" bei Augustin und Luther weist auf die Verschiedenheit des theologischen Anliegens zurück. Augustin geht es um die Wiederherstellung der ursprünglichen Ordnung, die den Menschen vom Irdischen löst und auf Gott und die himmlischen Güter ausrichtet; Luther geht es um die scharfe Unterscheidung zwischen der geistlichen Reinheit und Geradheit und jener äußerlichen Reinheit, die man durch buchstäbliche Erfüllung des Gesetzes erlangen kann. Die bestimmende Mitte der geistlichen Reinheit ist der erhöhte Christus.

Vers 13

Augustin

Ne proicias me a facie tua, et spiritum sanctum tuum ne auferas a me.

(n 16) Unmittelbar nach der ersten Vershälfte (... a facie tua) zitiert Augustin V 11a: „Averte faciem tuam a peccatis meis" und bemerkt zu dieser Textverbindung: „Wessen Angesicht er fürchtet, eben dessen Angesicht ruft er an"[68]. Die *Person* des Beters soll Gott von seinem Angesicht nicht verwerfen, von dessen *Sünden* aber soll er es abwenden. Beides gehört zusammen, wie schon die Auslegung von V 11 gezeigt hat.

Zum zweiten Halbvers hebt Augustin hervor, daß der Heilige Geist schon im Bekennenden ist und wirkt und ihm nicht erst verliehen werden muß. Denn wem die Sünde mißfällt, der hat schon den Heiligen Geist. David bittet um Vergebung (Ohne es direkt auszusprechen, scheint Augustin vorauszusetzen, daß die Sünde, die erst vergeben werden *soll*, eigentlich den Menschen von Gott trennt). Dennoch ist, wer Gott um Vergebung bittet, schon mit Gott verbunden. Warum? Weil ihm und Gott dasselbe mißfällt, nämlich die Sünde. Gemeinsam mit Gott, seinem Arzt, bekämpft der Büßende das Fieber. Wer also die Sünde bekämpft und straft, kann dies nicht aus sich, sondern nur vom Heiligen Geist haben. Daher sagt der Psalmist nicht: „Gib mir deinen Heiligen Geist", sondern: „Nimm ihn nicht von mir!"

Luther

Der Beter will nicht mit den Verworfenen von der Art Sauls und der Synagoge verworfen werden.

Gottes Angesicht ist das Licht seines Angesichtes (vgl Ps 4,7).

Für den Begriff „spiritus sanctus" bietet Luther zwei Auslegungsmöglichkeiten.

Gemeint ist:

---

[68] Z 3.

1. der Heilige Geist, durch den Gott geistliche Heiligkeit schenkt, oder
2. die geistliche Heiligkeit selbst.

Der Heilige Geist gibt geistliche Heiligkeit, während das Gesetz nur weltliche Heiligkeit verleiht.

In der *Randglosse* nennt Luther als Gegensatz zum Heiligen Geist das heilige Fleisch, wie es das Gesetz zu geben vermag. Im Gesetz (oder: im heiligen Fleisch?) rühmen sich die Juden.

Bei *Augustin* erweist sich wieder der sanative Gesichtspunkt als bestimmend. V 13 beschreibt die den Menschen von der Sünde heilende Wirksamkeit des Heiligen Geistes. *Luther* geht es um den Gegensatz von geistlicher Heiligkeit einerseits und gesetzlicher, weltlicher, fleischlicher, jüdischer Heiligkeit andererseits, deren sich die Verworfenen rühmen.

Vers 14

Augustin

Redde mihi exsultationem salutaris tui, et spiritu principali confirma me.

(n 17) Augustin hebt zunächst die streng wörtliche Bedeutung von „reddere" hervor: David bittet, daß ihm jenes Frohlocken zurückgegeben wird, das er einst besaß und das er durch Sündigen verloren hat.

Den Ausdruck salutare deutet Augustin auf Christus. Ohne Christus konnte niemand geheilt werden. Dies gilt auch von den Vätern des Alten Bundes. Denn schon vor seiner Fleischwerdung war Christus als der Logos bei Gott und war Gott (vgl Joh 1,1). Die Väter glaubten an seine Fleischwerdung als künftiges Ereignis, wir glauben an sie als geschehenes Ereignis. Die Zeit mag sich ändern, der Glaube bleibt.

Zu den Worten „spiritus principalis" bemerkt Augustin, einige würden die verschiedenen Bestimmungen des Geistes in V 12–14 auf die Trinität deuten, weil Gott seinem Wesen nach Geist sei. Die verschiedenen Attribute (rectus, sanctus, principalis) beziehen sich dann auf die göttlichen Personen. „Spiritus rectus" (V 12) ist der Sohn, „spiritus sanctus" (V 13) der Heilige Geist und „spiritus principalis" (V 14) der Vater. Diese Auslegung findet man bei Hieronymus im Galaterbriefkommentar zu Gal 4,6. Bei V 12 hatte Augustin selbst den Ausdruck „spiritus rectus" auf den Menschen gedeutet. Demgemäß möchte er „spiritus sanctus" und „spiritus principalis" als Bestimmungen desselben Geistes, nämlich des Heiligen Geistes, verstehen. Augustin will aber andere Deutungen nicht ausschließen: „Non est haeretica quaelibet sententia"[69].

---

[69] Z 20f.

Luther

Der *Lps* hat „laetitiam" statt „exsultationem".

Wie Augustin, so entnimmt auch Luther dem Wort „redde" den Hinweis darauf, daß der Beter die ursprüngliche Freude durch die Sünde verloren hat, wobei Luther freilich unter dem Wort „peccatum" nicht die besondere Sünde Davids versteht.

Für die Bezeichnung „salutare tuum" nennt Luther zwei Auslegungsmöglichkeiten:
1. „salus tua", 2. „Christus tuus". Das erste Interpretament entspricht den 7 pss poen (salutis tuae), das zweite stimmt mit Augustins Deutung überein, wird aber nicht weiter entfaltet.

Ausführlich erklärt Luther den Begriff „spiritus principalis". In der *Zeilenglosse* wird er als edler (oder: freigebiger, liberalis), nicht knechtischer Geist bestimmt. Mit letzterem bestärkt das Gesetz. In der *Randglosse* stellt Luther abermals den „spiritus principalis" dem „spiritus servilis" gegenüber. Der knechtische Geist „ist ein Geist der Furcht und heiligt (den Menschen) auf gewaltsame Weise. Deshalb hat er keine Fortdauer. Dagegen ist der fürstliche Geist ein Geist der Freiheit und ein freiwilliger, und deshalb dauert er fort und bestärkt (den Menschen)". Für diese Erklärung beruft sich Luther auf das Hebräische. Das für principalis stehende Wort (sc נְדִיבָה) kommt von Nadib (נָדִיב), das princeps, spontaneus, liberalis, beneficus und voluntarius bedeutet. Hier zeigt sich Luther von Reuchlins Rudimenta beeinflußt. Dort findet man s v נָדַב die Erklärung: „Libuit. favit. indulsit ... unde munifici et liberales hoc nomine dicuntur principes ... et psalmo cx ⟨Vg 109,3⟩ ... Hieronymus traduxit populi tui spontanei ... et psalmo cxix ⟨Vg 118,108⟩. Voluntaria oris mei. unde voluntarius et liberalis dicitur nadib qui omnia indulget oculo bono". – Weiter führt Luther aus: Die Art des Nadib ist der sklavischen Verfassung in allem entgegengesetzt. Denn diese handelt nicht freiwillig, edel und wohltätig, sondern gezwungen, unfreiwillig und böse. Was in Ps 50,14 „spiritus principalis" heißt, nennt Paulus fast überall „spiritus libertatis". Denn dieser macht die Menschen auf edle (oder: freigebige, liberaliter) Weise zu edlen (liberales) Knechten Christi.

Die Wendung „spiritus libertatis" kommt in den Paulusbriefen nicht vor. Das Wort libertas erscheint in ihnen fünfmal. Luther hat wahrscheinlich Stellen wie 2Kor 3,17 (ubi autem spiritus domini, ibi libertas) und Röm 8,15 (Non ... accepistis spiritum servitutis ... sed accepistis spiritum adoptionis filiorum) im Sinne.

Schließlich gibt Luther eine von der seinigen abweichende Deutung der Aussagen über den spiritus in V 12–14 wieder. Nach Meinung einiger Ausleger heißt derselbe Geist „spiritus rectus", weil er den Intellekt lenkt, „sanctus", weil er den Willen heiligt, und „principalis", weil er das Gedächtnis stärkt und festigt. Luther scheint hier sehr frei, mit einer gewissen Systematisierung, Augustins Erklärung wiederzugeben. Er fährt fort: Solche Auslegungen entsprechen zwar nicht dem Wortsinn; aber man darf sie nicht verwerfen; denn sie sind wahr und fromm. Man soll sie deshalb sammeln, wie Jesus nach dem Evangelium die Brocken aufsammeln ließ, die von der wunderbaren Speisung übrig blieben. Luther spielt damit auf Joh 6,12 an: „Colligite quae superaverunt fragmenta, ne pereant".

Luther stimmt mit *Augustin* in zwei Punkten überein: 1. Es geht um die Wiederherstellung des durch Sünden Verlorenen; 2. das „salutare" Gottes ist Christus. Ganz eigene Wege, die in der exegetischen Tradition keinerlei Vorlage haben, geht Luther auf Grund seiner durch Reuchlin vermittelten Kenntnis des Hebräischen in der Auslegung des Begriffs „spiritus principalis". Es geht Luther um die Freiheit und Freiwilligkeit, die der Geist schenkt, im Unterschied zu der sklavischen Gesinnung, die das Gesetz bewirkt. Der hebräische Text erweist sich für Luther als die Brücke, über die er von Ps 50,14 zur paulinischen Verkündigung der (christlichen) Freiheit gelangt. Der Begriff der Freiheit ist einer der Zentralbegriffe der Theologie Luthers.

Vers 15

Augustin

Doceam iniquos vias tuas, et impii ad te convertentur.

(n 18) V 14 endet mit den Worten: „Confirma me!" Das confirmare soll zum Inhalt haben, „daß du mir verziehen hast". In dieser Gewißheit, bestärkt in dieser Gnade, wird David nicht undankbar sein. Aus Dank gegen Gott wird er die Ungerechten Gottes Wege lehren.

Er, der selbst ein Ungerechter gewesen ist, nun es aber nicht mehr ist, da der Heilige Geist nicht von ihm genommen ist (vgl V 13), will die Ungerechten auf Grund seiner Erfahrung lehren.

Lehren wird er sie die Bekehrung der Gottlosen. Was bedeutet hier „impietas"? Wenn Davids besondere Sünde des Ehebruchs und des Mordes unter den Begriff der impietas fällt, brauchen die übrigen impii nicht zu verzweifeln; denn wenn sie sich wie David bekehren und Gottes Wege lernen, wird ihnen vergeben. Impietas kann aber auch im eigentlichen Sinne (proprie) Abfall von Gott, Verweigerung der ihm geschuldeten Verehrung bedeuten. Dann gilt aber den Apostaten und ähnlichen in erhöhtem Maße (ad cumulum valet) die Verheißung, daß sich die impii bekehren werden. Gott ist so reich an Barmherzigkeit, daß nicht nur die Sünder verschiedener Art, sondern sogar die Gottlosen (impii) nicht zu verzweifeln brauchen.

Ihre Bekehrung hat nach Röm 4,5 zum Ziel, daß ihr Glaube an Gott, der den Gottlosen rechtfertigt, ihnen zur Gerechtigkeit angerechnet wird. Augustin erklärt hier nicht genauer den Begriff des Glaubens. Er meint aber wohl, daß die Bekehrung eine Bewegung des Glaubens auf Gott hin einleitet und daß solcher Glaube als Gerechtigkeit angerechnet wird.

Luther

David wird lehren durch Psalm 50, andere Psalmen und sein eigenes Beispiel.

Die Wege Gottes (bzw Christi!) sind solche der Wahrheit und des Geistes. Vielleicht klingt hier wieder Joh 4,23 an: „Adorabunt patrem spiritu et veritate". – Auch nach der Glossa interlinearis sind die Wege Gottes Wahrheit[70].

Die Gottlosen sind Ungläubige (increduli).

Ihre Bekehrung geschieht durch den wahren Glauben, nachdem sie den Schatten und Buchstaben (des Gesetzes?) hinter sich gelassen haben.

Bei der Ausübung seines Lehramtes wird aber der Psalmist auf Widerstand stoßen. Doch damit leitet Luther schon zu V 16 über.

In der *Randglosse* heißt es, das Amt, die Wege Christi zu lehren, komme allein der Kirche zu. Dafür beruft sich Luther auf V 15a (vox ista); denn die Propheten und das Gesetz hätten solche Lehrer der Kirche zwar vorausgesagt, seien sie aber selbst nicht gewesen. Als Schriftbeleg nennt Luther Jer 16,16: „Mittam piscatores, et piscabuntur eos" (Vg: piscatores multos ... et).

Bei *Luther* hat das Lehren einen mehr „objektiven", durch die Heilige Schrift bestimmten, Charakter, während es *Augustin* allein unter dem Gesichtspunkt der Erfahrung betrachtet, die Luther freilich auch erwähnt. Die Wege Gottes als Gegenstand des Lehrens bedeuten nach Augustin die Bekehrung, die an Davids Geschichte beispielhaft zu Tage tritt. Luther betont die qualitative Andersartigkeit der Wege Gottes (Wahrheit und Geist). Bekehrung bedeutet daher nicht Abkehr von einer schweren Sünde, sondern vom Buchstaben. Demgemäß versteht Luther unter impietas nicht wie Augustin eine schwere Verfehlung oder gar Apostasie, sondern den Unglauben (der sich auf den Buchstaben stützt). Nach Augustin zielt die Bekehrung darauf ab, daß der Glaube als Gerechtigkeit angerechnet wird. Nach Luther geschieht die Bekehrung selbst *durch* den Glauben, und zwar durch den wahren Glauben. Mit dem Attribut „wahr" deutet Luther an, daß es auch falschen Glauben gibt, der in Wirklichkeit Unglaube ist. Schließlich fehlt bei Augustin der von Luther ausgesprochene Gedanke, daß die Wege Christi zu lehren allein Aufgabe der Kirche sei, wobei die Kirche zeitlich unterschieden wird von den Propheten und dem Gesetz. Luthers Deutung hängt wahrscheinlich damit zusammen, daß er die Bekehrung als Abkehr vom „Schatten und Buchstaben" versteht. Nach Hebr 10,1 hat das Gesetz „den Schatten (umbram) der zukünftigen Güter". Mit dem Stichwort „Schatten" ist für Luther also die Frage nach dem Unterschied zwischen Altem und Neuem Testament gegeben.

Vers 16

Augustin

Erue (Variante: *Libera*) *me de sanguinibus deus, deus salutis meae, et exsultabit lingua mea iustitiam tuam.*

---

[70] „‚Vias tuas', misericordiam et veritatem".

(n 19) Augustins Auslegung beschränkt sich auf die erste Vershälfte (Erue ... meae). Er stellt fest, daß der Plural „sanguines" oder „sanguina" im Lateinischen nicht gebräuchlich ist. Er entspricht aber dem griechischen Text (αἱμάτων), wo er entweder mit einer bestimmten Absicht (non sine causa) gesetzt oder nach dem hebräischen Original (דָּמִים), das Augustin freilich nicht kennt, beibehalten worden ist. Der fromme lateinische Übersetzer hat den Plural aus dem Griechischen übernommen, indem er es vorzog, sich lieber weniger lateinisch als weniger eigentlich (proprie) auszudrücken. Er wollte mit dem Plural „sanguines" auf die Sünden in ihrer Vielzahl hindeuten. Die „sanguines" sind „gleichsam der Ursprung des Fleisches der Sünde". Auch Paulus bezeichnet in 1Kor 15,50 mit der Wendung „caro et sanguis" die Sünden, die aus der Verderbnis des Fleisches und Blutes kommen. An jener Stelle ist „corruptio" Parallelbegriff zu „caro et sanguis". Daher kann Augustin sagen: Die Sünden gehen aus dem Fleisch und Blut hervor, weil sich Fleisch und Blut im Zustand der „corruptio" befinden, die ihrerseits von der Sünde (Singular!), dh von Adams Fall, herrührt. So ergibt sich folgende „Sündenkausalität": peccatum (sc Adae) → caro et sanguis (= corruptio = sanguines) → peccata. Die Sünden werden hier in ähnlicher Weise mit dem Namen ihres Ursprunges bezeichnet, wie wir die (griechische oder lateinische) Rede mit dem Organ, nämlich dem Körperglied „lingua", benennen, das sie hervorbringt. Da der Psalmist aber nach V 11 seine zahlreichen „iniquitates" im Blick hat, bezeichnet er hier die Verderbnis des Fleisches mit dem Plural „sanguines". Die Bitte des Psalmisten in V 16 bedeutet also: „Befreie mich von den Ungerechtigkeiten, reinige mich von aller Verderbnis!" Indem Augustin hier „iniquitates" mit „corruptio" gleichsetzt, deutet er schon die eschatologische Ausrichtung seines Verständnisses von V 16 an: Wer von der „corruptio carnis" befreit zu werden bittet, ersehnt „incorruptio", Unvergänglichkeit.

Die Bezeichnung Gottes als „deus salutis meae" deutet auf das vollkommene Heil hin, welches vollkommene Gesundheit des Leibes einschließen wird. In diesem Leben befindet sich der Leib mit seinen vielfältigen Gebrechlichkeiten und Bedürfnissen gleichsam im Zustande ununterbrochener Krankheit. Im Reich Gottes wird er eine vollkommene Gestalt aus Gott haben. Mit dem eschatologischen Ausblick verbindet Augustin den Gedanken an die Gegenwart des Heils: „Schon jetzt sind wir im Heil selbst. Höre den Apostel ⟨Röm 8,24⟩: ‚Spe enim salvi facti sumus'"[71]. Daß Paulus hier an das vollendete Heil auch des Leibes denkt, entnimmt Augustin den unmittelbar vorausgehenden Worten (Röm 8,23): „In nobismetipsis ingemiscimus adoptionem exspectantes, redemptionem corporis nostri". Unter dem Gesichtspunkt der Hoffnung gilt: „Wir sind schon jetzt im Heil". Aber unter dem Gesichtspunkt der Wirklichkeit ist zu sagen, daß wir es „noch nicht haben, aber im Begriff sind, es zu haben (habituri sumus). Es ist noch nicht Wirklichkeit (res), sondern zuverlässige Hoffnung (certa spes)"[72].

---

[71] Z 43f.
[72] Z 51f.

Der Angelpunkt der Auslegung Augustins ist der Begriff „sanguines". Er bezeichnet die „peccata" oder „iniquitates" in ihrer Vielzahl. Was aber Augustin unter den Sünden genauer versteht, bleibt in einer gewissen Schwebe. Schwere Verfehlungen sind wahrscheinlich nicht gemeint, eher leichtere Sünden, ohne die es im Christenleben kaum abgeht. Aber Augustin beschreibt sie nicht genauer. So legt der eschatologische Charakter seiner Deutung des Verses den Gedanken nahe, daß er wohl mehr die Möglichkeit der Sünden als ihre konkrete Wirklichkeit im Blick hat. Sie sind, solange wir in diesem verderbten Fleisch leben, eine ständige Bedrohung auch für den Christen, der er nicht selten erliegt. Aus der Situation der ständigen Anfechtung, des Kampfes wird die starke Betonung der eschatologischen Hoffnung verständlich.

Luther

Der *Lps* hat „Libera" statt „Erue".

Man wird dem Psalmisten, wenn er das in V 15 beschriebene Lehramt ausübt, Widerstand leisten. Deshalb bittet er: „Libera me de sanguinibus!"

Die „sanguines" sind die dem Fleisch und dem Buchstaben verfallenen Juden. In der *Randglosse* werden sie als Verwandte nach dem Fleisch bezeichnet. Solche waren einst das fleischliche Israel, das die in seiner Mitte entstandene Urkirche der Apostel verfolgte, und sind noch heute alle fleischlichen Menschen. Luther sieht also Verwandtschaft nach dem Fleisch und fleischliche Art oder Gesinnung zusammen. Mit dem Plural „sanguines" findet er auch in Joh 1,13 die fleischlichen „Freunde", dh Verwandten, bezeichnet. In den Prophetenschriften werden sie mystisch „Idumaei" genannt, was „Blutmenschen" (sanguinei) bedeutet. Sie selbst legen freilich den Christen (nos) diesen Namen bei.

Gott heißt „deus salutis meae", weil er den Beter errettet.

Da im Text das intransitive „exsultabit" mit einem Akkusativobjekt verbunden ist (iustitiam tuam), behebt Luther diese im Lateinischen ungewöhnliche Konstruktion, indem er ein transitives Verb mit Adverb einsetzt: „Exsultanter pronuntiabit". Die Gerechtigkeit Gottes wird unter Frohlocken verkündigt.

Iustitia wird hier – anders als bei V 8 – als die rechtfertigende Gerechtigkeit erklärt, durch die man vor Gott gerecht ist. Sie steht im Gegensatz zur eigenen Gerechtigkeit, die sich auf das Gesetz stützt oder sonst von menschlicher Art ist.

In der *Randglosse* weist Luther darauf hin, daß Gottes rechtfertigende Gerechtigkeit nur dann verkündigt wird, wenn zuvor die eigene Gerechtigkeit angeklagt worden ist.

Nach *Augustin* spricht V 16 von der Sehnsucht nach Befreiung aus dem Sündenelend der Vergänglichkeit. Nach *Luther* geht es hier um die frohe Verkündigung der rechtfertigenden Gerechtigkeit Gottes angesichts der Verfolgung durch die, welche der Macht des Fleisches und Buchstabens verfallen sind.

Vers 17

Augustin

Domine, labia mea aperies, et os meum annuntiabit laudem tuam.

(n 20) In seiner sehr kurzen Auslegung beschränkt sich Augustin darauf, vier Gründe für das Gotteslob zu nennen: 1. weil ich geschaffen wurde, 2. weil ich, obwohl ich sündigte, nicht verlassen wurde, 3. weil ich zum Bekennen (der Sünde) ermahnt wurde, 4. weil ich gereinigt wurde (vgl V 9), um unbesorgt (securus) zu sein.

Luther

Das Futurum „aperies" deutet Luther auf Grund seiner Kenntnis der hebräischen Grammatik[73] im Sinne einer Bitte, also als Optativ: „Ich bitte, daß du öffnest".

Das Öffnen der Lippen geschieht dadurch, daß Gott dem Beter Zuversicht (fiducia) schenkt und Weisheit redet (dh ihn Weisheit reden läßt). Luther begründet diese Erklärung mit Lk 21,15: „Ego dabo vobis os et sapientiam".

Das den zweiten Halbvers einleitende „et" drückt eine Folge aus: „Dann (tunc) wird mein Mund verkündigen". Dies wird durch die weltweite (christliche) Predigt geschehen.

Das Gotteslob ist Bekenntnis und hat die „bona" Gottes und die eigenen „mala" zum Inhalt.

In den *Scholien*[74] erklärt Luther, inwiefern die Worte „labia mea aperies" der Kirche zukommen: Seit Christus redet die ganze Heilige Schrift in unverhüllter, offener Weise. Geöffnet wird der Mund der Schrift durch den Glauben, ohne den sie verschlossen und stumm bleibt. Daß das Reden aus dem Glauben kommt, wird durch Ps 114,10 (Credidi, propter quod locutus sum) bewiesen.

Augustin fragt allein nach den Beweggründen des Gotteslobes, die er im Rahmen der Geschichte von Davids Sünde und Buße formuliert. *Luther* findet in V 17 prophetisch die christliche Verkündigung beschrieben, zu der Gott selbst die Vollmacht gibt und die seine Wohltaten im Kontrast zur menschlichen Sünde zum Inhalt hat.

Vers 18

Augustin

Quoniam si voluisses sacrificium, dedissem utique, holocaustis non delectaberis.

---

[73] WA 55 I 1,120,15–19. Siehe S RAEDER, AaO 47–51.
[74] BoA 25, 125,25–30 (= WA 3,293,1–5).

(n 21) Zu Davids Zeit pflegte man Tieropfer darzubringen. Sie verkündeten als Abbilder im voraus das *eine* Heilsopfer. Augustin meint Christi Opfertod; aber er verfolgt – im Hinblick auf V 19 – diesen Gedanken nicht weiter, sondern kommt auf das Opfer des Menschen zu sprechen, dem er versöhnende Wirkung zuschreibt[75]. „In dir hast du, was du opfern sollst ... Du hast in dir, was du töten sollst".

Luther

Während bei Augustin das Wort „utique" den ersten Halbvers abschließt, leitet es im *Lps* den zweiten Halbvers ein.

Der Ausdruck „sacrificium" bezeichnet ein Opfer von Vieh (pecorum) und (somit) ein fleischliches Opfer. Solches Opfer, wie es jene (dem Fleisch und dem Buchstaben Verfallenen) darbringen, hätte auch der Psalmist Gott gern gegeben. „Aber" – so deutet Luther das „utique" – Gott hat an Ganzbrandopfern keine Freude. Dazu verweist Luther auf die ähnlichen Aussagen in Ps 49,8f und 39,7.

Augustin stellt in typologischer Auslegung das alttestamentliche Tieropfer dem Christusopfer und dem Selbstopfer gegenüber, während *Luther* allein den negativen, fleischlichen Charakter des von Gott nicht gewollten Tieropfers betont.

Vers 19

Augustin

Sacrificium deo spiritus contribulatus, cor contritum et humilatum deus non spernit.

(n 21) Die Tieropfer hatten ihre Berechtigung, solange sie etwas Zukünftiges verhießen. Da nun aber die Verheißungen sich erfüllt haben, sind die Zeichen aufgehoben.

Im zweiten Halbvers ist Augustin das Wort „humilatum" besonders wichtig, das er in Gegensatz zu „excelsum" stellt. Erhaben ist Gott. Daher kommt dem Menschen Niedrigkeit und Demut zu. Macht er sich erhaben, so entfernt sich Gott von ihm; erniedrigt er sich, so nähert sich Gott ihm.

Luther

Der *Lps* hat „humiliatum" statt „humilatum" und „deus, non despicies" statt „deus non spernit".

Welche Qualität das „sacrificium" für Gott hat, drückt Luther mit den Attributen „gratum et acceptum" aus. Ähnlich interpretiert Faber: „Oblatio accepta deo".

---

[75] Z 11: „Unde illum placabimus?"

Den Dativ „deo" erläutert Luther durch die Anrede „tibi, deus". Sie entspricht der 2. Person in V 18 (non delectaberis) und in V 19 (non despicies).

Der Geist ist „gepeinigt" (contribulatus), dh der Sünden wegen von Reue gequält. Solcher Geist steht im Gegensatz zum angefochtenen Fleisch, das auch den Juden nicht unbekannt ist, wie Jes 58,4 zeigt: „Ad contentiones ieiunatis" (Vg: Ad ... contentiones).

Die Innerlichkeit der Reue betont Luther auch bei der zweiten Vershälfte. Wenn das Herz zerknirscht und gedemütigt ist, so betrifft dieser Zustand nicht nur (!) das Äußere in heuchlerischem Gebaren und in der Kleidung wie bei den Pharisäern nach Mt 5. Wenn Luther nicht eine andere Stelle meint – nach *Vogelsang* Mt 6,16 – wäre etwa auf Mt 5,20 hinzuweisen.

Die negative Formulierung „non despicies" hat einen höchst positiven Sinn: „Immo maxime respicies", den Luther durch Jes 66,2 unterstreicht.

Augustin geht es um die Demut des Selbstopfers, dem er – zu V 18 – versöhnende Wirkung zuschreibt, *Luther* um die Innerlichkeit der Reue.

Vers 20

Augustin

Benigne fac, domine, in bona voluntate tua Sion, et aedificentur muri Ierusalem.

(n 22) Hier bittet David nicht mehr als Einzelperson, sondern im Namen der Kirche. Denn mit Sion und Ierusalem ist „unser Bild und der Typus der Kirche"[76] gemeint. Sion ist die „heilige Stadt", und zwar jene, die nach Mt 5,14 nicht verborgen sein kann, weil sie auf einen Berg gegründet ist. In wörtlicher Übersetzung bedeutet Sion „speculatio" und Ierusalem „visio pacis". Sion „schaut, was es erhofft". Beide Namen drücken das Wesen der Kirche aus. Die Hörer sollen sich selbst als Sion und Ierusalem erkennen, wenn sie entsprechend der Bedeutung der Namen mit Gewißheit (certi) die zukünftige Hoffnung und Frieden mit Gott (vgl Röm 5,1) erwarten.

Die Worte „benigne fac" weisen darauf hin, daß Sion sich nicht irgendwelche Verdienste (die es hat) selbst zuschreiben darf (als wären sie aus eigenem Vermögen hervorgegangen). Sion bleibt auf Gottes Güte angewiesen. Deshalb bittet David: „Handle *du selbst* (tu) mit ihr gütig!"

Das Wort „muri" deutet Augustin auf die „Bollwerke unserer Unsterblichkeit". Sie sollen in Glaube, Hoffnung und Liebe errichtet werden.

Luther

Der *Lps* hat die Lesart „ut aedificentur" statt „et aedificentur".

---

[76] Z 2.

„Benigne fac" interpretiert Luther mit Faber durch „benefac". Das Wohltun Gottes besteht in der (künftigen) Sendung Christi.

Die „bona voluntas" des Herrn schließt unsere Verdienste als Beweggrund seines Wohltuns aus.

Die Mauern Jerusalems sind die kirchliche Hierarchie.

Jerusalem ist die zukünftige Kirche, die zur Zeit Davids noch nicht bestand. Dies begründet Luther in der *Randglosse*. Zur Zeit Davids waren Zion und Jerusalem erbaut, so daß die Bitte „. . . ut aedificentur" im Hinblick auf die damaligen Verhältnisse keinen Sinn hätte. Folglich bittet David „für die ganze Kirche" und spricht von mystischen (Dingen, oder: vom mystischen Zion und Jerusalem).

Augustin und *Luther* verstehen V 20 als Weissagung auf die Kirche. Augustin beschreibt sie unter dem Gesichtspunkt ihrer geistlichen Tugenden, die er besonders in der Etymologie der Namen Sion und Jerusalem und in dem Wort „muri" angedeutet findet. Luther ist dagegen an der Bedeutung der Namen nicht interessiert, während er sich zu beweisen bemüht, daß V 20 sich nicht auf die Zeit Davids bezieht. Ohne es zu sagen, grenzt er sich damit von Lyras Erklärung ab, der V 20b auf die Errichtung der Mauern des Tempels von Jerusalem durch Salomon deutet. Luther will V 20 prophetisch, nicht historisch verstanden wissen. Erstaunlich ist, daß Luther im Unterschied zu Augustins spiritualistischer Tendenz in den „muri" Jerusalems die „ordines Ecclesiastici" erblickt. Dies hängt gewiß mit der Bedeutung zusammen, die für Luther das „officium docendi vias Christi"[77] hat. Um des Wortes willen ist ihm das kirchliche Amt wichtig.

Vers 21

Augustin

Tunc acceptabis sacrificium iustitiae, oblationes et holocaustomata. Tunc imponent super altare tuum vitulos.

(n 23) Den Ausdruck „sacrificium iustitiae" deutet Augustin eschatologisch. In dieser Weltzeit nimmt Gott ein Opfer für die Ungerechtigkeit an, das nach V 19 ein zerschlagener Geist und ein gedemütigtes Herz ist. Dagegen wird das Opfer der Gerechtigkeit nicht mehr das Sündenbekenntnis einschließen, sondern ausschließlich im Gotteslob bestehen. Auf diesen Zustand der Vollendung weist Augustin mit Ps 83,5 hin: „Beati enim qui habitant in domo tua, in saecula saeculorum laudabunt te".

Augustin erklärt sodann seinen Hörern das (aus dem Griechischen kommende) Wort „holocaustomata": „Wenn ein ganzes Stück Vieh auf den Altar zur Verzehrung durchs Feuer gelegt wurde, nannte man es holocaustum"[78]. Ebenso

---

[77] Zu V 16: BoA 25,73,21.
[78] Z 7f.

muß auch uns das göttliche Feuer vollständig verzehren, und zwar nicht nur nach der Seele, sondern auch nach dem Leibe, damit wir in der himmlischen Welt Unsterblichkeit verdienen.

Warum als Opfertiere gerade Kälber genannt werden, läßt Augustin offen. Ist damit die Unschuld des neuen Lebensalter (nach der Taufe) gemeint oder die Freiheit vom Joch des Gesetzes?

Im *Epilog (n 24)* ermahnt Augustin seine Hörer. Sie sollen Geduld mit den Bösen haben, eingedenk dessen, daß sie selbst einmal böse waren (!) und geduldig von den Guten ertragen wurden. Zudem sollen sie die Hoffnung auf die Bekehrung jener dem Heil noch Fernen nicht aufgeben. Speziell wendet sich Augustin den Familienvätern zu. Sie machen sich schuldig, wenn sie, schon selber von der Begierde verlassen, ihren jugendlichen Söhnen allzu große Freiheiten einräumen.

Luther

Der *Lps* hat „holocausta" statt „holocaustomata".

„Acceptabis" bedeutet: „Du wirst für wert halten" (gratum habebis).

Das „sacrificium iustitiae" ist ein Opfer des Lobes und des Bekenntnisses, nicht ein Vieh- und Tieropfer, sondern ein Opfer der Glaubensgerechtigkeit (oder: des Glaubens). Dargebracht wird es von den Gerechten. Unter den Gerechten kann Luther hier nur die durch den Glauben Gerechten verstehen. Aus seiner Interpretation ergeben sich folgende Gleichsetzungen: iustitia = fides (oder: iustitia fidei) = laus et confessio. Es liegt nahe, „laus" auf das Heilshandeln Gottes, „confessio" auf die Sünde inhaltlich zu beziehen.

„Oblationes et holocausta" sind die Gelübde und Werke, die die Gerechten Gott (als Urheber) zuschreiben.

Der Altar, auf dem die Kälber geopfert werden, ist Christus oder der Glaube an ihn. – Diese Deutung findet man auch in der Glossa interlinearis[79].

Die Kälber sind die Gerechten, die sich dem Fleisch nach geschlachtet haben.

Augustins Deutung hat wiederum eine eschatologische Ausrichtung. Der Unterschied zwischen Augustin und *Luther* betrifft vor allem den Begriff der Gerechtigkeit. Augustin setzt eine Gleichheit von Gerechtigkeit und Sündlosigkeit voraus. Das Opfer der Gerechtigkeit darf deshalb in keiner Beziehung zur Sünde stehen, es muß reines Gotteslob sein. Für Luther ist Gerechtigkeit ein Begriff, der das Christsein in dieser Welt kennzeichnet. Deshalb gehört zum Opfer der Gerechtigkeit nicht nur das Lob, sondern auch das Bekenntnis, nach der Auslegung von V 6 müssen wir sagen: das Lob Gottes und das Bekenntnis der Sünde. Beides faßt Luther zusammen im Begriff des Glaubens oder der Glaubensgerechtigkeit.

---

[79] „Super altare tuum', super fidem vel Christum".

3. Abschließende Betrachtung

Wie unser Vergleich zeigt, ist Luther von Augustins Auslegung des 50. Psalms erstaunlich wenig beeinflußt. Beide Exegeten stimmen darin überein, daß Psalm 50 von der Buße handle; aber in der textbezogenen Entfaltung ihres Bußverständnisses gehen sie auseinander. Augustin deutet den Psalm nach dem Titulus auf Davids Buße für die schwere Sünde des Ehebruchs und Mordes. Dies hindert ihn zwar nicht, V 6 vom Gericht der Sünder über den sündlosen Gott-Menschen Christus, V 7 von der Erbsünde und V 18ff von der Kirche zu verstehen; im ganzen aber ist seine Auslegung des Psalms eine auf Davids Person bezogene, wobei er natürlich berücksichtigt, daß David in Psalm 50 nicht nur als Büßer in eigener Sache, sondern auch als Prophet spricht. Luther deutet dagegen den Psalm auf die „Person der menschlichen Natur, dh der Kirche Christi" (zu V 1f). Nicht um Davids spezielle Sünde geht es, sondern um das „peccatum originale". Im Titulus findet Luther nicht den Inhalt, sondern den Anlaß beschrieben, aus dem der Psalm entstanden ist: Durch das in 2Sam 12,13 berichtete Ereignis erkannte David, „daß, wer sich als Sünder bekennt, Verzeihung erlangt und daß jeder Mensch Sünder ist und allein Gott gerecht, rechtfertigend und zu rechtfertigen". Diese Erkenntnis hat David vor allem in V 6 ausgesprochen. Daß Paulus diese Stelle in Röm 3,4 zitiert, ist für Luther ein maßgeblicher Hinweis auf den „prophetischen Sinn" des Psalms. „Prophetisch" bedeutet in diesem Falle: auf Christus als Zentrum bezogen. Daher setzt Luther bei der Auslegung von Psalm 50 die menschliche Natur mit der Kirche Christi gleich.

Es fällt auf, wie Luther nun den prophetischen Sinn in der Einzelexegese beständig durch antithetische Formulierungen und Begriffe herausarbeitet. Man achte einmal auf die Häufigkeit des Wortes „non" in den Glossen! Das wichtigste begriffliche Instrument der exegetisch-theologischen Unterscheidungen Luthers ist das Gegensatzpaar „littera" und „spiritus" (vgl 2Kor 3,6). „Littera" bezeichnet die Dinge aus der Sicht der Synagoge, „spiritus" aus der Sicht der Christusoffenbarung. Daher besteht zwischen „littera" und dem häufig vorkommenden Wort „lex" ein enger Zusammenhang: Wer bekennt, allein an Gott gesündigt zu haben (V 6), meint nicht buchstäbliche Sünden gegenüber Mose und dem Gesetz, sondern „die wahre und geistliche (!) Sünde"[80]. Das Gesetz kann nur einen reinen Körper geben, aber kein reines Herz, nur eine buchstäbliche Geradheit, aber keine geistliche (V 12), nur eine weltliche Heiligkeit, aber keine geistliche, nur ein heiliges Fleisch, aber keinen heiligen Geist (V 13).

Augustins Auslegung ist nicht von der Denkform der Antithese bestimmt. Dementsprechend fehlt in ihr der Gegensatz von „Geist" und „Buchstabe" vollständig (obwohl Augustin gerade 412 seinen Traktat De spiritu et littera verfaßte!). Charakteristisch für Augustin sind vielmehr die dem Bereich der Heilkunst entnommenen Metaphern, mit denen er in seiner Auslegung von Psalm 50 durch-

---

[80] BoA ²5,120,31 (Scholien).

gehend das Wirken der göttlichen Barmherzigkeit veranschaulicht. An diesen bildlichen Wendungen zeigt sich, daß Augustins Grundfrage nicht lautet: „Wie kann der Sünder vor Gott bestehen?", sondern: „Wie kann der Mensch von der Sünde geheilt werden?"

Die Fragestellung Augustins weist auf sein Verständnis der Sünde zurück. Was den Getauften betrifft, so ist wirkliche Sünde für Augustin nur konkrete Tatsünde, die wiederum nach ihrer Schwere gewogen wird. Zwar kann Augustin nach Röm 6,12 sagen, auch im sterblichen Leibe des Christen sei die „Sünde"; aber er versteht dabei – wie aus seinen anderen Schriften noch deutlicher hervorgeht – unter „Sünde" nur die Neigung zur Sünde, das dem Fleisch innewohnende böse Begehren (carnalis delectatio, concupiscentia, sanguines, corruptio), das zur Sünde führt, wenn es nicht gezügelt wird, das aber an sich nicht Sünde ist. Die „concupiscentia" ist Straffolge der Sünde Adams, wird durch den libidinösen Zeugungsakt übertragen und führt zu Tatsünden, wenn der zur Herrschaft bestimmte Geist in sie einwilligt.

Luther geht im Verständnis der Sünde, des „peccatum originale", über Augustin hinaus, wenn er auch vom Christen aussagt, daß er immer Sünder sei, immer in Sünden sei, immer sündige. Luther radikalisiert die Erbsünde zur Personsünde, die als solche vor Gott gilt. Weil das „peccatum originale" zur Person selbst gehört, kann Luther darauf verzichten, auf Adams Fall auch nur mit einem Wort hinzuweisen. Denn nach der herkömmlichen Lehre ist ja das Problem der Erbsünde für den Christen dadurch erledigt, daß die Taufe die in Adam angeeignete Schuld hinwegnimmt, und daß die noch verbleibende „concupiscentia" ihrem Wesen nach nicht Sünde ist.

Die Lösung des Problems der Sünde sieht Augustin in der fortschreitenden Heilung des Menschen durch das Wirken des göttlichen Arztes. Heilung bedeutet reale Umwandlung. Dem entspricht es, daß Augustin scharf zwischen der göttlichen Barmherzigkeit und Gerechtigkeit unterscheidet. Die göttliche Barmherzigkeit kann nur verzeihen, weil der Gerechtigkeit Genüge geschieht, indem der Büßende sich selbst bzw seine Sünde bestraft, was ein Zeichen des Wirkens des Heiligen Geistes in ihm ist. Augustin kann sogar sagen, daß Gott jemandem erst in der zukünftigen Welt (!) verzeihe, nachdem er ihn in dieser Welt durch Strafleiden geläutert habe (V 12). Augustin würde auch nicht sagen, wer sich als Sünder erkenne, sei vor Gott gerecht, weil er „Gerechtigkeit" als sittlichen Normbegriff versteht und mit Sündlosigkeit gleichsetzt. Das „Opfer der Gerechtigkeit" (V 21) muß deshalb unter Ausschluß des Sündenbekenntnisses reines Gotteslob sein, das erst die Vollendeten in der himmlischen Herrlichkeit darbringen werden. Auf Erden kann es nur ein Opfer „für die Ungerechtigkeit" geben. Alles dies bestätigt Augustins real-sanatives Verständnis des göttlichen Heilswirkens am Menschen.

Da Luther die Sünde radikaler versteht als Augustin, kann ihm der Gedanke der Heilung nicht genügen. Bezeichnenderweise fehlt in Luthers Auslegung des 50. Psalms die für Augustin so charakteristische Metaphorik des ärztlichen Handelns vollständig. Für Luther spitzt sich das Problem der bleibenden Sünde auf die Frage zu: „Wie kann der Sünder vor Gott bestehen?" Luthers Antwort ist sein

Verständnis der Rechtfertigung: Wer sich vor Gott als Sünder bekennt und anklagt, rechtfertigt Gott in seinen Worten und wird so von Gott aus Gnaden gerechtfertigt. Diese Heilsordnung ist Gottes Bund, den er getreulich hält. Das diesem Bunde gemäße Verhalten des Menschen ist der Glaube, der beides einschließt: Selbstanklage und Empfang der rechtfertigenden Gerechtigkeit Gottes.

Auch in Luthers Rechtfertigungsverständnis ist der Gedanke an eine gewisse Umwandlung des Menschen enthalten; denn wer seine Sünde vor Gott bekennt und damit Gottes Urteil über sich recht gibt, ist zwar nicht mehr ein „impius" oder „superbus", der sich selbst rechtfertigt und Gott richtet, bleibt allerdings Sünder (peccator) und bekräftigt dies gerade durch sein Bekenntnis. Während Augustins Verständnis der Heilung eine reale Umwandlung des Menschen in seinem Wesen (vom „Kranken" zum „Gesunden") impliziert, bedeutet Rechtfertigung im Sinne Luthers wesentlich einen grundlegenden Wandel in der *Beziehung* des Menschen zu Gott.

LUTHERS BEMÜHUNGEN UM DIE ERARBEITUNG EINES PSALMENKOMMENTARS ZWISCHEN 1515 UND 1523

von

Horst Beintker

Luthers Haupttätigkeit bestand in der Bibelauslegung. Deshalb bleiben auch die allerersten Dokumente über seine Erklärung biblischer Texte für die Lutherforschung besonders interessant. Dazu gehören vor allem die frühen Vorlesungen, aber auch einzelne Predigtstücke[1] und frühe Sermone[2]. Davon haben wir ganz wenige, jedenfalls nur Reste, wenn es mit der berichteten Tätigkeit darüber verglichen wird[3]. Mehr vorhanden ist von den Vorlesungsmaterialien, nach denen Luther die 1. Psalmenvorlesung von 1513 bis 1515 hielt[4]. Für den Erfolg dieser Vorlesung zeugt der Auftrag, den er daraufhin bekam. Er sollte diese „dictata super psalterium"[5] gedruckt herausbringen. Zunächst mußte er sich zwar ganz auf die im Herbst 1515 begonnene Vorlesung über den Römerbrief konzentrieren, erarbeitete daneben[6] aber verschiedene Psalmenauslegungen. Wir erkennen in ihnen unter-

---

[1] Vgl ERICH VOGELSANGS Bericht BoA 5,405 mit Stellennachweis und Texten, außerdem ders in: ZKG 50 (1931) 112–145.

[2] Die Sermone aus den Jahren 1514 bis 1521 sind nachgewiesen im Hilfsbuch zum Lutherstudium, bearb v K ALAND (Witten ³1970) Nr 683 bzw 577 Predigten 1–188.

[3] Von 1514/1515 sind 13 Sermone bzw zT davon nur Predigtstücke erhalten. MARTIN BRECHT, Martin Luther. Sein Weg zur Reformation 1483–1521 (Stuttgart 1981) 150ff berichtet, daß STAUPITZ mit LUTHERS Doktorat schon den Auftrag als Prediger im Augustinerkloster an LUTHER erteilte, und er bereits um 1514 auch beauftragt wurde, die Prädikatur in der Stadtkirche zu versehen.

[4] Sie ist nicht – wie andere frühe Vorlesungen – durch Nachschriften zu erhellen, aber durch zwei umfangreiche Autographa etwas rekonstruierbar: die Psalmenglossen, an die LUTHER wohl speziell die Diktate in die von ihm veranlaßten Psalterdruckexemplare für die Studenten anschloß, und die Scholien in LUTHERS Vorbereitungsheft, aus dem er jedoch für die Vorlesung nur in Auswahl diktiert haben kann. HEINRICH BOEHMER (Luthers erste Vorlesung [Leipzig 1924] 28) hat errechnet, daß LUTHER mindestens erst ein Jahr später mit der 1.Psalmenvorlesung, die über 5 oder 6 Semester lief, fertig geworden wäre, wenn er auch nur die Hälfte seiner Eintragungen in den Kollektaneen der Scholienhandschrift diktiert oder bloß vorgetragen hätte, obwohl er schnell zu sprechen pflegte. Vgl ders, Der junge Luther (Leipzig ⁴1951) 107–121; BRECHT, AaO 129–136.144–148, zu den frühen Kolleghheften LUTHERS und Beobachtungen daran.

[5] So nennt LUTHER in einem Brief an SPALATIN wohl das Psalmenglossarium und daran angeschlossene Sacherklärungen, die in Leipzig zum Druck (s u Anm 53) vermittelt werden sollten: WABr 1,56,6. – Die gelegentliche Anwendung „dictata" auf die ganze Vorlesung oder auch auf das Material ausgedehnt, das als Kollektaneen zu verstehen ist, sollte überwunden werden. BoA 5 und die Neuausgabe WA 55 vermeiden bewußt diese sich auch in der Forschung mehr und mehr einbürgernde Bezeichnung.

[6] LUTHERS Zeit gehörte nicht nur dem Lehramt; seit Herbst 1511 versah er das Predigtamt, seit Mai 1512 das Subpriorat des Schwarzen Klosters, dh er hatte für die Kost des Konvents zu sorgen; als Regens des Generalstudiums hatte er das Studium zu lenken und auf den verschiedenen Stufen zu überwachen. Bestimmt Ende 1515, aber doch wohl schon 1514 kam der Predigtauftrag an der Stadtkirche und seelsor-

schiedliche Vorstufen für einen Kommentar, der ein ganz anderes Aussehen als die „dictata" bekommen hätte, wenn Luther ihn für den ganzen Psalter in gleicher Weise, wie er bei den erhalten gebliebenen Auslegungen[7] vorging, hätte durchführen können. Daran hinderte ihn der allgemeine reformatorische Aufbruch, der besonders durch die Wittenberger Theologie[8] von ihm verursacht war. Dennoch ist die 2. Psalmenvorlesung von 1518 bis 1521 ein Beweis für sein Festhalten an dem erhaltenen Auftrag geworden, denn im Zusammenhang mit ihr erwuchsen die zum Druck gegebenen Auslegungen von Psalm 1 bis 22[9], an denen er wenigstens teilweise eine Erfüllung der gestellten Aufgabe empfinden konnte. Daß wohl das „onus premens"[10], von dem er in der Praefatio 1513 und auch sonst gelegentlich spricht[11], ihn 1518ff nun zur direkten Verbindung von Vorlesung und gleichzeitigem Druck des Vorgetragenen zwang[12], ist für seine Hörer und Zeitgenossen wie für uns ein Glück gewesen. Für ihn selber war es freilich die Ursache berechtigter Selbstkritik[13] und eines Gefühls, trotz einiger Anläufe noch immer den nun bis zu Psalm 22 unternommenen Kommentar nicht in die rechte Form bringen zu können. Doch darüber gilt es dann im einzelnen einige Untersuchungsergebnisse vorzulegen. Vorweg darf das greifbare Ergebnis, das Luther mit Vorlesung und Druck in Gestalt der „Operationes in psalmos" 1519–1521 als Frucht seiner Bemühungen um einen vollständigen Psalmenkommentar vorlegte, etwas näher bedacht werden.

Es gibt nur zwei Kommentare, die Luther selber zum Druck bearbeitet hat, den zum Galaterbrief (1519)[14], der aus Vorlesungen über diesen Paulusbrief (1516/1517) erwuchs[15], und den zum Psalter, der freilich ein Torso schon deshalb blieb, weil Luther 1521 die Vorlesung abbrechen mußte. In seiner Vorrede zu Johannes Bugenhagens „In librum psalmorum interpretatio" von 1524 schildert er selber den Abbruch als erzwungen: „Ich hatte mir vor etlichen jaren den Psalter fürgenomen alhie zu Wittemberg zu lesen, auff das ich solch fein lieblich buch, so dazu mal tieff

---

gerliche Tätigkeit hinzu, ab Mai 1515 wurde er Distriktsvikar der sächsisch-thüringischen Provinz mit 10 bis 12 Klöstern und entsprechenden Pflichten, vielfach auswärts wahrzunehmen. Das erklärt wohl etwas die großen Unregelmäßigkeiten, die besonders der Scholienteil zum Psalter aufweist.

[7] BoA 5,38–41 berichtet über die vier verschiedenen Materialien, die mit LUTHERS erster Vorlesung zusammenhängen, und bringt Stücke daraus. Hier ist nur Gruppe d) gemeint, aus der BoA 5,208,18–221,29 eine Auswahl (mit Verweis auf WA 3 und 31 I) bringt.

[8] WALTER FRIEDENSBURG, Geschichte der Universität Wittenberg (Halle 1917) 90–199; KARL BAUER, Die Wittenberger Universitätstheologie und die Anfänge der deutschen Reformation (Tübingen 1928).

[9] Die Psalmen werden nicht nach Vulgata gezählt, ausgenommen dort, wo zusätzlich vermerkt oder 21(22), also die erste Zahl nach Vulgata und die eingeklammerte für den heutigen Gebrauch steht.

[10] WA 3,14,3; 55 II 1,25,9f.

[11] Vgl WABr 1,72,1–13; 594,8–19; 2,273,13–22.

[12] WA 5,3–6. Vgl HORST BEINTKER, Die Überwindung der Anfechtung bei Luther. Eine Studie seiner Theologie nach den Operationes in Psalmos 1519–21 (Berlin 1954) 14–17; BRECHT, AaO 277: „Die Vorlesung wurde sofort gedruckt".

[13] WABr 2,273,3–20. Vgl WA 5,1–6; BEINTKER, AaO 16–18; WABr 1,594,10; 2,149,25–29; 274 Anm 2–4.7 die dort aus WA 5 genannten Partien.

[14] WA 2, (436) 443–618; 9,790f; Calwer Luther-Ausgabe 10 (München/Hamburg 1968 = Siebenstern Taschenbuch 124/125).

[15] WA 57 II (I–XXVI) 5–49 (= Glossen) 53–108 (= „Collecta ad Paulum", wie die Scholien überschrieben sind).

ym finsternis verborgen lag, herfür an das liecht brecht, auch mich selbs mit zu ynn der schrifft deste mehr übete und gewisser mechte. Da ich aber den selbigen Psalter, nach dem mir Christus seine gnade verlyehe, bis ynn den .xxij. Psalm gelaß, iechten mich der Papisten verfolgung davon[16] und must gen Wormbs und von Wittemberg bleiben, das ich also das werck nicht kundte zum ende bringen und ynn des viel notiger gescheffte drein fielen, [so] das[s] [es] bis her nach blieben ist"[17], den Kommentar fertigzustellen. Luthers Absicht, den ursprünglich ihm erteilten Auftrag auszuführen und auch nach 1521 fortzusetzen, ist also selbst dem Rückblick zu entnehmen. Uns begegnet es nämlich in seiner Vorlesungstätigkeit niemals, daß er von sich aus eine begonnene Vorlesung vorzeitig abbrach. Das entspricht Luthers Art und dem in seinem Doktoreid gegebenen Versprechen[18]. Selbst während die Pest in Wittenberg 1527 wütete, führte er die Auslegung des ersten Johannesbriefes zu Ende[19]. Nur das eine Mal, als er 1521 vor den Kaiser auf den Reichstag befohlen und anschließend auf der Wartburg festgesetzt wurde, haben wir eine Ausnahme von dieser Regel[20].

Das Ergebnis solchen Ringens um Gewißheit in der Schrift, bei dem der Psalter mit die erste Stelle für Luther hatte[21], ist ungemein reich. Es ist daher wohl der äußere Anlaß, aber doch nicht der ausschlaggebende Grund für eine zweite Edition von Luthers „Operationes in psalmos" gewesen, daß die erste in WA 5 editorische Mängel vor allem im wissenschaftlichen Apparat aufweist. Die Neuausgabe von Luthers umfangreichstem[22] Kommentar, den er nach und nach in Verbindung mit der zweiten Psalmenvorlesung in Wittenberg ab 1519 bei Johann Rhau-Grunenberg, zum Teil sogar in Lieferungen ausgegeben, bis 1521 erscheinen ließ, hat es

---

[16] Vgl WATR 3,477,20–24.

[17] WA 23,389,4–12. LUTHER betont aber dann, daß Christus an seiner Stelle andere „erweckt" habe, wie BUGENHAGEN und viele andere „mehr, die solchs mein verhindernis nicht alleine mit dem Psalter, sondern auch mit andern buchern, Gottlob, wol hundert feltig ereinbracht haben, das doch der Papisten iechen und verfolgunge yhn nichts foderlich, sondern uns nützlich und yhn deste schedlicher worden ist" (13–17).

[18] Vgl OTTO SCHEEL, Martin Luther. Vom Katholizismus zur Reformation II: Im Kloster (Tübingen 1917) 310–318.

[19] 19.August–7.November 1527: WA 20, (592) 599–801.807; 48, (313) 314–323; Calwer Luther-Ausgabe 9 (München/Hamburg 1968 = Siebenstern Taschenbuch 112) 109–221.

[20] Die genaue Markierung der Stelle, bis zu der LUTHER in der Vorlesung kam, als er durch Zitation nach Worms Wittenberg zu verlassen gezwungen war (vgl WA 5,6; 649,23), spricht nicht nur für den historischen Sinn des später im Druckexemplar notierenden Hörers, sondern auch für die Empfindung der Ausnahme solchen erzwungenen Abbruchs.

[21] In der Vorrede und Psalmenauslegung 1519 sagt LUTHER, der Psalter und die paulinischen Briefe „möchten wohl die edelsten und schwierigsten unter den biblischen Schriften sein"; wenn uns die anderen Bücher der Schrift durch Wort und Beispiel das lehren, was wir zu tun haben, so „bereitet der gute göttliche Geist, der Lehrer der Unmündigen" im Psalter „uns selber die Gefühle, Triebe und Worte zu, mit denen wir ... den himmlischen Vater angehen sollen ..." (zitiert nach JULIUS KÖSTLIN, Martin Luther I, 5.Aufl hg v GUSTAV KAWERAU [Berlin 1903] 105.275).

[22] Das gilt eindeutig, denn auch die 2. Galaterbriefvorlesung 1531, die von RÖRER 1535 als der große Galaterbriefkommentar herausgegeben wurde, übertrifft die Operationes nicht, ist außerdem nicht aus LUTHERS Ausarbeitungen, sondern als Nachschrift gedruckt und als die Rörersche Druckbearbeitung erschienen. Die gelegentlich als Kommentar bezeichnete, sich durch zehn Jahre hinziehende Genesis-Vorlesung wurde von den Bearbeitern und Herausgebern (1544–1554) nicht als solcher bewertet.

zB mitveranlaßt, daß in diesem Band eine Reihe von Spezialstudien gebracht werden, welche den besonderen Gehalt einzelner Auslegungen Luthers darin beleuchten. An diese wichtige Quelle für seine Theologie erinnert Luther beim Rückschauen auf seine reformatorische Entdeckung in der berühmten Vorrede zu Band I der lateinischen Reihe in der Wittenberger Gesamtausgabe 1545[23] selber – und sie gibt uns auch genug Probleme dadurch auf. Die Frage nach dem Reformatorischen in Luthers Theologie ist ja wieder neu in Bewegung gekommen. Verbum Dei als Gnadenmittel entdeckt zu haben[24] oder das mit Paulus aus dem eigentlichen Verständnis von Röm 1,17 gewonnene wahre Licht des Evangeliums[25]: das steht für die zukünftige Lutherdarstellung in Frage.

Die Forschung, die über eine innere Wende bei Luther infolge seiner reformatorischen „Entdeckung" urteilen soll, kann ohne genaue zeitliche Fixierung aller Texte und Quellenfunde, sofern sie mit diesem Wachsen des großartigen Psalmenkommentars in Verbindung stehen, kaum bündige Aussagen erbringen. In solchen Zusammenhängen wirft ein in Rom von der Vatikanischen Bibliothek aufbewahrtes Fragment von Luthers Auslegung zu Psalm 4 und 5 eine Reihe von Fragen auf, zu denen wir uns hier äußern, die aber keinesfalls im Rahmen dieses Beitrags erledigt werden können. Vielmehr müssen wir uns, veranlaßt und an Einsicht gefördert durch das Vatikanische Fragment[26], zu allererst der ganzen Vorgeschichte des

---

[23] WA 54,185–186,29 (s u Anm 25).

[24] AXEL GYLLENKROK, Rechtfertigung und Heiligung in der frühen evangelischen Theologie Luthers (Wiesbaden 1952) hat wohl den Anlaß zur These einer sehr späten Datierung des Turmerlebnisses gegeben (Frühjahr oder Sommer 1518), wonach auch der bis dahin aus Vorrede 1545 und vielen anderen Äußerungen über die iustitia dei angenommene Inhalt variiert wurde, da nun „die Entdeckung darin besteht, daß Luther das Wort als das Gnadenmittel entdeckt hat": ERNST BIZER, Fides ex auditu. Eine Untersuchung über die Entdeckung der Gerechtigkeit Gottes durch Martin Luther (Neukirchen 1958, 3.Aufl 1966) 7. Vgl meine Rezension zu BIZER in ThLZ 88 (1963) 52–55.
Von hier entwickelte sich eine umfangreiche Diskussion. Vgl KURT ALAND, Der Weg zur Reformation = TEH 123 (München 1965); OSWALD BAYER, Die reformatorische Wende in Luthers Theologie, in: ZThK 66 (1969) 115–150; ders, Promissio = FKDG 24 (Göttingen 1971); MARTIN BRECHT, Iustitia Christi, in: ZThK 74 (1977) 179–223; ders, Martin Luther 92–96.215–230.482–484.

[25] Für die Ansetzung der reformatorischen Entdeckung vor, zT weit vor 1518 gilt, daß sie sich nicht einseitig an ein Bewußtsein von Heilsgewißheit durch Gottes Wort als Gnadenmittel, sondern an die Interpretation von iustitia dei im Anschluß an Paulus bindet. Hierfür sei an die wichtigsten jüngeren Forschungsbeiträge erinnert: HEINRICH BORNKAMM, Zur Frage der Iustitia Dei beim jungen Luther, in: ARG 52 (1961) 16–26; 53 (1962) 1–60; REGIN PRENTER, Der barmherzige Richter (Kopenhagen 1961); RUDOLF HERMANN, Luthers Theologie (Berlin/Göttingen 1967) 29f.37–50.55.231–236.
Mehr Gesichtspunkte und Texte enthält BERNHARD LOHSE (Hg), Der Durchbruch der reformatorischen Erkenntnis bei Luther = WdF 123 (Darmstadt 1968). Eine sachliche Information über Untersuchungen zur „Rechtfertigung Gottes" bietet VITTORIO SUBILIA, Die Rechtfertigung aus Glauben (Göttingen 1981) 109–115. – Ob „reformatorische Entdeckung" (BRECHT 215) oder „Erkenntnis" (LOHSE) oder „Erlebnis" bzw „Erleuchtung" (HERMANN) angesichts der so verschieden beurteilten Selbstzeugnisse LUTHERS die Sache besser umschreibt, sei einstweilen dahingestellt. Jedenfalls war es bestimmt das Ergebnis eines jahrelangen Nachdenkens und Ringens um das Verständnis der Schrift und kennzeichnend für seinen theologischen Weg. Für „den Abschluß der zweiten Runde" – also der mit BIZER eröffneten – und ähnlicher Versuche, „die Reformation erklären" zu wollen, plädiert LEIF GRANE, Modus Loquendi Theologicus. Luthers Kampf um die Erneuerung der Theologie (1515–1518) (Leiden 1975) 12f.

[26] Diese Bezeichnung (Abkürzung: VF) hat sich im Singular eingebürgert und darf wohl jetzt im Sinne eines Kommentarfragments gelten, obwohl ERICH VOGELSANG, Unbekannte Fragmente aus Luthers zwei-

zunehmend immer mehr beachteten großen Psalmenkommentars zuwenden, in die jenes Fragment unzweifelhaft hineingehört. Dann kann den mit ihm verbundenen Fragen nachgegangen und schließlich ein zeitlicher Überblick gewonnen werden, in welchem ein Schlüssel zur besseren Interpretation verschiedener umstrittener Texte liegt.

Die Vorgeschichte der „Operationes in psalmos" reicht zurück bis in die Sammel- und Erklärungsbemühungen Luthers für die 1. Psalmenvorlesung 1513–1515, auf welche sich Luther in seiner Widmung an den Kurfürsten am 27. März 1519 mehrfach bezieht[27]. Die Versuche zur Ausarbeitung solcher Psalmenauslegungen aber, die nach den strengen Vorstellungen Luthers für den Druck geeignet gewesen[28] wären, beginnen erst nach 1515. Ja, auch die „Operationes", also „Arbeiten" oder „Studien" über die Psalmen, diesen reichen Ertrag der Vorbereitung für die zweite Psalmenvorlesung, wie er seine gedruckten Auslegungen etwas abwertend – entsprechend seiner Geringschätzung eigener Leistungen[29] – genannt hat, wollte er zunächst nicht als Kommentar bezeichnen. Erasmus nennt ihn gleich so[30]. Nach dem Zeugnis von Valentin Ernst Löscher, Christian Friedrich Börner und Johann Georg Walch wollte Luther erst seine (wahrscheinlich) geplante Fortsetzung bei einer Zweitauflage dieser ersten Auslegungen „Commentarius" nennen, die außer der geplanten Überarbeitung der bereits vorliegenden noch weitere Psalmenauslegungen enthalten sollte[31]. Gleichwohl bemerkt er 1521 beim Schlußwort, das er auf der Wartburg – nun seine Arbeit mit „totus commentarius"[32] bewertend – schrieb: „Verum nonnihil in illis est spiritualis eruditionis et revelationis, de qua, qui pius est", und dankt darüber seinem Herrn Jesus Christus[33].

Zur biblischen Theologie, mit der es in Wittenberg zur Reform der ganzen Universität kam, so daß Luthers Anteil als Ausleger des Psalters und wichtiger neutestamentlicher Briefe hoch veranschlagt werden darf[34], fand Luther eben nicht einfach durch eine Bibellektüre[35]. Vielmehr war im ständigen Suchen und Fragen nach

---

ter Psalmenvorlesung 1518 = AKG 27 (Berlin 1940) bei der ersten Edition pluralisch davon sprach. In AKG 27,7ff (passim) freilich erklärt er es als „Fragment einer studentischen Kollegnachschrift der von Luther in Wittenberg 1518ff gehaltenen zweiten Psalmenvorlesung": HORST BEINTKER, Zur Datierung und Einordnung eines neueren Luther-Fragments, in: WZ(G).GS 1 (1951/1952) 70. In der Neuausgabe der Operationes steht der Singular: AWA 2,157.216. Ebenso bei SIEGFRIED RAEDER, Grammatica Theologica. Studien zu Luthers Operationes in Psalmos = BHTh 51 (Tübingen 1977) 82–171 (passim).

[27] WA 5,22,23f.38; s weitere Verweise auf WA 55 in AWA 2,13 App.
[28] Der Vergleich des Galaterkommentars (1519) gegenüber der noch geteilten Textfassung, wie sie die Vorlesungsnachschrift aufbewahrt hat (s o Anm 15), mit den Operationes und Materialien der 1.Psalmenvorlesung sowie VF kann hierfür Maßstäbe erkennen lassen.
[29] Vgl JOHANNES HILBURG, Luther und das Wort Gottes in seiner Exegese und Theologie (Diss theol Marburg 1946) 7. AWA 2,10,7 bzw Anm 39 dazu bringt Stellen dieser Art.
[30] WABr 1,413,48f.
[31] ERNST THIELE, Luthers Absicht einer Fortsetzung und zweiten Ausgabe, in: WA 5,7–9. Vgl WABr 1,619,11–13; WA 5,672,22–673,10; AWA 2,10 Anm 39.
[32] WA 5,673,8.
[33] WA 5,673,10f.
[34] FRIEDENSBURG, AaO 108.110–113.95–101.
[35] Vgl WATR 3,618,15–18.

dem Worte Gottes darin alsbald die Kraft des Heiligen Geistes. Sie war für ihn nichts anderes als die Stimme des erhöhten Herrn, der seine Worte erinnert, vertieft und „affectu cordis" bei den glaubend Hörenden bewegt. Zu ihnen gehören nach Luther alle, die Gottes Gerechtigkeit wirklich erkennen und in ihr leben, mit ihr „erfahren" werden und für sie eintreten, allen voran also der Apostel Paulus, Schutzpatron der theologischen Fakultät[36], aber auch Luthers Amtsvorgänger und Generalvikar seines Ordens, nämlich Staupitz, und der Kurfürst, auf dessen Liebe zur Heiligen Schrift Luther in der Widmung im März 1519 mit einem erzählten Staupitz-Bericht darüber[37] anspielt, und die er deshalb beide konkret einbezieht in seine theologische Begründung des rechten Schriftverständnisses „affectu cordis"[38].

So eng verbindet und so hoch bewertet Luther die Hauptquelle, aus der er seine Erkenntnis schöpft, und die Empfänger, für die er – von ihnen dazu aufgefordert – schreibt: seine Oberen, nämlich den Kurfürsten als Schützer der Universität und Förderer der Sache der Reformation, Staupitz als seinen geistlichen Vater und Lehrer des Evangeliums, und das Volk. Für sie – abgesehen von Christus, dem lebendigen, gegenwärtigen und eigentlichen Auftraggeber – schreibt er unter Auftrag.

Die Verpflichtung, für das allgemeine Volk, also für jeden Christen zu schreiben, hebt Luther, der schon vorher einige ausführliche deutschsprachige Psalmenauslegungen verfaßt hat, etwas später noch mehr hervor. Auch bei einem Auftragswerk, der Auslegung von Episteln und Evangelien der Sonn- und Festtage im Kirchenjahr, mit der er 1521 beginnt, meint er, daß auch das andere Werk, das er Friedrich widmet, „viel schlechter sei, als erwartet"[39]. Das fürchtet er umso mehr, „als das Evangelium, dessen Majestät unschätzbar, billigerweise allen Herzen am heiligsten ist"[40], und angesichts der an seine, zunächst nur die Adventszeit behandelnde Postille gestellten Erwartung „aus der Geburt des großen Berges bloß ein Mäuslein hervorkommen wird"[41]. „Non de eloquentia et latini sermonis elegantia dico", unerfahren sei er darin und er arbeite auch nicht für die darin Erfahrenen, sondern von dem Volk und jenen, die Leben in sich haben, „deren Urteil, obwohl sie nicht fein reden, doch zu fürchten ist, die sehr viel bei Gott gelten, wie Jesaja [2,22] sagt", fürchte er das Urteil und besonders von Friedrich dem Weisen – und hier klingt es ähnlich wie oben: „qui sacris litteris non modo incomparabili studio et faves et inhias, sed ita formatus", der also derart gebildet sei, „daß jeder Theologe", und sei es auch der größte, Mühe hätte, auf seine Fragen zu antworten[42]. Es werde aber doch genug sein, schließt Luther diese Vorrede, wenn er den reinsten und einfachsten Sinn des Evangeliums nur halbwegs entdecke und das Volk „nur Gottes eigene Worte, gereinigt von den Menschenlehren (sola verba dei sui, a sor-

---

[36] FRIEDENSBURG, AaO 36 Anm 2.
[37] WA 5,21,24–37; AWA 2,10,13–11,13.
[38] WA 5,21,39; AWA 2,11,13f.
[39] WA 7,464,33.
[40] WA 7,464,33–35.
[41] WA 7,464,36–465,1.
[42] WA 7,465,1–8.

dibus humanis purgata)"⁴³ hören lasse. Den reinen, lauteren Sinn des Evangeliums, mehr verspreche er dabei nicht⁴⁴.

Das klingt in verschiedener Richtung etwas überzogen. Doch darauf ist jetzt nicht einzugehen. Wir haben diesen Rahmen aber so weit gespannt, um die aufgewendete Mühe, Anstrengung und Durchdringung sowie die Bedeutung der ganzen Schrift für die Auslegung der Psalmen besser zu verstehen, welche Luther seit 1512 in seiner „auf die Bibel gestifteten" Professur⁴⁵ benötigt hatte, damit er den bedeutsamen Inhalt des Psalters einigermaßen zureichend, wie sein Urteil dazu lautet⁴⁶, den ihn darum bedrängenden Studenten⁴⁷ erschließen konnte. Erst so vermochte er mit der auch an Paulus geschulten Theologie die „patres et fratres" bzw seine Hörer in „den Kern der Nuß und das Mark des Knochens" einzuführen, worum es ihm schon als „baccalaureus biblicus" 1509 ging⁴⁸.

Wir haben dabei schon etwas von dem berechtigten Zögern bei der Vorbereitung seiner Auslegungen zum Druck zwischen 1515 und 1519 erfaßt. Für den Stück um Stück erscheinenden „Operationes Commentarius", für den Luther noch auf der Wartburg tätig war und der ihn mindestens in Form noch anderer Versuche nicht losließ, konnte das „Auftrag erfüllt" noch nicht beansprucht werden. Luther sieht dann zwar andere in solche Aufgaben eintreten und nimmt deshalb beim Erscheinen von Bugenhagens „In librum psalmorum interpretatio", die er 1524 bevorwortet, definitiv Abstand⁴⁹ von einem eigenen kompletten Kommentar zum Psalter. Der nach dem Erfolg der 1.Psalmenvorlesung sehr wahrscheinlich von Friedrich über Spalatin – oder auf anderem Wege, da dieser erst im September 1516 in die Kanzlei des Kurfürsten berufen wurde⁵⁰ – Ende 1515 erhaltene Auftrag, sie zum Druck zu geben, galt noch immer. Tatsächlich war Luther 1516/1517 ja damit neben all den sonstigen sehr beanspruchenden Aufgaben befaßt, um aus der frühen Vorlesung über den ganzen Psalter einen für die Drucklegung geeigneten Text vorzubereiten⁵¹; dabei gab es nicht nur erhebliche Verzögerungen, sondern deutliches Verschieben und Neuansetzen mit je und je anderen Formen der Auslegung, wie wir noch sehen werden.

Offenbleiben muß mE auch die Frage des Auftraggebers, so sehr sich alle auf Friedrich verlegen. Irmgard Höß hält daran in Bestätigung von Georg Berbig⁵² fest: „um Weihnachten 1515 erbot sich Spalatin zur Vermittlung der Drucklegung der Psalmen-Erklärung, was die Vermutung nahelegt, daß er selbst die Vorlesung

---

⁴³ WA 7,465,11–14.   ⁴⁴ WA 7,465,14f.
⁴⁵ FRIEDENSBURG, AaO 95.
⁴⁶ Vgl WA 5,19,25–20,13; AWA 2,5,10–6,9: Mit Anklängen an Jak 3,1f; 1Kor 6,2; 4,9 u a bedenkt LUTHER Verantwortung und Risiko des Auslegens.
⁴⁷ WA 5,22,24; AWA 2,13,1.   ⁴⁸ WABr 1,17,43.
⁴⁹ WA 15,8,27f.
⁵⁰ IRMGARD HÖSS, Georg Spalatin (Weimar 1956) 81.
⁵¹ So gestützt auf die im Wortlaut eindeutige, im Datum aber unsichere Äußerung an SPALATIN (WABr 1,56,4–13) und auf die Worte an LANG „lector Pauli, collector Psalterii" vom 26.Oktober 1516, in: WABr 1,72,9f.
⁵² GEORG BERBIG, Spalatin und sein Verhältnis zu Martin Luther auf Grund ihres Briefwechsels bis zum Jahre 1525 = QDGR 1 (Halle 1906) 11.

zumindest stundenweise gehört hat und von ihr begeistert war. Luther lehnte das Angebot allerdings ab, weil er seine Erklärung noch nicht für druckreif hielt"[53]. Das läßt im Falle, daß Luther Ende 1515 an Spalatin diese Auskunft gab, vermuten, daß für einen Druck vor allem die Glossierung in Frage kam, ergänzt nur durch relativ wenige Scholienstücke als weitere Erklärung. Denn das würde dem Zustand seiner Kollegmaterialien zum damaligen Zeitpunkt entsprechen und auch der Auskunft, nur unter seiner persönlichen Anleitung könne ein so schwieriger Text gesetzt werden. Zum Druck in Wittenberg, wie der fragliche Brief ankündet, hat Luther diese „dictata" dann aber doch nicht gegeben. Vielmehr nahm er sich einer Ausarbeitung der Scholien an, soweit uns das davon erhaltene Material urteilen läßt, welches wir nun mit dem neuen Fund des Vatikanischen Fragments vergleichen können. Jedenfalls hat – danach zu vermuten – Luther 1516 bis unmittelbar vor den Beginn der Hebräerbriefvorlesung 1517 auf eine solche erste Drucklegung eines Psalmenkommentars hingearbeitet. Damit wollen wir dann näher zusehen. Das bisher genügend anvisierte Verhältnis Luthers zum Kurfürsten als der tatsächlichen und über seine Beauftragten oft persönlich starken Einfluß nehmenden Hauptperson der Universität[54] darf im Blick bleiben für die Klärung der Frage, wieso der gegebene Auftrag schließlich nur zum Teil, allerdings durch andere und zwar vornehmlich deutschsprachige Psalmenauslegungen etwas ausgleichend erfüllt wurde. Selbst wenn etwa Staupitz den Auftrag für einen Kommentar erteilt haben würde, bleibt die Verpflichtung, die Luther dem Kurfürsten gegenüber fühlt, von großem Gewicht.

Luther sollte 1515 bzw danach auf den ersten ganz großen Lehrerfolg hin zum Ruhm der jungen Universität, ihres Begründers und aller ihrer Mitglieder den Ertrag der Psalmenerklärung als Buch vorlegen. Spalatin will den Druck in Leipzig vermitteln. Luther lehnt ab. Der Druck der sogenannten Dictata der 1. Psalmenvorlesung kommt nicht in Frage, jedenfalls nicht auswärts. Bei Grunenberg wird aus dem Druck vor den folgenden Fasten auch nichts werden, wie es dem Brief nach durch Vermittlung der Wittenberger zunächst aussah[55]. Luther bekommt also nichts fertig. Dafür gibt es angesichts des gefundenen Fragments interessante Gründe. Zunächst beweist diese vollständige Auslegung von Psalm 4 und 5 mit den zweifachen Durchgängen, die kaum wirklich zutreffend als „Glosse" und „Scholie" im alten Sinne unterschieden werden (zu Psalm 5 gibt es am Ende noch einen knappen „moraliter"-Durchgang und einen alles zusammenfassenden „Schluß"), daß Luther keineswegs einfach den Druck seiner 1. Psalmenvorlesung oder eine *überarbeitete Fassung* des bis 1515 *Vorgetragenen* bzw die Überarbeitung seiner Glossen und Scholien im vorliegenden Material vorhatte, wie man früher über den Psalterdruck 1513 mit den handschriftlichen Glossen dachte, die in Wol-

---

[53] Höss, AaO 80. Zuverlässig ist WABr 1,56,1ff im Datum nicht. Für 26.Dezember oder 31.Dezember 1515 sprechen Indizien, ein Jahr später wird meist angenommen. Meine Vermutung geht auf 1515.
[54] Friedensburg, AaO 17.20–29.33.55.111 u a.
[55] WABr 1,56,10f.

fenbüttel⁵⁶ aufbewahrt werden. Auch heute ist von beabsichtigter Überarbeitung⁵⁷ die Rede. Es handelt sich jedoch um einen wirklichen *Neuansatz*.

Dafür zeigt unser Fragment im Vergleich mit weiteren, schon länger als solchen erkannten Versuchen für den unter Auftrag geplanten Kommentar – solche gibt es zu Psalm 1 und 4, im Scholienteil zur 1. Psalmenvorlesung überliefert⁵⁸, und zu Psalm 23 bis 25⁵⁹ – wie sehr es Luther zwischen den beiden Psalmenvorlesungen um die neuen Formen und Gehalte im Kommentar ging. Für den Galaterbriefkommentar von 1519 hatte er schließlich eine Form gefunden, die über die überlieferte Trennung von Glosse und Scholie hinauswuchs. Die Zwischenstücke zu den Psalmen sind auf dem Weg zu dieser Gestalt und lassen erkennen, welche Mühe Luther aufgewendet hat. Freilich ist der theologische Erkenntnisstand in den mit mehreren Anläufen zustandegebrachten Stücken verschieden und auch deshalb mit ein Kriterium für zeitliche Festlegungen und von da für Schlußfolgerungen über Luthers reformatorische Entwicklung.

Die verschiedenen Kommentaransätze zwischen 1515 und 1517 bereiteten die Gestalt der später zum Druck gegebenen Auslegungen vor. Und doch war Luther mit dem Ergebnis der Operationes von 1519–1521 noch nicht ganz zufrieden, obwohl auch er Gefallen daran und noch mehr Beifall von den Zeitgenossen fand⁶⁰. Das ist nach der positiven Einschätzung „als eines brauchbaren Kommentars" wie nach der negativen Beurteilung des Werkes wohl verständlich. Es ist nicht bloß die „verbositas", die Luther zB rügt⁶¹, denn aus den Operationes wäre bei gleichbleibend ausführlicher Erklärung ein nach damaligen Vorstellungen wegen des Umfangs fast unrealisierbares Werk geworden. Mit dem ungeheuer reichen Inhalt fertig zu werden, scheiterte – angesichts von Luthers Aufgehen im Psalter als der Rede Gottes mit den Menschen und der Rede von Menschen, Propheten und Heiligen mit Gott – schon von der überwältigenden Sache her. Evangelium und Gesetz, Gebet und Anfechtung, Erhörung und das Kommen und Gegenwärtigsein Gottes in Jesus Christus, seinem Wort, die Erfahrung der Wahrheit von Gericht und Gnade: das alles kulminiert bei Luther in reifer Gestalt und großem Gedankenreichtum in den Auslegungen ab 1518 bzw im Druck 1519.

---

[56] Der von LUTHER 1513 verfaßte Wittenberger Psalterdruck mit seinen handschriftlichen Zeilen- und Randglossen befindet sich in der Herzog-August-Bibliothek Wolfenbüttel (Wolfenbütteler Psalter; s jetzt die Faksimileausgabe mit Textübertragung, hg v E ROACH u R SCHWARZ [Frankfurt M 1983]), die Scholien in LUTHERS Autograph in der Sächsischen Landesbibliothek Dresden (Dresdener Psalter). Beide werden mustergültig ediert in WA 55; für die Geschichte beider Stücke dort und vorerst WA 3,1–10.

[57] BRECHT, AaO 143.472 Anm 27; VOGELSANG, AKG 27,11.

[58] WA 3,15,12–27,6; 39,20–64,25; 55 II 1,1,2–24,29; 46,15–88,9.

[59] WA 31 I (462) 464–480.

[60] Theologisch und hinsichtlich der hebräischen Grammatik sei der Kommentar noch „unreif", meint LUTHER später, der Rechtfertigungsartikel werde aber „treulich" darin getrieben (WATR 5,21,12ff). Entsprechend positiv im Vorwort zur Verdeutschung durch STEPHAN ROTH: WA 23,389,19–25. Einige begeisterte Urteile von anderen wie MELANCHTON, ADAM PETRI in Basel und JUSTUS JONAS, der meinte: „Est ex spiritu sancto", führt PAUL PIETSCH an in WA 5,3f.14. Vgl auch LUTHER selbst: WA 5,672,16–673,12.

[61] WA 5,673,9. Vgl WATR 2,40,22.

Doch wenden wir uns von dem Eindruck des greifbaren Kommentars wieder den Vorarbeiten zu: Welche Vorformen und Stufen lassen sich hier unterscheiden? Zunächst steht fest: Vom Anfang der Psalmenauslegung von 1513 ist außer der gedruckten „Vorrede Jesu Christi des Sohnes Gottes, unsers Herrn, auf den Psalter David"[62] und Luthers gedrucktem „Leitfaden" daraus[63] nichts erhalten. Dem „Wolfenbüttler Psalter" fehlen nämlich Bl 6ff; erst ab Bl 14 beginnend mit Ps 3,2 (Text und Glosse) ist der Lutherpsalter von 1513 erhalten; die frühe Glossierung von Psalm 1 und 2 ist verloren gegangen[64]. Im Dresdener Scholienheft sind die Verhältnisse und Verluste noch ganz andere. Heinrich Boehmer, Erich Vogelsang und Karl August Meissinger haben nach Johann Karl Seidemann und Gustav Kawerau, den Editoren der beiden ersten Ausgaben von Luthers frühen Scholien[65], sich mit den quellenkritischen Fragen, die der „Dresdener Psalter stellt", genauer befaßt[66]. Denn diese Handschrift ist von Anfang an als eine *offene Sammlung* angelegt gewesen. Dann hat Hermann Wendorf, der auch eine (ungedruckte) Beschreibung von der Dresdener Handschrift für die Einleitung zur Neuausgabe der 1. Psalmenvorlesung verfaßte[67], diese Scholienhandschrift genau untersucht. Er zog aus den Lagenverhältnissen, aus paläographischen, stilistischen und inhaltlichen Beobachtungen zT unumstößliche Schlüsse. Reinhard Schwarz, der Verantwortliche für die Gesamtredaktion des kommentierenden Apparates in WA 55, hat das sorgfältig fortgesetzt und berichtigt. Eigene Untersuchungen am Original fanden die Darlegungen beider Forscher, auf die hier nur in ihren Ergebnissen abzuheben ist, bestätigt[68]. Danach ist festzuhalten, daß Luther dieses Manuskript als eine Materialsammlung der eigenen Auslegungen verstand. Von der mittelalterlichen Form der Glossierarbeit an einem biblischen Text, für die jene umfängliche „Biblia cum Glosa

---

[62] WA 3,12,11–13.14–13,32; 55 I 1,6,1–3.4–10,15. Speziell zu dieser mit dem Psalterdruck veröffentlichten Praefatio: GERHARD EBELING, Luthers Psalterdruck vom Jahre 1513, in: ZThK 50 (1953) 80–99 = Lutherstudien 1 (Tübingen 1971) 109–131; ERICH VOGELSANG, Der junge Luther (= BoA 5) 46,8–48,12.

[63] „Leitfaden" für das Psalmenverständnis, wie WALCH 9,1476 „directorium" (WA 3,13,4; 55 I 1,6,22f; BoA 5,47,7) übersetzt, ist der in kleineren Drucktypen gesetzte zweite Teil der Vorrede, die „völlig singulär" gegenüber der Tradition Jesus Christus in den Mund gelegt wird und hermeneutische Regeln für die Psalmenauslegung – gleichsam von Christus selbst – bringt. Vgl EBELING, AaO 81f.87ff.

[64] WA 3,2–4 berichtet GUSTAV KAWERAU dazu.

[65] Nähere Angaben über diese Editionen, die jetzt von der noch unvollendeten in WA 55 I/II abgelöst werden, in WA 3,5–10.

[66] HEINRICH BOEHMER, Luthers erste Vorlesung (Leipzig 1924) 15–52; ERICH VOGELSANG, Die Anfänge von Luthers Christologie nach der ersten Psalmenvorlesung = AKG 15 (Berlin/Leipzig 1929) 4–61; KARL AUGUST MEISSINGER, Luthers Exegese in der Frühzeit (Leipzig 1911) 6–14.

[67] WA 55 I 1,6* angekündet. WENDORF hat mir seine Handschriftenbeschreibung für die noch nicht gedruckte endgültige Einleitung zu WA 55 I/II zur Verfügung gestellt. Sie geht weit über das Material hinaus, das WENDORF, Der Durchbruch der neuen Erkenntnis Luthers im Lichte der handschriftlichen Überlieferung, in: HV 27 (1932) 124–144.285–327 erfaßt hat. Noch weiter führt REINHARD SCHWARZ, Beschreibung der Dresdener Scholien-Handschrift von Luthers 1.Psalmenvorlesung, in: ZKG 82 (1971) 65–93.

[68] Die verloren gemeldete Scholienhandschrift befindet sich zugänglich in Dresden. Vgl SCHWARZ, AaO 65.

ordinaria expositione lyrae litterali et morali, necnon additionibus ac replicis"[69] ein Vorbild war, sind Luthers Scholien zu sehr verschieden. Denn er hat sie oft seitenweise mit Nachträgen verbessert, neubeschriebene Blätter eingelegt, frühere entfernt und fortlaufend in ihnen gearbeitet. Auch später müssen Blätter verschwunden sein, ein entferntes ist sogar wieder aufgetaucht[70]. Freigelassene Zeilen[71] sind häufig, Vorziehen von Auslegungen kommt vor[72]. Die Quelle ist eben kein abgeschlossenes Manuskript, „das dem Vortrag in der Vorlesung zugrundeliegen oder dem Diktat an die Hörer dienen sollte, sondern" hat den Charakter „einer bloßen Materialsammlung (Collecta pflegte sie Luther zu nennen) für den freien Gebrauch bei der Vorlesung. Aus dieser Bestimmung erklärt sich ... die große Verschiedenartigkeit im exegetischen Verfahren Luthers. Bald wird ein Psalm Vers für Vers gleichmäßig durchgesprochen, bald wird ein Vers, der ihm besonders wichtig erscheint, herausgegriffen und in ausführlicher Breite behandelt, während er von den anderen wenig mehr als eine Paraphrase gibt, ja es kommt sogar vor, daß eine ganze Scholie [auf einen Psalm gerichtet] überhaupt nur aus einer sehr eingehenden Interpretation eines einzigen Verses besteht und der sonstige Inhalt des Psalmes gar nicht berührt wird"[73]. Besondere Verhältnisse liegen bei Psalm 1 bis 4 in der Scholienhandschrift vor – nicht, daß sie etwa überarbeitet wurden, wie das bei anderen Psalmen[74], vielleicht (oder nach Wendorf wahrscheinlich) bei Psalm 3[75] der Fall war. Vielmehr sind die frühen Scholien entfernt und an ihrer Stelle neue, erst 1516 unter dem Auftrag einer Überarbeitung der 1. Psalmenvorlesung für den Druck entstandene eingelegt worden[76].

Anfang der Dresdener Scholien-Handschrift – Schema der Lagen 1 und 2.

1. Lage

⟨1/13⟩		⟨1⟩	(leeres Blatt)
12E	großer Ochsenkopf	2–5	Psalm 1: Druckbearbeitung 1516
2/11	großer Ochsenkopf	⟨6–7⟩	(leere Blätter)
3/10	gehört zu großer Ochsenkopf	8–11	leere Blätter
4/9	kleiner Ochsenkopf	12a	Predigtfragment
5/8	kleiner Ochsenkopf	12b	leere Seite
⟨6/7⟩		⟨13⟩	(leeres Blatt)

---

[69] 6 Bde (Basel 1498–1502; ebd 1506–1508) s im Quellenverzeichnis der vorläufigen Einleitung zu WA 55 I (1963) 36*.
[70] WA 55 I 1,55* = Bl 36A der Handschrift: WA 55 II 1,145,8–151,40.
[71] Vgl die Aufstellung bei WENDORF in: HV 27 (1932) 293 Anm 31. SCHWARZ hat solche freien Räume, oft für spätere Eintragungen vorbehalten, minutiös durchgehend notiert in WA 55 II.
[72] WENDORF, AaO 296, verweist auf die Erklärung von Ps 6 vor Ps 5.
[73] WENDORF, AaO 142.
[74] Ebd 292 mit exaktem Nachweis für das Überspringen von Ps 12–14; 42; 60; 99; 102 und 104; SCHWARZ, AaO 92 ergänzt es für Ps 116; 120; 122–124.
[75] WENDORF, AaO 293.
[76] WENDORF, AaO 288.290f; BOEHMER, AaO 38; SCHWARZ, AaO 79.

2. Lage

14/28 oder 14/⟨x⟩	große Krone mit hohem Kreuz bzw 14 E = Einzelbl.	14a	leere Seite
		14b	Praefatio
		15a–16a	Psalm 1: 1513
15/27	große Krone mit Kreuz	16b–17b	Psalm 2: 1513
16/26	große Krone mit Kreuz	18a–25b	Psalm 4: Druckbearbeitung 1516
17/⟨x⟩	gehört zu mit Kreuz	⟨x⟩	Textlücke (Ps 3?; Ps 4 Anfang)
18/25	kleiner Ochsenkopf	26a	Psalm 4 Fortsetzung: 1513 (wie x)
19/24	gehört zu Ochsenkopf	26b–27a	Psalm 6: 1513
20/23	gehört zu Ochsenkopf	27b	Psalm 5: 1513
21/22	kleiner Ochsenkopf	28a–b	Psalm 7: 1513 (oder zur 3. Lage?)

Diejenigen Doppelblätter liegen in der linken Spalte ganz unten, bei denen die Heftung sichtbar wird. Spitze Klammern bei verlorenen Blättern; sofern sie schon vor der Foliierung abhanden kamen, steht ein x. Die rechte Spalte nennt den Inhalt. Runde Klammern bei Angaben über vermuteten Inhalt auf den verlorenen Blättern.

Bei der nachstehenden schematischen Skizze der beiden Lagen im aufgeschlagenen Zustand liegen die äußeren Blätter unten und die inneren Blätter mit der Heftung oben.

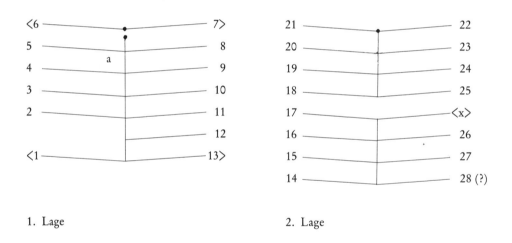

1. Lage   2. Lage

Die vorfindlichen Erklärungen zu Psalm 1 hat Wendorf nach Papier, Tinte, Lagenverhältnissen und Inhalt kritisch untersucht und sie „nach der Eigenart der Überlieferung deutlich in vier Gruppen"[77] eingeteilt. Nur ein Teil dieser Scholienstücke sind 1516 entstanden, nämlich mit Sicherheit jene, die auf den Blättern der ersten Lage stehen. Gleichfalls nach 1516 gehören Scholien zu Psalm 4, die auch erst später in die zweite Lage der Handschrift gekommen sind.

---

[77] WENDORF, AaO 286.

Das muß etwas näher erklärt werden. Es geht um die beiden Blattgruppen 2–5 und 18–25[78]. Luther hat für seine Manuskripte heftähnliche Lagen hergestellt, indem er mehrere große Bogen von ca 33:45 cm halbierte, dann faltete und ineinanderlegte. Noch heute hat der Dresdener Psalter, dh eben die später eingebundene und foliierte Scholienhandschrift, 16,3:21,7 cm große Blätter. Die erste Lage und nur die vier gefalteten Bogen der zweiten, die bei geöffnetem Heft von oben, also in den Mittelbruch der zweiten Lage eingefügt wurden, heben sich nach Papier, Tinte und Schrift deutlich von der übrigen Handschrift ab. Sämtliche Blätter – und nur diese im Dresdener Psalter – sind aus demselben kräftigen gelblichen Papier mit den Wasserzeichen des kleinen Ochsenkopfes[79], bzw bei Doppelblatt 2/11 und dem nur noch als Einzelblatt erhaltenen Bl 12 mit des großen Ochsenkopfes[80], wie sie auch in dem Berliner Manuskript der Römerbriefvorlesung vorkommen[81]. Auf den Blättern, die mit nicht zu spitzer Feder und recht sorgfältig wie für den Drucker mit gleicher Tinte beschrieben sind, finden wir in sich geschlossene, von Vers zu Vers fortschreitende Erklärungen je eines Psalms – in Lage 1 zum ersten, in Lage 2 zum vierten Psalm.

Diese formalen Anhaltspunkte für das Erkennen der Anfänge jener Ausarbeitungen für den gewünschten Kommentar von 1516/1517 ergänzen noch andere formale Kriterien: Die erste Lage aus ursprünglich sechs Doppelblättern besteht aus Papier, das in Wittenberg vor 1515 nicht begegnet. Sie enthält nur die erste Auslegung zu Psalm 1, die Bl 2a beginnt und Bl 5b endet. Die letzten 2½ cm sind unbeschrieben. Das Doppelblatt 6/7 in der Mitte von Lage 1 fehlt und war womöglich noch frei, wie die dann folgenden Blätter der anderen Hälfte von Lage 1, Bl 8–11, ebenfalls unbeschrieben blieben und von Luther für eine Druckbearbeitung von Psalm 2 und 3 vorgesehen gewesen sein können. Denn die nächste druckfertige Auslegung ist die von Psalm 4. Das Doppelblatt 1/13, das die Funktion einer Sammelmappe oder Schutzhülle für die neuerarbeiteten Auslegungen gehabt haben könnte, vielleicht für Titel und Zuschrift gedacht, fehlt ebenfalls. Dagegen ist Bl 12 (ebenfalls Wasserzeichen des großen Ochsenkopfes mit Kreuz und Schlange, also nicht vor 1515), dessen Falz vor Bl 2 erscheint, mit dem Fragment eines Sermo de S. Augustino zu Psalm 1,1 und Luthers Anwendung daraus auf der Vorderseite Bl 12a knapp bis zur Hälfte beschrieben[82], also mit der Materialsammlung aufbe-

---

[78] Ebd 286f; WA 3,15,13–26,18 und 39,21–60,7; 55 II 1,1,2–24,2 und 46,15–85,38.
[79] CH M BRIQUET, Les filigranes. Dictionnaire historique des marques du papier Nr 15154ff (am ähnlichsten 15174 und 15178).
[80] BRIQUET Nr 15421ff gibt WENDORF, SCHWARZ hält BRIQUET Nr 15403 für ähnlicher. Ochsenkopf mit schlangenumwundenem Kreuz, auch das Doppelblatt 3/10 gehört jeweils nach „Aussehen, Qualität des Papiers und Entfernung der Wasserstreifen" zu den gleichen Bogen (WENDORF, AaO 286).
[81] WENDORF, AaO 287; BOEHMER, AaO 38; WA 56,XVII.
[82] WA 3,26,19–27,6; 55 II 1,24,3–44. Vgl ERICH VOGELSANG, Zur Datierung der frühesten Lutherpredigten, in: ZKG 50 (1931) 119ff und WENDORF, AaO 288f. BOEHMER, AaO 36 und WENDORF können mE den Zusammenhang von Bl 12 und 1513 nicht belegen; Bl 12 kann für eine adhortatio, die LUTHER als Vikar über zehn Konvente bei seinen dienstlichen Besuchen zu halten hatte, entworfen und mit Absicht weiterer Verwendung im Rahmen der Bearbeitung zur Auslegung von Ps 1 gelegt worden sein. Der gedankliche Zusammenhang mit Partien in der ersten Hälfte von Lage 1 ist deutlich.

wahrt worden[83]. Die Rückseite Bl 12b ist frei. Dann beginnt Lage 2 mit dem Doppelblatt 14/28. Ob das Gegenblatt in der zweiten Hälfte der Lage fehlt, weil mit Bl 28 die dritte Lage mit Psalm 7 beginnt, wie Wendorf anders als Schwarz herausfand, kann für unsere Untersuchung als unerheblich beiseite bleiben.

Bl 14b enthält eine Scholienpraefatio, wie auch Luthers Römerbriefkommentar mit Ausführungen im Scholienteil beginnt, die Vorredencharakter haben[84]. Ob mit Rücksicht auf Nachträge in die Vorrede an den Rändern das Blatt beim Einbinden umgedreht wurde, weil der Text Bl 14b oben links ohne Einrücken und ohne Überschrift beginnt[85], oder ob damit der Anfang für das ganze Scholienmanuskript mit äußerer unbeschriebener Seite gemeint war, wissen wir nicht. Es folgen zwei Doppelblätter 15/27, 16/26 und ein Einzelblatt 17, von dem das Gegenblatt fehlt, das freilich vor der Paginierung entfernt wurde. Denn hier ist das zweite geschlossene Stück der Druckbearbeitung mit der Blattgruppe 18–25 eingefügt, die aus vier Doppelblättern besteht: Die Auslegung von Psalm 4.

Auch diese Auslegung kann als im Blick auf eine Drucklegung verfaßt bezeichnet werden. Sie hebt sich von ihrer Umgebung klar ab, schon durch das verwendete Papier, Feder und Schrift. Nach der Praefatio begann eben Bl 15a mit der Überschrift „Vocabularium super Psalmis"[86], die durchaus im Sinne einer angekündigten Begriffsauslegung der wichtigsten biblischen Worte im Psalter, nicht bloß in Psalm 1, gemeint gewesen ist[87]; die Worte „vir", „consilium", „impius", „peccator", „sedere in cathedra", „voluntas in lege Domini", „pulvis", „iudicium" werden so erklärt[88]. Zusätze und wahrscheinlich spätere Nachträge auf den Rändern[89] sind in diesem Teil jedoch nicht Spuren einer unmittelbaren Veröffentlichungsabsicht. Denn es folgen jetzt auf Bl 15b im unteren Drittel eine weitere Erklärung zu „voluntas", die auf Bl 16a übergeht[90]. Sie hebt sich auch in Tinte, Zeilenrichtung und Duktus von der früheren ab. Nach gleichen Kriterien als ein weiterer Nachtrag zu unterscheiden, schließen Ausführungen zu „abire a consilio et lege domini" an[91]. Darauf folgt als dritter, noch späterer langer Nachtrag[92] die zweite interessante Erklärung von „iudicium", an die Wendorf seine Beweisführung im Vergleich mit den Aus-

---

Dazu paßt das Fehlen des Gegenblattes mit dem (verlorenen) Anfang, den mit der Scholienhandschrift nichts verband.

[83] Mindestens kommt WENDORF, AaO 288f mit seinem „non liquet" gegen BOEHMERS Vermutung eiliger Abfassung vor der Vorlesung, die zweifellos irrig ist, meiner Vermutung nicht in die Quere.

[84] WA 56,157,2–159,24.

[85] So WENDORF, AaO 289 zu WA 3,13,34–15,9; 55 II 1,25,2–27,10. SCHWARZ, AaO 79f weist das als Irrtum zurück.

[86] WA 3,27,7 ändert KAWERAU in „psalmo primo"; WA 55 II 1,27,11f löst die Abkürzungen „super Psal. Psal 1°" richtig auf.

[87] Vgl WENDORF, AaO 290; SCHWARZ, AaO 72.

[88] WA 55 II 1,27,13–35,2 (mit Kennzeichnung der Nachträge: 30,5–8; 32,21–25; 33,23–35,2).

[89] Betrifft Bl 15a+b s Anm 88; dazu Hs-App WA 55 II 1,30,29f; 32,27.

[90] WA 55 II 1,35,3–29.31f.

[91] WA 55 II 1,36,1–9.33.

[92] WA 55 II 1,36,10–37,10. Es findet sich gleichzeitig dazu 37,11–17 die kürzere Erklärung von „Prosperabuntur" (Ps 1,3) als neuer Absatz. Die letzten 2½ cm von Bl 16a sind unbeschrieben.

führungen dazu von 1516 (Bl 5a)⁹³ für den früher als 1516 stattgefundenen Durchbruch des neuen Rechtfertigungsverständnisses⁹⁴ anschließt.

Damit sind inhaltliche Kriterien mit den formalen in Beziehung gesetzt, worauf wir uns nicht allzu weit einlassen wollen. Fest steht nur, daß die Blätter 14–17, zu denen die Doppelblätter 15/27 und 16/26 gehören, weitere Stücke der Scholienhandschrift aus dem Jahr 1513 enthalten – nämlich auf Bl 16b, oben beginnend, und auf Bl 17 beidseitig⁹⁵ die durchgängig geschriebene Auslegung von Psalm 2,9–13 und auf Bl 26a, also auf der Vorderseite des Gegenblattes zu Bl 16, einen Rest der alten Erklärung von Psalm 4 sowie auf Bl 26b und Bl 27a mehrere Durchgänge von alten Erklärungen zu Psalm 6 und schließlich auf Bl 27b einige Scholienstücke zu Psalm 5,5–7 von 1513⁹⁶. Den Beweis liefern nicht nur Papier, Tinte und Schrift sowie Lagenverhältnisse, sondern auch inhaltliche und methodische Erläuterungen im Scholienteil zu Psalm 2 auf Bl 17a oben, die auf das Glossieren im Wolfenbütteler Psalter Bezug nehmen⁹⁷. Von dünnerem, weißlichem Papier sind nämlich die Blätter 14, 15–17 und 26–47 mit dem Wasserzeichen Krone mit hohem Kreuz⁹⁸, und wo die Scholien zu Psalm 37 (38) anfangen, hat die Handschrift ein noch anderes gelbliches, dickeres Papier⁹⁹.

Über noch mehr Beobachtungen zu berichten – etwa zum verschiedenen Umfang der Scholien, zu den vielfach freigelassenen Räumen, entweder für geplante oder mögliche Nachträge oder aus dem beibehaltenen Prinzip: neuer Psalm, also neue Seite¹⁰⁰; zu Lagenverhältnissen und Schrift¹⁰¹ –, ist für fernere Ein-

---

⁹³ WA 55 II 1,20,13–21,17, darin die am unteren Rand von Bl 5a zugefügte Einschaltung 21,10–14, die der Sache nach vorbereitend auf die erst in den 20iger Jahren gängige Formel „iustitia dei passiva" empfunden werden kann. KAWERAU bringt das zugefügte Stück als Anmerkung erst zu Zeile 17 (Christo) von WA 3,25.

⁹⁴ WENDORF, AaO 299ff, der 301 betont auf „iudicium passivum" abhebt (WA 55 II 1,21,1–14), sie als „Niederschlag einer reifen theologischen Gedankenarbeit" würdigt, „die bedingt ist durch den inneren und zeitlichen Abstand, der sie von den umwälzenden Erfahrungen" der exegetisch gewonnenen reformatorischen Grundeinsicht aus Röm 1,17 trenne. Der Beschäftigung mit „iudicium" bei Erklärung von Ps 1,5 und dem Ausdrücken „der einmal erkannten Wahrheit durch immer wieder variierte Formulierungen" mißt WENDORF, AaO 302, Zeugniskraft für den Nachweis der nicht lange zurückliegenden neuen Erkenntnis zu, also 1513/1514.

⁹⁵ Bl 17 ist wie Bl 14 ein Einzelblatt in der vorderen Hälfte von Lage 2; auf Bl 17b sind die letzten 7½ cm unbeschrieben.

⁹⁶ WA 55 II 1,92–94,8; auf Bl 27a sind am Rand einige, wohl spätere Zusätze zur Erklärung von Ps 6 (s App zu 90,9–92,14), die letzten 2 cm sind unbeschrieben. Auf Bl 27b sind die letzten 5½ cm leer gelassen; nur eine vielleicht als Nachtrag zu wertende Halbzeile 92,16 ist in dem frühen Text nachgetragen.

⁹⁷ WA 3,33,29–31; 55 II 1,41,1–4. Die frühen Erklärungen zu Ps 2 haben nur wenige Nachträge.

⁹⁸ BRIQUET Nr 4901 ähnlich.

⁹⁹ BRIQUET Nr 4955; WENDORF, AaO 289. Dieses Papier ab Bl 48.

¹⁰⁰ WA 3 vermerkt das zwar, aber erst WA 55 II gibt diese Methode LUTHERS genau an. Das Verfahren, das nur bei den Anfängen Ps 30 (Bl 39b nach der sehr kurzen Scholie zu Ps 29), Ps 43 (Bl 55a), Ps 36 (Bl 47a) und Ps 85 (Bl 166b) durchaus mit Grund durchbrochen wurde, läßt an sich auf LUTHERS Arbeitsweise und -absicht schon einige Schlüsse zu. Vgl SCHWARZ, AaO 72.

¹⁰¹ WENDORF, AaO 129–144.286–302, gibt dafür mehr; noch weiter führt die (ungedruckte) Handschrift-Beschreibung für WA 55. SCHWARZ, AaO 72–77, gibt ein Überblicksschema der vorhandenen 16 Lagen und Korrekturen zum Übergang zwischen Lage 1 und 2 (77ff). Nach den Wasserschäden 1945 (65) ist die Schrift paläographisch höchst unsicher zu bewerten (71).

zelerklärungen sicher unerläßlich, darf aber für die Absicht, einen Überblick mit daraus abgeleiteten Folgerungen über Luthers Bemühungen um einen Psalmenkommentar zu geben, in Grenzen bleiben. Denn wenn auch die Nachträge zB im alten Scholienteil zu Psalm 1 zeitlich sehr ungenau auszumachen sind[102], können sie doch nicht als Überarbeitung für den Druck angesehen werden. Als im Hinblick auf eine geplante Drucklegung verfaßte Versuche dagegen stehen uns sowohl die beiden geschlossenen Manuskripteinlagen, also die Blattgruppen 2–5 (mit Auslegung von Psalm 1) und 18–25 (mit Auslegung von Psalm 4) in der Scholienhandschrift zur Verfügung, als auch das Vatikanische Fragment mit der Auslegung von Psalm 4 und 5. Auf diese und mit ihnen zeitlich und sachlich relativ nah verbundenen Texte[103] kommt es für unseren Überblick besonders an.

Was verbindet diese Texte und worin unterscheiden sie sich? Das kann hier nicht im Detail ausgeführt werden, weil dafür die im einzelnen vergleichbaren Untersuchungen wohl besser monographisch vorzulegen sind. Für eine vorläufige Gesamtbeurteilung läßt sich aber Verschiedenes klar herausstellen. Die Auslegungen streben alle auf eine abschließende Erklärung der zu behandelnden Psalmen. Sie sind nicht mehr nur sachlich vorgehende Erklärungen der ausgewählten einzelnen Begriffe, wie das mit dem Titel für das Scholienmanuskript „Vocabularium super Psalmis" 1513–1515 beabsichtigt war und zunächst auch durch die bisweilen sporadische Auswahl einzelner Wörter und Halbverse für ein Scholion befolgt wurde. Luther hat in seiner Scholiensammlung oft nur „Notizen gemacht, damit ihm nicht entfalle, was ihm gerade einfiel". Das Vorhandensein doppelter Scholien[105] bzw von häufigen Nachträgen zu früheren Versen innerhalb des Scholions zu einem Psalm[106] erklärt sich aus Luthers Arbeitsweise während der 1.Psalmenvorlesung, also *vor* seinem Bemühen um ein Manuskript für den ihm aufgetragenen Kommentar und ist typisch für die Scholienhandschrift, wenn darin auch für die späteren Teile des Psalters die ausführlichen Erklärungen zunehmen. Luther fügte zB bei Psalm 109 und 115 einer ersten christologischen Auslegung eine zweite, tro-

---

[102] VOGELSANG, AaO 122 Anm 3, setzt zB den zweiten Nachtrag zu „iudicium" (WA 3,31,3ff; 55 II 1,36,10ff) „nach Handschrift und Tinte" in den Herbst 1516. Das bestreitet WENDORF, AaO 299–302, und führt 298ff einen indirekten Nachweis, daß alle Eintragungen auf Bl 15 und 16 dem alten Kollegmanuskript zugehören, also nicht aus Gründen der Kommentardrucklegung entstanden, die 1516 vorbereitet wurde. Die Nachträge dort „entsprechen durchaus dem Verfahren Luthers bei der Vorbereitung dieser Vorlesung und sind zeitlich von der ursprünglichen Niederschrift der Scholie [zu Ps 1] nicht wesentlich verschieden" (302).

[103] Gemeint sind „Scholae in ps.XXIII–XXV" 1516: WA 31 I (462) 464–488 und „Die sieben Bußpsalmen mit deutscher Auslegung" 1517 WA 1, (154) 158–220. Im weiteren Überblick kommen wir auf sie und andere deutsche Auslegungen noch zu sprechen.

[104] SCHWARZ, AaO 89.

[105] WENDORF, AaO 127.288, weist hin auf Psalm 76 WA 3,530,2–536,37 und 537,1–549,37 und Psalm 115 WA 4,266,23–271,23 und 271,24–273,23; SCHWARZ, AaO 75–77 führt je ein 1. und 2. Scholion für Psalm 76. 81. 109 und 115 an, erklärt ebd 89–92, was vermutlich zum nochmaligen Behandlungsvorgang Anlaß gab, jedenfalls nicht die Druckvorbereitung.

[106] WENDORF, AaO 138f, bedenkt zB den Nachtrag zu Ps 15, andere Nachträge ebd 142. Vgl BOEHMER, AaO 29. Vgl SCHWARZ, AaO 84–91, der Nachträge und bisweilen solche Notizen auch als vorlaufende Aufzeichnungen als „viel wahrscheinlicher" erklärt (89).

pologische Auslegung hinzu[107]. Oder bei Psalm 118 (119) untersucht er fast jedes Wort, ehe er weitergeht, während er sonst manchmal sogar das Allernotwendigste vermissen läßt. In den Neuausarbeitungen für den gewünschten Druck sucht er aber eine ausgeglichene Gleichmäßigkeit und nicht zu ausführlich werdende Vollständigkeit zu erreichen. Das hebt alle Druckbearbeitungen, die Luther nach Beendung der 1.Psalmenvorlesung ausarbeitet, von den einzelnen Sacherklärungen der Scholienhandschrift ab.

Die Erklärung von Psalm 1 und 4 in Lage 1 und 2, über die wir für unser Thema ausreichend unterrichtet haben, unterscheidet sich von vielen anderen Erklärungen darin, daß sie auf Interlinear- und Marginalglossen keinen Bezug nimmt. Schwarz gibt in WA 55 II und in der Handschriftbeschreibung Hinweise[108] auf vielfache Bezüge, die Luther in den Scholien zur Glosse sonst oft hat. Das legt die Vermutung nahe, Luther wollte schon 1516 seinen Psalmenkommentar ohne Glosse herausbringen, wie es im Galaterbriefkommentar und in den Operationes dann geschah. Etwas anders sieht es in den Scholien zu Psalm 23–25 von 1516 aus. Hier wird die Glosse vorausgesetzt. Das läßt fragen, ob diese Auslegungen in die Textlücke zwischen Lage 3 und 4 gehören. Schwarz vermutet die Entfernung einer ganzen Lage, da Psalm 18 nicht ganz zu Ende erklärt und Psalm 26 mit Lage 3 ohne Anfang ausgelegt wird[109]. Aber Vogelsangs Edition einiger Stücke zeigt im Apparat[110] zu Psalm 22 (23),1–4.6, daß diese Scholien weder aus dem Kollegheft von 1513 stammen, noch eine Fortsetzung von den Operationes zu Psalm 21 (22) sein können[111]. Fraglich ist angesichts der Verarbeitung hebräischer Kenntnisse, ob sie nicht noch näher an die 2.Psalmenvorlesung gehören als die übrigen Stücke von der Druckbearbeitung 1516[112]. Die wahrscheinlich wieder aufgenommene Voraussetzung einer vorangehenden Glossierung spricht jedenfalls nicht unbedingt dagegen, wie wir es am VF sehen können. Möglicherweise hat dieselbe Einsicht Luther zur Ausarbeitung in sich selbständiger Erklärungen veranlaßt, von der her er den Druck auswärts abschlug. Es muß ihm klar geworden sein, wie aussichtslos etwa der technisch schwierige Druck seiner „dictata", die im weitaus größten Teil den Psalterdruck 1513 mit seiner Glosse betrafen, in Wittenberg war, wenn er sie dem Leipziger Drucker ohne seine Anwesenheit nicht zutrauen konnte. Wahrscheinlich kam im deutschsprachigen Raum nur Basel, wo die „Glosa ordinaria" gesetzt wurde, in Frage. Also ist die erste Stufe der Druckbearbeitung in Psalm 1 und 4 zu sehen, welche nur wenige sprachliche Erklärungen[113] – und wenn, dann an das einzelne Wort gleich semantische Ausführungen angeschlossen[114] – und möglichst ausführliche Sacherklärungen bringt.

---
[107] SCHWARZ, AaO 91f.
[108] ZB WA 55 II 1,88,37f; 89,30–32.36.40; 90,36.40; 91,40; 92,34; 93,27 etc.
[109] SCHWARZ, AaO 73.81.   [110] BoA 5,216,16–221,33.
[111] BoA 5,40d); 218,29f. Vgl BOEHMER, AaO 38ff.
[112] Vgl SIEGFRIED RAEDER, Die Benutzung des masoretischen Textes bei Luther in der Zeit zwischen der ersten und zweiten Psalmenvorlesung (1515–1518) = BHTh 38 (Tübingen 1967) 53–57.81–84.39–49.
[113] WA 3,15,14–20; 16,29f; 39,21–41,13; 55 II 1,1,3–9; 5,11f; 46,17–49,11 (zB).
[114] WA 3,15,31ff; 40,17ff; 55 II 1,3,1ff; 47,22ff.

Gemeinsam haben ferner die Auslegungen der ersten Stufe einer Druckbearbeitung die Rücksicht auf das überlieferte Schema des vierfachen Schriftsinnes, auch wenn es locker gehandhabt und literaliter[115] auf Christus, mystice[116] nur gelegentlich bedacht, moraliter[117] nur ab und an durchklingend ausgelegt wird. Dagegen sind keine Verweise auf Auslegungen in vorhergehenden und nachfolgenden Psalmen anzutreffen, die im VF so relativ häufig begegnen[118] und dieses schon darum als zweite Stufe und Fragment bzw Torso eines (komplett gewünschten) Kommentars erscheinen lassen.

Für die frühen Versuche, einen Kommentartext mit der Auslegung zu Psalm 1 und 4 zu erarbeiten, spricht auch Luthers Befangenheit dabei in mönchischen Ideen, sein Ermahnen zum Gehorsam gegenüber dem Prälaten und sein Betonen von Negativfolgen bei Ungehorsam im klösterlichen Konvent[119]. Auch Anklänge üblicher Corollarien, die im Galaterbriefkommentar vermieden werden[120], finden sich in den Erklärungen von Psalm 1 und 4, die in etwa auf einen ersten Versuch weisen[121]. Allerdings ist ein solch zusammenfassender Exkurs im VF noch deutlicher[122]. Andererseits gibt es in der Erklärung von Psalm 1 bereits Partien, die sachlich und im Wortlaut stark an Luthers exegetisch an Röm 1,17 erfahrene Erleuchtung anklingen und auch dem Inhalt nach seinen späteren reformatorischen Formulierungen nahe sind[123]. Doch solche Aussagen nebeneinander stehen auch im Römerbriefkommentar.

Beide in sich der Form nach so geschlossenen, im Inhalt den theologischen Aussagen nach jedoch so unausgeglichenen Erklärungen von Psalm 1 und 4 enden mit einer Art rückblickenden Zusammenfassung[124], die eine grundsätzliche Erkenntnis herausstellen[125] und auf die wichtigsten Verse ganz kurz noch einmal verweisen[126].

---

[115] WA 3,15,13; 46,25–30; 47,41–48,5; 59,24ff; 55 II 1,1,2; 63,8–12; 65,25–66,3; 85,1ff.

[116] WA 3,20,2ff; 21,1; 24,17; 25,23ff; 45,5; 46,28ff; 55 II 1,12,20ff; 14,7f; 20,9; 22,17ff; 60,5; 63,10ff.

[117] WA 3,21,12ff; 22,27ff; 25,33ff; 44,18; 47,30ff; 55 II 1,14,20ff; 17,6ff; 23,3ff; 57,4; 65,12ff.

[118] Vgl die genauen Nachweise in Einleitung und Apparat zu meiner Edition des VF in WA 55 II bzw in AWA 1 (Vorabdruck).

[119] WA 3,18,22–19,22; 55 II 1,10,4–11,24. Vgl WABr 1, Nr 40 (17.Mai 1517).

[120] Nach MEISSINGER (WA 57 II,XVI–XVIII) hat MELANCHTHON für die Druckgestalt in WA 2,451–618 manche Verbesserung eingebracht, zB „das Wort Corollarium, das in" der überlieferten Vorlesungsnachschrift „noch ebenso häufig vorkommt wie in der Römerbriefvorlesung", ist „im Druck völlig verschwunden" (XVI). Vgl BRANDENBURG, Zur Textgestalt der frühen Vorlesungen Luthers, in: ZKG 60 (1941) 89–95.

[121] WA 3,45,34ff; 55 II 1,61,24ff.

[122] Nämlich zu Ps 5,12. Dieses Corollarium ist zT bereits im Löscher-Fragment in WA 1,348,31–349,19 innerhalb des „Fragmentum Lectionum Lutheri" enthalten. Vgl AKG 27 (1940) 82,8–86,20; AWA 2,283. Freilich hat dieser Exkurs unter Wegfall der Bezeichnung in den Operationes sich zu einem ausführlichen Traktat „De spe et passionibus" entwickelt: WA 5,158,4–177,27; AWA 2,284,1–321,5.

[123] WA 3,21,20–22,32; 24,25–39; 55 II 1,14,29–17,12; 20,17–21,15.

[124] WA 3,25,5–26,18 und 59,26–60,7; 55 II 1,21,21–24,2 und 85,1–26.

[125] Besonders deutlich für das innere Gerichtetsein auf Gott für Ps 1, aber klar auch für Ps 4 in der Unterscheidung von Geist und Buchstaben und dem Verständnis der Psalmworte als Gebet Christi.

[126] Klarer bei Ps 4: WA 3,59,16ff; 55 II 1,85,1ff.

Dies sind die auffallendsten Anhaltspunkte dafür, daß wir es bei der Auslegung von Psalm 1 und 4 – wie bei den nicht ganz so für sich abgeschlossenen Auslegungen von Psalm 23 bis 25 – mit einer ersten Druckbearbeitung für den geforderten Psalmenkommentar zu tun haben. Luther will hier Eigenes geben, zitiert deshalb nur wenige andere Ausleger[127] und verzichtet offensichtlich an Text auf das meiste dabei, was von ihm im Hören der Vorlesung erwartet werden konnte und wie die anfängliche Vorstellung vom Druck der „dictata" lautete und worauf der erteilte Auftrag wohl zielen mochte. Es genügte ihm andererseits nicht, nur auf das zurückzugreifen, was er in der Vorlesung diktierend vorgetragen hatte.

Sollte für den Auftrag besonders der Eindruck des letzten Vorlesungsteils ausschlaggebend gewesen sein, muß man sich fragen, was Luther außer seinem mit großer Sorgfalt zusammengestellten Glossentext, also den Partien des Wolfenbütteler Psalters, hätte veröffentlichen sollen. Zweifellos hat Luther die Auslegung bis einschließlich Psalm 150 zu Ende geführt[128], und zwar ziemlich sicher mit Diktaten aus seiner Glosse, die auch die letzten 25 Psalmen[129] erklärt, während die zweite Hälfte von Lage 15 und dann die umfangreichste Lage 16 der Scholienhandschrift die Erklärung des 118.(119.) Psalms mit seinen 176 Versen auf 68 Blättern, Vers für Vers in regelmäßigem Fortgang interpretierend[130], enthält. Es fehlen zwar vermutlich zwei Blätter, die Gegenblätter zu Bl 248f[131], aber außer Scholien zu Psalm 119(120) (Bl 269), 121(122) (Bl 270a–272b) und 125(126),1–4 (Bl 273) auf den letzten erhaltenen Blättern ist nichts vorhanden. Es können ein, zwei Lagen verloren gegangen sein, wurde argumentiert[132], jedoch spricht dagegen mancherlei[133]. Man erwartete von einem „lector in biblicis" die Vermittlung von Auslegungen der alten bewährten Exegeten, nicht die eigenen Überlegungen zum Text. Luther hat in seinen „dictata" aufgrund seines Glossars das fleißig Gesammelte vermittelt und erst im zunehmenden Bezug auf den Urtext die dabei gewonnenen eigenen Ansichten entwickelt. Das kam im Vertreten eigener, schriftgegründeter Meinung auch gegen die vorgefundene Auslegung im vollen Ausmaß erst mit und nach dem Durchbruch des Reformatorischen bei Luther zum Zuge, mehr in der Römerbriefvorlesung als in der 1.Psalmenvorlesung, so daß wir mit Schwarz vermuten, Luther habe sich

---

[127] Zu Ps 1 nur HILARIUS (WA 3,20,26; 55 II 1,13,24), zu Ps 4 AUGUSTINUS (WA 3,49,41; 54,11; 55 II 1,69,4; 75,28), BERNHARDUS (WA 3,46,41; 55 II 1,64,6) und REUCHLIN (WA 3,41,3; 54,34; 55 II 1,48,25; 76,22).

[128] Abgesehen von der 2. Psalmenvorlesung wurde stets der ganze Text einer biblischen Schrift erklärt. Vgl BOEHMER, AaO 16.

[129] WA 4,414,23–462,22.

[130] Es besteht eine Textlücke, in der die Verse 2–9 ausgelegt waren. Diese Auslegung kam schon vor der Foliierung abhanden. Vgl SCHWARZ, AaO 77.92; KAWERAU zu WA 4,307 Anm 1 und BOEHMER, AaO 17.

[131] Nämlich Bl 274f; auf Bl 273b hat sich die Ziffer 274 spiegelbildlich abgedrückt. Die beiden Blätter enthielten vielleicht nur noch eine Auslegung von Ps 125 (126),5f.

[132] SCHWARZ, AaO 93.

[133] Der erhebliche Rest der Psalmenvorlesung (WA 4,224ff) fällt nach VOGELSANGS Untersuchungen in das letzte Semester dafür, Sommer 1515 (BoA 5,39f). Selbst wenn bereits vor Beginn der Römerbriefvorlesung noch Scholien zu den letzten 25 Psalmen ausgearbeitet vorhanden waren, reichte die Zeit nicht, sie vorzutragen.

„gegen Ende seiner Vorlesung, um schneller voranzukommen, auf die Glossenexegese beschränkt"[134]. Das erklärt freilich auch den Fortschritt, den Luther nun bei der Neuerarbeitung von Psalmenauslegungen für den Druck neben der Erklärung des Römerbriefes machte, und umgekehrt, warum Luther auf schnelle Beendigung der Psalmenvorlesung und Beginn des Römerbriefkollegs drängte[135].

Aber warum haben wir nun noch eine weitere Stufe für die Erarbeitung des alsbald neben oder sogar noch nach der Römerbriefvorlesung unter Auftrag entstehenden Psalmenkommentars? Offenbar genügte Luther die mit der Auslegung von Psalm 1 und 4 begonnene Neufassung auch seiner eigenen Sacherklärung nicht. Daß Summarien und Tituli noch fehlten, die im Psalterdruck 1513 nach Luthers Fassung vorlagen[136], besagt nur etwas über die Vorläufigkeit der entworfenen Auslegung, nichts über die prinzipiell erreichte Fertigstellung eines druckreifen Textes. Da jedoch die nächste Stufe, die nochmal mit Psalm 4 einsetzt und Psalm 5 gleich anschließt, jetzt mit Summarien und Tituli und einer recht ausführlichen sprachlichen Erklärung voran und einer gestrafferen Sacherklärung (als „Nota" bei Psalm 5 überschrieben[137]) hernach, so deutlich nun doch auf Zweiteilung eingerichtet wird – wie wir an Vogelsangs Edition[138] und an der endgültig in WA 55 II bzw im Vorabdruck in AWA 1[139] auf einen Blick sehen können –, erhebt sich gleich die Frage: Weshalb verwirft Luther diese Gestalt von Trennung der Glosse und Scholien, die er bei der üblichen, bewährten Kollegdarbietung noch 1518 zur Erklärung des Hebräerbriefes beibehielt, im Galaterbriefkommentar 1519 und bei den Operationes?

Für den ersteren läßt sich die Antwort auf diese Frage wohl noch nicht endgültig geben. Meissinger[140] und Brandenburg[141] nehmen dafür Luthers Entwicklung durch Melanchthons stilistische Einflüsse auf Luther[142] mit in Anspruch. Darüber stehen noch vergleichende Untersuchungen zu Luthers und Melanchthons Latinität[143] aus[144]. Für zweckmäßig hielt es Luther jedenfalls auch bei seinen Ope-

---

[134] SCHWARZ, AaO 93 Anm 56. Vgl MEISSINGER WA 57 II,XV Anm 1.

[135] Vgl seine Erinnerungen anläßlich der Vorrede 1545 in der Wittenberger Ausgabe (s o Anm 23).

[136] EBELING, Luthers Psalterdruck, in: ZThK 50 (1953) 51ff.61ff = Lutherstudien 1 (Tübingen 1971) 77ff.89ff.

[137] AKG 27 (1940) 69,28; vgl die von mir vollständig übersetzte und kommentierte „Auslegung zu Psalm 5. 1516/17", in: Martin Luther, Die reformatorischen Grundschriften in vier Bänden. Neu übertragene und kommentierte Ausgabe von HORST BEINTKER Bd 2: Reform von Theologie, Kirche und Gesellschaft = dtv 5997 (München 1983) 9–53.148–152.

[138] AKG 27 (1940) 31ff.40ff.57ff.69ff.

[139] Die „Auslegung von Psalm 4 und 5 (1516/17?)" ist mit Rücksicht auf den Zugang dieser Edition vor dem Erscheinen am definitiven Ort am Ende der Scholien in WA 55 II auf Beschluß der Kommission zur Herausgabe der Werke Martin Luthers in AWA 1 aufgenommen.

[140] WA 57 II,XVI–XVIII.   [141] ZKG 60 (1941) 93–95.

[142] Überzeugend sind MEISSINGERS statistische Wortuntersuchungen (57 II, XVIIf), aber die Statistik der Zusätze 1519 (XIIIf) beweist als Autor LUTHERS Hand.

[143] Vgl HEINRICH BORNKAMM, Luther als Schriftsteller, in: Luther. Gestalt und Wirkung (Gütersloh 1975) 39–64.

[144] BIRGIT STOLT erörtert „Luther ,sub specie latinitatis'", in: LuJ 46 (1979) 132–134, und betont die Notwendigkeit von „einem lateinisch-deutschen und deutsch-lateinischem Lutherglossar"(133), dessen Erscheinen leider noch auf sich warten lasse. Dort weitere Spezialarbeiten und Literatur in Anm 16 und 18.

rationes, von der Zweiteilung abzugehen. Weder einen weitdurchschossenen Psalterdruck noch die zeitraubende bisherige Glossierungs- und Diktatmethode legte er der 2.Psalmenvorlesung zugrunde. Die Einarbeitung der wichtigsten sprachlichen Erklärungen und die Vermittlung von Auslegungen der alten Exegeten, welche vor allem dem Glossenteil vorbehalten waren, nahm Luther nun jeweils an den Anfang der Vers für Vers vorgehenden Auslegung[145]. Das Vatikanische Fragment, obwohl die reifere Stufe auf dem Wege zum Psalmenkommentar und doch – abgesehen von den kleineren Teilen – wieder zweigeteilt entsprechend der Kollegarbeit von 1513–1518, hat dem vorbereitend gedient. Im VF sind nämlich die vom Wolfenbütteler Psalter her bekannten Glossierungen in einen verbalen Teil verarbeitet worden, der einzelne, nicht alle Halbverse, aber doch das Wichtigste berücksichtigt[146]. Luther hatte vielleicht noch gewisse Vorteile seines zweigeteilten Kommentaranfangs – ob es weitere Ausarbeitungen dieser Art gab, wissen wir nicht[147] – im Sinn, wenn er die gedruckte Form der zweiten Psalmenvorlesung „Operationes" und nicht Kommentar nannte bzw den darin enthaltenen Vorbehalt erst aufgab, nachdem andere das Werk so bezeichneten[148].

Bei den Psalmen war auf jeden Fall eine reichlicher fließende Überlieferung von sprachlichen Erklärungen und Väterauslegungen zu berücksichtigen als bei anderen biblischen Texten – den Römerbrief vielleicht ausgenommen. Hinzu kam Luthers im Sprachlichen und damit auch sachlich veränderte Auslegung aufgrund seiner mehr und mehr den hebräischen Urtext bedenkenden Übersetzung der Psalmentexte[149]. Vergleicht man die Auslegungen der Psalmen 1 und 4 im Dresdener Scholienheft mit VF, so versteht man, was Luther angesichts seines reichhaltigen Glossars und seines verbesserten Verständnisses des hebräischen Urtextes zum Verfassen eines ganz neuen Auslegungsmanuskripts trieb und warum er eine Zweiteilung bzw bei Psalm 5 eine Dreiteilung durchzuführen versuchte. Er wurde sich bewußt – das darf anhand der beiden vorliegenden Auslegungsmodelle vermutet werden –, daß die erste Stufe einerseits zu wenig sowohl aus der traditionellen Psalmenauslegung als auch von den neuen sprachlich-exegetischen Erkenntnissen berücksichtigt hatte und daß sie andererseits für den im Druck vorliegenden Kommentar noch viel zu weitschweifig formuliert war.

Beidem tragen die neuen Auslegungen von Psalm 4 und 5 im VF Rechnung. Außerdem sind sie so gearbeitet, daß die Verbindungen nach rückwärts[150] und vor-

---

[145] ZB WA 5,27,9–29,18; AWA 2,29,5–34,8 usw. Vgl die angekündete Methode: „Sed primo grammatica videamus, verum ea theologica" (WA 5,27,8; AWA 2,29,1 und dazu Anm 8).

[146] Vgl AKG 27 (1940) 8–10. Die „tabellarische Übersicht" über unmittelbare Berührungen zwischen 1.Psalmenvorlesung", VF und „Psalmenkommentar 1519–21" läßt einiges finden, irritiert aber auch. Ein wirklicher Vergleich der genannten Auslegungen fehlt. Die Glosse des VF hat den Operationes gut vorgearbeitet, soweit Ps 4 und 5 betroffen sind.

[147] Womöglich arbeitete LUTHER den folgenden Psalm 6, der als 1.Bußpsalm 1517 mit den übrigen „deutsch ausgelegt" erschien, gleich deutsch aus. Vgl zu Psalmus Sextus im VF unten 215 u Anm 163.

[148] S o Anm 30 u 32.

[149] Vgl o Anm 145 und die verschiedenen Arbeiten SIEGFRIED RAEDERS (o Anm 26 u Anm 112).

[150] Mit „supra" bezogen; vgl AKG 27 (1940) 68,5; 75,6.

wärts[151] deutlich werden und auch für den ganzen Psalter wichtige bzw immer wieder begegnende Begriffe bei ihrem erstmaligen Auftreten oder besondere Eigenheiten des Psalters ein für allemal im Kommentar erläutert werden[152]. Wie gestrafft und doch in der kürzeren Formulierung treffender, auch Luthers exegetischen Fortschritten gemäßer ist zB der Eingang[153] zu Psalm 4 gelungen! Wir können hier nur anregen, weitere lohnende Vergleiche zwischen den Auslegungen durchzuführen. Offen bleiben muß die Untersuchung über die genaueren zeitlichen Verhältnisse zwischen den Auslegungen von Psalm 4 im VF und in der Dresdener Scholienhandschrift, wo außer der schon genannten Auslegung in Lage 2 später in Lage 12 innerhalb der Erklärung von Psalm 92 eine „Reprise" von Psalm 4 (Bl 183a–184a) vorliegt[154], und anderen Auslegungen aus der Zeit zwischen der ersten und zweiten Psalmenvorlesung wie der Auslegung von Psalm 23 bis 25 und einem Predigtstück über Ps 5,9[155/156]. Ebenfalls soll hier über einige doppelt erscheinende Stücke im Dresdener Scholienheft nichts entschieden werden[157], da die dafür erforderlichen Detailvergleiche am besten Einzeluntersuchungen vorbehalten bleiben.

Für uns stellt sich nun im Gesamtüberblick an dem VF dar, auf welche Schwierigkeiten Luther stieß und wie er dem erteilten Auftrag nachzukommen gedachte. Zuerst war er um druckfähige Sacherklärungen bemüht. Von solchen gelten für die Forschung als sicher ausgemacht die Erklärungen von Psalm 1 und 4 sowie die nicht so abgeschlossen anmutenden zu Psalm 23 bis 25. Der letzten Gruppe haben Summarien und Tituli, die auffallende Knappheit und der exegetische Fortschritt, was die Beachtung des hebräischen Sprachgebrauchs[158] anbelangt, einen etwas anderen Charakter verliehen. Der wichtige Psalm 25 ist nur mit den ersten vier Versen ausgelegt. Gerade der Teil, der auf die Vergebung bezogen ist[159], fehlt. Von dem ersten Auslegungspaar, das wahrscheinlich nacheinander erarbeitet wurde, konnte auf einen beabsichtigten Kommentar ohne Glossar geschlossen werden, was für die zeitlich nicht ganz eindeutig festlegbare spätere Gruppe nicht zu behaupten ist, aber sie hat Summarien und Tituli bei relativ knappen Scholien zu jedem Vers dem einzelnen Psalm vorangestellt. Dagegen ordnet das VF sie der „glosa" jedes

---

[151] Mit „infra" bezogen; vgl AKG 27 (1940) 40,15.20; 44,8; 51,13; 61,22; 68,13; 73,1; 74,13.

[152] „Sperare/spes" zB in Ps 5,12: AKG 27 (1940) 79,22–88,11.

[153] Zu vergleichen ist WA 3,39,21–41,34; 55 II 1,46,15–50,18 mit AKG 27,31,4–32,5, um in der sehr gestrafften Fassung den Fortschritt zu erkennen und die Absicht, jede wortreiche Entfaltung zu meiden.

[154] WA 3,61,26–64,25. KAWERAU fügte diese „zweite Erklärung des 4.Psalms" (61 Anm 1) an die erste. SEIDEMANN und WA 55 II belassen sie bei Ps 92(93).

[155] WA 1,100,14–101,5 (11.November 1516).

[156] Heranzuziehen sind für solche Untersuchungen auch erhaltene Predigten zwischen 1515 und 1517, etwa ausgewiesen im „Hilfsbuch zum Lutherstudium" (Witten ³1970) 206ff: Pr 10f zu Ps 112,5; Pr 20 zu Ps 113,5f; in Pr 31 zu Ps 4,3: WA 1,96,24–26; Pr 39 zu Ps 19,2: WA 1,111–115; BoA 5,419–424; Pr 60 zu Ps 45,5: WA 4,639–644.

[157] Vgl o Anm 105.

[158] RAEDER, AaO (Anm 112) 27 läßt besser als frühere Forscher verstehen, was LUTHER an hebräischem Sprachgebrauch gelegen ist und wie sich das bei der Psalmenerklärung auswirkt. Vgl ebd zu den Scholien von Ps 23–25: 25f.39–49.53–57.81–84.

[159] Ps 25,5–22. LUTHER beruft sich auf Ps 25,11 1519 in „Eine kurze Unterweisung, wie man beichten soll" (WA 2,59,10–12).

einzelnen Psalms vor. VF-Psalm 4 war wohl schon vor dem 31. Oktober 1516 ausgearbeitet, da Luther in einer an diesem Tage – laut WA, Löscher dagegen datiert auf 1517[160] – gehaltenen Predigt „eine eigene paraphrasierende Übersetzung aus dem hebräischen Text" von Ps 4,3 gibt, die im VF nicht zum Zuge kommt[161]. VF-Psalm 5 kann noch bis 1517 ausgearbeitet worden sein[162]. Diese zweigeteilte Kommentaranlage sah höchstwahrscheinlich eine Fortsetzung mit Psalm 6 vor. Die getreue Nachbildung dieser Stücke bei der Abschrift durch Aurifaber vorausgesetzt, läßt sich vermuten, daß dieser lediglich die Überschrift „PSALMVS SEXTVS" in seiner Quelle vorfand, die er daraufhin in sein Manuskript, die heutige Vatikanische Handschrift Pal. lat. 1825, Bl 255b, übertrug[163]; denn auch die Lagenbezeichnungen A bis F in der Abschrift scheint Aurifaber seiner Vorlage, die höchstwahrscheinlich Luthers Autographon war, entnommen zu haben[164]. In der zweigeteilten Form, die schon in Vogelsangs Edition in Anlehnung an Luthers Sprachgebrauch als „Glosse" und „Scholie" unterschieden wird, gibt die „Glosse" einen kompletten, fortlaufend erklärenden Text. Die wichtigsten sprachlichen und teilweise der Auslegungstradition zu entnehmenden Mitteilungen, die im Wolfenbütteler Psalter als Interlinear- und Marginalglossen um den Psalmtext gruppiert waren, werden verarbeitet. Aber auch ganz Neues[165] findet sich, während anderes aus dem Wolfenbütteler Psalter wegfiel. Jedenfalls ist jetzt eine ganz andere Darbietungsform gefunden, die leicht zu drucken war[166]. Die „Scholien" geben die zentralen theologischen Zusammenhänge wieder und folgen – etwas öfter an einzelne Wörter und kürzere Versglieder anschließend – ebenfalls Vers für Vers mit umfassenden, jedoch nie breit werdenden Sacherklärungen[167]. Schließlich brachten die

---

[160] WA 1,94 Anm 2.

[161] RAEDER, AaO (Anm 112) 25 argumentiert so. Er will „aus dieser Tatsache den Schluß ziehen, daß die im Vatikanischen Fragment überlieferte Exegese zu Ps 4, vielleicht auch zu Ps 5, noch vor dem 31. Oktober 1516 ausgearbeitet worden ist", räumt aber dann ein, „daß eine der Übersetzung von Ps 4,3 etwa gleichwertige philologische Leistung sich erst in der Bearbeitung von Ps 23–25 findet, nämlich Luthers Übertragung von Ps 23,6". Und diese könne doch nicht eindeutig für die Benutzung des hebräischen Textes durch LUTHER genommen werden (26ff u a).

[162] Vgl für diese Ansetzungsfragen die Einleitung zum VF in WA 55 II bzw AWA 1, worin der Abschluß vor den Bußpsalmen begründet ist.

[163] Vgl AKG 27 (1940) 94,33. HANS VOLZ rechnete bei AURIFABERS Abschriften eines Luther-Autographon damit, daß es in allen Einzelheiten wiedergegeben wird (mitgeteilt unter dem 26. Juni 1956).

[164] Vgl meine Handschriftenbeschreibung zum VF in WA 55 II bzw AWA 1 und die vorstehende Anm.

[165] Vergleiche zwischen 1. Psalmenvorlesung und dem VF stehen aus, es gibt einige Verweise in den Editionen. VOGELSANG hat den großen Abstand mit Recht herausgestellt und den Zusammenhang mit den Operationes betont (AKG 27), wenn es sich auch nur als die Vorform inzwischen erwiesen hat.

[166] Die Glosse ist nämlich vom Bibeltext (der um „Gloserens willen" weit auseinander gedruckt wurde) abgelöst und nicht mehr in Stichworten zwischen den Zeilen und am Rand, also zweigeteilt, notiert, sondern als fortlaufender Text gegeben, der als Verweisen aus der Scholie bezeichnet ist. Die Scholien sind wie die Glosse psalmweise zusammengenommen.

[167] Ob es mehr dem VF entsprechende Auslegungen gab, vielleicht zu Ps 6, das Manuskript könnte der deutschen Auslegung 1517 ja zugrundegelegt worden sein, oder zu den ersten 25 Psalmen, wobei die Teile, die den Operationes als Vorform dienten, untergingen, ist uns verborgen. LUTHER hat jedenfalls selber Auslegungen vernichtet, und der Verlust vieler zum Druck gegebener Manuskripte steht ohnehin fest.

zweite Psalmenvorlesung 1518 und der anschließende Druck der Operationes in psalmos die Vereinigung dieser Darbietungsformen. Schon im VF zeigt sich, daß Luther zwischen Römerbrief- und Hebräerbriefvorlesung mit seinen Auffassungen über die Christologie und die Rechtfertigung vorangekommen war[168].

Die Entstehung der Operationes und der Entschluß zum sofortigen Druck bringen dann eine Lösungsmöglichkeit für Luther, mit der er sich des erteilten Auftrags besser als mit den früheren Ansätzen entledigen konnte. Davon spricht in gewisser Weise seine Widmungsvorrede ebenso wie Melanchthons Vorwort an die Studierenden[169]. Es ist von Lutherforschern darauf verwiesen worden, daß Luther mit der Ausgabe „Die sieben Bußpsalmen mit deutscher Auslegung" 1517, die dann 1525 „verbessert durch D.M.Luther" als zweite Bearbeitung[170] erneut vorgelegt wurden, eine Art Ersatz für den in Auftrag gegebenen Kommentar lieferte. Besser sollte von einer Nebenfrucht aus dem Auftrag gesprochen werden, zu der dann andere deutsche Psalmenerklärungen hinzukamen[171]. Die Druckfassung der zweiten Psalmenvorlesung liegt in der Hauptrichtung seines Bemühens um den Kommentar. Er hätte sie nicht vorlegen können, wenn er nicht bis 1521, also bis zum Ende der Auslegung von Psalm 22, mit gleichbleibender Verpflichtung durch die lectura in biblicis und den Kommentarauftrag ernst und verantwortlich in der Arbeit geblieben wäre. Gewiß waren auf den Inhalt der Auslegung die Entwicklung der Jahre 1517–1520 von starkem Einfluß[172]; das gleiche gilt aber auch für die Form. Vergleicht man die Ansätze nach 1515 und das VF, das als zweiter Entwurf genommen werden darf, so sieht man, daß der Kommentar ohne die von außen kommenden Einflüsse und die erzwungene Einstellung der Vorlesung vielleicht straffer geworden wäre und dadurch die Auslegung des ganzen Psalters von Vers zu Vers (mit möglich Exkursen[173]) hätte ganz zu Ende geführt werden können. Diese Aufgabe hat Luther nie ganz losgelassen. Der Coburg-Aufenthalt 1530 brachte die neugefaßte Auslegung der ersten 25 Psalmen[174] und die folgenden Jahre die „Summarien über die Psalmen und Ursachen des Dolmetschens. 1531–1533" auf deutsch zur Ergänzung der deutschen Psalterausgabe[175].

---

[168] VOGELSANGS Hypothese (AKG 27) vom überraschenden „Fortschritt seiner [Luthers] innerer Entwicklung" innerhalb weniger Wochen (AaO 11.15–22) ist nicht verifizierbar.

[169] Vgl die Einleitung dazu AWA 2,16 (Lit) und den Eingang (2,17,3–10) sowie besondere Passagen bei MELANCHTHON (21,1–8; 22,5–7).

[170] WA 1 (154) 158–220, also die Erstausgabe ist mit der zweiten Bearbeitung von O BRENNER und O REICHERT WA 18 (467) 479–330 mit ausführlichen Textbeispielen verglichen worden. Die Gegenüberstellung beweist außer der verbesserten Bibelübersetzung keine neuen theologischen Positionen, aber das Streben nach immer knapperem Ausdruck.

[171] Vgl die Zusammenstellung bei HEINRICH BORNKAMM, Luther und das Alte Testament (Tübingen 1948) 230–233.

[172] VOGELSANGS Unterscheidung zwischen der formal christologischen Deutung der Psalmen (AKG 15) und einem „evangelisch-tropologischen Schriftverständnis" (AKG 27,27) trifft sicher zu, nur ist der Einfluß der äußeren Wende seines Geschicks (vgl WABr 1,344,8) auf LUTHERS rasche theologische Reife mit dem VF als dem letzten Dokument kurz davor (so AKG 27,20–22) nicht zu erklären.

[173] Vgl o Anm 122; dazu AWA 2,283f.

[174] WA 34 I (258) 263–383.

[175] WA 38 (1) 8–69. Hinzu treten kleinere Arbeiten: WA 31 I (457/481) 482–586.

Auf eine umfassende Darstellung der Nachwirkung von Luthers Ringen um einen Psalmenkommentar zwischen 1515 und 1523 muß jetzt verzichtet werden. Als Ergebnis unseres Überblicks über diese Bemühungen bietet sich in großen Linien folgendes dar: Es ist von drei Stufen der teilweisen Ausführung bzw von vier Stufen zu reden, wenn man eine Fortsetzung als konzipiert nach 1521 hinzunimmt. Als Vorstufe lassen sich die „dictata" ansehen, dh die diktierend gehaltene 1.Psalmenvorlesung, die den Anlaß zu der Aufgabe, einen Psalmenkommentar zu erarbeiten, gegeben hatte. Nach Luthers Urteil und Verhalten sind die Materialien für diese Diktate, nämlich das Glossar (Wolfenbütteler Psalter) und die Scholienhandschrift (Dresdener Psalter) kein Psalmenkommentar und niemals für den Druck vorgesehen gewesen. Es konnte nach Luthers gewissenhafter Arbeitsweise keine „Dictata super Psalterium" als Ausgabe gültiger Psalmeninterpretation im Druck geben[176]. Die dafür versuchte erste Stufe sind die bisher als Druckbearbeitung von 1516 bekannten Stücke, die zwar speziell mit der Sacherklärung zu Psalm 1 und 4 Druckreife erlangten, dann aber aus den angegebenen Hauptgründen Luther nicht genügten. Die zweite Stufe bringt das VF, das als Fragment einer geplanten Ausarbeitung, geteilt in Glosse und Scholien psalmweise durch den ganzen Psalter anzusehen ist. Auch hier reichten Luther die sprachlichen wie theologischen Erklärungen dann für entsprechende Fortsetzungen in Zusammenhang mit der 2.Psalmenvorlesung offensichtlich doch nicht zu, obschon die Aussichten, beim neuen Durchgang den Druck für mehr als 22 Psalmen zu schaffen, nun günstig standen. Die dritte Stufe ist mit den Operationes erreicht. Sie sind das erste (und letzte) Manuskript, das Luther im Sinne des gestellten Auftrags selber öffentlich vorlegte. Aber wie die beiden vorhergehenden Stufen läßt er auch diesen Torso nicht eigentlich als Kommentar gelten, obschon die theologische Haupterkenntnis aus der christlich gelesenen Bibel darin enthalten, die hebräische Grammatik nach Luthers eigenem Urteil freilich noch nicht voll erfaßt ist. So ergab sich in der Konzeption eines vollständigen Psalmenkommentars eigentlich das Bemühen um eine Fortsetzung der Arbeiten, zu denen Luther wegen den bekannten Verhinderungen jedoch nicht mehr kam. Man darf sodann in die Reihe der vor- und nebeneinanderher laufenden Auslegungsbemühungen um den Psalter die deutschen Auslegungen miteinbeziehen, auf jeden Fall die sieben Bußpsalmen, also Psalm 6. 32. 38. 51. 102. 130 und 143 deutsch ausgelegt, und dann besonders erschienene Psalmenerklärungen als deutsche Sendschreiben wie die „Auslegung des 109. (110.) Psalms. 1518"[177], die „Deutsche Auslegung des 67.(68.) Psalms. 1521"[178], „Der 36.(37.) Psalm Davids, einen christlichen Menschen zu lehren und zu trösten wider die Mütterei [Mutwillen] der bösen und frevlen Gleissner. 1521"[179]. Die beiden letzten und gleich noch folgende wie „Der 127.Psalm ausgelegt an die Christen zu Riga und

---

[176] Auch von hier wird das Briefdatum WABr 1 Nr 21 zu diskutieren sein.
[177] WA 1, (687) 690–710; 9, (176) 180–202.786f; der Form nach interessant.
[178] WA 8, (1) 4–35.VII; 9,801ff.
[179] WA 8, (205) 210–240.VII; 9,802.

Livland. 1524"[180] und dann 1526 die Psalmen 37. 62. 94. 109. 112[181] sollten zu der ins Auge gefaßten vierten Stufe als eigentlich erwünschter Ertrag aller Bemühungen um einen Kommentar miterwogen und gewürdigt werden. Zwar gelang Luther kein voller Ausbau dieser verschiedenen Konzeptionen. Er hinterließ keinen abgeschlossenen Kommentar. Aber der Psalter ließ ihn zeitlebens nicht mehr los. Aus dem Ertrag der Jahre bis zum Abschied vom Kommentarvorhaben hat er von solch konzentriertem Eindringen her noch reiche Auslegungen[182] schaffen können.

Die Weitergabe des lebendigen Wortes, Gottes Wort als das auf uns zukommende Evangelium: das wurde für Luther das Entscheidende. Darum ging es ihm nicht in erster Linie um die Auslegung von Bibeltexten[183], sondern um den klaren Text selbst und seine gewißmachende Verbreitung. Darum rückt nach 1523 die Aufgabe der Bibelübersetzung ganz in den Vordergrund[184]. Martin Luthers Deutsche Bibel und – auf beide Testamente bezogen – „Der Psalter deutsch. 1524"[185] dürfen Anspruch haben als eine nach Gaben und Erkenntnis wirklich voll und ganz gelungene Erfüllung eines ihm von seinem wahren Herrn zugewachsenen Auftrags. Solch ein Auftrag besaß eine höhere Vollmacht, als jeder menschliche Auftraggeber für seine Wünsche hätte geltend machen dürfen. So ist das Ausbleiben des Kommentars entschuldigt. Die Schrift des alten und neuen Bundes allen im Wortlaut der Muttersprache zugänglich zu machen, ging vor. Um die Bibel und speziell den Psalter richtig verstehen zu lernen und nur so treffend zu übersetzen, genügen nach Luther nicht Kommentare und keinesfalls die Mittel der Grammatik, Logik und Rhetorik, die er gut beherrschte. Vielmehr muß der Übersetzer und Bibelleser den „Verstand Christi"[186] bekommen. Für Luther hieß das ein rechtes Erfahren des Evangeliums, um Gottes Wort darin zu vernehmen. Sein neues Verständnis Christi und der Kreuzesbotschaft erwuchs zu dem beherrschenden Grundgedanken der Heiligen Schrift aus dem paulinischen Zeugnis von Jesus Christus. Das erfaßte er unter einem vom Wort vermittelten Zuspruch Gottes für die Vergebung und Glaubensgerechtigkeit, die im Zentrum aller biblischen Begriffe – gerade auch im Psalter – und der Theologie des Reformatorischen stehen.

---

[180] WA 15, (348) 360–378(379).814.
[181] WA 19, (542) 552–615; (294) 297–336.
[182] Vgl BORNKAMMS Aufstellung (o Anm 171).
[183] LUTHER untersagt, die Summarien in den Psalter zu „mengen": WA 38,69,12–17.
[184] Vgl meine Studie „Martin Luther – Evangelist in deutscher Sprache", in: Martin Luther und das Erbe der frühbürgerlichen Revolution, in: WZ (J) 1983,41–64; ferner „Martin Luther als Evangelist", ThZ 39(1983) 257–271.
[185] HANS VOLZ, Martin Luthers deutsche Bibel (Hamburg 1978) 111–113.134f.
[186] Vgl WADB 10 I 98,15–26.

PSALM 1 DER OPERATIONES IN PSALMOS IM SPIEGEL DER SPÄTEREN AUSLEGUNG LUTHERS

von

Heino Gaese

I.

Als Luther den Psalter zu verdeutschen begann, erwiesen sich die Operationes in psalmos[1] als gute Vorarbeit. Luther hat seine Übersetzung des ersten Psalms zwar sprachlich nachgebessert; bis 1964 gab es jedoch keine sachliche Änderung. Demnach las und liest, betete und betet, wer der Lutherbibel verbunden ist, den Psalm bis heute in einer Gestalt, die in einigen Stücken merkbar auf der Auslegung in den Operationes gründet[2].

Der Anfang spricht dagegen: „Beatus vir . . ." Lateinisch schreibend, widmete Luther in seinen Psalmenstudien den beiden ersten Wörtern des lateinischen Psalters je einen Vokabularartikel. Er verlieh ihnen damit Gewicht. Bestritt er den zweiten Artikel mit spätantik-mittelalterlichem Schulwissen, so bot er zum ersten seine ganze hebraistische Gelehrsamkeit auf. Jene beiden ersten Wörter boten ihm auch den Anlaß zu ein paar einleitenden Floskeln, da er ja nach einer kurzen Anrede der Wittenberger Studenten ohne weitere Einleitung sofort in die Auslegung des ersten Psalms eintrat[3]. „Communis mortalium de beatitudine quaestio est", so hob er an[4]; dann folgte er dem lateinischen Psalter, dessen Anfang keiner der alten Sprachkundigen, weder Hieronymus noch die Postille des Nikolaus von Lyra

---

[1] Luthers Operationes in psalmos werden zitiert nach der Neuausgabe, hg v GERHARD HAMMER, MANFRED BIERSACK u a, in: Archiv zur Weimarer Ausgabe der Werke Martin Luthers 2 (Köln, Wien 1981), lediglich mit Seite, Zeile und Anmerkungen. Die Entsprechungen in WA 5 stehen in Klammern dahinter. – Wer eine Übersetzung sucht, sei für Psalm 1 verwiesen auf (1.) Bd 4,220ff der 2., von der Missouri-Synode hg Ausgabe der Walchschen Lutherausgabe (St Louis [1895]) und (2.) auf Bd 7 der Calwer Lutherausgabe – Siebenstern-Taschenbuch 98 (München, Hamburg 1967) 161ff.

[2] Die erste Niederschrift der Übersetzung steht in WADB 1,453. Die Verbesserungen lassen sich verfolgen in DB 10 I 106ff.

[3] Die Erscheinungsweise der Operationes in einzelnen Lieferungen läßt auf zeitliche Bedrängnis ihres Verfassers schließen. Die Psalmenstudien wendeten sich an die theologische Öffentlichkeit. Zunächst aber gaben sie den Studenten einen Text an die Hand und ersetzten damit das Diktat in der Vorlesung (deshalb verdienen die handschriftlichen Eintragungen in den meisten Exemplaren der Wittenberger Erstausgabe besonderes Interesse). Näheres siehe in der Einleitung zur Neuausgabe in AWA 1.

[4] Die entsprechenden Ausführungen des ERASMUS sind durch den Namen des Widmungsempfängers, *Beatus* RHENANUS, veranlaßt. Im übrigen dürfte auch AUGUSTIN mit seiner Einleitung zur ersten Predigt über Psalm 118 (Vulgata) (ML 37,1501ff = CChr 40,1665ff) und De civ X 1 (ML 41,277ff = CChr 47,271ff) ein nicht unbewußtes Vorbild gewesen sein.

(noch Felix Pratensis) je angefochten hatte. Der deutsche Psalter hingegen beginnt: „Wohl dem . . ." „Vir" bleibt unübersetzt; vor allem behält Luther in der deutschen Bibel das „Selig . . ." mit einer solchen Konsequenz den Makarismen des Neuen Testaments vor, daß dem wohl eine philologische und theologische Entscheidung zugrunde liegt[5]. Auf Reuchlins hebraistische Erklärungen lassen sich beide Übersetzungen gründen, und Luther hatte in seine Auslegung auch die in andere Richtung weisenden Umschreibungen Reuchlins aufgenommen. Zwei weitere nicht uneingeschränkt gültige Gegenbeispiele aus Vers 1 lassen sich anfügen[6].

Die Wahl eines Wortes wie „gottlos" für rascha – asebäs-impius führt ins Allgemeine; aber der Vokabularartikel in den Operationes bezeugt, wie Psalm 1 an der Entwicklung der wichtigsten reformatorischen Einsichten Anteil hatte. Gottlose – Sünder – Spötter: Die Triade läßt sich gleich der mancher moderner Übersetzung als abwechslungsreiche poetische Fülle hinnehmen, als Ausdruck der gewiß anzudeutenden, aber niemals zu klärenden Problematik des Lebens. Das ergäbe höchstens eine philologische Aufgabe. Dem, der sie erkennen und anerkennen will, bewahren die gewählten drei Ausdrücke Luthers Deutung einer sinnreichen Abfolge, wie er sie in den Operationes nach längerer Auseinandersetzung mit der Überlieferung entwickelte und für seine Person zeitlebens festhielt[7]: In der Sünde wird die Gottlosigkeit offenbar, im Spott breitet sie sich aus.

Daß im zweiten Vers das starke einsilbige „Lust" zu stehen kam[8], hat wiederum weiteren Zusammenhang: die auch an ähnlichen Stellen längst vollzogene Verbindung von hebräischer Sprachwissenschaft mit Einsichten augustinischer Theologie[9], die vorausgehende Übersetzung des Neuen Testaments[10] und der vor-

---

[5] H BORNKAMM, Luther und das Alte Testament (Tübingen 1948) 198ff. Die Entscheidung ist ihrem Gewicht nach der anderen zu vergleichen, den Begriff „Testament" den Schriften des Neuen Bundes vorzubehalten. Sie ist nachzuprüfen auch an den beiden Fassungen der Bußpsalmen von 1517 und 1525. Als Ausleger gebraucht LUTHER freilich immer auch „selig", um vom Zitat des lateinischen Textes von Ps 1,1 zu schweigen: vgl WA 18,485f; 31 I 263f; 37,479,30; 49,225,1; 226,15.36f; 227,21; 228,11 u ö. In der vorlutherischen deutschen Bibel ist Ps 1,1 übersetzt mit „Selig ist der man . . ." (hg v W KURRELMEYER, 7 = Bibliothek des litterarischen Vereins in Stuttgart 254 [Tübingen 1910] 243); siehe auch Die niederdeutschen Bibelfrühdrucke, hg v G ISING, 4 (Berlin 1971).

[6] (a.) Die Wendung „sitzen, da die Spötter sitzen" bezeugt nicht einen Erkenntnisfortschritt gegenüber den Operationes, sondern LUTHERS Interesse an einer wörtlich getreuen Übersetzung; vgl WA 2,506,5: in sessione illusorum. FELIX PRATENSIS übersetzt: et in consessu irrisorum non sedit (zitiert WA 31 I 264,5); vgl auch seine Glosse: Et in cathedra vel habitatione irrisorum non habitavit. – Die Übersetzung „Spötter" erhielt 1531 von LUTHER eine Randglosse: Die es fur eitel narrheit halten, was Gott redet und thut (WADB 10 I 107).
(b.) Um zu „tritt (auf den Weg der Sünder)" zu kommen, halfen weder REUCHLINS Erklärungen noch die lateinische Übersetzung des FELIX PRATENSIS, vielleicht aber ein Blick auf den Text der LXX (unter dem Einfluß MELANCHTHONS?).

[7] WA 31 I 264,6ff; 49,226,19ff.

[8] Siehe auch JOHANNES TAULER, Predigten, hg v F VETTER (Berlin 1910/Dublin, Zürich 1968) 30,4f.8f.19; 37,12ff; 47,32; 48,25; ferner LUTHER in WA 48,7 Nr 8; um einen späteren lutherischen Autor zu zitieren vgl HIERONYMUS WELLER, der „voluptas" in seinen Psalmtext aufnahm (Opera omnia [latina] [Leipzig 1702] sectio I 413).

[9] AWA 2,40f zu LUTHERS Vokabularartikel „voluntas" und ebd zur Expositio continua (AaO 43f).

[10] Siehe die Zitate des Psalmverses in der Röm-Vorlesung; dann die Übersetzung, bes Röm 7,22.

anstehenden Bücher des Alten Testaments. Immerhin hatte Luther das Wort bei der Übersetzung des vierten Bußpsalms 1517 noch nicht gebraucht. Zu unserer Stelle im besonderen wäre auch daran zu erinnern, daß Luther schon in den Operationes dazu neigte, „Gesetz" in dem weiteren Sinne von „Wort Gottes" zu verstehen[11].

Der 1519 verfaßte Vokabularartikel zu „meditari" erklärt, warum der deutsche Psalter an dieser Stelle lautete: „ und redet von seinem Gesetz". Hier wurde 1964 eine sachliche Korrektur vorgenommen; es heißt derzeit (in die persönliche Stille verlegt und ohne jeden Bezug auf Gemeinschaft der Menschen): „und sinnt über seinem Gesetz". Ob eben auf Grund von Ps 37,30[12] Luthers Formulierung sich nicht heute noch verteidigen läßt? Wie im zweiten wurde Luther 1964 auch im fünften Vers sachlich korrigiert (diesmal wohl nicht ganz mit Unrecht) und „bleiben im Gericht" geändert in „bestehen im Gericht". Luthers Übersetzung hielt das in der zweiten Psalmenvorlesung erreichte Ergebnis langer Mühen fest[13]. Freilich war den Versen 5 und 6 von 1524 an eine Randglosse beigegeben[14].

Die Auslegung der Operationes hat an einigen Stellen die Gestalt des deutschen Psalters merkbar bestimmt. Als Übersetzer war Luther andererseits viel zu sehr auf Treue seinem Text gegenüber bedacht und gewillt, dem Sprachgebrauch der Schrift zu folgen, als daß allzu viel von seiner Deutung in die Übersetzung eingeflossen wäre. Seit die Randglossen der Lutherbibel wegfielen (1690), mußte der nachdenkliche Leser Vers 5a auf das Schicksal der Gottlosen im Gericht beziehen, das „bleiben" mithin johanneisch-eschatologisch und nicht mehr ekklesiologisch verstehen. Luther blieb in Vers 6 des deutschen Psalters bei „kennt" und in Vers 2 bei „Gesetz". Er hielt in Vers 1 an der mit cathedra pestilentiae verbundenen Deutung fest, zog aber eine Übersetzung vor, die dem Wortlaut näher kam[15]. Der bloßen Vielfalt in der Triade hingegen suchte er einen Sinn abzugewinnen.

Bisher leitete uns die Frage, inwieweit die Psalmenstudien der Übersetzung zugute kamen oder kommen konnten. Die Übersetzung läßt sich andererseits als

---

[11] Er hatte außer ERASMUS kein Vorbild, als er lex durch einen Vokabularartikel aus seinem Zusammenhang löste und für sich betrachtete (Die Erörterung dringt nur auf die Unterscheidung von göttlichen und menschlichen Gesetzen, ist hauptsächlich kritisch und fiel also dürftig aus). Er wählte die geistliche Auslegung eines Gebotes als Beispiel für die Erläuterung des „meditari" V 2b; aber diese selbst gilt dem Studium der Schrift im allgemeinen. Ebenso spricht die Expositio continua zu V 2 (43,21ff [34,31ff]) vom Wort Gottes und der unio cum verbo im allgemeinen.

[12] 42,1 (34,4).

[13] 58,6ff u Anm 4 u 5 (44,6ff). Die Stelle WA 14,582,34ff (im Zusammenhang eines Vokabulars zu Recht und Gericht) zeigt, daß LUTHER sich einer Autorität beugt: Ob nur ERASMUS zu Ps 1,5 dahinter steht? MELANCHTHON ist es jedenfalls nicht. Auf dessen Verständnis beruft sich JOHANNES BUGENHAGEN in seiner „In librum psalmorum interpretatio" von 1524 zSt. MARTIN BUCER hat in seiner Übersetzung des Bugenhagenschen Kommentars die von ihm dafür übernommene Übersetzung LUTHERS entsprechend korrigiert.

[14] WADB 10 I 109 Randglosse zu „Gerichte": Das ist, Sie werden weder Ampt haben, noch sonst in der Christen gemeine bleiben. Ja sie verweben sich selbst wie die sprew vom Korn (Fassung von 1545).

[15] WA 31 I 264,5ff: „Et in consessu irrisorum non sedit". Non male vertit: „in cathedra pestilentiae non sedit", das er nicht auch ein lerer werde derselbigen lere. Sic facit tres gradus ... WA 49, 226,26ff: Das ist ultimus gradus impiorum, qui non solum se damnant ambulando et stando, sed et pestifer est et alios inficit. „Cathedra pestilentiae", Latinus non male. „Ein stuel der spotter" ...

Probe aufs Exempel der Operationes ansehen. Brachte diese oder eine andere Beschäftigung Luthers mit dem ersten Psalm später eine Wende in seiner Bemühung um das Verständnis des Textes?

II.

Dem Leser der Operationes zu Psalm 1 drängt sich die Beobachtung auf, daß Luther seinen Anfang, insbesondere die beiden ersten Vokabularartikel, bereits im folgenden fast vergessen hat. Das durch die Definition „Beatum esse, qui legem dei diligat"[16] gegebene Thema aller Ausführungen ist der iustus, nicht der beatus. Zu Beginn des dritten Verses kommt die Auslegung auf beatus zurück, doch nur, um wieder auf iustus hinzulenken. „Et erit tamquam lignum..." Vers 3 erläutere jene Definition nun durch ein Bild, das bedeutet, daß der dritte Vers zum ersten und zweiten in Parallele steht. Daraus ergibt sich, daß im Bilde des Glücks und Gedeihens, das der dritte Psalmvers malt, noch einmal die Gerechtigkeit gesucht wird. Der Psalm zeichne absolutam imaginem pii viri seu populi, sagt Luther, als er vor dem sechsten Psalm zurückblickt[17].

Im Zusammenhang der Psalmenarbeiten anfangs der dreißiger Jahre verfaßte Luther eine volkstümliche Rhetorik der Psalmen: *Summarien über die Psalmen und Ursachen des Dolmetschens*[18]. Von den Operationes herkommend, muß man sich wundern, daß nach dieser Schrift unserem Psalm nichts von einem Lehrpsalm zukommen solle, einem Psalm, der lehrt, „was wir tun und lassen sollen nach dem Gesetz Gottes; und hieher gehören alle Psalmen, so Menschenlehre verdammen und Gottes Wort preisen" (WA 38,17,29–31). Wir lesen vielmehr: „Ist ein Trostpsalm, der vermahnet uns, daß wir Gottes Wort gern sollen hören und lernen; und tröstet uns, daß wir groß und viel Guts davon haben"[19]. Trostpsalmen nennt Luther alle, „welche die betrübten und leidenden Heiligen stärken und trösten, wiederum die Tyrannen schelten und schrecken" (ebd S 17,31–33). Damit bezeugt diese Schrift einen Wandel in Luthers Auffassung des Psalms seit den Zeiten der Operationes. Der Wandel ist freilich nicht so grundsätzlich, wie er auf den ersten Blick erscheint. Er ergibt sich zunächst aus der divisio psalmi. Das Bild in Vers 3 wird nun als der Ermahnung folgende Verheißung, die Verse 4 und 5 werden als an die Gottlosen gerichtete Drohungen aufgefaßt. Jene Parallelisierung von Definition und Bild ist folglich aufgegeben, ebenso die Charakterisierung des Anfangs als Definition oder Beschreibung des beatus vir. Sie verträgt sich nicht mit der Übersetzung „Wohl dem..." Darum kann schließlich der ganze Psalm nicht mehr als imago pii viri seu populi verstanden werden.

---

[16] 29,2 (27,6).   [17] 363,19ff (201,32ff).
[18] 1531–1533 (WA 38,[1] 9–69.
[19] WA 38,18,16f; vgl in den Operationes: 52,3 (40,26): laus beati viri. „Trost" hat zu LUTHERS Zeit noch weitere Bedeutung. Das Wort schließt „Ermutigung", „Zusage" ein.

1530 notierte Veit Dietrich auf der Coburg aufgrund von Luthers Diktat: „So ist nun der Psalm eine feine tröstliche Vermahnung zum Wort" (WA 31 I 265,31f). „Laudat enim et commendat nobis studium verbi, ut libenter audiamus, discamus, legamus verbum dei" (ebd 263,3ff). Der Psalm gehöre ins dritte Gebot, heißt es ferner wie in den Psalmensummarien. Zu den Worten „Sed in lege domini voluntas eius" setzt der Coburg-Psalter hinzu: „Praesertim in decem praeceptis" (ebd 264,18). Luther dachte in diesem Augenblick sicher nicht zuerst an die richtende Funktion des Gesetzes. Die Fortsetzung lautet: „Est magna gratia, quando aliquis libenter audit verbum, tichtet, schwetzet und singet gerne davon" (ebd 264,19f).

In den Operationes sehen wir Luther am Anfang des Weges zu dieser Deutung des Psalms. Wir bemerkten schon, daß er dort die gewohnten Bahnen der Auslegung verließ und einen neuen, eigenen Weg einschlug, indem er, vermutlich durch Erasmus veranlaßt, nicht nur das Verhältnis der voluntas zur lex behandelte, sondern die lex domini für sich zum Gegenstand der Betrachtung machte. Daraus ergab sich, daß er im Verlauf aller Ausführungen den Ausdruck bald im engeren, bald in einem weiteren Sinne gebrauchte oder auch durch verbum dei ersetzte[20].

In den Psalmenstudien von 1519 steht aber der einen Reihe tragender Begriffe wie lex, leges, verbum, consilium, doctrina eine andere zur Seite: Iustus, pius, impius, voluntas, diligere, species, fides, mores, opera. Die definitio beati viri und die similitudo haben die Verbindung beider Reihen zum Gegenstand: Beatum esse, qui legem dei diligat. Abgesehen von dem schwierigen hermeneutischen Problem, auf wen der Psalm zu beziehen sei oder von wem er gelten könne, lautete die Luther bei diesem Psalm damals bewegende theologische Frage, woher denn der empfohlene und seligmachende Wille dem Menschen zukommen könne. Im Sinne einer Rechtfertigung aus dem Glauben fügte er seiner Auslegung die Antwort ein: Venit autem haec voluntas ex fide in deum per Iesum Christum[21].

Im Summarium vor Psalm 6 der Operationes schreibt Luther, der erste Psalm beschreibe den geistlichen Menschen, qui nonnisi lege domini afficiatur[22]. Bezogen auf den Psalm, hat schon in dieser Formel lex domini größeres Gewicht als voluntas; aber das mit „voluntas" oder „Lust" berührte Problem ist noch nicht vergessen. Keine spätere Auslegung ist so reich an Gedanken und Motiven wie die von 1519. Jedenfalls erblickte Luther in den Operationes wie zu Anfang der dreißiger Jahre im zweiten Vers den Hauptvers des Psalms und seinen Kern.

---

[20] Die engere Fassung ergab sich aus dem Zusammenhang der augustinischen Gnadenlehre. Einen weiten und mehrfachen Sinn referiert im Anschluß an PIERRE D'AILLY REINHARD SCHWARZ, Vorgeschichte der reformatorischen Bußtheologie = AKG 41 (Berlin 1968) 208ff; vgl ALTENSTAIG s v lex divina. Vgl auch WA 2,552,3ff; ferner 1,33,33ff; 104ff. Zu verbum dei vgl WA 3,397,7ff; 9,432,20ff.

[21] 41,6 (33,25); deswegen 31,15ff (28,9ff). Vgl die Thesenreihe WA 6,24; aus dem Gal-Kommentar WA 2,497,13ff; 561,14ff.37ff; 563,23ff; 591,24ff; aus früherer Zeit 3,649,26f. Die letzteren Stellen zeigen, wie die in etwas andere Richtung weisende Formel unio cum verbo sich damit verbinden kann: 43,21ff (34,31ff).

[22] 363,21f (201,34f).

III.

Schließlich wollen wir uns der Applikation, den Beziehungen und Anwendungen des Psalms, zuwenden[23] und damit den Gegensätzen, die der Psalm selbst aufstellt. Die Unterscheidung von Auslegung und Applikation versucht, den Übergang vom Unveränderlichen, bleibend Wahren zum bedingt Gültigen, die Hinwendung zum geschichtlich Eigenartigen, durch Wandel Unverwechselbaren, die Zuwendung zu den besonderen Erscheinungen im Laufe der Zeit zu bezeichnen.

Bild und Beschreibung des Frommen und Gerechten, seiner Hingabe und seines Schicksals, der Verheißung über dem Wort aus seinem Munde sind insgesamt im Geist gegeben und nur im Geist und im Glauben anzunehmen und zu verstehen. Bemerkungen, in denen Luther daran erinnert, sind in die Auslegung der Operationes durchgehend eingeflochten und müssen auffallen[24]. Sie dienen alle dazu, den im Psalm so zuversichtlich aufgestellten Gegensatz zurechtzurücken. Dies geschieht auf doppelte Weise: Nach den anfechtenden Erfahrungen des klaren Augenscheins haben die Verse 3 und 4 oft Unrecht: Blühen und rechtfertigender Erfolg fallen den Gottlosen zu; Unglück, Verderben, Untergang den Gottseligen. Zum andern ist auch die Gottlosigkeit samt ihren Folgen, wovon der erste Vers spricht, nichts, was in die Augen fällt; ihr haftet vielmehr der verführerische Schein des Rechts, der Weisheit und der Wahrheit an, weil sie, doppelte Sünde, sich damit schmückt. Wie es sich wirklich verhält, sagt nach den Operationes der Prophet in Vers 5 und 6: Detraxit personas et externam hominum faciem ... .[25]

Was wird daraus später? In der Auslegung auf der Coburg treten die eben berührten Motive seltsam zurück. Den im ersten Vers bezeichneten Irrtümern wird kein Glanz zugestanden; aber auch widriges Schicksal des frommen Mannes ficht nicht an. „Vor der Welt", „vor Gott", „beim Wort bleiben" muß da genügen. „Omnia alia levia ducere prae verbo dei" scheint eine charakteristische Formulierung zu sein. Sie findet sich in Notizen, die wohl der Vorbereitung der Summarien dienten[26].

1541 widmete Luther dem Psalm *zwei Predigten.* Nicht näher datiert, scheinen sie doch in die Zeit des Regensburger Reichstags zu gehören, der sich durch seine mit Hoffnung und Skepsis zugleich verfolgten Ausgleichsverhandlungen auszeichnete („Regensburger Buch")[27]. Die Auslegung dient der Vergewisserung in dieser

---

[23] 34,9ff; 36,9ff; 38,6ff; 56,13ff (29,19ff; 30,31ff; 32,5ff; 43,13ff).

[24] 35,23; 37,5f; 55,16; 60,1 (30,16; 31,11f; 42,28; 44,31) u ö.

[25] 60,12f (45,6f). Über den Schein auch JOHANNES TAULER (hg v F Vetter) 47ff.

[26] WA 31 I 482,6f; vgl 37,479f. In jenen Präparationen ist der trügerische Augenschein bes zu V I notiert (Gesetz, Werke, eigene Weisheit – Glaube), den Umständen entsprechend knapp. Siehe auch DB 4,250,3f; 3,LIII,11.

[27] WA 49,223–232. Zur näheren Datierung s ebd S XXV. 223,9f läßt sich auch auf 221,7ff beziehen. Die beiden Psalmpredigten wären dann am Montag (und Dienstag?), dem 27. (und 28.?) Juni 1541 gehalten worden, die vorhergehende ebenfalls in Dessau. LUTHER schrieb am 24. Juni mit BUGENHAGEN zusammen an den Kurfürsten, sie hätten das Regensburger Buch erhalten und gelesen. Die nächsten Briefe sind vom

schwierigen Lage. Sie ist so bewegt und bewegend wie die in den Operationes und kommt dieser (ungeachtet der stets gleich gebliebenen Einzelheiten) an mancher Stelle wieder nahe.

Die erste Predigt hebt mit einer langen Einleitung an, ehe sie sich dem Predigttext zuwendet. Die Worte der heiligen Schrift sind als Gottes Wort von allem Menschenwort wohl zu unterscheiden, ebenso die Rechte und Regimente. Beläßt man alles in seiner Ordnung, so erfüllt jedes seinen Zweck, und es gibt keinen Zweifel über die Eigenart und die Wahrheit der Dinge. Es hat jedoch der Papst sein Wort und Recht mit dem göttlichen Wort und Recht vermengt. Weil der Kaiser und die Juristen sich diesem Mißbrauch anbequemen, ergibt sich, daß vor Gott gelten soll, was ihnen gefällt. Schon diese Einleitung gibt zu erkennen: Luther hat den Ausdruck „Gesetz des Herrn" (Vers 2) im Sinn, wenn er sich diesem Psalm nähert (vgl WA 4,712,3ff). Hier findet er wie zu Anfang der dreißiger Jahre oder in den Operationes das organisierende Zentrum des Psalms. „Gesetz des Herrn" deutet er dabei in einem unbestimmten weiteren Sinn, von dem aus er einengend auch auf Recht und Gesetz zu sprechen kommen kann.

Dem Psalm selbst sich zuwendend, stellt Luther fest: Er dringt mit seinen Eingangsworten auf die Scheidung von Himmel und Erde und ihrer beiden so verschiedenen Regimente, und wir müssen ihm folgen. Wie das Gesetz zwei Tafeln hat, so gibt es auf Erden eine doppelte Gerechtigkeit: den Glauben an Christus und die Liebe, die dem Nächsten gilt. Die Gottlosen, Sünder und Spötter aber lehren eine Gerechtigkeit (vor Gott) aus dem Gesetz oder durch Liebe und eigene Werke, so die Mönche und die Päpstlichen (225,4ff) wie einst die Pharisäer, Türken, Juden, die falschen Apostel zur Zeit des Paulus (225,29f). Damit bringen sie Himmel und Erde durcheinander. Denn sie lehren wohl Gottes Gesetz, aber in falscher Mei-

---

29. Juni und stehen in demselben Zusammenhang. Im einen gibt LUTHER, wiederum zusammen mit BUGENHAGEN und also wohl aus Wittenberg, ein Urteil ab über die vier in Regensburg verglichenen Artikel und über die Verhandlungen dort. – Am 21. Juni war die Gesandtschaft aus Regensburg, die LUTHERS Zustimmung zu den vier verglichenen Artikeln und seine Duldung in den unverglichenen erkunden sollte (WABr 9,434), dorthin zurückgekehrt (ebd 437). FÜRST JOHANN VON ANHALT dürfte also um den 26. und 27. Juni sich in Regensburg befunden haben. FÜRST GEORG (den LUTHER Anfang November für das seit Januar erledigte Naumburger Bistum vorschlug) war aus Dessau gekommen und doch wohl dorthin zurückgekehrt.

Was ergibt sich aus den Predigten selber? Die Marginalie zu 227,26: „Vide librum F (?)" läßt an das Regensburger Buch denken. Das Urteil, von dem der zu Z 28 notierte Satz redet, dürfte vom Kaiser erhofft werden. Zu 226,35 „Gift für Zucker" vgl WABr 9,345,3ff; 375,7ff (März, April). 227,27ff: Wenn wir mit dem Kaiser eins werden könnten ... 227,31: Aber Kaiser und Kammergericht mischen sich ein (das ist längst geschehen!) ... 228,29ff: Wie wir ihrem Anliegen kalt gegenüber stehen, so unserer Lehre. Sie suchen Ausgleich und Kompromiß, aber die Hauptsache sind doch Kutte und Tonsur

Alle diese Bemerkungen lassen das Gelingen eines Ausgleichs der geäußerten Skepsis zum Trotz als wünschenswert erscheinen. Die Predigten blicken nirgends auf eine jüngst vergangene Entscheidung zurück (am 16. Juli weiß LUTHER von der Ablehnung des Regensburger Buchs, WABr 9,474, 20ff; er schreibt am 17. August an LINK über den Ausgang des Reichstags, ebd 495f). Zu 231,30f „Heintz und Meintz": HERZOG HEINRICH VON BRAUNSCHWEIG-WOLFENBÜTTEL und ERZBISCHOF ALBRECHT VON MAINZ werden in den Briefen der ersten Jahreshälfte immer wieder gemeinsam genannt; s auch WA 51,461ff. – 231,37: „Sic Turcae dat successum, victorias": Der allgemeine Plural ist zu beachten. Im September noch weiß LUTHER von FERDINANDS Niederlage, schon im Mai von heranziehenden türkischen Entsatztruppen; WA 51,577ff; Br 9,414,26f u Anm 11; 491.

nung. Verfälschend ist der Zusatz, daß, wer dem Gesetze folge und gute Werke tue, selig werde (226,12ff). Für ein paar Sätze spricht Luther hier vom verführerischen Schein, daß diese Lehre einleuchend sei und recht habe (225,35ff). Verführerisch ist aber der Lohngedanke (der Zusatz), nicht wie in den Operationes die Weisheit des gottlosen Herzens.

Luther will (das gilt besonders für die erste Predigt) die Gegner da angreifen, wo sie am besten sind (225,30ff; 227,17f). Wie weit fallen dagegen die Papisten und Mönche ab, die Gottes Gebote mit Menschengeboten vermischen und heuchlerisch gute Werke lehren, die Gott nicht einmal geboten hat (225,31ff.9f): Gift statt Zukker, Tod statt Leben (226,35). Mit derlei Sätzen kommt die Predigt den Operationes näher, da sie den Eigensinn der Gottlosigkeit in den großartigen Erfindungen des gottlosen Herzens als der Wurzel suchen und bekämpfen und sie nicht in den verfälschenden Gebrauch anderwärts unbestreitbar richtiger Lehre setzen.

Dieser Psalm Davids spricht dafür, daß auch zur Zeit eines solchen Königs die Kirche von Götzendienst nicht verschont war. Die Kirche ist heilig, obgleich der Kehricht der Ungerechten unter sie gemischt ist (227,5f). In diesem Leben ist uns Ruhe noch nicht vergönnt, und zur rechten Kirche gehört, daß sie, in beständigem Umgang mit dem reinen Wort Gottes lebend (227,25f), gottlose und wahre Lehre unterscheidet. Weil Gott im Himmelreich nichts wissen will als die reine Deutung seines Wortes (227,20f), preist der Psalm die, die Lust zum Evangelium haben. Dem Rat der Gottlosen aber ist nicht im Geringsten nachzugeben, keinen Augenblick darf man an das andere Reich denken. Weder das Mönchtum mit seinen Zeichen noch Beschneidung und Opfer haben im Himmelreich ein Recht. Wenn wir mit dem Kaiser eins werden könnten, daß er Gottes Wort von dem seinen unterschiede, so hätten wir ein gewonnenes Spiel (227,27ff). Er müßte die protestierenden Stände nach Leben und Lehre als zuverlässige Stützen seines Regiments schätzen. Nun aber wollen der Kaiser und das Kammergericht[28] nach weltlichen Rechten und den Dekreten der Päpste darüber urteilen, wer Ketzer sei. So sind wir übel dran (227,31ff), da dies eigene Gutdünken Gesetz und Recht heißen soll.

So weit und unbestimmt der Begriff des Wortes Gottes ist, so fraglos sicher wird er im Sinne klarer und verpflichtender Lehre gebraucht. Die Applikation nähert sich der Identifikation, sie bedarf keiner Prüfung und Erörterung (oder die Umstände erlauben keine); so klar sind Recht und Unrecht, so hoffnungslos verhärtet sind die Parteiungen. Eine feine tröstliche Vermahnung zum Wort sollte der Psalm sein – schlagen in dieser Predigt nicht immer wieder Selbstgewißheit und Verzweiflung durch?

---

[28] Siehe LEOPOLD VON RANKE, Deutsche Geschichte im Zeitalter der Reformation, am Ende des 5. und zu Beginn des 6. Buchs; RUDOLF SMEND, Das Reichskammergericht, 1. Teil = Quellen und Studien zur Verfassungsgeschichte in Mittelalter und Neuzeit 4,3 (Weimar 1911). Auch bei anderen Gerichten waren Prozesse anhängig. Den ganzen Umfang des ‚rechtlichen Krieges' darzustellen, war die Absicht von EKKEHART FABIAN; s dessen „Quellenbuch zur Geschichte des ‚rechtlichen Krieges' gegen protestantische Fürsten und Städte 1530–1534" (Tübingen 1961).

Die zweite Predigt formuliert zunächst noch einmal die Sicherheit Luthers und der Seinen, jetzt vom Stichwort „Lust" her. Durch göttliche Gnade haben wir einen Vorgeschmack gewonnen von dem, was das Wort gewährt (228,24f). Lieb und Lust zum Wort schaffen Unlust an den Menschensatzungen, am Gaukelwerk des Papstes. Bei der Gegenpartei verhält sich's umgekehrt: Die Hauptsache bei dem angestrebten Vergleich sind ihnen die Zeremonien, sie sind kalt gegen unsere Lehre. Denn sie haben das Wort, aber nicht Lust und Wohlgefallen dazu.

Bisher ließ die Gewißheit des Wortes die verführerische Kraft des Scheins nicht zur Geltung kommen. Mit den Bildern und Vergleichen von Vers 3 und 4 ändert sich dies: Das Gegenteil von dem, was die Bilder malen, liegt vor Augen. Gegenwärtig sind die Gegner der Baum, wir die Spreu. Aber es war schon öfters nötig in der Geschichte der Kirche, die rechten Augen zu haben. Alles sind Worte, die Geist und Glauben erfordern, wie es wieder heißt (230,26; 231,7.30). Dazu sagt Luther: Auch heute sind der Einsichtigen genug (231,36). Und: Glauben die Evangelischen nicht, so sind sie auch Spreu (230,26f).

Die Palme behauptet sich aus der Kraft des heiligen Geistes (Die vielgerühmte Eigenschaft des Palmbaums, sich erst unter der Last ganz aufzurichten, scheint Luther auf die Anfechtung gebracht zu haben). Auch anderes zeigt die übernatürliche Art dieses Baumes an; damit kommt die Predigt auf Früchte und Blätter, Werke und Worte, zu sprechen. Ein Gerechter und Frommer müßte vorleben, was er nachher lehrt. Noch einmal kehrt etwas von der Selbstkritik früherer Jahre wieder: Es ist zu beklagen, daß die Eigenen bis zu den Führern hinauf es am Tun fehlen lassen. Ein Wäscher (Schwätzer), der nichts getan oder durchlitten hat, gleicht einem Feigenbaum mit prächtigen Blättern, doch ohne Frucht: Er predigt ohne Kraft (229,28f). Indes sollten unsere Predigten doch Leben sein, denn Gottes Wort ist das ewige Leben (230,4f). Die Gegner glänzen mit äußerem Schein; kein Minorit predigt in Samtmantel und roten Hosen (229,34ff).

Was bleibt als die Hoffnung auf Gottes Gericht und die Bitte, daß es bald kommen möge (232,40)? Ja man muß nur das Wort Gottes predigen, so scheidet sich alles von selbst (231,9ff zu V 5). Die Pharisäer, Sadduzäer, der Papst machen sich davon. Die Lust ihres Herzens zieht sie fort; sie vermögen es nicht, Gotteswort und Menschenwort auseinanderzuhalten. So gehören sie auch nicht zur Gemeinschaft der Heiligen und stehen nicht im Amt. Der Papst und seine Parteigänger haben sich durch ihre gottlose Lehre von der Kirche geschieden (231,20ff). Sind sie der äußersten Ungnade verfallen, so stehen wir in höchster Gnade – auch wenn beides nicht in Erscheinung tritt (231,30ff). Predigen wir also fleißig Gottes Wort, damit der Vordersatz von Vers 2 wahr sei: „hat Lust zum Gesetz des Herrn"! Wir können dann auch des Folgesatzes Vers 6 gewiß werden: „so will er uns auch lieb haben" (232,37f).

Auch zur Zeit der Operationes war Luther davon überzeugt, daß es nur wenige Fromme und Gerechte gäbe, im Grunde nur einen[29]. Wie selbstverständlich sicher

---

[29] 45,17ff (36,15ff).

lebte er damals trotz aller Kritik im Verbande der Kirche. Bewegte ihn die Frage, was zu tun sei? In den Operationes finden sich nur Sätze wie dieser: Non est sine damnatione meditatio, nisi prior sit voluntas; amor ipse per se docebit meditari. Verum haec voluntas desperatis nobis de viribus nostris per humilem in Christo fidem de caelo (ut dixi) petenda est[30]. Das „uns" bezog er dabei zu allererst auf sich selbst, dann ging die Beziehung ziemlich unvermittelt in unbestimmte Weite. Parteiungen und gar Verantwortung für Schwächen der eigenen Partei gab es noch nicht.

Die Aussichtslosigkeit der Vermittlungsversuche, so wird man im Rückblick auf die Predigt von 1541 sagen müssen, hat Luther richtig eingeschätzt. Es fehlte den Vermittlern an kirchlichem Rückhalt, es fand sich zu viel Widerstand besonders auf seiten der Gegenpartei, der sich nun bildenden römisch-katholischen Konfessionskirche. In den schwierigsten Punkten – Sakramente, Amtsfragen, Kirche – war der Ausgleich nicht ermittelt und im Augenblick, wie Luther sah, in der Tat kaum herzustellen. Waren für diese Artikel Lehrverhandlungen überhaupt das richtige Mittel? Aber unser Gegenstand waren nicht all die Bemühungen und Vorgänge, für die der Titel „Regensburger Buch" steht. Beatus vir, qui non abiit . . .

---

[30] 44,18ff (35,24ff).

SPES EXERCENS CONSCIENTIAM

Sprache und Affekt in Luthers Auslegung des 6. Psalms
in den Operationes in psalmos

von

Ursula Stock

Der Zusammenhang zwischen Rechtfertigungsgeschehen und Eigenart der Sprache des Psalters, Anrede an Gott und Lobgesang in einem zu sein, wird im Schlußabschnitt der dem Kurfürsten Friedrich von Sachsen gewidmeten Vorrede Luthers zu den Operationes in psalmos in einer affektiv und sprachlich sehr eindrucksvollen Weise zum Ausdruck gebracht: „Non enim nostrae opis est legem dei implere aut Christum imitari, sed orare et desiderare, ut faciamus et imitemur; ubi vero impetravimus, laudare et gratias agere. At quid aliud est psalterium quam oratio et laus dei, hoc est, liber hymnorum?"[1] Dem hohen Ton dieser einleitenden Sätze, die gleichsam mit Christus im Himmel gesprochen sind, steht nicht zufällig gegenüber der gleich anschließend gegebene sehr irdische Hinweis auf die Not derer, die noch nicht beten können, ja, die sogar noch nicht einmal recht zu reden gelernt haben (Röm 8,26)[2]. Pädagogen werden ihre Freude haben an der hier als Gleichnis gebrauchten Beschreibung ihres Tuns: „Itaque optimus spiritus dei, pupillorum pater et infantium magister, cum videat nos nescire, quid aut quomodo orare oporteat, ut Apostolus dicit ⟨Rom 8,26⟩, adiuturus infirmitates nostras, more paedagogorum, qui pueris concipiunt epistolas vel oratiunculas, quas ad

---

[1] LUTHERS Operationes in psalmos werden im folgenden zitiert nach der Neuausgabe im Archiv zur Weimarer Ausgabe der Werke Martin Luthers Bd 2: Martin Luther, Operationes in psalmos Teil 2, hg v GERHARD HAMMER, MANFRED BIERSACK u a (Köln, Wien 1981) ohne weitere Angabe nur mit Seiten und Zeilen bzw Anmerkungen. Die Entsprechungen in WA 5 stehen jeweils in Klammern dahinter. – 15,2–6; 62,6–10 (23,23–26; 46,13–16). – Für die Genese der reformatorischen Theologie LUTHERS in Verbindung mit seiner Schriftauslegung seit der ersten Psalmenvorlesung und mit Hilfe AUGUSTINS, nach dem großen Selbstzeugnis von 1545 zu Beginn der Operationes in psalmos ungefähr abgeschlossen, vgl GERHARD EBELING, Lutherstudien 1 (Tübingen 1971) 3ff; RGG³ 4,199ff: „Dieses Fragen nach der Methode meinte die Sache selbst: das Wirken des Hl Geistes und damit den Vollzug des heilschaffenden opus Dei". Für das Moment des Gebets vgl RUDOLF HERMANN, Das Verhältnis von Rechtfertigung und Gebet nach Luthers Auslegung von Röm 3, in: ZSTh 3 (1926) 603–647.

[2] Vgl die Bewegung vom Himmel zur Erde in der bald folgenden Freiheitsschrift LUTHERS: „durch den glauben feret er uber sich yn gott, auß gott feret er widder unter sich durch die liebe" (WA 7,38,8f). Mit einer zeitlichen und sachlichen Nähe dieser Schrift zu den Operationes in psalmos rechnet WILHELM MAURER, Wissenschaftliche Theologie und volkstümliche Erbauung, in ihrem gegenseitigen Verhältnis dargestellt anhand des Freiheitstraktates, in: Von der Freiheit eines Christenmenschen. Zwei Untersuchungen zu Luthers Reformationsschriften 1520/21 (Göttingen 1949) 7–79.

parentes scribant, ita nobis et verba et affectus praeparat hoc libro, quibus patrem caelestem alloquamur et oremus de iis, quae in reliquis libris facienda et imitanda esse docuerat, ne quid homo desiderare possit, quo ei ad salutem suam opus esset"[3]. Verglichen mit ähnlich lautenden, vom biblischen Humanismus bestimmten Beschreibungen des Inhalts der biblischen Schriften, im besonderen des Psalters[4], fällt auf, daß Luther nicht nur die Kraft der himmlischen Gabe dankbar und rühmend hervorhebt, sondern im Sinne seiner Kreuzestheologie Armut und Schwachheit des irdischen Menschen und das Elend der auf Gott angewiesenen Waisen mit biblisch-alttestamentlichem Sprachklang andeutet[5].

Eine sehr lehrreiche Ausführung zum Gedanken des Unterrichts in der durch die Psalmen vermittelten Sprache des Gebets, da wo der Mensch am meisten hilfreicher Unterweisung bedarf, am äußersten Ort der kämpfenden Hoffnung, die um Glaube und Zuversicht zu Gott ringt, gibt der 6. Psalm: „Hoc sexto psalmo tandem extremo et perfecto agone cum morte et inferno certatur, ... ubi nemo audit, videt, sentit, nisi spiritus, qui gemitibus inenarrabilibus postulat pro sanctis ⟨Rom 8,26b⟩ ac cum ipso quodammodo deo certat; neque nomen potest huic dari nec nisi experto cognita fieri, de qua iam videamus"[6]. Diesem biblischen „Unterricht der Hoffnung" für besonders schwer Angefochtene wollen wir im folgenden ein wenig nachgehen, auf den Spuren der Frage nach der theologischen Eigenart der Operationes in psalmos. Irdisches Leiden, nicht durch idealisierende Sicht verklärt, Angst einer Seele, die es lernt, sich in allen seelischen und körperlichen Tiefenschichten anzunehmen, gegen theoretisierende Einwände einer autoritätsbeflissenen theologischen ratio in der Erfahrung auszuhalten und sich den Zuspruch der göttlichen Verheißung persönlich zueigen zu machen: Können wir darin eine Bestätigung für das Vorhandensein einer „empirischen Tendenz" in der Affektlehre des Humanismus und der Reformation sehen, die hier in der Auslegung eines alttestamentlichen Textes im Gegenüber zum göttlichen Verheißungswort gleichsam in der Praxis durchgekämpft wird?[6a]

Wenden wir uns zunächst dem Aufbau des biblischen Psalms zu, so wie ihn Luther verdeutlicht. Das Augenmerk wird sich dabei besonders auf die in diesem

---

[3] 15,6–12 (23,26–33). Umgangsformen zwischen Kindern und Erwachsenen finden sich zB in den Colloquia familiaria des ERASMUS.

[4] Die Vorrede MELANCHTHONS schließt ebenfalls mit einem Lob des Psalters und rühmt mit deutlicher Abgrenzung von REUCHLIN und PICO DELLA MIRANDOLA die Andersartigkeit der biblischen Psalmen gegenüber dem antik-heidnischen Gegenbild der Orpheushymnen (22,7ff / 25,9ff); s auch die in Anm 31 erwähnte Paraclesis des ERASMUS, in: Erasmus von Rotterdam, Ausgewählte Schriften, hg v WERNER WELZIG, 3 (Darmstadt 1967) 6, sowie die Psalmenvorrede des JOHANNES FRONDINUS zu einer in Leipzig 1511 in Druck gegebenen Psalterausgabe; vgl G EBELING, AaO 1,73 Anm 16. Zum Sinn der Bezeichnung „biblischer Humanismus" auch im Blick auf LUTHERS eigene Schriftauslegung s zuletzt HELMAR JUNGHANS in: Luther 53 (1982) 1–9. In dieser Hinsicht vgl zB „palaestra affectuum" (62,9 / 46,15).

[5] Ps 9b,14c Vg: „tibi derelictus est pauper, orfano tu eras adiutor". Ähnlich stellt LUTHER den allzu großen Erwartungen seines Freundes CHRISTOPH SCHEURL mit einem Hinweis auf Ps 40,2 Vg das Bild des wahren Christen gegenüber: „Beatus qui intelligit" (non super doctum, eruditum, sanctum, firmatum, sed) „super egenum et pauperem" (WABr 1,87,45ff vom 27. Januar 1517).

[6] 364,26–32 (202,22–28).

[6a] Siehe Anm 8.

Psalm im Mittelpunkt stehenden Affekte des Leidens und der sich allmählich stabilisierenden Zuversicht richten. Theologische Akzente der Auslegung des Jahres 1519 sollen anschließend im Rückblick auf Luthers eigene frühere Bemühungen um das Verständnis dieses Psalms näher in den Blick genommen werden. Welche Hilfen für eine theologische Besinnung einschließlich praktischer Aspekte enthält diese Art der Psalmenexegese? Das soll im Schlußteil an der seelsorgerlich intensiven Auslegung des 10. Verses verdeutlicht werden.

I.

In der Erläuterung des Titulus gibt Luther eine genaue Bestimmung des begleitenden Instruments, des Psalminhalts und der Person des Sprechers, dem diese Worte u a durch die kirchliche Liturgie in den Mund gelegt werden: Im Officium defunctorum sind es die im Fegfeuer Leidenden, nach der an Faber Stapulensis angelehnten Auslegung Luthers ist es zunächst Christus selbst, dann die besonders von Gott erwählten Glaubenden, die schon in diesem Leben von der Anfechtung des Fegfeuers, Todesschrecken und Höllenangst heimgesucht werden[7].

In den Versen 2 bis 8 werden nun eine Reihe von Kennzeichen der großen Anfechtung dargestellt. Schrecken und Furcht vor dem Zorngericht Gottes (V 2). Wer von diesen Leiden betroffen wird, soll nur zu Gott selbst fliehen, der ihm zürnt. Er bekennt sich dazu, daß es ihm aus inneren Gründen, einer geistlichen, nicht nur einer leiblichen Schwäche wegen nicht möglich ist, dieser Anfechtung standzuhalten (V 3a). Auch die Gliedmaßen des Körpers zittern vor Angst und Schrecken; die fünf Sinne werden in Mitleidenschaft gezogen (V 3b.4a).

Der 4. Vers beklagt den langen Aufschub der Hilfe, schwer zu ertragen in solchen Augenblicken. Ebenso gehen Momente himmlischen Entzückens über das Fassungsvermögen der menschlichen Natur hinaus. Der 5. und 6. Vers bekennen ein weiteres Mal Verderben und Verdammnis der Seele vor Gott und rufen ihn um Errettung an.

Im 7. und 8. Vers werden die Leiden hyperbolisch ausgemalt in einer Darstellung des „Tränenwerks" und einer großen Traurigkeit, die das gesamte Erscheinungsbild des Menschen verändert hatte, ähnlich einem plötzlichen Ergrauen und Altwerden, hier gewirkt vom Druck der Todes- und Höllenanfechtung. Das Empfinden des göttlichen Zornes verzehrt den Menschen und läßt ihn dahinschwinden, so wie David in seinem Alter nicht mehr warmwerden konnte. Luther schließt diese Beschreibung mit den Worten: „Ita habemus horribilem hanc tentationem suis sig-

---
[7] S auch HORST BEINTKER, Die Überwindung der Anfechtung bei Luther. Eine Studie zu seiner Theologie nach den Operationes in Psalmos 1519–21 (Berlin 1954) 89–93, sowie die im Apparat zur Stelle AWA 2,362 genannte Literatur, besonders HANS CHRISTIAN KNUTH, Zur Auslegungsgeschichte von Psalm 6 = BGE 11 (Tübingen 1971) 209ff.

nis, affectibus, consiliis descriptam. Nunc sequitur consolatio et reductus ille a morte et inferno".

Im zweiten Teil (V 9–11) geht es um die Herausführung aus der Hölle, dh Aufrichtung und Stabilisierung von Hoffnung und Vertrauen, während sich der Angefochtene gleichzeitig von der Gruppe der ihn bedrängenden operarii iniquitatis wieder losringt, unter Stöhnen und Seufzen und mit heftiger Polemik. In V 9 fährt er im seelsorgerlichen Eifer der Liebe die Gegner an und befiehlt ihnen zu weichen, weil der Herr ihn erhört hat. Der 10. Vers wiederholt diese Erhörungsaussage, die zugleich einschärfendes Bekenntnis zur Barmherzigkeit Gottes, Selbstermahnung zur Hoffnung und gewisse Erwartung ist, in einer Doppelformulierung. So wird die Gewißheitsbehauptung verstärkt. Sie mündet V 11 aus in den Wunsch, auch die Gegner mögen, durch eigene Erfahrung vergleichbarer Anfechtung belehrt, zur Einsicht kommen.

Wie besonders dieser letzte Teil zeigt, läßt sich der Psalm im Durchgang durch die einzelnen, jeweils in unterschiedlicher Weise vom Affekt bestimmten Verse im Sinne Luthers auch als ganzer als ein vom Affekt charakterisiertes Geschehen beschreiben[8]. Der Höhepunkt liegt zweifellos in V 10, im Übergang von der Klageanrufung des ersten Teils zur kämpfenden Hoffnung, von den „verba spei patientis et laborantis ac paene occumbentis" zu den „verba spei exercentis et exhortantis conscientiam ac iam praevalescentis"[8a].

Bevor wir diesen Vers und die Eigenart dieser im Kampf behaupteten Gewißheit näher zu betrachten versuchen, soll noch zur Fundierung des historischen Textverständnisses ein Vergleich mit der früheren Auslegung des 6. Psalms in den Dictata super Psalterium 1513–15 und in den Sieben Bußpsalmen von 1517 einbezogen werden.

II.

Die Auslegung des 6. Psalms in der *1. Psalmenvorlesung* Luthers steht, wie das Summarium des gedruckten Psalmtextes anzeigt, ganz im Zeichen der christo-

---

[8] Die exegetische Wahrnehmung der im Psalm erwähnten Affekte und der ihnen zugeordneten rhetorischen termini kann hier als Ausdruck einer empirischen Tendenz in Anspruch genommen werden. Vgl KARL-HEINZ ZUR MÜHLEN, Artikel „Affekt II", in: TRE 1 (1977) 610: „Wurde im Mittelalter die Affekt-Lehre primär im Rahmen einer metaphysischen Psychologie gedacht, so verschiebt sich im 16. Jh in der Philosophie des Humanismus wie der Theologie der Reformation das Interesse mehr auf eine empirisch beschreibende Psychologie der Affekte". Der theologische Skopus wird dabei wie folgt charakterisiert: „So sehr es der reformatorischen Theologie bei dieser Affekt-Anschauung um die empirisch zu beschreibenden Affekte geht, so sehr bindet sie doch das Urteil über die die Affekte bestimmende Macht an das Urteil des Glaubens. Im Glauben an das Treueversprechen Gottes (promissio) wird das Vertrauen zum Grundaffekt des Menschen, mit dem als Früchte des Glaubens die Affekte von Liebe und Hoffnung gleichursprünglich verbunden sind". Im Unterschied zu dieser mehr systematischen Formulierung wird uns im folgenden in LUTHERS Exegese des Psalms das seelsorgerlich-praktische Interesse am Kampf der Hoffnung in Verbindung mit einer christologischen assertio in V 10 bewegen. Das urteilende Moment kommt dabei in einer Auseinandersetzung um die gute oder schlechte Meinung von Gott zur Wirkung.

[8a] 387,1–3 (215,13–15).

logischen Auslegung auf den am Kreuz zum Vater sich wendenden Christus, der die Strafen für die Seinen leidet[9]. Dabei können sich zugleich in seinen Gebetsworten die Glieder seines Leibes mithören, für die er betet[10], in einer Verbindung von allegorischer und mystischer (tropologischer) Auslegung auf die anima fidelis[11]. Zugrunde liegt jedoch bereits hier mit Lyra und Reuchlin der von Luther schon für den Druck erstellte „hebräische" Texttyp, kenntlich vor allem an der Übersetzung „Ad victoriam" im Titulus und an der primär grammatisch-literalen Auslegung des im Titel für diese prophetische Weissagung Davids genannten Musikinstruments, der „octava", auf ein Achtsaiteninstrument[12].

In den *Sieben Bußpsalmen* liegt uns eine auf derselben biblisch-exegetischen Grundlage vorgenommene Übersetzung des Psalms ins Deutsche vor, unter dem seelsorgerlichen Gedanken, daß Christus die Christen das Beten lehrt. Not und Anfechtung, der Gegensatz zur Frömmigkeit der Klugen und Heiligen und dem Schein ihrer Werke (Mt 11,25), das Gebet einer geistarmen Seele, die nichts hat außer Gott – „Auch den selben nit anders, dan ym glauben"[13] – stehen dabei im Mittelpunkt und haben die in den Dictata noch vorherrschende trinitarisch-christologische Auslegung zurücktreten lassen zugunsten der Person des Sünders[14], des angefochtenen Christen, der es lernen soll, zu Gott zu laufen[15]. Der Ton der deutschen Erbauungsschriften bestimmt diese Auslegung[16].

Die Welt der *Operationes in psalmos*, in die wir nun geführt werden, ist demgegenüber wieder die der fortgesetzten Bemühung um wissenschaftlich fundierte literale Exegese, Hand in Hand gehend mit ausdrücklicher Kritik der Auslegungstradition und, worin ein neuer Zug zu erblicken ist, verschiedentlich eingelegten Exkursen kräftiger Polemik gegen scholastische Distinktionen, die dem Erfahrungsgehalt des Textes nicht gerecht werden. Leidenschaftliche Kritik der Verdienstlehre und Rückblick auf den Beginn des Ablaßstreits zeigen den zeitgeschichtlichen Bezug dieser Polemik. So hört Luther nun aus eigener Erfahrung seines Lehramts und seiner kirchlichen Verantwortung die affektiven Töne des Psalms wesentlich stärker thematisch und auf seine Gegenwart bezogen, gibt ihnen mehr Raum als früher, im Zusammenhang mit seiner eigenen Polemik und der in den kirchlichen Auseinandersetzungen herangereiften Wahrheitserkenntnis. Der Anfechtungspsalm bringt es dennoch mit sich, daß es sich hier um eine Gewißheit handelt, die sich in Leiden und Klagen durch einen dramatischen inneren Kampf

---

[9] WA 55 I 38,3–6.13–15.
[10] Ebd 15f.
[11] Ebd 11f. Zur Auslegung des Titulus in den Dictata s H Chr Knuth, AaO 157ff; zum Summarium ebd 136ff.
[12] WA 55 I 38,7f. Zur hebräischen Form der Psalmentituli siehe G Ebeling, AaO 90ff.
[13] WA 1,158,22–166,12; 165,23f; 175,18–22.
[14] WA 1,159,32f.
[15] Ebd 16f.
[16] In dieser Zeit beruft sich Luther gern auf Johannes Tauler und die „Deutsche Theologie", empfiehlt des weiteren die Erbauungsschriften Johanns von Staupitz. Zur Auswirkung dieser Vorgänger auf das Genus seiner Erbauungsschriften von 1519 s Ursula Stock, Die Bedeutung der Sakramente in Luthers Sermonen von 1519 = SHCT 27 (Leiden 1982) 87ff.

erst allmählich durchringt, auch physisch bis an die äußerste Grenze der Verzweiflung hin angespannt.

Die Unterschiede, die sich dabei zur vorangegangenen Auslegung ergeben haben, seien hier nun kurz dargestellt, unter den Gesichtspunkten:
a) Zunahme literaler Auslegung;
b) veränderte christologische Auslegung, auf die Extremsituation des angefochtenen Glaubenden bezogen;
c) polemische Auslegung im theologischen Streit um die Barmherzigkeit Gottes.

a) Im Titulus V 1 ist das Instrument, die „octava", genauer bestimmt mit Hilfe weiterer alttestamentlicher Stellen, die sich schon in der Psalmenauslegung Augustins finden[17]: Der „octava cithara", deren Resonanzboden unter den Saiten liegt und die deshalb von unten her klingt, steht gegenüber das zehnsaitige „psalterium" mit dem Resonanzboden im oberen Teil des Instruments: für Luther ein Ausdruck der beiden sacramenta von Kreuz und Auferstehung Christi, auf den Glaubenden bezogen mortificatio carnis und vivificatio spiritus.

Auch Augustin sah in der „octava" ein Abbild der irdisch-leiblichen Natur des Menschen, durch die er Leiden und Anfechtungen ausgesetzt ist. Er soll jedoch wie Hiob auch im Leiden noch dem Schöpfer zugewandt bleiben und Geduld lernen. Das „psalterium" kennzeichnet die aktive Seite, gleichsam die himmlische Geistnatur des Menschen, die er mit den Engeln teilt; so hat er Anteil an der vom Himmel gegebenen Offenbarung der zehn Gebote, der vollkommenen Lehre der Gottes- und Nächstenliebe. Auf die „Achtsaitige" im Titel des 6. Psalms geht Augustin nicht ein, sieht hier vielmehr den „achten Tag" des Jüngsten Gerichts nach Vollendung der Weltzeit angedeutet[18].

Gegenüber dieser allegorischen Deutung hält sich Luther schlicht an den historisch-grammatischen Sinn und vertieft dabei mit dem Hinweis auf die Eigenart des Achtsaiteninstruments das Bild des irdischen Leidens theologisch zum Erleiden des „opus domini", der allerschwersten Anfechtung des Kreuzes und der abnegatio, die der Glaubende wie die biblische Kanaanäerin als schwerste Glaubensanfechtung und Purgatorium schon in diesem Leben erfahren kann[19].

In V 2 bezieht Luther wie in den Dictata „ira" und „furor" bereits auf die Gegenwart, so auch Lyra im literalen Teil. Anders Augustin, der beides auf das künftige Gericht deutet. Hieronymus vertritt demgegenüber einen „pädagogischen" Auslegungstyp, der die Buße als Erziehung und Besserung durch die väterliche Liebe Gottes versteht. Luther deutet demgegenüber christologisch auf das Gebetsringen Christi am Kreuz, daß sein Leiden nicht Zorn sei, sondern Liebe des Vaters (suavitas), und daß er den Vater darin erkenne. Dieses Gebet wurde erhört,

---

[17] Vgl CChr 38,250,10ff; 477,15ff zu Ps 32,2 und 42,4 (Vg); Luthers Auslegung in den Operationes 359,7ff; 360,17ff (199,25ff; 200,12ff).

[18] CChr 38,27,2ff.

[19] 359,6ff; 362,18f; 363,6ff (199,22ff; 201,12f.20ff). Zum Folgenden s immer den Apparat zSt in AWA 2 und WA 55 I und II.

und so wurde sein Leiden fruchtbar zur Erlösung der Welt. Anders als in der ersten Auslegung sieht Luther in der zweiten in den beiden Vershälften nicht mehr eine Tautologie „propter vehementiam affectus"[20], sondern, abgelesen am irdischen Vorgang der Abfolge von Gerichtsurteil und Strafe oder parallel an entsprechenden Vorgängen in der Kindererziehung eine reale Folge: Das als schuldig überführte Gewissen fürchtet alsbald die ihm drohende Verdammnis[21].

An dieser Stelle fügt Luther nun einen höchst polemischen Exkurs ein, gegen scholastische Versuche, dieses Geschehen, von dem der Psalmist spricht, mit Distinktionen zu bewältigen, als gebe es einen in der Reflexion anzusetzenden Übergang zwischen timor servilis und Liebe zu Gott. Mit dem „simul" von servilissimus timor und ardentissima caritas ist vielmehr die existentielle Situation umschrieben, in die der Angefochtene sich gestellt sieht: „Latet caritas incomprehensibili profunditate, apparet servilis timor intolerabili vi"[22]. Allein die Seufzer des Geistes sind im folgenden noch zu hören, mit Indizien der schweren Anfechtung, die der Psalmist unter der Drohung des Zornes Gottes empfindet.

Hiermit lenkt die Operationesauslegung de facto ein in eine schon in den Dictata sich findende Reihe von Kennzeichen der Anfechtung, die sich über die Verse 2 bis 8 hinziehen (s o S 231f). In der ersten Auslegung sind sie christologisch bezogen auf die Umstände, die das Strafleiden Christi schwer machen. Auch hier sind sie bereits als Affektausdruck verstanden (aggravantia affectuum)[23], jedoch dem Umfang und Gewicht nach weniger ausgeführt. Im Mittelpunkt steht in den Dictata das biblische Bild eines noch stark mit den Zügen spätmittelalterlicher Passionsfrömmigkeit gezeichneten Christus und seines Kampfes um den Glauben derer, die im biblischen Evangelium seine Umgebung bilden[24]. Die Psalmauslegung der Operationes läßt demgegenüber mit gleichem Gewicht den die Glaubensanfechtung erleidenden Christen die Worte der Gebetsanrufung sprechen. Bevor wir die dadurch eingetretenen Unterschiede in der Berufung auf die Christusverheißung ein wenig nachzeichnen, muß hier zum Abschluß des ersten Gesichtspunkts, Verstärkung der grammatisch-literalen Exegese, noch auf eine Veränderung in der Auslegung der Verse 3 bis 4a eingegangen werden.

Unter dem Vorzeichen der christologischen Auslegung sieht Luther in den drei sprachlich zusammengehörenden Halbversen einen Ausdruck der Passionsklage Christi. „Infirmitas": Schwachheit des Leidenden, der sich nicht selber helfen kann; Christus verbarg damals seine Stärke[25]. „Conturbata sunt ossa mea": Hierin sieht Luther an dieser Stelle mit Hilfe des Bildes von den leiblichen Gebeinen in übertragener Bedeutung die Kraft und Stärke der Seele, die in der Schwachheit und Leidensfähigkeit der Affekte gleichsam selber eine fleischliche verletzliche Seite

---

[20] WA 55 I 40,1–3.11–18; 42,15f; 55 II 91,9–13.
[21] 366,7–9 (203,10–12).
[22] 307,4f (203,27f).
[23] WA 55 I 38,17; 55 II 91,14ff; AWA 2,367,6f (203,31f).
[24] WA 55 I 39,40–41,44. Zum Bild Christi in den Dictata s u S 236–239.
[25] WA 55 I 42,17.

hat[26]. „Anima mea turbata est valde": Dieser Halbvers 4a ist in der ersten Auslegung mit Mk 14,34 (= Mt 26,38) erläutert mit der Gethsemaneklage „tristis usque ad mortem"; die Seele leidet nun auch selber unter diesen Ereignissen und ist in sich selbst erschüttert[27]. Der Leidensaffekt Christi bestimmt den Ton im ganzen durch die drei Halbverse. Demgegenüber geht die Auslegung der Operationes nun mehr ins Einzelne: Anläßlich der Näherbestimmung der „ossa" in V 3b entscheidet Luther sich diesmal in ausdrücklicher Auseinandersetzung mit der Väterexegese für ein grammatisches Verständnis, und zwar nicht nur wie in seiner ersten Auslegung im übertragenen Sinne: Es sind wirklich die leiblichen Gebeine, die in dieser Anfechtung von Zuständen des Erschreckens und angstvoller Gespanntheit heimgesucht werden, wie wir Menschen das an Sterbenden sehen können. Auf diese Art muß der Mensch ins äußerste Erleiden der Hand Gottes hinein und die mortificatio seines Fleisches an sich selbst vollziehen lassen. Das Wesen dieser Anfechtung ist es, daß sie trotz und gerade in diesem leiblichen Betroffensein geistlicher Art ist. Der Mensch soll nach der Gottesliebe dürsten und zur Anrufung der Barmherzigkeit und des von Gott geschenkten Lebens erweckt werden[28]. So ist die Realität dieser äußersten Anfechtung ausgedrückt. Die allegorische Deutung der „ossa" auf die höheren Seelen- und Geisteskräfte bei den Vätern (Hieronymus, Augustin) lehnt Luther daher ab. Dieser Aspekt des Leidens ist schon in V 3a zur Geltung gebracht (infirmitas). So gelingt ihm (mit Lyra und Reuchlin) eine wirkliche Literalexegese, die zugleich anthropologisch den einzelnen Halbversen mehr an Erfahrungsperspektiven abgewinnt. Die enge Verbundenheit von Geist (Herz, affectiones animi) und Leib in Freude und Schrecken bringt er mit Hilfe der grammatischen Deutung der „ossa" zum Ausdruck. So ergeben sich Erfahrungsbestätigungen der biblischen Aussagen, und die Exegese wird lebendig und farbkräftig[29]. Auch der anschließende V 4a („anima") wird nun genauer durchstrukturiert. Es handelt sich um die anima sensitiva, die in sinnlichen Erfahrungen leidende Seele, die ebenso wie spiritus und corpus in allen Dimensionen mitbetroffen ist. Luther verdeutlicht dies an allen Sinneserfahrungen (Sehen, Hören, Geschmack, alles, wonach die Hände tasten, Geruchswahrnehmung): Nichts bleibt von dieser Bitterkeit der Todesanfechtung verschont[30]. Luthers Interesse ist hier, wie die abschließende Erwähnung von 1Thess 5,23 zeigt, ausdrücklich am „ganzen Menschen" interessiert[31].

b) Verschiebungen in der christologischen Auslegung sollen im folgenden schwerpunktartig vor allem an den mittleren Versen des Psalms aufgewiesen werden.

---

[26] Ebd 18–20.
[27] WA 55 II 91,25–27.
[28] 371,15–373,5 (206,12–207,9).
[29] 371,7–14; 373,6–13 (206,4–12; 207,10–17). Vgl H CHR KNUTH, AaO 235f: „Grundlegende psychosomatische Erkenntnisse formuliert er hier in bestechender Prägnanz".
[30] 373,19–374,4 (207,23–32).
[31] 373,7–15 (207,34–208,3). Zu 1Thess 5,23 s WILFRIED JOEST, Ontologie der Person bei Luther (Göttingen 1967) 163–187; KARL-HEINZ ZUR MÜHLEN, Reformatorische Vernunftkritik und neuzeitliches Denken = BHTh 59 (Tübingen 1979) 89.

Wie wir bereits angedeutet haben, steht die Psalmauslegung in den *Dictata super psalterium* ganz im Zeichen der Gebetsanrede Christi an den Vater. Dem entspricht sprachlich die Form der Interlinearglosse, die durchgehend den in der 1. Person redenden Christus in einem sehr intensiv geführten Dialog sich an das „Du" des Vaters wenden läßt (vgl besonders das Gebetsringen in V 2 um Zorn und Barmherzigkeit: „ostende te, quod sit non ira ista mei tua percussio"). Die Randglosse bringt ergänzend dazu theologische Sachmeditationen für den Gläubigen nach Art tropologischer Exegese. Das Scholion wiederholt beides verbreitend und um Verständlichkeit bemüht, mit Einschub deutscher Wendungen und biblischer Redemomente, um die Tonart des jeweiligen Verses zu verdeutlichen.

Die christologisch formulierte Gebetsanrede wird nach den Klagerufen der Verse 3f wieder aufgenommen in V 5f mit einer Anrufung Gottes durch den am Kreuz von Gott verlassenen Christus, der nach drei Tagen aus Tod und Hölle wieder auferweckt werden wird („non relinquens in inferno" Ps 15,10 Vg = Apg 13,35). Das „propter misericordiam tuam" wird hier Anlaß für Luther, gegenüber der Tradition einen kräftigen personalen Akzent zu setzen: Wurde hier bereits gegen die merita abgegrenzt (Augustin, Cassiodor), so geht Luther weiter, indem er positiv mit dem Sprachmodus der Gebetsanrede die Barmherzigkeit selber zum Mittelpunkt macht („tanquam propter finem"). Daß sie erkannt werde und Menschen befreie, dankbar in der Welt verkündigt werde, ist Ziel und Inhalt der Gebetsanrufung. Der nächste Vers geht darin noch einen Schritt weiter, indem er Gott mit dem beschwörenden Argument unter Druck setzt, daß in der Hölle doch die Barmherzigkeit nicht gelobt, sondern nur gelästert werden kann, Gott also um Lob und Ehre seines Namens gebracht wird[32]. Nachdem Luther diesen Gedanken im Scholion noch einmal wiederholt hat – Gott will coram aliis gepriesen werden –, fügt er eine Bemerkung des staunenden Nachdenkens hinzu: Die Heiligen fürchten mehr die Lästerung Gottes als die Hölle, so wie einer bat, selbst wenn er verdammt würde, möge er doch nicht aufhören, Gott zu loben. So hilft der Psalm, die rechte Gebetssprache zu lernen (nicht, „daß ich nicht in der Hölle sei", sondern „daß deiner nicht gedacht werde", wie es in der Hölle geschieht; nicht weil es die Hölle ist, sondern weil dort kein Lob Gottes ist). Damit hat Luther zum letzten Ziel des Gottesverhältnisses – und damit auch des theologischen Nachdenkens – das Bekenntnis zur göttlichen Barmherzigkeit und ihr Lob in der Welt gemacht[33]. Das bedeutet dann gleichzeitig den Wunsch, in dieser dialogischen Beziehung im Gedanken an alle „Stationen" mit Christus unter allen Umständen bleiben zu wollen.

In der Auslegung der *Sieben Bußpsalmen* von 1517 vertieft Luther das Verständnis dieser Verse biblisch mit dem Hinweis auf das Klage- und Dankgebet Hiskias Jes 38,10ff und eine Reihe anderer Stellen des Alten Testaments, in denen

---

[32] WA 55 I 42,8–13.24–28.
[33] WA 55 II 91,30–92,9: ideo non dicit hic: Ne sim in inferno, sed ne non ‚sit memor' eius, quod fit in inferno. Et non ideo petit non in infernum venire, quia infernus est, sed quia non est ibi laus dei (6–8).

Gottes Lob zur Überwindung von Leiden, Tod und Hölle bezeugt wird[34]. Darunter findet sich auch die Stelle Hhld 8,6: „das die libe gottis starck ist wie der todt und feste wie die hell, darumb das sie bleybt auch yn todlicher unnd hellischer peyn"[35].

In den *Operationes* zieht Luther demgegenüber die Wahrheit der Textaussage in diesen beiden Versen noch tiefer in die irdische Erfahrung hinein, die er aus den Texten erschließt, den Kennzeichen des Psalms über die letzte und schwerste Todesanfechtung entlanggehend[36]. Eine sehr entschiedene theologische Polemik gegen die Verdienstlehre (merita de congruo und de condigno) bildet in beiden Versen den Abschluß: Im „Examen" dieser Anfechtung nimmt Gott den Menschen unter der Androhung verdienten Übels „ins Gebet" und läßt ihm die Barmherzigkeit dadurch zum „höchsten Gut" werden. So ist eine Alternative entstanden: an sich selbst vollständig verzweifeln, an der Barmherzigkeit Gottes jedoch unter keinen Umständen verzweifeln, sogar als Unwürdige, gegen Tod und Hölle sie anrufen. So lehrt es dieser Anfechtungspsalm[37].

Den am breitesten ausgeführten Höhepunkt christologischer Auslegung bietet in den Dictata der 8. Vers. Im 7. Vers berührt Luther nur kurz die Passionsgeschichte mit der Angst Christi in Gethsemane (zu „Laboravi": „factus in agonia") und erläutert dann anschließend den „gemitus" Christi dahin, daß dessen ganzes Leben ein einziges Seufzen gewesen sei, auf unvergleichliche Weise nur ihm eignend[38]. Spätmittelalterliche Passionsmeditation mag hier den Hintergrund bilden. Dennoch deutet sich im folgenden Vers 8 zugleich eine andere neue biblische Tonart mit an. Wonach seufzte er? Was war der Grund seiner Trauer? Leiden über unsere Sünde (V 8a). In der Auslegung des „Turbatus a furore oculus" führt Luther dann in der Randglosse mit Joh 11,38 Jesu Zorn über die Todestrauer am Grab des Lazarus an (eine Stelle, die in V 35 auch sein Weinen erwähnt). Der den Leidtragenden die Verheißung gab: „Beati, qui lugent" (Mt 5,4), hat als erster am meisten von allen geweint und getrauert[39].

Im Scholion vertieft Luther in dieser Richtung auch die Auslegung des Verses 8a „inveteravi inter omnes inimicos meos": Christus mußte lange unter den Verfolgungen seiner Gegner leiden. In einer affektiven Steigerung und hyperbolischen Bildhaftigkeit liegt darin eine Aussage über die Liebe, die ein Warten als so lang erscheinen läßt, daß jemand „grau darüber geworden" sein könnte. Christus aber erwartete mit heißer Liebe (affectuosissimo amore) unser Heil und das Heil seiner Gegner; so wurden ihm die Tage in einzigartiger Weise lang, in denen er auf sie warten mußte (mit Lk 12,50: daß die Taufe, mit der er getauft werden sollte, vollendet würde). So rief er am Kreuz in großer Freude: „Es ist vollbracht". So hatten die Gegner seine Seele gemartert durch ihren Unglauben („ungläubiges Geschlecht", Mk 9,19). – In Person seiner Gläubigen klagt Christus dann für die

---

[34] WA 1,161,26–162,26. [35] WA 1,162,15–17. [36] S o S 235 u Anm 23.
[37] 376,20–377,10 (209,8–21): Atque ita docemur, ut sicut de nobis prorsus nihil praesumere debemus, ita nequaquam de misericordia dei desperare, sed etiam contra vim mortis et inferni, quantumlibet indigni, eam invocare (377,5–7 / 209,16–19).
[38] WA 55 I 42,13f.29ff. [39] Ebd 55 I 44,3f.21–29.

lange Zeit ihres Besessenseins unter der Herrschaft böser Geister, in Liebe, die sich ihrer annimmt. So ist der Psalm als ganzer ein Klageruf unserer Henne (Mt 13,34 par), die mit all ihrer Liebe nach uns ruft; eine Stimme, die Tränen auslöst, wenn wir nicht härter sind als Stein; Heftigkeit, Feuer, ungeduldiges Eifern, das aus der Seele Christi hervorbricht[40].

Die Auslegung der beiden Verse in den Sieben Bußpsalmen nimmt demgegenüber das Verständnis des Textes wieder in die Selbstbesinnung des Christen hinein, der unter dem Zorn Gottes über sein fleischliches Leben zu trauern begonnen hat und vor der Welt zum armen, ungestalten Lazarus geworden ist[41]. Der Gegensatz zur Welt und zu einer Gerechtigkeit vor den Leuten im Sinne von Mt 6 ist hier also an die Stelle der christologisch orientierten Passionsbetrachtung getreten. Damit ordnet sich diese Auslegung zeitlich und sachlich dem Jahr des Thesenanschlags Luthers zu, mit der Frage nach dem Verständnis der wahren Buße.

Die Auslegung der Operationes zeigt auch zu diesen beiden Versen ein Zurücktreten des christologischen zugunsten eines mit weiteren alttestamentlichen Meditationsstellen vertieften grammatischen Verständnisses. Das unter den Zorn Gottes geratene Gewissen, der von allen Kreaturen Umstellte, der an nichts in der Welt mehr Trost hat, auch mit dem eigenen Gewissen uneinig ist wie Hiob, zu dessen Gunsten niemand mehr Zeugnis gibt; wie der alternde David, der in der Kälte seines Schreckens nicht mehr warm werden konnte. So ordnen sich die beiden Verse der Reihe der indicia tribulationis, der schwersten Fegfeuer- und Todesanfechtung zu. An neutestamentlichen Stellen ist zu der Gethsemaneanfechtung Jesu (Mt 26,38) und der Seligpreisung der Trauernden (Mt 5,5) zur Auslegung der hyperbole in V 7 noch hinzugekommen ein Hinweis auf die übernatürlich scheinenden Kräfte der Maria Magdalena in der Osterperikope Joh 20,15. Ihre Bitte an den Gärtner zeigt, daß sie glaubt, den Leib des Herrn tragen zu können: ex virtute amoris, so Lyra; Luther deutet das Beispiel einer affektiven Auslegung in seinem Sinne: Alle Dinge sind möglich dem, der glaubt, liebt und hofft (Mk 9,22). So handelt es sich gar nicht um eine Übertreibung, wenn man den Affekt dieses Verses betrachtet. Luther versteht die Tränen leiblich, denkt jedoch, daß die vom Geist gewirkten Worte des Psalms nur vom Geist verstanden werden können[42].

So zeigt der Vergleich zwischen den verschiedenen Auslegungen auch in dieser Hinsicht, daß der Glaubende, in dessen Person Christus den Psalm anfänglich stellvertretend gesprochen hatte, nun selber unmittelbar vom Text her als Sprecher in Frage kommt, zu dessen Situation die Lehre dieses Psalms paßt. War es im Anfang das Leiden Christi unter Sünde und Unglauben der Menschen, so sind es nun mit der alttestamentlichen Färbung der Exegese wirkliche leibliche und geistliche Kämpfe, die der Mensch durchstehen muß. Einige polemische Abgrenzungen, die sich dabei ergeben haben, sollen zum Schluß dieser Übersicht noch kurz angedeutet werden.

---

[40] WA 55 II 88,11–89,7.   [41] WA 1,163,32–164,24.
[42] 382,3–383,21; 383,8–12; 380,6–12 (212,16–213,16; 213,3–7; 211,6–12).

c) Nachdem wir im zweiten Vers anläßlich des timor, der Furcht vor dem strafenden Gotteszorn, bereits auf eine heftige Polemik gestoßen waren, in der Luther die Offenheit und Unbegreiflichkeit des „simul" von Furcht und Liebe (gegen eine vorstellende Theologie des eigenen Kopfes) hervorhebt und die Auslegung des Psalms damit auf „Indizien" einstellt, sind wir auch in den folgenden Versen wiederholt dem Appell zum Ernstnehmen der Affekte und der Erfahrung begegnet. Unerfahrenheit ist der Grund, weshalb nicht nur die grammatische Bedeutung einzelner Stellen nicht verstanden wurde[43], sondern auch leichtfertige Vorstellungen über Ablässe und den Zugang zum Himmel oder über Verdienste aufgestellt wurden. Daher lehrt der Text nun demgegenüber das „Examen", in dem dem Menschen diese Flausen zergehen[44]. Zur Eigenart des Psalms gehört es, daß im zweiten Teil scheinbar unvermutet die „operarii iniquitatis" begegnen. Luther verzichtet zunächst auf eine Erklärung. Man muß sich in den Affekt des Textes hineinbegeben, um zu verstehen, was den Redenden in dieser Auseinandersetzung bewegt, auch wenn er wie vom Wahn ergriffen nur mit sich selbst zu sprechen scheint. Hier findet sich zugleich eine Beschreibung des Wesens affektiver Rede: Der Psalmist sagt nicht, warum er etwas tut, er gibt keinen Grund an, sondern sagt nur, was er tut. Durch eine biblische Kontextexegese zum Psalter ergeben sich analoge rhetorische Beobachtungen: „ut oppositorum sit eadem disciplina". Wenn jemandem die Wahrheit einer Sache aufgegangen ist, wendet er sich alsbald leidenschaftlich in Zorn oder Klage an die, die in Überzeugung oder Lehre das Gegenteil vertreten, zB Augustin gegen die Manichäer[45]. So richtet der Psalmist, nachdem er selber in der Erfahrung gelernt hat, *allein* auf die Barmherzigkeit Gottes zu vertrauen, eine leidenschaftliche Absage an die Adresse derer, die in ihrer Unerfahrenheit andere Menschen auf den törichten Weg ihrer Frömmigkeit mitzunehmen bestrebt sind. Daß Gott ihn erhört hat (V 9b), bildet so den Bezugshintergrund für diese Abgrenzung. So ist der Vers verständlich als eine rein affektive Rede[46]. Dies entspricht im ganzen dem zunehmenden Interesse der Wittenberger Theologen an den Redeformen humaner und biblischer Rhetorik und ihren loci communes, mit deren Hilfe Luther hier versucht, die biblische Rechtfertigungslehre in der ihr eigenen Redeweise vorzustellen[47]. Für die in den Operationes neu erarbeitete Auslegung des 6. Psalms wirkt sich dieses Moment besonders in der wesentlich breiteren polemischen Ausgestaltung der Verse 9 bis 11 aus. Die Sprachformen einer affektiven

---

[43] 371,8f; 379,5–8 (206,5f; 210,25f); s auch die ebd 359 aufgeführten Belege zu ‚experientia'.
[44] 376,20–24; 368f; 372,12f (209,8–11; 204,27–33; 206,33–35).
[45] 384,3–385,10 (213,19–214,10). Die Beschreibung des Affekts lautet: In affectibus totus laborat iisque arduissimis ideo non quare, sed quid faciat, tantum loquitur (384,13f / 213,29f).
[46] 386,1–11 (214,27–37).
[47] Vgl Philippi Melanchthonis de Rhetorica libri tres (Wittenberg 1519) Bl I iiiᵛ: er erwähnt unter den figurae sententiarum: contentio, qua contraria referuntur, prudentia carnis mors est, prudentia autem spiritus vita et pax, nascitur autem ex loco contrariorum. Der locus a contrario bzw a simili gehört zu den loci argumentorum, Suchformeln zur Beschreibung der vis et natura omnium rerum; s QUINTILIAN, Institutionis oratoriae libri XII, lib 5,10,5 (nach HEINRICH LAUSBERG, Handbuch der literarischen Rhetorik [München ²1973] § 373.394). S auch den App AWA 2, 384 zSt, sowie WILHELM MAURER, Der junge Melanchthon zwischen Humanismus und Reformation 1 (Göttingen 1967) 112f.

Vehemenz gegenüber den „poele aven", den „operarii iniquitatis", in die der Psalm ausmündet (V 11), deuteten sich bereits im 9. Vers an. Wie in dieser Weise Rechtfertigungsgewißheit mit den Worten des Psalmisten gelehrt wird, soll nun in einem kurzen Überblick über die Auslegung des 10. Verses dargelegt werden.

III.

Nachdem im 9. Vers nach den Anzeichen der Anfechtung bereits Trost und Herausführung aus Tod und Hölle eingesetzt hatten, in der Redeform rein affektiver Wahrheitserkenntnis, wird nun im 10. Vers die Gebetserhörung im einzelnen beschrieben. Was für eine vox fletus hatte der Beter an Gott gerichtet? Die dreifache Nennung des Namens „dominus (exaudivit)" bringt zum Ausdruck den Affekt des Vertrauens und der Hoffnung, die gestärkt werden soll gegen die Gegner, denen er die Wahrheit abspricht, die er verhöhnt[48]. Eine differenzierende Deutung des Parallelismus membrorum hört in V 10a nach dem Hebräischen das Anflehen der göttlichen Barmherzigkeit heraus, in V 10b die Bitte um Befreiung vom Zorn, wenn es nicht in beiden Vershälften nur um ein Aufrichten und Stärken des Affekts geht.

In diesen Worten einer Hoffnung, die das Gewissen unterweist und schon die Oberhand gewonnen hat, nachdem sie im Vorangegangenen in den Leiden des Kampfes beinahe gestorben wäre, geschieht tatsächlich, was der 5. Psalm lehrte: „Es werden sich freuen alle, die auf dich hoffen"[49].

Der Inhalt der Worte entspricht dem: Der Redende hält sich als eine große Stütze die göttliche Barmherzigkeit vor Augen und stellt sie den beunruhigenden Bildern von Sünde, Tod und Hölle entgegen. Er steht noch nicht in der Anschauung Gottes, sondern spricht in spe et spiritu (Röm 8,24a), auf Erden, erlöst, begnadet, getröstet, doch in der Hoffnung, spricht diese Worte, um jene lästigen Angreifer zu vertreiben und sich in seiner Schwachheit durch starke Reden zur Hoffnung zu ermahnen. So soll man es halten, wenn Traurigkeit und Sünde das Gewissen quälen: nicht schlafen, nicht nachgeben, aber auch nicht warten, bis die Anfechtung von selbst weicht, oder wir den Trost anders als in der Hoffnung schon gegenwärtig sehen; das alles würde zum Untergang führen. Der Lehrer dieses Psalms fordert vielmehr dazu auf, tapfer zu kämpfen, zu seufzen und sich aufs äußerste anzustrengen, daß wir die Meinung stärken, Gott sei uns im Guten zugewandt[50]. „Du aber, Herr, nimmst mich auf. Du bist meine Ehre und der, der mein Haupt erhöht"

---

[48] 386,16–18 (215,5–7): ad significandum affectum fiduciae et confirmandam spem contra adversarios, quibus insultat.

[49] 387,1–4 (215,13–16): Sunt autem haec verba spei exercentis et exhortantis conscientiam, ac iam praevalescentis, sicut praecedentia fuere verba spei patientis et laborantis ac paene occumbentis, in quibus videmus non doceri, sed geri ea, quae Ps 5 ⟨,12⟩ docta fuere in versu illo: „Laetabuntur omnes, qui sperant in te".

[50] . . . sed fortiter contendendum, ingeminandum et omni studio nitendum, quo bonam opinionem de deo stabiliamus (387,17–19 / 215,29f).

(Ps 3,4). „Denn sein Zorn währt einen Augenblick und er hat Lust zum Leben" (Ps 30,6). Daraus gewinnt der Glaube das Argument: Unser Gott will nicht Tod und Hölle, sondern Leben und Heil. „Du bis meine Zuflucht vor der Angst, die mich umgeben hat" (Ps 32,7).

So beobachtet Luther in allen Anfechtungspsalmen dieser Art, daß alsbald auf die Klage Worte folgen, in denen Hoffnung geschöpft und gute Gedanken von Gott ergriffen werden, nach dem Wort Sap 1,1: „Denkt an den Herrn im Guten" („Denkt, daß der Herr helfen kann": so die spätere Bibelübersetzung Luthers). Wenn nämlich nicht dieses An-Gott-Denken im Guten und das Vertrauen des Gewissens sich erhebt, dann wird die Anfechtung siegen, und es wird keinen Retter geben (Ps 50,22; 71,11). Dazu gehört aber sehr viel „Arbeit" (labor). Arbeit an unserer Gottesvorstellung also? Die Stelle dürfte eher so wiedergegeben werden: In schwerer Anfechtung wird dieses Vertrauen gefaßt („erarbeitet": Multo autem labore formatur), nicht anders aber als durch das Wort Gottes und Jesus Christus (non tamen nisi per verbum dei et Ihesum Christum). Im Sinne dieser Psalmstelle: indem der Beter sich die göttliche Barmherzigkeit vorhält. Luther drückt dies sogar noch verstärkend aus: „Obgleich er durchaus nicht weiß, daß sein Flehen erhört ist (zu ergänzen ist wohl: unter dieser Zornesanfechtung), so hält er sich doch in voller Zuversicht an diese Meinung und bekräftigt sie in Wiederholung und Streit, so daß er auch die Gegner anfährt und gewiß ist, so wie wir von Gott halten, so verhalte es sich auch. Wie die Hoffnung, so die Sache (vgl das „soviel du glaubst, soviel hast du" des Bußsermons von 1519[51]). Denn tatsächlich wird auch hier der Mensch durch Meinungen regiert, aber durch Meinungen von Gott, gute oder böse"[52].

Dieser Überblick hat uns Gelegenheit gegeben zu ein paar Beobachtungen: Wie wirkt sich die genaue Wahrnehmung der affektiven Sprache des Psalms praktisch-seelsorgerlich aus?

Ins Auge fallend ist in dieser Darstellung des Übergangs von der leidenden zur überwindenden Hoffnung vor allem das aktive Moment. Die Abgrenzung von den „Werken" und Verdiensten hat nicht zur Folge, daß der von der Anfechtung Betroffene auf das reine Warten gestellt würde. Das intensive Zuhören und Wahrnehmen der Affekte des Psalms verweist vielmehr auf einen anderen Weg: den Weg der kämpfenden Hoffnung. Welcher Art ist dieser Weg? Zu seinen Charakteristika zählt in diesem biblischen Psalm gleichwohl die „Passivität", die der Mensch in der Extremsituation erleidet. Aber es ist eine eruditive, am Verstehen des Menschen arbeitende Passivität, wie auch das Bild der „octava" in V 1 zeigte. Der Verzicht auf vorstellendes theologisches Reden über den Vorgang der Rechtfertigung hat dem biblischen Hören den Weg geöffnet. Was der Ausleger dort hört, spricht ihn zugleich auf seine eigene Erfahrung an.

---

[51] WA 2,719,8 (BoA 1,180,27f). Zu den Sermonen von 1519 s o Anm 16.
[52] 388,6f (216,6f): . . . Qualis spes, talis res; vere enim et hic opinionibus homo regitur, sed opinionibus dei (id est, de deo) sive bonis sive malis.

Es ist die Erfahrung des in der Welt kämpfenden Christen, der noch nicht im Schauen, sondern im Glauben steht. Daher muß er unter dem Ansturm anfechtender Mächte, die sein Gewissen überfallen, auch mit der Abwesenheit eines „Wissens" über die Erhörung seines Gebets sich auseinandersetzen.

In dieser Situation wird ihm Gott zur Hilfe, und zwar der biblische Gott, der den Menschen rechtfertigt. Der Kampf um das „sola misericordia" bildet den eigentlichen Inhalt der Bedrängnis, in die der Angefochtene nicht nur durch die Mächte der existentiellen Erfahrung (Sterbensanfechtung), sondern auch „theologisch", Gott gegenüber, geraten ist, im Kampf mit theologischen Meinungen unerfahrener Lehrer und Zeitgenossen.

Schon die biblisch-seelsorgerliche Meditation Johanns von Staupitz lehrte, welche Bedeutung in dieser Lage biblische Psalmworte gewinnen können, deren Kraft in dialogischer Gebetsanrede erprobt werden soll[53]. So entsprach es dem personalen Christusbild der 1. Psalmenvorlesung. In den Operationes, in der Sprache einer zupackenden Lehrauseinandersetzung, wird das Wesen der *sola* misericordia Gottes theologisch durchgekämpft. Ist dadurch auch die seelsorgerliche Dialogfähigkeit des Menschen mit sich selber mehr herausgefordert? Der Psalm lehrt, wie wichtig und hilfreich das Moment biblischen Zuspruchs nun auch im argumentativen Sinn geworden ist. Über Gott zu denken als einen, der Zuflucht und Bezug gewährt, soll nun auch stark machen zu immer neuem Antworten, zum Aushalten der Angriffe und zur Selbstermahnung. So wird dem leidenden Gewissen ein starker Beistand zuwachsen, auf Grund der in Christus gegebenen Verheißungszusage. Die wissenschaftlichen Hilfsmittel der Rhetorik und eines biblischen Sprachenstudiums können dabei auch helfen, die Wahrheitsauseinandersetzung mit gegnerischen Argumenten bewußter und aktiver zu führen und durchzustehen. Das lehrende Subjekt des Psalmverses ist die Hoffnung: Spes exercens conscientiam.

---

[53] Ein buchlein von der nachfolgung des willigen sterbens Christi (Leipzig 1515), in: J K F KNAAKE (Hg), Johann von Staupitzens sämmtliche Werke 1 (Potsdam 1867) 50–88; U STOCK, AaO 97–99.191–221. Über neuere Forschungen zum Thema „Staupitz und Luther" s: Luther und die Theologie der Gegenwart. Referate und Berichte des 5. Internationalen Kongresses für Lutherforschung, Lund 1977, hg v LEIF GRANE (Göttingen 1980) 183–190 (Seminarleiter: H A OBERMAN); HEIKO A OBERMAN, Werden und Wertung der Reformation (Tübingen ²1979) 82–140.

DIE UNSCHULD DAVIDS

Zur Auslegung von Psalm 7 in Luthers Operationes in psalmos

von

Manfred Biersack

Wie in den Dictata und in der Tradition „der titulus der Schlüssel zum Verständnis jedes Psalms war"[1], so ist er es auch in Luthers Auslegung des Psalms 7 in den Operationes in psalmos. Die folgende Skizze beschränkt sich auf den Versuch zu zeigen, wie im Titel die Weichen für das Gesamtverständnis des Psalms und damit der einzelnen Verse gestellt werden. Dabei sollen die Probleme des „Literalsinnes" (Text, Übersetzung, historische Einordnung) sowie die Entscheidungen und die auf ihnen basierende theologische Interpretation Luthers erläutert werden, und zwar immer im Vergleich mit traditionellen Entwürfen, weil ohne diesen Hintergrund eine profilierte Zeichnung und eine der theologischen Bedeutung Luthers angemessene Würdigung nicht möglich sind.

I. Der Literalsinn des Psalm-Titels

1. Text und Übersetzung

Der Bedeutung des Psalm-Titels entsprechend hat sich Luther eigenständig um eine philologisch und sachlich gesicherte Textgestalt bemüht.
a) Die Textvarianten der Dictata und der Tradition bieten kein einheitliches Bild[2]. Die lateinische Version der Operationes deckt sich, anders als die der Dictata, mit keiner traditionellen Vorlage[3].
b) Es ist nicht leicht zu entscheiden, ob die Arbeit Luthers sich auf eine Kombination von überlieferten Textvarianten beschränkte oder ob eigene Übersetzung vorliegt:

---

[1] GERHARD EBELING, Lutherstudien I (Tübingen 1971) 97 u Anmerkungen.
[2] Archiv zur Weimarer Ausgabe der Werke Martin Luthers. Texte und Untersuchungen, Bd 2: Martin Luther, Operationes in psalmos, Teil II, hg v GERHARD HAMMER, MANFRED BIERSACK u a (Köln, Wien 1981) 394 Anm 1. – Dieser Band wird im folgenden ohne weitere Angabe nur mit Seiten- und Zeilen- bzw Anmerkungs-Angabe zitiert; Entsprechungen in WA 5 stehen jeweils in Klammern.
[3] Ebd Nr A 2g und A 2d.

– Die Bedeutung „aethiops" für „Cus" („Chus", „Chusch" etc) findet sich nicht nur in Reuchlins „Rudimenta", sondern bereits in den Commentariola und in der Interpretatio Hebraicorum nominum des Hieronymus[4].
– Auch für die Auffassung, das hebräische „cusch" sei kein Eigenname, sondern eine übersetzbare Vokabel, für die Möglichkeit also, „cusch" schon im Text durch „aethiops" zu ersetzen, hat Luther Vorbilder in den Lyra- und Perez-Referaten[5]. Aber gerade hier zeigt sich, daß er nicht einfach übernimmt: In denjenigen Versionen nämlich, die wie er „aethiops" in den Titulus-Text einsetzen, beginnt der Psalm mit dem Ablativ, „pro ignorantia". Traditionen, die wie Luther den Nominativ „ignorantia" setzen, haben wiederum nicht „aethiops".
– Mit der Übersetzung „ignorantia" hat sich Luther, obgleich dieser Vokabel der hebräische Urtext zugrundeliegt (anders Vg: „[In finem] psalmus"), nicht Reuchlin angeschlossen. Dessen „Rudimenta" übersetzen unter Berufung auf Hieronymus und dessen Gewährsmann Aquila „pro ignoratione"[6]. Wie ernst Luther seinen Text nimmt, läßt er an dieser Stelle erkennen:
Gegen jene exegetische Tradition, die „aethiops" als Ablativ – „pro ignoratione" (ignorantia) – bietet, sowie gegen den Meister Reuchlin setzt er den Nominativ „ignorantia", weil der Ablativ im Urtext keinen Anhalt hat[7].
– Je unscheinbarer die Zeichen einer eigenen Übersetzungsleistung Luthers sind, umso weniger kann man sich ihnen entziehen:
Der Ausdruck „super verbis"[8] kommt in der Tradition überhaupt nicht vor. Vg setzt den Ablativ mit der Präposition „pro"; die auf MT basierende Überlieferung bietet „super" mit dem Akkusativ. Sachlich ist kein großer Unterschied zwischen „super verba" und „super verbis": beides kann Gleichzeitigkeit („während") oder die Betrachtung eines vergangenen Geschehens („über") bedeuten[9].

Die Annahme, Luther habe hier Traditionen kombiniert, unterstellt, daß er wegen einer Kleinigkeit zu den hebräischen Vorlagen auch noch die Vg bemüht hätte. Naheliegender ist die Annahme, er habe selbst übersetzt und auch den letzten Kasus in eigener Verantwortung transponiert.

---

[4] Ebd B.
[5] Ebd A 2e und A 2f; philologische Zustimmung bei BURGENSIS: 395 Anm 3.
[6] JOHANNES REUCHLIN, De rudimentis Hebraicis (Pforzheim 1506/Hildesheim – New York 1974) 507f s v שָׁגָה.
[7] Der hebr Text beginnt den Psalm mit שִׁגָּיוֹן („schiggajon"). Liegen dieser Vokabel die Radikale שגה zugrunde, wie es die Rudimenta voraussetzen, dann müßte, damit man zu der Übersetzung „pro ignorantia, pro ignoratione" gelangt, dem „schiggajon" das Präfix ל vorangestellt sein. Dies ist aber nicht der Fall, die Ablativ-Version ist ohne Anhalt am Urtext, wo der Nominativ steht. LUTHER hatte schon in den Dictata die Feststellung getroffen, daß bei dem hebräischen ל immer der Dativ stehen müsse (WA 55 II 49,1ff; vgl S RAEDER, Das Hebräische bei Luther untersucht bis zum Ende der ersten Psalmenvorlesung [Tübingen 1961] 71). Er muß dann auch umgekehrt gewußt haben, daß der Dativ (bzw der Ablativ) das Präfix erfordert. Dieses Wissen mochte ihn bewogen haben, nicht einfach den gesamten Wortlaut der wie er „aethiops" in den Text einsetzenden Quellen zu übernehmen.
[8] 394,3 (219,10).
[9] Vgl die Verflechtung beider Aspekte bei LUTHER: 424,11–15 (238,11–15).

2. Der biblisch-historische Kontext

Luther legt zu dem traditionellen Problem, bei welcher Gelegenheit David den Psalm gesungen habe, seine an Paulus von Burgos orientierte These vor[10], ohne die verschiedenen Versuche der Tradition[11] zu diskutieren. Da er diese aber als dem Leser oder Hörer bekannt voraussetzt – anders wäre die lapidare Bemerkung, der Psalm handle „nicht von Saul"[12], deplaziert und unverständlich –, sollte man sie in ihren wichtigsten Linien vor Augen haben[13].

Die altkirchliche und mittelalterliche Exegese des Psalms 7 läßt sich auf drei Hauptmodelle reduzieren[14], die sich aus drei Möglichkeiten ergeben, die Vokabel „cusch" zu verstehen.

a) Die auf Augustin zurückgehende Tradition: Verfolgung durch Absalom

„Cusch" kann als Eigenname verstanden werden (Augustin, Cassiodor, Glossa interlinearis, Petrus Lombardus, Hugo Cardinalis). Dann ist Davids Freund Chusi gemeint, der Absalom in die Irre führt[15], und der Psalm bezieht sich auf die Verfolgungen Absaloms, denen David ausgesetzt ist. Alles Negative des Psalms ist dann als über Absalom gesagt zu verstehen, ein positiver Zug („pro [!] verbis Chusi" – alle Ausleger dieser Gruppe benutzen den Vg-Text) meint die Rettung vor Absalom.

Aber die Vertreter dieses Auslegungstyps deuten den historischen Sachverhalt nur kurz an, zu einer interpretatorischen Durchdringung des Psalms kommt es in diesem historischen Kontext nicht. Vielmehr wird sofort der (allegorisierende) „transitus ad Christum" anvisiert:

Als erster Schritt ist eine allegorische Deutung der Namen erforderlich. Die Chusi-Geschichte in 2Sam spielt hier noch insofern eine Rolle, als sie die Figur Achitophels bereitstellt, der als Verräter Davids und Freund Absaloms der neutestamentliche Judas wird. Chusi ist dann das geheimnisvolle Schweigen des von dem blinden Haus Israel verfolgten Herrn, das Schweigen über ein Mysterium, welches nur die Gläubigen verstehen, weshalb „pro verbis Chusi" bedeutet: „Für das Erkennen dieses Geheimnisses"[16]. So wird dann auch die Person des Psalmsängers

---

[10] 395,1f (219,13–15).

[11] 394 Anm 2.

[12] 395,2 (219,14).

[13] Die rein christologische Exegese des IACOBUS PEREZ VON VALENCIA, die als Sonderfall anzusehen ist (vgl WA 55 I 47,6f), kann außer acht bleiben, da sie nur in den Dictata aufscheint.

[14] 394 Anm 2.

[15] 2Sam 15,32ff; 16,15ff; 17,6ff.

[16] AUGUSTIN, Enarrationes in psalmos (CChr SL 38,35,10–17): Sed quoniam non ipsa historia in hoc psalmo consideranda est de qua propheta mysteriorum velamen adsumsit, si transitum ad Christum fecimus, auferatur velamen. Et primo ipsorum nominum significationem interrogemus quid sibi velit. Non enim defuerunt interpretes, qui haec ipsa non carnaliter ad litteram, sed spiritaliter investigantes, edicerent nobis, quod Chusi interpretetur silentium; Iemini autem, dexter; Achitophel, fratris ruina. – Ebd 36,58f: ‚pro verbis Chusi', id est, pro cognitione eiusdem secreti.

deutlich: „Cantat ergo psalmum Domino anima perfecta, quae iam digna est nosse secretum Dei"[17].

Mit solcher Allegorisierung ist eine Tendenz zu moralischer Auslegung verbunden, die den Psalm aktualisieren soll.

b) Ps-Hieronymus, Nikolaus von Lyra: Verfolgung durch Saul

Gegen die Verbindung des Psalms 7 mit der Chusi-Geschichte spricht sich Ps-Hieronymus aus, der eine solche Interpretation auf fehlende Hebräischkenntnisse und mangelnde Berücksichtigung sachlicher Ungereimtheiten zurückführt[18]. Die philologische Kritik könnte dem Rekurs auf den Literalsinn den Stellenwert einer hermeneutischen Prämisse verschaffen, woraus dann folgen würde, daß eine nicht hieran orientierte, rein allegorische Auslegung von vornherein als unsachgemäß abgelehnt wird.

Jedoch zeigt es sich, daß die Auslegung des Ps-Hieronymus völlig von der Allegorese lebt. Seine Beteuerung, nicht nur gemäß der historischen Erkenntnis, sondern auch gemäß geistlichem Verstehen interpretieren zu wollen[19], ist bereits untertrieben. Die Fragen des historischen Kontextes, denen sich Ps-Hieronymus in der titulus-Erklärung so ausführlich widmet, bleiben theologisch irrelevant. Für die mittelalterliche Auslegung bis hin zu Luther sind sie aber wichtig geworden[20]: Ps-Hieronymus versteht „Chusi" nicht als Eigennamen, den man nur noch in der Schrift aufspüren müßte, um den Kontext des Psalms zu erhalten, sondern als normale hebräische Vokabel, die übersetzbar ist, und zwar als „aethiops"[21]. Wer in der Umgebung Davids aber war außer Absalom ein „schwarzer Mann"[22]?

Ps-Hieronymus kommt auf Saul, von David in Psalm 7 „aethiops" genannt wegen seines blutrünstigen, widerwärtigen und grausamen Gebarens[23]. Aber nur zweimal noch, zu den Versen 3 und 5, kommt der historische Kontext zur Sprache. Im übrigen liegt das Interesse wie bei Augustin auf der Allegorese: „Unter Chusi, diesem ‚aethiops', verstehen wir keinen andern als den Teufel"[24]; der Kampf zwi-

---

[17] Ebd 36,45–47.

[18] PS-HIERONYMUS, Breviarium in Psalmos = HIERONYMUS, Opera omnia 8 (Basel 1516) zSt: Plaerique (et maxime hi qui Hebraei sermonis scientiam non habent) hunc psalmum arbitrantur eo tempore esse cantatum, quo Chusi filius Arachi amicus David destruxit consilium Achitophel ... Verum sciendum est vehementer errare. Primum, quod nomen Chusi per ס, samech literam scriptum est: hic vero per ש, sin. Deinde quod nunquam David, qui Ioab et caeteris ducibus exercitus sui praeceperat dicens: Parcite puero Abessalon, de morte filii loqueretur: Concepit dolorem et peperit iniquitatem: Lacum aperuit et effodit eum: et incidit in foveam, quam fecit <= Ps 7,15f> ... Ad extremum quod illic Chusi amicus David filius Arachi scriptum est: hic vero filius Iemini.

[19] Ebd: nobis curae est, non solum secundum historiam, sed et secundum spiritualem intelligentiam interpretari.

[20] S u S 249ff.255ff zu LYRA und BURGENSIS.

[21] 394 Anm 1 B; vgl auch GESENIUS s v כוש.

[22] Nur ein Ausleger, MATTHIAS DOERING, nimmt „aethiops" nicht als Symbolfigur des Bösen, vgl 396 Anm 9.

[23] PS-HIERONYMUS, AaO: Sciendum ... totum psalmum contra Saul esse conscriptum ... Quem aethiopem vocat propter sanguinarios, et tetros, et crudeles mores.

[24] Ebd: Chusi istum aethiopem non alium nisi diabolum interpretamur.

schen dem Teufel und den Gläubigen bzw Christus, der Streit zwischen Häretikern und der Orthodoxie sind die Themen des Kommentars. Übrigens ergibt sich dabei wiederholt die Notwendigkeit, die Person des Psalm-Sängers zu ändern[25].

Ps-Hieronymus wächst trotz des Gewichts, das er auf ein richtiges Verständnis der historischen Situation des Psalms legt, nicht über die allegorische Methode hinaus. Er ist bemüht, den Psalm seiner Zeit und seinen Zeitgenossen fruchtbar zu machen, aber er ist ein besonders deutliches Beispiel dafür, wie bis ins Mittelalter hinein eine Aktualisierung des Bibeltextes oft nur möglich war unter Preisgabe der Applikation der historischen Ausgangslage.

Nikolaus von Lyra referiert in seiner „Postilla litteralis" beide Positionen, die Augustins und die des Ps-Hieronymus. Anders als der letztere hätte Lyra keine Bedenken gegen die Einordnung des Psalms 7 in die Situation der Flucht Davids vor Absalom. Sein Einwand entzündet sich auch nicht an den philologischen und literarkritischen Beobachtungen des Ps-Hieronymus, die er dann allerdings als zusätzliche Argumente gegen das Augustinsche Modell benutzt. Vielmehr geht Lyra aus von seiner aus dem hebräischen Text gewonnenen Übersetzung des Titels: „Ignorantia David quam cecinit domino super verba chus filii gemini"[26]. Er liest die „ignorantia" als „ignorantia crassa", welche nicht von aller Schuld befreit und nicht von Strafe entbindet – anders als die „ignorantia invincibilis" –[27], und versteht den Begriff folgerichtig sofort als „peccatum ignorantiae". Da aber die Absalom-Verfolgung als Strafe für den Ehebruch mit Bathseba und den Mord an Urias gedacht war[28], paßt der „ignorantia"-Psalm nicht in den von Augustin vorgeschlagenen Absalom-Kontext, denn die Bathseba-Affäre geschah ja nicht durch – wenn auch unentschuldbare – Unwissenheit, „sed ex certa scientia"[29].

Lyra sucht einen anderen Zusammenhang, um Psalm 7 sinnvoll in die David-Geschichte einordnen zu können. Die Brücke, die ihm ein Loskommen von der Absalom-Verfolgung überhaupt ermöglicht, ist das Verständnis von „cusch" als „nomen appellativum" anstelle des Eigennamens; er beruft sich dafür auf Rabbi Salomon, das Targum Jonathan und Ps-Hieronymus und gelangt auch zu dessen Übersetzung „aethiops". Und wiederum wird, wie bei Ps-Hieronymus, Saul zum „schwarzen Mann", „eo quod fuit denigratus in fama et moribus pro iniqua persecutione David et" – nun kommt der nach Lyra passende historische Kontext – „horrenda occasione sacerdotum Nobe in odium David": Der Priester Abimelech

---

[25] Ebd zu V 7b: Hoc nos dicimus: hoc credentes loquimur. Semper enim personae mutantur in psalmis; zu V 9: Hoc David dicere non potest: hoc proprie salvatori convenit, qui non peccavit; ab V 13 eine ausführliche Diskussion über das Redesubjekt.
[26] 394 Anm 1 A 2d.
[27] S u S 255.
[28] 2Sam 11; 12,11.
[29] NIKOLAUS VON LYRA, Postilla litteralis (in: Biblia cum glossis): ... secundum omnes expositores ignorantia accipitur hic pro peccato ignorantiae: quod committitur ex ignorantia crassa: quae non excusat a toto. Persecutio autem, quam sustinuit David ab Absalon et Achitophel eius consiliario fuit ei inflicta propter adulterium commissum cum Bersabee / et homicidium Uriae: secundum quod praedixit ei Nathan propheta 2Reg 12: Haec dicit dominus: Ecce ego suscitabo super te malum de domo tua etc. Dicta vero peccata non fuerunt commissa per ignorantiam: sed ex certa scientia: ut patet 2Reg 11.

von Nob hatte David auf der Flucht vor Saul weitergeholfen[30], woraufhin Saul alle Priester von Nob umbringen ließ, und zwar durch den Edomiter Doeg, der Zeuge der Unterstützung Davids durch den Priester gewesen war[31]. Ein Sohn des Oberpriesters, Abiathar, war dem Blutbad entkommen und hatte David berichtet. Der Reaktion Davids nun entnimmt Lyra ein Schuldgeständnis: Hätte David die Anwesenheit des Edomiters bei seinem Gespräch mit dem Oberpriester von Nob ernstgenommen und vorsichtiger verhandelt, so wäre nichts passiert: „David erkannte seine Schuld und sagte zu Abiathar [1Sam 22,22]: ‚Ich bin schuld an allen Seelen deines Vaters ... Ich wußte nämlich' dh ich hatte wissen können und müssen, ‚an jenem Tag, daß, da Doeg der Edomiter anwesend war, er zweifellos dem Saul Bericht erstatten würde'. Und so fertigte David diesen Psalm [7] an, indem er den Herrn bat, ihm die genannte Sünde der [vermeidbaren] Unwissenheit zu erlassen"[32].

Somit stellt sich der Sinn des Psalmtitels für Lyra folgendermaßen dar: „‚Ignorantia David', id est, culpa ignorantiae David praedicta: ‚quam cecinit domino', id est, propter quam remittendam cecinit domino hunc psalmum ‚super verba aethiopis', id est, propter verba Saulis denigrati in fama et moribus. ‚Filii gemini': quia Saul fuit de stirpe gemini [...] Per ‚verba' autem ista Saulis intelligitur praeceptum eius, quo praecepit Doech Idumaeo interficere sacerdotes domini"[33].

Wie Ps-Hieronymus ordnet also auch Lyra Psalm 7 in die Verfolgung Davids durch Saul ein[34]. Aber Lyra weiß sich der literalen Auslegung in ganz anderem Maße verpflichtet, so stark nämlich, daß die „Postilla litteralis" eine Aktualisierung des Psalms gar nicht erst intendiert. Hierzu bedarf es vielmehr einer besonderen Auslegungsreihe, der „moralischen". Ob und inwiefern diese die Literalauslegung als Grundlage hat, ist nicht leicht zu beurteilen. Immerhin wird am Anfang auch hier der historische Kontext vorgeführt; dann folgt die Überleitung: „Hunc ergo psalmum debet dicere domino, qui per incautelam suam est occasio magni mali".

c) Paulus von Burgos, Faber Stapulensis: Die Schmähungen durch Simei

Paulus Burgensis, dessen historischer Erklärung Luther folgen will[34a], widerspricht Lyra, ohne im Sprachlichen hinter ihn oder Ps-Hieronymus zurückzugehen. Chusi als Eigenname, wie Augustin und seine Nachfolger vorschlagen, kommt auch für ihn nicht mehr in Betracht. Im Prinzip akzeptiert er die philologische Grundlage Lyras[35]. Allerdings vermag er dessen historischem Bezug nicht zu fol-

---
[30] 1Sam 21,2–10.
[31] 2Sam 22,9–23.
[32] LYRA, AaO: David culpam suam recognoscens dixit ad Abiathar: Ego sum reus omnium animarum patris tui ... Sciebam enim, id est, scire poteram et debebam in illa die quod cum ibi esset Doech Idumaeus / proculdubio annuntiaret Sauli: et ideo David fecit hunc psalmum (sc Ps 7) orando dominum ut remitteretur sibi dictum ignorantiae peccatum.
[33] Ebd.
[34] Allerdings legt sich PS-HIERONYMUS nicht auf die Priestermordgeschichte fest.
[34a] 395,1f (219,13–15).
[35] 395 Anm 3.

gen: Der Psalm-Titel wäre, so Burgensis, die einzige überlieferte Stelle, an der David Saul nicht ehrerbietig bei seinem richtigen Namen oder mit seinem Titel nennen würde[36].

Die eigentlich schwache Stelle aber – „non videtur rationabile" – liegt für Burgensis darin, daß Lyra die „ignorantia" des Psalm-Titels als eine schuldhafte „ignorantia crassa" mit Sauls Priestermord in Verbindung bringt. Zweierlei hat er hiergegen einzuwenden: Lyra hat, anders als in der Psalm 7-Auslegung, in der Postille zu der Priestermord-Affäre 1Sam 22 David schon selbst entlastet. Denn zu 1Sam 22,22 („Et ait David ad Abiathar: Sciebam in illa die, quod cum ibi esset Doeg Idumaeus, procul dubio annuntiaret Sauli") ersetzt er „sciebam" durch „coniecturare" und „timere": David fürchtete den Verrat Doegs wohl und konnte ihn auch vermuten, aber „wissen" konnte er ihn nicht in dem stringenten Sinne, der Einfluß auf seine konkrete Entscheidung hätte haben müssen; zu Psalm 7 hingegen erklärt Lyra, David „konnte" und „mußte" über die Folgen Bescheid wissen[37]. Lyra, so der Vorwurf, verfährt also bei der Erklärung des Psalm 7-Titels strenger mit David als bei der 1Sam 22-Exegese. Heißt es dort, daß „sciebam" als Ausdruck der bloßen, zu nichts verpflichtenden Vermutung zu verstehen sei, so wird hier darauf abgehoben, daß David sehr wohl die Folgen seines Handelns hätte voraussehen müssen.

Burgensis bemerkt darüber hinaus auch innerhalb der Interpretation des Psalms 7 eine Inkonsequenz Lyras. Während Lyra im Titel Davids schuldhafte „ignorantia" betont, akzeptiert er andrerseits die Unschuldsbeteuerungen in V 4[38]. Burgensis, der sich Lyra in der Interpretation von V 4ff anschließt, weil diese Verse wegen V 6 – den man so nur sagen könne, wenn man nicht mit den dort beschworenen Strafen rechne, sich also unschuldig fühle – als Manifestation der Unschuld Davids anzusehen seien, vermag so Lyra gegen dessen eigene Titel-Interpretation auszuspielen.

Burgensis lehnt die Auffassung, der titulus des Psalms 7 impliziere eine gewisse Schuldhaftigkeit Davids im Zusammenhang mit der Priestermord-Geschichte, auch aus psychologischen Gründen ab: David sei ein integrer Mann gewesen, der nicht mit einer solchen brutalen Reaktion Sauls habe rechnen können, zumal die Priester von der Feindschaft der beiden gar nichts wußten (und somit, so muß man fortfahren, in den Augen Davids keinerlei Anlaß für eine Bestrafung bestand). Was das Schuldbekenntnis gegenüber Abiathar betreffe, so sei mit dem Decretum Gratiani zu antworten, daß ein guter Mensch auch ohne konkreten Anlaß immer fürchte, schuldig zu sein[39]. Davids Schuldbekenntnis könne als der Versuch gewertet werden, Abiathar durch eine moralische Selbstbindung zu trösten und ihn seines Schutzes zu versichern.

---

[36] PAULUS VON BURGOS, Additio (in: Biblia cum glossis): Nam manifestum est quod tanta fuit humilitas David / quod numquam legitur vocasse Saul nisi nomine proprio vel nomine regio / vel Christum domini tam in absentia quam in praesentia: non solum in vita ... sed etiam post mortem saepe vocavit eum Christum domini. BURGENSIS fügt jeweils Bibelbelege bei.

[37] S o S 250 u Anm 32.   [38] 404 Anm 1.

[39] 397 Anm 18.

Da Burgensis von der Überzeugung ausgeht, David sei hinsichtlich der Angriffe, über die er in Psalm 7 klagt, unschuldig gewesen (vgl V 4ff), hätte er den Kontext, den Lyra für Psalm 7 vorschlägt, beibehalten können, denn er konstatiert ja ebenfalls Davids Unschuld am Tod der Priester; er hätte nur diese Interpretation, gegen Lyra, auch auf den Psalm-Titel übertragen müssen.

Paulus von Burgos entschließt sich jedoch zu jenem Geschichtsbezug, den dann Faber Stapulensis und später Luther in den Operationes übernehmen[40]. Unter dem Gesichtspunkt der Unschuld Davids ist die Simei-Geschichte zweifellos unproblematischer als die Saul-Verfolgung; denn darüber, daß David am Tode Sauls, entgegen den Vorwürfen Simeis, nach menschlichem Ermessen unschuldig war, gab es in der Tradition keine Meinungsverschiedenheiten[41].

d) Luthers Auffassung in den Dictata super Psalterium

In den Dictata hat Luther die vielfältigen Möglichkeiten gesehen, die die Tradition für die Psalm 7-Interpretation bereitgestellt hat[42]. Er selbst schwankt zwischen Saul und Simei, die Auslegung auf Chusi berücksichtigt er überhaupt nicht: Im Argumentum des Psalms[43] spielt er nur auf Simei an, räumt in der Interlinearglosse beide Möglichkeiten ein[44] und tendiert in der Randglosse zu Saul. In den Adnotationes zu Faber plädiert Luther gegen Faber mit Argumenten des Ps-Hieronymus[45] für Saul[46].

Alle diese Erklärungen aber sind ihm für den theologischen Gehalt des Psalms irrelevant: „Ob dieser ‚Aethiops' als Saul selbst oder als Simei oder als ein anderer benannt wird, verschlägt wenig"[47]. Ausschlaggebend für die theologische Interpretation ist Luther allein der Skopus des historischen Geschehens, den er in der ungerechten Verfolgung Davids als solcher sieht, von wem immer er sie erleidet[48]. Er schließt sich dabei insgesamt der durchweg eng christologischen Exegese des Perez von Valencia an[49], ohne aber im Scholion auf tropologische Tendenzen zu verzichten[50].

Diese Interpretationsmethode unterscheidet sich von der nach einem kurzen historisch-biblischen Vorspiel einsetzenden Allegorese in der augustinischen Richtung[51] oder bei Ps-Hieronymus ganz wesentlich: David weist ja auf das

---

[40] 395 Anm 3.
[41] GLOSSA INTERLINEARIS und GLOSSA ORDINARIA halten die Simei-Vorwürfe deshalb für gerechtfertigt, weil sie sie auf den Ehebruch Davids und den Mord an Uria beziehen, vgl 397 Anm 13.
[42] WA 55 I 46,12.   [43] Ebd 46,1–5.
[44] Ebd 46,8f.   [45] S o S 248.
[46] WA 4,474,28–30: Sed meo iudicio dorsum huius psalmi aptius Lyra exponit de Saule. Quia sic verba optime consonant. Non enim David optabat ista mala filio Absalon, sed magis flevit.
[47] WA 55 I 46,15f: Sive iste Ethiops ipse Saul sive Semei dicatur sive alius, parum refert.
[48] Ebd 48,11f: sufficit, Quod David in dorso huius psalmi ipsam suam innocentiam confitetur et ex ipsa historia eruditus prophetat de Innocentia Christi.
[49] Vgl ebd 47,6f.
[50] ZB WA 55 II 94,13f: haec est Christiana pietas, aequum esse ad omnes sine electione . . .
[51] S o S 247f.

Schicksal Christi „ex ipsa [sc seiner eigenen] historia eruditus"[52], für den „transitus ad Christum" ist nicht erst eine Namenallegorese nötig. Der historische Sachverhalt des Textes ist, so Luther in den Dictata, in qualitativer Weise Grundlage und Ermächtigung der folgenden theologischen Auslegung, die Basis der theologischen Interpretation muß nicht erst durch Allegorien hergestellt werden.

„Dorsum" nennt Luther den historischen Kontext bzw, genauer, dessen Skopus[53]. In den Adnotationes zu Faber verdeutlicht er seine Intention, indem er „dorsum" durch „facies" ergänzt. Beide sind verbunden durch das prophetische Element: Weil Luther den Literalsinn des Psalms als prophetischen versteht, deshalb hat der Psalm für ihn zwei Seiten, dorsum und facies: „Ego autem sensum literalem quaero propheticum in psalmis. Et ideo bene sustineo, quod duplicem sensum habeant, alium in dorso, alium in facie"[54].

Dies unterscheidet sich grundsätzlich von Augustins allegorischer und von Lyras historistischer Hermeneutik. Es mag traditionelles Allgemeingut gewesen sein, die Psalmen in der Regel prophetisch von Christus zu verstehen[55], ebenso mag es „zwar ungewöhnlich, aber nicht revolutionär" gewesen sein, „wenn Nikolaus von Lyra sich ... möglichst auf den sensus literalis historicus beschränkte"[56]. Aber Luther setzt sich in den Dictata von der Augustin-Richtung durch den ausdrücklichen Bezug seiner christologisch-tropologischen Auslegung zum Literalsinn des Textes ab: Er versteht einen *historischen* Text prophetisch; zugleich aber versteht er den historischen Text *prophetisch* und korrigiert mit der Betonung der prophetischen Implikationen des „dorsum" entscheidend eine einseitig nur auf das Historische kaprizierte Erläuterung.

e) Luther in den Operationes

In seiner zweiten Psalmenvorlesung erhebt Luther den Ansatz der Dictata zum Programm: „primo grammatica videamus, verum ea theologica"[57]. Hierin spricht sich die Ablehnung einer Trennung von Philologie und Theologie in der Auslegungsmethode aus, wie sie zB Reuchlin vertritt[58] oder Böschenstein[59]. Allerdings muß man sehen, daß keine Identifikation von Buchstaben und Geist intendiert ist[60], sondern eine Bewegung vom Literalen zum Theologischen hin – eine Bewegung, die der Buchstabe, eben weil er prophetischer Buchstabe ist, der sachgemäßen Interpretation biblischer Texte abverlangt.

Diese Erkenntnis wendet Luther in seiner Auslegung des siebten Psalms am konkreten Beispiel an: Historie und Theologie sind eng verbunden und doch getrennt; getrennt, weil Luther nicht gewillt ist, in die geschilderte traditionelle

---

[52] S o Anm 48.   [53] S o Anm 46.
[54] WA 4,475,5f. Zu FABERS Hermeneutik vgl G EBELING, Lutherstudien I 14f.
[55] EBELING, Lutherstudien I 118f.
[56] Ebd 13.   [57] 29,4 (27,8).   [58] 29 Anm 8.
[59] Vgl G BAUCH, Die Einführung des Hebräischen in Wittenberg, in: MGWJ 48 (1904) 154f.
[60] Vgl SIEGFRIED RAEDER, Grammatica theologica. Studien zu Luthers Operationes in Psalmos (Tübingen 1977) 34ff.

Diskussion darüber einzutreten, wie Psalm 7 mit den Einzelheiten des für ihn vorgesehenen Kontextes zusammenstimmt[61], weil ihn das Historische als solches nicht interessiert; verbunden, weil die theologischen Aussagen des Psalms sich aus dem Skopus des historischen Sachverhalts ergeben. Luther kommt hier zugute, daß Burgensis die Probleme des Literalsinnes gegen Lyra schon ausführlich durchdiskutiert hat, so daß er diese Ausführungen zugrundelegen kann. War dieser Hintergrund seinen Hörern oder Lesern bekannt oder konnte Luther wenigstens davon ausgehen, daß sie bekannt seien? Zumindest bei den Hörern Luthers ist damit auf jeden Fall zu rechnen[62], wenn denn von Wissenschaftlichkeit – auch unter damaligen Maßstäben – an der neuen Universität Wittenberg gesprochen werden soll. Das bedeutet für uns die Verpflichtung, die unausgesprochenen Vergleiche mit traditioneller Exegese nachzuvollziehen, die die Hörer und wohl auch viele Leser der Drucke anstellen konnten, und Luthers Position aus einer Perspektive zu beleuchten – nämlich ansatzweise seiner eigenen und der seiner Hörer –, die ihre geschichtliche und theologische Eigenart zur Geltung zu bringen vermag.

3. Der Skopus des Psalms 7 in den Operationes

Trotz des Verzichts auf eingehendes Referat der Tradition übernimmt Luther die allgemeine Überzeugung, daß der Psalmtitel den Skopus des Psalms anzeigt. Indem er darauf hinweist, in dieser Frage Burgensis folgen zu wollen[63], unterstellt er von vornherein, daß die „verba", über die der Psalmist klagt[64], einen Unschuldigen getroffen haben. Da er nun den Kontext 2Sam 16,5–11 mit den falschen Anschuldigungen Simeis vor sich hat, schließt er den Zirkel mit der Bemerkung, solche Worte über David habe Saul nicht ausgespieen[65].

Thema des Psalms ist also die Konfrontation eines nach menschlichem Ermessen in einer bestimmten Frage absolut Unschuldigen mit einem „gravissimus et importunissimus calumniator", dessen Niedertracht selbst das vom schlimmsten Feind zu erwartende Maß übersteigt.

II. Die theologischen Folgen der philologischen Entscheidung

1. Unwissenheit und Unschuld

„Diese ‚Unwissenheit' ist nichts anderes als Unschuld. Denn man nennt uns mit Recht ‚Unwissende' hinsichtlich einer Sache, deren wir uns nicht bewußt

---

[61] Vgl o S 247.
[62] Über den Stand von ADOLF HAMEL, Der junge Luther und Augustin (Gütersloh 1934) bes 26ff, hinaus wäre für LUTHERS Kenntnis und Benutzung der exegetischen Tradition in den Operationes eine neuere Studie wünschenswert; das Team, das an der Neuedition der Operationes arbeitete, war aus Zeitgründen zu dieser Arbeit nicht mehr imstande. Darüber hinaus wäre ein Überblick über das Studienmaterial des Studenten erforderlich.
[63] 395,1f (219,12f).   [64] 394,3 (219,10).   [65] 395,17–396,1 (219,29–34).

sind"⁶⁶ – so Luther in einer zentralen Aussage über die „ignorantia" Davids, die dieser laut Titel in Psalm 7 heraussingt. Der Sprung vom technischen „ignarus" über das anthropologische „conscius" zum ethischen „innocens" kann in dieser lapidaren, nahezu tautologischen Deutlichkeit allerdings nur überzeugen, wenn die literarische Einordnung des Psalms einen „Sitz im Leben" des Psalmisten aufzeigt, aus welchem dessen Unschuld zweifelsfrei ablesbar ist.

Entsprechend der Entscheidung über den Kontext des Psalms war man in der Tradition über das Verständnis der „ignorantia" keineswegs einer Meinung. Hat nämlich, wie Burgensis und Faber meinen, David den Psalm 7 im Angesicht des ihn verfluchenden Simei gesungen, so ist, besonders im Hinblick auf 1Kön 2,8f, seine Unschuld erheblich wahrscheinlicher, ja nahezu indiskutabel, als wenn man das Lied mit der Flucht vor Saul und mit der Priestermordgeschichte (1Sam 21f) in Zusammenhang bringt wie Lyra, der David ein aus einer – vermeidbaren und darum schuldhaften – „ignorantia crassa" hervorgegangenes „peccatum ignorantiae" anlastet. Luther schließt sich Burgensis und Faber an und entgeht damit, wie jetzt zu zeigen sein wird, einer Kasuistik, in die die spätscholastische Theologie das menschliche Leben einzusortieren versuchte.

a) Die ungewisse Unwissenheit: „ignorantia" in der Kasuistik des Spätmittelalters

Nikolaus von Lyra mußte mit seiner Interpretation der „ignorantia" des Psalm-Titels als einer „ignorantia crassa" Luther an die spätmittelalterliche kasuistische Bedeutungsbreite des Begriffs erinnern. Im Standardlehrbuch, seinem „Collectorium", unterscheidet Gabriel Biel mehrere Möglichkeiten, über ignorantia zu sprechen⁶⁷. Für die Beurteilung der Schuldfrage spielen folgende Distinktionen eine Rolle:
– Die „ignorantia invincibilis": sie bleibt zurück, nachdem und obgleich der Mensch alles zu ihrer Austreibung (expulsio) getan hat⁶⁸. Ein aus ihr resultierender Sündenakt ist entschuldigt⁶⁹.
– Die „ignorantia crassa et supina", die auf der Nachlässigkeit im genauen Erforschen des für eine zu treffende Entscheidung erforderlichen Wissens beruht: Sie entlastet nur zum Teil, etwa insoweit, als „talis ignorantia non excusat peccantem, ut in inferno non ardeat, sed forte ut minus ardeat"⁷⁰.
– Die „ignorantia affectata, qua voluntas vult nescire ... actu positivo"⁷¹: sie verschärft und vermehrt die Sünde⁷².

Diese Art und Weise der Beurteilung menschlicher Schuld setzt objektiv feststellbare, berechenbare, meßbare und wägbare Größen voraus. Da aber die Menschen bei redlicher Beurteilung der Sachlage in den seltensten Fällen alle Motiva-

---

⁶⁶ 397,4f (220,15–17).
⁶⁷ GABRIEL BIEL, Collectorium II d 22 q 2: Quaestio, ob der Sündenfall Adams wegen dessen Unwissenheit entschuldbar gewesen sei.
⁶⁸ Ebd Art I Not I C.   ⁶⁹ Ebd Art II Concl I.
⁷⁰ Ebd Art II Concl II.   ⁷¹ Ebd Art I Not I B.
⁷² Ebd Art II Concl III.

tionen und Implikationen ihres Handelns überblicken, sind Ungewißheit und Verunsicherung die Folge. Diese Behauptung läßt sich an unserem Psalm verifizieren: Woher weiß Lyra in der Auslegung des Psalm-Titels, daß David während seines Aufenthaltes bei den Priestern in Nob nicht doch das Beste, was sein augenblicklicher Bewußtseinsstand ihm ermöglichte, tat, um recht zu handeln? Warum verneint Lyra dies in der Erklärung des Psalms und bejaht es in der Auslegung von 1Sam 22 wenigstens als Möglichkeit[73]? Die Fakten sind immerhin dieselben.

Auch Perez, der den Psalm 7 ebenfalls in den Kontext des Priestermordes stellt, gesteht David zu, er sei bei diesen Ereignissen „innocens et ignorans" gewesen[74]. Dieselben Fakten unterliegen verschiedenen Interpretationen hinsichtlich der Qualifikation und Einordnung der für die Beurteilung entscheidenden ignorantia.

Wir sehen, die Bemühung um Objektivität, die zu der kasuistischen Differenzierung im Spätmittelalter geführt hat, scheitert im konkreten Fall an der Unzulänglichkeit menschlichen Urteilsvermögens. Der urteilende Mensch hat nicht immer außerhalb seiner selbst liegende und von seiner Unzulänglichkeit unabhängige Kriterien zur Verfügung; wenn er urteilt, muß er oft aus sich selbst urteilen – wir nennen das Subjektivismus. Allerdings ist der spätmittelalterliche Subjektivismus[75] nicht „systemimmanent", nicht eingeplant, sondern erscheint im konkreten Fall als eine Art Betriebsunfall, der durch vorgebliche Objektivität oft verdeckt ist. Denn trotz seiner eingebauten, wenn auch nicht eingeplanten Mangelhaftigkeit stellt sich die spätmittelalterliche Kasuistik als eine Methode dar, mit der das Verhalten eines beobachteten Subjekts im Rahmen eines objektiv feststellbaren Sachverhalts mit objektiven Kriterien objektiv beurteilt werden kann.

b) Der selbst-gewisse Unschuldige: „Ignorantia" in Luthers Operationes

Das von Lyra auf Psalm 7 angewandte, in der Systematik, zB von Biel in allen Varianten durchgespielte ignorantia-Problem kann sich nur stellen, wenn in Frage steht, ob eine böse Tat oder ein schlimmes Ereignis von dem „Ignoranten" bei verantwortlicher Wahrnehmung seiner Informationspflicht hätte vermieden werden können.

Die Szene von Davids Verfluchung durch Simei, 2Sam 16,5ff, in die Burgensis, Faber und Luther den Psalm stellen, bietet jedoch eine solche Möglichkeit von vornherein gar nicht erst an: Der exegetische Befund der Königsbücher läßt nämlich, und hierin sind sich Lyra, Burgensis, Faber und Luther einig, keinen Zweifel

---

[73] S o S 251.

[74] IACOBUS PEREZ VON VALENCIA, Centum ac quinquaginta psalmi Davidici (Lyon 1514) zSt: Saul praecepit trucidari Achimelech sarcerdotem (sic!) cum tota domo sua et incendi totam civitatem et pronuntiavit David proditorem, qui coniurasset contra eum etc. Ex quo patet quod Saul illa locutione coram toto populo accusavit David de falso crimine coniurationis et malipolii et proditionis, de quibus omnibus David erat innocens et ignorans. Ideo David tribulatus de morte sacerdotum et de falso crimine sibi imposito per Saul: fecit hunc psalmum allegando ignorantiam et innocentiam suam, et cantavit ipsum coram domino.

[75] In gewissem, unten S 257ff näher zu bestimmenden Sinne kann man auch bei LUTHER von Subjektivismus sprechen; bei ihm hat er allerdings andere Folgen.

darüber, daß Simeis Beschuldigungen jeder faktischen Grundlage entbehren[76]. Luther kann sich somit auf anerkannte faktische Unschuld Davids wie auf dessen berechtigtes Unschuldsbewußtsein beziehen, wenn er den Psalm-Sänger mit den Vorwürfen Simeis konfrontiert.

Luther ist also nicht genötigt, an der objektiven Unschuld Davids herumzudiskutieren, und nur an wenigen Stellen spielt er darauf an, zB wenn er davon spricht, Simei habe dem David „falsche Verbrechen" in die Schuhe geschoben[77], oder wenn er in der applikativen Zusammenfassung am Schluß der Auslegung den Teufel als calumniator beschreibt, der „das Gewissen auch über solche Fragen durcheinanderbringt, in denen wir recht und gottgefällig gehandelt haben"[78]. Einige andere Stellen sind nicht zweifelsfrei in diesem faktischen Sinn zu interpretieren[79].

In der Regel konzentriert sich Luther auf den Aspekt des Unschuldsbewußtseins Davids, das er – immer hinsichtlich der Simei-Vorwürfe – dem indirekten Unschuldsbekenntnis Davids 1Kön 2,8f entnehmen kann, wo David Salomo die Tötung Simeis empfiehlt[80].

Die Tatsache, daß Luther zwar David objektiv unschuldig weiß, aber in erster Linie sein Unschuldsbewußtsein herausstellt, durchzieht den ganzen Kommentar[81]. Gelegentlich entsteht sogar der Eindruck, als ob Luther das Faktum der Unschuld aus der subjektiven Überzeugung Davids ableite, etwa wenn er meint, die These: „ignorantiam hanc non esse aliud quam innocentiam", beruhe auf dem Allgemeinplatz: „cuius non sumus nobis conscii, recte ignari quoque eiusdem dicimur"[82].

Aus der subjektiven Überzeugung, nicht primär aus dem objektiven Befund, folgert Luther jedenfalls die Berechtigung, sich gegen die Anwürfe von Gegnern zu verteidigen. Der Psalm lehre, „das Vertrauen auf das unschuldige Gewissen[83], soweit es (dies)[84] vor den Menschen ist, ins Feld zu führen"[85], „entsprechend der Unschuld gegen die Widersacher zu beten, die keinen gerechten Grund gegen irgendeinen Menschen haben können, der sich durch ein unschuldiges Gewissen auszeichnet"[86]. Luther erspart sich auf dieser Argumentationsebene – „coram

---

[76] Vgl 396f Anm 13.
[77] 395,21 (219,32).
[78] 440,22f (248,30f).
[79] 418,5–10 (234,12–17); 436,20–23 (245,28–31); 436,29f (245,37f).
[80] 396,16–397,5 (220,11–17).
[81] 401,3 (222,32); 401,31 (223,21); 402,25f (224,5f) etc.
[82] 397,4f (220,15–17).
[83] Der Genitiv „innocentis conscientiae" ist doppeldeutig: „des Gewissens des Unschuldigen" oder „des unschuldigen Gewissens". Klassisches Latein würde das Adjektiv nachstellen, aber selbst die substantivische Übersetzung würde sachlich das Verständnis des unschuldigen Bewußtseins erfordern; eine objektive Unschuld ist hier, wo das Verhalten des sich unschuldig Fühlenden in Frage steht, kaum intendiert. Vgl 402,17 (223,38).
[84] Würde „innocentis" substantivisch aufgefaßt, müßte hier paraphrasiert werden: „soweit er (!) (dies) vor den Menschen ist".
[85] 401,5f (222,33f).
[86] 402,15–17 (223,36–38).

hominibus"![87] – Halbheiten, indem er trotz der am titulus des Psalms sich aufdrängenden Assoziationen kasuistischer Distinktionen des Spätmittelalters sich auf einen Kontext mit exegetisch unzweifelhaftem Befund stützt.

Die Priorität der subjektiven Überzeugung vor dem objektiven Faktum in Luthers Kommentar könnte – obgleich beide Faktoren eindeutig zusammenstimmen – dazu verleiten, hier am konkreten Beispiel den vor allem von katholischen Beobachtern gegen Luther erhobenen Vorwurf des Subjektivismus bestätigt zu sehen.

Wir möchten demgegenüber betonen, daß die im Gefolge des Subjektivismus-Vorwurfs einhergehende Schelte einer „tief im Subjektivistischen verankerten *Skrupulosität*"[88] für die Erklärung des Psalms 7 in den Operationes ungerechtfertigt ist. Luther wirft mit seinem „Subjektivismus" die spätmittelalterliche Skrupulosität ja gerade über Bord, weil nun eben nicht mehr diskutiert, untersucht, nachgeforscht zu werden braucht. Indem wir nun aber einschränken, daß die Assoziation der am ignorantia-Verständnis sich manifestierenden spätmittelalterlichen Skrupulosität nur an der Auslegung des Titels durch Lyra und ihrer Bestreitung durch Burgensis entsteht, während die übrigen Exegeten, auch Lyra ab Vers 4, von der Unschuld Davids ebenso überzeugt sind wie Luther[89], zeigt sich uns an diesem weiteren Schritt nun eine andere, und zwar die entscheidende Absage Luthers an die theologische Tradition.

2. Schuld und Unschuld

a) Luthers Arroganz und Demut

Die Unschuld „coram hominibus" empfiehlt Luther vor allem um des anvertrauten Volkes willen zu verteidigen[90]; sie wäre aber schrecklich mißverstanden ohne jene andere Ebene, aus der sie ihre Beleuchtung erfährt: „Diese Unschuld ist von vornherein so aufzufassen, daß dennoch das Urteil Gottes gefürchtet wird; man soll sich in der Freude über sie nicht in Sicherheit wiegen, es sei denn zuvor Gott die Ehre gegeben"[91], indem wir nämlich „vor ihm eingestanden haben, daß seine Urteile andere sind als unsere menschlichen"[92]. Luther entnimmt mit diesen Worten den Menschen dem menschlichen Urteil. Er fragt nicht nach, ob das subjektive Unschuldsbewußtsein sachlich gerechtfertig ist, er relativiert es vielmehr, indem er die Existenz des Menschen „coram hominibus" in seine Existenz „coram

---

[87] 401,5f (222,34).
[88] JOSEPH LORTZ, Die Reformation in Deutschland I (Freiburg etc ⁴1962) 162.
[89] 396f Anm 13.
[90] 411,8ff (229,19ff); 417,17ff (233,29ff).
[91] 397,7–9 (220,19f).
[92] 397,9f (220,20f); vgl 402,19 (223,39).

Deo" einbindet. Was das bedeutet, sehen wir an der ernsthaften Behandlung der unsicheren, fragenden Verse des Psalms 7, insbesondere der Verse 4–6, anhand welcher Luther mehrfach die Dialektik betont, die den Menschen als Person vor Gott und vor den Menschen konstituiert: Das Vertrauen auf das unschuldige Gewissen möge zu seinem Recht kommen vor den Menschen – aber laßt uns nicht sicher sein, daß wir nicht vor Gott (nicht: vor den Menschen!) einen verborgenen Fehler haben[93], laßt uns das verborgene Urteil Gottes fürchten[94], keiner soll sich auf sich selbst verlassen, „quantumlibet iusta, sancta, innocens, vera divinaque sit causa tua", vielmehr soll man seine Sache in Furcht und Demut behandeln, immer eingedenk der Urteile Gottes[95].

Den ganzen Kommentar durchzieht die Mahnung, daß das Bewußtsein der eigenen Unschuld von dem Wissen um die Verborgenheit der Urteile Gottes kontrolliert werde, wobei letzteres natürlich entscheidend ist: Man muß zuerst in Demut fürchten, daß man die Anklage der Gegner wirklich verdient hat (und entsprechend sich auf gerechte Strafe vorbereiten), dann erst kann man gemäß seiner Unschuld[96] „gegen die Widersacher beten"[97].

Die Rede von den „occulta iudicia dei" soll seit Augustin die Gerechtigkeit Gottes sichern. Luther hätte sich einfach auf den Sündenfall berufen können, um seinen Hörern und Lesern die Skepsis gegenüber dem eigenen Unschuldsempfinden begreiflich zu machen. Er tut es wohl deshalb nicht, weil ihm Text und Kontext des Psalms keinen Anhalt dafür geben. Es handelt sich hier, scholastisch gesprochen, um Aktualsünden. Luthers Verzicht auf das Argumentieren mit der Ur- oder Erbsünde verschärft aber das Problem. Luther besteht darauf, daß nicht nur das „Sein", sondern auch das aktuelle Handeln des Menschen vor Gott anderen Maßstäben unterliegt als vor den Menschen, als vor einem selbst.

So großen Wert legt er auf diese Unterscheidung, daß er selbst Gottes geoffenbartes Gebot, auf das sich doch wenigstens der Fromme stützen kann, relativiert: „Es ist dies der allerhöchste Grad der Gottesfurcht, wo du gezwungen bist, auch Gott selbst und sein Gebot für dich zu leugnen und zu fürchten, es sei gegen dich; kurz, wo du gehalten bist zu fürchten, daß Gott das, was er geboten und gewollt hat, nicht will, sondern hindert und haßt, während man doch sonst ängstlich darauf bedacht sein soll, das zu tun, was als Gebot feststeht"[98]. Eine empfindlichere Geschichte als Isaaks Opferung[99] hätte Luther nicht finden können, um zu zeigen, wie radikal er das Urteil Gottes von dem der Menschen getrennt wissen will.

b) Der Vergleich: Luther und die exegetische Tradition

Burgensis hat den Vers 6 als rhetorische Floskel verstanden, welche nur als Unterstreichung der Unschuld des Psalmisten zu verstehen sei[100]. Aber nicht nur

---

[93] 401,4–7 (222,32–35). [94] 401,25f (223,16).
[95] 402,3–5 (223,25–27).
[96] Hier wohl: gemäß dem Bewußtsein seiner Unschuld.
[97] 402,14–16 (223,35–37). [98] 404,9–13 (225,5–10).
[99] 404,9 (225,5); 401,27–30 (223,17–20). [100] S o S 251.

bei ihm, sondern in der ganzen übrigen Tradition ist das zu beobachten, was Luther als „affectus fiduciae" bekämpft[101]. Kein Ausleger relativiert Davids Bewußtsein der Unschuld durch einen „timor Dei" wie Luther: „Siehe, es kommt der Fürst dieser Welt und er findet nichts (Böses) in mir"; „den Psalm singt die vollendete Seele dem Herrn"[102], so vermag die Tradition den Psalm zu interpretieren. Bei eng christologischer Auslegung ist das verständlich, aber sie vertritt Perez als einziger. Selbst Lyra rekurriert schließlich ab Vers 4 auf Davids Unschuld, und Bonaventura, der 2Sam 16,5ff als Beleg für Davids Demut heranzieht, behält ihm doch eine „secura conscientia" vor[103].

Worin liegt aber der Unterschied, da doch auch Luther David schlicht für unschuldig hält? Der Kern der Differenz besteht darin, daß die Tradition die Diskussion um die innocentia nicht allein coram hominibus, sondern auch coram Deo führt. Was bei Luther im Bereich menschlichen Umgangs bleibt – dort allerdings ernst genommen wird –, wird in der Tradition theologisch überhöht. Sie nimmt ihre Beurteilungskriterien aus der Immanenz und überträgt sie auf Gott.

Zwar behauptet sie, ihr menschliches Urteil kenne die Maßstäbe Gottes und mache sie für sich fruchtbar. Aus diesem Anspruch aber folgt, wie unten an Einzelbeispielen zu zeigen sein wird, die Notwendigkeit sorgfältigen, mühsamen, ja man muß den Vorwurf zurückgeben: skrupulösen und gleichwohl unsicheren Abwägens. Luther macht hier einen Strich: Was für und vor den Menschen gilt, gilt noch lange nicht für und vor Gott. Konsequenterweise kommt man so zu einer Kirchenkritik wie schon in der Auslegung von Psalm 1, wo der Unterscheidung der menschlichen und göttlichen Gesetze aktuelle Kirchenpolemik entspringt[104]; sie bleibt im Psalm 7-Kommentar nicht aus[105]. Jedoch geht es Luther nicht in erster Linie um Polemik. Er bleibt vielmehr meist in der theologischen Ebene, und dabei gewinnen seine Gedanken eine entschieden seelsorgerliche Zuspitzung[106].

Indem nämlich die Identifikation menschlicher und göttlicher Kriterien abgelehnt wird, fallen zwei Momente in sich zusammen, die dem mittelalterlichen Menschen auferlegt waren: einmal der Zwang, „anima perfecta" zu werden, die von sich behaupten kann, der Fürst dieser Welt finde nichts in ihr; zum andern das daraus folgende Mühen und Sorgen, ob man alles Menschenmögliche getan hat, wie es in der durch Lyras „ignorantia crassa" assoziierten spätmittelalterlichen Kasuistik enthalten ist. Beide Elemente konzentrieren sich in einem Punkt: In Luthers Auslegung wird irrelevant vor Gott, also im letzten Grunde, was die Tradition an objektiven Kriterien und Kategorien erarbeitet hat. Zwar nimmt Luther den objektiven „menschlichen" Sachverhalt durchaus ernst, David ist realiter unschuldig. Aber Luther kommt es in erster Linie darauf an, daß David sich – „coram hominibus"! – unschuldig weiß. Hier gibt es keine langen Erörterungen wie bei Biel oder in der Auseinandersetzung zwischen Lyra und Burgensis. David

---

[101] 403f Anm 1.   [102] Ebd.   [103] Ebd.
[104] 38,20–40,2 (32,20–33,6).
[105] 406,20–408,26 (226,28–227,41).
[106] Was er ausdrücklich intendiert, vgl 398,6ff (220,37ff).

ist unschuldig, und wer unschuldig ist, soll das auch jederzeit vertreten und verteidigen. Gegenüber dem Hin und Her moralischer Kasuistik beschwert Luther David und jeden sich unschuldig Wissenden nicht mit skrupulösen Zweifeln.

Diese Befreiung gelingt aber nur, weil es „coram hominibus" nicht um das Letzte geht. Mit dem Urteil coram hominibus ist das Urteil coram Deo nicht gesprochen. Dem immanenten Optimismus, der radikalen Bejahung des subjektiven Bewußtseins, entspricht ein ebenso radikaler theo-logischer Pessimismus, den die Tradition vermissen läßt. Das Gewissen als immanentes Bewußtsein weiß sich unschuldig. In der Tradition ist dieses Wissen unter großer Mühsal und Unsicherheit erkauft, weil man damit vor Gott treten muß. Luther aber tritt damit nicht vor Gott; dort gilt ein anderer Aspekt. Das Gewissen vor Gott traut dem immanenten Bewußtsein nicht[107], es weiß vielmehr um die Unzulänglichkeit dessen, was der Mensch in sich selbst ist. Das aber bedeutet die grundsätzliche Offenheit für Korrekturen: „David ... licet sibi esset nullius conscius, tamen regnum resignans ait 2Reg 15<,26>: ,Si dixerit mihi: ,non places', praesto sum; faciat, quod bonum est coram se', et Semeiam maledicere permisit, etiam a deo iussum esse credidit omnino timens recta sibi et digna contigisse"[108].

Auch auf dieser Argumentationsebene ist der Vorwurf des Subjektivismus unzutreffend, weil das Subjekt bei der Beurteilung seiner selbst gerade von sich weg auf Gott sieht, und der ist, da bei ihm andere als menschliche Beurteilungsmaßstäbe gelten, unverfügbar und so für den Gläubigen das unbestechlichste und gewisseste und daher „objektivste" Kriterium[109]. Die Scholastik verläßt sich auf ihr eigenes Urteil, um es Gott recht zu machen; Luther verläßt sich auf Gottes Urteil und darauf, daß er es schon recht macht. Da er Gottes Urteil aber nicht kennt, kann er es auch nicht beeinflussen; und weil er es nicht beeinflussen kann, ist er auch nicht genötigt, es zu versuchen.

Aus kasuistischem Blickwinkel bleibt dennoch die Frage, wie man denn nun ohne realen Anhaltspunkt, ohne konkrete Maßstäbe sein Verhältnis zu Gott verstehen soll, und es erwächst der Vorwurf, daß hier, wo der Mensch nichts wissen und sehen darf, erst recht Anlaß zu verzagtem Hin und Her gegeben sei. Das wäre womöglich so, wenn Luther es bei dem Rat, das unbekannte Urteil Gottes zu fürchten, bewenden ließe. Er geht jedoch weiter: Das Urteil Gottes fürchten bedeutet nicht, nach hier oder dort abzuwägen, ob man es denn verdient hätte; da Gottes Urteil unerforschlich ist, gilt es, sich auf Schuld einzustellen, wo man keine sieht[110].

Mehr noch: Der Psalm will lehren, zu einem so vollendeten Haß der Sünde, zu einer so vollendeten Gottesliebe zu gelangen, daß man Sünde annimmt, wo man – und nun nicht nur: keine weiß, sondern wo überhaupt keine ist[111]. „Sünde als Glaubenssatz" ist die Sicherung, die Luther dem Gewissen gibt. Das ist nicht makaber, denn Gottes Urteil fürchten und also sich als Sünder sehen, heißt Gott die Ehre geben[112]. Das Bewußtsein, nach menschlichem Ermessen unschuldig zu sein,

---

[107] 397,6f (220,17f).
[109] 79,1–11 (54,4–14).
[111] 398,14–17 (221,5–8).
[108] 401,31–402,1 (223,21–24).
[110] 397,16–18 (220,27–29).
[112] 397,8f (220,19f).

wird daher durch das Bewußtsein der Sünde vor Gott nicht relativiert; vielmehr erhält es einen bestimmten Stellenwert in den Grenzen, die ihm coram hominibus zukommen. Wenn das Gewissen seine Stellung coram Deo kennt und akzeptiert und also auch weiß, daß die letztgültige Beurteilung des Menschen von Gott allein abhängt, dann vermag es seine Kraft auf die „Horizontale" zu konzentrieren und hier, wenn auch immer korrekturbereit, mit Entschlossenheit zu handeln.

Von dieser Position aus gibt Luther darum konkrete Ratschläge, die hier nicht ausgeführt werden können. Jedoch soll angedeutet sein, daß das in der geschilderten Weise befreite Gewissen seine Geborgenheit unter der Obhut Gottes durchaus in der zwischenmenschlichen Auseinandersetzung beanspruchen kann: „Nachdem er (sc David) sich also bemüht hat, Gott und den Leuten zu ihrem (jeweiligen) Recht zu verhelfen, kümmert er sich aufs neue um sein eigenes Problem[113], indem er darum bittet, daß seine Unschuld offenbar werde, da doch weder Gottes noch der Menschen Sache gebessert werden könnte, wenn nicht seine eigene Unschuld, unter Niederwerfung der Gottlosen, verteidigt worden sei. Daher zwingt die Notwendigkeit, Gott zur Herrlichkeit und dem Volk zum Heil zu verhelfen, dazu, daß er darum bittet, daß auch seiner Sache zum Recht verholfen werde"[114].

3. Zwei exegetische Brennpunkte

Bei all seinen Überlegungen spricht Luther nicht als Theoretiker, sondern als Exeget. Der wiederholte Hinweis darauf, Gott habe dem Simei aufgetragen oder geboten, David zu verfluchen, bezieht sich auf den Vers 10 des biblischen Kontextes 2Sam 16,5ff, in den Luther den Psalm stellt. David hindert dort seine Begleitung an einem Vorgehen gegen Simei mit der Begründung: „Dominus enim praecepit ei, ut malediceret David". Programmatisch geht Luther auf dieses praeceptum dei ein, indem er es mit einem auf Gregor den Großen und das Kirchenrecht zurückzuführenden Schlagwort in Beziehung setzt: „Talis est enim uniuscuiusque pii conscientia, quantumlibet innocens, ibi culpam timere, ubi culpa non est"[115]. Exegetischer Zusammenhang und traditionelle Formel verschlingen sich hier zum Kerngedanken des Psalms, so daß eine Präzisierung ihrer historischen Bezüge dem Verständnis der Position Luthers förderlich sein wird.

a) Das „praeceptum domini" von 2Sam 16,10

Von den wenigen mittelalterlichen Auslegungen der Königsbücher war Luther bekannt die Biblia cum glossis mit der Postille Lyras[116]. Da die beiden Glossen

---

[113] LUTHER denkt vorzugsweise in anthropologischen und theologischen Kategorien, weniger in juristischen; dem gilt es in der Übersetzung Rechnung zu tragen.
[114] 417,8–11 (233,20–24).
[115] 397,12–18 (220,23–28).
[116] Hierzu haben BURGENSIS auf seine Additio, DOERING auf seine Replica verzichtet.

für einen Vergleich nicht in Betracht kommen, weil sie die Simei-Verfluchungen gegen ihren Wortlaut mit Davids Ehebruch und seinem Mord an Uria verbinden[117], da Luther ferner eine Reaktion auf die scholastischen Ausflüchte des Hugo Cardinalis[118] 2Sam 16,10[119] nicht erkennen läßt, beschränken wir uns auf Nikolaus von Lyra.

Für Lyra, der die Vorwürfe Simeis wörtlich nimmt und sie daher für unberechtigt halten muß[120], wird das „praeceptum domini" von 2Sam 16,10 wie für Luther zu einem Problem, das die innocentia Davids in Frage stellt: „Hic occurrit perplexitas". Wenn nämlich Gott dem Simei geboten hatte, David zu verfluchen – dies deutet der Vers ja an –, dann kann man nicht behaupten, Simei habe gesündigt, als er dieses Gebot befolgte. Nun geschah ja ein Tadel an David wegen einer anderen Sache, des Ehebruchs mit Bathseba und seiner Folgetat, zu Recht. Würde man aber die Verfluchungen Simeis – gegen ihren Wortlaut! – hierauf beziehen und so ihre Berechtigung retten, dann würde David wiederum gesündigt haben, als er 1Kön 2,8f Salomo zur Tötung Simeis verpflichtete; eine Sünde dieser Art aber intendiere, so Lyra, der Kontext 1Kön 2 nicht. Würde man angesichts dieser Schwierigkeit aber zugestehen, daß Simei mit der Verfluchung Davids gesündigt hat, so würde hieraus eben wegen des Verses 10 die Unmöglichkeit folgen, Gott habe dem Simei eine Sünde geboten und er wäre „per se et directe" Urheber von Sünde[121]. In diesem Fall hätte David übrigens einen Eid gebrochen, da er 2Sam 19,23 schwor, Simei wegen seiner Beleidigungen nicht zu töten. Lyra begründet darum anders als Burgensis und Luther 1Kön 2,8f nicht mit der Strafwürdigkeit Simeis wegen der Verfluchung Davids, sondern wegen seines allgemeinen rebellischen Charakters[122]. Die „perplexitas" von 2Sam 16,5ff – einerseits Unschuld Davids bezüglich der Simei-Vorwürfe, andrerseits ebendiese Vorwürfe als Gebot

---

[117] 397 Anm 13.

[118] Bei der Bearbeitung der Operationes wurde HUGO VON S. CHER reichlich benutzt als Exempel scholastischer Exegese, obgleich nicht geklärt ist, ob LUTHER sein Werk gekannt oder benutzt hat.

[119] HUGO CARDINALIS, Opera I (Venedig 1732) zSt: ‚Praecepit ei' permittendo dicit (Gloss). Tamen secundum illam opinionem, quae dicit, quod omnis actio est a Deo, dicendum est, quod Dominus fuit auctor illius actionis, et praecepit illam fieri, Sed non sic praecepit illam fieri: voluit substantiam actionis, sed non qualitatem, sive modum actionis, sed permisit (die Gegenüberstellung geschieht zwischen voluit und permisit).

[120] 397 Anm 13.

[121] LYRA, Postilla litteralis zu 2Sam 16,10: ‚Dominus enim praecepit ei, ut malediceret David': Hic occurrit perplexitas. Quia si Dominus praecepit ei, non peccavit hoc faciendo . . . David autem peccaverat coram Deo, et dignus erat hac poena et maiori, ut patet ex supradictis.xi.c. [sc Bathseba-Ehebruch, Uria-Mord]. Sed ad hoc sequitur, quod David peccavit in iungendo Salomoni eius interfectionem: ut habetur infra [1Kön 2,8f]. Cuius contrarium videtur scriptura innuere ibidem. Si autem dicatur, quod Semei maledicendo David peccavit, sequitur inconveniens, scilicet, quod Deus praeceperit eum peccare, et sic fuit causa peccati per se et directe, quod est impossibile.

[122] LYRA ebd zu 2Sam 19,23: ‚Non morieris. Iuravitque ei': Sed videtur quod David istud iuramentum fregerit, quia iniunxit filio suo Salomoni de morte eius [1Kön 2,8f] . . . Dicendum quod David non iuravit nisi quod non moreretur [lies: morieretur] tunc, et pro illa causa [sc 2Sam 16,5ff] tantum, sed quia erat homo seditiosus, monuit David filium suum, ut contra hoc poneret cautelam; folgt Hinweis auf 1Kön 2,36–46.

Gottes – löst Lyra auf, indem er zwar das Geschehen an sich auf Gott, die üble Weise jedoch, mit der Simei verfuhr, auf dessen defektes liberum arbitrium zurückführt[123].

Da Lyra die Unschuld Davids festhalten möchte – wohlgemerkt, in der Auslegung zu 2Sam 16, nicht zu Psalm 7[124]! –, nimmt er das „praeceptum domini" faktisch nicht ernst, sondern begründet es damit, daß Davids Geduld geprüft werden sollte[125].

Luther vermag beiden Polen gerecht zu werden, weil er dasselbe Geschehen unter zwei verschiedenen Aspekten betrachtet: Er bekräftigt die Unschuld Davids, soweit menschliches Ermessen gefordert ist, und versteht doch Vers 10 als Wissen Davids darum, daß coram Deo andere Beurteilungskriterien gelten als diejenigen, mit denen, bei aller Sorgfalt und Mühe, ein Lyra operiert. Während somit Lyra in den Anschuldigungen Simeis eine Anfechtung ohne realen Hintergrund sieht, hat Luther eine ernste seelsorgerliche Aufgabe vor sich, die er in der Auslegung von Psalm 7 wie in den Operationes überhaupt mit einer „theologia e contrario" zu bestehen unternimmt. Eine der unzähligen entsprechenden Bemerkungen findet sich in der Diskussion des Psalm-Titels: „Darum fürchtet David, unschuldig zwar, gleichwohl, getan zu haben, was er an Vorwürfen hört – zumal in einer Zeit der Anfechtung, in der Gott die Partei des Widersachers zu unterstützen scheint und man (David) von ihm glaubt, er zerstoße (als Strafe) für das, was einem da vorgeworfen wird, auch wenn man nichts davon weiß. Wie wenig also (David) sich jenes Bösen vor sich und den Menschen bewußt ist – er fürchtet dennoch, zumindest im Herzen angeklagt zu sein (Gott nämlich prüft Nieren und Herzen), und lehrt uns in diesem Psalm jenes Wort des Apostels: ‚Nicht der ist anerkannt, der sich selbst hervorhebt, sondern der, den Gott hervorhebt'"[126].

b) „Culpam timere, ubi culpa non est": ein Schlagwort in der Tradition und bei Luther

Paulus von Burgos scheint Luthers Gedanken vorweggenommen zu haben. Gegen Lyra, der Davids Schuld bei dem Priestermord von Nob mit dem Bekenntnis 1Sam 22,22 zu belegen sucht[127], zieht Burgensis das Kirchenrecht heran, in welchem als Charakteristikum einer guten oder frommen Geisteshaltung die Furcht vor etwaiger Schuld auch dann, wenn überhaupt keine Schuld gefunden werden kann,

---

[123] LYRA ebd zu 2Sam 16,10: Dicendum ad hoc, quod David videns Semei solum, et inermem ita constanter, et intrepide sibi iniuriantem, et manifeste coram bellatoribus multis fortissimis, et audacissimis, et ad vindicandum regis iniuriam promptissimis, perpendit, quod hoc non proveniebat ab ipso Semei tantum, sed a Deo spiritualiter hoc agente, et hoc vocavit praeceptum Dei. Et licet Semei in hoc peccaverit voluntate iniqua maledicens David, non tamen propter hoc Deus fuit causa peccati inquantum peccatum est... potest dici, quod constantia, et audacia, quae fuit in Semei, David impetendo, et entitas illius actionis totum fuit a Deo: ut per hoc David puniretur, et eius patientia probaretur. Sed deformitas seu defectus, sc quod in qua voluntate hoc fecerit, hoc non reducitur in Deum, sicut in causam, sed in liberi arbitrii defectibilitatem.

[124] Vgl o S 249.
[125] S o Anm 123.
[126] 397,19–398,5 (220,29–36).
[127] S o S 250.

Die Unschuld Davids

bezeichnet werde[128]. Je näher Luther der Tradition in diesem Punkt zu rücken scheint, desto dankbarer wollen wir diese Gelegenheit eines differenzierenden Vergleichs wahrnehmen.

— Im Decretum Gratiani[129] steht der Satz im Kontext eines längeren Zitats aus Gregor dem Großen. Es geht um die Frage, ob eine Frau während der Menstruation am Empfang der Eucharistie gehindert werden solle. Antwort: Sie darf nicht daran gehindert werden; verzichtet sie aus großer Verehrung (sc zum Leib des Herrn), so kann man sie nur loben, verzichtet sie aber nicht, so ist sie nicht zu tadeln: „Bonarum quippe mentium est, etiam ibi culpas suas agnoscere, ubi culpa non est; quia saepe sine culpa agitur, quod venit ex culpa". Bezieht sich der Satz auf die zu lobende ängstliche Frau, so ist „quippe" begründend gemeint; schließt er an den Fall an, daß die Frau nicht verzichtet, so muß man es einschränkend („allerdings, freilich") verstehen. In jedem Fall will das Zitat betonen, daß die Frau die Eucharistie ohne Schuld empfängt, auch wenn ihr gegenwärtiger Zustand aus vergangener Schuld kommt, und mit letzterer ist, wie die folgende Bemerkung zeigt, der Sündenfall gemeint: Aus der Schuld Adams kommt es, daß wir hungern, aber wenn wir Hunger haben, so essen wir doch ohne Schuld[130].

— Entsprechend dem ursprünglichen Problem der Wirkung vergangener Schuld in der Gegenwart erscheint das Zitat dann im Rahmen der scholastischen Meßdiskussion. In Biels Expositio Canonis Missae taucht es unter Lectio VIII auf, wo gefragt wird, „wie eine neue Todsünde bei der Wandlung und dem Genuß" des Altarsakraments vermieden werden könne[131]. Die 1Kor 11,28 geforderte Selbstprüfung erklärt Biel als die jedem, der zur Eucharistie gehen will, abverlangte Erforschung seiner vergangenen und gegenwärtigen Sünden sowie der Festigkeit seines Vorsatzes, in Zukunft Sünden zu meiden[132]. Die sogleich sich einstellende typisch spätscholastische Frage danach, „quanta (!) diligentia" hierbei erforderlich sei[133], führt im Gedankengang Biels zu der Erkenntnis, daß eine „certitudo" im strengen Sinne hierüber nicht erreicht werden könne[134]. Das bedeutet aber für den Menschen die „necessitas humiliationis nostrae ad deum, ut non glorietur ante eum stulta praesumptio omnis carnis"[135]. Nach mancherlei Erörterungen zieht Biel nach einem Zitat aus Bernhard[136] folgendes Fazit: „Hier ist verstanden, daß der, den den Vor-

---

[128] 397 Anm 18.
[129] I d 5 cap 4 (Corpus Iuris Canonici, ed AEMILIUS FRIEDBERG, I [Leipzig 1879/Graz 1959] 8f).
[130] Ebd 8f: Sanctae autem communionis misterium in eisdem diebus (sc der Menstruation) percipere non debet prohibere. Si autem ex veneratione magna percipere non praesumit, laudanda est; sed si perceperit, non est iudicanda. Bonarum quippe mentium est etiam ibi culpas suas agnoscere, ubi culpa non est; quia saepe sine culpa agitur, quod venit ex culpa. Unde etiam cum esurimus, sine culpa comedimus, quibus ex culpa primi hominis factum est, ut esuriamus.
[131] GABRIELIS BIEL Canonis Missae Expositio, ed H A OBERMAN-W J COURTENAY, I (Wiesbaden 1963) 58.
[132] Ebd A: Debet igitur attendere diligenter si detestetur peccata praeterita, si displiceant praesentia, si propositum firmum habeat cavendi futura.
[133] Vgl o S 255; BIEL, AaO.   [134] BIEL, AaO 60 (C).
[135] Ebd 60 (D).
[136] Sermo I in septuagesima (ML 183,163).

satz hat, sich der Sünden zu enthalten, den die begangenen Sünden schmerzen, der sich vorgenommen hat, die Gebote zu beachten, mit den übrigen genannten Elementen eine ausreichende Gewißheit (certitudinem sufficientem) hat", und anhand eines Zitats aus Alexander von Hales[137] unterstreicht er, daß „würdig zur Eucharistie gehen" nicht „ohne Sünde sein" oder „in sich die Gnade haben" bedeute, sondern „sich als Mensch erweisen", wie der Apostel sagt[138]. Biel präzisiert dann, daß er mit seiner These eine „certitudo moralis" meine – nicht das Wissen und den festen Glauben an die eigene Sündlosigkeit[139], sondern ein gewisses Schwanken, auch Argwohn, Zögern, Skrupel darüber, ob die aufgewandte Sorgfalt ausreiche. Aber die so belastete moralische certitudo darf nicht an der Meßfeier hindern[140].

Diese Auffassung hat Biel gegen einen mit dem bewußten Satz des Dekrets operierenden Einwand zu verteidigen: „Sed diceres secundum beatum Gregorium: ,Piarum mentium est cognoscere culpam, ubi culpa non est'"; wenn dies, so der Einwand, schon beim Frommen der Fall ist, um wieviel mehr müsse man dann mit Schuld dort rechnen, wo auch nur ein leiser (berechtigter) Anlaß zum Zweifel ist[141]. Daher, so die Konsequenz, dürfe man auch bei einem nur leichten Zweifel nicht zelebrieren.

In diesem Zusammenhang erhält das Zitat einen anderen Akzent. Zwar sollte es im Dekret den Priester zum Lob einer ängstlichen Frau ermutigen; daneben war aber ausdrücklich gesagt, daß der weniger Skrupulöse nicht verurteilt werden dürfe. Im Einwand gegen Biel dient es dazu, Skrupel überhaupt erst einzuflößen, um den so Verunsicherten von der Eucharistie fernzuhalten. Biel, der eine mit Zweifeln durchsetzte „certitudo moralis" nicht als Hindernis akzeptiert, muß sich dagegen zur Wehr setzen: Er beruft sich auf Gerson, der zunächst ein unsachgemäß übertriebenes Verständnis des Zitats zurückweist: „Auf den seligen Gregor antwortet Gerson: Durch feste Zustimmung eine Schuld (an)erkennen, wo keine ist, ist nicht fromm, sondern dumm und närrisch"[142]. Biel paraphrasiert Gersons „non per assensum firmum agnoscere" als „timere", weil „ex levi suspitione" mit einer Schuld gerechnet wird, wo in Wahrheit, die der Betreffende nicht kennt, keine vorhanden ist, während der Begriff „agnoscere" eine reale Schuld impliziert[143].

Charakteristikum der piae mentes, so setzt Biel den Gedankengang fort, ist, sich nicht nur derjenigen Dinge zu enthalten, die klar als schuldhaft erkannt wer-

---

[137] STh IV 46.
[138] BIEL, AaO 62 (E).
[139] Ebd 63 (F): Haec autem certitudo moralis excludit scientiam et firmam fidem de inexistenti peccato.
[140] Ebd 63 (F): Sed non debet quis propter hoc celebrationem suspendere seu praetermittere. Est enim scrupulus seu haesitatio, dubitatio quaedam seu formido, consurgens ex aliquibus coniecturis debilibus et incertis, et hic stat cum morali certitudine.
[141] Ebd 63 (G): multo magis agnoscenda est culpa, ubi dubium culpae est.
[142] Vgl JOH GERSON, Opera III (Antwerpen 1706) 78 IV: Bonarum mentium est, ibi agnoscere culpam, ubi culpa non est, agnoscere, inquam, non per assensum firmum; hoc enim stultum periculosumque fieret, sed sic ut doleat aut poeniteat homo postmodum, quasi veraciter in culpa teneretur. – Vgl BIEL, AaO 64 (H).
[143] BIEL, AaO 64 (H): agnoscere id est timere culpam cum reputat culpam ex quadam levi suspitione, ubi secundum veritatem quam evidenter nescit culpa non est.

den, sondern auch derjenigen, die im bloßen Verdacht der Schuldhaftigkeit stehen[144]; keineswegs aber soll eine solche Vorsicht davon abhalten, gute Werke zu tun.

Diesen Gedanken übernimmt Biel wiederum von Gerson, der das Dekret-Zitat im Rahmen einer Erörterung darüber benutzt, ob eine nocturna pollutio Todsünde sei und an der Teilnahme an der Eucharistie hindere[145]; bei Gerson wird das Dekret-Zitat allerdings eingeschränkt: „Sic tamen agnoscatur culpa, ut non indiscrete impediatur operatio iusta"[146]. Biel unterstreicht also mit seiner Gerson-Paraphrase, daß es nicht „piarum mentium" sein kann, auf die Teilnahme an der Eucharistie zu verzichten; denn sie ist ja ein gutes Werk. Dies soll den Skrupulanten zur Lehre dienen, „in quibus nulla est animi constantia, qui iugiter ... timent culpaliter [sic!] se deficere, quandoque propter minima ... abstinentes ab operibus laudabilibus et virtuosis"[147].

Wurde in dem Einwand, den Biel sich stellt, das Zitat benutzt, um Skrupel einzuflößen, so wird es nun so interpretiert, daß gute Werke, wie Zelebration, nicht ausgeschlossen sind. Damit ist wieder dem Dekret Rechnung getragen, das die Teilnahme an der Eucharistie auch sich schuldig Fühlenden ermöglichen will. Das Dekret argumentiert mit dem Sündenfall und der aus ihm entstandenen Schuld. Diese Schuld wird als vergangene zwar akzepiert, ist aber für die Gegenwart irrelevant[148]. In der Meßdiskussion allerdings fällt der im Dekret auf den Sündenfall bezogene Nachsatz „quia saepe sine culpa agitur, quod venit ex culpa" aus, so daß die vergangene Schuld des Sündenfalls nicht mehr im Blick ist. Es geht jetzt nur noch um die Frage, ob gegenwärtig eine Todsünde vorliege, die am Empfang der Eucharistie hindert.

Die Ursünde leugnen natürlich Biel und Gerson nicht; da sie aber im Zusammenhang mit dem Eucharistie-Empfang nach einer aktuellen Todsünde fragen, liegt die Ursünde in einem anderen Fragehorizont, der hier keine Rolle spielt. Wenn darum die nocturna pollutio keine Todsünde ist, so kann die Frage nach Sünde und Schuld in aktuellem und realem Sinn verneint werden. Dasselbe gilt für das Dekret, das zwar die Schuld in die Diskussion einbezieht, aber als vergangene, für gegenwärtige Entscheidungen nicht relevante.
– Burgensis zieht in der Diskussion um den Psalm 7-Titel das Gregor-Zitat ebenfalls ohne den auf die Ursünde verweisenden Nachsatz heran[149]. Wie Biel und Gerson setzt er voraus, daß realiter eine Schuld „minime reperitur"; „agnoscere"

---

[144] Ebd 64 (H): Nec solum a malo, sed etiam ab omni specie mali, secundum apostoli consilium (sc 1Thess 5,22) abstinere satagunt.
[145] GERSON, AaO III 329: Addunt Sancti Patres ... nonnumquam has sordes fieri illusione sua, vel ad terrendum, et inquietandum timorosae conscientiae puritatem, vel pro boni operis (ut celebrationis) impedimento.
[146] Ebd.
[147] BIEL, AaO 64 (H).
[148] So etwa erklären heute katholische Theologen das katholische „simul iustus et peccator", vgl HANS KÜNG, Rechtfertigung (4. Aufl 1964) 238f.
[149] 397 Anm 18.

interpretiert er ebenfalls als das einen realen Hintergrund nicht erfordernde „timere". Die Anwendung in der Priestermord-Exegese zeigt, daß das Zitat in dieser verkürzten Form als Redewendung gebraucht werden kann, die unabhängig ist von dem Rahmen der Meßproblematik.

Bei Burgensis hat es darüber hinaus einen anderen Stellenwert. Gerson und Biel mußten das Zitat entschärfen, um Skrupulanten keine Entschuldigung für Lässigkeit in guten Werken zu bieten. Burgensis nimmt das entschärfte Zitat, um seinerseits ein Schuldbekenntnis Davids zu neutralisieren und nicht mehr ernst nehmen zu müssen. Da David ein guter und frommer Mann ist, „fürchtet" er auch da Schuld, wo keine ist, und deshalb beteuert er gegenüber dem dem Blutbad Sauls entkommenen Priester, er sei „reus" am Tode der Genossen[150]. Beim Exegeten wie bei den Systematikern aber ist die im Gregor-Zitat implizierte faktische Schuldlosigkeit Grundlage der Erörterung.

– Die völlig andere Funktion des Zitats bei Luther ist nun deutlich. Auch er spricht von der innocentia Davids. Aber sie wird bei ihm, obwohl er wie seine traditionellen Quellen von der Realität dieser Unschuld überzeugt ist, nicht transzendiert, sondern bleibt im Bereich menschlichen Umgangs[151]. Luther benutzt das Zitat nicht, wie Burgensis, um Davids faktische Unschuld gegen dessen Zugeständnis 1Sam 22,22 zu sichern, sondern er übernimmt es als Argument für seinen Grundsatz, daß die Urteile Gottes andere sind als die der Menschen.

III. Zusammenfassung

Wir haben an einem kleinen Ausschnitt aus Luthers Erklärung des Psalms 7, an einer winzigen Stichprobe aus den Operationes verfolgen können, wie sich Philologie und Theologie gegenseitig durchdringen; eine Entscheidung auf der einen ist nicht verständlich ohne die Kenntnisnahme ihrer Entsprechung auf der anderen Ebene. Wohl ist an anderen Stellen der Operationes deutlicher der Rang der Philologie als Ausgangspunkt für die theologischen Konsequenzen zu erkennen; dennoch lebt auch unser Beispiel von Luthers Auffassung, das „literale" Schriftverständnis sei Grund der theologischen Erkenntnis. Wir würdigen Luther als den Ausleger, der am Psalm 7 nicht herumdeuten muß, sondern seinen Wortlaut in jeder Hinsicht ernst nehmen kann.

Was damit gewonnen ist, kann erst richtig verstanden werden in Anbetracht der traditionellen exegetischen Versuche; anders als sie, die nie der Gefahr entgehen, die Sache Gottes und die des Menschen zu vermengen, vermag Luther dem Menschen und Gott je ihr Recht zu lassen[152].

---

[150] S o S 251.
[151] 398,25–27 (221,16f); 398,28f (221,19f); 439,10–13 (247,28–31).
[152] 439,10–22 (247,28–248,2).

III.
STUDIEN AUS DER REGISTERARBEIT

CHRISTUS NON EST SPIRITUS

Luthers Aussagen über den Menschen Jesus von Nazareth*

von

Heiko Jürgens

> nec enim audiendi sunt, qui nobis
> ipsum quasi insensibilem truncum
> fingunt
>
> WA 5,387,25f

1. Grundsätzliches

Als Luther in Marburg ermahnt wird, nicht bei der Menschlichkeit Christi stehen zu bleiben, sondern den Blick auf seine Göttlichkeit zu richten, antwortet er – nach dem Bericht eines Wittenberger Freundes –: „Jch weys von keinem Gott, Den der mensch worden ist, ßo wil ich keinen andern auch haben"[1]. Oekolampad beeilt sich zwar zu betonen, daß auch ihm die Menschlichkeit Christi wichtig sei[2]. Aber es bleibt doch der Eindruck, daß Luthers spontaner Ausruf – der übrigens in keiner Schweizer Quelle erwähnt wird – schlaglichtartig ein Motiv erkennen läßt, das für seine Theologie und Seelsorge eine besondere Bedeutung hat. Es dürfte sich deshalb lohnen, diesem Motiv ein Stück weit nachzugehen.

„Viel lehrer haben also gelehret, undt ich bin vor zeitten auch ein solcher Doctor gewesen, habe also die Menscheit ausgeschlossen"[3]. Luther betrachtet es als wesentlichen Aspekt seiner reformatorischen Erkenntnis, daß er jetzt weiß, wie wichtig die Menschlichkeit Jesu für den Glauben ist: „Denn wo du disen menschen Christum recht ergreyffest, so hast du Gott ergriffen, Glaubst in jn, so glaubst an Gott"[4]; „Deus sine carne nihil prodest. In Christi enim carnem . . . oculi defigendi sunt, ut simpliciter . . . dicas: Ego nullum nec in coelo neque in terra Deum habeo

---

* Für die folgende Untersuchung wird erstmals das vollständige Archivmaterial des „Sachregisters der Weimarer Lutherausgabe (Abteilung Schriften)" zu den Begriffen *Jesus* und *Christus* (45 000 Belegkarten, dh etwa 150 000 WA-Stellen) herangezogen. Die Untersuchung ist damit auch eine Vorarbeit für den Registerartikel *Christus*. – Wie in dem in Vorbereitung befindlichen gedruckten Register, wird jede Stelle, an der nicht sicher Luthers eigene Formulierung vorliegt, durch * gekennzeichnet.

[1] WA 30 III 157,33f*; vgl. 132,23–133,6*. Auch das als Titel gewählte Zitat – WA 20,758,16f* – stammt aus einer Auseinandersetzung mit den „Schwärmern".

[2] WA 30 III 133,9f*.

[3] WA 33,155,10–13*.

[4] WA 52,97,12f*. Vgl 9,449,12f*; 40 III 400,21*.

aut scio extra hanc carnem"[5]. Deshalb muß man Christus „suchen, wie er geweßen und gewandellt hatt auff erdenn"[6]; „nulla efficacior consolatio toti hominum generi data videtur hac ipsa, quod Christus sit per omnia homo"[7].

Solche grundsätzlichen Äußerungen ließen sich fast beliebig vermehren. Der Praktiker, der es in seiner theologischen Arbeit mit konkreten Menschen zu tun hat, ist aber vielleicht noch an einer weitergehenden Frage interessiert: Wie konkret kann Luther vom Menschen Jesus sprechen? War der Sohn Josephs von Nazareth für den Reformator tatsächlich ein voller Mensch? Oder gibt es doch Bereiche des Menschseins, an die Luther nicht denkt, wenn er Jesus beschreibt, oder die er sogar ausdrücklich ausschließt? Die Zahl der Stellen, an denen er solche konkreten Bemerkungen macht, ist deutlich kleiner als die Zahl der allgemeinen Aussagen. Um so wichtiger ist es, sie einer eingehenden Betrachtung zu unterziehen: Wie beschreibt Luther Jesus als Menschen?

2. Vorfahren

Jeder Mensch steht in einer Geschichte; seine Eltern und Großeltern bestimmen ihn oft mehr, als ihm bewußt ist. Gilt das auch für Jesus? – Luther hat großes Interesse an Jesu Vorfahren, an der „linea Christi": „certae personae nominatae sunt, ex quibus debeat descendere: ut non possimus dubitare ipsum verissime esse carnem et sanguinem nostrum, os ex ossibus nostris"[8]. Jesu Stammbaum beginnt mit Adam; er hat am Anfang keine anderen Vorfahren als jeder andere Mensch: „noster fratruelis est, et matruelis"[9]. Hinzu kommt aber noch ein zweites. Luther betont, daß unter den Ahnen Jesu immer wieder offenkundige Sünder sind: „vier weiber die da fast berüchtig sein, als Thamar, Rachab, Ruth und Bersabee"[10] sowie Männer wie Juda, „Hezron, Nahasson, qui ... iuste an den galgen"[11], „David ... schrecklich gefallen"[12] und „Manasses ... ain böser künig"[13]. „Semen benedictum ... de semine et carne maledicta, perdita, damnata ortum est"[14]; „per totam scripturam sanctam describitur frater noster, consanguineus, propinquus"[15].

Daß Jesus als Mensch keine Sonderstellung einnahm, zeigt sich auch daran, daß unter seinen Vorfahren durchaus Heiden sind: „Aegyptiae, Chananaeae, Moabiticae"[16]. Andererseits kann er wie jeder andere Mensch auf den Stammvater eines bestimmten Volkes zurückgeführt werden; und das ist Abraham, der Vater

---

[5] WA 25,107,5–8*. Vgl 11,51,19*; 25,393,28–32*; 40 I 77,2*; 40 III 56,32f*; 338,34f*.
[6] WA 10 I 1,201,12. Vgl 28,487,27f*; 34 I 147,10f*.
[7] WA 9,441,21–23*. Vgl 31 II 38,33f*; 46,136,18f*.
[8] WA 43,586,26–28*.
[9] WA 44,327,32f*.
[10] WA 10 III 327,2*.
[11] WA 49,535,18f*.
[12] WA 37,217,21*.
[13] WA 10 III 329,10*.
[14] WA 44,328,6f*; vgl 311,4f*; 324,32–34*.
[15] WA 44,327,24–26*.
[16] WA 44,448,19f*.

aller Juden: „descendit per lumbos patrum ab Abraham usque ad mariam"[17]. Damit war Jesus „warhafftiger Jude"[18], „veter, bruder und schwager" von allen Angehörigen dieses Volks[19]. Zu seinen Vorfahren gehört der berühmte König David. In kultischer Hinsicht aber bedeutet dies, daß Jesus gerade nichts Besonderes war. Er ist „vom leihen stande, vom stam Juda und nicht vom Priester stam"[20]. Was er von David wie auch von Abraham geerbt hat, ist vielmehr etwas ganz Einfaches: „das er eyn naturlicher sterblicher tzeytlicher vergenglicher mensch were"[21], „fleisch und bluth"[22].

3. Zeit und Umwelt

„Oportuit ... certum locum et certum tempus ... designari"[23], „gewisse zeyt, land, stamm, geschlecht, stad und person"[24]: Jesus ist als historische Person so eindeutig zu bestimmen, daß man „mit fingern auff yhn weysen" kann[25]. Luther bemüht sich deshalb immer wieder, das Leben Jesu so genau wie möglich in den Gang der Weltgeschichte einzuordnen[26] und die historische Situation plastisch vor Augen zu stellen: „Es mus ein schendlich zeit gewest sein sub Hanna, Caipha, Herode, Pilato et Tyberio"[27]. Auch die persönlichen Daten Jesu versucht Luther genau festzulegen: die Geburt ein halbes Jahr nach der des Johannes[28] „in media hyeme"[29], das öffentliche Auftreten im 30. Lebensjahr[30], ein Jahr nach dem ersten Auftreten des Täufers[31], und schließlich die Dauer seines Wirkens: „3 jar und viertel"[32]. Dabei interessieren ihn sogar manchmal die einzelnen Stunden: „umb die x. stunde, ist an unserm Zeiger umb iiij. uhr auff den abend"[33], besonders wenn es um Jesu Leiden und Sterben geht[34].

Daß Jesus in einer bestimmten Zeit gelebt hat, zeigt sich für Luther auch daran, daß er an den Sitten und Gebräuchen dieser Zeit teilhatte. Das gilt nicht nur für die religiösen Bräuche der Juden, wie die Darstellung im Tempel[35], regelmäßige Wallfahrten nach Jerusalem[36] oder die Einnahme des Passahmahls[37]. Auch in ganz alltäglichen Dingen verhielt sich Jesus wie jeder andere Zeitgenosse: Er sprach die

---

[17] WA 44,681,26f*. Vgl die Stammbäume in WA 53,629,8–20 und 60,167,1–10.
[18] WA 11,325,7f.
[19] WA 29,15,24*. Vgl 16,643,19*; 24,425,31*; 29,34,13*; 36,127,2*; 41,733,4*; 44,292,20f*; 315,10*; 45,122,35*; 51,195,12*.
[20] WA 33,350,25 27*. Vgl 21,385,24f*; 31 I 533,27f*; 34 I 182,10*.
[21] WA 11,330,5f.   [22] WA 20,342,40f*.   [23] WA 13,324,17f*.
[24] WA 20,219,26f*. Vgl auch 27,15,26f*.   [25] WA 20,220,1*.
[26] Am eindrücklichsten vielleicht in der „Supputatio annorum mundi"; vgl zB WA 53,172: „Christus natus Olymp. 194. anno .4.".
[27] WA 37,464,3f*.   [28] Vgl WA 46,648,25f*.   [29] WA 27,488,3*.
[30] Vgl WA 53,125.   [31] Vgl WA 49,480,33*.   [32] WA 41,619,21*.
[33] WA 46,696,11f*.
[34] Vgl zB WA 46,303,8ff* oder 49,84,7ff*.
[35] Vgl WA 46,158,34–159,23*.   [36] Vgl WA 46,724,26*.   [37] Vgl WA 46,267,8–10*.

Sprache seiner Umwelt[38], trug ihre Kleidung[39], trank ihren Wein[40] und hielt sich vor allem im Umgang mit anderen an die gesellschaftlichen Regeln seiner Zeit: „Christus seyne junger mit dem kuss empfangen hatt, und ist solchs gewest eyne weyse ynn den lendern"[41]; „Vetus mos fuit lavare pedes hospitum . . . et a Christo servatus"[42]. Dem entsprachen dann auch die Vorgänge um seinen Tod: „Puto . . . morem crucifigendi veterem fuisse"[43]; „Forte mos in illa regione, ut scriptum, cur occisus"[44]; „hic fere totius orientis mos fuit, quod in pompis et solennitatibus unguentis sunt usi"[45]; „Nach solcher Jüdischen Weise begraben Joseph und Nicodemus Jhesum auch"[46].

Nach alledem kann es nicht verwundern, daß Luther auch die verschiedenen Aufenthaltsorte Jesu sorgfältig beschreibt: „Bethlehem, ubi natus, . . . Capernaum, Nazareth, ubi educatus"[47]. „Bethlehem ist ein stad, die man fur augen gesehen hat, und ein weltlich, leiblich, sichtbarlich gebew gewesen"[48]. „Elegit sibi certum locum, in quo incipiat suam praedicationem, Capernaum in Galilaea"[49]; hier war er „Bischof und Bürger"[50]. Wenn er nach Jerusalem kam, so hatte „Er sein gewonlige herberg" in Bethanien[51], und selbst die Todesstelle war allgemein bekannt[52].

4. Familie

Hat Jesus Vater und Mutter gehabt? Hatte er Geschwister? Luther geht natürlich von der Jungfrauengeburt aus: „sine patris ardore, libidine, impudicitia, turpitudine, foeditate . . . natus"[53]. Deshalb bezeichnet er Joseph als „putativus pater, vermeinter vater"[54] oder als „pfleger"[55]. Auch an der immerwährenden Jungfräulichkeit Marias hält Luther fest[56]; die „Brüder" Jesu waren in Wirklichkeit „fratres . . . consobrini"[57]. Um so mehr müssen dann aber Stellen auffallen, an denen er betont, daß Jesus „im Ehstande geborn" ist[58]. Er war ein „rechts ehekind"[59]; Maria und Joseph waren „zwey Eeleütlein"[60]. Ja, es gibt sogar Stellen, an denen Luther zumindest die Notwendigkeit der Jungfrauengeburt vorsichtig in Zweifel zieht: „leyt nit vil dran, an sit virgo vel femina"[61]; „da ligt uns an, nicht das sie Junckfraw ist, sed maxime, quod . . . is filius virginis sit meins wesens und natur worden"[62].

---

[38] Vgl WA 41,338,25*. [39] Vgl WA 44,241,25–27* und 11,223,20f*.
[40] Vgl WA 23,111,25. [41] WA 12,399,3f*. Vgl 29,233,3*.
[42] WA 44,549,37f*. [43] WA 31 I 359,12f*. [44] WA 45,67,10f*.
[45] WA 40 II 542,19f*. [46] WA 28,423,34f*.
[47] WA 41,130,1f*. Vgl 10 I 1,243,9. [48] WA 36,72,6f*.
[49] WA 38,456,28f. [50] WA 46,724,3f*. Vgl 33,158,32f*; 245,2–6*; 37,145,8*.
[51] WA 46,241,26*. Vgl 49,50,23f*. [52] Vgl WA 28,388,5f*.
[53] WA 43,302,34f*. Vgl 11,314,3–7. [54] WA 53,627,17.
[55] WA 52,92,12*. [56] Vgl WA 46,721,27*. [57] WA 60,167,11f.
[58] WA 17 I 15,33*. Vgl 27,476,1*; 36,86,10*.
[59] WA 32,296,8*. [60] WA 52,37,25*.
[61] WA 15,411,22*. Vgl 685,21f*.
[62] WA 29,650,12–651,2*. Vgl 11,227,10f*.

Aber unabhängig von seiner Herkunft – Luther betont, daß Jesus in seiner Familie die Geborgenheit fand, die er als Kind und Jugendlicher brauchte, um sich zu entwickeln: „Er war zu Nazareth mit Vater, mutter und gantzer freundschafft seer wol bekand, ... daselbs erzogen und gelebt, mit seinem Vater Joseph gezimmert wie ein Handwergs geselle"[63]; „Ioseph, Maria nihil mali eum docuerunt et nihil mali iusserunt"[64]. „Denn das kind war der Mutter sonderlich befolhen. So hette Joseph auch einen starcken befelch, das er sein warten solt"[65].

5. Soziale Stellung, Freunde und Feinde

Luther weist immer wieder darauf hin, daß Jesus aus kleinen Verhältnissen stammt: „Maria und Joseph ... das waren zwey arme leutichen, von denen man nicht viel hielte ..., denn sie waren nicht reich"[66]. Entsprechend besitzlos war auch „der Zimmermans son"[67]: „Das Christus und seinen Jungern offt an speise gemangelt habe, ist kein zweyfel, denn er war ja arm, und die reichen gaben yhm nichts"[68]. Bis zu seinem Auftreten war Jesus „ein Zimmergesel gewesen"[69], und auch dann behielt er diese soziale Stellung bei: „ein schlechter handwercks gesel ... ynn schlechten kleydern"[70].

Daß Jesus sich kleidete „ut ein handwercks gesel"[71], bedeutet für Luther aber noch ein zweites: „Er hat keynen grauen rock"[72]. Jesus zog sich nicht aus der Welt zurück, sondern „lebete ynn der gemeyn, wie ein ander gemeyner man"[73], als gehorsamer Untertan des Römischen Kaisers[74]. Er war auch nicht gänzlich mittellos, sondern hatte doch „jmer etwas barschafft"[75]; „Judas ist Seckelmeister gewesen"[76].

Damit aber unterschied sich Jesus für Luther grundsätzlich von seinem Vorläufer Johannes: „Joannes fuhret ein hard, gestrenge und saur leben, aber Christus ... kam zu den leuthen"[77]; „Christus ass und tranck beyde mit man und weibern, beyde mit Phariseern und Zölnern"[78]. Beispiele sind die Hochzeit zu Kana[79], das „ehrlich gelag" bei Simon[80] und das Abendmahl, von dem der Evangelist Johannes das „tisch gespräch" aufgezeichnet hat[81].

Bei diesen Gelegenheiten und auch sonst war Jesus umgeben von einer Schar von Freunden: „ettliche Weyber, Die haben Jnen helfften neren"[82], und seine männlichen „gehülffen"[83], „ein fein, freundlich, lieblich geselschafft"[84]. Hervorgehoben

---

63 WA 53,631,9–11. 64 WA 27,22,21f*. 65 WA 52,105,12f*.
66 WA 21,46,27–29*. 67 WA 29,632,12*. 68 WA 19,612,30f.
69 WA 46,576,30f*. 70 WA 21,31,12*. 71 WA 32,21,6*.
72 WA 32,21,26*. 73 WA 21,30,8*. 74 Vgl WA 14,49,25f*.
75 WA 32,439,34*. 76 WA 47,353,16f*.
77 WA 47,520,39–42*. Vgl 36,198,28f*; 52,651,17–20*.
78 WA 30 II 190,25f. 79 Vgl WA 37,10,8f*. 80 WA 45,118,5*.
81 WA 46,275,23*. 82 WA 45,375,13*. 83 WA 17 II 253,33*.
84 WA 38,666,27f.

werden von Luther Maria Magdalena – sie war „des HErrn wirtin und der HErr jr stetter und liebster Gast"[85] – und der Jünger Johannes: „Er saß Jesu in den armen, bosen, an der seyten, hat in in den armen gehabt"[86].

Bei seinem Tode freilich war Jesus allein. Seine Jünger „ergerten" sich an ihm[87], ja sein nächster „freund" verriet ihn sogar an die Feinde[88]. Diese hatte es immer in großer Zahl gegeben, und am Ende behielten sie die Oberhand: „Die Jüden thun den ersten Angriff, fahen Jhesum und uberantworten jn zum tode, die Heiden verspotten, verschmehen, verspeien, geisseln und tödten jn"[89].

6. Persönliche Entwicklung

Luther betont, daß Jesus „gangen ist durch unser gantzes leben ... von der geburt an bis jnn den tod"[90]. In der Zeit vor seinem öffentlichen Auftreten zeigt sich dies besonders deutlich.

Die Schwangerschaft seiner Mutter verlief normal: „gestavit Christum usque in mensem decimum"[91]. Die Geburt geschah zwar unter widrigen Umständen, war aber als solche auch nicht außergewöhnlich. „Also sol man auch sagen, das Maria des kindes ... rechte natürliche Mutter ist ... und was mehr von Kindsmüttern gesagt kan werden, als seugen, wasschen, etzen, trencken"[92]. „Mater den brey ein streicht, die nasen wisschet"[93]; „CHRJstus Milch und Butter isset, an der Mutter Brüste ligt"[94].

Auch für die Kindheit Jesu gilt: „Er hat nicht ein sonderlich leben gefurt, Sondern er ist geloffen wie ein ander kind, zu zeiten gespielet mit seinen gesellen"[95]. Luther lehnt deshalb die Legenden von Jesu Kindheit ab: „Liber de puericia ist eitel narwerck, quasi imer miracula gethan"[96]. Freilich: seinen Eltern war er „unterthan ... Was heyst es aber: Er war jnen unterthan? Anders nichts, Denn das er ist gangen in den wercken ..., deren Vatter und Mutter im hauß bedürffen, das er wasser, trincken, brot, fleysch geholet, des hauß gewartet und dergleichen mer thun hat, was man jhn hat geheyssen, wie ein ander kind"[97]. So lernte er dann auch von seinem Vater das „tzymmerhandwerck"[98].

---

[85] WA 28,449,33f*.
[86] WA 19,523,6f*. Solch eine plastische Schilderung findet sich mW nur hier. Auch der Nachschreiber der Predigt drückt wohl Überraschung aus, wenn er hinzufügt: „nota: in den armen Jesu".
[87] WA 45,628,22*.
[88] WA 34 I 227,10*.
[89] WA 28,303,19–21*.
[90] WA 37,53,21f*.
[91] WA 43,22,20*.
[92] WA 50,587,10–14.
[93] WA 29,668,16*.
[94] WA 16,144,26*.
[95] WA 37,254,22f*. Vgl 45,429,26–29.
[96] WA 49,189,19f*. Vgl 10 I 1,443,20; 27,21,28f*; 37,256,33f*; 52,108,26*.
[97] WA 52,109,9–14*.
[98] WA 10 I 2,150,10.

7. Körper

„Christi ipsius corpus fuit humanum sicut nostrum, Quo quid faedius?"[99] – Luther kann diesen deutlichen Hinweis auf die Leiblichkeit Jesu auch konkretisieren: „fleisch undt blutt, marck undt bein, seindt ... warhafftig da ... ehr ... hat haar, heubt, bein, arm undt alle gliedtmas als warhafftig ich undt du"[100]; „hat ein schwartz bart, braune augen"[101]. Selbst der Unterkörper wird nicht gänzlich vernachlässigt: die Geißeln treffen „dorsum et lumbos ..., quia carnosior pars corporis est"[102]. Freilich sagt Luther auch: „credo ... naturaliter formosum Christum fuisse et habuisse iustum (sic!) et decoram proportionem membrorum"[103]; aber zumindest nach Dietrichs Bearbeitung fügt er gleich hinzu: „Forte fieri potuit, ut aliqui essent formosiores Christo"[104].

Zu den Aussagen über den Körper Jesu gehört auch, was Luther über sein physisches Leben sagt: „Das er geessen, truncken, jn hungert, gedürst, gefroren hat ... dergleichen natürliche gebrechen hat er gehabt wie wir"[105]; „dormivit, vigilavit, frixit, müde worden, ruhet, essen, trincken, geschlunden, gedawet et omnia ut ego, tu"[106]. Jesus war nach Luthers Meinung „gesund und on leyblichen gebrechen"[107]. Aber gerade das bedeutete, daß er die Todesschmerzen so fühlte, wie sie jeder andere Mensch gefühlt hätte; auch für ihn war es „nicht zuckerhonig"[108].

Wenn Luther die physischen Lebensäußerungen Jesu beschreibt, so läßt er eigentlich nur einen Bereich aus: alles was mit seiner Sexualität zusammenhängt. Und selbst hier könnte Luthers Vorstellung vom Menschen Jesus offen sein. „Er hat alle leibliche notdurfft gelidden, die wir leiden, er hat ... gelachet wie wir"[109].

8. Geist und Seele

„Non faciendus Christus stock vel lapis, ut Sophistae, qui nihil senserunt"[110]. Die Schärfe dieses Satzes zeigt, daß es Luther hier um etwas ganz Grundsätzliches geht: Jesus hat „Alle naturales affectus ... gehabt"[111], „omnia humana, humanas passiones et quaecunque possunt de ea Natura dici"[112]. Luther betont, daß Jesus kein „Melancolicus" war[113]: „saepe laetatus"[114]. Trotzdem war seine Grundstim-

---

[99] WA 18,623,9f.
[100] WA 33,184,29–34*.
[101] WA 47,637,18f*.
[102] WA 3,217,15–17.
[103] WA 10 II 181,25f*.
[104] WA 40 II 485,17*. In RÖRERS Nachschrift – ebd Z 3f* – heißt es vorsichtiger: „Fortasse fieri potest, quod aliquis homo similis in forma Christo". DIETRICHS Version ist natürlich die ‚lectio difficilior'.
[105] WA 52,39,29–31*.
[106] WA 37,234,20–22*.
[107] WA 17 II 244,3.
[108] WA 34 I 491,21*.
[109] WA 16,220,28f*. Zu einer sexuellen Nebenbedeutung von „lachen" bzw „scherzen" vgl WA 32,372,29* und 326,9*.
[110] WA 15,451,18f*.
[111] WA 37,231,26*.
[112] WA 40 III 708,3f*.
[113] WA 46,267,19*.
[114] WA 40 II 537,5*.

mung die der Traurigkeit: „Darümb so lieset man von Christo nicht, das er sein lebenlang viel frölich gewesen sey"[115]; „Er hatte so ein gros gremen und fressen, . . . das, wo er nicht were gecreutziget worden, so hette er sich doch zu tode gegremet"[116].

Ebenso wichtig wie seine Traurigkeit ist für Luther die Angst Jesu. Diese Angst zeigte sich schon, als er sich vor den Juden verbarg, „schwach, blode und fluchtig"[117]. Vollends überwältigt wurde Jesus von ihr dann in Gethsemane und am Kreuz: „ Die angst . . ., wenn ainer den todt vor augen sicht, sicht dem todt in die freß hienein, sicht das der todt seinen rachen auffsperret unnd auff in zufallen will"[118]; „Ita Christus that ein mord schrej, quia hic fuit ein mensch"[119].

Auch die geistigen Kräfte waren nach Luthers Ansicht die eines „warhafftigen, natürlichen menschen, der . . . solch gedancken gehabt wie ein ander mensch"[120]: Jesus hat „nitt altzeyt alle ding gedacht, geredt, gewollt, gemerckt"[121]. Deshalb entwickelte er sich auch in geistiger Hinsicht wie jedes andere Kind: „Scias, Christum fuisse vere et ignorantem puerum et stultum perinde, ut nos sumus infantes"[122]. Und selbst nach seiner Taufe konnte er nicht alle Dinge vorhersehen: „er hatt siech warhafftig verwundert als ein ander Mensch . . . Man muß in ye eyn menschen laßen beleybenn, der ettlich ding nitt hatt gewist"[123].

9. Grenzen

War Jesus für Luther ein voller Mensch? Die Musterung der einschlägigen Aussagen ergab im Grunde nur wenige Lücken: Luther kennt keinen natürlichen Vater Jesu, und er vernachlässigt in seinen Beschreibungen alle Körperteile und physischen Lebensäußerungen, die mit der Sexualität zusammenhängen. Gerade diese beiden Punkte weisen aber auf die zentrale Frage hin: Konnte Jesus nach Luther schuldig werden? Konnte er scheitern?

Luther läßt keinen Zweifel daran, daß Jesus nicht allmächtig war: „Christus hat gefellet, quia multis praedicavit et nihil effecit"[124]. Wie jeder andere Mensch war er „nicht allezeit gleich gesinnet, gleich geschickt oder gleich brünstig"[125]. Denn „Er ist eben ßo wol angefochten mit des todts, der sund, der hell bild als wir"[126], bis hin zur „tentatio blasphemiae et maledictionis"[127]. Luther kann sich Jesu Anfechtungen sehr deutlich vorstellen: „ich achte es dafür, das er bey nacht seer vil anfechtung vom Teuffel erlitten hab"[128].

---

[115] WA 46,748,6–8*.
[116] WA 46,746,29–31*.
[117] WA 33,341,9*. Vgl AURIFABERS Zusatz: „hat das hertz zittern und pochen auch gefület".
[118] WA 10 III 73,6–9*.
[119] WA 17 I 68,12f*.
[120] WA 41,19,15f*.
[121] WA 10 I 1,149,13f.
[122] WA 9,441,32f*.
[123] WA 9,556,30–32*.
[124] WA 15,565,33*.
[125] WA 37,511,20*.
[126] WA 2,691,25f.
[127] WA 5,612,20.
[128] WA 52,127,23f*.

In alledem zeigt sich die Menschlichkeit Jesu in ihrer ganzen Tragweite: „infixus est in nostros limo, id est concupiscentiis carnis nostrae, quae ad profundum ducit et abyssum"[129]; „peccatum, mors, Satan domini super Christum"[130]. Trotzdem: In der zentralen Frage der Schuldfähigkeit Jesu macht Luther keine Zugeständnisse: „Procul dubio Christus immunis erat ab omni peccato"[131]; „ab initio ... non potuit peccare solus"[132].

*

„Ein volkomener Gott, Ein volkomener mensch mit vernunfftiger seelen und menschlichem leibe"[133] – Nicht einmal Luther kann den zweiten Teil dieses christologischen Grundbekenntnisses in allen Konsequenzen realisieren. Die eingangs erwähnte Episode des Marburger Religionsgesprächs läßt vermuten, daß er diesem Ziel näher kommt als viele oder sogar alle seiner Zeitgenossen. Trotzdem bleibt hier noch Wichtiges zu leisten – für uns, wenn wir Luthers Schüler sind.

---

[129] WA 3,419,6f.
[130] WA 29,253,11*.
[131] WA 4,614,15f*.
[132] WA 4,434,12. Vgl auch 39 II 107,5*: „non habuit concupiscentiam aut peccatum originale".
[133] WA 50,265,16f.

AUSSAGEN LUTHERS ÜBER DIE STADT ROM SEINER ZEIT

von

Peter Maier

Vor mehr als einem halben Jahrhundert vermerkte ein Altmeister katholischer Kirchengeschichte: „Je vollständiger die Quellen für die Erkenntnis der inneren Entwicklung des ringenden Mönches aufgedeckt, je genauer sie untersucht werden, je tiefere Einblicke wir in sein Seelenleben gewinnen, um so unbestreitbarer stellen sich die religiösen Gründe seines Tuns heraus"[1]. Diese Feststellung gilt – vielleicht darf man sagen: besonders – für jene wenigen Wochen im Leben des jungen Luther, wo es ihm vergönnt war, der Stadt Rom konkret und lebensvoll zu begegnen. Luthers Romfahrt fand wiederholt spezielles Interesse[2]. Wenn hier ein Versuch zu dem Thema unternommen wird, ist das nur eine Weiterführung einiger Anregungen, die bei der Ausarbeitung des Artikels „Rom" für das Register der Weimarer Ausgabe sich ergeben haben[3]. Beim genannten Artikel[4] lag es nahe, jene Punkte näher ins Auge zu fassen, die Luthers Begegnung mit der Stadt Rom besonders charakterisieren, nämlich die autobiographischen Äußerungen und die Aussagen über das Rom seiner Zeit.

Im römischen Volksmund hat Luther auch heute noch seinen festen Platz. In einer Palastmauer der Via Lata am Corso ist ein Brunnen eingebaut. Ein Dienstmann des 16. Jahrhunderts hält vor seinem beachtlichen Bauch ein Fäßchen, aus dem unablässig Wasser in das winzige Brunnenbecken fließt. Die Figur diente als eine der ‚statue parlanti', an die man anonym politische Spottschriften zu heften pflegte. Aber die Römer wissen es besser und geben dem fragenden Touristen eine

---

[1] SEBASTIAN MERKLE, Gutes an Luther und Übles an seinen Tadlern, in: Luther in ökumenischer Sicht. Von evangelischen und katholischen Mitarbeitern; hg v ALFRED V MARTIN (Stuttgart 1929) 9f. Neudruck in: SEBASTIAN MERKLE, Ausgewählte Reden und Aufsätze, hg v THEOBALD FREUDENBERGER = QFGBW 17 (1965) 236.

[2] Aus der Fülle spezieller Literatur zu LUTHERS Romreise seien hier nur einige Werke in chronologischer Reihenfolge herausgegriffen: KARL JÜRGENS, Luthers Leben 1.Abt, 2.Bd (Leipzig 1846) 266–358; ADOLF HAUSRATH, Martin Luthers Romfahrt (Berlin 1894); THEODOR ELZE, Luthers Reise nach Rom (Berlin 1899); HEINRICH BÖHMER, Luthers Romfahrt (Leipzig 1914); OTTO SCHEEL, Martin Luther. Vom Katholizismus zur Reformation 2.Bd: Im Kloster (3./4. Aufl Tübingen 1930) 480–539; HERBERT VOSSBERG, Im heiligen Rom. Luthers Reiseeindrücke 1510–1511 (Berlin 1966). – Weitere Literaturangaben siehe BÖHMER, AaO 179–183 und VOSSBERG, AaO 153–158.

[3] Die Arbeit geht von den Schriften aus, berücksichtigt aber auch WABr und WATR.

[4] Der Artikel umfaßt die Stichwörter „Rom", „Römer" und „römisch" mit insgesamt 3891 Belegen. Es war somit erstmals möglich, im Register-Artikel „Rom" das gesamte einschlägige Material der Abteilung „Schriften" zu bearbeiten.

phantasiereichere Deutung des attraktiven Brünnleins: Der Mann mit dem ewig rinnenden Faß ist der trinkfeste Doktor Martin Luther.

1. Persönliches über Luthers Romaufenthalt

Luthers Aussagen, die in diesem ersten Punkt aufgeführt werden, tragen durchwegs autobiographischen Charakter: „Anno Domini (ist mir recht) 1510 war ich zu Rom"[5]. Eine Reihe solcher Aussagen beschreibt die kirchlich-religiösen Zustände im allgemeinen: „Ich bin auch zcu Rhom geweßen, do doch vill heiligen liegen, was ists? ich hett nicht ein wörttlen von Gott do gehörtt"[6]. Sein religiöser Eifer trieb ihn durch alle Heiligtümer: „Wie mir geschach zu Rom, da ich auch so ein toller heilige war, lieff durch alle kirchen und klufften, gleubt alles, was daselbs erlogen und erstunken ist"[7]. „Ich bin auch zu Rohm gewesen. Doselbst spricht der Bapst wohl: S. Peter und S. Paul sind zu Rohm begraben, die Heubter sollen doselbst liegen und die Corper zu S. Johan Lateran"[8]. Aber nicht alles klang so fromm, was Luther in Rom zu hören bekam: „So hab ich selbs zu Rom gehört sagen fur 34. jaren: Ist eine Helle, so ist Rom drauff gebawet. Und etliche Curtisanen sagten also: Es kan so nicht stehen, es mus brechen"[9]. „Vidi ego Romae tanquam sanctos adoratos quosdam Cardinales, qui consuetudine mulierum fuerunt contenti. Non igitur ibi occulte nec privatim, sed publice infanda flagitia committuntur, exemplo et authoritate principum et totius civitatis"[10]. Luther bekam also Dinge zu sehen und zu hören, die für ihn ans Unglaubliche grenzen: „Ich hette auch nicht gegleubt..., wen ich den Romisschen Hoff nicht selbst gesehen hette"[11].

Was Luther in Rom persönlich so stark bewegt hat, kam aus seiner tiefen Religiosität. Die Feier der Messe hatte für ihn besondere Bedeutung: „Ich bin zu Rom gewest (nicht lange), hab da selbs viel messe gehalten"[12]. „Ich hab auch wol eine Messe odder zehen zu Rom gehalten"[13]. „Ego Romae in una hora celebravi missas plurimas in altari S. Sebastiani et sane quotidie accedebam celebraturus missam"[14]. „Vidi ego Romae in una hora et in uno altari sancti Sebastiani septem [andere Version: octo] missas celebrari"[15]. „Zu Rom ... ich selb mehr dann eyn messe daselb

---

[5] WA 54,219,3f; es folgt die Begebenheit mit dem päpstlichen Amtmann in Ronciglione. Zum Jahr der Romfahrt vgl WATR 5, 75 Nr 5344; 76f Nr 5347; 467 Nr 6059.

[6] WA 14,393,32f. [7] WA 31 I 226,9–11.

[8] WA 47, 394,25–27.

[9] WA 26,198, III; ähnlich WA 54,220,1; 224,5–7; WATR 5,468 Nr 6060. – Ein weiterer Ausspruch von Kurialen über die Macht des Papsttums: „Denn ich gedencke noch wol eines worts, das ein Kurtisan redet, Nemlich also: Ach was sagt jr, der Bapst ist mechtiger in seinem kleinesten Finger weder alle Fürsten gantzes Deudschen Landes". WA 53,238,20–22.

[10] WA 43,57,9–12.

[11] WA 47,432,28f; ähnlich WATR 3,345ff Nr 3478; 431 Nr 3582a; 432 Nr 3582b; 4,291 Nr 4391; 5,181 Nr 5484; 657 Nr 6427.

[12] WA 38,211,32f. [13] WA 31 I 226,11.

[14] WA 39 I 146,1–4. [15] WA 39 I 150,2–4.13.

vor die seelen geleßen"[16]. Bei der tiefgläubigen Einstellung Luthers ist seine Entrüstung über die römischen Geistlichen – speziell über die Kurialen – verständlich. „Zu Rom ... hab da selbs viel messe gehalten, und auch sehen viel messe halten, das mir grawet, wenn ich dran dencke, Da höret ich unter andern guten, groben grumpen uber tissche, Curtisanen lachen und rhümen, wie ettliche messe hielten, und uber dem brod und wein sprechen diese wort: Panis es, panis manebis, Vinum es, vinum manebis ... Nu ich war ein junger und recht ernster, fromer Münch, dem solche wort wehe thetten ... Und zwar ekelt mir seer da neben, das sie so sicher und fein rips raps kundten Messe halten, als trieben sie ein gauckel spiel, Denn ehe ich zum Euangelio kam, hatte mein neben Pfaff seine Messe aus gericht, und schrien mir zu: Passa, Passa, jmer weg, kom da von etc"[17].

Ein ausgesprochen persönliches Anliegen war ihm in Rom das Seelenheil seiner Angehörigen: „Ich selb mehr dann eyn messe daselb vor die seelen geleßen"[18]. „Ich hab auch wol eine Messe odder zehen zu Rom gehalten, und war mir dazumal schier leid, das mein vater und mutter noch lebeten, Denn ich hette sie gern aus dem fegfeur erlöset mit meinen Messen und ander mehr trefflichen wercken und gebeten"[19]. „Es ist zu Rom ein spruch: ‚Selig ist die mutter, der son am Sonnabent zu Sanct Johans eine Messe helt', Wie gern hette ich da meine mutter selig gemacht? Aber es war zu drange und kundte nicht zu komen"[20]. „Romae wolt meum Avum ex purgatorio erlosen, gieng die Treppen hinauff Pilati, orabam quolibet gradu pater noster. Erat enim persuasio, qui sic oraret, redimeret animam. Sed in fastigium veniens cogitabam: quis scit, an sit verum"[21].

Damit dürften aus den Schriften Luthers alle Stellen genannt sein, wo er über sich selbst und seinen Romaufenthalt Aussagen anstellt, die auch als solche zu werten sind. Sie zeigen den jungen Luther als einen wachen und tiefgläubigen Mönch und Priester, dem auch die Mißstände des heiligen Rom nicht verborgen bleiben.

---

[16] WA 1,390,1f.

[17] WA 38,211,33–212,12; ähnlich WA 46,292,8f.28f; vgl WATR 3,313 Nr 3428; 5,181 Nr 5484; 451 Nr 6036.

[18] Siehe Anm 16.   [19] WA 31 I 226,11–14.

[20] WA 31 I 226,14–17. NIKOLAUS MUFFEL zitiert diesen Spruch auch schon: „Item selig ist auch die muter, die das kint je getrug, das die samstag meß hort singen oder lesen zu sant Johanns latron, dan es erlöst albeg ein sel auß dem fegfeur, die in von der XVI gepurt zugehort hat und wirt derselb mensch selber auch ledig und loß von allen sein sunden und seiner aufgesaczten puß", beschreibt aber auch den Altar näher: „Item zwischen der capellen sancta sanctorum und der heyligen stigen ist ein altar, wen man auf dem samtztag mess darauf list, und welche sel der brister in seiner memory hat, dieselbig sel sol auch erlost werden; und der altar ist gleich vor dem gitter, das vor sancta sanctorum stet pey dem grossen schwipogen, do die ersten glocken hangen wye vor stet". Nikolaus Muffels Beschreibung der Stadt Rom, hg v WILHELM VOGT = BLVS 128 (1876) 10 und 17.

[21] WA 51,89,20–23; 17 I 353,10f; vgl GEORG BUCHWALD, Ein neues Zeugnis für Luthers Erlebnis auf der Pilatustreppe in Rom, in: ZKG 32 (1911) 606f; den Bericht von LUTHERS Sohn PAUL über das Erlebnis der Pilatustreppe siehe bei OTTO SCHEEL, Dokumente zu Luthers Entwicklung (bis 1519) = SQS NS 2 (Tübingen ²1929) 210 Nr 539. – Die sogenannte Pilatustreppe war einst Ehrentreppe des alten Lateranpalastes. Erst im 8. oder 9. Jahrhundert wird die Legende greifbar, daß die unter PAPST SERGIUS II. (844–847) erstmalig erwähnte Scala Sancta sich im Prätorium des PONTIUS PILATUS befunden habe. JESUS sei über diese Stiege zum „ecce homo" hinaufgestiegen. KAISERIN HELENA soll die Stiege dann nach Rom überführt haben. Vgl WALTHER BUCHOWIECKI, Handbuch der Kirchen Roms 1 (Wien 1967) 96.

2. Aussagen über das Rom seiner Zeit

Die im ersten Punkt zusammengetragenen Aussagen beinhalten ja auch schon Aussagen über das Rom zur Zeit Luthers, aber hier sollen speziell Äußerungen Luthers über das Rom seiner Zeit vorgestellt werden. Autobiographisches findet sich hier seltener. Es gibt eigentlich nur ein Zitat aus den Schriften Luthers, wo er in dem Zusammenhang ausdrücklich betont, daß er es selbst gesehen habe. Es ist die Aussage über den Westgotenangriff auf Rom vom Jahre 410: „Gotti kamen und rissen das Rom in hauffen und bickten in die stein, ut nesciretur, ubi capitolium, ut vidi"[22]. Die übrigen hier aufgeführten Aussagen gründen wohl auf eigener Ortskenntnis[23] oder wenigstens auf zeitgenössischen Mitteilungen.

Im Anschluß an die eben zitierte Äußerung über den Gotensturm können hier gleich die mehr allgemein gehaltenen Bemerkungen zum konkreten Zustand der Stadt Rom im Mittelalter[24] zusammengestellt werden: „Gott ... lies die Stad Rom durch die Gotten und Wenden jnn kurtzen jaren vier mal erobern, endlich verbrennen und schleiffen"[25]. „Die herrliche stad Rom selbs, offtmals umb gekert, geschlefft und endlich jnn staub und asschen geworffen ist und noch darin ligt, das nichts denn etliche zurstörete und zu fallen stück von dem Rom, wie es vorzeiten gewest, uberblieben zu sehen sind"[26]. „Rom itzt ligt zwo stuben tieff in terra"[27]. „Rom in die assch. Et zu Rom das recht pflaster in der erde, so hoch ich stehe"[28]; mit der Bemerkung „so hoch ich stehe" meint er die Kanzel, von der aus er predigt. „Rom aber ist drey mal geschlefft, das es wol zweier Man tieff unter der Erden ligt"[29]. Alle diese Aussagen verraten doch mehr oder weniger eine gute römische Ortskenntnis.

Von den Kirchen nennt Luther vor allem S. Giovanni in Laterano, die „öberste Pfarkirche zu Rom"[30], an deren Fassade eine Inschrift von der hohen Würde dieser

---

[22] WA 36,126,5f; ähnlich WA 29,507,16; 42,7,6f. – Über den Zustand des Kapitols und die Ruinen des Jupitertempels vgl auch WATR 2,609 Nr 2709b: „Et dixit de Capitolii monte, wie es so gar tzuschleifft sei, ut fere nulla monumenta videantur nisi unum aedificium, das so mit grossen wacken und steinen ist tzusammen gegossen, das mans nicht konne umbreissen". – Die Äußerung in WA 36,126,6: „ut nesciretur, ubi capitolium", ist auf die Prachtbauten des antiken Kapitols zu beziehen. Sogar nach der Westgoten- und Vandalenplünderung bezeichnet CASSIODOR das Kapitol noch als erhabenstes Kunstwerk. Dann allerdings hört man ein halbes Jahrtausend nichts mehr, bis ab dem 11. Jahrhundert das Kapitol wieder als politisches Haupt der Römer erscheint und die Bau- bzw Restaurierungstätigkeit am Kapitol wieder neu einsetzt. Zur Zeit LUTHERS ist also das Kapitol keine unbekannte Größe. Vgl FERDINAND GREGOROVIUS, Geschichte der Stadt Rom im Mittelalter, hg v WALDEMAR KAMPF (Darmstadt 1978) 1,19 u 139; 2,197f; 3,300 u 341; FEDERICO HERMANIN, Die Stadt Rom im 15. und 16. Jahrhundert (Leipzig 1911) 6–9.

[23] Wie zB jene, wo er sagt, auch Rom sei aus Ziegeln gebaut. WA 42,415,15.

[24] Über den Zustand der Stadt Rom vgl WATR 3,349 Nr 3479a; 372 Nr 3517; 544 Nr 3700; BÖHMER (Anm 2) 87–119; LUDWIG FREIHERR VON PASTOR, Geschichte der Päpste seit dem Ausgang des Mittelalters 3,1 (Freiburg 1924) 635–639; SCHEEL (Anm 2) 503–511.

[25] WA 51,290,20–22; ähnlich 37,388,21f.

[26] WA 41,113,16–19.

[27] WA 37,14,23.

[28] WA 41,150,2f.

[29] WA 41,222,23f; ähnlich 49,194,4f; WATR 2,590 Nr 2660a. 2660b; 3,559 Nr 3717; 597 Nr 3766.

[30] WA 54,281,26.

Kirche kündet: „Ipsamet Ecclesia Lateranensis in urbe de frontis suae peripheria cantat... se esse matrem Ecclesiarum etc"[31]. Die Häupter der Apostelfürsten werden in der Laterankirche verehrt: „Ym hohen Altar der kirchen zum Lateran yhre heupter vermacht sind"[32]. Luther betont aber, gerade diese Reliquien nicht gesehen zu haben[33]. Über die Peterskirche sagt Luther nichts Konkretes aus, abgesehen von der einen Feststellung, daß der Papst wegen des Neubaus der Peterskirche[34] in der ganzen Welt nun betteln muß[35] und daß mit dieser Bettelei eine unselige Ablaßkrämerei verbunden wird[36]. Wieweit die Aussagen zur Peterskirche auf eigener lokaler Kenntnis beruhen, muß offen bleiben. Vom Standpunkt des Seelsorgers hat Luther die deutsche Nationalkirche Santa Maria dell'Anima, deren Neubau zur Zeit seines Rombesuchs noch nicht abgeschlossen war[37], am positivsten und nachhaltigsten beeindruckt: „Zu Rom im Spital ist die deutsche Kirche, die ist die beste, hat ein deutschen Pfarherr"[38]. Ob Luther bei seinem Romaufenthalt die erwähnte „Capella S. Georgii"[39] tatsächlich gesehen oder nur davon gehört hat, muß offen bleiben, dagegen spricht er über Bilder, die der Evangelist Lukas gemalt haben soll: „Vidi quasdam imagines, quas Lucae etc"[40]. Schließlich dürfte auch folgende Aussage auf konkrete Ortskenntnis zurückzuführen sein: „Sihe die Kirchen an S. Hagnetis, da zuvor 150 Nonnen inne gewest, S. Pancratij, S. Sebastiani, S. Pauli und alle reiche Klöster und Kirchen, wie sie stehen, inwendig und auswendig Rom, Das haben alles der Papst und Cardinel verschlungen"[41].

Eine der mittelalterlichen Kirchen Roms ist „Sancta Maria ad Martyres", das Pantheon der alten Römer, das auf Luther einen ganz außerordentlichen Eindruck gemacht hat: „Die Römer aus aller welt alle Abgötter samleten und eine Kirche baweten, die sie nenneten Pantheon, aller Götter kirchen"[42]. Dieses alte Pantheon, das im Jahre 609 zu einer christlichen Kirche geweiht wurde, wird für Luther zum Symbol der römischen Kirche: „novum quoddam pantheon impietatis"[43], „ut rur-

---

[31] WA 2,159,21f; ähnlich 1,678,10.
[32] WA 18,259,1f; vgl GREGOROVIUS, Geschichte 2 (1978) 774 u 881f.
[33] WA 51,136,38.
[34] Zur Geschichte von Neu-St.Peter vgl WALTHER BUCHOWIECKI, Handbuch der Kirchen Roms 1 (Wien 1967) 115–129.
[35] WA 6,44,19f.
[36] Vgl WA 1,245,31–33; 2,118,18–20; 51,540,12; WATR 3,656 Nr 3846; 5,467f Nr 6060.
[37] Vgl JOSEPH SCHMIDLIN, Geschichte der deutschen Nationalkirche in Rom S. Maria dell'Anima (Freiburg Br und Wien 1906) 258f.
[38] WA 47,425,5f; der „deutsche Pfarrherr" ist vermutlich GOTTFRIED VELDERHOFF von Beeck, vgl SCHMIDLIN 259.
[39] WA 41,511,31f; falls LUTHER tatsächlich eine römische Georgskapelle meint, dürfte sie schwer zu identifizieren sein, vgl GREGOROVIUS, Geschichte 1 (1978) 316–318; CHRISTIAN HUELSEN, Le chiese di Roma nel medio evo. Cataloghi ed appunti (Firenze 1927) 254f Nr 2–5.
[40] WA 47,817,3f; nach den spätmittelalterlichen Rombeschreibungen war der Evangelist LUKAS ein recht produktiver Maler, man vgl zB Mirabilia Romae, hg v GUSTAV PARTHEY (Berlin 1869) 52,18–20; 54,5f u 20f; 60,18f; 61,6; NIKOLAUS MUFFELS Beschreibung (Anm 20) 15, 33, 44, 52, 55, 59.
[41] WA 54,223,14–17; ähnlich 43,421,9f; 51,20,5f.
[42] WA 50,271,16f; ähnlich 7,677,11f; 15,631,1; 22,173,1f; 41,653,10; 51,156,33–38; WATR 1,231f Nr 507; 5,208f Nr 5514f.
[43] WA 6,329,23.

sus Romanorum illud Cahos deorum et quoddam pantheon denuo extruximus"⁴⁴. „Wie die Römer ein Pantheon in jrer stad Rom, also habt jr auch ein Pantheon in der Kirchen gebawet, das ist aller Teufel kirchen"⁴⁵.

Damit sind die Aussagen Luthers über das Rom seiner Zeit, die auf seine römischen Ortskenntnisse zurückgeführt werden dürfen, vollständig. Man könnte noch jene Äußerungen anfügen, die sich mit der großen Zahl römischer Märtyrer und mit den Katakomben befassen: „Si numerari deberent martyres, mher den ij hundert tausend. In uno Cimeterio mher 10.000 i.e. 46 Bischoff et uno die etc"⁴⁶. Bei solchen Zahlen stützte Luther sich aber nicht nur auf römische Erinnerungen⁴⁷. Seine Aussagen über Heiligenreliquien⁴⁸ können selbstverständlich auf seinen Romkenntnissen beruhen, aber ebenso der Lektüre von Reliquienbeschreibungen, deren es genug gab⁴⁹, entstammen. Luthers Aussagen über die Reliquien der Apostelfürsten dürften jedoch eindeutig auf seine römischen Erlebnisse zurückzuführen sein: „S. Peter und S. Paul sind zu Rohm begraben, die Heubter sollen doselbst liegen und die Corper zu S. Johan Lateran, aber es ist eine unverschempte Lugen"⁵⁰. „Sie rhümen hoch und viel von jhren beiden leiben, die wöllen sie haben zu Rom, weisen zwey heupter und sagen, es sei Petri und Pauli heubter. Ich weis es nicht, ich habe es nicht gesehen"⁵¹.

Weniger durch Heiligkeit als vielmehr durch ärgerniserregenden Prunk haben sich schließlich der päpstliche Prachtbau des Belvedere⁵² im Vatikan und manche Kardinalspaläste am Campo di Fiore⁵³ Luthers Erinnerung eingeprägt: „Ich schweyg..., wo solchs ablas gelt hyn kummen ist: ein ander mal wil ich darnach fragen, den Campoflore und Bel videre und etlich mehr ortte wissen wol etwas drumb"⁵⁴.

---

⁴⁴ WA 1,415,4f.

⁴⁵ WA 51,496,25f.

⁴⁶ WA 41,139,1f und 140,1; ähnlich 45,28,21f; mit „Cimeterium" meint LUTHER die Kalixtus-Katakomben, vgl WATR 5,667 Nr 6447; 675 Nr 6463; N MUFFELS Beschreibung (Anm 20) 37.

⁴⁷ So sagt er zB einmal: „Legitur in legendis Sanctorum,... uno die 70.000 merterer in Romano Imperio". WA 49,41,28–32; ähnlich 45,28,20; 49,482,7.29f.

⁴⁸ ZB WA 17 I 353,8f; 34 I 91,1; 37,463,23f; 47,817,29; 53,405,7.

⁴⁹ Man denke nur an die üblichen römischen Pilgerführer des Spätmittelalters, zB „Mirabilia Romae" (Anm 40) oder Stadtbeschreibungen wie jene des NIKOLAUS MUFFEL (Anm 20).

⁵⁰ WA 47,394,26–28; vgl WATR 5,181 Nr 5484; 379 Nr 5844.

⁵¹ WA 51,136,36–38; ähnlich 47,394,7f; 816,19–21; 817,4–6; 51,137,4–6; 54,109,14f; 255,4–7.

⁵² Vgl PASTOR (Anm 24) 286–288. – LUTHERS gesundem Wirklichkeitssinn dürfte es vielleicht nicht ganz entsprechen, wenn ADOLF HAUSRATH, Luthers Romfahrt 70 in diesem Zusammenhang sagt: „An den antiken Statuen dagegen und ihrer Nacktheit ist der Mönch geschlossenen Auges vorübergegangen". Übrigens konnte er sie mit geöffneten Augen auch nicht sehen, denn die wenigen antiken Statuen, die damals schon ausgegraben waren, befanden sich fast durchwegs in Privatbesitz.

⁵³ Der Campo di Fiore hat seinen Namen von der Wiese, die ihn bis Mitte des 15. Jahrhunderts ausfüllte. KARDINAL SCARAMPO ließ ihn pflastern. Bis Ende des Jahrhunderts hatten viele Kardinäle ihre Paläste um den Campo di Fiore errichtet. Seit SIXTUS IV. (1471–1484) bildete der Platz einen Mittelpunkt des städtischen Lebens. Gasthäuser, Händler, Handwerker umgaben den Platz, der zugleich auch Markt und Richtstätte war. Vgl GREGOROVIUS, Geschichte 3 (1978) 296 und 331. – Über die symbolische Verurteilung und Verbrennung LUTHERS auf dem Campo di Fiore vgl WABr 1,408–410 Nr 182 mit Anm 6.

⁵⁴ WA 6,427,10–12.

An zeitgenössischen Ereignissen nennt Luther den Sacco di Roma im Sommer des Jahres 1527 und die Tiberüberschwemmung vom 7. Oktober 1530. Der Sacco di Roma hat die damalige Welt sehr beschäftigt[55]. Auch Luther äußert sich mit Entsetzen darüber: „Romano Pontifice securo Roma est devastata"[56]. „Exemplum est omnibus blasphematoribus, qui ... peribunt ... Ita fere accidit Papae, qui a Caesare, ‚Dilecto filio suo' regno expulsus est"[57]. „Caesar Carolus cum Papa, quem nunc devastat. Summa: omnia foedera sine deo irritantur"[58]. – Die Tiberüberschwemmung vom Oktober 1530 hat unter den europäischen Nachrichten ebenfalls großes Aufsehen und nachhaltiges Echo bewirkt[59]. Luther kommt – vor allem in Predigten zu Lk 21,25ff – wiederholt darauf zu sprechen: „Wir versuchen Gott zu hoch ... bis das er müsse ein wetter über uns lassen gehen, Und zwar jhenes teil hat er schon angegriffen und mit der grossen wasserflut, so über Rom gangen ist, gnugsam gewarnet und angezeigt, was er über sie gedenckt"[60]. „Senes dicunt, an audiunt scheuslich wind, ungewitter. Es wintert nicht recht, in aestate habemus hyemem q.d. creatura: ich bin mude. Iam audimus Romae et Antverpiae, quod semper fiant"[61]. „Iam hac hieme Roma Tiberi est fere submersa"[62]. „Certe, quando aliter ghet quam naturaliter fit, significat aliquid mali, ut aqua Romae"[63]. „Also auch mit den andern zeichen ... las ich auch die Christen urteilen und alte leute sagen, ob jemand gedencke solch ungewitter von winden und gewessern, als jtzt jnn kurtzen jaren jmer gesehen ist, und sonderlich solch grosse flut, die land und leut erseufft, als neulich zu Rom und im Nidderland, on was auch von erdbeben gehöret wird, das sich wasser und alles stellet, als wolle es nicht mehr jnn seiner stet bleiben, sondern alles uber und uber gehen"[64]. Möglicherweise ist auch noch das sechszeilige Gedicht „Quum mala tot nostram vexent, te principe, Romam" auf Papst Clemens VII. Luther zuzuschreiben[65], wo von „Diluvium, caedes, flamma, rapina, lues" die Rede ist.

---

[55] Vgl PASTOR, Geschichte der Päpste 4,2 (1907) 268–292; GREGOROVIUS, Geschichte 3 (1978) 601–644; Literatur siehe bei SCHOTTENLOHER 4 (1957) Nr 41550–41577; KARL BRANDI, Kaiser Karl V. Werden und Schicksal einer Persönlichkeit und eines Weltreiches 2: Quellen und Erörterungen (Darmstadt ²1967) 182 Anm 219; GREGOROVIUS, Geschichte 4 (1978) 261. – LUTHER selber betont: „Romam nollem exustam, magnum enim portentum esset". WABr 4,280,39f Nr 1168 (ca 10.November 1527).

[56] WA 31 II 378,23; WABr 4,222,9–11 Nr 1122 (13. Juli 1527); 5, 373,26 Nr 1592 (19. Juni 1530); WATR 2,323 Nr 2107; 590 Nr 2660a und 2660b; 5,466f Nr 6058.

[57] WA 31 II 246,10–13; ähnlich 44,181,13.

[58] WA 31 II 260,29f.

[59] Vgl GREGOROVIUS, Geschichte 3 (1978) 658; 4 (1978) 142 zu 658; CR 2 (1835) 424 Nr 931 (Schreiben, Augsburg 27.Oktober1530); WABr 5,681f Nr 1750 (13.November1530); 692 Nr 1757 (1.Dezember 1530) mit Anm 2.

[60] WA 31 I 394,29–33. Zur Abfassungszeit des Textes ungefähr ab Oktober 1530 vgl AaO 384 u 387.

[61] WA 32,230,8–10 (vgl RN zu 230,10/28). Predigt vom 4.Dezember1530.

[62] WA 32,230,28; s Anm 61.

[63] WA 32,231,18f; s Anm 61.

[64] WA 34 II 463,10–16. Predigt vom 10.Dezember1530.

[65] WA 35,599; weitere Angaben s AaO Nr 6.

„Ich, als ein narre, truge auch zwiebeln gehn Rohm und brachte knobloch wieder"[66], sagt Luther über das Ergebnis seiner Romfahrt. Versucht man alle hier notierten Aussagen Luthers über die Stadt Rom seiner Zeit insgesamt zu erfassen, ist folgendes festzuhalten: Luthers Kenntnis der Stadt Rom gründet auf konkreter Erfahrung. Rom ist aber für Luther nicht nur eine bloße Stadt, sondern ein Begriff, der mit theologischem Gehalt gefüllt ist. Die „urbs aeterna"[67] ist zur „Roma sancta" geworden. Aber zu seiner Zeit kann Luther das heilige Rom nur mehr aus weiter zeitlicher Ferne sehen: „Romae olim fuit Ecclesia pulcherrima, maiore numero confessorum et martyrum, quam usquam alibi in toto orbe terrarum"[68]. „Ipsa quondam Urbs tempore martyrum sanctissima et totius Ecclesiae locus unus in orbe terrarum omnium praeclarissimus"[69]. Luthers Schmerz darüber, daß diese einstige „Roma sancta" zu seiner Zeit so wenig zu erkennen ist, kommt vielleicht am bezeichnendsten zum Ausdruck, wo er seine Erschütterung über die römische Art und Weise, Messe zu feiern, kundtut: „Nu ich war ein junger und recht ernster, fromer Münch, dem solche wort wehe thetten, Was solt ich doch dencken? Was konde mir anders einfallen, denn solche gedancken? Redet man hie zu Rom frey, offentlich uber tissch also, Wie? wenn sie alzumal beide, Bapst, Cardinal, sampt den Curtisanen, also messe hielten? wie fein were ich betrogen..."[70]

Es ging Luther nicht um die Stadt Rom an sich, sondern vielmehr um die Glaubwürdigkeit der Kirche, die durch das beobachtete Verhalten der Römer in Frage gestellt wird. Das späte Zeugnis seines Sohnes Paul[71], nach dem sich Luther in Rom von der alten Kirche innerlich abgewandt hat, enthält vielleicht doch ein Körnchen Wahrheit. Und damit darf zurückgelenkt werden auf das eingangs angeführte Zitat[72], das auf die religiösen Gründe von Luthers Handeln den Schwerpunkt setzt.

Verzeichnis der zitierten oder erwähnten WA-Stellen

WA	Anmerkung	WA	Anmerkung
1,245,31–33	36	2,118,18–20	36
390,1f	16	159,21f	31
390,1f	18	6,44,19f	35
415,4f	44	329,23	43
678,10	31	427,10–12	54

---

[66] WA 47,392,10f.
[67] WA 31 II 174,8.
[68] WA 43,535,38–536,2.
[69] WA 54,109,25–27; vgl WATR 4,290 Nr 4391 und „Romae descriptio" in WATR 5,700 Nr 6503.
[70] WA 38,212,4–8. – „Causa profectionis erat confessio, quam volebam a pueritia usque texere, und from werden ... inveni indoctissimos homines Romae". WATR 3,432 Nr 3582b und 3582a.
[71] Siehe Anm 21.   [72] Oben S 281 mit Anm 1.

WA	Anmerkung	WA	Anmerkung
7,677,11f	42	42,415,15	23
14,393,32f	6	43,57,9–12	10
15,631,1	42	421,9f	41
17 I 353,8	48	535,38–536,2	68
353,10f	21	44,181,13	57
18,259,1f	32	45,28,20	47
22,173,1f	42	28,21f	46
26,198,III	9	46,292,8f.28f	17
29,507,16	22	47,392,10f	66
31 I 226,9–11	7	394,7f	51
226,11	13	394,25–27	8
226,11–14	19	394,26–28	50
226,14–17	20	425,5f	38
394,29–33	60	432,28f	11
31 II 174,8	67	816,19–21	51
246,10–13	57	817,3f	40
260,29f	58	817,4–6	51
378,23	56	817,29	48
32,230,8–10	61	49,41,28–32	47
230,28	62	194,4f	29
231,18f	63	482,7.29f	47
34 I 91,1	48	50,271,16f	42
34 II 463,10–16	64	51,20,5f	41
35,599	65	89,20–23	21
36,126,5f	22	136,36–38	51
37,14,23	27	136,38	33
388,21f	25	137,4–6	51
463,23f	48	156,33–38	42
38,211,32f	12	290,20–22	25
211,33–212,12	17	496,25f	45
212,4–8	70	540,12	36
39 I 146,1–4	14	53,238,20–22	9
150,2–4.13	15	405,7	48
41,113,16–19	26	54,109,14f	51
139,1f	46	109,25–27	69
140,1	46	219,3f	5
150,2f	28	220,1	9
222,23f	29	223,14–17	41
511,31f	39	224,5–7	9
653,10	42	255,4–7	51
42,7,6f	22	281,26	30

WABr	Anmerkung	WABr	Anmerkung
1,408–410 Nr 182	53	5,373 Nr 1592	56
4,222 Nr 1122	56	681f Nr 1750	59
280 Nr 1168	55	692 Nr 1757	59

WATR	Anmerkung	WATR	Anmerkung
1,231f Nr 507	42	4,290 Nr 4391	69
2,323 Nr 2107	56	291 Nr 4391	11
590 Nr 2660a	29	5,75 Nr 5344	5
– –	56	76f Nr 5347	5
– Nr 2660b	29	181 Nr 5484	11
– –	56	– –	17
609 Nr 2709b	22	– –	50
3,313 Nr 3428	17	208f Nr 5514f	42
345ff Nr 3478	11	379 Nr 5844	50
349 Nr 3479a	24	451 Nr 6036	17
372 Nr 3517	24	466f Nr 6058	56
431 Nr 3582a	11	467 Nr 6059	5
– –	70	467f Nr 6060	36
432 Nr 3582b	11	468 Nr 6060	9
– –	70	657 Nr 6427	11
544 Nr 3700	24	667 Nr 6447	46
559 Nr 3717	29	675 Nr 6463	46
597 Nr 3766	29	700 Nr 6503	69
656 Nr 3846	36		

ZAUBEREI UND HEXENWERK

Eciam loqui volo vom zaubern[1]

Da sehet ir, quod ein rechter zeuberer[2]

von

Beatrice Frank

Von Hexen und Zauberern haben wir wohl alle feste Vorstellungen, deren Bilder einer Mischung aus Grimms Märchen und Goethes Walpurgisnacht entstammen. Gleichzeitig sind wir aber, als Menschen des 20. Jahrhunderts, fest davon überzeugt, daß es keine Hexen gibt.

Versucht man, die Übersteigerung der jahrhundertelangen Verfolgung, die sich durch Angst, Verdrängung und religiösem Verantwortungsgefühl für alle in Verfolgern und Verfolgten wechselseitig steigerte, auf eine mögliche Grundlage zu reduzieren, so könnte sich ergeben, daß als „Zauberei und Hexenwerk" das oft von der Umwelt nicht verstandene (wenn auch in Notfällen genutzte) und mit mißtrauischen Augen beobachtete Wissen um natürliche Heilkräfte, Geburtshilfe (wohl auch Empfängnisverhütung) und möglicherweise auch die Anwendung von grundsätzlichen psychologischen und verhaltenstypischen Erkenntnissen galten.

Als Erscheinung traten sie wohl in der ganzen Geschichte menschlichen Zusammenlebens auf, die alten Formen sind aber heute nur noch in vereinzelten Überresten sichtbar: in den althochdeutschen Zaubersprüchen zum Beispiel oder eben im Werk eines Autors wie Martin Luther, der alle Erscheinungsformen seiner Zeit registrierte und deutlich benannte.

Ich sehe ihn deshalb hier weniger als eine die weitere Entwicklung bestimmende Autorität, sondern eher als greifbaren Punkt einer Entwicklung, als Exponenten seiner Epoche.

In seiner Schrift *Kurze Erklärung der zehn Gebote*[3] nannte Martin Luther als eine der Übertretungen des ersten Gebotes „Wer in seiner widerwertikeit tzewberey ... sucht. Wer brieff, tzeichen, kreuther, worther, segen und des gleichen gebraucht. Wer wunschruten, schatz beschwerung, cristallen sehen, manthel fahren, milchstelen ubet ... Wer sich selb, sein fich, hausz, kinder und allerley gut vor wolffen, eyszen, fewer, wasser, schaden mit ertichten gebethen segenet und

---

[1] WA 15,560,20.
[2] WA 47,690,20.
[3] WA 1,(247) 250–256 (1518).

beschwert"[4]. In den *Decem praecepta Wittenbergensi praedicata populo*[5], ebenfalls zum 1. Gebot, wurde er noch deutlicher: „patres insufflant parvulis . . . nescio quo morbo laborantibus: adducunt autem verba ad adiurationem idonea septem vicibus. . . . Qui pecora signant atque sic servant a lupo, peste, aqua, igne, quin totam civitatem vel domum ab incendio possunt ita servare. infoelix lupus iuste queri potest, portionem suam a deo datam sibi ereptam per daemonum foederatos. Si Iob ita fecisset, sua pecora servasset, sed non a deo laudatus esset . . . Eadem religione fructus in agris et hortis consignant, adeo stulti, ut, qui imbrem et incrementum ex deo acceperunt, custodiam ex diabolo petant, velut contra deum pugnantes, ne auferat, quod dedit . . . Ignem et aquam, item serpentes noverunt adiurare, ne pecori noceant ullo modo, id est, ut res eorum non sit subiecta deo"[6].

In diesen Aussagen zeigt sich Luthers Vorstellung von Zauberei, von Sprüchen und Segen, von Heils- und Schadenszauber und auch seine Haltung gegenüber den Anwendern solcher Praktiken:

Zauberei war bekannt und verbreitet.

Zauberei war wirksam – heilend, schützend, schädigend.

Zauberei war Sünde, wer sie anwandte, handelte gegen Gottes Gebote.

Im folgenden soll nun genauer untersucht werden, was im einzelnen von Luther für Zauberei gehalten wurde, wer über diese Kenntnisse verfügte und wer damit umging, und auch, warum alle diese Kenntnisse und Fähigkeiten abgelehnt und verdammt wurden[7].

Zauberei, Heils- und Schadenszauber scheint ein menschliches Grundbedürfnis zu sein. In einer beseelt gedachten Umwelt muß vor allem der Heils- und Schutzzauber ganz selbstverständlich sein[8]. Die trotz ihrer eindeutig heidnischen Herkunft auch nach der Christianisierung übernommenen und in Klöstern überlieferten althochdeutschen Zaubersprüche sind geeignete Beispiele, wie dieser alte Zauber wegen seiner Wirksamkeit und Verbreitung nicht zu unterbinden war und deshalb nur durch angehängte Bekräftigungen entschärft, mit neuem Personal versehen oder umgedichtet und umgeformt wurde[9]. Daran hat sich auch bis zum 16. Jahrhundert nichts geändert[10]. In diesen Sprüchen wurde fast ausschließlich Heils- und Schutzzauber betrieben, die Magie bestand aus Wort und Geste, die

---

[4] WA 1,252,3–6.

[5] WA 1,(394) 398–521 (1518).

[6] WA 1,403,3–14.

[7] Es geht hier nicht um einen Überblick über die allgemeine Haltung zur Zauberei im 16. Jahrhundert, sondern nur um MARTIN LUTHERS Meinung und Haltung, belegt aus den in der WA gedruckt vorliegenden Schriften mit Hilfe des in der Tübinger Arbeitsstelle vorliegenden Registermaterials.

[8] Vgl HANS BÄCHTOLD-STÄUBLI, Handwörterbuch des deutschen Aberglaubens (Berlin, Leipzig 1927ff); Magie und Religion. Beiträge zu einer Theorie der Magie, hg v LEANDER PETZOLD = WdF 337 (Darmstadt 1978).

[9] Vgl dazu die reichliche Information zu den einzelnen Sprüchen in WOLFGANG STAMMLER – KARL LANGOSCH, Verfasserlexikon (2. Auflage: Berlin, New York 1977); JOHN SIDNEY GROSECLOSE – BRIAN O'MURDOCH, Die althochdeutschen poetischen Denkmäler (Stuttgart 1976) 48–58.

[10] Vgl FRIEDRICH HÄLSIG, Der Zauberspruch bei den Germanen bis in die Mitte des XVI. Jahrhunderts (Diss phil Leipzig 1910).

Themen beschränkten sich auf den engeren häuslichen Kreis – der kranke Mensch, der Viehbestand des bäuerlichen Bereiches, Bedrohungen von außen (Dämonen und Diebe). Dazu kam noch als ein externes Thema Kampf und Krieg (Fesseln, Blut, Wunden). Zauber ist aber auch Schadenszauber. Hier ist die Überlieferung durch die selbstverständliche Ablehnung jeder Anwendung unterdrückt und durch Kirche und Bevölkerung verhindert und unterbunden worden. Daß es aber seit jeher auch Schadenszauber gegeben haben muß, wird aus den immer wieder erneuerten Verboten und Strafandrohungen deutlich.

Was nun verstand Martin Luther unter Zauberei, welche Tätigkeiten wurden ausgeübt, welche Bereiche waren betroffen und wie wirkte sie sich aus? Bereits oben war, als Übertretung des 1. Gebotes, eine ganze Reihe üblicher Praktiken genannt worden: „brieff, tzeichen, kreuther, worther, segen und des gleichen... wunschruten... cristallen sehen, manthel fahren"[11]. Diese Liste kann durch weitere Belege ergänzt und gestützt werden: Zum Zaubern gehörte „ligen, schweren, fluchen, trigen"[12], also die Wortmagie, wobei „keine Zeuberin ist, die nicht gutte wort gebrauchet, gotts wort, Joannis Euangelium etc"[13], „utuntur... verbis sanctis"[14].

Zauber bestand aber auch aus „zeichen, brieff, pater noster"[15], „brauchen... eines Zeichens oder Creatur"[16]. Auch Gesten und Handlungen gehörten dazu: „habent... externas geberde"[17]. Der Kuh blies man ins Ohr[18] und „patres insufflant parvulis"[19]. Weiter aber wurden Gegenstände benutzt „nehmen weihrach, herbas sanctas, weih wasser"[20] und Wünschelruten[21], „stück von 1 kerzen"[22]. Außerdem trieb man Hellseherei mit Kristallen[23] und nach dem Vogelflug[24], fuhr auf Mänteln[25] und ritt auf Böcken oder Besen[26]. Es handelte sich also um die traditionelle Mischung aus Wort und Geste, die den Zauber gemeinsam bewirkten. Neu dazu kamen der schriftliche Bereich mit Zettel, Brief und Amulett und die Gegenstände.

Der Bereich der Anwendung umfaßte die genannten Bereiche, Schatzbeschwörung[27], Hellseherei und Ortswechsel, Schutz für sich selbst[28] und für den abhängigen Bereich: „die Zeuberinnen... Kinder, Viehe und der gleichen segenen, das es solle gedeien und fur Unglück behütet werden"[29], für die ganze Stadt und für die Ernte vor Eisen[30], Feuer, Wasser, Schlangen[31] und überhaupt vor jedem

---

[11] WA 1,252,3f.
[12] WA 2,87,31; 16,466,20.24; 30 I 62,20f; 63,13; 198,36.
[13] WA 49,676,34; 19,660,28; 37,638,1f; 46,628,22; 629,12; 49,128,42–129,1.
[14] WA 47,654,14; 37,261,26; 262,3.18; 41,683,23.
[15] WA 41,468,26; 46,399,6; 51,75,32.
[16] WA 19,129,1.
[17] WA 41,468,26.
[18] WA 37,261,18; 636,27.
[19] WA 1,403,3.
[20] WA 41,683,21.
[21] WA 13,19,9.
[22] WA 46,399,6; 37,636,26.
[23] WA 10 I 1,590,18.
[24] WA 25,493,2.
[25] WA 10 I 1,591,3.
[26] WA 10 I 1,591,2.
[27] WA 6,375,7; 10 I 1,590,19; 26,629,17.
[28] WA 6,224,19; 54,75,33.
[29] WA 54,75,28; 10 I 1,591,5; 30 I 48,36; 63,16; 37,261,18; 41,683, 24; 47,654,15.
[30] WA 2,136,18; 10 I 1,591,6; 19,660,27; 54,75,32.
[31] WA 10 I 1,591,5.

Schaden[32]. Auch geheilt wurde, aber nur bei einschlägiger Krankheit: „ad Sagas ... sol ich lauffen: meus infans hat elbe, hertzgespan"[33].

„Sed Zeuberei ghet weiter, et meinet praecipue, da die leut an ein ander schaden thun, visum blind und verderben, schiessen an leib und gut, ... verderben korn"[34]. Dieser Schadenszauber ging gegen Mensch und Tier: lähmen und blenden[35], krank machen[36] und, sehr häufig, Milch stehlen[37]. Zum Schadenszauber gehörte auch das Wettermachen, oft an wichtigster Stelle[38]. Weitere üble Künste der Zauberer gab es: sie konnten „kinder jnn der wiegen verwechseln"[39] oder „den dingen eyn ander gestallt gebenn, das eyn kue odder ochße scheynett, das ynn der warheytt eyn mensch ist, unnd die leutt tzur liebe und bulschafft tzwingenn"[40]. Zur Bekräftigung des Zaubers wurden Helfer gerufen, Heilige und Hexen: „Invocaverunt Barbaram, Margaretam et Sagas consuluerunt"[41].

Im Verständnis Martin Luthers bestand Zauberei also aus Wort, Zeichen, Gegenstand und Schrift. Die Anwendungsbereiche waren einerseits Heilung, Schutz und persönliche Bereicherung, andererseits allgemeiner (Wetter) und persönlicher Schaden für andere Menschen an ihnen direkt oder an ihrem Vieh und Besitz. Andere Kenntnisse und Praktiken aber galten nicht als Hexenwerk: Goldmachen[42] und Medizin, besonders das Anwenden von Heilkräutern[43], die ganze Naturwissenschaft: „naturliche kunst, die vortzeytten Magia hieß unnd itzt physiologia ... ßo man lernett der natur krefft und werck erkennen"[44] und selbstverständlich auch nicht der Exorzismus[45], obwohl der von Luther dazu zitierte Spruch in Form und Aufbau auch den abgelehnten Zaubersprüchen gleicht:

„Ich beschwere dich, du unreyner geyst bey dem namen des vaters + und des sons + und des heyligen geysts + das du ausfarest und weychest von diesem diener gotis N. denn der gepeutt dyr, du leydiger, der mit fussen auff dem meere ging und dem synckenden Petro die hand reycht"[46].

In der *Kirchenpostille* von 1522[47], im *Evangelium am Tage der heiligen drei Könige*[48] teilte Luther die Zauberkundigen in zwei Gruppen: „hexen, das sind die boßen teuffelshuren, die da milch stelen, wetter machen, auff böck und beßen reytten, auff mentel faren, die leutt schiessen, lemen und vordurren, die kind ynn der wigen marttern, die ehlich glidmaß betzaubern unnd desgleychen" und „beschweerer, die das fihe und leutt segen, die schlangen betzawbernn, stall und eyßen vor-

---

[32] WA 2,136,18; 6,224,19; 54,75,28.33.
[33] WA 34 II 237,6f; 1,402,17.22; 29,487,10.
[34] WA 41,683,25–27.   [35] WA 45,528,19; 10 I 1,591,3.
[36] WA 1,406,4; 10 I 1,591,3f; 47,612,30; 691,27.
[37] WA 10 I 1,591,1; 29,520,19; 37,261,25; 637,3; 47,654,19; 49,676,34; 53,594,16.
[38] WA 41,683,20; 10 I 1,591,1; 16,552,3; 29,520,18; 46,399,6; 47,612,29; 649,16; 49,676,16.37; 677,12.33; 50,644,18.
[39] WA 37,637,3; 51,57,8.   [40] WA 10 I 1,591,10–12; 45,529,9f.
[41] WA 28,57,12; 41,683,22; 46,399,6; 628,26–29; 19,660,25f.
[42] WA 47,185,10.   [43] WA 16,551,37–41.
[44] WA 10 I 1,562,14f; 17 II 361,13–18; 46,134,1–6; mit Einschränkung 10 I 1,560,1; 46,399,7f.
[45] WA 38,255,21; 45,528,25.   [46] WA 12,44,25–28.
[47] WA 10 I 1.   [48] WA 10 I 1,555–728.

sprechen und viell sehen und ßaußen und tzeychen konnen"[49]. Während er also das Beschwören, dh den Heils- und Schutzzauber neutral behandelte, schrieb er den Schadenszauber eindeutig den Frauen zu. Dem entsprechen auch weitere Aussagen: „Gemeynlich ist das der weyber natur, das sie ... zewberey und aberglawbens treyben"[50]. Natürlich sind es vor allem die Hexen, deren Realität und Gegenwart Luther nie bezweifelte[51] und sogar ganz direkt selbst zu erleben glaubte[52]. „Sagae habent mysteria diaboli, quia kunnen beschweren"[53], die „alte Breckin ..., die den holunder Pusch, ja den Drachen anbeten"[54].

Des weiteren konnte Luther im Rahmen seiner Polemik gegen die katholische Kirche deren ganze Gebräuche und Gewohnheiten zur Zauberei zählen: „Es sind wol so scheussliche ding durch ettliche Pfarrher und Pfaffen geschehen mit zaubern und gauckeln und der gleichen teuffels gescheffte"[55]. Darunter fielen natürlich Würzweihen[56] und Weihwasser[57], Amulette mit Heiligennamen und Bibelzitaten[58], Blasiuslichter[59] und dergleichen mehr[60]. Das konnte so weit gehen, daß Zauberer gleichgesetzt wurde mit Papst[61] oder Papist[62] und Mönch[63], aber auch mit Rottengeister und Schwärmer[64]. Daß natürlich auch die anderen Gegner des Glaubens, besonders Juden[65] und Türken[66], nichts anderes übten als Zauberei und Beschwörung, muß wohl nicht extra erwähnt werden.

„Geheyliget werd dein name ... Hilff, das alle zauberey und falsche segen ab gethan werden"[67]. Diese Bitte Luthers drückt seine Haltung zur Zauberei deutlich aus: sie war real und mächtig. Ohne zwischen Heils- und Schadenszauber zu unterscheiden, nannte Luther die Zauberkunst in einer Reihe mit Mord und Diebstahl[68], mit Pest und Krieg[69] und mit Hoffart und Abgötterei[70]. Wer sie ausübte, sollte bestraft[71], exkommuniziert[72] oder auch getötet[73] werden. Gegen ihre Ausbreitung konnte allein Gott helfen[74]. Wer von seiner Zaubertätigkeit Abstand nahm und sie bereute, sollte mit offenen Armen aufgenommen werden[75].

---

[49] WA 10 I 1,591,1–6.
[50] WA 12,345,16–18; 16,551,18–41; 50,398,32f.
[51] WA 23,755,12; 30 I 48,36; 41,468,26; 47,654,15.
[52] WA 16,551,37; 552,20.   [53] WA 41,468,25.
[54] WA 28,555,30f.   [55] WA 38,242,1–3; 11,454,8; 47,690,20.
[56] WA 37,261,12; 636,17f; 41,418,26; 47,691,27; 52,682,5.9.
[57] WA 37,261,12; 636,17; 47,690,17; 691,35.38; 49,178,1; 676,16.36; 51,489,21.
[58] WA 46,628,22; 629,12.   [59] WA 37,261,17; 636,25.
[60] WA 37,261,12f; 321,21; 49,129,38; 676,16; 677,11; 53,593,33.
[61] WA 47,690,37; 691,1; 692,9; 49,677,32; 50,671,31; 51,56,12; 53,593,32f.
[62] WA 46,629,4; 49,677,11.   [63] WA 37,321,22; 38,147,38; 39 II 425,23f.
[64] WA 30 I 107,13.
[65] WA 53,502,3; 54,75,29 und die ganze Abhandlung über Schem Hamphoras 53,579–648.
[66] WA 10 I 1,561,18; 53,594,17; 54,75,31.   [67] WA 6,12,29f.
[68] WA 16,500,24; 51,609,20.   [69] WA 29,682,4.
[70] WA 7,215,27; 49,129,28; 528,11; 52,682,9; 53,593,33; 594,21; 54,75,32.
[71] WA 50,398,34.   [72] WA 29,539,1–3.
[73] WA 16,551,30f; 552,1; 41,683,34; 47,692,3.19: mit feuer verbrennen.
[74] WA 6,12,30; 29,557,35; 30 I 63,16.   [75] WA 38,146,31–35.

Warum diese Vehemenz der Ablehnung? Was war denn an der Zauberei, auch an Heils- und Schutzzauber so gefährlich?

Zauberei war Sünde, „Den wen Gott mir Etwas gebeutt, und ich thue ein anders und will noch recht haben, das heist eigentlich Zeuberej"[76] und sündig erschien sie aus vier Gründen:

1. Zauberei war eine Übertretung des 1. Gebotes „agunt contra . . . 1.praeceptum, quia deo non fidunt nec timent"[77] und des 2. Gebotes „Ich sol nicht fluchen, schweren, zeubern bey seinem nhamen"[78].
2. Die zauberischen Kräfte kamen vom Teufel, nicht von Gott „per diabolum ut zeuberer"[79]. „Gleich wie die Zeuberin noch auff diesen tag dem Teuffel anhangen, mit jhm zuthun und verbündnis haben"[80], so daß er „sie auch schwengern und alles unglück anrichten"[81] konnte. Mit der Anwendung seiner Künste boten die Zauberer dem Teufel jede Möglichkeit des Eindringens in die Gemeinde.
3. „Quid mangelt zeuberin, Wettermecherin? Hoc, quod non illis praeceptum"[82]: Gottes Befehl und Erlaubnis also fehlte. Diese Unterscheidung wurde wichtig in der Auseinandersetzung um die Taufe: Wenn „aus den zweien stücken, wort und element ein Sakrament" wurde, warum war dann die Zauberei, die über eine Kreatur ein Wort sprach, „wenn die schendlichen wettermecherin und Teuffelshuren der kuhe jns ohr blasen und sprechen auch Gottes und der heiligen namen dazu, Das beide, creatur odder element und Gottes wort zusamen kompt, . . . nicht auch ein Sacrament . . .? Antwort: Ja, das ist war, die zwey stück gehören dazu, aber es ist noch nicht gnug dran, . . . Sondern gehöret noch eins dazu, . . . nemlich ein Göttlich geheis und befehl"[83]. Aus diesem Grund waren für Luther auch die vielen Sitten und Gebräuche der katholischen Kirche „mit dem weyhewasser, saltz, wurtze . . . wachs und kertz, kappen . . . et omnes zeuberey"[84], denn: „Quis iussit te haec . . . thun?"[85]
4. Schließlich verstieß Zauberei gegen die Schöpfungsordnung, sie half dem Teufel, der „ist ein Herr der welt und masset sich gottlicher maiestat an"[86], er „wil alle ding Gott nach thun und ein bessers machen"[87]. Zaubern „verkeret die Creaturn"[88], Menschen zauberten, „ut res eorum non sit subiecta deo"[89]. So wurde der von Gott gewollte Lebenslauf gestört, der jedem, Tier oder Mensch, seinen Anteil zuwies: „Qui pecora signant . . . possunt ita servare. infoelix lupus iuste queri potest, portionem suam a deo datam sibi ereptam"[90].

---

[76] WA 47,117,34–36; 9,129,16f.
[77] WA 30 I 59,13; 1,252,3; 2,87,31; 11,36,6; 30 I 134,15; 46,629,17.
[78] WA 30 I 62,20f; 6,225,33.37; 9,129,16; 16,466,20.24; 30 I 99,29; 141,11; 356,5.
[79] WA 37,366,27; 6,224,19; 28,555,30; 613,30f; 30 II 188,29; 45,264,12; 47,612,32; 50,644,16f; 53,594,13f und eigentlich jede bisher genannte Stelle.
[80] WA 28,613,30.
[81] WA 24,162,26.
[82] WA 47,649,16; 37,638,1; 41,683,24; 47,646,3; 654,14.34; 49,676,17.
[83] WA 37,636,26–34.
[84] WA 37,261,12–18.
[85] WA 37,261,9.
[86] WA 47,612,32.
[87] WA 50,644,16f; 29,79,5f.
[88] WA 53,584,10.
[89] WA 1,403,14.
[90] WA 1,403,5–7.

Damit war Zauberei, so wirksam und nützlich sie auch sein mochte, immer abzulehnen. Als Sünde mußte sie gebeichtet werden: „Das man getzaubert hat"[91] und auch „Das man ... bey tzawbrern und tzaubrerin rat gesucht hat"[92]. Leute, die zauberten, „glauben nicht an Gott"[93], weil so „id unice curamus, ne quando in deum speremus, aut ne sine signo bono et certo speremus"[94]. Sie „opffern Christo den stinckenden schwebel, darinn sy Christus ... wirt ewigklich prennen"[95].

Im Jahr 1529 wurden in Wittenberg zwei Frauen als Hexen verbrannt, nachdem Martin Luther sie in einer Predigt eindringlich vermahnt und verwarnt hatte: „Ich habe etliche zuvormanen, das viel wettermecheryn syndt, die nicht alleyne die mylch stelen, ßonder die lewthe schissen, illos admoneo, ut illos illius auxilio iuvent, sicut illos perdiderunt. Novimus aliquas, si non resipuerint, illas commendabimus tortoribus et nostra oratione tibi obstinatissimo resistemus. Wyr wollen deyner untugent alhier nicht gewarten. Wyr wollen deyn nicht schonen nostris orationibus et deinde manifesteris et tortoribus commenderis"[96]. Eine Woche später vermerkte Rörer ausdrücklich: „Haec prima fuit excommunicatio ab ipso"[97].

Es war nicht die erste Hexenverbrennung überhaupt (diesen Vorwurf kann man Luther nicht machen) und es war, wie wohl allgemein bekannt, nicht die letzte. Aber sie zeigt, daß auch in den von der Reformation sonst in so vielem veränderten Territorien Hexenangst und radikale Abwehr gegen jede nur denkbare Art von Zauberei weiterhin üblich waren. Hier hatte die Reformation keine Änderung bewirkt – und auch nicht einmal in Erwägung gezogen.

---

[91] WA 2,61,1.
[92] WA 2,60,37.
[93] WA 19,660,30.
[94] WA 5,117,14–16 / AWA 2,199,6f; WA 51,56,13f.
[95] WA 7,254,6.
[96] WA 29,520,18–521,3.
[97] WA 29,539,2f.

LUTHERS VERHÄLTNIS ZU ASTRONOMIE UND ASTROLOGIE

(nach Äußerungen in Tischreden* und Briefen)

von

Klaus Lämmel

„Ego puto, quod Philippus astrologica tractat, sicut ego bibo ein starcken trunck birs, quando habeo graves cogitationes"[1]. Dieser freundliche Seitenhieb gegen Melanchthon und dessen bekannte astrologische Neigungen wirft ein Schlaglicht auf Luthers Grundeinstellung zur Astrologie: Die Beschäftigung mit ihr mag allenfalls der Zerstreuung dienen, das Prädikat einer ernsthaften Wissenschaft kommt ihr nicht zu. Die aus der Bemerkung sprechende Geringschätzung der Astrologie prägt Luthers Grundhaltung zu dem ins Auge gefaßten Problemkreis, und so wird im folgenden nach einer vorauszuschickenden (1.) Bestimmung seines im Grunde unproblematischen Verhältnisses zur Astronomie vor allem seine (2.) Kritik der Astrologie darzustellen sein, und zwar sowohl anhand einiger weniger prinzipieller Äußerungen in den Tischreden – die jedoch aus systematischen Gründen nicht im originalen Zusammenhang, sondern unter den jeweils entsprechenden Gliederungspunkten vorgeführt werden sollen – als auch anhand vieler beiläufiger Bemerkungen zu diesem Fragekreis. Darüber hinaus findet sich aber auch eine ganze Reihe von (3.) Äußerungen, die dieser Grundhaltung widerstreiten und sie in gewissem Umfang relativieren, Äußerungen, aus denen zumindest hervorgeht, daß Luther sich den betreffenden Gedankengängen nicht ganz und gar verschlossen hat, was wohl zu einem nicht geringen Teil eben auf Melanchthons hartnäckiges Festhalten an dieser „Kunst", die gegenwärtig wieder eine gewisse Hochkonjunktur erlebt, zurückzuführen sein dürfte[2].

---

* Die Tischreden werden nach Band und Nr zitiert; nötigenfalls – bei längeren Stücken – zusätzlich durch Seiten- und Zeilenangabe oder durch die originale Unterteilung „Primum . . ." „Secundo . . ." etc.

[1] WATR 1,17, aus einer Tischrede des Jahres 1531, in dem das Erscheinen des Halleyschen Kometen weithin die Gemüter bewegte. Es ist ziemlich wahrscheinlich, daß auch die zitierte Äußerung auf dieses Ereignis zurückgeht, da der Komet im August/September beobachtet wurde und der betreffende Tischredenkomplex auf Sommer und Herbst dieses Jahres datiert wird.

[2] Bei Gelegenheit eines Tischgesprächs (WATR 5,6250) über ein vorgezeigtes Horoskop (eine „nativitas" oder auch, wie in WABr 3,260,4, „genesis" bzw „genealogia", wie in WATR 4,4846 [S 543,7]) sagt LUTHER: „Ego saepe de hac re sum cum Domino Philippo locutus et illi originem et historiam totius vitae meae actae ordine recitavi", nachdem er zuvor festgestellt hat: „Das es scientia sey, wirdt Philippus noch niemandt mich bereden". – Trotzdem hat LUTHER sich bisweilen wider Willen den astrologischen Befürchtungen MELANCHTHONS fügen müssen: In einer Tischrede des Jahres 1540 (WATR 5,5368) erzählt er, wie er aus Schmalkalden, wo er schwer am Stein litt, habe abreisen wollen, „sed Philippus mit seiner heillosen

Wie in der eben gegebenen Exposition angedeutet, wird sich die Behandlung des gestellten Themas auf die Darstellung von Luthers Verhältnis zur *Astrologie* konzentrieren, als derjenigen „Kunst", die sich anheischig macht, aus dem Einfluß der Gestirne Voraussagen sowohl über zu erwartende Naturereignisse (Witterungsabläufe, Naturkatastrophen verschiedener Art, wie Überschwemmungen, Seuchen) als auch über das Schicksal von Menschen – bestimmter Individuen wie auch ganzer Gemeinschaften (Städte, Völker) – abzuleiten. Die Konzentration auf diesen Bereich hat ihren Grund darin, daß natürlich hier, in diesem Anspruch der Astrologie, der Stein des Anstoßes für den Theologen und Prediger Luther liegen mußte, dem es um das unbedingte, unmittelbare und ausschließliche Vertrauen auf Gott und seine Verheißung geht. Daß der Mensch statt an Gott an die Gestirne, die doch nur seine Geschöpfe sind, glaubt, ist die Gefahr, gegen die Luther sich wendet: „Credere astris est idolatria, quia contra primum praeceptum"[3]. – Bevor jedoch dieser sowohl dem Gewicht wie dem Umfang der Aussagen nach vorrangige Komplex zu behandeln sein wird, muß kurz Luthers Stellung zur „exakten" Wissenschaft der *Astronomie* zur Sprache kommen, von der er zumeist in Gegenüberstellung und Abgrenzung zur Astrologie spricht[4].

1. Die Astronomie gilt Luther als ein „donum dei, si intra suos fines manet"[5], dh wenn sie Wissenschaft bleibt, die sich auf Axiome gründet und mit Beweisen arbeitet (principia et demonstrationes)[6]. Wenn sie aber diese ihre Grenzen überschreitet und damit zur Astrologie wird, ist sie zu verwerfen: „astronomia est improbanda, quatenus praedicit, quid cuique futurum sit"[7]. Die Version b der zitierten Tischrede gibt anhand aristotelisch-scholastischer Begriffe eine generelle Bestimmung des Gegenstandes der Astronomie: „astronomia versatur circa materiam, genus, non circa formam et speciem"[8], sie befaßt sich mit dem unbestimmten Allgemeinen,

---

und schwermerischen astrologia hielt mich noch ein tag auf, denn es war novilunium; wie er auch ein mal von Brato [= Pratau] nicht er ein fahren wolt, übers wasser in novilunio. Ich wollt aber nicht bleiben, quia nos sumus domini stellarum".

[3] WATR 1,1026.

[4] Vorausgeschickt werden muß, daß der Gebrauch der Begriffe „Astronomie" und „Astrologie" in den Tischreden durcheinandergeht; jedoch werden die meisten Stellen dieser Art durch den Kontext eindeutig. So wird „astronomia" oft glatt im Sinne von „astrologia" gebraucht (zB WATR 2,2120) und umgekehrt (zB WATR 4,4638); außerdem kommt aber auch der Gebrauch von „astronomia" im inklusiven Sinne (für beides zugleich) vor, zB WATR 3,2919a und b. Die Verwirrung dürfte vermutlich zu einem großen Teil den Abschreibern anzulasten sein, geht aber im übrigen darauf zurück, daß beide Begriffe ursprünglich synonym gebraucht wurden.

[5] WATR 3,2919a.

[6] WATR 3,2834a: „Et astronomia [gemeint ist astrologia, wie die Version 2834b und der Kontext zeigen] ... non est ars, quia non habet principia aut demonstrationes ..." Ähnlich WATR 4,4705: „Wir wollen ihnen [= den Mathematicis] astronomiam gerne nachlassen, aber astrologia kan nicht bestehen, quia nullas habet demonstrationes".

[7] WATR 3,2919a.

[8] WATR 3,2919b (S 79,19ff).

nicht mit dem bestimmten Einzelnen[9] und kann darum nicht beanspruchen, „futura dicere..., quid cuique eventurum sit"[8].

Durch zwei anschauliche Vergleiche, einen aus dem Bereich der Logik, einen anderen aus dem der Wissenschaftsgeschichte, kennzeichnet Luther den Primat der Astronomie vor der Astrologie und letztere als ein sozusagen hinzugedichtetes Anhängsel der ersteren: „Sicut praedicamenta habent fictos terminos, ita astronomia fictam habet astrologiam; et sicut veteres theologi nesciverunt scholasticam, ita veteres astronomi nesciverunt de astralogia"[10].

Unter die Belege, die Luthers Wertschätzung der Astronomie gegenüber der Astrologie ausdrücken, muß man wohl auch die Äußerung „Ego astrologiam amplector propter multiplicem usum. Citavit dictum Davidis de scientia stellarum" (gemeint ist Ps 19,2ff) rechnen[11]. Denn will man den Satz nicht als eine eingeflossene Bemerkung von Schreiber- bzw Abschreiberhand ansehen und damit außer Betracht lassen, so bleibt nichts anderes übrig, als „astrologia" hier wiederum im Sinne von „astronomia" aufzufassen, wie es auch Aurifaber in seiner deutschen Version der Stelle tut[12]. Dem Satz geht nämlich eine Kritik der Praxis der Astrologen voraus, nur die Beispiele herauszustreichen, wo ihre Kunst einmal das Rechte getroffen hat: „Astronomia[13] ist gleich einem, der wurffel feil treget und saget: Ich habe gutte wurffel, sie werffen stedts tzwelffe. Wirfft offt hin; wan einem 12 kompt, so ist die kunst recht, siehet aber nicht, wie offt er tzuvor 2,3,4,5,6 geworffen hat. Sic illi faciunt". Daß Luther nach einer solchen Kritik unvermittelt eine so allgemeine Wertschätzung der Astro*logie* („astrologiam amplector...") ausgesprochen haben sollte, erscheint gänzlich unglaubhaft.

Ein substantielles Interesse an der Astronomie als Wissenschaft hat Luther – im Unterschied zu Melanchthon – allerdings nicht gehabt. Wenn auch eine Aussage wie „minima stella est maior orbe" eine gewisse über das Maß des völligen Laien hinausgehende Kenntnis astronomischer Größenverhältnisse beweist[14], so zeigen andere Äußerungen wiederum sachliches – dem durchschnittlichen Erkenntnisstand der Zeit allerdings weithin entsprechendes – Unverständnis: „De novo quodam astrologo fiebat mentio, qui probaret terram moveri et non coelum, solem et

---

[9] Vgl die Interpretation AURIFABERS nach Förstemann-Bindseil (WATR 1,855, S 419,1ff): „Astronomie... gehet mit der Materie, und was gemein ist, um, nicht mit der Form, noch was sonderlich und einzeln ist..."

[10] WATR 1,855. Vgl zum ersten Teil des Satzes WATR 1,678: „negotium... sophistarum de decem praedicamentis [die zehn Kategorien des ARISTOTELES] realiter distinctis, ubi omnia falsa et ficta..." – Die Wortform „astralogia" im zweiten Vergleich gemahnt bereits an LUTHERS Wortspiel „astragalia", das er nach WATR 1,251 öfter gebraucht haben soll und das ebenfalls seine Geringschätzung der Astrologie ausdrückt, vgl Anm 53.

[11] WATR 5,6251.

[12] WATR 1,855 (S 421,21f): „Astro*nom*iam nehme ich an, und gefällt mir wohl um ihres mannichfältigen Nutzes willen..."

[13] AURIFABER, AaO (S 421,15) setzt auch hier das sinngemäße Wort („Astrologia" statt „Astronomia").

[14] WATR 1,589; vgl WABr 10,493,175–180: „... dieweil auch der geringste stern des himels grösser ist dann die gantze weitte welt..." Kenntnis zeigt zB auch der in einer Predigt (WA 10 I 2,99,12f) gesprochene Satz: „Datzu haben die sternmeyster unß gesagt, als denn auch war ist, es geschehe solch ding [= Sonnenfinsternis] auß naturlichem laufft des hymels".

lunam... Wer do wil klug sein, der sol ihme nichts lassen gefallen, das andere achten; er mus ihme etwas eigen machen, sicut ille facit, qui totam astrologiam[15] invertere vult"[16]. Oder: „Nec sol semper est sol, scilicet quando patitur Ecclipsin..."[17]

Mit diesen Äußerungen Luthers zum Thema „Astronomie" im engeren Sinne soll es sein Bewenden haben, denn sein – polemisches – Hauptinteresse galt, wie oben schon gesagt, den viel weiter gehenden und mit ihrem Anspruch das theologische Anliegen unmittelbar berührenden Aussagen der Astrologie, mit denen er sich, wie im folgenden zu zeigen sein wird, auf verschiedenen Ebenen auseinandersetzt.

2. Es ist nicht ganz einfach und muß in gewissem Sinne willkürlich erscheinen, die mannigfaltigen, oft nur beiläufigen und ganz unsystematischen, meist zu einer konkreten Fragestellung gemachten, dann wieder prinzipiellen, aber ohne Zusammenhang überlieferten, bisweilen auch – teils in nahezu identischer, teils in abgewandelter Gestalt – mehrmals wiederkehrenden kritischen Äußerungen Luthers zur Astrologie unter gewisse allgemeine Leitgesichtspunkte zusammenzufassen. Luthers Kritik der Astrologie soll hier in vier Hauptgruppen unterteilt vorgeführt werden: Die sachlich gewichtigsten Argumente sind naturgemäß die (2.1.) theologischen, die sich wiederum in (2.1.1.) prinzipielle und (2.1.2.) ausdrücklich auf bestimmte Bibelstellen begründete Argumente scheiden lassen. Weniger überzeugend ist seine (2.2.) logisch-philosophische Argumentation, wo er versucht, im hergebrachten Stil scholastischer Schlußverfahren den Unwert der Astrologie nachzuweisen. Sodann bezieht sich seine Kritik auf den (2.3.) praktischen Wert astrologischer Aussagen, und zum vierten übt er auch (2.4.) immanente Kritik, indem er die Argumentationsweise der Astrologie selber aufgreift und auf ihre Stichhaltigkeit überprüft.

2.1.1. Der wohl lapidarste Satz gegen die Astrologie ist schon zitiert worden[18] und soll hier um seines Gewichtes willen wiederholt werden: „Credere astris est idolatria, quia contra primum praeceptum". Er ist in WA Tischreden dreimal überliefert[19] und verweist die Astrologiegläubigen darauf, daß nicht die Gestirne, sondern ihr Schöpfer die Geschicke der Welt und der Menschen bestimmt und daß der Mensch, dem ersten Gebot gemäß, allein ihm Glauben und Vertrauen und andererseits Furcht schuldet. Denselben Aussagekern finden wir in weiteren Äußerungen. Anläßlich einer Bemerkung Melanchthons, Menschen, die unter dem Aszen-

---

[15] Text: astralogiam; Sammlung B: astronomiam.
[16] WATR 4,4638; bei dem „novus astrologus" dürfte es sich um KOPERNIKUS handeln, vgl die Anm zSt.
[17] WABr 9,565,30f.
[18] Siehe Anm 3.
[19] Außer WATR 1,1026 (VEIT DIETRICH/NIKOLAUS MEDLER) noch in 2,1788 (SCHLAGINHAUFEN) und 2,2690 (CORDATUS), diese beiden Male ohne „quia". AURIFABER hat den Satz im Anklang an LUTHERS Erklärung des ersten Gebotes im Kleinen Katechismus folgendermaßen interpretiert: „Den Sternen gläuben, darauf vertrauen oder sich dafur fürchten, ist Abgötterey wider das erste Gebot Gottes" (WATR 1,678 [S 323,21f]).

denten Waage nach Mitternacht geboren wären, seien „infelices", bemerkt Luther: „O, infelicissimi sunt astrologi, qui sibi crucem et afflictiones non a Deo, sed ex astris somniant..."[20]; und in einer späten Tischrede aus dem Jahre 1543, als man bei Tische Horoskope Luthers, Ciceros und anderer herumzeigt, wiederholt er, nachdem er die Horoskope mit den dürren Worten „ego illis nihil tribuo" abgetan hat, dasselbe mit anderen Worten: „Summa, quae fiunt a Domino, non sunt astris ascribenda. Ach, der himel fraget nach dem nit! Unser Herr Got fraget auch den himel nit"[21]. Man findet in diesen Sätzen dieselbe Grundhaltung wieder, die Luthers Wirken durchweg bestimmt hat: Er weist den Menschen unmittelbar auf Gott bzw auf die von Gott selber dem Menschen gewiesenen Angelpunkte zurück; wie er den Papst und die von ihm und seiner Kirche erfundenen, vorgeblich zum Heil, in Wirklichkeit zur Knechtung der Gewissen führenden Einrichtungen – seien es „grobe" wie der Ablaßkauf oder „feine" wie die bis ins einzelnste differenzierte Forderung, allerlei von der Kirche vorgeschriebene „gute Werke" im vorhinein zu erbringen – als irreführende Vermittlungen zu Gott hin brandmarkt und auf die wahren Mittler – Christus und das Schriftzeugnis, das von ihm berichtet – verweist, so kennzeichnet er auch die Versuche der Astrologen, „Kreuz und Heimsuchungen" und überhaupt das Geschick des Menschen auf den Einfluß der Gestirne zurückzuführen, als Irrweg gegenüber der einzig sinnvollen Haltung, all dies aufzufassen als von Gott selber geschickt, dem Schöpfer der Gestirne, der „auch den himel nit fragt"[21].

Ebenso verhält es sich auch mit dem Guten, das ein Mensch – im konkreten Fall hier Luther selbst – auf Erden wirkt: In einer Tischrede aus dem Jahre 1543, als jemand aus der Runde Luther darauf anspricht, viele Astrologen seien sich einig, daß die Konstellationen seines Horoskops zeigten, er werde „mutationem magnam" herbeiführen, verweist er zunächst auf die Unsicherheit hinsichtlich seines genauen Geburtsdatums und sagt dann: „Putatis hanc causam et meum negotium positum esse sub vestra arte incerta? O nein, es ist ein ander ding! Das ist allein Gottes werck"[22]. Und wenn Luther im Zusammenhang der Feststellung, daß die Astrologie keine konkreten Aussagen über Zeiten und Orte von Ereignissen zu machen imstande sei, die Frage stellt, wer denn den großen Weltreichen ihre Grenzen gesetzt habe – „quis Babilon, Romae, Alexandro constituit terminos?"[23] – so lautet die an dieser Stelle nicht ausgesprochene, aber insinuierte Antwort: nicht die Gestirne oder gar deren Deuter, sondern Gott.

Die Freiheit eines Christenmenschen, der „ein freier Herr über alle Dinge und niemand untertan" ist[24], gilt auch für seine Stellung gegenüber den Gestirnen: „Ego signa coelestia non metuo; nam creatura nostra" – und zwar weil der creator selber diese Rangordnung gesetzt hat – „est super omnia sidera, non potest illis subici"[25]. Das von Gott dem Menschen gegebene dominium terrae (vgl Gen 1,28) impliziert

---

[20] WATR 3,2952b.
[21] WATR 4,4846.
[22] WATR 5,5573 (S 255,1ff).
[23] WATR 1,678 (Tertio...).
[24] WA 7,21.
[25] WATR 3,3520.

für Luther auch des Menschen Erhabenheit über die Gestirne: „Nos sumus domini stellarum"[26]. Einem, der meinte, daß ihm der Vollmond den Tod bringen werde, entgegnete Luther in Anklang an 1Kor 3,21f („Alles ist euer...") : „Nil vos moveat ulla creatura! Plenilunium est vestrum"[27].

Mit Bezug auf die Tatsache, daß die Astrologie vor allem Unheilsvoraussagen mache, stellt Luther kurz und knapp den Primat der Theologie heraus, die dem Menschen stattdessen das Heil ankündigt: „Theologia promittit bona, astrologia infert mala"[28]. Ja die Astrologie ist geradezu „a Diabolo inventa, ut absterreat coniugio et omnibus officiis divinis et humanis, quia nihil boni in astris esse dicunt et faciunt conscientiam pavidam futuri mali et totam vitam vexant et cruciant ista suspicione"[29] (auch hier erinnert die Formulierung wieder unmittelbar an Luthers Polemik gegen die von der Papstkirche bewirkte Knechtung der Gewissen).

Der Gedanke, daß die Astrologie eine Erfindung des Teufels sei, wird an anderer Stelle von Luther auf bemerkenswerte Weise ausgeführt. Es geht dabei um die Anfrage, was denn von den „vaticinia" zu halten sei, „qualia de ipso Luthero certissima extant apud Lichtenbergum[30] et alios". Luther entgegnet, „prophetias eiusmodi omnes ex Satana esse: Qui est Spiritus longe quam nos prudentior et solertior"[31]. Weil der Satan die ganze Weltgeschichte und die Ordnung der Taten Gottes vor Augen habe, vermochte er vorauszusehen, daß eine solche Veränderung, wie Luther sie herbeigeführt hat, kommen würde. Im folgenden weist Luther an den einzelnen Punkten der „Weissagung" nach, wie leicht es einerseits war, an den Zeichen der Zeit das Kommende im allgemeinen abzulesen und wie biegsam zum anderen die Voraussagen gehalten sind, wenn es um konkrete Spezifikationen geht, und er resümiert: „Eiusmodi sunt Satanae praedictiones, scilicet flexiloquae, quae etiam cum factae sunt, variis modis possunt accipi et exponi". Diesen hin- und herdrehbaren Voraussagen stellt er abschließend die Eindeutigkeit der göttlichen Verheißungen gegenüber: „At divinae, quanquam priusquam fiunt, obscurae sunt, tamen postquam factae sunt, videtur non aliter accipi eas posse, quam sicut sunt factae"[32].

Mit ihrer Gewohnheit, aus den Sternen Unheil zu lesen, ist die Astrologie eine „iniuria ... creaturae Dei, qui posuit" (sc astra), „ut illuminent terram, id est, laetificent et sint bona signa temporum et annorum" (es folgt ein Verweis auf Dtn 4,19)[33]. Wie überall, gilt auch in diesem Falle die Grundwahrheit, daß die Verkehrung der guten Schöpfung ins Böse allein zu Lasten des Menschen geht: „Omnis creatura Dei bona est et non nisi boni usus a Deo; solus homo abusu suo malum facit. Signa sunt" (sc astra), „non monstra ..."[34] – Und auch als Luther am Abend

---

[26] WATR 5,5368 (S 96,19).   [27] WATR 5,5989k.
[28] WATR 2,1480.
[29] WATR 1,678 (Quarto ...); vgl WATR 2,2102: Den Astrologen ist vorzuwerfen, daß sie die virtus, die sie den Sternen – fälschlicherweise – beilegen, „plerunque in pessimam partem interpretantur".
[30] JOHANN LICHTENBERGER, Pronosticatio, vgl WA 23,1ff.
[31] WATR 1,251. Vgl WATR 3,2919a: „Praedicere quidem possunt vates, qua morte moriturus sit impius; novit enim Diabolus consilia impiorum et cogitationes, est enim princeps mundi".
[32] AaO (am Ende).   [33] AaO (Quinto ...).
[34] AaO.

des 18. Januar 1538 zusammen mit Jonas, Melanchthon, Milich und dem Wittenberger Astronomen Erasmus Reinhold „summa cum admiratione" einen langschweifigen Kometen beobachtet, ist sein Kommentar: „Ich wil Germaniae nicht ex astris war sagen, sed ego illi iram Dei ex theologia annuntio..."[35]

Die Astrologen gehen überhaupt von einer verkehrten Voraussetzung aus, da sie den Sternen eine Wirkkraft beimessen, die Gott ihnen gar nicht verliehen hat; was ihnen nach seinem Willen zukommt, ist ihre Funktion als Zeichen für die Unterteilung der Zeit in Abschnitte: „In stellis non est virtus, sed significatio"[36]. „Signa sunt... temporum"[37]. So ist denn das Böse in der Welt und seine Folge, der Tod, nicht auf die Wirkkraft des Unheilsplaneten Saturn, sondern auf die Erbsünde zurückzuführen. Der Behauptung der Astrologen, die Menschen würden niemals sterben, wenn es nicht den Planeten Saturn gäbe, entgegnet Luther mit den drastischen Worten: „Nisi esset peccatum Adae, tunc nemo moreretur, et si hoc non esset, etiamsi mille Saturni pro uno essent, so schisse ich drein"[38]. Selbst die Heiden waren nicht so töricht, Sonne oder Mond zu fürchten, weil sie ihnen eine schädliche Kraft zugeschrieben hätten, lediglich „portenta ac monstra" waren ihnen Gegenstände religiöser Beachtung und Furcht: „Et gentes non tam stultae erant, quod solem timuissent vel lunam, sed portenta ac monstra coluerunt pariter et timuerunt"[39].

2.1.2. Außer auf die schon genannten Bibelstellen Dtn 4,19 Vg („creavit... [sc solem, lunam et omnia astra] in ministerium cunctis gentibus")[40] und Ps 19,2ff („die Himmel erzählen die Ehre Gottes...")[41], worin Luther das rechte Verhältnis ausgesprochen findet, das der Mensch den Gestirnen gegenüber einnehmen soll – nämlich daß er sie als Zeitmaß und als Anlaß zum Lob Gottes nimmt –, bezieht er sich in seiner Kritik der Astrologie noch auf zwei weitere Schriftstellen. Die eine ist Josua 10,12, der Bericht vom Stillstand der Sonne zu Gibeon auf Josuas Befehl. Einmal verwendet er dieses Bibelwort als Begründung dafür, weshalb er dem „novo astrologo", der von der Bewegung der Erde spricht[42], nicht glauben wolle: „Ego credo sacrae scripturae, nam Iosua iussit solem stare, non terram"[43]. Ein anderes Mal leitet er daraus ab, daß das Gebet stärker sei als die Astrologie: „Si concedimus orationem fortiorem esse astronomia, tunc concedere etiam cogimur orationem fortiorem esse astrologia. Quod autem oratio fortior fuerit astronomia, patet ex historia Iosua de statione solis"[44]. Die andere Stelle ist die von der Zwillingsgeburt des Esau und Jakob (Gen 25,24ff), die ihrem sachlichen Gehalt nach unter die in

---

[35] WATR 3,3711. [36] WATR 2,2102.
[37] WATR 1,678 (Quinto...). [38] WATR 1,246.
[39] WATR 3,2834a (S 12,11ff). Vgl zB die Registrierung und kultische Sühnung der Prodigien im alten Rom, LIVIUS XXII 1,8–20 u ö.
[40] Vgl den Text zu Anm 33. [41] Vgl den Text zu Anm 11.
[42] Vgl den Text zu Anm 16. [43] WATR 4,4638 (am Ende).
[44] WATR 1,856. „Astronomia" kann in diesem Zusammenhang natürlich nicht im strengen Sinne „Wissenschaft von den Gestirnen" bedeuten, sondern bezeichnet – es handelt sich um die lockere Gesprächsform der Tischrede – die Sache selber, also die Gesetzmäßigkeiten der Gestirnbewegung, sozusagen den „nomos astrorum".

2.3 genannten Argumente zu rechnen wäre: „Solvant mihi hoc argumentum: Esau et Iacob, qui ex uno patre et matre eodem tempore et astris nati, diversissimi fuerunt"[45].

2.2. Die Astrologie ist keine Wissenschaft, „quia non habet principia et demonstrationes[6], sed omnia ex eventu et casibus iudicant et a semel argumentantur ad semper contingere. Was zutrifft, wissen sie; das feylen mag, do schweigen sie wol stil zu . . . Experientiam (quae est inducere ex multis singularibus) non habent . . ." „Scientia constat ex differentiis et speciebus. At astronomia" (= astrologia, wie der weitere Kontext zeigt) „est tantum de generibus"[46]. Die Astrologie gibt wohl vor, Wissenschaft zu sein, doch dieses Gewand, das sie sich umtut, ist nur schöner Schein. Als sich das Gespräch wieder einmal um Horoskope dreht, sagt Luther: „Es ist feine lustige fantasey et placet rationi, quia optimo ordine proceditur ab hac linea ad aliam"[47]. Und er vergleicht diese Art der Astrologie, sich dem Verstand sozusagen einzuschmeicheln, mit den äußerlichen Riten des Papsttums, die ebenfalls das Wohlgefallen des Betrachters bzw Teilnehmers erregen, aber vom Wesentlichen abführen: „Illa ratio faciendae et computandae nativitatis et similium est similis papatui, ubi externi ritus et ordo ille rationi blanditur, aqua benedicta, candelae etc, sed non est scientia, nullo modo"[48].

Von dem grundsätzlichen Vorwurf der Unwissenschaftlichkeit der Astrologie ausgehend, formuliert Luther mehrere Beweise in der Form schulmäßiger Schlüsse (schon das eben zitierte Argument „de statione solis"[44] hatte diese äußere Gestalt [praemissa maior – praemissa minor – conclusio], allerdings in der Form zweier ineinander verschränkter Schlüsse, deren einer elliptisch ist). Daß die Astrologie keine sicheren Aussagen machen könne, leitet Luther daraus ab, daß sie sich mit „materia", dem Unbestimmten, Gestaltlosen (im aristotelisch-scholastischen Sinne) befasse: „Doctrina, quae versatur circa materiam, est incerta, quia materia est informis sine ulla qualitate; astrologorum doctrina versatur circa materiam etc, ergo est incerta"[49]. Mit einem anderen Satz derselben formallogischen Art weist Luther der Astrologie nach, daß sie aufgrund der Art ihrer Beweisführung Irrtü-

---

[45] WATR 4,4846; vgl WATR 5,5573 (Quarto . . .).

[46] WATR 2,2120; der weitere Kontext, aus dem hervorgeht, daß die Astrologie gemeint ist, lautet: „Si puer ille modo natus in hoc signo factus fuerit rusticus, excellet; sin piscator aut alius quispiam factus fuerit, excellet etc". Die Astrologie macht nur die allgemeine Aussage, daß das betreffende unter dem und dem Stern geborene Individuum hervorragend sein werde, vermag aber nicht anzugeben, in welchem Berufe. Vgl auch WATR 5,5734 (S 334,30ff): „2. Praedictiones generales non competunt specialibus et individuis, sed vestra doctrina continet praedictiones generales . . ."

[47] WATR 5,6250.

[48] AaO. Denselben Vorwurf des äußeren Scheins von Wissenschaftlichkeit macht LUTHER der Astrologie noch an anderer Stelle, wo er ihn, ähnlich wie hier mit den katholischen Riten, mit den in seinen Augen sinnlosen Versuchen der Scholastiker, die zehn aristotelischen Kategorien als geschlossenes System darzustellen, vergleicht: „Astrologia videtur esse negotium, quale sophistarum de decem praedicamentis realiter distinctis, ubi omnia falsa et ficta, tamen miro modo convenit et quadravit ista vanitas cum argumentis, solutionibus et aliis negotiis, ut nihil tam verum per tot saecula, per sectas Thomae, Alberti, Scoti putaretur" (WATR 1,678 Primum . . .).

[49] WATR 5,5734 (S 334,28ff).

mern unterliegen müsse: „Astrologia est ars aequivocationis, aequivocatio autem" (die undifferenzierte Gleichsetzung zweier Gegebenheiten) „est mater erroris, ergo astrologia est erronea. Maior" (= der Obersatz) „ex eo constat, quia semper duos planetas faciunt concurrere, nescientes, utri maiorem virtutem ascribere debeant ante eventum"[50]. In einem dritten Fall macht Luther sich anheischig, durch einen „natürlichen Beweis" (physica ratione) zu zeigen, daß die Astrologie gottlos sei. Was er dann vorbringt, ist allerdings der Sache nach durchaus meta-physisch: „Qui dicit Saturnum valere, dicit Saturnum esse Deum" – was man zumindest als einen gewagten Schluß ansehen darf, denn er setzt voraus, daß „valere" gleich „Deum esse" sei – „ergo Deus alius non est quam Saturnus, id est, Satan"[51]. An diesem letzten Beispiel wird deutlich, daß Luther die formallogische Argumentationsweise nur als ein Mittel zum Zweck benutzt, denn dem Inhalt nach reduziert sich das angeführte Argument auf den Kern seiner theologischen Kritik an der Astrologie: dem Saturn – oder welchem Gestirn auch immer – eine „Valenz" beilegen, heißt „credere astris" und das ist „idolatria"[19].

2.3. Der Realist und Bauernsohn[52] Luther mißt die astrologischen Voraussagen natürlich auch an ihrem praktischen Wert, daran, ob sie eintreffen bzw überhaupt erst einmal übereinstimmen. Hinsichtlich des Eintreffens kommt ihm die Astrologie vor wie ein Würfelspiel: „Mich gemanet eben also der astrologen, als wie jener sagt: Saepe iacendo iacitur Venus" (der Glückswurf im Spiel). „Interim non numeratur, quoties iecerint et quid"[53]. Die Astrologen pflegen immer nur die Fälle herauszustreichen, die zufällig einen Treffer erbracht haben; über den Rest herrscht Schweigen: „Quando in aliquo respondet, extollunt, praedicant, de aliis nullum faciunt verbum"[54]. Spöttisch registriert er die widersprüchlichen Voraussagen verschiedener Kalendarien für denselben Zeitraum: „Calendarii nunquam consentiunt. Einer setzt warm, der ander kalt; hoc sic puto esse intelligendum: Draussen ist es kalt, hinderm ofen ist es warm"[55]. Demgegenüber hält er sich lieber an den gesunden Menschenverstand der Bauern: „Ego firmiter maneo in hac sententia, in qua sunt rustici; mit denen halt ichs: Wan der Sommer heiß ist, das ein kalter wintter darnach volget"[56]. Ebenso läßt er sich auch bei der Einschätzung seines eigenen Temperaments lieber von der eigenen Erfahrung als von den astrologischen Vorgaben leiten: Bei einem Gespräch über den Fürstenstand und seine Pflichten macht Luther die Bemerkung: „Ich regire nicht gern. Es giebts meine natur nicht". Als ihn Melanchthon darauf hinweist, daß er doch aber die Sonne, den Herrscherplaneten, im Horoskop habe, entgegnet Luther: „Ei, ich frag nicht nach ewer astrologia!

---

[50] WATR 1,857.   [51] WATR 1,858.
[52] WATR 5,6250 (S 558,13f): „Ego sum rustici filius; proavus, avus meus, pater sein rechte Pauren gewest..."
[53] WATR 5,5734 (S 334,18–20). Vgl die in Anm 13 schon zitierte Äußerung und das ebenfalls bereits erwähnte, auf das griechische „ἀστραγάλοις" („Würfelspiel") zurückgehende Wortspiel „astragalia" (Anm 10).
[54] WATR 5,6251 (S 558,27f).   [55] WATR 5,5573 (Primo...).
[56] WATR 5,6250.

Ich kenne mein natur und erfar es"[57]. Den praktischen Unwert der Astrologie sieht Luther zumal auch darin, daß sie nicht imstande sei, vorherzusagen, wie lange einer leben werde, was doch das Wichtigste zu wissen wäre: „Id, quod maxime primum scire oportet, non docuit, scilicet quam diu sis vitam habiturus"[58]. Überhaupt vermag sie keine Angaben über Zeiten, Fristen und Orte zu machen, „solam personam indicant et tamen fallunt frequentius"[59]. Speziell Melanchthon gegenüber, dem „Astraga(lizonti) et ominoso Mathem(atico)", legt Luther den Finger auf die Fehlanzeigen seiner Astrologie: „... quem toties falsum convici, convincam adhuc saepius falsum"[60]. „Nunc altera coniunctio [sc siderum] transiit innoxia"[61]. Allgemeine Geringschätzung des praktischen Wertes der Horoskope spricht aus einer Bemerkung in einem Brief an Spalatin: „Sed cum sic sint hoc anno hallucinati astrologi, nihil mirum, si sit, qui et hoc [sc genesin meam] nugari ausus sit"[62]. In bezug auf die Horoskope zu seiner eigenen Person führt Luther das schlichte Argument ins Feld, daß der Zeitpunkt seiner Geburt gar nicht genau feststehe, „denn Philippus et ego sein der sachen umb ein jar nicht eins"[63].

Summa summarum: „Ich bin ßo weit komen und astronomiam [= wiederum: astrologiam, wie der Kontext zeigt] ßo weit bracht, das ich gleub, sie sei nichts, licet Philippus ducat artem quidem esse, sed non habere artifices. Das haben sie im almanach gewiß erfunden, das man ym somer nicht sol schne setzen noch donner im winter, das man in lentzen seen sol und in herbst erndten; das wissen die paur auch wol"[64].

2.4. Aber nicht nur, daß die Früchte der Astrologie faul sind, dh daß ihre Voraussagen nicht Stich halten – sie hält auch immanenter Kritik nicht stand. An verschiedenen Punkten weist Luther nach, daß die Voraussetzungen, von denen sie ausgeht, in sich nicht stimmen.

So behauptet die Astrologie, daß sich bei der Geburt eines Kindes die Strahlung bestimmter Planeten auf das Schicksal des Kindes auswirke. Es erstrecke sich aber, führt Luther dagegen an, die Strahlung *sämtlicher* bei der Geburt überm Horizont stehender Gestirne auf das Kind, das gleichsam wie ein Mohnkörnlein auf dem kleinsten Stern, der Erde, klebe. Es sei daher zu fragen, „cur in operatione non omnes pariter operantur in istum puerum, cum omnes pariter pertingunt?"[65] Ähnlich argumentiert Luther an anderer Stelle, doch bezieht er dort die Beweisführung nicht auf das Kind im Verhältnis zu den bei seiner Geburt überm Horizont stehenden Gestirnen, sondern auf die Erde in ihrer Winzigkeit im Verhältnis zum ganzen All: „Si minima stella est maior orbe, necesse est concursum esse infinitarum linearum ad terram tanquam ad punctum seu centrum, ergo nihil certi potest praeiudicari ex astris". Außerdem sei die Bewegung der Gestirne viel zu schnell, um

---

[57] WATR 5,5538 (S 222,32ff).
[58] WATR 1,678 (Secundo...).
[59] AaO.
[60] WABr 6,269,20–22.
[61] WABr 7,244,9 u.
[62] WABr 3,260,4–6.
[63] WATR 5,5573 (S 255,1ff).
[64] WATR 3,2892a.
[65] WATR 5,5573 (Secundo...).

etwas Sicheres auszumachen: „Motus coeli est tam velox, ut etiam nihil certi possit dici"⁶⁶. Sodann sei nicht einzusehen, wieso für die Einwirkung der Gestirne der Zeitpunkt der Geburt als maßgebend angesehen werde. „Solten die Stern nicht so wol operirn in utero quam extra uterum? Was meint ir, das die Stern fragen nach einem kleinen heudtlein, das uber dem bauch des weibes ist, cum sol omnia membra alias vivificat?"⁶⁷

In einem längeren Gespräch mit einem „astrologiegläubigen" Gesprächspartner läßt sich Luther auf das Argument ein, die Astrologie mache in ihren Horoskopen allgemeine Aussagen „de materia", und diese sei „apta ad tale aliquid" (dh fähig, etwas Bestimmtes zu werden oder anzunehmen). Unter Gelächter entgegnet Luther zunächst, das sei geradeso, wie wenn der Tischler zu ihm käme und spräche: „Aus dem brette kan wol ein tisch werden, ja es kan auch ein tafel oder sonst was draus werden. Was ist das gesaget?" Und die Spezifikation des Gesprächspartners, die „materia" sei der Samen, aus dem das Kind entstehe, berichtigt Luther – und kommt damit unausgesprochenermaßen dem richtigen Verständnis von Vererbung viel näher – dahingehend, daß der Same eben nicht „materia", also „informis sine qualitate" sei, sondern „substantia"⁶⁸.

3. „Astrologia est quidem ars, sed valde incerta"⁶⁹. Der letzte Abschnitt zeigte bereits, daß Luther die Astrologie nicht nur polemisch von außen her gesehen und vom Standpunkt des Predigers und Theologen aus kritisiert hat, sondern daß er sich durchaus auch die Mühe gemacht hat, auf ihre Gedankengänge einzugehen; in den soeben vorgeführten Beispielen allerdings auch nur zum Zwecke ihrer Widerlegung. Nun findet sich aber auch eine Reihe von Äußerungen, aus denen ersichtlich wird, daß er den Gedanken, die Gestirne könnten einen Einfluß auf den Menschen und sein Schicksal haben, hin und wieder doch in positivem Sinne erwogen hat, jedoch mit bestimmten Einschränkungen, die, wie sich zeigen wird, wiederum von seiner theologischen Grundposition her bestimmt sind.

Zunächst sind diese Äußerungen in zwei Gruppen zu scheiden: (1.) solche, die sich auf die astrologische Theorie im engeren Sinne beziehen, dh auf den Einfluß der Gestirne in ihrem „normalen", von der Astronomie beschriebenen und der alltäglichen Erfahrung geläufigen Umlauf, und (2.) solche, die „abnorme", ungewöhnliche Vorgänge am Himmel zum Gegenstand haben.

3.1. Von verhältnismäßig geringem Gewicht sind drei Bemerkungen in Briefen, die lediglich konstatierend von einem Einfluß der Gestirne auf menschliches Tun und Treiben sprechen. In ihrer Beiläufigkeit haben die ersten beiden mehr spielerisch-scherzhaften Charakter, lassen sich aber nichtsdestoweniger neben die noch vorzuführenden bedeutsameren Aussagen stellen. So schreibt Luther in einem Brief

---

[66] WATR 1,589.   [67] AaO (Tertio . . .).
[68] WATR 5,5735 (am Ende).
[69] WATR 5,6249. Vgl WA 23,11,7ff (Vorrhede Martini Luthers auff die weissagung des Johannis Lichtenbergers): „Den grund seiner sternkunst halt ich fur recht, aber die kunst ungewiß . . ."

an Lang, wo es um nicht zur Ausführung gelangte Reisepläne geht: „Nescio, quo planeta mutata sint omnia", und ein andermal: „Video Brunonem nescio quibus Stellis influentibus parum foeliciter ditescere"[70]. Und in einem Brief an Link (Januar 1521) hält Luther es für möglich, daß Johann Stöfflers für 1524 in seinen Ephemeriden gemachte astrologisch begründete Voraussage einer Überschwemmung „vielleicht" schon jetzt, 1521, in Gestalt allgemeiner Verwirrung (res tumultuosissimo tumultu tumultuans) eingetroffen sei: „Forte haec est inundatio illa praedicta anno 24. futura"[71].

Grundsätzlicheren Charakter hat eine Bemerkung, die Luther im Zusammenhang einer oben schon zitierten Äußerung macht[72]: „Creatura nostra est super omnia sidera, non potest illis subici, *esto corpora nostra sint illis subiecta*". Er läßt es hier also immerhin als möglich gelten, daß der Mensch als leibliches Wesen dem Einfluß der Gestirne unterworfen sei, – in welchem Sinne das verstanden werden müsse, bleibt unausgeführt – doch ist die Verteilung der Akzente deutlich: Der Leiblichkeit ist die „creatura" vorgeordnet. So mag der Mensch als Naturwesen den – schwer oder vielleicht gar nicht erfaßbaren – Auswirkungen der Gestirne auf die Erde und ihre Lebewesen unterliegen, als das letzte und höchste Geschöpf Gottes ist er ein „Herr" auch „der Sterne" und in freiem verantwortlichen Handeln unmittelbar zu Gott. Was Luther hier im Wesen des Menschen als „creatura" und „corpus" einander gegenüberstellt, begegnet in einer anderen Äußerung zum Thema in der Gestalt der Dualität spiritus – natura. Im Jahre 1538 sagt Luther: „Praesens annus est saevus et periculosus, ein recht hämisch Jahr, multos gravissimos morbos afferens; *naturaliter* fortassis propter cometas et coniunctionem Saturni et Martis, *spiritualiter* propter infinita peccata hominum"[73]. Wie diese Dualität der Wirkungen vorzustellen sei, bleibt wiederum unentfaltet, doch darf man vielleicht vermuten, Luther werde sie formal etwa analog zu dem Ineinander von civitas terrena und civitas dei bei Augustin gedacht haben. Welche der beiden gegebenen Erklärungen für ihn die wichtigere ist, läßt er hingegen auch hier nicht im Zweifel: Die Rückführung auf den Einfluß der Gestirne ist ihm eine Möglichkeit („fortassis ..."), entscheidend, weil eine Stellungnahme der Betroffenen herausfordernd, ist die Begründung, daß die Übel durch die nicht aufhörenden Verfehlungen der Menschen heraufbeschworen sind. So fährt Luther denn auch fort: „Nu, es ist doch nichts mit diesem leben! Illi nihil tribuamus et Deo credamus vitam aeternam tribuenti"[74]. Noch an einer dritten Stelle spricht Luther positiv von der Ein-

---

[70] WABr 8,34,6 und 10,375,2.

[71] WABr 2,248,15. Zu STÖFFLERS Ephemeriden vgl JOHANN FRIEDRICH, Astrologie und Reformation (München 1864) 79f.87 (kathol).

[72] WATR 3,3520; vgl Anm 25. Daß die Stelle „einzig" sei, wie JULIUS RAUSCHER, Der Halleysche Komet im Jahre 1531 und die Reformatoren, in: ZKG 32 (1911) 262, meint, trifft nicht zu, wie das Weitere zeigen wird.

[73] WATR 4,3937. Vgl das ähnliche Gegenüber von „natürlich" und „zeichen"(haft) in dem Predigtsatz (WA 10 I 2,108,5f): „Hie soltu dich nit yrren lassen, das disse [Planeten-]constellation sich auß des hymels laufft naturlich begibt, es ist dennoch eyn tzeychen von Christo genennet".

[74] AaO (WATR 4,3937).

wirkung der Gestirne, und zwar auf das Kind, das geboren wird. Das eigentliche Thema der Erörterung ist zwar eine Bestimmung dessen, was Philosophie könne und was nicht, und der betreffende Gedanke kommt nur nebenbei als Beispiel vor, doch fällt er gerade in dieser unproblematischen Vorausgesetztheit auf. Nach einer Aufzählung dessen, was das Geschäft der Philosophie sei, spricht Luther ihr die Fähigkeit ab, etwas Sicheres über die (seit Aristoteles in der Scholastik immer wieder problematisierten) „causae" zu ermitteln, denn, so sagt er, auch das von einer Krähe ausgebrütete Huhn behalte seine Art und Natur, und es komme von der zweiten „causa" (der Krähe) nichts hinzu. Und als zweites Beispiel führt er an: „Quare et astrorum causa puerum efficit in materia hominis"[75]. Er setzt also hier die Einwirkung der Gestirne schlicht voraus, auch wenn er feststellt, daß diese causa secunda an der „materialen", eben der menschlichen Gestalt des Neugeborenen nichts ändere.

3.2. Von diesen Äußerungen, denen gemeinsam ist, daß sie sich zum einen auf die Einwirkung der *regelmäßig* umlaufenden Gestirne beziehen[76] und zum anderen überwiegend auf die Beeinflussung des *individuellen* Menschenschicksals, hebt sich die andere Gruppe ab, wo einerseits von *ungewöhnlichen* Ereignissen am gestirnten Himmel die Rede ist, nämlich von Kometen und Finsternissen, und andererseits von einer Beziehung dieser Ereignisse auf die menschliche *Sozietät* in Gestalt politischer oder geographischer Gruppierungen. In einem Brief an Link vom 18. August 1531 berichtet Luther unter genauer Angabe der astrographischen Daten vom Erscheinen eines Kometen – es handelt sich um den Halleyschen – und fügt dazu: „Nihil boni significat"[77]. Während er hier nur von der bösen *Vorbedeutung* des Kometen spricht, zeigt seine Formulierung an anderer Stelle, daß Luther an eine unheilvolle Krafteinwirkung des Kometen gedacht hat. In einem späteren Brief an Spalatin gibt er folgende Deutung des Halleyschen Kometen: „Cometa mihi cogitationes facit, tam Caesari, quam Ferdinando impendere mala", und zwar weil er seinen Schweif zuerst nach Norden, dann nach Süden gekehrt und damit sozusagen beide Brüder bezeichnet habe[78]. In einer anderen Äußerung unterscheidet Luther zwischen stellae und cometae. Er tadelt die Astrologen, daß sie jenen eine virtus beimäßen, die ihnen Gott nicht verliehen habe, und daß sie diese wirkende Kraft obendrein meist nach der schlimmsten Seite hin deuten, und fährt dann fort: „Hoc potius cometis fuisset ascribendum, qui mala tantum portendunt"[79] – mit einer Ausnahme: dem Stern, der den Weisen erschien, „haec enim significavit revelationem evangelii iam iam adesse".

Daß Luther auch den Finsternissen eine schlimme Vorbedeutung beimaß, geht aus einer Stelle in einem Brief an Melanchthon vom 8. April 1540 hervor, in dem als Datumsangabe steht: „Altera post ἔκλιψιν solis, quem in suo labore vidimus

---
[75] WATR 5,5228.
[76] Abgesehen von der Erwähnung der Kometen neben der Planetenkonjunktion in WATR 4,3937.
[77] WABr 6,165,5ff.   [78] WABr 6,204,24–27.
[79] WATR 2,2102; vgl zum Vorausgehenden Anm 29.

duas horas tristissimum ab hora 5 usque ad 7 fere". Und dann folgt ein Stoßgebet, aus dem die eben genannte Qualifizierung des Ereignisses ablesbar wird: „Averte mala inimicis, Domine, et in nomine tuo Salvos nos fac, Amen"[80]. In einer Tischrede anläßlich der Bemerkung, daß „man vor Zeiten hätte gesagt, daß die Eclipses oder Finsterniß allzeit eines Königes oder sonst eines großen Häupts Tod bedeuteten", spricht Luther dann nicht nur von böser Vorbedeutung, sondern von einem „effect" der Finsternisse, den sie prinzipiell hätten, nur heutzutage nicht mehr: „Es ist wahr, die Eclipses wollen kein effect mehr haben. Ich halte, unser Herr Gott werde balde mit dem rechten Effect kommen und mit dem jüngsten Tag drein schlagen"[81].

Mit diesem Glauben an die böse Vorbedeutung von Kometen und Finsternissen steht Luther in langer Traditionsreihe von der Antike her (es sei nochmals erinnert an die im frühen Rom peinlich genau registrierten und kultisch gesühnten „prodigia", vgl Anm 39). Ihrer Bewertung nach gehören diese Himmelsereignisse – wie ebenfalls schon in der Antike – in eine Reihe mit „monstra" oder „portenta" irdischen Ursprungs, wie insbesondere Mißgeburten, Naturkatastrophen oder andere abnorme oder ungewöhnliche Vorkommnisse, die damaliger Wissenschaft unerklärlich waren. So paßt denn zur Verdeutlichung der allgemeinen Bewertung, die Luther den „Wunderzeichen" gibt, ein Satz aus seiner „Deutung des Munchkalbs zu Freyberg" hierher: „Die prophetische Deutung ... will ich dem Geist lassen, denn ich kein Prophet bin, ohn daß gewiß ist der gemeinen Deutung nach in allen Wunderzeichen, daß dadurch ein großer Unfall und Veränderung zukünftig Gott zu verstehen gibt ..."[82].

Will man versuchen, Luthers Verhältnis zu Astronomie und Astrologie auf einen kurzen Nenner zu bringen, so ließe sich sagen, daß er die Astronomie, soweit es seinem Verständnis möglich war, als nützliche Wissenschaft gebührend gewürdigt hat, die Astrologie als Prediger und Theologe insofern bekämpfte, als sie dem Menschen zu einem Götzen werden kann, sich aber zum einen als interessierter Zeitgenosse auch auf ihre Gedankengänge einließ und sie bisweilen für denkmöglich gehalten hat, zum andern als Kind seiner Zeit einem populären Unheilsglauben im Blick auf Kometen und Finsternisse verhaftet war.

---

[80] WABr 9,89,30f. Vgl WA 10 I 2,99,6f: „Nu ist alltzeyt eyn solch tzeychen der ßonnen [= eine Sonnenfinsternis] geweßen eyne bedeutung eynß grossen unfalls, der hernach gefolget hatt, wie das die Cronicken außweyßen". Dieselbe Unheilsvorbedeutung wird Mondfinsternissen, gehäuftem Sternschnuppenfall und außerordentlichen Planetenkonjunktionen beigelegt (Ebd S 100f und S 107,21f). Vgl auch die ähnlichen Aussagen in einer anderen Predigt WA 10 I 1,570,25ff.

[81] WATR 6,6893.

[82] WA 11,380,1ff. Auf LUTHERS Aufmerksamkeit auf Monstra und Portenta weist auch JOHANN FRIEDRICH, AaO (s Anm 71) 107 hin: „Er sieht in allem Außergewöhnlichen, sei es in der Natur oder auch in der moralischen Welt, Monstra und Portenta". Wie häufig LUTHER von „monstra" spricht, zeigt ein Blick auf die Vielzahl der Stellen, an denen das Wort in seinen Briefen vorkommt, vgl das „Theologische und Sachregister" WABr 17 (erschienen 1983) zu diesem Stichwort.

IV.
EDITORISCHES

RESTBESTÄNDE AUS DER BIBLIOTHEK DES ERFURTER AUGUSTINERKLOSTERS ZU LUTHERS ZEIT UND BISHER UNBEKANNTE EIGENHÄNDIGE NOTIZEN LUTHERS

Ein Bericht

von

Jun Matsuura

I.

„Über die Bibliothek des Erfurter Augustinerklosters sind wir leider nur ganz dürftig unterrichtet", schrieb Otto Scheel 1930[1]. An dieser Lage hat sich seither nicht viel geändert, obgleich jetzt eine Untersuchung von Adolar Zumkeller über die Handschriften aus dem Erfurter Augustinerkloster vorliegt, die sich im Besitz der Staatsbibliothek Preußischer Kulturbesitz (Berlin/West) befinden[2]. Außer den Bänden in der Zwickauer Ratsschulbibliothek mit Luthers eigenhändigen Notizen ist der Lutherforschung bisher kein gedrucktes Buch bekannt geworden, das zu Luthers Erfurter Klosterzeit der dortigen Klosterbibliothek gehört hat[3].

Doch das war Folge der Spezialisierung von Forschungen[4]. Schon 1906 hatte der Bibliothekar E Stange berichtet, daß die Bibliothek des 1822 aufgehobenen Erfurter Augustinerklosters der dortigen königlichen Bibliothek überwiesen wor-

---

[1] O Scheel, Martin Luther. Vom Katholizismus zur Reformation 2: Im Kloster (Tübingen 3/41930) 600. – Mit „Augustiner" sind im folgenden die Augustiner-Eremiten gemeint.

[2] A Zumkeller, Handschriften aus dem ehemaligen Erfurter Augustinerkloster in der Staatsbibliothek Berlin – Preußischer Kulturbesitz, in: AAug 40 (1977) 223–277. Für fünf Handschriften ist nach ihm die Zugehörigkeit zum alten Kloster in der Augustinerstraße gesichert (AaO 229f).

[3] Der Experte der Erfurter Universitäts- und Wissenschaftsgeschichte Erich Kleineidam hatte geschrieben: „Bibliotheken besaßen auch die Augustinereremiten, Franziskaner und Dominikaner; über sie wissen wir wenig Bescheid" (E Kleineidam, Universitas Studii Erffordensis. Überblick über die Geschichte der Universität Erfurt im Mittelalter 1392–1521, Teil 1: 1392–1460 (Leipzig 1964) 337. Vgl die Zusammenstellung der Nachrichten bei A Zumkeller, AaO 225 Anm 1. – Zusatz der Redaktion: In ARG 38 (1941) 87–89 hat Erich Sander auf einen Band der „Coelifodina" des Johannes von Paltz (Leipzig: Martin Landsberg, 1504) in der UB Münster aufmerksam gemacht, der nach einem alten Besitzvermerk auf dem Titelblatt aus dem Besitz der Erfurter Augustinerbibliothek stammt. Das Exemplar ist mit zahlreichen handschriftlichen Randbemerkungen von verschiedenen Händen versehen. Luthers Handschrift scheint nicht dabei zu sein. Vgl ferner Albert Freitag, Ein Band aus Luthers Erfurter Klosterbibliothek, in: Mittelalterliche Handschriften, Festgabe für Hermann Degering (Leipzig 1926) 93–110.

[4] Den Hinweis auf den möglichen Verbleib der Restbestände aus der Klosterbibliothek und auf den Nachlaß von Adolf Rhein, somit die ganze Grundlage für die vorliegende Arbeit verdanke ich einem Gespräch mit dem früheren Bibliothekar der Evangelischen Ministerialbibliothek in Erfurt, Herrn Dr Erich Wiemann im Oktober 1979 in Erfurt. Ihm und der Familie Günther in Erfurt, die mich mit ihm bekannt gemacht, meine Arbeit in Erfurt im September 1983 ermöglicht und sie mit regem Interesse und bibliothekarischer Erfahrung begleitet hat, gebührt an erster Stelle mein Dank.

den war[5]. 1937 legte der Erfurter Buchbinder und Einbandforscher Adolf Rhein die Ergebnisse seiner Untersuchungen der „Erfurter Buchbinder seit 500 Jahren" dar, wobei er nicht nur die Existenz einer eigenen Buchbinderei im Augustinerkloster feststellte, sondern auch die Arbeit der Werkstatt in Zeitabschnitte einteilte[6]. Hatte er bei dieser Gelegenheit darauf verzichtet, die Einbände den einzelnen Erfurter Werkstätten zuzuordnen, so tat er es in seinem 1960 veröffentlichten Aufsatz „Die Frühdruckeinbände der Wissenschaftlichen Bibliothek Erfurt. Ein Katalog von Adolf Rhein"[7]. In diesem „Katalog", der als Voranzeige einer umfangreichen Gesamtdarstellung Erfurtischer Frühdruckeinbände gedacht war[8], führt er unter anderem die Signaturen der Bände an, die nach seiner Analyse noch vor 1500 im Erfurter Augustinerkloster selbst gebunden worden sind[9]. Auch die Signaturen der Arbeiten anderer Buchbinder aus der gleichen Zeit sind genannt[10].

Im Rhein-Nachlaß in der Wissenschaftlichen Allgemeinbibliothek Erfurt hat sich nach der Auskunft der dortigen Sondersammlung leider kein Manuskript für eine Gesamtdarstellung finden lassen, wohl aber ein handschriftliches Verzeichnis „Die Wiegendrucke der Erfurter Stadtbücherei nach Herkunft, Ausstattung und Einbänden verzeichnet" (1925). Darin sind u a die Bände verzeichnet, die sich durch Besitzervermerk oder durch das charakteristische Rückenschild als frühere Bestände des Augustinerklosters ausweisen[11]. Es sind ca 110 Inkunabelbände.

Die Arbeit, von der der erste Teil des vorliegenden Berichts handelt, ist also zum guten Teil eine auf mögliche Restbestände der Augustinerbibliothek zu Luthers Zeit konzentrierte Nachprüfung und Anwendung der Arbeit Rheins[12].

---

[5] E STANGE, Die königliche Bibliothek in Erfurt, in: Jahrbücher der Königlichen Akademie gemeinnütziger Wissenschaften zu Erfurt NF 432 (Erfurt 1906) 129–178, bes 156f. Die Bücher des im Laufe des 16. Jahrhunderts ausgestorbenen ersten Augustinerklosters wurden – soweit sie noch vorhanden waren – 1618 dem wieder gegründeten Kloster übergeben. Vgl E KLEINEIDAM, Universitas Studii Erffordensis 4: Die Universität Erfurt und ihre Theologische Fakultät von 1633 bis zum Untergang 1816 (Leipzig 1981) 17.

[6] A RHEIN, Erfurter Buchbinder seit 500 Jahren, in: Festschrift zum 3. Reichsinnungstag des Buchbinder-Handwerks 23. bis 27. Juli 1937 in Erfurt (Erfurt o J) 25f u 29.

[7] In: Allgemeiner Anzeiger für Buchbindereien. Mitteilungsblatt der Buchbinder-Fachorganisationen 73. Jg Nr 6 (Stuttgart Juni 1960) 326–336.

[8] Vgl AaO 334 Anm 1: „Der im Manuskript vorliegende Katalog der Erfurter Frühdruckeinbände umfaßt 225 Seiten mit 70 weiteren Tafeln und Abbildungen". Ein kurzer Artikel über seine Personalia spricht von einem „zweibändigen, reich bebilderten Werke", „das noch immer der Veröffentlichung harrt" (AaO 311).

[9] AaO 334.   [10] AaO 326–334.

[11] Den Hinweis auf das Rückenschild verdanke ich dem dortigen Bibliothekar Herrn ECKEHARD DÖBLER. Meine Arbeit in der Wissenschaftlichen Allgemeinbibliothek war überhaupt nur durch eine über bloße Berufspflichten weit hinausgehende freundliche Mitarbeit Herrn DÖBLERS möglich, wofür ich ihm an dieser Stelle aufrichtig danken möchte.

[12] Die entscheidende Hilfe für diese Arbeit an den Einbänden habe ich von der Direktorin der Inkunabelabteilung der Deutschen Staatsbibliothek (Berlin/DDR), Frau Dr URSULA ALTMANN, erfahren, die mich in die Einbandkunde eingeführt und mir die nötigen Hilfsmittel zur Verfügung gestellt hat. Außer mit dem schon gedruckten Band „Die Schwenke-Sammlung gotischer Stempel- und Einbanddurchreibungen. Nach Motiven geordnet und nach Werkstätten bestimmt und beschrieben von ILSE SCHUNKE 1: Einzelstempel" = Beiträge zur Inkunabelkunde 3.Folge 7 (Berlin 1979) konnte ich auch mit dem in der dortigen Inkunabelabteilung vorhandenen, noch nicht veröffentlichten Manuskript zum zweiten Teil „Werkstätte" arbeiten, sowie mit der Druckvorlage von den Stempeldurchreibungen. An dieser Stelle sei ihr herzlich gedankt.

Die genannten Untersuchungen Rheins galten jedoch nur den Beständen der heutigen Wissenschaftlichen Allgemeinbibliothek Erfurt bzw der früheren Stadtbücherei. Die Inkunabelbestände der einstigen königlichen Bibliothek Erfurt befinden sich aber heute nur noch etwa zur Hälfte in der Wissenschaftlichen Allgemeinbibliothek: 1908 sind 645 Bände an die damalige königliche Bibliothek in Berlin abgegeben worden, während in Erfurt 616 Bände geblieben sind[13]. Deshalb mußten die Berliner Bände in die Untersuchung einbezogen werden.

Nach Auskunft der Inkunabelabteilung der Deutschen Staatsbibliothek (Berlin/DDR) sind die Akzessionsdokumente nicht erhalten geblieben. Doch die von Ernst Voulliéme angelegte handschriftliche Kartei zur Inkunabelsammlung der Berliner königlichen Bibliothek ist noch vorhanden. Ihre Durchsicht ergab, daß die Provenienz aus Erfurt jeweils vermerkt ist[14]. Aufgrund dieser Kartei ließ sich so anhand der „Standortnachweise für die Inkunabeln der Deutschen Staatsbibliothek zu Berlin (vollständige Signaturenliste)"[15] feststellen, wo sich die nach Berlin gebrachten Erfurter Bände heute befinden. Der größte Teil allerdings ist danach von den kriegsbedingten Auslagerungen nicht mehr zurückgekehrt. Unter den wenigen Erfurter Bänden in der Deutschen Staatsbibliothek (Berlin/DDR) findet sich keiner, der sich als früherer Besitz des Augustinerklosters ausweist. Dagegen tragen unter den ca 120 Erfurter Bänden, die in der Staatsbibliothek. Stiftung Preußischer Kulturbesitz Berlin/West vorhanden sind, nach meiner Durchsicht 26 Bände den Besitzervermerk des Erfurter Augustinerklosters[16].

Insgesamt haben sich also rund 140 Inkunabelbände ermitteln lassen, für die feststeht, daß sie spätestens bei der Auflösung des Klosters 1822 zu seiner Bibliothek gehörten. Im folgenden soll der Versuch dargelegt werden, die Bände zu eruieren, von denen – mit verschiedenen Wahrscheinlichkeitsgraden – angenommen werden kann, daß sie sich schon zu Luthers Zeit im Kloster befunden haben könnten[17].

---

[13] Nach dem Vorwort von „Stadtbücherei Erfurt (Vormalige Universitätsbibliothek). Inkunabel-Katalog mit 10 Tafeln" (Erfurt: Druckerei Martin Luther, 1928). Ein Exemplar dieses Katalogs ist mir von der Wissenschaftlichen Allgemeinbibliothek freundlicherweise zur Verfügung gestellt worden.

[14] Für die Arbeit an der VOULLIÉME-Handschrift sowie für die Durchsicht der dortigen Inkunabelbestände aus Erfurt bin ich der Inkunabelabteilung der Deutschen Staatsbibliothek, besonders Frau Dr ALTMANN und Frau Dr ANNELIESE SCHMITT, zu Dank verpflichtet.

[15] Die Inkunabeln der Deutschen Staatsbibliothek zu Berlin. Im Anschluß an Ernst Voulliéme bearb v ANNELIESE SCHMITT = Beiträge zur Inkunabelkunde 3.Folge 2 (Berlin 1966) 215–262.

[16] Bei manchen Bänden ist der ganze Einband, bei einigen der Rücken erneuert und bei anderen Bänden ist das Rückenschild entfernt, so daß dieses Kennzeichen hier entfiel. – Die Arbeit an diesen Bänden, die in sehr großer Eile getan werden mußte, war erst durch das freundliche Entgegenkommen der Handschriftenabteilung der Staatsbibliothek Preußischer Kulturbesitz möglich. Mein Dank gilt auch den Mitarbeitern dieser Abteilung.

[17] Da für beide Inkunabelsammlungen gedruckte Kataloge vorliegen, gebe ich die Drucke nach diesen Katalogen an. Nur der Druckort wird auf deutsche Bezeichnungen vereinheitlicht. Für den Erfurter Katalog s o Anm 13. Für Berlin beziehe ich mich auf ERNST VOULLIÉMES „Die Inkunabeln der Königlichen Bibliothek und der anderen Berliner Sammlungen" = Zentralblatt für Bibliothekswesen, Beiheft 30 (Leipzig 1906) sowie „Die Inkunabeln der Königlichen Bibliothek und der anderen Berliner Sammlungen. Neuerwerbungen der Jahre 1907–1914. Nachträge und Berichtigungen" = Zentralblatt für Bibliothekswesen, Beiheft 45 (Leipzig 1914). – Bedingt durch die Kürze meines Forschungsaufenthalts und den Drucktermin mußte der Inhalt der Bände anhand der Kataloge und der „Standortnachweise" rekonstruiert werden.

1. Die vor 1500 im Kloster selbst gebundenen Bände

Für Erfurt liegen die Angaben Adolf Rheins vor[18]. Die Einbandstempel der von ihm genannten Bände konnten mit Hilfe der Untersuchungen von Ilse Schunke überprüft und zum Teil identifiziert werden[19]. Auch nach Schunkes Stempelzuweisung sind sie als Einbände der Augustinerwerkstatt vor 1500 einzuordnen. Für die Bände in Berlin ließ sich durch Vergleich der Einbandstempel mit denen der Erfurter Bände feststellen, daß drei Bände in der gleichen Werkstatt eingebunden worden sind[20].

Erfurt

I 6	Gregorius I. papa, Epistolae. [Augsburg: Günther Zainer, o J]. H *7991
	Thomas de Aquino, Quodlibeta duodecim. Nürnberg: Johann Sensenschmidt und Andreas Frisner, 15.April 1474. H *1402
I 11 I	Vincentius Bellovacensis, Speculum historiale. Pars I. [Augsburg: S.Ulrich & Afra] 1474. Cop. II 2,6247
I 17	Guillelmus Perrault, Summa de vitiis. Köln: Heinrich Quentell, 1479. H *12387,2
	Johannes Peckham, Liber de oculo morali [Augsburg: Anton Sorg, o J]. H *9427
	Bernardus Claraevallensis, De consideratione. [Augsburg: Anton Sorg, o J]. H *2887
I 41	Johannes Andreae, Lectura super arboribus consanguinitatis etc. Leipzig: [Martin Landsberg] 1492. H *1042
	Petrus Bergomensis, Tabula super opera Thomae Aquinatis. Basel: Bernhard Richel, 4.Dezember 1478. H *2818
I 65	Guilelmus Alvernus, Rhetorica divina. [Basel: Johannes Amerbach, o J]. H *8303
	Ephraem Syrus, De compunctione cordis etc. [Basel: Jakob von Pforzheim, o J]. H *6597
	Thomas a Kempis, Opera. Nürnberg: Kaspar Hochfeder, 29.November 1494. H *9769
I 75	Petrus Lombardus, Liber sententiarum. Basel: Nikolaus Kesler, 29.November 1489. H *10196
I 142	Bruno [episcopus Herbipolensis], Super psalterium. [Eichstätt: Michael Reyser, o J]. H *4011
I 201	Rainerius de Pisis, Pantheologia I–III. Nürnberg: Johannes Sensenschmidt, 8.April 1473. H *13015
I 213	Henricus Herpf, Speculum aureum. Nürnberg: Anton Koberger, 12.März 1481. H *8524
I 256	Johannes Nider, Praeceptorium. Straßburg: [Drucker des Jordanus von Quedlinburg] 1483. H *11795

---

[18] A RHEIN, AaO 334. Allerdings steht für I 390 fälschlich „389".

[19] Vgl o Anm 12. SCHWENKE-SCHUNKE haben allerdings für diese Werkstatt viel weniger Stempel, als der Erfurter Bestand zeigt.

[20] Die Bände Inc 1857,5 und Inc 2442,5 nennt auch ILSE SCHUNKE in ihrem Manuskript als Arbeiten der Augustinerwerkstatt vor 1500 (Manuskript 229f).

	Robertus Caracciolus, Sermones de timore divinorum judiciorum. Nürnberg: Friedrich Creussner, 1479. H 4469
	Robertus Caracciolus, Tractatus de morte. Nürnberg: Friedrich Creussner, 1479. H 4493
I 259a	Petrus de Monte, Repertorium juris. Pars 1–2. Nürnberg: Johann Sensenschmidt und Andreas Frisner, 7.Oktober 1476. H *11588
I 299	Albertus Magnus, Liber de laudibus Mariae virginis. [Straßburg: Johann Mentelin, o J]. H *467
	Albertus Magnus, Opus in evangelium Missus est angelus Gabriel. Straßburg: Johann Mentelin, o J. H *461
I 388	Johannes Marchesinus, Mammotrectus. Straßburg: [Martin Flach] 1487. H *10566
I 390	Bonaventura, Libri et tractatus. Straßburg: Martin Flach, 31. Oktober 1489. H *3465

Berlin

Inc 1857,5	Maphaeus Vegius, Philalethes. [Nürnberg: Johannes Regiomontanus, o J]. H *15925
	Henricus de Hassia, Expositio super Ave Maria. Augustini expositio super symbolum et sermo super orationem dominicam. [Köln: Drucker des Dictys, o J]. H *8390,2 VB 748,3
	Henricus de Hassia, Expositio super orationem dominicam. [Köln: Drucker des Dictys, o J]. H *8390,1 VB 748,5
	Petrus Blesenius, Libellus de amicitia christiana. [Köln: Drucker der Albanuslegende, o J]. H *3241 VB 757b
	Johannes de Tambaco, Consolatio theologiae. [Mainz: Peter Schoeffer, o J]. H *15235 VB 1550a
	Thomas de Aquino, Summa de articulis fidei et ecclesiae sacramentis. [Mainz: Drucker des Catholicon (Johannes Gutenberg), o J]. H 1425 VB 1560
Inc 2442,5	siehe unten S 328f.
Inc 4934	Johannes Beets, Commentarius super decem praeceptis decalogi. Löwen: Aegidius van der Heerstraten, 19.April 1486. H *2736

Von diesen Bänden, deren Einbände sich als aus der Klosterwerkstatt vor 1500 stammend erweisen und die sich auch später im Besitz des Augustinerklosters befunden haben, wird man mit ziemlicher Sicherheit annehmen dürfen, daß sie schon während Luthers Klosterzeit zur dortigen Klosterbibliothek gehörten.

Schunke führt in ihrem Manuskript (siehe Anm 12) noch zwei Bände als Arbeiten dieser Werkstatt an, die leider als Kriegsverluste gelten[21]. Eine Überprüfung ist also nicht möglich. Immerhin sind sie in der Voulliéme-Handschrift als Erfurter Bände gekennzeichnet.

Berlin

Inc 176,5	Johannes Nider, Formicarius. Augsburg: Anton Sorg, [o J]. H *11832
	Bernardus de Parentinis, Expositio officii missae. [Speyer: Johann & Conrad Hist (ICH), o J]. H *12416 = 12417 VB 2058,2

---

[21] I SCHUNKE, Manuskript 229f.

Inc 462   Johannes Trithemius, De scriptoribus ecclesiasticis. Basel: [Johannes Amerbach] 1494. H *15613

Bei den Bänden, die keinen Einband der Klosterwerkstatt von vor 1500 haben, ist die Entscheidung schwierig. Es gibt aber einige Anhaltspunkte.

2. Frühe Schenkungen

Der Band I 357 in Erfurt ist laut Vermerk eine Schenkung an das Erfurter Augustinerkloster von 1507, aus der Bibliothek eines „Conradus Kriger".

I 357   Johannes Vincellensis, Sermones vademecum. [Straßburg: Johann Prüss, o J]. H *9432

Vier Bände tragen einen Vermerk des Inhalts, daß sie 1504 vom „magister & sacre theologie baccalarius dominus benedictus elwanger ecclesie maioris herbipolensis vicarius & quondam praedicator" „nostro conuentui Erfordiensi" geschenkt worden seien. Da Benedictus Ellwanger nach Erich Kleineidam Schüler des Augustiners Johann von Dorsten war[22], ist es wahrscheinlich – unter den von Zumkeller beschriebenen Handschriften finden sich auch drei solche Bände[23] –, daß es sich um Schenkungen an das Augustinerkloster handelt[24]. Dann waren sie zu Luthers Zeit schon in der Klosterbibliothek.

Erfurt

I 135   Albertus Magnus, Liber de muliere forti. Köln: [Heinrich Quentell] 7.Mai 1499. H *465

          Bartholomaeus Sibylla, Speculum peregrinarum quaestionum. Straßburg: Johann Grüninger, 19.August 1499. H *14720

I 204   Isidorus Hispalensis, De summo bono. [Nürnberg: Johann Sensenschmidt, o J]. H *9282

Berlin

Inc 2069,3 Cicero, Synonyma. [Speyer: Conrad Hist, o J]. H *5345

            Cicero, De finibus bonorum et malorum. [Köln: Ulrich Zell, o J]. H *5326 VB 665a

            Ordo magistri et consilii hospitalis Hierosolymitani. Köln: Johann de Bel, 7.Nov. 1482. H *10466 VB 1061,10

---

[22] ERICH KLEINEIDAM, AaO 2,123f.

[23] Vgl A ZUMKELLER, AaO 229f. ZUMKELLER hält die Identifizierung des Konvents für sichergestellt (s AaO).

[24] Die Erfurter Bände I 246 (LUDOVICUS DE PRUSSIA, Trilogium animae. Nürnberg: Anton Koberger, 6.März 1498. H *10315) und I 374 (JOHANNES GUALENSIS, Summa collationum. Straßburg: Drucker des Jordanus von Quedlinburg, 1489. H *7444) sind laut Vermerk von einem Lizentiat CRANACH testamentarisch dem Erfurter Augustinerkonvent geschenkt worden. Diesen CRANACH habe ich mangels Literatur noch nicht identifizieren können. Der Band I 246 hat nach RHEIN einen Einband von ERHARD HEROLD (siehe unten S 324), I 374 hingegen ist nach SCHUNKES Stempelzuweisung eine Arbeit des Bamberger Buchbinders JOH DE MEIEN.

Michael Scotus, Mensa philosophica. Heidelberg: [Heinrich Knoblochtzer] 1489. H 11080 VB 1198,17

Inc 4802,5   Morticellarium aureum. Antwerpen: Gerardus Leeu, 20.Februar 1488. H *11619

3. Die im Kloster im frühen 16. Jahrhundert gebundenen Bände

Für die Zeit nach 1500 führt Rhein keine Bände mehr an. Aber durch Stempelvergleiche mit Hilfe von Schunke ließ sich von folgenden Bänden ausmachen, daß sie – nach Schunkes Zuweisung der Einbandstempel an die Werkstatt – in der Buchbinderei der Augustiner im frühen 16. Jahrhundert gebunden worden sind. Möglicherweise gehörten sie zum Teil schon zu Luthers Zeit dem Kloster[25].

Erfurt

I 59   Guillelmus Perrault, Summa de virtutibus et de vitiis. Basel: Johannes Amerbach, 1497. H *12390

I 355   Simon Fidati de Cassia, Expositio evangeliorum. [Straßburg: Johann Prüss, o J]. H *4557

Berlin

Inc 4099a   Eusebius, De praeparatione evangelica. Venedig: Bernardinus Benalius, 31.Mai 1497. H *6706

              Boccaccio, Genealogiae deorum. Venedig: Manfredus de Bonellis, 25.März 1497. H *3324 VB 4379

Inc 4457,3   Missale Romanum. Venedig, Johann Emerich von Speyer, 15.Oktober 1498. H *11414

4. Die von Erfurter Buchbindern bis zum Anfang des 16. Jahrhunderts gebundenen Bände

Eine Reihe von Einbänden weisen sich als Arbeiten der Erfurter Buchbinder aus, deren Tätigkeit nach Annahme von Adolf Rhein und Ilse Schunke noch im späten 15. Jahrhundert lag oder nur bis zum Anfang des 16. Jahrhunderts reichte. Soweit sich die betreffenden Bände nicht durch anderweitige Indizien als spätere Erwerbungen erweisen, ist es gut möglich, daß sie zum Teil im Auftrag des Augustinerklosters gebunden worden sind und schon zu Luthers Zeit in der dortigen

---

[25] I SCHUNKE unterscheidet drei Buchbinder, die sie nach charakteristischen Stempeln folgendermaßen benennt: „Augustiner Akelei", „Augustiner Herz mit Blüte" und „Augustiner Herz mit h" (SCHUNKE, Manuskript 230–233; bei SCHUNKE I, dem gedruckten Stempelverzeichnis, sind die Buchbindernamen über den ganzen Band verstreut). Nach dieser Einteilung wäre Inc 4457,3 (Berlin) dem Buchbinder „Augustiner Akelei", Inc 4099a (Berlin) dem „Augustiner Herz mit h" zuzuweisen. Bei I 59 (Erfurt) kommen aber die an die drei Buchbinder verteilten Stempel miteinander vor. Die Arbeitsperioden dieser Buchbinder sind von SCHUNKE nicht näher analysiert worden, so daß man sich vorerst mit der vagen Möglichkeitsaussage begnügen muß. – Bei Inc 4457,3 ist der Vermerk zum Teil ausradiert, so daß von daher die Zugehörigkeit zum Augustinerkloster nicht gesichert ist.

Klosterbibliothek vorhanden waren. Rhein meint, daß die Klosterbuchbinderei „nicht sehr rege tätig" gewesen sei und daß nach 1500 „Nicolaus von Havelberg und andere" für die Augustiner eingebunden hätten[26].

a) Nicolaus von Havelberg

Die Einbandstempel zeigen, daß die folgenden Bände vom Erfurter Buchbinder Nicolaus von Havelberg gebunden worden sind. Seine Tätigkeit wird von Rhein und Schunke auf 1477–1506 angesetzt[27].

Erfurt

I 76	Biblia latina. Basel: Nikolaus Kesler, 9.Januar 1491. H *3111
I 130	Guilelmus Parisiensis, De universo. [Nürnberg: Georg Stuchs, o J].
	Johannes Molitor, Tabula super summam Antonini. Köln: [Heinrich Quentell] 1490. H *1261
I 131	Copulata totius novae logicae Aristotelis. Köln: Heinrich Quentell, 7.März 1493. H *1677
I 158	Conradus Summenhart, Tractatus bipartitus de decimis. Hagenau: Heinrich Gran, 13.November 1497. H *15177
	Petrus de Alliaco, Quaestiones super libros sententiarum. Straßburg: [Drucker des Jordanus von Quedlinburg] 15.April 1490. H 841
I 378	Johannes Gritsch, Quadragesimale. Straßburg: [Drucker des Jordanus von Quedlinburg] 31.Dezember 1490. H *8075
I 383	Martinus Polonus, Margarita decreti. Straßburg: [Drucker der Casus breves decretalium] 1493. H *10847
	Guido de Columna, Historia Trojana. Straßburg: [Drucker des Jordanus von Quedlinburg] ca 25.Juli 1494. H *5511
I 459	Aegidius Romanus, Super secundo libro sententiarum. Venedig: Lucas Dominici, 4.Mai 1482. H *127

Diese Einbände wurden auch von Rhein dem Havelberger zugeschrieben[28]. Außerdem nennt er folgende Einbände als Arbeiten dieses Buchbinders, für die mir leider eigene Einbanddurchreibungen fehlen[29]:

I 115	Guilelmus Parisiensis, Tractatus super passione Christi. Hagenau: Heinrich Gran, 16.Februar 1498. H *8320
	Jacobus de Clusa, De valore et utilitate missarum pro defunctis. [Heidelberg: Heinrich Knoblochtzer] 1493. H *9341
	Aegidius Romanus, Theoremata de hostia consecrata. Köln: Johannes Koelhoff, 14.Oktober 1490. H *124

---

[26] A RHEIN, AaO 334.
[27] A RHEIN, AaO 326 und I SCHUNKE, Manuskript 254. SCHUNKE rechnet allerdings mit einem Nachfolger von NICOLAUS, unter dem die Werkstatt 1505–15 gearbeitet habe (SCHUNKE, AaO).
[28] Der ebenso vom HAVELBERGER gebundene Band I 516a (THOMAS DE AQUINO, Summa theologiae II 2. Venedig 1479. H *1463) trägt einen Vermerk von 1655.
[29] A RHEIN, AaO 328. Der Band I 137 weist sich nur durch das Rückenschild als früherer Besitz des Augustinerklosters aus.

I 137	Thomas de Aquino, Quaestiones de potentia dei etc. Köln: Heinrich Quentell, 7.Mai 1500. H *1418
I 385	Bonaventura, Opuscula parva. Straßburg: [Drucker des Jordanus von Quedlinburg] 18. Dezember 1495. H *3468
I 408	Gabriel Biel, Sermones de sanctis. [Tübingen: Johann Otmar] 18.November 1499
	Gabriel Biel, Sermones de festivitatibus Christi et de sanctis. [Tübingen: Johann Otmar, o J].
I 415	Humbertus de Romanis, [Auslegung über S Augustins Regel]. [Ulm: Konrad Dinckmut, o J]. H *9030
I 428	Aegidius Romanus, Commentarius super physica Aristotelis. Padua: Hieronymus de durantibus, 15.Oktober 1493. H *128
I 488	Thomas de Aquino, Summa theologiae. Pars III. Venedig: Bernardinus Stagninus, 10.April 1486. H *1470

Unter den Erfurter Augustinerbänden in *Berlin* weisen sich zwei Bände als Arbeiten des Nicolaus von Havelberg aus[30].

Inc 2235a	Augustinus, Opus canonum. Straßburg: Martin Schott, 1490. H *2076
	Bartholomaeus de Chaimis, Confessionale. [Straßburg: Drucker des Henricus Ariminensis, o J]. H *2478 VB 2161,2a
	Albertus Magnus, De adhaerendo deo. [Ulm: Johann Zainer, o J. H *429 VB 2610a
Inc 4083a	Aegidius Romanus, Super primo libro sententiarum. Venedig: Peregrino Pasquale, 14.April 1492. H *125
	Thomas de Aquino, Tractatus de universalibus. [Leipzig: Marcus Brandis] 18.Juli 1483. H *1513 VB 1219,5
	Thomas de Aquino, Tractatus de arte praedicandi. Nürnberg: [Friedrich Creussner] 1477. H *1358. VB 1801,5

b) Andere Buchbinder

Nach den Einbandstempeln sind folgende zwei Augustinerbände in *Berlin* von *Johannes Helmstatt (Helmsted)* gebunden worden, dessen Tätigkeit von Rhein auf etwa 1471–76 angesetzt wird. Durch die Druckjahre der Drucke in Inc 2000,2a muß diese Angabe allerdings leicht modifiziert werden[31]. Da Helmstatt mit dem Augustinerkloster in enger Beziehung gestanden zu haben scheint, ist die Möglichkeit nicht gering, daß es sich um Bände handelt, die für das Kloster gebunden worden sind[32].

---

[30] I SCHUNKE führt sie auch als Arbeiten des HAVELBERGERS an (Manuskript 255).

[31] A RHEIN, AaO 326. I SCHUNKE, die auch diese beiden Bände als Arbeiten des HELMSTATT angibt (Manuskript 247), meint AaO 245, HELMSTATTS Einbände seien bis 1470 nachweisbar. Es dürfte sich um ein Versehen handeln.

[32] Nach A RHEIN ist die Buchbinderwerkstatt der Augustiner um 1475 durch die Übernahme der 18 Stempel HELMSTATTS und der 21 von PAUL LEHNER entstanden (RHEIN, AaO 334). SCHUNKE geht weiter und meint, HELMSTATT habe sich mit LEHNER bei der Gründung der Augustinerwerkstatt von 1475 verbunden (Manuskript 246).

Inc 397,5   Vocabularius juris. [Basel: Michael Wenssler, o J]. 2°.
Inc 2000,2a Werner Rolevinck, Fasciculus temporum. Speyer: Peter Drach, 24.November 1477. H *6921

Alexander de Nevo, Consilia contra Judaeos foenerantes. Nürnberg: Friedrich Creussner, 1479. H *802 VB 1807b

Robertus Caracciolus, Sermones per adventum... Nürnberg, Friedrich Creussner, 1479. H 4458 VB 1807,5a

[De statu clericorum], [Straßburg, o J]. Reichling 335 VB 2564,4

Statuta provincialia Moguntina, [Straßburg, o J]. Reichling 339 VB 2564,6

Der folgende Augustinerband in Berlin ist nach Aufweis der Einbandstempel von *Conradus de Argentina* gebunden worden, der nach Rhein und Schunke etwa von 1467–75 als Buchbinder tätig war[33], also zu der Zeit, in der die Augustiner noch keine eigene Buchbinderwerkstatt besaßen. Nach Ilse Schunke war er zugleich als Buchführer tätig und belieferte die Universität sowie den weiteren Umkreis[34].

Inc 651,3   Antoninus Florentinus, Confessionale. [Köln: Ulrich Zell, o J]. H *1162

Johannes Nider, Consolatorium timoratae conscientiae. [Köln: Ulrich Zell, o J]. H 11806 VB 702b

Folgende Augustinerbände in *Erfurt* sind von Rhein der ersten und zweiten Gruppe der Arbeiten von *Erhard Herold* (etwa 1485–1505) zugewiesen worden. Stempelvergleiche zeigen, daß die Werkstatt vermutlich identisch ist mit der, die bei Schunke nach einem Stempel als Werkstatt des *„Steifen Hirschs I und II"* bezeichnet wird[35]. Schunke spricht für die Arbeitsperiode dieser Werkstatt nur unbestimmt von Jahrhundertwende und Postinkunabelzeit[36].

I 246   Ludovicus de Prussia, Trilogium animae. Nürnberg: Anton Koberger, 6.März 1498. H *10315

I 248a I Petrus Berchorius, Dictionarius. Pars I. [Nürnberg: Anton Koberger, o J]. H *2801

I 399   Bernardus Claraevallensis, Sermones super cantica canticorum. Straßburg: Martin Flach, 1497. H *2859

I 465   Johannes Capreolus, Liber 1 & 3 defensionum theologiae Thomae Aquinatis. Venedig: Octavianus Scotus, 1483. H *4410

I 493   Johannes Gualensis, Summa collationum. Venedig: Georgius Arrivabene, 30.Juli 1496. H *7446

I 504   Plautus, Comoediae. Venedig: Simon Bevilaqua, 17.September 1499. H *13082

---

[33] A Rhein, AaO 326, I Schunke, Manuskript 234. Schunke führt den Band auch als Arbeit des Konrad an (AaO 235). Rhein spricht von „Konrad von Straßburgs Stempelnachfolger", der etwa 1475–1490 gearbeitet habe.

[34] I Schunke, AaO 234.

[35] In der Beurteilung eines Stempels (bei Schunke: Hirsch 35; bei Rhein: Tafel Nr 38) weichen sie voneinander ab, so daß der Band I 78 nach Schunkes Stempelzuweisung wie I 244, 399, 465, 493 und 504 dem Buchbinder des „Steifen Hirschs I" zuzuweisen ist, von Rhein aber zur dritten Gruppe (ohne nähere zeitliche Bestimmung, aber im ganzen später angesetzt als Gruppe 2) gerechnet wird. Erhard Herolds Arbeitsperiode dauerte nach Rhein etwa bis 1529. Diesen Band führe ich unter 5 (unten S 326) an.

[36] I Schunke, Manuskript 265. Von diesen Bänden trägt I 244 (Biblia latina cum postillis. Pars III. Nürnberg: Anton Koberger, 6.September 1497. H *3171 III) einen Vermerk eines Laurentius Grimm (?) von 1636. Für I 246 vgl o Anm 24.

Zwei Bände in *Erfurt*, die gleiche Einbandstempel aufweisen, sind von Rhein einem Erfurter Buchbinder *Thomassius* zugeschrieben worden, der etwa 1475–85 gearbeitet haben soll[37].

I 40   Biblia latina. Basel: Bernhard Richel, 8.September 1477. H *3064

I 123   Isidorus Hispalensis, Etymologiae. [Köln: Conrad Winters von Homborch, o J]. H *9271

        Johannes Duns Scotus, Super quarto sententiarum. [Straßburg: C.W.]. 1474. H *6430

Zwei weitere *Erfurter* Bände weist Rhein dem „*Buchbinder Dr. Milbachs*" zu, der von Anfang der achtziger bis Anfang der neunziger Jahre arbeitete[38].

I 210   Johannes Gritsch, Quadragesimale. Nürnberg: Anton Koberger, 27.Februar 1479. H *8066

        Guillelmus Duranti, Rationale divinorum officiorum. [Straßburg: Georg Husner (1.Presse), o J]. H *6462

I 220   Boethius, De consolatione philosophiae. Nürnberg: Anton Koberger, 2.Mai 1483. H 3376

        Lactantius, Opera. Venedig: Johann von Köln und Johann Manthen, 27.August 1478. H *9814

5. Die von Erfurter Buchbindern bis zum frühen 16. Jahrhundert gebundenen Bände

Stempelvergleiche anhand von Schunke zusammen mit Rheins Angaben zeigen, daß die folgenden, sich heute noch in Erfurt befindenden Augustinerbände spätestens in den zwanziger Jahren des 16. Jahrhunderts in der Stadt gebunden worden sind. Möglich ist, daß sie schon zu Luthers Zeit dem Kloster gehörten. Sie weisen nicht den relativ spät eingeführten Rollendruck auf, sondern machen in der Stempelanordnung eher einen „altmodischen" Eindruck[39]:

---

[37] A RHEIN, AaO 328. Bei I 40 nennt sich in einem zum Teil ausradierten Vermerk ein „allex" als Käufer und vermerkt den Kauf- und Bindepreis. Da es sich bei diesem Band um ein Kettenexemplar handelt, ist nicht auszuschließen, daß er schon früh dem Kloster gehörte.

[38] A RHEIN, AaO 332. Der Band I 77 I (ANTONINUS FLORENTINUS, Opus historiale. Pars I. Basel: Nikolaus Kesler, 10.Februar 1491. H *1161) ist nach RHEIN vom „Buchbinder mit der Fliege" (etwa 1492–1510) gebunden worden, dessen Tätigkeit aber „für Erfurt noch wahrscheinlich, nicht erwiesen" ist (RHEIN, AaO 328).

[39] I 61 hat nach SCHUNKES Stempelzuweisung einen Einband des Buchbinders „Herz quadratisch". SCHUNKE sagt inbezug auf die Arbeitsdauer dieser Werkstatt nur, daß die Stempelform des durchschossenen Herzens in Erfurt um die Jahrhundertwende geradezu beispielhaft geworden sei (I SCHUNKE, Manuskript 238f). RHEIN weist den Band dem „Binder der Fabritius-Bände, etwa 1488–1495" zu (RHEIN, AaO 328). – I 82, der nach SCHUNKES Stempelzuweisung dem Buchbinder „Dicker Hund K 93" (ohne Angabe der Arbeitsdauer) zuzurechnen ist, wird von RHEIN dem „Buchbinder des Mainzer Hofes, etwa 1495–1530" zugeordnet (RHEIN, AaO 332). – Der dem Buchbinder des „Herz quadratisch" zuzuweisende Berliner Augustinerband Inc 381,7 (Missale Moguntinum. Basel: Michael Wenssler, 1488. COPINGER 4163) hat einen privaten Besitzervermerk von 1509. Für I 78 s o Anm 35.

I 61   Bernardinus [Senensis], Sermones de evangelio aeterno. [Basel: Johannes Amerbach, o J]. H *2827

I 78   Thomas de Aquino, Scripta ad Hanibaldum super libros sententiarum. Basel: Nikolaus Kesler, 1492. Copinger 579

I 82   Bernardus Claraevallensis, Sermones de tempore et de sanctis. Basel: Nikolaus Kesler, 1495 H *2848

6. Hinweise auf interessante handschriftliche Eintragungen

Abgesehen von den Bänden, die sich durch Vermerke oder die Art des Einbands als spätere Erwerbungen erweisen, ist bei den hier nicht angeführten Bänden nicht auszuschließen, daß sie schon zu Luthers Zeit dem Erfurter Augustinerkloster gehört haben. Die Möglichkeit ist allerdings nicht groß. Viele sind an anderen Orten gebunden worden, und bei mehreren sind die Einbände nach Rhein „unbestimmbar" bzw die Werkstattbestimmung „unerwiesen". Es gibt auch eine Reihe von Bänden, die einen neuen Einband haben oder deren Einbände so sehr abgeschabt bzw verwittert sind, daß sich die Stempel nicht mehr erkennen lassen. Bei den letzteren ist die Zugehörigkeit zur Augustinerbibliothek freilich noch möglich. Ein Aufweis der Bestände einer alten Bibliothek kann ohnehin nur Stückwerk sein. Ich möchte die Analyse dieser Bände einer weiteren Untersuchung vorbehalten. Für eine eingehendere Analyse wäre es nötig, nicht nur den ganzen Inkunabelbestand der Wissenschaftlichen Allgemeinbibliothek in Erfurt, sondern auch die dort vorhandenen Drucke nach 1500 in die Untersuchung miteinzubeziehen. Ebenso wäre die Aufarbeitung des Rhein-Nachlasses wünschenswert. Hier sollen noch einige Hinweise auf interessante handschriftliche Eintragungen gegeben werden.

Zunächst beanspruchen einige Besitzervermerke Aufmerksamkeit:

Erfurt I 227   (Iustinianus, Codex. Nürnberg: Anton Koberger, 30.Januar 1488) hat einem „Henricus voigt lichensis" gehört, wie auch der Berliner Band:

Inc 1828,5   Johannes de Paltz, De septem foribus et festis Mariae V. Nürnberg: Friedrich Creussner, o J. H *7230

Thesaurisatio in coelis. Nürnberg: Friedrich Creussner, 1488. H *15492 VB 1816,3

Bertholdus, Horologium devotionis. Nürnberg: Friedrich Creussner, 11.Mai 1489. H *15492 VB 1816,7

Hieronymus, Epistel vom Lobe der Jungfrauschaft. Nürnberg: Friedrich Creussner, o J. VB 1827,5

Johannes Greusser, Passio Christi. Nürnberg: Peter Wagner, 1495. H *8053 VB 1884,5

Berlin Inc 2153,5   (Gratianus, Rubricae decreti [Straßburg: Heinrich Eggestein, o J]. H 7921 = 5614; angebunden [1.] Michael de Dalen, Casus summarii decretalium Sexti et Clementinarum, Köln: Peter Bergmann von Olpe, 18. Dezember 1476. H 4647; [2.] Summaria plana libri institutionum s. elementorum [Köln]: Johannes Koelhoff, 5. Januar 1482. H 4016; [3.] Methodus utriusque iuris [Köln]: Johan-

	nes Koelhoff, 24.Dezember 1481. H 11125) stammt aus dem Besitz des Licentiaten „Hermannus de dorsten" (mit Jahresangabe 1486)[40].
Erfurt I 46	(Johann Cassianus, Collationes patrum. Basel: [Johannes Amerbach] 1485. H *4562) und
I 464	(Boethius, Opera. Vol I und II 1. Venedig: Johann und Gregorius de Gregoriis, 8. Juli 1499; Opera II 2: De consolatione philosophiae etc. Venedig: 10.Februar 1497 H *3352) stammen aus der Bibliothek Johann Langs. Den letzteren Band hat er 1514 in Wittenberg gekauft.
Erfurt I 16	(Walter Burleigh, Vitae philosophorum, deutsch. Augsburg Anton Sorg, 16.Januar 1490) hat einen Vermerk des Alexander Rupp als Prior des Erfurter Augustinerklosters aus dem Jahre 1586[41].

Von den Eintragungen zu Texten sind vor allem die zu den Sentenzen des Petrus Lombardus zu nennen. Außer dem schon genannten Band I 75 finden sich unter den Erfurter Bänden aus dem Augustinerkloster noch zwei Sentenzenbücher: I 71 (Basel: Nikolaus Kesler, 2.März 1486. H *10190) und I 79 (Nikolaus Kesler, 18.Februar 1492. H *10197; angebunden: Thomas de Aquino, Scripta ad Hanibaldum super libros sententiarum. Nikolaus Kesler, 1492. Copinger 579). Alle drei haben – wie auch der Zwickauer Sentenzen-Band mit Luthers Eintragungen[42] – keine Spuren einer Kettenkrampe und sind mit sehr vielen handschriftlichen Notizen versehen (bei I 79 sind die Eintragungen zu Liber II noch ganz spärlich, erst ab Liber III zahlreich), jeweils von mehreren Händen. Es dürfte sich um Exemplare handeln, die für Sentenzenvorlesungen benutzt worden sind.

I 71 hat auf dem Titelblatt einen zT ausgestrichenen Vermerk. Deutlich ist zu lesen: „Ad vsum pri(ori)s m(a)g(ist)ri Johanniß ... tyn". Der unleserliche Teil ließe sich vielleicht als „de Na" lesen. Das „de" würde zwar stören, aber es müßte weiter untersucht werden, ob es sich nicht möglicherweise um ein Handexemplar Johannes Nathins handelt. Die Einbandstempel zeigen allerdings, daß der Band im Erfurter Peterskloster der Benediktiner gebunden worden ist, und zwar wohl am Anfang des 16. Jahrhunderts[43]. Da die Augustiner „bei den Benediktinern in St. Petri" gepredigt haben (Theodor Kolde)[44], schließt der Befund die Möglichkeit der Zuweisung an Nathin nicht aus. Nathins Priorat könnte dadurch bestätigt werden[45].

---

[40] Zu Heinrich Voit von Lich vgl E Kleineidam, AaO 2,144. 165 u 171, zu Hermann Serges von Dorsten dem Älteren AaO bes 87f.

[41] Zu Rupp vgl Adalbero Kunzelmann OSA, Geschichte der deutschen Augustiner-Eremiten 5: Die sächsisch-thüringische Provinz und die sächsische Reformkongregation bis zum Untergang der beiden = Cass 26 (Würzburg 1974) 104 Anm 572 und Erich Kleineidam, AaO 4,17.

[42] Durch die Freundlichkeit der Zwickauer Ratsschulbibliothek und der Erfurter Galerie am Fischmarkt hatte ich Gelegenheit, mir den Band bei der Lutherausstellung in Erfurt genauer anzuschauen.

[43] Die meisten Stempel sind nach Schunkes Stempelzuweisung der 6. Phase der Werkstatt (1500–1520) zuzuordnen, einer den Phasen 4 und 5 (1470–1510). Rhein zählt den Band zu der ersten von den 5 Gruppen innerhalb der Werkstattphase von etwa 1500–1520 (Rhein, AaO 334). – Der Einband von I 79, dessen Werkstatt ich nicht identifizieren konnte, ist nach Rhein nicht zuweisbar (AaO 330).

[44] Th Kolde, Das religiöse Leben in Erfurt beim Ausgange des Mittelalters. Ein Beitrag zur Vorgeschichte der Reformation = SVRG 63 (Halle 1896) 34.

[45] Vgl A Kunzelmann, AaO 5,91.

Bei dem noch vor 1500 im Augustinerkloster gebundenen Band I 75 ist eine nahe Berührung mit Luthers Tätigkeit als Sententiar zu belegen. Um ein Beispiel zu nennen: Auf Bl a 5ᵛ steht am unteren Rand folgende Notiz: „No(ta)nd(um) volu(ntas) p(ro) libe(r)tate sua p(otest)t aliq(ui)d absolute amar(e) no(n) cura(n)do an p(ro)pt(er) se v(e)l p(ro)pt(er) aliud & h(ic) act(us) est vsus habitualiter, i(d) est apt(us) & pote(n)s r(e)fe(r)ri ad aliud lic(et) actu no(n) r(e)fera(tur) & (sic) ambrosi(us) d(ici)t v(ir)tutib(us) frue(n)d(um)" (vgl WA 9,31,8–12)⁴⁶. Wie auch immer es mit dem Abhängigkeitsverhältnis stehen mag, wir erhalten zumindest in diesem Band, möglicherweise auch in den beiden anderen Bänden, Einblick in die Sentenzenlektionen in Luthers nächster Umgebung während seiner Zeit als Sententiarius.

Am wichtigsten aber ist, daß von Luther selbst bisher unbekannte Notizen gefunden werden konnten. Davon soll der zweite Teil einen ersten Bericht geben.

II.

Der Band Inc 2442,5 in Berlin, Staatsbibliothek. Stiftung Preußischer Kulturbesitz, enthält bisher unbekannte eigenhändige Notizen *Luthers* aus der frühesten Zeit⁴⁷:

Es ist ein Sammelband, der folgende Drucke enthält:

1. Guilelmus de Ockham, Quotlibeta septem. De sacramento altaris. Straßburg: [Drucker des Jordanus von Quedlinburg], nach 6.Januar 1491. H 11941 Pr 661 BMC I 141 IB 2048

2. Antoninus Florentinus, Decisio consiliaris super dubio producto de indulgentiis. Nürnberg: Friedrich Creussner, [um 1477]. GW 2179 H 1235 Pr 2165 Ce S.16 IB 7720 BMC II 448 VB 1821,5

3. Raimundus Peraudi, Declaratio summaria bullae indulgentiarum pro ecclesia Xanctoniensi et pro tuitione fidei concessarum. [Köln, Johannes Koelhoff, ca 1487]. R III 1072 Pr 1090 BMC II 231 VK 1094 VB 818,7

4. Johannes de Fabrica, De indulgentiis pro animabus in purgatorio. Accedit Nicolai Richardi super eadem materia tractatus. [Köln, Johannes Koelhoff, ca 1490]. C 2405 VK 655 VB 814a

5. Rupertus Tuitiensis, De victoria verbi dei. Augsburg: Anton Sorg, 1487. H 14046 Pr 1704 VB 141a

---

⁴⁶ Nach meiner Stichprobe gibt es auch zu WA 9,31,13–19 und 32,14–27 Parallelen, und zwar von derselben Hand.

⁴⁷ Der Paläograph der Handschriftenabteilung in der Staatsbibliothek Preußischer Kulturbesitz, Herr Dr GERARD ACHTEN, war so freundlich, mir die Identifizierung zu bestätigen und meinen sonstigen Wünschen für meine Arbeit entgegenzukommen. Frau EVA ZIESCHE in der gleichen Abteilung hatte die Freundlichkeit, auf meine Bitte hin noch vor meiner eigenen Arbeit in der Staatsbibliothek Preußischer Kulturbesitz von den von ILSE SCHUNKE der Augustinerwerkstatt zugewiesenen Bänden Durchreibungen zu machen, also auch von diesem Band.

Der Band hat Holzdeckel und ist in weißes Schweinsleder eingebunden. Die Einbandstempel zeigen, daß der Band in der Klosterwerkstatt vor 1500 gebunden worden ist[48]. Die verzierten Messingbeschläge (jeweils 5 am Vorder- und am Hinterdeckel), die die Ecken und Kanten schützen und zugleich als Auflageknöpfe dienen, zwei Schließen mit lilienförmigen Messingteilen sowie das Hornplättchen für den Buchtitel am Vorderdeckel sind erhalten. Am Hinterdeckel oben sind Spuren der Kettenkrampe vorhanden, die den Band als ein am Lesepult angekettetes Präsenzexemplar einer Bibliothek ausweisen. Vor dem Titelblatt und nach dem letzten Blatt ist zum Bindezweck ein handschriftlich voll beschriebenes Pergamentblatt eingebunden.

Die Notizen Luthers finden sich auf dem Pergamentvorblatt, an der Innenseite des Hinterdeckels sowie zu verschiedenen Stellen des Ockham-Drucks. Da die Ausgabe bibliographisch bekannt ist, braucht sie hier nicht näher beschrieben zu werden[49].

Ich zähle insgesamt ca 160 Notizen. Davon sind ca 100 *Textverbesserungen bzw kurze erläuternde Glossen*, die in den Text zwischen die Wörter verwiesen werden. Sie finden sich nur beim Tractatus „De sacramento altaris", besonders konzentriert auf den Blättern A 5 – B 6, dann bis C 5 und F 3–5. Dabei differieren sie von Hinweisen auf eine andere Lesart über Ersetzung der Einzelwörter bis hin zu Einschiebungen von ein bis zwei Sätzen. Um genau entscheiden zu können, was als Textverbesserung, was als Glosse zu gelten hat, ist eine Kollation anderer gedruckter und handschriftlicher Versionen des Tractatus notwendig. Von den *Verweisen*, ebenso nur beim Tractatus, beziehen sich neun auf Gabriel (Biel; Meßkanonauslegung 6, Sentenzenkommentar 2, unklar 1), neun auf Ockham (Quodlibeta 7, Sentenzenkommentar 2), drei auf Cardinalis (D'Ailly; Sentenzenkommentar), einer auf Scotus (Sentenzenkommentar) und einer auf Gregorius Ariminensis (Sentenzenkommentar). Ohne Stellenangabe werden genannt: Ockham (viermal), Scotus (zweimal), Adam Anglicus (Wodeham; zweimal), Gerson (einmal) und Gabriel (einmal). *Kurze Bemerkungen* finden sich am unteren Rand sowohl auf der recto-Seite (2) als auch auf der verso-Seite (1) des Pergamentvorblattes, auf der Innenseite des Hinterdeckels (3, zum Teil überklebt), auf dem Titelblatt (1) und zu zwei Stellen in den Quotlibeta (Bl c 5ʳ u i 4ʳ) sowie zum Tractatus auf den Blättern A 5–6 (7), Bᵛ (3), B 5ʳ (1), C 2 (4), F 3ᵛ (1) und F 5 (2). Bei den ganz kleinen, kurzen Eintragungen kann die Zuweisung zu Luther schwanken. Vollends nicht genau auszumachen ist die Autorschaft bei zahlreichen *nichtverbalen Eintragungen*: Einklammerungen und Unterstreichungen im Text oder Hervorhebungen mit

---

[48] Hier zähle ich die Stempel nach SCHUNKES Verzeichnis auf und gebe dazu in Klammern die Bände an, die den betreffenden Stempel mit Inc 2442,5 gemeinsam haben. Hahn 31 (Erfurt I 41, 299, 390). Herz 26a (Erfurt I 11 I, 17, 75, 390, Berlin Inc 4934), Lindenblatt 6 = Eichelzweig 18 (Erfurt I 213, 388), Rosette 240a (Erfurt I 17, 142, Berlin Inc 1857,5), Rosette 659a (Erfurt I 17, 65, Berlin Inc 4934). SCHUNKE führt den Band auch als Arbeit dieser Werkstatt an (Manuskript 230). Für SCHUNKE gilt der Stempel Hahn 31 („gesträubter Hahn") geradezu als Kennzeichen eines der zwei Buchbinder dieser Werkstatt (AaO 229).

[49] Von dieser Ausgabe gibt es einen Faksimile-Druck: Guillelmus de Occam, Quotlibeta septem. Tractatus de sacramento altaris. Strasbourg 1491. Réimpression en fac-similé. Avec un tableau des abréviations (Louvain 1962).

Linien am Rand bzw mit einer hinweisenden Hand. Auch eine illustrierende Zeichnung ist vorhanden. Eintragungen von deutlich anderer Hand finden sich zu manchen Stellen der Quotlibeta sowie auf den Blättern A 2ᵛ, C 2ʳ, D 3ᵛ, D 4, D 5ᵛ, D 6ʳ, E 2, E 5ᵛ, E 6ʳ, Fʳ, F 2ʳ, F 4ᵛ und F 5ᵛ.

Einige Notizen seien hier als Specimina mitgeteilt[50]:
Auf dem Titelblatt, dicht unter dem Titel:

> non sunt miscende ille feces humanoru(m) phantasmatü(m) puritati fidei vbi possunt | commode vitari (?) & aliter dici

Auf Bl A 5ʳ am unteren Rand, zu Ockhams Ausführungen über proprietas sermonis und figurativa locutio:

> Testis est Gerson in loc(is) plurib(us) q(uod) veteres sepissime figurati(v)e & imp(ro)prie esse locutos i(de)oq(ue) consulit vt discentes | cauti sint & sobrie eoru(m) v(erb)a & dicta interp(re)te(ntur) ita vt plus intentio authoris q(uam) son(us) voc(is) inspicia(tur)

Auf Bl C 2ʳ am rechten Rand, zu Ockhams Referat über drei Meinungen von der conversio panis in corpus Christi, wo es heißt: „Unde dicunt quod circa conuersionem panis in corpus christi tres erant opiniones. Una asserit quod illa substantia que fuit panis primo postea est caro christi. Secunda opinio tenet quod substantia panis & vini ibi desinit esse & manent accidentia tantum. scilicet sapor color & pondus & similia. Et sub hijs accidentibus incipit ibi esse corpus christi. Tertia tenet quod remanet ibi substantia panis & vini. & in eodem loco sub eadem specie est corpus christi":

> In credibilib(us) siue d(e)t(erm)i(n)at(is) veritatib(us) | non d(ebet) attendi facilitas vel p(ro)babilitas | sustine(n)di: S(ed) q(ui)d veri(us) est: Et i(de)o li(cet) | tercia opinio sit facilior sustineri | t(ame)n no(n) est verum i(de)o no(n) d(ebet).

Auf Bl C 2ʳ am unteren Rand, zu Ockhams Ausführungen im Capitulum 4:

> Gabrie lect 42 sup(er) canon Et dis. xvii : li.2. ibid(em) Gre: arym. tene(n)t q(uod) in vno co(m)posito sit | vna t(antu)m forma con(tra) occam & Scotu(m).

---

[50] Die aufgelösten Kürzel sind in Klammer gesetzt. Der senkrechte Strich bedeutet Zeilenwechsel. Das mit (?) versehene Wort ist schwer lesbar.

Nachtrag

Die Wissenschaftliche Allgemeinbibliothek Erfurt hat freundlicherweise für die Bände I 115, 137, 385, 408, 415, 428 u 488 die Einbandurchreibungen nachgeliefert, die die Zuordnung durch Rhein bestätigen (siehe oben S 322f). Sie teilt dazu mit, daß I 408 einen Besitzereintrag eines Severi-Kanonikers Laurentius Grimm (?) trägt (vgl oben Anm 36). Für einen Band aus der Nachinkunabelzeit (Tu 1156) bestätigt sie ferner meine Stempeldurchreibungen und liefert die Druckbestimmung nach: Gabriel Biel, Collectorium super IV Libros sententiarum. [Tübingen: Johann Otmar für Friedrich Meynberger,] oJ (nur Buch 3 und 4). Nach Schunkes Stempelzuweisung ist der Band in der Werkstatt „Augustiner Herz mit Blüte" gebunden worden (vgl oben Anm 25). Der Bibliothek sei hier nochmals gedankt. – Herrn GERHARD HAMMER im Tübinger Institut für Spätmittelalter und Reformation verdanke ich außer der Redaktionsarbeit im engeren Sinne auch bibliographische Ergänzungen und stilistische Korrekturen. Ohne seine vielfältigen Hilfen und den Einsatz von Herrn Prof Dr HEIKO A OBERMAN sowie die Bereitschaft des Verlags, noch im letzten Moment einen neuen Beitrag aufzunehmen, hätte der Bericht nicht in diesem Band erscheinen können. Zuletzt sei ihnen herzlich gedankt, wie auch PATER DR DR ADOLAR ZUMKELLER, der mir auf meine Bitte hin eine Kopie seines Aufsatzes zugeschickt hat.

Register zu den Drucken

a) Autoren

Aegidius Romanus 322, 323
Albertus Magnus 319, 320, 323
Alexander de Nevo 324
Antoninus Florentinus 324, 325 A 38, 328
Aristoteles 322
Augustinus 323

Bartholomaeus de Chaimis 323
Bartholomaeus Sibylla 320
Beets, Johannes 319
Berchorius, Petrus 324
Bernardinus Senensis 326
Bernardus Claraevallensis 318, 324, 326
Bernardus de Parentinis 319
Bertholdus 326
Biel, Gabriel 323
Boccaccio 321
Boethius 325, 327
Bonaventura 319, 323
Bruno (Episcopus Herbipolensis) 318
Burley, Walter 327

Caracciolus, Robertus 319, 324
Cassianus, Johannes 327
Cicero 320

Duns Scotus, Johannes 325
Duranti, Guillelmus 325

Ephraem Syrus 318
Eusebius 321

Gratianus 326
Gregorius I 318
Greusser, Johannes 326

Gritsch, Johannes 322, 325
Guido de Columna 322
Guilelmus Alvernus 318
Guilelmus Parisiensis 322

Henricus de Hassia 319
Herpf, Henricus 318
Hieronymus 326
Humbertus de Romanis 323

Isidorus Hispalensis 320, 325
Iustinianus 326

Jacobus de Clusa 322
Johannes Andreae 318
Johannes Capreolus 324
Johannes de Fabrica 328
Johannes de Paltz 315 A 3, 326
Johannes de Tambaco 319
Johannes Gualensis 320 A 24, 324
Johannes Marchesinus 319
Johannes Vincellensis 320

Lactantius 325
Ludovicus de Prussia 320 A 24, 324

Martinus Polonus 322
Michael de Dalen 326
Michael Scotus 321
Molitor, Johannes 322

Nider, Johannes 318, 319, 324

Ockham, Guilelmus de 328

Peckham, Johannes 318
Perrault, Guillelmus 318, 321

Peraudi, Raimundus 328
Petrus Bergomensis 318
Petrus Blesenius 319
Petrus de Alliaco 322
Petrus de Monte 319
Petrus Lombardus 318, 327
Plautus 324

Rainerius de Pisis 318
Rolevinck, Werner 324

Rupertus Tuitiensis 328
Simon Fidati de Cassia 321
Summenhart, Conradus 322
Thomas a Kempis 318
Thomas de Aquino 318, 319, 322 A 28, 323, 326, 327
Trithemius, Johannes 320
Vegius, Maphaeus 319
Vincentius Bellovacensis 318

b) Drucker

Aegidius van der Heerstraten 319
Amerbach, Johannes 318, 320, 321, 326, 327
Bergmann, Peter (von Olpe) 326
Bernardinus Stagninus 323
Bernardinus Benalius 321
Brandis, Marcus 323
Creussner, Friedrich 319, 323, 324, 326, 328
C. W. 325
Dinckmut, Konrad 323
Dominici, Lucas 322
Drach, Peter 324
Drucker des Albanuslegende 319
Drucker der Casus breves decretalium 322
Drucker des Dictys 319
Drucker des Henricus Ariminensis 323
Drucker des Jordanus von Quedlinburg 318, 320 A 24, 322, 323, 328
Eggestein, Heinrich 326
Emerich, Johann (von Speyer) 321
Flach, Martin 319, 324
Georgius Arrivabene 324
Gran, Heinrich 322
Grüninger, Johann 320
Gutenberg, Johann 319
Hieronymus de Durantibus 323
Hist, Conrad 320
Hist, Johann & Conrad 319
Hochfeder, Kaspar 318
Husner, Georg 325
Jakob von Pforzheim 318
Johann de Bel 320
Johann und Gregorius de Gregoriis 327
Johann von Köln und Johann Manthen 325

Kesler, Nikolaus 318, 322, 325 A 38, 326, 327
Knoblochtzer, Heinrich 321, 322
Koberger, Anton 318, 320 A 24, 324, 325, 326
Koelhoff, Johannes 322, 326f, 328
Landsberg, Martin 315 A 3, 318
Leeu, Gerardus 321
Manfredus de Bonellis 321
Mentelin, Johann 319
Octavianus Scotus 324
Otmar, Johann 323, 331
Peregrino Pasquale 323
Prüss, Johann 320, 321
Quentell, Heinrich 320, 322, 323
Regiomontanus, Johannes 319
Reyser, Michael 318
Richel, Bernhard 318, 325
S Ulrich & Afra 318
Schoeffer, Peter 319
Schott, Martin 323
Sensenschmidt, Johann 318, 320
Sensenschmidt, Johann und Andreas Frisner 319
Simon Bevilaqua 324
Sorg, Anton 318, 319, 327, 328
Stuchs, Georg 322
Wagner, Peter 326f
Wenssler, Michael 324, 325 A 39
Winters, Conrad (von Homborch) 325
Zainer, Günther 318
Zell, Ulrich 320, 324

c) Druckorte

Antwerpen 321
Augsburg 318, 319, 327, 328
Basel 318, 320, 321, 322, 324, 325, 326, 327
Eichstätt 318
Hagenau 322
Heidelberg 321, 322
Köln 318, 319, 320, 322, 323, 324, 325, 326, 328
Leipzig 315 A 3, 318, 323
Löwen 319

Mainz 319
Nürnberg 318, 319, 320, 322, 323, 324, 325, 326, 328
Padua 323
Speyer 319, 320, 324
Straßburg 318, 319, 320, 321, 322, 323, 324, 325, 326, 328
Tübingen 323, 331
Ulm 323
Venedig 321, 322, 323, 324, 325, 327

DER „LIBELLUS AURO PRAESTANTIOR DE ANIMAE PRAEPARATIONE IN EXTREMO LABORANTIS, DEQUE PRAEDESTINATIONE ET TENTATIONE FIDEI"

Eine unerkannte frühe Predigt Luthers?

von

Martin Brecht

Die in Hamburg 1523 gedruckte niederdeutsche Ausgabe von Luthers Betbüchlein enthält fünf Texte, die in den zahlreichen anderen Drucken nicht geboten werden[1]. Von diesen fünf Stücken ist „Ene gude underrichtinge van der bicht" ein frei bearbeiteter Auszug aus dem „Sermon von dem Sakrament der Buße" von 1519[2]. „Van Misse horen" ist ein frei bearbeiteter Auszug aus dem „Sermon von dem Neuen Testament" von 1520[3]. Das Verhältnis dieser Auszüge zu ihren Vorlagen bedarf der näheren Überprüfung, zumal die Texte auch selbständig formulierte Passagen enthalten. „Eyn schone underrichtinge von dem rechten waraftigen und christliken gebeede und wat ummestendicheit dar tho hörenn"[4] ist verwandt mit „Ein Sermon von dem Gebet und Prozession in der Kreuzwochen" von 1519[5] und der undatierten zweiten Rogatepredigt in der Sommerpostille[6], die 1520 entstanden sein könnte. „Ene vorklaringe des rechten geloven"[7] behandelt das Verhältnis von Glaube und Werken. Dem ganzen Tenor nach wird auch hier ein echter Luthertext, vermutlich von 1520 oder etwas später, die Vorlage gewesen sein. Hinsichtlich der Chronologie von Luthers Schriften ist also zunächst zu beachten, daß die Hamburger Ausgabe des Betbüchleins einige nur hier überlieferte Texte vermutlich aus den Jahren 1519 bis 1520 enthält.

Ein besonderes Problem stellt das fünfte Stück dar: „Ein schone underrichtinge teghen de anvechtinghe in dem dode, ock van der uthirweelinge und van der bokoeringhe des geloven"[8]. Schon der Herausgeber Ferdinand Cohrs hatte erkannt, daß es sich dabei um eine Übersetzung des „Libellus auro praestantior de animae praeparatione in extremo laborantis, deque Praedestinatione et Tentatione Fidei" handelte[9]. Der Libellus war, versehen mit einem Vorwort des Korrek-

---

[1] WA 10 II 432–451. Es handelt sich um den aaO 357 beschriebenen Druck N (= JOSEF BENZING, Lutherbibliographie = Bibliotheca Bibliographica Aureliana X. XVI. XIX. [Baden-Baden 1966] Nr 1307). Vgl WA 10 II 366 Nr 14–17 und 19 sowie WA 10 II 368 N.
[2] WA 10 II 438–440. Vgl WA 2, bes 715,10–34.
[3] WA 10 II 440–442. Vgl WA 6, bes 355–358.
[4] WA 10 II 434–438.
[5] WA 2, bes 175–177.
[6] WA 10 II 263–266.
[7] WA 10 II 432–434.
[8] WA 10 II 442–451.
[9] WA 10 II 366 Nr 19.

tors Johann Setzer, nach dem Kolophon im September wohl des Jahres 1518 von der Druckerei des Thomas Anshelm in Hagenau herausgegeben worden. Cohrs hielt den Libellus für einen „Ausschnitt aus einem älteren theologischen Werk". Dagegen steht die Zuschreibung der Hamburger Ausgabe des Betbüchleins an Luther und der Umstand, daß dieses sonst tatsächlich eigentlich nur Luthertexte enthält. Mit dem Libellus befaßte sich die leider nicht gedruckte Göttinger Dissertation von Luise Klein „Die Bereitung zum Sterben. Studien zu den frühen reformatorischen Sterbebüchern" (1958)[10]. Die Verfasserin erkannte, daß der Libellus abhängig ist von Johann von Staupitz' „Eyn Buchlein von der Nachfolgung des willigen Sterbens Christi", das 1515 erschienen war[11]. Damit ließ sich die Abfassungszeit des Libellus auf die Jahre 1515–1518 eingrenzen. Die offensichtliche Verwandtschaft von Luthers „Eyn Sermon von der bereytung zum Sterben" von 1519[12] mit dem Libellus deutete L Klein wegen der Erscheinungstermine als Abhängigkeit Luthers vom Libellus[13]. Allerdings rechnete sie wegen der Luther auffallend nahestehenden Behandlung des Themas der Anfechtung umgekehrt auch mit einer Beeinflussung des Libellus durch Luther[14]. Bei diesem wechselseitigen Abhängigkeitsverhältnis stellt sich die Frage, ob nicht doch Luther selbst, entsprechend der Angabe des Hamburger Drucks, der Verfasser des Libellus war.

Einige Anhaltspunkte über den Anlaß der Veröffentlichung des Libellus bietet die wegen ihrer zahlreichen Anspielungen freilich nicht leicht zu interpretierende Widmung Johann Setzers an den Hagenauer Johanniter Wolfgang Rapp[15], der als philosophiae amator, dh wohl als Humanist, und Gönner der Gelehrten angeredet wird. Setzer beklagt den allenthalben bestehenden inneren und äußeren Krieg und Tumult. Selbst kleine Häuser sind durch Zwietracht beunruhigt. Möglicherweise ist dabei auf die Niederlassung der Johanniter in Hagenau angespielt. Das Übel hat sich auch in die Wissenschaften eingeschlichen, und zwar nicht nur in die weltlichen, sondern auch in die von Gott verkündete, dh wohl in die Theologie. Dafür werden die schwülstigen Proklamationen der streitsüchtigen Sophisten, dh der Scholastiker, verantwortlich gemacht, denen in den vorigen Jahren einige gefolgt sind, die sich fälschlich Theologen nennen und doch nichts weniger als dies sind. Unter Anspielung auf das kritische Adagium des Erasmus über Silen wird behauptet, daß man in ihren Schriften auch nicht das Mindeste findet, das etwas über Gott aussagt. Nimmt man einige fingierte und erst jüngst erdachte Wörter heraus, bleibt nichts, was das Papier wert ist. Um nicht länger in diesem gefährlichen Dunkel

---

[10] Bes 27–45. Der Text des Libellus ist 131–144 wiedergegeben.

[11] Iohannis Staupitii Opera, ed J K F KNAAKE (Potsdam 1867) 50–88.

[12] WA 2,685–697.

[13] KLEIN, AaO 30 Anm 7. Aufgrund von PAUL HEITZ, Die Zierinitialen in den Drucken des Thomas Anshelm (Hagenau 1516–1523), in: Der Initialschmuck in den elsässischen Drucken des 16. Jahrhunderts 1. Reihe, 18 konnte KLEIN nachweisen, daß der Libellus erst 1518 gedruckt wurde.

[14] KLEIN, AaO 32 und 34.

[15] Der Priester W RAPP hinterließ 1541 eine größere Bibliothek mit mittelalterlichen, humanistischen und reformatorischen Werken. Vgl C A HANAUER, Cartulaire de L'Église S. George de Haguenau = Quellenschriften der Elsässischen Kirchengeschichte 5 (Straßburg 1898) 492–496.

zu irren, soll das Wahre und Echte aufgenommen werden, nachdem „jene purpurroten Affen ausgetrieben sind". Damit dürften irgendwelche Kardinäle gemeint sein. Kurz vor der Eröffnung des Augsburger Reichstags hatte der päpstliche Legat und Kardinal Thomas Cajetan am 1. August 1518 die Erzbischöfe Albrecht von Mainz und Matthäus Lang von Salzburg mit der Kardinalswürde bekleidet, wogegen das Mainzer Domkapitel Vorstellungen erhoben hatte[16]. Zu dem Wahren und Echten, das er Rapp empfahl, rechnete Setzer den Libellus. Dessen Verfasser wird wohl bewußt nicht genannt. Die Druckerei Anshelm brachte erst 1520 Lutherschriften heraus[17]. Der wichtigste theologische Gegenspieler der Scholastiker und Kardinäle war im September 1518 zweifellos Luther, dem Anfang August die Vorladung nach Rom zugestellt worden war. Im August und September liefen die Verhandlungen Friedrichs des Weisen mit Cajetan über das Verhör Luthers in Augsburg. Setzers Vorrede läßt sich gut als Bezugnahme auf die Auseinandersetzung um Luther verstehen. Eine Verbindung zwischen Wittenberg, von wo der Libellus höchstwahrscheinlich stammt, und der Druckerei Anshelm war durch den eben nach Wittenberg gekommenen Melanchthon gegeben, der bisher bei Anshelm veröffentlicht hatte.

Auffallend sind die zahlreichen Gemeinsamkeiten des Libellus mit anderen Schriften Luthers, die zum Teil schon von L Klein nachgewiesen worden sind. Der Libellus ist der Form nach wohl eine Predigt über Sir 11,27 (Vulg), angeregt vielleicht durch Heinrich Seuses „Büchlein der Ewigen Weisheit"[18]. Luther verwendet die Stelle programmatisch in der Vorrede zur 1519 entstandenen „Tesseradecas consolatoria", die gleichfalls zur Gattung des Kranken- und Sterbetrostes gehört[19]. Weitere Nennungen finden sich u a in den „Operationes in psalmos" in der Nähe der Ausführungen „De spe et passionibus"[20] und in der Hebräerbriefvorlesung[21]. Ein ähnliches Schema wie es Sir 11,27 nahelegt, gebraucht Luther in der Auslegung der Decem praecepta von 1516/1517[22]. Die Verwendung von Hiob 7,1 und Ps 90,7 (Vulg) im Zusammenhang der Ausführungen über die Anfechtung (Libellus künftig: Lib 342,26–343,8) findet sich auch in Luthers Auslegung des Vaterunsers von 1519[23], dagegen nicht in der von Agricola veranstalteten Ausgabe von 1518[24]. Zahlreiche Parallelen bestehen, wie erwähnt, zwischen dem Libellus und dem „Sermon von der Bereitung zum Sterben". Beide behandeln die Anfechtung durch die Sünde[25], wobei die Durchführung freilich nicht übereinstimmt. Dagegen ist der Gedanke, daß der Mensch die schrecklichen Bilder der Sünde, des Todes und der

---

[16] ANTON PHILIPP BRÜCK, Kardinal Albrecht von Brandenburg, Kurfürst und Erzbischof von Mainz, in: FRITZ REUTER (Hg), Der Reichstag zu Worms von 1521. Reichspolitik und Luthersache (Worms 1971) 261.

[17] Vgl BENZING, AaO 471.

[18] HEINRICH SEUSE, Büchlein der ewigen Weisheit, in: HEINRICH SEUSE, Deutsche Schriften, hg v KARL BIHLMEYER (Stuttgart 1907/Nachdruck: Frankfurt a M 1961) 235,1.

[19] WA 6,106,24–38.   [20] AWA 2,329,15.
[21] WA 57 III 77,8f.   [22] WA 1,518,1–7.
[23] WA 2,123,11–125,26. Vgl auch „Ad dialogum Silvestri Prieratis... responsio" (WA 1,649,15–17).
[24] Vgl WA 9,156,29–158,20.
[25] Siehe unten Libellus 344,32ff; vgl WA 2,687,18ff.

Hölle nicht ansehen kann, dem Libellus und Luther gemeinsam[26]. Das Abgehen von der Forderung der vollständigen Beichte (Lib 347,14–348,11) wird in Luthers Sterbesermon wenigstens gestreift[27]. Er hatte das Problem zB im „Sermo de poenitentia" (Frühjahr 1518) ausführlich erörtert[28]. Die Prädestinationsangst behandeln sowohl der Libellus als der Sterbesermon, zum Teil sogar mit denselben Argumenten[29]. Das Zitat Ps 143,5 (Lib 346,7–9) taucht auch in der „Tesseradecas" auf[30]. Wenig gemeinsam hat die Anweisung zur Passionsbetrachtung (Lib 346,17–27) mit entsprechenden Texten Luthers[31]. Die Anfechtung wegen des Glaubens bezüglich der Sakramente wird sowohl im Libellus als auch im „Sermo de digna praeparatione cordis pro suscipiendo sacramentum eucharistiae" besprochen, wobei beidemale dieselbe Anekdote Bernhards von Clairvaux erzählt wird[32]. Schließlich findet sich das Zitat von Hiob 11,17 außer im Libellus auch in der Auslegung der Bußpsalmen von 1517[33].

Es läßt sich nicht mit Sicherheit entscheiden, ob die Gemeinsamkeiten zwischen dem Libellus und mehreren Schriften Luthers von 1517 bis 1519 aus einer Abhängigkeit Luthers oder aus gemeinsamer Autorschaft resultieren. Über die Einsichten von L Klein hinausgehend ist festzustellen, daß die Gemeinsamkeiten sich keineswegs nur auf die Sparte des Sterbetrostes bei Luther erstrecken. Eine derartig häufige Bezugnahme auf einen relativ kurzen Text gibt es beim jungen Luther sonst eigentlich nicht.

Der Form und Gestaltung nach könnte man den Libellus mit seinem weithin klaren Aufbau durchaus Luther zuschreiben. Es findet sich ein Corollarium[34], wie es auch sonst in dessen frühen Predigten begegnet. Einmal taucht, wie nicht selten auch bei Luther, im lateinischen Text ein deutscher Satz auf[35]. Das beweist übrigens, daß schon dem Herausgeber der lateinische Text vorlag, und dieser nicht erst von ihm übersetzt worden ist[36]. Dasselbe gilt für einige Bibelzitate. Typisch lutherisch ist die Entwicklung des Gedankengangs aus dem Gegensatz böse – gut in Sir 11,27a. Vers 27b wird, abgesehen von der Einführung, direkt nur am Schluß des Libellus kurz besprochen[37]. Das eigentliche Interesse gilt der Anfechtung durch Gottes Zorn und Gericht, durch Sünde, Tod und Hölle. Die Problemkonstellation wird einmal so beschrieben[38]: „Quae cum ita sunt patet, quod deus sanctos suos non nisi in contrariis rebus salvat, quia per adversitates exaltat intus, et per prosperitates deprimit intus et confundit sapientiam mundi. Quae exaltatur in prosperis et deprimit in adversis, quia nescit neque sustinet consilium dei". Die große Nähe dieser Ausführungen zu Luthers Vorstellungen von der Theologia crucis und vom verborgenen Gott dürfte evident sein. Außer Betracht bleiben die an sich auch für

---

[26] Libellus 346,34–347,6.
[27] WA 2,686,10f.
[28] WA 1,322,12–323,22.
[29] Libellus 348,12–26; vgl WA 2,690,10–692,21.
[30] WA 6,111,15–17.
[31] ZB WA 1,339,15–340,3. Vgl auch „Pro veritate inquirenda..." WA 1,633,1–9. – Libellus 349,17–24.
[32] WA 1,332,26–333,29.
[33] Libellus 349,31f; vgl WA 1,160,8f.
[34] Libellus 344,1–11.
[35] Libellus 345,9f.
[36] Libellus 349,17.
[37] Libellus 349,25–350,2.
[38] Libellus 344,12–15.

Luther charakteristischen Themen der Bewältigung des Todes, die Angst wegen der unvollkommenen Beichte und der Prädestination, sowie das Problem des Sakramentsglaubens, denn sie finden sich schon in der dem Libellus und Luther gemeinsamen Tradition.

Der Libellus hat, wie erwähnt, „Ein buchlein von der Nachfolgung des willigen Sterbens Christi" von Staupitz benützt. Von dort übernahm er das Zitat Hiob 7,1 am Eingang[39]. Schon bei Staupitz wird die Problematik der vollkommenen Beichte erörtert, wobei dieser jedoch hier die Konzentration auf die Wunden Christi nicht erwähnt[40]. Auch Staupitz kommt auf die Prädestinationsangst zu sprechen und zitiert, ebenso wie der Libellus, Mt 27,43; jedoch auch hier fehlt der Hinweis auf die Liebe zu Christus[41]. Der merkwürdige Umstand, daß in diesem Zusammenhang der 1517 veröffentlichte „Libellus de exsecutione aeternae praedestinationis"[42] von Staupitz nicht erwähnt ist, könnte sich dadurch erklären, daß der Libellus aureus vor dieser Schrift entstanden ist. Luther hat das Sterbebüchlein von Staupitz vor dem Mai 1517 gekannt und es verbreitet[43]. Nachweislich war der Libellus ferner noch mit Heinrich Seuses Büchlein der ewigen Weisheit vertraut, aus dem er einmal zitiert[44]. Dort findet sich bereits auch eine längere Ausführung über den Sakramentsglauben[45].

Eine ganz bedeutende Rolle spielt im Libellus die Liebe zu Christus, in dessen Leiden sich Gottes Barmherzigkeit erzeigt hat[46]. Die Betrachtung des Leidens Christi soll nicht selbstsüchtig aus Furcht vor der Strafe oder um der Vergebung willen geschehen, sondern um dadurch die Liebe zu Christus zu entzünden, aus der die Sünde gehaßt wird[47]. Darum ist hinsichtlich des Sündenbekenntnisses eigentlich die Konzentration auf die Wunden Christi wesentlich, aus der es zur wahren Reue kommt[48]. Diese Konzentration hilft auch in der Erwählungsangst, denn wer Christus lieb hat, ist auserwählt[49]. In seinem Widmungsbrief zu den „Resolutiones disputationum de indulgentiarum virtute" an Staupitz vom 30. Mai 1518[50] berichtet Luther, welche Bedeutung der Hinweis von Staupitz für ihn gehabt hatte, daß die wahre Buße mit der Liebe zur Gerechtigkeit und zu Gott beginne und Gottes Gebote in den Wunden des Heilands zu verstehen seien. Durch Staupitz und dann etwas später Erasmus war Luther zu einem neuen Verständnis des griechischen Wortes Metanoia gekommen[51]. Dies war freilich noch nicht die fertige Ausformung von Luthers Bußverständnis. Sie war erst erreicht, als er die Buße nicht mehr als menschliches Verhalten, sondern als durch Gottes Gnade bewirkte

---

[39] Vgl Libellus 342,26 Anm 7 u 8. [40] Libellus 347,14–348,9.
[41] Libellus 348,12 349,16; vgl STAUPITZ, AaO 66.
[42] Spätmittelalter und Reformation. Texte und Untersuchungen 14 (Berlin–New York 1979).
[43] WABr 1,96,5–7. [44] Libellus 345,35–346,2.
[45] SEUSE, AaO 291,24ff; vgl Libellus 349,17–24.
[46] Libellus 345,30f. [47] Libellus 346,17–347,6.
[48] Libellus 347,20–348,9. [49] Libellus 348,24–349,16.
[50] WA 1,525,25–27. Vgl ERNST WOLF, Staupitz und Luther = QFRG 9 (Leipzig 1927) 223–252. Eine Anspielung auf diesen Zusammenhang findet sich wahrscheinlich auch WATR 1 Nr 526.
[51] Vgl MARTIN BRECHT, Beobachtungen über die Anfänge von Luthers Verhältnis zur Bibel, in: Ders (Hg), Text-Wort-Glaube. FS KURT ALAND (Berlin – New York 1980) 247–253.

Verwandlung, wie sie sich im Zuspruch der Vergebung vollzog, begriff. Eine Polemik gegen das Suchen der Vergebung, wie sie sich im Libellus findet[52], wäre bei Luther im Sommer 1518 nicht mehr denkbar. Daß die wahre Reue hauptsächlich bei der Betrachtung der Wunden Christi beginne, können jedoch auch die Resolutionen noch sagen[53]. Am Schluß der Römerbriefvorlesung, dh im Spätsommer 1516, findet sich die Bemerkung, daß Gott die Menschen durch den Anblick seiner Güte, dh vor allem Christi, umwandelt, indem er sie zur Liebe zu sich bewegt[54]. Daß Staupitz Luther ferner darauf hingewiesen hat, daß die Erwählung in den Wunden Christi zu suchen sei, bezeugen mehrere Tischreden[55]. Die Vorstellung läßt sich einschließlich der Wundenmeditation in der Römerbriefvorlesung zu Röm 9 ungefähr im Sommer 1516 nachweisen[56].

Der Libellus repräsentiert noch nicht die voll reformatorische Wittenberger Theologie. Charakteristischerweise findet sich der in der niederdeutschen Übertragung im Zusammenhang mit der Beichte auftauchende Begriff *Zusage* (promissio)[57] in der lateinischen Fassung nicht, sondern nur ein Hinweis auf das von Gott gestiftete und darum nicht zu verachtende Schlüsselamt, der sachlich der 7. Ablaßthese entspricht[58]. Hingegen wird neben der Notwendigkeit der vollkommenen Beichte bereits auch die der Satisfaktion relativiert[59]. Die Vergewisserung in der Buß- und Prädestinationsangst geschieht noch durch die meditative Betrachtung der Wunden Christi, wie sie Staupitz angeregt hatte und wie sie bei Luther seit dem Sommer 1516 zum Tragen gekommen waren. In seiner Predigt zum dritten Gebot vom 21. September 1516 finden sich nochmals zwei instruktive Parallelen zu den Ausführungen des Libellus über die aus der Liebe kommende Buße. Die Liebe zu Gott und die Abscheu gegen die Sünden entstehen aus der richtigen Meditation – verwendet wird das von Luther vielfach gebrauchte *ruminare* (wiederkäuen) – der Wohltaten Gottes, insbesondere des Leidens Christi[60]. Die Luther sehr geläufige Kombination von sacrificium laudis und sacrificium confessionis begegnet auch im Libellus[61]. Möglicherweise läßt sich aus der Nähe dieser beiden Stellen sogar noch ein Anhaltspunkt für die Entstehungszeit des Libellus gewinnen. Er ist eine Trostpredigt in der Anfechtung durch den Tod über einen freien Text. Veranlaßt könnte diese Predigt durch jene Epidemie in Wittenberg gewesen sein, von der Luther am 26. Oktober 1516 Johann Lang berichtete[62]. Er bekannte seine eigene Todesfurcht, hoffte jedoch, daß Gott ihn daraus errette. Die Flucht vor der Seuche lehnte er ab.

Der Libellus erweist sich auf jeden Fall als ein hochinteressantes Dokument der Wittenberger Theologie zwischen 1515 und 1518. Ein anderer Entstehungsort

---

[52] Libellus 346,17f und 29f.
[53] WA 1,576,10–26.
[54] WA 56,9–28.
[55] WATR 2 Nr 1490, 1820 und 2654. Vgl WOLF, AaO 169–222.
[56] WA 56,389–394,5 und 400,1–4.
[57] WA 10 II 448,10 und 449,12.
[58] WA 1,233,23f.
[59] Libellus 348,7f. Vgl Tractatus de indulgentiis (WABr 12,9,152–156).
[60] WA 1,446,11–24; Libellus 346,17–34.
[61] WA 1,447,11–16; Libellus 344,7–11.
[62] WABr 1,73,27–38.

als Wittenberg ist angesichts des Vorhandenseins großer lutherischer Gedankenkomplexe im Libellus kaum anzunehmen. Der Libellus bietet einen wertvollen Beleg für die Art und Intensität des Einflusses von Staupitz auf Wittenberg und die dortigen Vorstellungen von Anfechtung, Buße und Prädestination. Offensichtlich gab es bei Staupitz und in Wittenberg schon vor dem Ablaßstreit Erörterungen über die vollkommene Beichte, die sich kritisch gegen die üblichen kirchlichen Forderungen richteten. Bisher unbekannt war mW, daß man auch den Mystiker Heinrich Seuse in Wittenberg gekannt hat. Bestimmte Elemente, Themen und charakteristische Bibelzitate des Libellus finden sich noch 1518 und 1519 in Luthers Schriften. Sie sind nunmehr allerdings eingebaut in eine weiterentwickelte Konzeption, in der die Liebe zu Christus und die Meditation seiner Wunden nicht mehr die zentrale Rolle spielten wie zuvor. In der Theologie Johann Agricolas, die später zum antinomistischen Streit führte, lebte immerhin manches davon fort[63].

Die Frage nach dem anonymen Verfasser des Libellus läßt sich nicht mit Sicherheit und allenfalls nur hypothetisch beantworten. Die Vorrede Johann Setzers könnte einen versteckten Hinweis auf Luther als Autor enthalten. Jedenfalls rechnete Setzer den Autor der Partei der Gegner der herrschenden Theologie und Hierarchie zu. Die Beziehungen des Libellus zu Schriften Luthers sind außergewöhnlich zahlreich und dicht. Der Aufbau, die kraftvolle Durchführung der spannungsreichen Gedanken und die sachliche Konzentration auf die Anfechtung durch Sünde, Tod und Hölle lassen auf einen Verfasser von erheblichem theologischen Format schließen, der mit Luthers Auffassungen intensiv vertraut war. Luther selbst hat Staupitz' „Büchlein von der Nachfolgung...", auf das sich der Libellus bezieht, nachweislich gekannt. Er berichtet später selbst, welch erhebliche Bedeutung die Hinweise von Staupitz auf die Liebe zu Christus und die Wunden Christi für ihn gehabt haben. In seinen Schriften aus jener Zeit lassen sich die entsprechenden Gedanken auch nachweisen. Die Vorstellung, daß durch den Libellus zusätzlich Staupitz'sche Auffassungen an Luther vermittelt wurden, ist zwar nicht unmöglich, mutet aber umständlich an. Ist die u a durch etwa gleichzeitige Luthertexte fundierte Vermutung zutreffend, daß der Libellus im Herbst 1516 entstanden ist, so spricht sehr viel für Luther als den Verfasser des Libellus, denn damals war eigentlich noch keiner der anderen Wittenberger Theologen, die Luther eben erst für sich gewann, zu derartigen Ausführungen fähig. Selbst bei einer Abfassung des Libellus im Jahr 1517 bleibt die Frage, wer außer Luther in Wittenberg der Verfasser gewesen sein soll. Die Indizien, mehr allerdings nicht, weisen zuallererst auf Luther selbst als den Verfasser des Libellus. Argumente, die dem widersprechen, gibt es hingegen kaum. Immerhin kann geltend gemacht werden, daß nur die niederdeutsche Übersetzung eine Verfasserschaft Luthers nahelegt, während die beiden lateinischen Antwerpener Nachdrucke von 1520 und 1522 irrtümlich Johann Setzer als Verfasser nennen. Die hochdeutsche Übertragung von 1523 nennt

---

[63] Vgl JOACHIM ROGGE, Johann Agricolas Lutherverständnis = Theol Arbeiten 14 (Berlin 1960) 19–26.157–162.166.178–181.220–228.

keinen Autor. In der Tradition des Betbüchleins hat sich das Hamburger Sondergut einschließlich des Libellus nicht durchsetzen können, wozu möglicherweise auch die 1523 in Wittenberg veranstaltete niederdeutsche Edition[64] beitrug, die den Libellus nicht enthielt. Dort dürfte man an einem Text, der ein bereits überholtes Stadium der Wittenberger Theologie repräsentierte, nicht mehr interessiert gewesen sein.

Wegen der Bedeutung des Libellus für die frühe Theologie Luthers bzw Wittenbergs und um eine Diskussion über die Verfasserschaft zu ermöglichen, erscheint es sinnvoll, den Text dieser Schrift im folgenden vorzulegen.

DIE DRUCKE[65]

A. Lateinische Ausgaben

1. LIBELLVS AV | RO PRAESTANTIOR | DE ANIMAE PRAEPA | ratione in extremo laboran | tis, deque Praedestinatio | ne & Tentatione Fidei. ||
   Am Ende: Hagenoae, apud Thomam Anshelmum Mense Septembri.
   4°, 8 Bl, letzte Seite leer, Titelblatt mit Zierleisten, Marginalien.
   Vgl Bibliothek Knaake III Nr 956; Kuczyński Nr 2480 und 1261; Panzer VII 116 Nr 400.
   Vorhanden: Paris, Bibl Nat; Hagenau StB; Aschaffenburg, Hofbibl; Cambridge BU; London, Brit Mus; Mainz StB; München SB; Regensburg SB; Sélestat StB.
   Dieser Druck bildet die Druckvorlage. Gegenüber der Abschrift von L Klein, AaO 131–144 wurden der Text verbessert und die Anmerkungen ergänzt.

2. LIBELLVS | auro prae | stantior de ani= | mae praepara= | tione in extremo | laborātis, de= | que Prae | desti | na | tione & Tentatione | Fidei. ||
   Am Ende: Impressum Antuerpiae apud Michaelem Hillenium Anno M.D. XX. Mense Iulio.
   4°, 8 Bl, letzte Seite leer, Titelblatt mit Zierleisten. Vgl Nijhoff-Kronenberg Nr 1882, dort unter Secerius, Johannes aufgeführt.
   Vorhanden: Brüssel, Bibl Royale; Rotterdam SB.
   Diese Ausgabe ist ein seiten-, meist sogar zeilengleicher, sehr pünktlicher Nachdruck von Nr 1, der, abgesehen von ganz wenigen Druckfehlern, keine nennenswerten Varianten enthält.

3. Ein Nachdruck von Nr 2 durch denselben Drucker von 1522. Vgl Nijhoff-Kronenberg Nr 01091. Kein Fundort nachgewiesen. Von mir nicht eingesehen.

---

[64] BENZING, AaO Nr 1307a.
[65] Die Bibliographie der Drucke stützt sich auf LUISE KLEIN, AaO 29f Anm 6. Für die Unterstützung bei der Beschaffung der Drucke bin ich DR HANS-JOACHIM KÖHLER und DR CHRISTOPH WEISMANN vom Sonderforschungsbereich „Spätmittelalter und Reformation" in Tübingen zu Dank verpflichtet.

B. Hochdeutsche Übersetzung

4. Eyn wunder schons vn̄ gar | nuczlichs buchlein/ dar | in der mensch vnderwiesen vn̄ gelernt / | weß er sich in aller triebsall / ann= | fechtung /vn̄ widerwertig= | keit / seynes lebē. Auch | in zeit seins ster | ben haltē | soll. | Anno. M.D.XXIII. ||

4°, 10 Bl, Rückseite des Titelblatts leer, Marginalien.
Druck von Johann Eckart in Speyer (vgl Josef Benzing, Johann Eckart, ein Nachdrucker zu Speyer, in: GutJb 31 [1956] 192 Nr 23).
Vorhanden: Wolfenbüttel HAB; Augsburg StB; München SB; Rothenburg, Konsistorialbibl.
Die Übersetzung ist ziemlich wörtlich.

C. Niederdeutsche Übersetzung

5. Eine schone underrichtinge teghen de anvechtinghe in dem dode Ock van der uthirweelinge unde van der bokoeringhe des geloven. Hamburg (Presse der Ketzer) 1523.

Vgl WA 10 II 442–451 und oben die Einleitung.
Die Übersetzung ist frei. Sie erweitert, verändert oder kürzt den Text an vielen Stellen in deutlich reformatorischer Tendenz.

6. Eyn scho | ne beedebock.dar | veele nuttes dinges (ßo de and' syth | negtuolgēde uthwyseth) inne | is begrepen, enem islikē Christen mynschen | noedich tho | weeten. | Anno, M.D. XXV. ||
Drucker (nach Benzing, Lutherbibliographie Nr 1308):
Peter Quentel, Köln.

8°, 80 Bl, drei letzte Seiten leer, Titelblatt mit Zierleisten.
Vorhanden: Wolfenbüttel HAB.
Diese in WA 10 II 357f nicht aufgeführte Ausgabe ist der einzige Nachdruck von Nr 5.

[a Iʳ] Libellus auro praestantior de animae praeparatione in extremo laborantis deque praedestinatione et tentatione fidei.

[a Iᵛ] Philosophiae amatori Candido, Vulphango Rappio Iohannitae Hagenoio[1], Iohannes Secerius Lauchensis[2] sese commendat.

Nullus est ferme nunc angulus, Candide Vulphange, qui non vel intestino bello, aut externo aliquo tumultu dilanietur. Neque vero aedes reperias tam pusillas, tam humiles quae non suo quodam dissidio trepident. Usque adeo in humanis rebus deteriora sequimur proclivius, quam amemus utilia. Ita ut minime mirum videri debet cuiquam, cur quidam litem inter initia rerum naturalium posuerint[3]. Atqui malum hoc unquam in literas prorepsisse, quid dici potest absurdius? quid item calamitosius? Neque in literas ut vocant seculares, sed sanctas, sed Dei Optimi Maximi ore promulgatas. Tametsi coniicere facile fuerit, unde haec dira lues sese intruserit, nempe ab Sophistarum ampullosis proclamationibus, genere hominum ad dissidia, ad simultates, ad pertinaciam nato. Quorum in locum successisse videmus nonnullos superiobus annis, qui falso se Theologos nominari postularunt, cum nihil sint minus. Nam eorum si excutias scripta velut Silenum[4] quenpiam nihil offendes, quod vel minutulum illud γοὺ de Deo sonet. Quod si ficticia quaedam et nuper excogitata vocabula secerneris, nihil erit quo charta deliniatur. Quare ne diutius in his perniciosis tenebris erremus, expulsis Simiis illis purpuratis[5], vera et genuina recipiamus. Quorum e numero non infoeliciter depromptus est ille libellus, quem si perlegeris, fateberis non male me tibi consuluisse. Vale mi Vulphange et, quod facis, perge favere doctis.

[a IIʳ] In die malorum memor esto bonorum. Et in die bonorum memor esto malorum[6].

Quum omnis vita christiana sit martyrium quoddam, et assiduus cum diabolo conflictus sicut et Job dicit, Militia[7], (seu ut innuit alius textus[8]) Tentatio est vita

---

[1] Vgl Einleitung, Anm 15.

[2] JOHANN SETZER (gest 1532) aus Lauchheim in Schwaben kam 1516 als Korrektor mit dem Drucker THOMAS ANSHELM nach Hagenau und wurde dessen Schwiegersohn und Nachfolger. Vgl J BENZING, Die Buchdrucker des 16. und 17. Jahrhunderts (Wiesbaden ²1982) 171f.

[3] ZB HERAKLIT. Siehe HERMANN DIELS, Die Fragmente der Vorsokratiker, hg v WALTER KRANZ (Zürich ¹⁷1974) 162 Nr 58.

[4] Die Gestalt des SILEN wird von ERASMUS VON ROTTERDAM sehr ausführlich und differenziert behandelt und dabei u a auf die Bischöfe und Kardinäle bezogen, die ihrem Amt eigentlich nicht entsprechen (Opera omnia, tom 2: Adagia, ed JOH CLERICUS [Lugduni Batav 1703 / Neudruck Hildesheim 1971] 770–782).

[5] Simia in purpura auch bei ERASMUS, AaO 264.   [6] Eccli (= Sirach) 11,27 (Vulg).

[7] Iob 7,1. Am Rand: Augustinus. Gemeint ist „De Civitate Dei" lib 22 c 22 (CSEL 40,635ff). Vgl JOHANN VON STAUPITZ, Ein buchlein von der nachfolgung des willigen sterbens Christi, in: Iohannis Staupitii Opera, ed J K F KNAAKE (Berlin 1867) 56f mit Hinweis auf AUGUSTIN.

[8] Am Rand: Ambrosius. Gemeint ist „De bono mortis" 3,11f (CSEL 32,713,21f). Möglicherweise dachte aber der Verfasser des Libellus im Gegensatz zum Herausgeber bei dem alius textus an die andere Übersetzung des Hiobzitats in STAUPITZ' Büchlein (AaO 62f).

hominis super terram, impossibile est ut unquam possit esse securus et quietus, ideo necesse est ut secundum praeceptum Christi[9] semper vigilemus et parati simus.

Verum notandum, quod duplex est Tentatio[10], scilicet Dies bonorum, Dies malorum, haec est a sinistris, illa a dextris, hic cadunt mille, ibi cadunt decem millia[11], hic peccatur desperatione, timore, pusillanimitate, tristicia, impatientia, ibi peccatur praesumptione, securitate, inepta laeticia, confidentia etc. Ideo plures pereunt tempore pacis quam tempore belli[12], plures perduntur prosperitate quam adversitate[13]. Quocirca cum in omni adversitate, tum praecipue in tempore mortis, huius doctrinae regula[14] diligenter est servanda, ut in die malorum memores simus bonorum. Et econtra, in die bonorum memores simus malorum, quando vita, favor, gloria, sanitas caeteraque mundi transitoria arriserint.

Qui enim in tempore prosperitatis timet ac solicitus est[15], sicut Job ait[16]: Verebar omnia opera mea. Et Sapiens[17]: Beatus homo, qui semper est pavidus, hic patitur a se ipso et in se ipso, intus portans crucem et passionem [a II^v] foris autem salutem et pacem. Tunc enim foris operatur, sed intus patitur. Intus Christum crucifixum, foris gloriosum portat.

Qui autem tempore adversitatis sperat[18] ac letatur in Deo, memor bonorum eius. Sicut Apostolus ait ad Roma v.[19]: Gloriamur in tribulationibus etc. hic patitur ab aliis et extra se ipsum, foris portans crucem et passionem, intus salutem et pacem. Tunc enim foris patitur quidem, sed intus robustissime operatur. Intus Christum gloriosum, foris crucifixum gestans.

Vide ergo miraculum[20], quod in die bonorum Deus avertit oculus a bonis, quae apponuntur praesentia, et intuetur mala quae non videntur, et sunt absentia. Rursus in die malorum avertit oculos a malis, quae urgent, et intuetur bona quae nusquam apparent.

Quod siquis tam stultus fuerit, ut in die malorum tamen modo mala inspiciat et consyderet[21] quae assunt, oblitus bonorum. Nec aversus a malis hic necessario timet, horret, fugit, cadit, tristatur atque desperat. Econtra, si aeque stultus in die bonorum, tantum ipsa bona inspiciat[22] oblitus malorum, nec aversus a bonis, hic necessario praesumit, ridet, laetatur timoremque dei, id est verum dei cultum, reiicit, securus omnique malo propinquus. Et haec duo agunt homines mundi ut videmus experientia, qui praesentibus malis non nisi flere, queri, dolere noverunt, praesentibus autem bonis non nisi ridere, insanire et dei oblivisci.

---

[9] Vgl Mt 25,13.
[10] Am Rand: Duplex Tentatio.
[11] Vgl Ps 90,7 (Vulg).
[12] Am Rand: Plures pereunt tempore pacis quam tempore belli.
[13] Vgl WA 2,123,11–125,26.
[14] Am Rand: Regula quavis conditione observanda.
[15] Am Rand: Timor tempore prosperitatis.
[16] Iob 9,28.
[17] Prov 28,14.
[18] Am Rand: Spes tempore adversitatis.
[19] Rom 5,3.
[20] Am Rand: Miraculum in die bonorum et malorum.
[21] Am Rand: Qui in die malorum tamen modo mala consyderat.
[22] Am Rand: Qui in die bonorum bona sola inspicit.

Corollarium[23]. Cum nulla sit hora in qua non agimus utram illarum dierum, scilicet bonorum vel malorum, [a III^r] Necesse, ut nulla etiam hora sit, Christianus quin vel timeat vel speret[24], timeat in prosperis, speret in adversis. Sed timere in prosperis non potest, nisi oblitus gratiae et bonitatis dei adversa, id est iram, iudicium, minas dei, consyderet, id est memor sit malorum. Ita nec potest in adversis nisi oblitus iram minarum iudicii dei consyderet prospera et bona, id est suavissimam misericordiam dei atque inaestimabilia beneficia eius. Haec enim duo sunt sacrificia quae deo placent, unum laudis quod in adversitate solvitur, de quo Sacrificium laudis honorificat me[25] etc. Alterum crucis[26] quod in prosperitate solvitur de quo dicit[27]: Sacrificium deo spiritus contribulatus, cor contritum et humiliatum deus non despicies.

Quae cum ita sunt, patet quod deus sanctos suos non nisi in contrariis rebus salvat[28], quia per adversitates exaltat intus, et per prosperitates deprimit intus et confundit sapientiam mundi. Quae exaltatur in prosperis et deprimitur in adversis, quia nescit neque sustinet consilium dei.

Ex istis itaque patet, quomodo obviandum et resistendum sit diabolo[29] in infirmitate et morte. Haec enim est omnium ut novissima ita maxima adversitas, hic enim summe cavendum est, ne diabolo consentiatur. Qui tunc non nisi peccata praeterita et horrorem mortis poenamque inferni furorem irae divinae et insustentabilis iudicii omni iudicio et mira astucia coram ponit, ut hominis cogitationem arripiat et in istis malis haerere faciat, ne sit memor bonorum domini. Sed tantummodo cogitet et aestuet, quomodo ab istis malis effugiat, et tamen fugere non potest.

[a III^v] Fallit autem plurimos, quod tam efficaciter eos urget, ut credant non a diabolo, sed a deo sibi talia opponi[30], cum tamen deus sit absconditus et tunc maxime latens in sua bonitate quietus. Sicut quando sol sub nube[31] non est causa solis quod tristis est caeli aspectus, sed nubium. Sol enim in sua luce idem est qui fuit, sed nunc latet. Ita deus semper est mitis[32], suavis, benignus, quantumlibet nobis vel timore conscientiae vel diabolo agitante iratus appareat. Ita ut recte Salomon dixerit[33]: Fugit impius nemine persequente. Et Moses[34]: Terrebit eos sonitus folii volantis. Deus enim non persequitur, et tamen fugatur ab eo per oblivionem bonorum in die malorum.

Si itaque vel conscientia dictet vel diabolus negocium faciat in morte de peccatis, de inferno, de ira dei[35], respondendum est: Hoc nunc non est

---

[23] Am Rand: Corrolarium.
[24] Nulla hora est in qua christianus vel non timeat vel speret.
[25] Ps 49,23 (Vulg).
[26] „Crucis" ist wahrscheinlich verlesen aus einem abgekürzten „Confessionis", das der eigentliche Gegenbegriff zu „laudis" ist.
[27] Ps 50,19 (Vulg). [28] Am Rand: Deus suos in adversis salvat.
[29] Am Rand: Quomodo diabolo in morte resistendum.
[30] Am Rand: Cautela. [31] Am Rand: Sol sub nube.
[32] Am Rand: Deus semper mitis. [33] Prov 28,1.
[34] Lev 26,36.
[35] Am Rand: Quid faciendum si conscientia dictet vel diabolus negocium faciat in morte de peccatis, de inferno et ira dei.

agendum³⁶, et breviter dicendum³⁷: Tempus flendi, tempus ridendi, peccata meminisse et iram dei pertinet ad tempus bonorum. Omnia enim suum tempus habent³⁸. Ita cavendum ne tempora et opera eorum misceantur. Ad tempus autem malorum, id est mortis, non pertinet malorum meminisse et peccatorum aut poenarum, sed omnino bonorum tantummodo. Sic faciebat Psal. XLii.³⁹: Dum confringuntur ossa mea, exprobraverunt mihi qui tribulant me inimici mei (hoc enim in morte vel mortis simili tentatione fit, ut etiam ossa id est omnes vires, debilitentur a facie malorum) dum dicant⁴⁰ mihi per singulos dies, ubi est deus tuus, id est ecce etiam non habes deum, quia et deus tibi iratus est, [a IVʳ] Es ist kein got nierent, der dir helffen vuel⁴¹. Quid ergo in hac die pessimorum faciet?⁴² Sperabit. Unde sequitur seipsum a malis avertens⁴³: Quare tristis es anima mea, et quare conturbas me? Sed quid faciam? premunt me emala, nec apparet nisi mors, ira, infernus⁴⁴. Respondet⁴⁵: Spera in deo, quoniam adhuc confitebor illi, salutare vultus mei et deus meus, id est ideo debes utique sperare, quia bona domini adhuc supersunt. Quae ita tibi dabuntur, ut possim cum gaudio confiteri ei et dicere⁴⁶: Eia vere tu es salutare vultus mei, tu es deus meus. Sit quantumlibet amara tribulatio, scio certusque sum, quod adhuc confitebor ei et laudabo salvatorem et deum, quem modo horres damnatorem et iudicem.

Tota itaque machina diaboli in hora mortis est⁴⁷, ut ista duo confundat, scilicet Diem malorum et memoriam malorum, immo oblivionem bonorum. Econtra in vita et prosperitate ista dua confundit, Diem bonorum et memoriam malorum, immo oblivionem malorum. Ideo quanto studio ipse haec duo coniungit, tanto et maiore studio anima disiungat. Nam hoc est animal mundum, quod habet ungulam divisam, ut sic in vivendo semper timeat, in moriendo speret, in vita mala meditetur, in morte non nisi bona. Sic in prosperitate timeat, in adversitate discat esse quietus et securus. Et beatus ac benedictus, qui hanc regulam in vita sua per minores tribulationes velut puer elementarius didicerit, ut in vera pugna artis suae probationem possit exhibere, nam vita talis exercitata facile suscipit mortem.

[a IVᵛ] Ista autem bona, quorum memoria in die malorum necessaria est⁴⁸, non sunt ea quae nos fecimus, sed ipsa misericordia dei tam exhibita quam exhibenda. Exhibita est vita, passio, mors Christi domini nostri et sanctorum eius. Exhibenda est ipsa aeterna gloria, quae in morte sicut in partu mulier anxiatur pro filio nascituro. Ita per angustiam animae paritur gravissima tribulatione. Nam de omnibus oportet illud verum fieri, hi sunt qui venerunt ex magna tribulatione et laverunt stolas suas in sanguine agni⁴⁹. Sic docuit Sapientia dei discipulum suum⁵⁰ in horo-

---

³⁶ Vgl WA 2,687f.
³⁷ Eccles 3,4.
³⁸ Eccles 3,1.
³⁹ Ps 41,11 (Vulg).
⁴⁰ Ps 41,4. Die Zitation weicht von der Vulgata ab.
⁴¹ vuel = wel; so auch die hochdeutsche Übersetzung von 1523.
⁴² Am Rand: Quid in die pessimorum faciet homo.
⁴³ Ps 41,6 (Vulg).
⁴⁴ Am Rand: Conqueritur homo.
⁴⁵ Ps 41,6 (Vulg).
⁴⁶ Am Rand: Homo ad animam.
⁴⁷ Am Rand: Tota machina diaboli in hora mortis quae sit.
⁴⁸ Am Rand: Bona in die malorum quorum memoria necessaria.
⁴⁹ Apc 7,14.
⁵⁰ Am Rand: Sapientia docet discipulum.

logio aeternae sapientiae dicens[51]: In morte tua vide ut nihil aliud intuearis quam passionem meam et misericordiam meam, ut spes tua possit stare.

Hanc regulam et Psalmi ferme omnes observant et exemplum nobis praebent[52], praecipue tamen Psal. cxlii[53]. Qui cum petisset ne in iudicium cum eo deus intraret, et quomodo anxiatus eius spiritus et turbatum cor fuerit, ita ut timeret ne domino avertente faciem similis fieret descendentibus in lacum pulchre avertens oculum a malis istius diei, et memoratur bona domini dicens[54]: Memor fui dierum antiquorum, meditatus sum in omnibus operibus suis, et in factis manuum tuarum meditabor. Haec opera dei sunt, ipsa misericordia dei exhibita olim patribus in Christo, in omnibus sanctis, quae faciunt ut anima dulcescat sibi in deo, ac si[c] facilius mala superet et in deo speret. Et Psal. iii.[55]: Multi dicunt animae meae, non est ipsi in deo eius salus. Ecce dies malorum. Sed vide quid facit?[56] Tu autem domine susceptor meus es, gloria mea [b I^r] et exaltans caput. Ecce memor est bonorum aversus a malis. Et Psal. Liii.[57]: Quoniam alieni insurrexerunt adversum me et fortes quaesi[v]erunt animam meam etc. Ecce dies malorum. Sequitur memoria bonorum[58]: Ecce deus adiuvat me et dominus est susceptor animae meae.

Quare passiones et opera Christi sunt recolenda[59], non tantum ut per ea remissio peccatorum et salus animae postuletur. Sed tam diu ruminanda et imprimenda, donec anima admirata et dulciter effecta, in tam eximiam charitatem ac misericordiam dei dicat. Eia optime, eia dulcissime, quid est homo? quid sum ego, nonne pulvis et umbra? Ah talis dominus tanta pro me voluit pati et facere. Quid retribuam domino pro omnibus quae retribuit mihi?[60] Quis satis adorare, laudare, benedicere, mirari tam dulcem salvatorem potest? Ve, ve ingratitudini nostrae[61], insensationi nostrae, caecitati nostrae, qui tanta bona non sapimus, non amavimus, non praedicavimus ut dignum fuit etc. His enim verbis et cogitationibus sese accendat ex suavissima passione Christi quantum potest. Quia cor amore in Christum accensum facile omnia impetrabit, omniaque faciet. Nam qui passionem Christi non eo usque meditatur[62], donec ex illa in amorem Christi accendatur, pro quo per talem amorem libenter faciat patiaturque quae Christus volet, nihil facit, quia solum pro remissione peccatorum vel salute illam meditatur. Charitas enim sola tollit peccata[63], quae non propter suum commodum, sed propter amorem Christi odit peccata. Ideo si odium peccati ex charitate debet proce- [b I^v] dere et fluere, oportet primo charitatem ex intuitu vulnerum operum passionis Christi, id est memoria bonorum dei, haurire et sugere. Hanc autem memoriam et meditationem passionis Diabolus

---

[51] HEINRICH SEUSE, Büchlein der ewigen Weisheit, in: HEINRICH SEUSE, Deutsche Schriften, hg v KARL BIHLMEYER (Stuttgart 1907/Nachdruck: Frankfurt a M 1961) 286,26–28. Der Urdruck hat „horalogio".

[52] Am Rand: De die malorum et bonorum omnes ferme Psalmi exempla nobis praebent.
[53] Ps 142,2–4 (Vulg). [54] Ps 142,5 (Vulg).
[55] Ps 3,3. [56] Ps 3,4.
[57] Ps 53,5 (Vulg). [58] Ps 53,6 (Vulg).
[59] Am Rand: Quare passiones et opera Christi sunt recolenda.
[60] Ps 115,12 (Vulg). [61] Am Rand: Ingratitudo nostra.
[62] Am Rand: Qui non meditatur passionem Christi.
[63] Am Rand: Charitas sola tollit peccata.

sciens solam necessariam et salutiferam incredibilibus negociis, tentationibus, obiectis conatur tunc impedire[64], magnificans, multiplicans, exaggerans peccata, mortem, iram dei. Quibus cum anima rapitur, impossibile fit ut passionem Christi memoretur modo iam dicto, immo malorum intuitu territa, etiam ipsam passionem, incipit tedere et odisse ac horrere. Stulta nesciens, quod a malis et a diabolo avertendum sit, quanta fieri potest virtute et fiducia. Huic[65] enim animae dicitur etiam si Christus invocet[66]: Non omnis qui dicit mihi domine, domine, intrabit in regnum caelorum. Et illud stultis virginibus dicentibus[67], Domine, domine aperi nobis, amen dico vobis, nescio vos. Et Psal. xvii.[68]: Clamaverunt nec erat qui salvos faceret ad dominum nec exaudivit eos. Quare? quia solum adeo clament ut salventur, non autem ut deum diligant. Non ex amore, sed ex cupiditate procedit eorum clamor. Igitur discat anima ex vulneribus Christi, ut Christus ei placeat, suavis sit et amabilis in suis mirabilibus et operibus misericordiarum.

Quaeritur autem, quid si alicui incidat peccatum quod sit oblitus et non confessus[69]: Respondetur, si amore Christi primo, ut dictum est, haustus fuerit, facile consilium inveniet, unctio enim tunc docebit[70]. Quod si docere nos oportet, dicimus quod doleat et confiteatur, si tantum habet tempus et potestatem. Quod si tempus non est, et [b II[r]] illa duo fuerint facienda, aut peccata cogitanda, aut passio Christi, hic respondeo: Quod omissis simpliciter peccatis quibuscunque, etiam quomodocunque irruant, sive oblita sive confessa fuerint sive non, solummodo in foraminibus petrae[71], id est vulneribus Christi, haereat atque figatur animae cogitatio. Nec moveat ullo modo, quod non sit contrita, confessa aut etiam discussa peccata sua. Ratio, quia maius omnibus peccatis est negligere memoriam et amorem Christi[72]. Ideo illud prae omnibus primo est tollendum. Secundo, quia contritio et confessio peccatorum atque eorundem discussio seu memoria sine amore Christi est prorsus nihil, immo damnosa, nam damnati memorantur, dolent ac confitentur peccata sua, sed sine amore Christi. Auget enim desperationem talis memoria peccatorum. Tertio, quia tam in vita quam in morte et in omni vera conversione peccatoris oportet contritionem et dolorem de peccatis non ex peccatis venire, sed ex amore Christi. Amor autem Christi non venit nisi ex beneficiis eius consyderatis[73]. Ideo dixi[74], quod ante omnia ex vulneribus Christi sugendus est dulcis affectus erga Christum, ut eum sicut suavissimum salvatorem agnoscat ac diligat. Quo facto tunc sequitur recta contritio, verax peccati odium et syncera conversio. Quo non facto, contritio est ficta et simulata conversio. Nam Psal. XLiiii dicit[75]: Dilexisti iusticiam

---

[64] Am Rand: Cur diabolus meditationem passionis conatur impedire
[65] Das Folgende bis zum Ende des Abschnitts ist in der niederdeutschen Übersetzung (WA 2,448,4) vermutlich aus theologischen Gründen ausgelassen.
[66] Mt 7,21. – Am Rand: Non omnis qui dicit domine, domine.
[67] Mt 25,11f. [68] Ps 17,42.
[69] Vgl STAUPITZ, AaO 63. – Am Rand: Quod si alicui incidat peccatum oblitum et non confessum.
[70] 1Ioh 2,27. [71] Ex 33,22.
[72] Am Rand: Maius omnibus peccatis est negligere memoriam Christi.
[73] Am Rand: Unde amor Christi. [74] Vgl oben S 346,31–34.
[75] Ps 44,8 (Vulg).

et odisti iniquitatem. Prius oportet placere iusticiam nobis ut ex eius placentia et amore, et non ex pena iniquitatis iniquitatem odiamus. Non ergo prius oditur iniquitas, sed prius diligitur iusticia, quae dilectio inde venit quando homo videns maxima dei beneficia [b II^v] praecipue in Christo incipit sentire quam vehementer dignum sit amare Christum et deum, et obedire eius voluntati etc. Tum simul vehementer odit seipsum, quod talis neque sit neque fuerit, et tunc est perfecta contritio et poenitentia satis. In qua si moriatur etiam antequam dinumeret et discutiat peccata sua, nedum antequam confiteatur et satisfaciat, ipse salvabitur, quia amans deum et cui placet deus non potest perire. Si autem tempus fuerit satis, debet ea discutere atque confiteri omnino, ne divinam voluntatem offendat, si ecclesiae claves contempserit quae sunt ex deo.

Quaeritur iterum, quid faciendum si de praedestinatione aliquis tentetur[76]. Respondetur, quod contemnenda est. Primo, quia mera curiositas est immo temeritas ac tentatio dei, velle scire consilium dei super se, quid deus de ipso cogitet aut disponat. Dicatur itaque diaboli premium. Quis novit sensum domini?[77] Non est mihi praeceptum quaerere quid deus cogitet super me aut ullam creaturam, sed ut mirabilia eius mediter et eum diligam. Nam ille est casus Luciferi, qui primo voluit similis esse deo, id est scire sensum domini super se et omnia. Ideo vult et hominem ad illum casum ducere, ut scrutetur dei sensum quem deus non vult sciri, ac sic dum temere irruit in caelum, pessime corruat cum eo in infernum[78]. Satis sit tibi quod scis dei voluntatem esse, ut nescias eius consilium. Quo si non es contentus, iam superbus et similis diabolo factus es, ideo cum eo cades. Nam apostolus Paulus coactus est hac esse contentus, quando exclamavit[79]: O alti- [b III^r] tudo divitiarum sapientiae et scientiae dei, quam incomprehensibilia etc. Igitur mane in simplicitate tua et in vulneribus Christi, ut supra dictum est[80]. Ne si scruteris maiestatem, ut Salomon ait[81], opprimaris a gloria.

Secundo Praedestinatio non intelligitur melius, nisi in Christo[82], qui est sapientia dei[83], nam omnis cognitio dei in amore dei habetur. At amor dei sine Christo non potest haberi, ut supra. Quid ergo quaeris cognitionem sine memoria vulnerum Christi? Meditare illum et cum Apostolo dic[84], ego nihil me iudicavi scire, nisi Jhesum Christum, et hunc crucifixum. Si enim aliquid utiliter sciendum est, non enim nisi in Christo crucifixo sciri potest, qui est ostium nostrum. Qui autem ascendit aliunde hic fur est et latro[85], ideo suspendetur ad aeternam damnationem. Hanc autem tentationem de praedestinatione gravissimam etiam Christus pro nobis vicit in cruce[86], quando audivit[87]: Confidit in deo, liberet eum si vult. Non dixerunt, si

---

[76] Vgl STAUPITZ, AaO 66. – Am Rand: Tentatio de praedestinatione.
[77] Vgl Rom 11,34.
[78] Am Rand: Qui temere irruit in caelum pessime cadit in infernum.
[79] Rom 11,33.   [80] Vgl oben S 346,31–34.   [81] Prov 25,27.
[82] Am Rand: Praedestinatio non intelligitur melius nisi in Christo.
[83] Vgl 1Cor 1,24.   [84] 1Cor 2,2.   [85] Ioh 10,1.
[86] Am Rand: Tentationem de praedestinatione Christus pro nobis vicit in cruce.
[87] Mt 27,43. Vgl STAUPITZ, AaO 66 und WA 2,692,6f.

potest, si novit, sed si vult, quasi dicerent[88], videtur quod deus non velit, licet possit ac sciat. Ita diabolus et animae ingerit, an deus eam velit salvare, quia si non es praedestinatus non potest velle te salvare. Hic itaque remittat diabolum ad aliud tempus[89]. Quia hoc tempore non est disputandum de Praedestinatione, nec si disputetur aliquid prodest. Non enim ideo scire poterit. Quid ergo frustra quaerit, quod scire non potest nec debet. Et interim deo inobediens omittit quod debet. Hoc enim diabolus voluit, ut inobediens interim fieret et tentaret deum. Immo quid disputas nunc magis de Praedestina- [b III^v] tione quam cum in cunabulis puer esses. Efficere ergo et convertere sicut puer iste, et intrabis in regnum coelorum[90], hoc est noli velle scrutari quam ille puer facit de tua praedestinatione.

Tertio fac diligas Christum, et certum est te esse praedestinatum[91]. Non autem diliges, nisi memor bonorum eius fueris, ut laudes praedices[92], ut supra satis dictum est[93]. Nec enim est possibile ut diligens Christum non sit praedestinatus. Quod si deceptus omiseris bona Christi meditari, et diaboli disputationem consenseris, nihil nisi desperationem acquires, et tamen frustra quaeres quia non poteris invenire, tum deus nolit te idipsum scire. Ergo hanc astutam machinam diligenter cave.

Quaeritur etiam de tentatione fidei[94] in Christum et sacramenta etc. His enim omnibus diabolus desperationem quaerit multisque aliis, immo omnibus aliis cogitationibus praeter cogitationem Christi. Respondetur autem quod clausis oculis contemnenda est, et si non potes fidem adhibere, habe fidem fidei[95], id est opta ut fidem habere veram possis, et crede in fide ecclesiae vel amici tibi noti. Nam omnia haec non tua, sed diaboli mala sunt, ideo non desperandum nec defatigandum. Sic B. Bernardus fratri suo pusillanimo non audente celebrare dixit[96]: Vade frater, celebra in fide mea. Ivit ille et celebravit, ac liberatus est a tentatione.

Rursum autem si diabolus videns se nihil proficere a sinistris per desperationem, ceperit[97] per nimiam fiduciam et memoriam bonorum hoc agere, ut timor iudicii dei [b IV^r] penitus pereat, aut peccata et mala contemnantur, et sic peiorem casum a dextris paret. Apprehendenda est altera pars huius doctrinae, scilicet[98]: In die bonorum ne sis immemor malorum. Nam utrinque periculum est, nimia securitas et nimius timor. Contra illam valet illud Apostoli[99]: Cum dixerint pax et securitas repentinus superveniet eis interitus. Contra istud valet illud Iob[100]: Cum te consumptum putaveris, orieris sicut lucifer. Ut sic per arma iusticiae a sinistris et a

---

[88] Der Urdruck hat „diceret".
[89] Am Rand: Diabolus remittendus ad aliud tempus.
[90] Vgl Mt 18,3.
[91] Vgl WA 2,690,26–28. – Am Rand: Christum diligens praedestinatus est.
[92] Vgl Ps 25,7 (zitiert nach Psalterium iuxta Hebr, nicht Vulg).
[93] Vgl oben S 346,17ff.   [94] Am Rand: Tentatio fidei.
[95] Am Rand: Habe fidem fidei.
[96] Sancti Bernhardi Vita prima, ML 185,419. Vgl auch JEAN GERSON, Oeuvres complètes IX 39. Nach der Textform zu schließen, folgen der Libellus und LUTHER (WA 1,332,26–29; dort nicht nachgewiesen) GABRIEL BIEL, Canonis Missae expositio, ed H A OBERMAN und W J COURTENAY I (Wiesbaden 1963) 65.
[97] Am Rand: Quando diabolus a sinistris nihil potest proficere, a dextris incipit.
[98] Eccli 11,27 (Vulg).   [99] 1Thess 5,3.   [100] Iob 11,17.

dextris incedamus[101], intuendo bona domini, si urget timor; intuendo mala nostra, si palpat securitas, sic beatus qui timet dominum, et beatus qui sperat in domino.

Tandem his in rebus et miseriis gratiam dei corde et ore implorare debemus, et non solum in tota vita pro ista hora, sed etiam in ipso agone non confidere de viribus acceptis, sed magis orando petere ut timorem vincamus memoria bonorum, et praesumptionem memoria malorum, quam sine oratione operando quasi possimus memoriam talem facere iam de facto. Oratio enim, id est desyderium eorum, quae facere debemus, nostrum est, facere autem ipsum solius dei est, qui est benedictus in secula[102]. Amen.

Hagenoae, apud Thomam Anshelmum[103]
Mense Septembri.

---

[101] 2Cor 6,7. [102] 2Cor 11,21.
[103] THOMAS ANSHELM (gest 1523) hatte seine Druckerei 1516 von Tübingen nach Hagenau verlegt (BENZING, AaO).

DETERMINATIO SECUNDA
ALMAE FACULTATIS THEOLOGIAE PARISIENSIS
SUPER APOLOGIAM PHILIPPI MELANCHTHONIS
PRO LUTHERO SCRIPTAM. 1521.

von

Johannes Schilling

Im Streit um Luthers auf der Leipziger Disputation vertretene Thesen hatte die theologische Fakultät der Sorbonne nach langem Zögern am 15. April 1521 104 Sätze aus Luthers Schriften, insbesondere aus der erst nach der Leipziger Disputation erschienenen *De captivitate Babylonica*, verurteilt[1]. Sie bot jedoch keine ernsthafte inhaltliche Auseinandersetzung mit Luthers Thesen und schien der Herausforderung durch dessen Lehren und Person nicht gewachsen. Die einzelnen Sätze Luthers wurden als theologische Positionen kaum in Frage gestellt, vielmehr bildete das Abweichen von der Lehre der Kirche in der Interpretation der Sorbonne die Grundlage für rein formale Aussagen: Luthers Lehren seien „...adversa, ...contraria, ...repugnans" usw. Wie wenig diese Argumentation verfing, ist schon den Zeitgenossen aufgefallen. So schrieb Bonifacius Amerbach an Andrea Alciato: „Damnarunt aliqua Lovanienses, aliqua Colonienses, errroribus (ut ipsi putant) in articulos digestis; damnarunt certe, sed more theologico, nempe tribus aut quatuor verbis: iste articulus est hereticus, hic redolet dogma Montanorum aut aliorum hereticorum, ille est offensiuus piarum aurium, is est scandalosus...Hos subsecuti sunt novissime Parisienses; sed eiusdem farinae est condemnatio. Nihil enim intonat nisi heretica, scandalosa, offensiua piarum aurium et id genus similia, non adductis scripturis, non labefactis fundamentis, non redditis assignatorum errorum rationibus ...non agitur litteris sacris sed vi, non rationibus sed authorite, non collatione scripturarum sed ligneis fasciculis. Et haec dixerim non quod omnia Lutherana tanquam sacrosancta exosculanda censeam ...sed quod nullus adhuc theologorum extiterit, qui rationibus et scripturis cum hoc egerit"[2].

Die *Determinatio* der Pariser Theologen, die zuerst bei dem Universitätsdrucker Jodocus Badius[3] erschienen war, wurde schon bald außerhalb von Paris nach-

---

[1] Vgl WA 8,255–258. – Zusammenfassend behandelt von FRANS TOBIAS BOS, Luther in het ordeel van de Sorbonne. Een onderzoek naar ontstaan, inhoud en werking van de Determinatio (1521) en naar verhouding tot de vroegere veroordelingen van Luther (Diss theol Amsterdam 1974) (mit Edition des Textes). Der Text ist auch gedruckt: EA opp var arg VI (31) 34–57; CR I 366–388.

[2] Die Amerbachkorrespondenz, hg v ALFRED HARTMANN, II (Basel 1943) Nr 791, hier 307,36–308,54.

[3] BOS, AaO 56; über BADIUS (ca 1461–1535) vgl M PRÉVOST, Art: Bade (Josse), in: DBF 4 (Paris 1948) 1138–1141. BADIUS führte seit 1507 den Titel eines Universitätsdruckers.

gedruckt; in Deutschland verbreiteten sie zuerst Luthers Gegner, dann aber auch Melanchthon in Wittenberg, der am 14. Juni Georg Spalatin den Nachdruck der *Determinatio* samt einer *Reclamatio adversus illam deliram Sorbonam*[4] ankündigte.

Bereits am 13. Juli teilte Luther von der Wartburg aus Melanchthon mit, daß er dessen *Apologia*[5] ins Deutsche übersetzen und mit Anmerkungen versehen wolle[6], und am 15. Juli schrieb er an Spalatin: „Vidi parrhisiensium sophistarum decretum cum Philippi Apologia & ex corde gaudeo. Non enim sic eos excaecaret Christus, nisi consulere rebus statuisset & finem tyrannidi illorum facere inciperet"[7]. Seine Übersetzung sandte Luther am 6. August zum Druck nach Wittenberg[8]; sie erschien im Oktober bei Johann Rhau-Grunenberg[9].

Offensichtlich hielt es Luther zunächst für überflüssig, der Pariser Fakultät darüber hinaus öffentlich zu antworten[10], gleichwohl erschien ihm Melanchthons Antwort zu zahm: „Denn ob mein lieber Philippus yhn woll meysterlich hat geantworttet, hat er doch sie tzu senffte angerurt und mit dem leychten hoffel ubir lauffen: ich sehe wol, ich muß mit den pawr exen ubir die groben bloch kummen unnd sie recht waldrechenn, Sie fulen sonst nit"[11]. Am 3. August wandte er sich daher an Melanchthon: „Responde, queso, an consultum videatur Quercubus & Bedis Sorbonicis me respondere. Nam id negocii me sollicitat, vt nomen meum quoque in eos impetum faciat, an veritati latius patrocinari oporteat. E Vestro enim spiritu mihi petenda video consilia"[12].

Eine Antwort Melanchthons auf Luthers Anfrage ist nicht erfolgt oder nicht erhalten. Hingegen wußte Luther am 17. September von einer neuen, die Auseinandersetzungen mit der Pariser Fakultät betreffenden Schrift und setzte voraus, daß diese auch Spalatin bekannt war: „Quę luserint parrhisienses in suos sophistas meo nomine, audiss̨e te credo"[13]. Hiermit dürfte die – allerdings gewiß nicht von „Parisern" verfaßte – *Determinatio secunda almae facultatis Theologiae Parisiensis* gemeint sein, die gleichfalls bei Johann Rhau-Grunenberg[14] in Wittenberg im Druck erschienen war.

Eine datierte Nachricht über dieses Buch stammt erst vom 13. Oktober 1521. An diesem Tag berichtete der Rat von Leipzig Herzog Georg über auf dessen

---

[4] CR I 397; MBW Nr 146.
[5] Gedruckt: CR I 398–416; EA opp var arg VI 58–77; Melanchthons Werke in Auswahl 1 (Gütersloh 1951) 141–162 (zitiert: MSA); vgl WA 8,261f.
[6] WABr 2,357,23f; MBW Nr 151.
[7] WABr 2,365,32–34.
[8] Ebd 360 Anm 8 und 378,2f u Anm 4; Suppl Melanchthoniana VI 1,143 Nr 156. Vgl WA 9,226–228.716–761.802f.
[9] WA 8,262: Druck A; siehe unten S 357.
[10] Vgl WA 8,267,9–11.
[11] Ebd 292,11–14.
[12] WABr 2,376,109–112; MBW Nr 158 (nach Bos, AaO 264 der terminus post quem für die Entstehung der Schrift, falls LUTHER der Verfasser der Determinatio secunda ist).
[13] WABr 2,392,29f.
[14] Die Bestätigung des Druckers verdanke ich, ebenso wie die Bestimmung des Druckers der Ausgabe B, Herrn Dr JOSEF BENZING †.

Anordnung erfolgte Nachforschungen nach Exemplaren der Determinatio secunda[15]. Am 2. November sandte Herzog Georg ein Exemplar der Schrift an Friedrich den Weisen und bemerkte in dem beigefügten Schreiben: „Es ist itcz nawlich ein gticht außgangen, als hettens dy meister von Paris gmach, dor in awer lib vnd mein zcu gdeng schimplich nicht vorgessen, wy ich des awer lib hy mit eins zcu schigk. Ich hab aber so vil conschafft dor von, das es ein buchdruger von Wittenberg hat lossen ausgeen, der heist Stogkel[16]. Bey dem kont man wol erkünden, wer dy wern, dy sulch gticht in ander leüt namen lossen außgeen. Und so man der selben ein straffte, so worden sich an zcweiffel dy andern doran stossen vnd dy leüt vnuorschimpt lossen"[17].

Friedrich antwortete am 13. November ziemlich lakonisch, daß er von der Schrift zuvor nichts gewußt, nach dem Drucker habe fragen lassen (doch gäbe es keinen Drucker dieses Namens in Wittenberg), daß er weiterhin erfahren habe, Herzog Georg und er selbst würden „in diesem buchleyn" geschmäht, und dies bedauere. „Ich halt aber dorfur", fuhr er fort, „wann von einem ichts, es sey bose ader gut, geschriben werd, und sich nymantz zu solchem schreyben mit underschreyben seins namens bekent, das es nit hoch zu achten sey. Darumb wil ich solchs meins teils got dem almechtigen befelhen"[18].

In der Zwischenzeit hatte Herzog Georg, dem Desinteresse des Kurfürsten zum Trotz, in Erfahrung bringen können, daß „Johan Grunenberger" die Exemplare der Determinatio secunda verkauft und vermutlich auch gedruckt habe. In langen Ausführungen nimmt er das Erscheinen der Satire zum Anlaß, um über den allgemeinen Verfall der kirchlichen Ordnungen und Institutionen Klage zu führen[19]. ‚Wehret den Anfängen' ist die Devise seines Schreibens und Handelns.

Die *Determinatio secunda* gliedert sich – wie das Titelblatt anzeigt – in *drei Bücher,* in deren *erstem* zwanzig Sätze aus Melanchthons *Apologia* aufgegriffen werden, deren Widerlegung durch die Fakultät ein Verständnis dieser Sätze voraussetzt, das so von Melanchthon gar nicht beabsichtigt gewesen sein muß. Absichtlich untergeschobene Mißverständnisse bilden die Herausforderung für die (fiktive) gereizte Reaktion der Pariser Theologen. Was die Thesen Melanchthons implizit an Zündstoff enthielten, wurde durch solch eindeutiges (Miß-) Verständnis explizit erst zum Sprechen gebracht[20].

Das *zweite Buch* enthält eine ausführliche Begründung der ersten Determinatio; es setzt sich mit Melanchthons Vorwürfen und kritischen Einwänden in dessen Apologia auseinander, insbesondere mit der Frage nach der conformitas der Fakul-

---

[15] Akten und Briefe zur Kirchenpolitik Herzog Georgs von Sachsen, hg v FELICIAN GESS. Erster Band: 1517–1524 (Leipzig 1905) 197f Nr 243.
[16] Verwechslung; WOLFGANG STÖCKEL war Drucker in Leipzig.
[17] GESS 200f Nr 247, hier 201,5–10.
[18] Ebd 206 Nr 256, hier Z 14–17.
[19] Ebd 206f Nr 257.
[20] Vgl unten S 361,23f: „De cane – ex canibus".

tät mit den Aposteln. Analog zur Unfehlbarkeit des Papstes wird diese auch für die Pariser Fakultät und ihre „magistri" aufgrund der apostolischen Sukzession behauptet. In einem letzten Abschnitt wird aus zahlreichen Indizien außerdem geschlossen, daß Melanchthon als „laicus, iuvenis, coniugatus, parvus" und „Graecus"[21] unmöglich die Wahrheit erkennen könne, daß diese vielmehr allein der Fakultät zugänglich und von ihr zu verkünden sei.

Das *dritte Buch* bietet, ausgehend von dem als Glaubensregel aufgestellten Satz: „Scriptura sancta est obscura", Grundsätze der Schriftauslegung, die den Primat der Pariser Fakultät in allen Fragen der Deutung der Heiligen Schrift, der Väter und der übrigen Kirchenschriftsteller unterstreichen.

Luther muß von der Determinatio secunda, dem Wortlaut seines Briefes an Spalatin nach zu urteilen, schon vor dem 17. September gewußt haben. Merkwürdig klingt freilich die Bemerkung „meo nomine", denn Luthers Name taucht weder auf dem Titelblatt auf, noch geht aus dem Inhalt irgendwie hervor, daß er der Verfasser sei. Man wird also „meo nomine" vielleicht als „um meines Namens willen", dh, „in meiner Sache" zu übersetzen haben, und es bleibt die Frage, wer der Verfasser gewesen sein kann. Zu ihrer Beantwortung werden überlieferungsgeschichtliche, stilkritische und biographische Argumente zu bedenken sein.

Für die Vermutung, Luther selbst sei der Verfasser der Satire, findet sich ein erstes, frühes Zeugnis bei dem Königsberger Pfarrer Johann Poliander[22]. Er trug in einem von ihm angelegten „Index lucubrationum Luderanarum ab anno 1518" unter dem Jahr 1520 auch die „Determinatio secunda Parisiensium" ein[23], von deren Erstdruck (A) er ein Exemplar besaß[24]. Später ist die ursprünglich anonym erschienene Satire unter der Überschrift *Ludus Lutheri a stolida et sacrilega Sorbona damnati* in das corpus operum Lutheri, die Wittenberger (und danach in die Jenaer) Ausgabe aufgenommen worden[25]. Freilich war die Autorschaft Luthers nicht deren einziger Sammelgesichtspunkt; es wurden hier vielmehr auch Schriften abgedruckt, die das Werden der Reformation dokumentieren sollten[26]. Ein eindeutiger Beweis für die Verfasserschaft Luthers ist daher die Aufnahme der Satire in die Wittenberger Ausgabe – trotz der neuen Überschrift – nicht.

In der Folgezeit blieb die Verfasserfrage umstritten. Während Seckendorff[27] offen ließ, ob Luther selbst oder einer seiner Anhänger die Schrift verfaßt habe, wies der Übersetzer in der Leipziger Ausgabe, Johann Jacob Greiff, dieselbe ohne Bedenken dem Reformator zu[28]. Walch, der Greiffs Übersetzung in seiner Ausgabe

---

[21] Unten S 368,14ff.
[22] Über ihn vgl WABr 14,314.
[23] ZKG 49 (1930) 163.
[24] Ebd 164. Dieses befand sich in dem seit 1945 verschollenen (vgl WABr 14,88 Nr 186) Sammelband T 73² 4° der Königsberger Stadtbibliothek (vgl ZKG 49,180 Nr 18).
[25] Vgl unten S 357.
[26] Vgl EIKE WOLGAST, Die Wittenberger Luther-Ausgabe (Nieuwkoop 1971) 72.
[27] VEIT LUDWIG VON SECKENDORFF, Commentarius ... de Lutheranismo (Frankfurt und Leipzig 1692) Lib I Sect 46 § CXIII, S 185: „Prodiit etiam adversus apologiam Philippi censura ludicra et iocosa ... incertum an ab ipso Luthero, an alio composita, stylo scholastico, ut risum lectoribus moveat".
[28] Leipziger Ausgabe 17 (1732) 681.

wieder abdruckte, wollte sich auf den Autor nicht festlegen[29]. Noch vor dem Beginn des Erscheinens der Weimarer Ausgabe hat Georg Buchwald die Schrift unter dem Titel *Ein Nachklang der Epistolae Obscurorum Virorum* im Jahre 1882 veröffentlicht und sie Luther abgesprochen[30]. Nicolaus Müllers ohne weitere Begründung gefälltes Verdikt: „Es fehlen alle Anhaltspunkte, um diese Schrift auf Luther als Verfasser zurückzuführen"[31] hat die Aufnahme in den achten Band der Weimarer Ausgabe verhindert. 1933 hat dann Walter Friedensburg die Verfasserfrage noch einmal aufgegriffen[32] und geltend gemacht, Luther habe es „damals ausdrücklich abgelehnt, sich über den Handel zu äußern, dh in ernsthafter Weise, so daß ein Auftreten im Gewande der Satire nicht ausgeschlossen war"[33]. Dieses argumentum e silentio scheint mir jedoch Luthers Autorschaft nicht begründen zu können. Daß der zweite Band der Wittenberger Ausgabe (Lat. Reihe) 1546 erschienen, seine Zusammenstellung mithin noch zu Lebzeiten Luthers und mit dessen Billigung erfolgt und daß der Band mit einem Vorwort Melanchthons versehen war, galt Friedensburg als Anzeichen für die Verfasserschaft Luthers[34]. Eike Wolgast läßt die Verfasserzuweisung unentschieden[35]. Zuletzt hat sich Frans Tobias Bos zu der Frage geäußert. Er neigt, aufgrund von Polianders Zeugnis und der Aufnahme in die Wittenberger Ausgabe, dazu, die Verfasserschaft Luthers anzunehmen, auch wenn er dies nicht ausdrücklich behauptet[36].

Da die Determinatio secunda in unmittelbarer zeitlicher Nachbarschaft zu Luthers Übersetzung der Apologia Melanchthons entstand, ist nun zu prüfen, ob sich aus dem Text dieser Übersetzung Kriterien für oder gegen Luthers Autorschaft gewinnen lassen.

Für seine Verfasserschaft könnte sprechen, daß sich in „Martinus Luther folgrede" einige Passagen finden, die in der Art der parodistischen Technik der Determinatio secunda entsprechen. Luther parodiert die Ablehnungen seiner Propositionen durch die Pariser: „Dißer artickel ist falsch, nerrisch, frevelich, unchristlich, vormeßlich, yrrig ketzrisch unnd unßernn Magistris nostris tzu nah"[37]; auch die Wortwitze zeigen Ähnlichkeiten mit denen der Determinatio secunda: „Ey, yhr groben Esel von Pariß, wilcher spruch ynn der schrifft ist nit ketzrisch, wenn man also sich zu ihm nottiget, rewmet und mutwillig zeugt, wo man hyn wil! Wolt ich doch woll sagen, das Moses eyn ketzer sey, eben da er sagt: Got hat hymel und erden geschaffen, so er durch das schaffen wollt vorstehen eyn schaff odder yerig kalpp"[38]. Man wird indes, eingedenk auch des oben zitierten Briefes von Bonifacius Amerbach, die Parodierung der Pariser Urteile nicht speziell als Luther Eigentum ansehen, und Wortwitze solcher Art dürften einem sprachbewußten Menschen

---

[29] WALCH 18 (1746) Einl 72.
[30] Ein Nachklang der Epistolae obscurorum virorum ... Ein Abdruck des im Jahre 1521 erschienenen Originaldruckes besorgt von GEORG BUCHWALD (Dresden 1882) IV.
[31] WA 8,264.
[32] Luther als Satiriker, in: ARG 30 (1933) 129–133, hier 129f.
[33] Ebd 130.
[34] Ebd.
[35] WOLGAST, AaO 119.
[36] BOS, AaO 262–266, hier 263.
[37] WA 8,291,1–3.
[38] Ebd 11–16.

nicht sehr fern liegen. Als ein weiteres Indiz für Luthers Verfasserschaft könnten einige nicht recht deutliche Ankündigungen Luthers gelten, zu gegebener Zeit seine Stimme gegen die Pariser erheben zu wollen[39]; ob damit jedoch die Determinatio secunda gemeint sein könnte, ist ungewiß. Zuverlässige Kriterien zur Verfasserbestimmung lassen sich also auch durch diese Parallelen und Andeutungen nicht gewinnen.

Gegen Luthers Autorschaft spricht, daß dieser in der Aufstellung seiner zuletzt erschienenen Schriften, die er Nikolaus Gerbel in seinem Brief vom 1. November 1521 (also nach Erscheinen der Determinatio secunda im Druck) übersandte, zwar seine Übersetzung von Melanchthons Apologia[40] erwähnte, nicht aber die Determinatio secunda. Am gleichen Tag schrieb Luther an Spalatin: „Indicem ei signavi omnium"[41], er behauptete also, Gerbel ein Verzeichnis aller seiner Schriften mitgeteilt zu haben.

Die Tatsache, daß während Luthers Wartburgaufenthalt alle Manuskripte seiner Schriften über Spalatin den Weg in die Druckereien nahmen[42], schließt, will man nicht ein raffiniertes, aber kaum sinnvoll zu begründendes Versteckspiel in Luthers brieflichen Äußerungen sehen, dessen Autorschaft an der Determinatio secunda aus.

Der humanistisch gebildete und mit den Dunkelmännerbriefen vertraute Verfasser[43] dürfte am ehesten in Wittenberg, im Umkreis Melanchthons zu suchen sein. Aufgrund einer guten theologischen Bildung und genauer Kenntnis der Auseinandersetzungen hat er, bald nach dem Erscheinen von Melanchthons Apologia, mit parodistischem Geschick die Satire verfaßt. Indem er die in der ersten „Determinatio" geübte Argumentationspraxis der Pariser Fakultät konsequent überzog, gab

---

[39] Vgl ebd 22–29: Doch ich wil yhren [sc der Apostel] rad zu seyner zeit melden, meyn geyst ist nit weyt von yhn geweßen, da sie den klugen rad beschlugen, warumb sie nit grund tzeygen wolten: und eben das sie gefurcht haben, soll sie ergreyffen, itzt wollenn wyr das new Apostolisch exempell sehen.
Gillt es aber, das eyn iglicher muge den andern vordamnen, unnd ist nit nott, das er des grund, recht und ursach beweyße, wolan, ßo gilt mirß auch und eynem iglichen, eynem alß dem andern: da wollen wyr eyn feyn spiel an richten!
Vgl auch WA 8,293,11f: Aber ym latin, hoff ich, solls an tag kummen, was die Buben alle sampt suchen.
[40] WABr 2,397,27–29.
[41] Ebd 399,5.
[42] Vgl IRMGARD HÖSS, Georg Spalatin (Weimar 1956) 206.
[43] Ein zeitgenössischer Leser der Determinatio secunda hatte nach der Lektüre bemerkt: „Scriptum cujusdam ex numero obscurorum virorum" (BUCHWALD, AaO IV; das von ihm benutzte Exemplar ließ sich nicht ausfindig machen). Nun gibt es in der Tat Übereinstimmungen mit den ersten Teil der „Epistolae obscurorum virorum" (hg v ALOYS BÖMER [Heidelberg 1924/Ndr Aalen 1978], zitiert: Eov). So beginnt die Determinatio secunda wie der erste der Dunkelmännerbriefe mit „Quoniam" und einem Zitat (unten S 358). Auch die Eov benutzen, um REUCHLINS Thesen im „Augenspiegel" zu qualifizieren, Ausdrücke wie „irreverentiales" (S 30,9), „scandalosae" (S 22,27) und „piarum aurium offensivae" (ebd). Auch dort wird Paris, die „mater omnium universitatum" (S 56,7; 21,33; vgl auch 18,18–33), heftig angegriffen. Schließlich hat auch der Vorwurf, MELANCHTHON sei seiner kleinen Statur wegen geistig nicht für voll zu nehmen (unten S 369,1–3), in den Eov sein Vorbild.
Obwohl sich der Verfasser unserer Schrift einzelner von den Eov übernommener Techniken und Begriffe bedient, erreicht dieser ‚Nachklang' doch die literarische Qualität und damit die satirische Schärfe der Dunkelmännerbriefe längst nicht.

er diese der Lächerlichkeit preis und konnte zugleich Luthers Sache fördern. Sein Publikum – dafür sprechen die lateinische Sprache und nur ein einziger Nachdruck – wird nicht groß gewesen sein. Daß aber gerade auch eine solche Schrift im altgläubigen Lager Verunsicherung erzeugen konnte, beweist die aufgeregte Reaktion des Herzogs Georg von Sachsen. Auch Cochläus hielt es Jahrzehnte später noch für angezeigt, die Determinatio secunda in seinen Lutherkommentaren als ein „ridiculum libellum" der „complices" Luthers scharf zu verurteilen[44].

Ausgaben

A   [Wittenberg: Johann Rhau-Grunenberg, 1521]

DETERMINATIO | secunda almę facultatis Theologię Parisieñ. | super Apologiam Philippi Melanch/ | thonis pro Luthero scriptam. | Liber primus. | Annexa est ratio determina/ | tionis primę. Liber | secundus. | Tertius Liber habet quasdam regulas | intelligendi scripturas. ||

4°, 10 Blätter: A⁴, B⁶ (letztes Blatt leer) = WA 8,264: Druck A. Vgl Wilhelm Hammer, Die Melanchthonforschung im Wandel der Jahrhunderte I = QFRG 35 (Gütersloh 1967) 27 Nr 11 (Lit).
    Vorhanden: Goslar StB (Smlbd 340); München SB (4° Polem 3340(30); Nürnberg StB (Strob 1376. 8°); Zwickau RSB (16.7.2/12).

B   [Straßburg, Johann Prüß dJ, 1521]

DETERMINATIO | Secunda almę facultatis Theolo | gię Parrhisieñ. Super Apolo | giā Philippi Melanchtho | nis pro Luthero scri= | ptam. Liber pri= | mus. | Annexa est ratio deter= | minationis primę. | Liber secun | dus. | Tertius liber habet quas= | dam regulas intelligē | di scripturas. ||

4°, 10 Blätter: a⁴, b⁶ (letzte Seite leer) = WA 8,264: Druck B. Vgl Suppl Melanchthoniana VI 1,166f Nr 186 (= MBW Nr 176); Hammer, AaO 27 Nr 12. Das Exemplar in Berlin SB (Dg 1251) ist verschollen.
    Vorhanden: Berlin, Museum für Deutsche Geschichte (Beiband zu R 57/8185).
    In den Gesamtausgaben: Witt II (1546) 207ʳ–212ᵛ; (1551) 198ʳ–203ᵛ; Jen II (1557) 457ʳ–462ᵛ; EA opp var arg VI 78–98. – Deutsche Übersetzung: Leipzig 17 (1732) 681–692; Walch 18 (1746) 1169–1195; Walch² 18 (1888) 980–1001.

---

[44] Commentaria Ioannis Cochlaei, de actis et scriptis Martini Lutheri (Mainz 1549) 46f; in der deutschen Übersetzung HUEBERS (Ingolstadt 1582) 102f.

Zur Edition

Die Edition des Textes folgt A; die Abweichungen in der Wittenberger Ausgabe (Witt) sind vermerkt.

Während B ein mit wenigen Verbesserungen und neuen Fehlern und um einen fiktiven Brief an Melanchthon (MBW Nr 176) ergänzter Nachdruck von A ist, wurden in der Wittenberger Ausgabe bewußte Veränderungen, Richtigstellungen von Stellenangaben, stilistische Korrekturen und inhaltliche Streichungen, die der seit 1521 veränderten Situation Rechnung trugen, vorgenommen.

B kommt im Gegensatz zur Wittenberger Ausgabe keine Originalität zu, ebensowenig der Jenaer Ausgabe, die ihren Text aus Witt übernahm.

Die Anmerkungen zum Text bringen so weit möglich Quellen- und Zitatnachweise und einzelne Erklärungen; sie sind nicht als vollständiger Kommentar zu verstehen.

Das Museum für Deutsche Geschichte in Berlin hat die Arbeiten durch Bereitstellung eines Mikrofilms der Ausgabe B gefördert, wofür herzlich gedankt sei. Für Auskünfte und Hinweise habe ich Herrn Heinrich Blanke (Tübingen), Herrn Dr F T Bos (Nieuwegein), Herrn Prof Dr Bernd Moeller (Göttingen) und Herrn Dr Heinz Scheible (Heidelberg) herzlich zu danken.

Text

Quoniam quidem, ut bene dicit Ecclesiastes, faciendi libros non est finis[1], cuius causa est, quod protervia et pertinacia haeretica non acquiescit sanis doctrinis, et finem illum, qui est timor dei[2], cum Ecclesiaste non audit: sane cum nuper super doctrina Lutheri cuiusdam nostram diffinitivam sententiam publicassemus[3] et plu-
5 rimos articulos in ea damnassemus tanquam catholicae fidei manifeste contrarios, per quos eum convicimus pestiferum Haeresiarcham esse, satagentes ne virus eius detestabile ultra serperet[4]: ecce, surrexit quidam dictus Philippus Melanchthon, haeresi ista infectus et pestiferi Magistri pestiferus[a] discipulus, ausus est contra nos Apologiam[5] pro Luthero scribere, in qua almam nostram facultatem tam derisorie,
10 tam irreverentialiter, tam praetense invadit, quod scandalum est[b]. Nos igitur putantes nostri officii esse scandalis occurrere[6], primo de ipsa Apologia sententiam nostram diffinitivam ponemus, secundo aliqualem rationem reddemus praecedentis determinationis, tertio aliqua puncta ponemus pro intellectu scripturae, ne deinceps

[a] Witt: pestifer   [b] Witt: Absatz

---

[1] Eccli 12,12: Faciendi plures libros nullus est finis; vgl den Anfang des ersten Briefes der Eov: Quoniam (ut dicit Aristoteles) dubitare de singulis non est inutile, et quia legitur in Ecclesiaste . . . (BÖMER 7,7f).

[2] Eccli 1,16: Initium sapientiae timor Domini.

[3] Sc die „Determinatio theologicae Facultatis" (zitiert: DTF) vom 15. April 1521.

[4] Vgl DTF: ne, quod absit, eliminata iam pridem tam multiplex impietas, quantum in nobis est, ulterius serpat (EA 38,4–6; Bos 68,156–158).

[5] Vgl oben S 352 Anm 5.

[6] Vgl DTF: Quare nostrae professionis esse agnoscentes huiusmodi pullulantibus pestiferis erroribus magisque ac magis in dies excrescentibus toto conatu obviare (EA 37,2 v u –38,1; Bos 68,150–153).

sine fine litigare necesse sit. Et sic hunc librum in tria capita vel tres partiales^c libros distribuimus secundum tres praedictas materias.

AN. M. D. XXI.^d

Liber primus continet per ordinem articulos ex Apologia Philippi Melanchthonis damnatos cum adnotationibus facultatis Parrhisiensis^e.

1. Apologia adversus furiosum decretum Theologastrorum Parrhisiensium pro Luthero*.

Haec propositio est scandalosa, irreverentialis et contumeliosa. Et in hoc quod dicit ‚furiosum decretum', pro quanto intendit magistros almae facultatis esse furiosos, est blasphema et impia in almam facultatem, ideo igne, ferro, aqua, una cum autore perdenda. Ubi autem dicit ‚Theologastrorum', pro quanto vult magistros nostros non esse theologos, sed ‚Theologastros', quod significat Sylvestres et figuras solas theologorum, est iniuriosa toti statui theologorum.

2. Quondam fuerunt strenui Milesii^7.

Haec propositio est suspecta, quia graece fuit scripta ab ipso autore Apologiae. Graeci autem sunt haeretici. Et in eo quod dicit de nobis ‚Milesii', est manifeste falsa, quia non sumus Milesii, sed Parrhisienses. Et pro quanto vult nos iam non esse strenuos, est contumeliosa et piarum aurium offensiva.

---

^c A: ptiales; B: partiales; Witt: portiales
^d Witt: fehlt
^e Witt: ‚Parrhisiensis' fehlt

---

* Die Thesen 1–20 finden sich in MELANCHTHONS Apologia an folgenden Stellen:
1) Titel. – 2) MSA 142,24. – 3) Vgl MSA 153,12–14: Quid est igitur, quod concilia iactatis, Sorbonae Theologi, nihil nisi Sorba? – 4) MSA 159,35f. – 5) Vgl MSA 143,30–35: Parisiaca vero, cum hactenus tot annos philosophetur, his temporibus non iam philosophatur, sed nugatur . . . – 6) Vgl MSA 143,35–144,3: Vidi Joannis Maioris commentarios . . . Bone deus, quae plaustra nugarum! – 7) MSA 154,13f. – 8) MSA 147,26–28: Fortassis alter alicubi quiddam dixit et multa Lutherus diligentius . . . quam Augustinus. – 9) MSA 147,27f: (rumpite vos interim, magistri nostri). – 10) MSA 149,8· ἐν τῇ μεσημβρίᾳ λύχνον – 11) MSA 145,20–22: Quis non rideat hic muliebrem et plane monachalem impotentiam? – 12) MSA 145,23f: Parcatis, domine Decane, vos estis iam iratus. – 13) MSA 144,17f: Id quod vidit etiam Homerus, quanquam caecus, cum ait – 14) MSA 144,18f: τὰ χερείονα νικᾶν. – 15) MSA 148,36–149,1: Quid enim ad nos, quid ille impurus homo commentus sit? – 16) MSA 156,31–33: Quanquam ne signis quidem temere credemus, scripturae tantum credimus. – 17) MSA 153,22f: . . . nam omnes scholas esse haereticas vel Theologia scholastica coarguit. – 18) MSA 160,28–31: Et o miseros nos, qui iam a quadringentis fere annis neminem habuimus in Ecclesia scriptorem, qui rectam ac propriam poenitentiae formam prodidisset. – 19) Vgl MSA 158,36ff. – 20) Vgl MSA 160,1–5.

^7 Vgl Corpus Paroemiographorum Graecorum, hg v E L v LEUTSCH, 2 (Göttingen 1851) 116 Nr 63.

3. *Quid enim estis nisi Sorba*[8]*?*

Haec propositio est vitiosa etiam contra grammaticam, quia nostra schola non ‚Sorba', sed Sorbona dicitur. Et pro quanto vult detruncare nomen almae huius scholae, est iniuriosa.

4. *O vos rudes et vere Sorbonici.*

Haec propositio pro prima parte est offensiva piarum aurium. Et pro quanto per ‚rudes' intelligit spissos illos truncos, ex quibus fiunt lintres porcorum, est nimis contumeliosa. Si autem per ‚rudes' intelligit indoctos, est scandalosa et magistris theologiae derogativa et detractiva. Et pro quanto dicit ‚vere Sorbonici', volens quod prius ficte Sorbonici fuimus, est manifeste falsa et erronea, cum simus in eadem semper Sorbona.

5. *Lutetia iam non philosophatur, sed nugatur.*

Haec propositio est scandalosa valde et falsa. Et in eo quod intendit theologiam apud nos esse nugas, est blasphema in spiritum sanctum. Et in eo quod ‚Lutetiam' nos appellat, deturpat famam almae universitatis, pro quanto intendit eam luto et stercori comparare, in quo sues et porci se sordidant.

6. *In libro Iohannis Maioris*[9] *sunt plaustra nugarum.*

Haec propositio est stulte et temerarie asserta in hoc quod intendit nugas plaustris vehi, cum nugae sint res spirituales et plaustra res corporalis. In hoc autem quod dicit nugas esse illius doctissimi viri scripta, est detractoria et iniuriosa in notabile membrum huius[f] universitatis.

7. *Haec est illa Helena, pro qua magistri nostri decertant.*

Haec propositio pro quanto denotat quod magistri nostri meretrices amant, est valde detractoria, infamativa, contumeliosa, pro quanto autem vult nostram theologiam ‚Helenam' dici, est blasphema in spiritum sanctum.

---

[f] A: huis

---

[8] Vgl die bei MELANCHTHON fehlende, nur LUTHERS Übersetzung beigegebene Glosse: Sorba sind die frucht am todten mehr, wilch, wen sie reiff werden, ßo werden sie zu aschen und sind keyn nutz (WA 8,305,38f; 9,753,37f; vgl auch WATR 4 Nr 4033 und 4183 und WADB 12,78f App).

[9] Über JOHN MAJOR (um 1469–1550) vgl HELMUT FELD, Die Anfänge der modernen biblischen Hermeneutik in der spätmittelalterlichen Theologie (Wiesbaden 1977) 83–100 (Lit). MAJOR lehrte (mit einer Unterbrechung von 1518–1525) von 1493–1531 in Paris. Sein Sentenzenkommentar wurde 1519 in Paris gedruckt (vgl PANZER, Annales typographici VIII 53 Nr 1074).

8. Augustinus aliqua argutius, Lutherus multa diligentius dixit.

Haec propositio est impia, contumeliosa in S. Augustinum, stulte et superbe asserta, favisativa nimis haeresi Lutheri et derogativa autoritati S. patrum.

9. Rumpite interim, magistri nostri.

Haec propositio est consilium diaboli manifeste, quae suadet, ut nos ipsos interficiamus et rumpamus, et in eo quod optative dicitur, est crudelis et homicida, quia optat nos rumpi sicut Iudasscharioth[g] ruptus est[10]. Sed „qui odit fratrem suum, homicida est"[11].

10. In meridie lucernam[12].

Haec propositio est stulta, quae docet lucernam in meridie accendere, etiam est suspecta, quia graece scripta. Et pro quanto intendit nos esse tam caecos, ut in meridie non videamus, est irreverentialis, derisoria facultatis theologicae.

11. Quis non rideat muliebrem hanc et monachalem impotentiam?

Haec propositio est falsa, stulte et insipienter asserta. Et pro quanto vult nos esse mulieres, quae impotentes sunt ad generandum sine viro, est contumeliosa. Et pro quanto vult, quod simus etiam ipsi impotentes ad generandum, est manifeste falsa et erronea. Maxime vero est iniuriosa, pro quanto intendit nos esse monachos castratos et sic impotentes factos; hoc enim est contra EXPERIENTIAM et proverbium[h].

12. Spectabilis domine Decane, vos estis iam iratus.

Haec propositio est derisoria et ironica. Et in eo quod dicitur ‚vos estis iratus', est incongrua manifeste, sicut illa ‚ego currit'[13] olim a nobis damnata. Et in eo quod intendit plures ex nobis esse quasi unum, dum dicit, ‚vos multi estis[i] unus iratus', est manifeste falsa et scandalosa. Et in hoc quod dicit, ‚De cane[k] vos estis', intendendo quod ex canibus nati sumus, est contumeliosa. Et in eo quod intendit non licere irasci, est impia et nimis onerativa legis Christianae.

---

[g] Witt: Iudas Ischarioth [h] Witt fügt hinzu: Theologi lardant per bracam
[i] A: uos multi estis,; B Witt: uos multi, estis; Buchwald: vos, multi estis
[k] Witt: Decane

---

[10] Vgl Act 1,18. [11] 1Ioh 3,15; vgl Mt 5,22.
[12] Vgl v Leutsch, AaO 1 (Göttingen 1839) 274 Nr 27; 2,513 Nr 95; A Otto, Die Sprichwörter und sprichwörtlichen Redensarten der Römer (Leipzig 1890/Ndr Hildesheim 1964) 327 Nr 1666; Hans Walther, Proverbia sententiaeque Latinitatis medii aevi (Göttingen 1963ff) Nr 34473: Adhibes lucernam in meridie.
[13] MSA 143,20.

13. Hoc etiam Homerus, licet caecus, vidit.

Haec propositio est manifeste falsa et philosophiae contraria in eo quod dicit ‚caecus vidit', tribuens actum positivum privationi, qui est solus[1] habitus, ut Aristoteles dicit.

14. Peiora vincere[14].

Haec propositio est falsa et impia. Et in eo quod graece scripta, est suspecta de haeresi. Et in hoc quod intendit malum esse fortius bono, est blasphema in deum, qui est bonum omnipotens. Similiter et erronea in philosophia, quia malum est nihil, sed nihil non potest aliquid vincere. Et in hoc quod intendit nos esse peiores, est detractoria, derogativa et piarum aurium offensiva.

15. Quid ad nos, quid Aristoteles impurus homo dicat?

Haec propositio est detractoria principis philosophorum. Et in eo quod dicit eum non fuisse purum hominem intendendo quod mixtus fuerit diabolo, est manifeste falsa et stulte asserta. Et pro quanto vult philosophiam esse impuram, est asserta ab inimico scientiae et ignorante[15]. Quia scientia non habet inimicum nisi ignorantem, ait purus ille homo Aristoteles, praeclarissimum lumen naturae[16], secundum nostrum compatrum[m] Eccium. Et in hoc quod vult non teneri autoritate Aristotelis, est manifeste proterva, pertinax et irreverentialis in totam facultatem artium et theologiae.

16. Signis non credimus, sed scripturis.

Haec propositio est manifeste temeraria, rebellem indicans animum et contrarium spiritui sancto et signis eius, cum Historia Lombardica[17] et Vincentius in suo Speculo Exemplorum[18] et monachi praedicatores in suo Rosario[19] solis signis utantur ad probandum.

---

[1] Witt: solius

[m] A: cōpatrū; Witt: compatrem

---

[14] Vgl Odyssee Σ 404; Ilias A 576: τα χερείονα νικᾷ.

[15] Vgl DTF: ab inimico scientiae arroganter ac insipienter asserta (EA 55; Bos 98,834f).

[16] LUTHER selbst apostrophiert ARISTOTELES häufiger so: WA 2,363,4; 395,19; 396,26f; 5,434,27; 7,738,31; 739,23; 10 I 1,567,14. – Vgl auch GERHARD MÜLLER, Die Aristoteles-Rezeption im deutschen Protestantismus, in: Die Rezeption der Antike, hg v AUGUST BUCK (Hamburg 1981) 55–70.

[17] = die Legenda aurea des JACOBUS A VORAGINE.

[18] Gemeint ist das VINCENZ VON BEAUVAIS OP zugeschriebene Speculum morale des 14. Jh, auf das auch LUTHER unter dem Titel „Speculum exemplorum" 1518 Bezug genommen hat (WA 1,484,19; 485,13). Zur Unechtheit vgl REINHOLD SEEBERG, Art: Vincentius von Beauvais, in: RE³ 20,666,42–667,8.

[19] Gemeint sind die weit verbreiteten Schriften des ALANUS DE RUPE (um 1428–1475); über ihn vgl THOMAS KAEPELLI OP, Scriptores Ordinis Praedicatorum Medii Aevi I (Rom 1970) 21–25; vgl außerdem WA 60,186 Anm 3.

17. Scholas omnes esse haereticas sola scholastice probat.

Haec propositio est stulte, arroganter, superbe, impie et temerarie asserta et nimis blasphema in ecclesiam sanctam dei ac per hoc in deum. Et in hoc quod simpliciter ‚scholas'[20] dicit intendendo non esse universitates, sed particulares, est iniuriosa et blasphema, quia vult magistros omnes scutones[21] et bachantes et beanos[22] intelligi.

18. In cccc^n annis nemo docuit formam poenitentiae.

Haec propositio est impia et scandalosa et contra ecclesiam dei contumeliosa. Et in eo quod intendit solam materiam poenitentiae sine forma fuisse nudam, est contra philosophiam, quia impossibile est materiam stare nudam (nisi secundum Scotistas) praesertim tanto tempore cccc^o annorum.

19. Augustinus de gratia iustificante loquitur.

Haec propositio est falsa et contra sensum facultatis nostrae posita et determinationi nostrae priori contraria[23]. Et in eo quod dicit: ‚Augustinus loquitur', falsa est, quia Augustinus scribit, imo scripsit quondam, nunc autem mortuus est et non loquitur, saltem apud nos.

20. Nullus in Sorbona legit Augustinum.

Haec proposito est falsa et offensiva piarum aurium. Et pro quanto vult nos hoc nomen ‚Augustinus' non legisse est manifeste erronea et contra experientiam.

Secundus liber continet rationem determinationis primae.

Et primo notandum, quod in prima determinatione almae facultatis protestavimus[a][24], quod vellemus conformiter ad formam apostolorum procedere[25], qui act. 15 simpliciter scripserunt, quid sibi visum fuit, non dicentes, quare sic sentirent. Hoc laudabile exemplum nepos iste haeretici Reuchlin multum arrogans (ut vere amicus et compater noster Eccius scripsit) deturpat et confusibiliter almam facultatem dehonestat, dicens nos non servasse formam illam exempli et mentitos esse

---

[n] Witt: quadringentis   [o] Witt: quadringentorum   [a] Witt: protestati sumus

---

[20] MSA 144,33.
[21] scuto = scholaris mendicans; LORENZ DIEFENBACH, Glossarium Latino-Germanicum mediae et infimae aetatis (Frankfurt am Main 1857/Ndr Darmstadt 1973) s v.
[22] beanus = lecator („lecker, bube"), scholasticus trivialis; vgl ebd s v.
[23] EA 54; BOS 97 § 95 (De libero arbitrio 4).
[24] Vgl Eov I 10: protestavi (BÖMER 21,26).
[25] Vgl DTF (EA 38 Abs 3; BOS 68,174–179) und die Glosse zu LUTHERS Übersetzung: Merck, Pariß hat eytel Apostel, und sind den ersten Aposteln gleych (WA 8,271,40; 9,721,36f).

ac blasphemasse, quando de apostolis diximus, quod simpliciter scripserunt, non dicentes quare sic sentirent; et nititur probare, quod utique dixerunt, quare sic senserunt[b]. Primum, quia habuerunt signa et prodigia quae deus per Paulum et Barnabam in gentibus fecerat[26], quibus probabant quasi invictis rationibus, quod non esset necessaria circumcisio et lex, cum deus gentes iustificaret ante et sine circumcisione et lege, dans eis spiritum sanctum ad solam praedicationem evangelii. Dicit enim Lucas ibidem, quod, cum haec audissent a Paulo et Barnaba, tacuerunt[27], scilicet non solum dantes rationem, cur sic sentiretur, sed erant omnino conclusi. Quomodo enim deo resisterent?

Secundo nititur probare ex propriis exemplis Petri et sua oratione longa[28], quam ibi habuit super eadem re. Ratio enim Petrum movens et suos fuit hoc triplex signum. Primum, quod Cornelio apparuit angelus de coelo[29], licet neque circumcisus nec[c] sub lege esset, dicens orationes eius exauditas et eleemosynas acceptas apud deum. Alterum signum[30], quod vidit visionem, in qua animalia omnis generis in lintre de coelo coram eo fuerunt et audivit: „Quod deus mundavit, tu ne commune dixeris"[31]. Tertium signum, quod ipso praedicante in domo Cornelii „cecidit spiritus sanctus super audientes"[32] sine circumcisione et lege. Quibus rationibus invictis sunt moti, ut scriberent, quod sibi videretur et non tacuerunt eas, sed ut Lucas dicit: „Tacuit autem omnis multitudo"[33] etc. Hinc est, quod scribentes praemittunt spiritum sanctum, dicendo: „visum est spiritui sancto et nobis"[34]. Quia erant certi et rationes erant omnibus notissimae, ut Petrus diceret: „Ego quis eram, qui[d] prohiberem deum?"[35]

Tertio dehonestat nos, quod sine scripturis etiam damnavimus, cum tamen apostoli, praesertim Iacobus surgens ex propheta Amos publice probavit[36], quare sic sentirent.

Quarto mittunt viros primarios, qui epistolam perferant et istas rationes, signa et scripturas multo sermone reddant[37]. Quod a nobis non esse factum ait[38], et sic concludit, quod alma facultas non processit secundum formam apostolorum[e], sed [f]mentita ac blasphemata est[f] apostolos et spiritum sanctum, quando scripsit, quod apostoli non dixissent, quare sic senserint.

Quoniamquidem igitur hoc esset nimis confusibile tam solenni universitati et almae facultati, quod deberet allegasse formam apostolorum et non tenuisse ac sic contra propriam protestationem egisse, etiam mentuisse[g] et blasphemasse aposto-

---

[b] Witt: Absatz
[c] Witt: neque
[d] Witt: ut
[e] A: Apstolorum
[f-f] Witt: mentita est ac blasphemauit
[g] Witt: mentitam esse

---

[26] Act 15,12.
[27] Act 15,13.
[28] Act 15,7–11.
[29] Act 10,1ff.
[30] Act 10,9ff.
[31] Act 10,15 (11,9).
[32] Act 10,44.
[33] Act 15,12.
[34] Act 15,28.
[35] Act 11,17.
[36] Act 15,15f (Am 9,11f).
[37] Act 15,22ff.
[38] MSA 156,23ff.

los. Insuper hoc etiam vellet sequi, quod ipsa[h] nunquam inspexisset Lucam in actibus, cum tamen protestasset[i] sub sigillis, quod diligenter etiam sanctorum libros considerasset et cum multa maturitate saepius discussisset et sic determinasset, quod fieret intolerabilis infamia huius universitatis omnium aliarum reginae.

Quare ut excusemus facultatem almissimam et arrogantem istum haeretici discipulum compescamus, est sciendum, quod et nos ista quattuor servavimus.

Primum, signa habuimus etiam dupliciter: Quaedam, quae respondent communibus signis Barnabae et Pauli in gentibus; quaedam vero, quae respondent propriis signis Petri. Et quia a digniori incipiendum est, primum de Petri et correspondentibus ei signis videamus. Et sit sic: Decanus noster almae facultatis est S. Petrus in alma facultate. Et ipse habet tria signa, quae cogunt eum sic sentire, ut non possit errare, quae sunt: registrum, sigillum et almutium[39]. Unde patet, quod valde arroganter et frontose scripsit iste haereticus contra almam facultatem. Communia autem signa sunt haec. Et sit sic: Caeteri magistri nostri, praesertim isti duo excellentissimi Quercus[40] et Beda[41], sunt S.[j] Paulus et Barnaba[k] in alma facultate nostra. Signum autem eorum primum et maximum est liripipium[42] seu, ut eruditi dicunt, relipendium[42], quod est evidentissimum et notissimum signum, per quod concluditur sic: iste habet liripipium, ergo est magister noster in fide illuminatus, ergo habet spiritum sanctum. Aliud signum est, quod sedent in superiore cathedra, quando disputant et legunt; per hoc signum arguitur sic: Christus dicit: „super cathedram Mosi sederunt, quaecunque dixerint, servate"[43]. Ergo quaecunque dixerint, sunt vera; sed illi sedent in cathedra et docent sic, ergo non possunt errare.

Aliud signum est, quod comprehendit multa; et sunt insignia illa doctoralia: annulus, pyrrethum, liber, osculum, chirotecae[44] et pirretha distributa in aula doctorali, etiam candelae ardentes et super omnia „Te deum laudamus"[45], quod in fine canitur, ultimo egregium convivium doctorale. Ultimum et fortissimum signum est introitus domini decani in Sorbona, quando bedelli cum sceptris praecedunt et voce magna clamant: „transeat spectabilis et eximius magister noster, dominus Decanus

---

[h] A: ipsam; B Witt: ipsa
[i] Witt: protestata fuisset
[j] Witt fehlt: S.
[k] B Witt: Barnabas

---

[39] = „chorkappe" u ä; DIEFENBACH, AaO s v.
[40] Quercus = GUILLAUME DUCHESNE, seit 1493 „socius Sorbonnae", später Pastor an St Jean en-Grève in Paris; vgl Bos, AaO 45 und 49f.
[41] Über NOËL BEDA (um 1470–1537) vgl P FERET, La faculté de théologie de Paris et ses docteurs les plus célèbres. Epoque moderne. Tome second (Paris 1901) 4–17; Bos, AaO 46–48; WALTER BENSE, Noël Beda and the Humanist Reformation at Paris 1504–1534 (Diss Harvard Univ [Cambridge, Mass] 1967), lag mir nicht vor; vgl auch GESS, AaO 145.
Über beide vgl auch den Brief GLAREANS an ZWINGLI vom 4. Juli 1521 (ZWINGLIS Briefwechsel I = CR 94,461,13–16) und ERASMUS' Schreiben an NICOLAUS EVERHARD (ALLEN IV Nr 1188, Z 28–31): Parisiis duo potissimum impugnant Lutherum; Querquo Normannus, seniculus virulentus, et Bedda Standonchensis, truncus verius quam homo.
[42] = „kappenzipfel" u ä; DIEFENBACH, AaO s v.
[43] Mt 23,2.   [44] = Handschuhe.
[45] Der sog Ambrosianische Lobgesang, seit dem 4. Jh einer der beliebtesten Hymnen der Kirche.

almae facultatis theologiae cum magistris nostris eximiis, transeat ille, transeat!"
Et hoc signum est valde bene masticandum, quia formaliter concludit magistros
nostros non posse errare. Sicut in simili et papa non potest errare, valde formaliter
concluditur per hoc, quod eum portant sex robusti viri cum magna solennitate in
media die de palatio suo in recta et bona platea. Quomodo posset errare in sic clara
die et recta platea et tam gloriosa portatione? Sic magistri nostri non possunt errare,
quia incedunt etiam solenniter in clara die et bona platea cum bedellis et sceptris
praecedentibus. Et sic ista duo prima sunt gloriose discussa et manet alma facultas
in honore suo.

Tertio, etiam scripturis mota est alma facultas, licet non explicite, tamen implicite. Quando enim alma facultas dixit, quod lex de non vindicando esset onerativa
legis Christianae[46], implicite adduxit illam scripturam ps. 2: „dirumpamus vincula
eorum et proiciamus[1] a nobis iugum eorum (scilicet dei et sui Christi)"[47]. Item illud
Lucae 19: „nolumus hunc regnare super nos, oderant enim cives illius eum"[48]. Et
illud Hieremiae: et „quod est onus verbi domini?"[49] Et illud Iob: „dicunt deo:
recede a nobis, scientiam viarum tuarum nolumus"[50], et multas similes. Ex quibus
patet, quod alma facultas non solum servavit formam apostolorum, sed multo plus
fecit. Illi enim modicum scripturam allegaverunt explicite, scilicet unam solam
autoritatem; alma vero facultas, licet implicite quasi omnes prophetas, quorum verbum fuit onerosum Iudaeis. Est etiam magistralius, multas scripturas implicite allegare, quam unam solam explicite. Sic etiam pluribus et melioribus signis nititur,
quia apostolorum signa cito transierunt et pauca fuerunt, sed signa almae facultatis
manent quottidie et multa sunt valde. Quis enim posset numerare omnia liripipia
quae fuerunt, sunt et erunt in Sorbona? Nunc autem dicit Aristoteles: bonum
quanto communius tanto divinius. Et iterum alia topica notabilis: diuturniora sunt
meliora. Ergo signa almae facultatis sunt meliora signis apostolorum.

Quarto, miramur caecitatem istius arrogantis apologiam scribentis, quod non
videt, quanti sint ubique viri, qui has almae facultatis sententias zelosissime commendant praedicando, scribendo, clamando, criminando et sic satagendo, ut multi
eis irascantur quasi insanis propter hoc sanctum ministerium. Sed quia caecus est,
oportet ei aliquos nominare, ut possit palpare. Primus est Sylvester de Prierio, sacri
magister palatii[m][51]. Post hunc fuit Cardinalis Caietanus. Et tertius noster dilectus
compater Iohannes Eccius, qui multum in hac causa laboravit et bullam etiam ipsemet Romae conportavit. Quartus est Thomas Rhadinus[52]. Quintus quidam Cre-

---

[1] A: p(ro) | ijciamus   [m] A: pallatij

---

[46] Vgl MSA 161,16–18.   [47] Ps 2,2f.
[48] Lc 19,14.   [49] Ier 23,33(–36).
[50] Iob 21,24.
[51] PRIERIAS bekleidete dieses Amt seit dem 16. Dezember 1515.
[52] Über RHADINUS vgl LThK² 8,966; FRIEDRICH LAUCHERT, Die italienischen literarischen Gegner Luthers (Freiburg i Br 1902) 177–199; seine Oratio gegen LUTHER vom August 1520 ist gedruckt CR I (212) 213–262 Nr 86.

monensis frater⁵³. Sextus devotus ille frater Augustinus Alveldensis. Septimus dicitur esse quidam dictusⁿ Hieronymus Emser, qui in vernacula multa bona scripsit contraᵒ Lutherum. Ultimo duae dilectae sorores nostrae Coloniensis⁵⁴ et Lovaniensis⁵⁴ scholae damnaverunt Lutherum doctrinaliter⁵⁵. ᵖScimus etiam, quod charissima soror nostra Lipsiensis schola nobiscum tenet et fortiter zelat pro veritate contra Vuittembergensem scholam et habet pro se illustrem ducem Saxoniae Georgium, qui multum sollicitus est in eadem causa. Sed habet unum defectum, quod Graecam linguam curavit in sua academia docere et discere⁵⁶, unde timendum est, quod multa mala sibi acquirat. Et ideo alma facultas nostra noluit determinare super disputationem Eckii et Lutheri⁵⁷, etiam ideo, quia non misit pecuniam magistris nostris pro labore et ipsi gratis noluerunt determinare. Et recte. „Quis enim suis stipendiis unquam militavit?"ᵖ⁵⁸

ⁿ A: dictua   ᵒ A: contrs
ᵖ⁻ᵖ Witt: fehlt; Leipziger Ausgabe: nicht übersetzt

---

⁵³ Nach LAUCHERT ISIDORUS DE ISOLANIS OP; über ihn vgl ebd 200–215.

⁵⁴ Köln verurteilte LUTHERS Schriften am 30. August 1519, Löwen in der „Condemnatio doctrinalis librorum Lutheri" vom 7. November 1519, vgl WA 6,170.

⁵⁵ Vgl die Übereinstimmungen mit „Martinus Luther folgrede": Des kan ich mich aber nit gnug furwundernn, was sie ym sin haben, das sie unter ßo vielen artickelnn des artickels vom Bapstum nit gedencken mit eynem buch stabenn, ßo doch den selben, alß den aller furnehmisten, Sylvester, Eck, Rhadinus, Catarinus, Collen, Lovo. unnd die tzween papyr schender tzu Leyptzick mit allen papisten auffs aller grewlichst vorfolgen (WA 8,292,16–20; 9,741,11–15).

⁵⁶ Als erster offizieller Lehrer des Griechischen war seit 1514 der Engländer RICHARD CROCUS, ein Schüler REUCHLINS, an der Leipziger Universität tätig; vgl GERHARD ZSCHÄBITZ, Staat und Universität Leipzig zur Zeit der Reformation, in: Karl-Marx-Universität Leipzig. 1409–1959 1 (Leipzig 1959) 34–67, hier 45. Vgl auch GEORG WITKOWSKI, Geschichte des literarischen Lebens in Leipzig (Leipzig und Berlin 1909) 36; HERBERT HELBIG, Die Reformation der Universität Leipzig im 16. Jahrhundert (Gütersloh 1953) 26.

Als sein Nachfolger wirkte seit 1517 PETRUS MOSELLANUS (über ihn vgl ADB 22,358f; WITKOWSKI, AaO 39f), der die Leipziger Disputation eröffnete; WALCH² 15,844–858; VALENTIN ERNST LÖSCHER, Reformations-Acta 3 (Leipzig 1729) 567–579. Die Eröffnungsrede galt den altgläubigen Theologen als lutherfreundlich.

Vgl auch Eov II 58: Et noviter advenit unus huc, qui vocatur Petrus Mossellanus, qui est Graecus. Et alius est hic, qui etiam legit in Graeco, vocatus Ricardus Crocus, et venit ex Anglia; ego dixi nuper: ‚Diabole, venit iste ex Anglia? Ego credo, quod, si esset unus poeta ibi, ubi piper crescit, ipse etiam veniret Liptzick' (BÖMER 185,2–6).

⁵⁷ Gemeint ist die Disputation zwischen LUTHER und ECK von 1519; vgl die Neuausgabe in WA 59.

HERZOG GEORG VON SACHSEN hatte unter dem 4. Oktober 1519 um das Urteil der Pariser Theologen und Kanonisten gebeten (GESS, AaO 100f Nr 134; vgl auch ebd 102f Nr 137; 109f Nr 145); am 10. November 1520 ließ er durch THOMAS GRAMAYE die Fakultät nochmals mahnen (GESS, AaO 144–146 Nr 182). Vgl auch KÖSTLIN-KAWERAU, Martin Luther 1 (Berlin ⁵1903) 252f.

⁵⁸ 1Cor 9,7. – Vgl den Brief THOMAS GRAMAYES an HERZOG GEORG VON SACHSEN vom 26. Dezember 1519: Ten anderen so hebben myn voirß heere de rector en meer andere van den heeren den voirß priester, die dese saicke sollicitert, voirt geseyt, dat wel redelick waire, dat een jgelich van den voirß gedeputtirten en comissarisß jn diser saicke vor zyn visitacie et pro laboribus hadde 25 of 30 golt cronen. Daer vp heeft die voirß priester geantwoirt, quod ista materia est favorabilis et maxime favore fidei. Neetmijn ipsi dicunt, quod nemo tenetur propriis militare stipendijs (GESS, AaO 110,1–7).

Sunt item alii multi in aliis nostris sororibus qui partes nostras tenent^q, sicut in Francofordiensi^r Cunradus Vuimpina^{s 59}, qui est unus singularis^ß Thomista et tantus, quod libenter vellet fieri episcopus, et facit iam unam navem pro nobis[60], et in Tubingensi est unus subtilissimus^t Scotista^u Iacobus Lemp^{v 61}, qui, si esset ita
5 doctus sicut adparet^w sibi, ipse esset etiam super omnes magistros nostros Parisienses.

Ecce tu Melanchthon, vade[62] nunc et scribe in tua stulta et graecissante et haereticante Apologia: almam facultatem non habere viros primarios, qui suam sententiam perferant. Quid obstat, quod non sunt missi a nobis? Sufficit, quod sua
10 sponte currunt in ministerium nostrum. Audimus etiam quod eximius vir Iacobus Latomus Lovaniensis egregie in Lutherum scripsit. Ecce hos omnes viros verissime primarios contemnit iste apologeticus scriptor irreverentialis et frontosus ac praetensus.

Iam volumus etiam signa colligere, quibus probamus, quod ipse Melanchthon
15 non possit veritatem scire. Primum est, quod Graecam linguam docet. Quomodo est possibile, ut Graeci sunt boni Romani et Christiani, qui semper fuerunt rebelles et schismatici et haeretici?^x Secundum, quod audimus eum esse adulescentem nondum annorum viginti quattuor. Et iste ac talis puer credi debet aliquid aliud quam errare posse? Nec est in hoc contentus, sed scribere audet contra tam anti-
20 quam, magnam, altam, almam scholam. Mirabile est, quod illustris dux Fridericus, qui dicitur sapiens esse princeps, non videt puerum istum insanire et tolerat^y eum, cum deberet eum in carcerem ponere, donec resipisceret. Nos enim pro alma facultate misereremur eius aetati insanae et tenerae.

^q A: tenerit; Witt: tenent
^s A: Vuinpina
^t A: sutilissimus
^v Witt: Lem
^x Witt: Absatz

^r A: Francoforpensi
^ß A: sigularis
^u A: Schotista; B Witt: Scotista
^w A: ad parcit; B: adparent; Witt: adparet
^y A: tollerat

---

[59] KONRAD WIMPINA (ca 1460–1531), der erste Rektor der 1506 eröffneten Universität Frankfurt/Oder.

[60] Unklar.

[61] JAKOB LEMP (um 1460/70–1532), einer der Lehrer MELANCHTHONS. Vgl ADB 18,239f; HEINRICH HERMELINK, Die theologische Fakultät in Tübingen vor der Reformation 1477–1534 (Tübingen 1906) 83 und 199; HEIKO A OBERMAN, Werden und Wertung der Reformation (Tübingen ²1979) Reg s v. – Ein satirischer Holzschnitt der Zeit zeigt einen hundsköpfigen LEMP neben MURNER, EMSER, PAPST LEO und ECK; vgl Martin Luther und die Reformation in Deutschland (Frankfurt am Main 1983) Nr 283. In dem Einblattdruck „Auszfürung der Christglaubigen ausz Egyptischer finsternisz" (GEISBERG, Einblatt-Holzschnitt X 34) heißt es über den hundsköpfigen LEMP: Es ist auch docker Lemp jm [sc MURNER] gloch/beyst er schon nicht/so bilt er doch. Vgl OTTO CLEMEN, Ein Spottgedicht aus Speier von 1524, in: ARG 5 (1907/08) 77–86, hier 81; eine Abb auch in: Flugblätter der Reformation und des Bauernkrieges, hg v HERMANN MEUCHE. Katalog von INGEBURG NEUMEISTER (Leipzig 1976) 32, vgl ebd 116. – Vgl auch ARG 2 (1904/05) 90–93 (Lit) und Suppl Melanchthoniana VI 1 (Leipzig 1926) 160f.

[62] Nach bibl Vorbild zur Emphase.

Tertium signum est, quod dicitur esse minore corpore et statura quam suus magister Lutherus. Quomodo potest in tam parvo corpore aliqua magna scientia esse, qualis est in Sorbona tota, quae tam magna est?⁶³

Quartum, quod est^z omnium maximum et detestabile est, quod non est clericus, sed laicus, nec saltem tonsurista. Et tamen dicitur esse Baccalaurius^a Bibliae et legit S.^b Paulum in publica schola sine almucio et sacerdotes debent audire unum laicum. Et discipulus docet suos magistros, iuvenis docet seniores et Graecus Romanos. O Vuittemberga tu perversa pervertis omnia et vis unam Babylonem ex ecclesia facere.

Ultimum, quod vix credere potuimus, ipse est laicus coniugatus⁶⁴. Et ecce, laicus habens uxorem docet sacram scripturam inter sacerdotes, clericos et spirituales contra decretales Papae, qui docet, quod nemo possit deo servire in matrimoniis, ideo etiam prohibuit clericis uxores⁶⁵, ut deo possint servire et studere in alea^c. O quod imperator Carolus cum principibus istam Vuittembergam^d ferro, flamma, igne⁶⁶ et omnibus viribus everteret funditus, quae tantas perversitates et novitates in fide et moribus invenit et sequitur. Et esset tempus hoc faciendi, ne forte, quod absit, etiam mulieres et pueri incipiant docere et theologi ac^e magistri nostri fieri (sicut sunt). Quid enim tum fiet, nisi ut magistri nostri fiant mulieres et pueri, et sint omnia perversa?

Ex his ergo concludimus per locum a coniugatis: iste est erroneus, et iste est^f laicus, ergo est erroneus laicus. Et iterum: iste est erroneus, et iste est docens, ergo est erroneus docens. Et ultra: docens est erroneus, ergo doctrina est erronea. Et econtra: alma facultas est recta, ergo doctrina almae facultatis est recta. Et sic patet, quod iste apologeticus est laicus, iuvenis, coniugatus, parvus, Graecus et erroneus, quare impossibile fuit et est, ut veritatem sciret. Ideo et nos cum eo clementius agentes attendendo, quod per suum praeceptorem pestiferum est seductus, rogamus eum, ut desistat ab errore, audiat suos maiores, et si non habet alios, saltem ^g sororem nostram Lipsiam^g audiat, quae eum bene informabit^h. Et hoc de secundo libro.

---

z Witt: ‚est' fehlt
b Witt: Sanc.
d A: Vuittem= | berga
f B Witt: ‚est' fehlt
h Witt: informabunt

a Witt: Baccalaureus
c Witt: (in alea)
e Witt: &
g–g Witt: sorores nostras Coloniam & Louanium

---

⁶³ Vgl Eov I 42 (App 1): videtur mihi impossibile, quod unus homo parvus, ut ipse [ERASMUS] est, tam multa deberet scire (BÖMER 72,10f).

⁶⁴ MELANCHTHON war seit dem 26./27. November 1520 verheiratet; vgl MBW Nr 111f.

⁶⁵ Vgl Concilium Lateranense I (1123) can 7; COD (Bologna ³1973) 191; vgl auch AUGUST FRANZEN, Zölibat und Priesterehe in der Auseinandersetzung der Reformationszeit und in der katholischen Reform des 16. Jahrhunderts (Münster 1969) 16ff.

⁶⁶ Vgl DTF: O impiam et inverecundam arrogantiam, vinculis, censuris, immo ignibus et flammis coercendam potius quam ratione convincendam! (EA 36,6–8; BOS, AaO 65,73–75).

Liber tertius continet quasdam regulas pro intellectu bibliae.

In lege Mosi praeceptum fuit, ut sacerdotes iudicarent „inter lepram et lepram"[67] et sine sacerdotis iudicio nullus fuit reputandus mundus vel immundus[68]. Sic in nova lege ordinatae sunt universitates, inter quas merito praecellit nostra Parrhisiensis studiorum mater, quae de doctrinis iudicent; et sine earum iudicio[a] nemo catholicus vel haereticus reputetur. Quare pro isto iudicio informando paucas regulas vel articulos ponemus.

Prima regula[b].
Scriptura sancta est obscura.

Haec regula est supponenda tanquam principium fidei[69], ideo non debet probari.

Secunda.
Nulli credendum est scripturam simpliciter alleganti.

Probatur ex prima regula, quia omnis talis allegans allegat obscuritatem, ergo:

Tertia.
Scriptura debet accipi secundum expositionem magistrorum sacrae theologiae, praesertim Parrisiensium.

Haec patet ex praedictis, quia sunt ordinati ut iudicent „inter lepram et lepram"[70]. Secundo, quia habent liripipium, ergo sunt illuminati[c] in fide et non possunt errare, ut supra est probatum[d]. Sed quia istae regulae videntur novae, volumus eas exemplis ostendere. Quando Christus dicit Ioan. 8: „qui facit peccatum, servus est peccati"[71], videtur quidem apertus esse intellectus, quod liberum arbitrium non possit nisi peccare, sed non est ei credendum, sed[e] obscurus est et audire oportet, quid magistri ibi dicant. Sic quando Paulus Ro. 14 dicit: „omne quod non[f] est ex fide, peccatum est"[72], videtur aperte Paulus opera moralia damnare, ideo expectanda est determinatio almae facultatis. Imo quod plus est, ille locus Gen. 1: „in principio creavit deus coelum et terram" est ita obscurus, ut multos possit errores generare, si magistri liripipiati non essent. Posset enim aliquis sic legere: ‚in principio cremavit, id est combussit deus coelum et terram'. Item posset aliquis sic

---

[a] A: iuditio
[b] Witt: ‚I.'; entsprechend ‚II.' bis ‚X.'
[c] A: illumminati
[d] Witt: probatum est. Absatz
[e] Witt: quia
[f] A: ‚non' fehlt

---

[67] Dtn 17,8. [68] Dtn 21,5.
[69] LUTHER bezeichnet später in De servo arbitrio die claritas scripturae als „primum principium nostrum" (WA 18,653,33f). Vgl FRIEDRICH BEISSER, Claritas scripturae bei Martin Luther (Göttingen 1966).
[70] Dtn 17,8. [71] Ioh 8,34. [72] Rom 14,23.

legere: ‚in principio creavit deus zelum et iram', per ‚zelum' invidiam intelligendo, quasi deus invidiam et iram creasset. Et multi alii errores nephandi possent sic ex scriptura emergere, si magistri non vigilarent et permitterent nudam scripturam allegare.

Nec valet dicere, quod scriptura est in aliquibus locis aperta, quia iam probatum est oppositum ex Gen. 1, ubi videtur apertissima esse. Etiam ideo, quia certum est scripturam alicubi esse obscuram, ergo ubique, tenet consequentia, quia est ubique eiusdem rationis. Ubique est vera, sancta: ergo et ubique obscura. Sicut in simili dicit Aristoteles de homogeniis, quod partes imitantur totum. Sicut aqua est tota humida et rotunda, ergo et guttae sunt humidae et rotundae. Bene ergo fecit Eckius, quando Lipsiae non voluit scripturas audire ex Luthero, sed exegit, ut sua et patrum expositio audiretur[73]. Recte et Hieronymus Emser facit, quando probat iuxta has regulas scripturam esse obscuram, ergo Luthero non esse credendum[74].

Imo videte necessitatem mirabilem magistrorum nostrorum. Nec textus bibliae maneret, nisi ipsi essent. Ecce quidam cum legeret evangelium Lucae 7, ubi scriptum est: „Simon, habeo[g] tibi aliquid dicere. Magister, dic"[75], ipse deceptus, per literam ‚d' poetice et haeretice scriptam putans esse ‚c' et ‚l', legit sic: ‚Simon habeo[h] tibi aliquid clicere, et ille: magister, clic'. Alius legere debuit: „regem vestrum crucifigam"[76], et legit: ‚regem vestrum crucifigaui', maximo errore. Item alius ‚decem Muas' pro „decem Mnas"[77] et talia multa. Ergo cavendum a nuda scriptura valde et pro ea magistris nostris vigilandum.

Item cum Lutherus negaret in scripturis purgatorium probari aperte[78], est conclusus per expositionem magistrorum nostrorum super illud: „transivimus per ignem et aquam"[79] et per illud 1. Cor. 3: „salvus erit sic tamen, quasi per ignem"[80] et Ps. 16: „igne me examinasti"[81]. Si enim hic nudas scripturas sequeremur, nihil probaretur. Item illud: „pasce oves meas"[82], si sine liripipio aliquo allegatur[i], non significat[j] ‚papisare', sed ‚evangelisare' videtur eius esse significatio. Item illud Prover.: „diligenter agnosce vultum pecoris tui"[83], non cogit ad confessionem, si liripipium desit. Et breviter: si scriptura nuda allegata tenetur, omnes universitates errarent et haereticae essent. Et nullus modus maneret resistendi haereticis fieretque mundus plenus erroribus.

[g] AB: Simon habet
[h] AB: Simon habet
[i] A: al= | gatur
[j] A: signisicat

---

[73] Vgl zB WA 2,278,3–5; 282,10–12; 298,8–12.17–21 (freundlicher Hinweis von Herrn Dr F T Bos, Nieuwegein).
[74] In der Schrift „W]der das vnchristenliche buch Martini Luters Augustiners an den Tewtschen Adel außgangen" spricht EMSER von den „trieben vnd dunckeln wolcken der schrifft", die ohne die Auslegung der Väter nicht zu durchdringen seien; hg v L ENDERS (Halle 1890) 13; vgl auch 9f. 38 und 40. Zum Streit mit EMSER über die Auslegung der Schrift vgl BEISSER, AaO 25ff.
[75] Lc 7,40.   [76] Ioh 19,15.   [77] Lc 19,13.
[78] WA 2,323,15; verurteilt in der DTF (EA 51,7ff; Bos 90 § 74).
[79] Ps 65,12 (Vg).   [80] 1Cor 3,15.
[81] Ps 16,3 (Vg).   [82] Ioh 21,17.
[83] Prov 27,23.

Quarta regula.
Dicta sanctorum patrum sunt obscura.

Haec est etiam supponenda, probatur tamen ex magistro sententiarum, Gratiano et studio omnium universitatum. Quid enim facit magister sententiarum, quam quod obscura dicta patrum exponit? Nonne id facit Gratianus? Nonne id omnes universitates? Imo maior est in eis obscuritas quam in biblia, cum multo plures in ea laborent quam in biblia, ut patet ad sensum.

Quinta regula.
Nulli credendum est simpliciter patres alleganti.

Probatur per praedictam, quia omnis talis allegans allegat obscuritatem.

Sexta regula.
Dicta patrum debent accipi secundum expositionem magistrorum nostrorum, praesertim Parrhisiensium.

Patet ex dictis. Hinc bene fecit alma facultas, quando Lutherum damnavit, quod Augustinum et Ambrosium allegavit de gratia iustificante loquentes[84], ut verba sonant, cum iuxta magistrorum nostrorum determinationem obscure loquantur et de gratia naturali solum sint intelligendi. Item, quando Augustinus dicit in omnibus operibus et in ipsa charitate vitium esse, quando non est perfecta, obscure loquitur, sed secundum magistros nostros ibi vitium pro imperfectione capit. Sic quando non vindicandum et praebere alteram maxillam exigit super Matt. 5[k][85], obscure loquitur. Et secundum magistros liripipiorum non praeceptum, sed consilium ponit[86].

Et sic habemus, quod scriptura per se obscura est, per se nihil probat; patres autem multo obscuriores et per se multo minus probant.

Septima regula.
Magistri super sententias sunt obscuri.

Quod omnium evidentissimum est per experientiam, quia nullus cum altero concordat, quilibet alteri obscurus et ignotus est. Hinc alii Albertistae, alii Egidiistae[87], alii Thomistae, alii Scotistae, alii Scotellistae, alii Modernistae, alii Occamistae, alii Gregoriistae[88]. Imo hi sunt omnium obscurissimi, quod patet, quia nec in biblia nec in patribus tanta est diversitas.

[k] A: 6.; Witt: 5.

---

[84] Vgl DTF (EA 54f,4 und 5; Bos, AaO 97 § 95 und 96) gegen WA 2,362,1–3 und 401,33f.
[85] Vgl etwa De sermone domini in monte XIX (ML 34,1257–1260).
[86] Vgl DTF (EA 50; Bos, AaO 89 § 70) gegen WA 1,619,3–11.
[87] Nach Ägidius Colonna OESA (um 1245–1316).
[88] Nach Gregor von Rimini OESA († 1358).

Octava regula.
Nulli credendum est sententiarium simpliciter alleganti.

Patet ex praedicta, quia omnis talis allegans allegat discordiam et obscurissimam obscuritatem.

Nona regula.
Dicta sententiariorum debent accipi secundum expositionem magistrorum nostrorum, praesertim¹ Parrhisiensium.

Patet ex dictis et a sufficienti divisione, quia nullus superest, qui possit requiri in quaestionibus et dubiis. Et sic patet: Dum patres elucidant scripturas obscuras, facti sunt ipsi multo obscuriores, ut plus in illis laborandum sit, ut intelligantur et concordentur, quam ipsi in biblia intelligenda et concordanda laboraverunt, ut satis probat magister sententiarum, Gratianus et omnes universitates, sicut diximus. Ulterius scribentes[89] dum elucidant patres, facti sunt omnium obscurissimi et discordantissimi, ut frustra laborent et impossibile sit ipsos aliquando concordari et simul in unum intellectum comportare; imo propter hoc student, ut discordent. Ecce ergo necessitas extrema magistorum. Concludimus ergo cum regula ultima.

Decima regula.
Sola determinatio almae facultatis est lucida, credenda et accipienda, quoties allegatur.

Haec patet ex dictis, quia [90]sola alma facultas elucidat omnia; primo scripturas, post hoc patres, ultimo scribentes, et non potest errare, quia liripipium et almutium non sunt signa fallibilia. Male ergo faciunt, qui scripturas nudas sequuntur, peius, qui nudos patres, pessime, qui scribentes, quia procedunt de obscuritate ad obscuritatem, donec istis omissis almam facultatem audierint et liripipio firmiter adhaeserint. Ibi est lux mundi et regula fidei et morum infallibilis[90].

In fine sunt aliqua dubia videnda. Et primum est hoc[m], quod posset aliquis putare, quod magistri nostri non possent sic simpliciter de suo capite determinare, quia Moses praecepit omnia iudicare secundum legem domini, quod aliqui sic exponunt: non secundum hominis sentimentum. Secundo, quando Iosuae praecepit deus, ut esset dux Israel[91], iussit, ut omnia secundum librum Mosi faceret[92]. Hic est respondendum, quod quia ista allegata sunt ex scriptura, ideo per regulam pri-

---

¹ A: pręserrim   m Witt: hoc est

---

[89] Zum Unterschied zwischen patres und scribentes vgl OTTO BARDENHEWER, Geschichte der altkirchlichen Literatur 1 (Freiburg i Br ²1913/Ndr Darmstadt 1962) 37–46 und BERTHOLD ALTANER – ALFRED STUIBER, Patrologie (Freiburg i Br ⁸1978) 2–6. Patres sind durch doctrina orthodoxa, sanctitas vitae, approbatio ecclesiae und antiquitas vor den übrigen Kirchenschriftstellern ausgezeichnet.
[90-90] Zitiert von COCHLÄUS (vgl oben S 357 Anm 44) 1549,47.
[91] Ios 1,1–9.   [92] Ios 1,7f.

mam, secundam et tertiam dicitur, quod sunt obscura. Debet ergo per legem et librum Mosi ibi intelligi dictamen naturale rationis[93], maxime autem lumen fidei, quod cum lumine naturae non discordat; et utroque lumine sunt illuminati magistri nostri.

Si quis autem illud Deutr. 12 allegat: „Non facias quod rectum est in oculis tuis, sicut nos hodie facimus"[94], ubi videtur aliquibus prohibuisse dictamen rectae rationis, respondetur, quod non, sed quia dupliciter ‚rectum in oculis' capitur, uno modo idem est, quod videtur rectum in oculis. Et sic intelligitur Moses quando dicit: „Non facias quod rectum est in oculis tuis"[95], quia ibi verbum ‚est' capitur pro verbo ‚videtur'. Alio modo simpliciter capiendo verbum ‚est' substantive in suo actu exercitato, et sic non accipit Moses, quia sic quod rectum est in oculis magistrorum, hoc est, diffinitive[n] tenendum.

Aliud dubium, Isaias dicit: Dabo „filios tuos universos Theodidactos, id est doctos a domino"[96]. Et Paulus dicit: „Spiritualis omnia iudicat"[97]. Sed iam non solum magistri nostri sunt filii ecclesiae et spirituales. Et Christus dicit: „Erunt omnes docibiles dei"[98]. Et Hieremias dicit, quod „non docebit vir fratrem suum; omnes enim scient me, quia ego ipse scribam legem meam in cordibus eorum"[99] etc. Ex quibus posset aliquis putare, quod etiam quilibet laicus, si est filius ecclesiae et spiritualis, posset iudicare de omnibus. Respondetur: Isaias per ‚theodidactos' intelligit magistros sacrae theologiae, et Paulus per ‚spirituales' intelligit clericos seu statum spiritualem, in quo magistri nostri sunt principales. Sic et Christus per ‚docibiles dei' intelligit theologos, id est sacrae theologiae professores, qui habent liripipium. Quia theologus dicitur a ‚theos', quod est deus, et ‚logos', id est ratio, quia debet de deo per dictamen rationis naturalis docere et respondere. Sicut Petrus dicit: „parati semper reddere rationem (id est dictamen naturale) de ea, quae in vobis est, fide et spe"[100].

Si autem replicatur: Isaias dicit: ‚omnes' et Christus: ‚omnes' et Hieremias: „nullus docebit fratrem suum", ex quibus vult sequere[o], quod omnes Christiani sunt magistri sacrae theologiae liripipiati aut quod non soli magistri possunt iudicare, sed omnes, qui credunt et spiritum ac sensum Christi habent, et illis est credendum, respondetur: ista ratio est valde taediosa et tamen non concludit. Ego autem dominus Decanus darem dimidium liripipii mei, quod Isaias et Christus extra misissent[p] hoc signum universale ‚omnes'[q] (in secreto loquendo), quia facit multos praetensos. Tamen non est veritas deserenda. Respondetur ergo per notabilem et solennem distinctionem[r], quod triplex est veritas: una iurisdictionaliter[s] decisa, et haec pertinet ad pontifices et concilia: alia est magistraliter et doctrinaliter deter-

[n] Witt: definitiue
[p] Witt: omisissent
[r] A: distin= | cionem

[o] Witt: sequi
[q] A: omnis; Witt: omnes
[s] A: Iurisditionaliter

[93] Vgl unten Z 24; naturalis?
[95] Vgl Ex 15,26.
[97] 1Cor 2,15.
[99] Ier 31,33f.

[94] Dtn 12,8.
[96] Is 54,13.
[98] Ioh 6,45.
[100] 1Pt 3,15.

minata, et haec pertinet ad almas facultates; tertia est fraternaliter nota et in privato inspirata a deo. Ex his dicitur, quod veritas primo et secundo modo est publice tenenda, et de istis non loquitur Christus, sed de veritate tertio modo, quae non est publice tenenda, praesertim si est contraria duobus modis primis. Et ratio est, quia nunc fieret una confusio et inordinatio, quod superior deberet tacere et discere ab inferiori.

Si autem dicitur: Tamen Paulus dicit 1. Cor. 14: „Si sedenti revelatum fuerit, prior taceat"[101], ubi manifeste docet, quod privatus debet audiri in publico et tacere, qui publice docet[t] in ecclesia, respondetur: ‚prior' in isto capitulo potest multis modis accipi, similiter et ‚sedens'. Quia scriptura hic est nuda, ideo est obscura. Uno modo est prior dignitate et sic non debet accipi hic, quia turpe est, quod dignior taceat indigniori. Alio modo prior tempore, natura, ordine, ut patet in postpraedicamentis et sic priores ordine sunt inferiores et iuniores et[u] scholares, qui praecedunt praelatos, ut patet in processionibus. Et illi debent tacere sedenti, id est magistris sedentibus in cathedra doctoraliter. Et ultra haec est adhuc alia acceptio: prior significat superiorem in Carthusia et ordinibus mendicantium. Et illi debent tacere sedenti, idest episcopo suo, qui habet sedem, id est episcopatum. Turpe esset enim ibi sedentem accipere pro quolibet sedenti, quia tunc etiam prior seu superior deberet tacere canibus et avibus, quandocunque sedent.

Ultimo, si dicatur: veritas, a quocunque dicatur sive privato sive publico, est tenenda publice ab omnibus, quia a spiritu sancto dicitur; sic Christus hic dicit „omnes sunt docibiles dei"[102]; ergo qui eos non audit, deum, qui eos docet et inspirat, non audit; nihil ergo prodest illa solennis distinctio, respondetur: diximus prius, quod multum taediosa est ista ratio et tamen non concludit, quia sequere[v] vellet magnum et multum inconveniens, quod inferior deberet docere superiorem. Ideo qui simpliciter vult dicere, potest dicere secundum regulam primam et secundam, quod scriptura ista est obscura et non credenda simpliciter allegata sine glossa. Quomodo autem sit glossanda, propter prolixitatem et brevitatem temporis supersedemus usque in aliud tempus.

Haec pro nunc sufficiant pro introductorio ad sacram theologiam studendam, ut sciat unusquisque, ubi debeat incipere, ne erret, si scripturas primo apprehenderit et pereat in obscuritatibus eius. Et sic Apologia ista Philippi Melanchthonis funditus est subversa[w]. Acta sunt haec Sorbonae modis, animis, personis, studiis et omnibus circumstantiis requisitis et necessariis, quibus et in prima determinatione usi sumus, nisi quod eundem diem et mensem servare non potuimus, tamen culpa nostra non fuit, quia praeterierant, frustra rogati, ut manerent ad finem causae.

FINIS.

[t] Buchwald: doceat
[v] Witt: sequi
[u] A: iuniores &; Witt: iuniores, ut
[w] Witt: Absatz

[101] 1Cor 14,30.
[102] Ioh 6,45.

DATIERUNG, TEXTGRUNDLAGE UND INTERPRETATION EINIGER BRIEFE LUTHERS VON 1517–1522

von

Martin Brecht

Der Briefwechsel Luthers begann innerhalb der Weimarer „Kritischen Gesamtausgabe" erst seit 1930 zu erscheinen und wurde mit dem Register 1983 zum Abschluß gebracht. Die Bände 1–10 hatte Otto Clemen bearbeitet. Daß er es dabei gelegentlich an der nötigen Sorgfalt fehlen ließ und deshalb nicht selten hinter der von Ludwig Enders im Rahmen der „Erlanger Ausgabe" veranstalteten Briefedition zurückblieb, ist bekannt. Fast einen ganzen Band füllen die „Nachträge und Berichtigungen"[1]. Nach Meinung des letzten Betreuers des Briefwechsels, des verstorbenen Hans Volz, waren die Berichtigungen aber nur vorläufige Reparaturen anstelle einer Neubearbeitung. An manche heiklen Probleme der Briefedition wurde dabei gar nicht gerührt. Der vorliegende Beitrag will einige von ihnen, betreffend die Datierung, Textgrundlage und Kommentierung wichtiger Lutherbriefe aus den Jahren *1517–1522,* aufgreifen. Das Schwergewicht liegt bei der Redaktion politisch bedeutsamer Briefe Luthers durch Spalatin. Insgesamt soll damit erneut exemplarisch verdeutlicht werden, daß die Lutherforschung auf die Dauer um eine Neubearbeitung der Briefedition, die sich noch einmal der Texte selbst, ihrer zeitlichen Ansetzung und ihrer Erklärung versichert, nicht herumkommen wird.

Datierungsprobleme

Die Fragwürdigkeit der Datierung des Briefes *Nr 50* von Luther an Spalatin[2] auf Anfang November 1517 müßte viel deutlicher herausgestellt werden, als es der Fall ist, da dieser Brief eine große Rolle in der frühen Wirkungsgeschichte der Ablaßthesen spielt. Entscheidet man sich für die sehr wohl vertretbare alternative Datierung auf Februar 1518, entfällt ein wichtiges Zeugnis für die frühe Informiertheit des kursächsischen Hofes vom Thesenanschlag.

Weniger folgenreich ist die fragwürdige Ansetzung des Briefes *Nr 58* an Hieronymus Scultetus, Bischof von Brandenburg[3], auf den 13. Februar 1518 anstatt auf

---

[1] WABr 13. [2] WABr 1,117–119. [3] WABr 1,135–141.

den 15. Mai. Aber die Umdatierung arbeitet hier mit so gewagten Hypothesen, daß man ihnen heute guten Gewissens nicht mehr folgen kann. Akzeptiert man das überlieferte Datum 15. Mai, dann bedeutet das immerhin, daß die „Resolutiones disputationum de indulgentiarum virtute" von Luther sofort nach seiner Rückkehr von der Heidelberger Disputation abgesandt werden konnten, mithin nicht noch einmal überarbeitet wurden, sondern Anfang April 1518 fertiggestellt waren.

Die Datierung des Briefes *Nr 102* von Luther an Spalatin[4] ist zwar nicht einheitlich überliefert, aber immerhin ist Wittenberg der Ausstellungsort. Man wird den Brief darum nicht in die Zeit des Augsburger Verhörs verlegen dürfen, sondern mindestens dabei bleiben müssen, daß er nach der Rückkehr von Augsburg geschrieben wurde.

Für den Brief *Nr 119* von Staupitz an Luther[5] ist als Datum der 14. September bezeugt, was jedoch wegen des vermuteten Itinerars von Staupitz gewisse Schwierigkeiten bereitet. Die Briefausgabe verlegt den Brief deshalb in den Dezember, was jedoch schon von Hanns Rückert angezweifelt wurde, der sich für den August entschied[6]. Vor seiner Ankunft in Augsburg am 12. Oktober dürfte sich Staupitz sehr wahrscheinlich in München oder allenfalls in Memmingen aufgehalten haben, da ihm Luther am 7. Oktober nach der Ankunft in Augsburg einen Boten schickte und seine Ankunft schon am 10. Oktober erwartete. Man wird also annehmen müssen, daß Staupitz entgegen Luthers Informationen im August nicht nach Nürnberg gereist ist, sondern im September sich noch in Salzburg aufhielt.

Eine kleine Datierungsverschiebung könnte man im 2. Band bei dem Brief *Nr 297* von Luther an Spalatin[7] erwägen. Luther erwähnt Zeile 6 seine Absicht, die „Epitoma responsionis ad Lutherum" des Sylvester Prierias cum adnotationibus meis herauszugeben.

In dem Brief *Nr 296* an Johann Heß vom 7. Juni 1521 heißt es dann: edemus libellum tartareum cum Lutheranis adnotiunculis. Die Edition erscheint jetzt als das Werk mehrerer Beteiligter, was sie dann in der Tat wohl auch war[8]. So spricht einiges dafür, den Brief *Nr 297* mit seinen interessanten Angaben über Luthers weitere literarische Pläne, darunter erstmals das Projekt der Schrift „An den christlichen Adel", kurz vor dem Brief *Nr 296* in den ersten Junitagen anzusetzen.

Bei der Datierung der ersten Wartburgbriefe *Band 2 Nr 405* und *406* hat Rückert gewisse zutreffende Korrekturen vorgenommen[9].

---

[4] WABr 1,218f.
[5] WABr 1,264–267.
[6] Luthers Werke in Auswahl 6 (Berlin ²1955) 11 Anm zu Z 18f.
[7] WABr 2,119f.
[8] Vgl MARTIN BRECHT, Curavimus enim Babylonem, et non est sanata, in: REMIGIUS BÄUMER (Hg), Reformatio Ecclesiae. Festgabe für ERWIN ISERLOH (Paderborn usw 1980) 581–595.
[9] Luthers Werke (wie Anm 6) 32.

„Peccaris fortiter"

Das Fragment des Briefes *Nr 424* von Luther an Melanchthon vom 1. August 1521[10] ist, wie die Varianten ausweisen, in sehr unterschiedlicher Textgestalt überliefert. Welches der bessere Text ist, war bisher schwer zu entscheiden. WA Briefe folgt im allgemeinen Aurifabers Briefausgabe, der das Stück angeblich in Spalatins Bibliothek gefunden hatte[11]. Aufgrund des Fundorts ist damit zu rechnen, daß Aurifaber nicht Luthers Autograph vorlag. Die Angaben über die sonstige Überlieferung sind schon insofern unpräzise, als nicht vermerkt wird, daß die Gothaer Sammelhandschrift A 402 den Brief erst ab Zeile 51 bietet. Diese Handschrift geht über Hieronymus Besold auf Veit Dietrich zurück[12] und ist damit schon an sich ein wichtiger Textzeuge. Entgangen war Clemen, daß die dem Codex Besold verwandte Hamburger Handschrift Sup. ep. (4°) 73[13] den Brief ab Zeile 51 gleichfalls enthält[14]. Die Hamburger Handschrift ist keine Abschrift des Codex Besold, sondern schöpft aus derselben Quelle (Veit Dietrich) wie dieser[15]. Sie überliefert Textteile, die im Codex Besold ausgelassen oder verändert worden sind, enthält aber auch ihrerseits Abweichungen. Zusammen bilden der Codex Besold und die Hamburger Handschrift eine Textfamilie, die erhebliches Gewicht gegenüber dem auch sonst nicht sonderlich zuverlässigen Aurifaber beanspruchen darf. Im wesentlichen bestätigt die Hamburger Handschrift die Textform des Codex Besold. Sie bietet aber wie Aurifaber die in jenem fehlende Zeile 60, in der sie nur die Worte „per vim" ausläßt. Der etwas härtere Text des Codex Besold, der gelegentlich auch deutliche Nuancen im Sinn gegenüber Aurifaber aufweist, dürfte dessen Version insgesamt vorzuziehen sein[16].

Die Überlegungen über die richtige Textgestalt eines Lutherbriefes sind in diesem Fall von besonderer Bedeutung. In ihm fällt nämlich die vielzitierte, bei Luther so einmalige und theologisch provozierende Wendung „pecca fortiter". Sie findet sich allerdings nur bei Aurifaber, während der Codex Besold und die Hamburger Handschrift „peccaris" bieten. Grammatikalisch ist diese Variante möglich. Es handelt sich dabei um einen voluntativen Konjunktiv, der auch im Perfekt präsentische

---
[10] WABr 2,370–373.
[11] WABr läßt anders als ENDERS (wie Anm 29) 3,205 Nr 440 das Zitat am Anfang aus „Von der Beicht" (WA 8,159,13–15) weg, obwohl unklar ist, wie es in den Zusammenhang geraten ist. Man sollte nämlich nicht übersehen, daß AURIFABER am Schluß des Zitats den Nachsatz „das ist zu hoch gefahren, lieben Herren" bietet, der sich im Druck von „Von der Beicht" nicht findet. Es ist also nicht ausgeschlossen, daß SPALATIN an dieser Stelle getilgt hat.
[12] WABr 14,59f Nr 122.
[13] WABr 14,76 Nr 165.
[14] HANS VOLZ führt den Brief zwar aaO nicht auf, wohl aber WABr 13,40.
[15] Vgl WA 48,365.
[16] Allerdings bietet die Hamburger Handschrift mit AURIFABER Zeile 84 richtig „ficte", während der Codex Besold „fictos" hat: „Gott macht nicht fiktiv die Sünder heil", statt des wenig sinnvollen: „Gott macht nicht fiktive Sünder heil". – Zeile 86 und 87 haben der Codex Besold und die Hamburger Handschrift „anima" statt „iustitia", was im zweiten Fall sicher falsch ist. – Das allein bei AURIFABER vorkommende „per" (Zeile 88) könnte von diesem zugefügt sein. – Die von AURIFABER abweichende Textform Zeile 90 wird von der Hamburger Handschrift bestätigt. Dasselbe gilt für das „etiam" (Zeile 93).

Bedeutung hat[17]. Zu übersetzen wäre also: „und magst kräftig sündigen". Innerhalb der Imperative „Esto peccator et pecca(ris) fortiter sed fortius fide[18] et gaude in Christo" wirkt der Imperativ „pecca" stilistisch konsequenter. Dennoch habe ich erhebliche Zweifel, daß Luther so formuliert hat. Auch wenn man überspitzte Redeweise in Rechnung stellt, erscheint es fraglich, ob er so von der Sünde reden konnte. Wie Ferdinand Kattenbusch gezeigt hat[19], ist es allerdings nicht unmöglich, das „pecca fortiter" im Rahmen der Theologie Luthers zu interpretieren. Insgesamt besteht somit folgende Situation: Besser bezeugt ist „peccaris", stilistisch verdient „pecca" im Zusammenhang den Vorzug, dem jedoch theologische Bedenken entgegenstehen. Bei der Abwägung der Varianten ist mE „peccaris" vorzuziehen. Ganz unbefangen wird man das Lutherzitat „pecca fortiter" künftig nicht mehr gebrauchen dürfen.

Daß die Textgestalt der Briefe *Nr 339* an Konrad Sam[20] und *Nr 376* an Johann von Staupitz[21] unter Berücksichtigung der Hamburger Handschrift gleichfalls einer Überprüfung bedarf, sei angemerkt.

Kurz sei hier auf eine umstrittene Sacherklärung hingewiesen. Es handelt sich um das Bibelzitat WABr 2,331,15. WABr verweist auf Walch, der die Stelle mit Ps 4,5 identifizierte, obwohl das mit dem Wortlaut der Vulgata nicht übereinstimmt. Rückert[22] hingegen merkt an: Vgl Lk 12,3. Das befriedigt jedoch nicht recht. Ein Blick in die „Operationes in psalmos" zeigt, daß Luther in der Tat Ps 4,5 zitiert, allerdings nach dem Psalterium Hebraicum, der lateinischen Übersetzung des Hieronymus aus dem Hebräischen. Die richtige Verifizierung eines Zitats ist zwar erfreulich, aber nicht unbedingt von größerer Bedeutung. Möglicherweise wußte Luther den Wortlaut des Psalterium Hebraicum von Ps 4,5 auswendig. Es ist jedoch aufgrund dieses Zitates nicht ganz ausgeschlossen, daß Luther außer der hebräischen Bibel, die er neben dem Neuen Testament auf die Wartburg brachte[23], auch noch das Psalterium Hebraicum des Hieronymus bei sich hatte. Das könnte für die Interpretation der damals entstandenen Auslegungen von Ps 67, 118 und 36[24] von Belang sein.

Spalatin als Redaktor von Lutherbriefen

Im folgenden sollen nicht weitere Einzelbeobachtungen zu Luthertexten, wie sie bei der Beschäftigung mit ihnen erwachsen, ausgebreitet werden; vielmehr soll

---

[17] Die Hinweise über die einschlägigen Möglichkeiten der lateinischen Grammatik verdanke ich Herrn UDO ROSENBAUM, Münster.
[18] Wie AURIFABER hat die Hamburger Handschrift das im Codex Besold fehlende „fide et".
[19] FERDINAND KATTENBUSCH, Luthers „Pecca fortiter", in: FRIEDRICH TRAUB (Hg), Studien zur systematischen Theologie. Festgabe THEODOR HAERING (Tübingen 1918) 50–75.
[20] WABr 2,188–190.   [21] WABr 2,262–265.
[22] Luthers Werke (wie Anm 6) 33 Anm zu Zeile 14.
[23] WABr 2,337,32f.   [24] WA 8,1–35.129–204. 205–240.

an vier bzw fünf Schreiben Luthers gezeigt werden, daß, wie und mit welchem Interesse Spalatin in ihre Formulierung eingegriffen hat. Dabei geht es keineswegs nur um bloße „Lutherphilologie", so wichtig diese schon allein wegen des Quellenwertes bestimmter Dokumente sein mag, sondern in diesem Fall um das Involviertsein Luthers in die kursächsische Reformationspolitik, der eine bestimmte Formulierung gewisser offizieller Lutherbriefe Rechnung tragen sollte. Die Beobachtungen an den Texten können hier historische Einsichten eröffnen.

Der erste offizielle und im Zusammenhang mit der kursächsischen Lutherpolitik hochbedeutsame Brief, den Luther zu schreiben hatte, war eine Stellungnahme wohl vom 19. November 1518 gegenüber Friedrich dem Weisen zu dem Auslieferungsbegehren Cajetans nach dem Augsburger Verhör, die Luther mit seiner Darstellung der Augsburger Vorgänge verband (*Nr 110*)[25]. Das Schreiben sollte zusammen mit einem eigenen Brief des Kurfürsten die Entgegnung an Cajetan bilden und mußte darum besonders sorgfältig formuliert sein. Luther rechnete am 25. November damit, daß Spalatin kritische Bemerkungen dazu machen würde[26]. Leider ist die Überlieferung dieses Briefes nicht mehr ganz durchsichtig, da weder Entwurf noch Ausfertigung im Original erhalten sind. Der Brief ist in zwei Handschriften und den Gesamtausgaben des 16. Jahrhunderts überliefert. Die von Veit Dietrich stammende Dresdener Handschrift C 351 bietet vor unserem Brief das Schreiben Friedrichs des Weisen an Cajetan[27]. Dietrich kann beide Schriftstücke sowohl unter den Papieren Luthers als auch in der Kanzlei gefunden haben. Die von Georg Rörer überarbeitete Abschrift Michael Stifels (Jena Bosq 25 a), die zugleich die Vorlage für die Wittenberger Ausgabe war, steht der Jenenser Handschrift in vielem näher als den Drucken. So spricht vieles dafür, daß die Abschriften aus den Papieren Luthers stammen. Ob für den Druck zusätzlich eine redigierte Fassung des Briefes herangezogen wurde oder ob Rörer von sich aus die Druckfassung schuf, ist nicht klar. Einige Varianten könnten darauf hindeuten, daß eine zweite abweichende Vorlage vorhanden war: Das gilt für magnifico (Z 19) und für die etwas förmlichere Fassung von Z 34f. Hingegen könnten manche Titulaturen einfach wegen der Verständlichkeit erweitert sein (zB Z 8, 44, 49, vielleicht auch 405). Die namentliche Nennung des Bischofs Hieronymus von Brandenburg (Z 360) wirkt wieder offiziell. Die sinnändernde Ersetzung Cajetans durch Friedrich den Weisen (Z 406f) ist schwerlich 1518 erfolgt. Mit Sicherheit läßt sich also eine Redaktion dieses Briefs durch Spalatin nicht mehr feststellen. „Politisch" motivierte Änderungen sind nicht eindeutig nachweisbar.

Immerhin zeitigt die Durchmusterung des großen Variantenapparats ein anderes Resultat. Die Textfassung der Dresdener Handschrift ist in manchem ungeglätteter und härter und damit ursprünglicher als die der Drucke. Dennoch gab Clemen die Fassung der Wittenberger Ausgabe wieder. Daß er dabei kein gutes Gewissen

---

[25] WABr 2,235–247.
[26] WABr 2,253,6–8.
[27] Vgl die Angaben über die Handschriften WABr 2,136 und 250.

hatte, zeigt seine Bemerkung[28]: „Wir müßten wohl eigentlich eine der beiden Hss, die unsern Brief in seiner Urform darbieten, zugrunde legen". Er entschuldigte sein Vorgehen mit der Fehlerhaftigkeit der Dresdener Handschrift, über die freilich noch zu diskutieren wäre, und mit der Kompliziertheit der von Rörer überarbeiteten Abschrift Stifels. Aus diesem Grund berücksichtigte er die Jenenser Handschrift nicht einmal im Apparat und blieb somit selbst hinter Enders[29] zurück. Einer der ganz bedeutenden Lutherbriefe steht der Forschung nur in einer problematischen Textgestalt zur Verfügung. Hier muß die Editionsarbeit unter Zugrundelegung der Handschriften und Berücksichtigung ihrer Schichtung neu getan werden. Erforderlich ist in diesem und vielleicht auch in anderen Fällen außerdem ein Überblick, aus welchen Quellen Veit Dietrich und Michael Stifel sonst abgeschrieben haben. Danach läßt sich vielleicht entscheiden, ob die ursprüngliche Überlieferung des Briefes aus einem oder aus zwei Strängen, nämlich der Urfassung Luthers und der Redaktion durch Spalatin, besteht.

Ende August 1520 trat die Luthersache in ein kritisches Stadium. Luther und der kursächsische Hof wußten, daß die Bannandrohungsbulle unterwegs war. Entscheidend für Luthers weiteres Schicksal mußte es sein, wie der neugewählte Kaiser Karl V. sich zur Sache des Reformators stellen würde. Der erste Besuch des Kaisers in Deutschland zum Zweck der Krönung in Aachen und des ersten Reichstages stand unmittelbar bevor. Luther hatte mit der Anfang August erschienenen Schrift „An den christlichen Adel" dem Kaiser und den Obrigkeiten des Reichs sein Reformprogramm vorgelegt. Im letzten Drittel des Augusts muß Spalatin Luther außerdem zu einem direkt an Karl V. gerichteten Brief und einer für die Öffentlichkeit bestimmten Erklärung über seine Sache aufgefordert haben. Es verstand sich von selbst, daß Luther diese wichtigen Schreiben Spalatin zur Korrektur vorlegte. Das geschah am 23./24. August[30]. Spalatin sollte sie sorgfältig ausfeilen und glätten. Nachdem dies erfolgt war, konnte Luther Spalatin am 31. August schon das gedruckte „Erbieten"[31] und die endgültige Fassung des Briefes an den Kaiser[32] übersenden[33].

Der Brief an den Kaiser ist in zwei Drucken überliefert. Ferner gibt es von ihm einen nicht von Luthers Hand herrührenden Entwurf. Die Erklärung dieses Umstands macht dem Herausgeber der Weimarer Briefausgabe einige Mühe, er ist aber mE einfach zu deuten. Luther hatte am 24. August Spalatin wissen lassen, daß er das „Erbieten" und den Brief an den Kaiser auch „anderen Freunden" zeigen werde, zumal er sich bei deren Abfassung aus unbekanntem Grund nicht auf der Höhe gefühlt hatte[34]. So erklärt sich die unfertige Form des Entwurfs. Er weicht in einigen Formulierungen, aber nicht in der Sache von der etwas gestrafften end-

---

[28] WABr 2,136.
[29] ERNST LUDWIG ENDERS, Dr Martin Luthers Briefwechsel 1 (Frankfurt 1884) 283–301.
[30] WABr 2,169,7f und 171 oben,6–9.
[31] WA 6,474–483 (einschließlich der lateinischen Übersetzung).
[32] WABr 2,172–178.   [33] WABr 2,179,8f.
[34] WABr 2,171 oben,7–9.

gültigen Fassung ab. Ob der Entwurf Luthers Erstfassung näher steht als die endgültige Ausfertigung, ist schwer zu sagen, da die Eingriffe des Freundes in den Text nicht sicher feststellbar sind. Größeres Gewicht kommt auf jeden Fall der von Spalatin geglätteten und von Luther autorisierten Endfassung zu.

Der Gedankengang des Briefs an den Kaiser ist relativ einfach: Luther muß zunächst den Umstand erklären, warum er als der kleine „Floh" den König der Könige bedrängt. Ob die Selbstbezeichnung als Floh von Luther oder Spalatin stammt, ist nicht mehr zu klären. Im Entwurf ist an dieser Stelle von „einem Menschlein der allergeringsten Sorte" (vili et infimae sortis homuncio)[35] die Rede. Das Recht, sich an den Kaiser zu wenden, ergibt sich daraus, daß es um die Wahrheit geht, deretwegen man sogar an Gottes Thron herantreten darf. Das wird verstärkt durch das Argument, daß der Fürst entsprechend seinem göttlichen Ebenbild sich des Geringen annehmen soll. So wirft sich der arme Luther als ein ganz Unwürdiger dem Kaiser zu Füßen, der aber eine hochwürdige Sache vorbringt. Nunmehr erfolgt die Schilderung des Falles: Mit der Herausgabe einiger Büchlein hat sich Luther die Nachstellung und Verärgerung vieler und großer Leute zugezogen, obwohl er sich doppelt gesichert glaubte. Einmal, weil er wider Willen an die Öffentlichkeit gegangen ist und nur veranlaßt durch die Gewalt und Nachstellungen anderer zur Feder gegriffen hat, während er eigentlich nichts so sehr wünschte, als im Winkel verborgen zu bleiben. Ferner, weil er nach dem Zeugnis seines Gewissens und dem Urteil der besten Leute sich bemühte, nichts als die evangelische Wahrheit gegen die abergläubischen Meinungen menschlicher Traditionen zu veröffentlichen. Deshalb leidet er schon fast drei Jahre lang ohne Ende Zorn, Schmach und Gefahr. Vergeblich hat er um Verzeihung gebeten, Schweigen angeboten, Friedensbedingungen vorgeschlagen und begehrt, eines Besseren belehrt zu werden. Man will ihn zusammen mit dem gesamten Evangelium auslöschen. Nach all den vergeblichen Versuchen wendet sich Luther wie einst der Heilige Athanasius an den Kaiser, um bei ihm Beistand zu finden. Dabei soll der Kaiser nicht Luthers Person, sondern die Sache der Wahrheit in Betracht ziehen, deretwegen ihm das Schwert übertragen ist. Luther begehrt nicht länger Schutz, als bis er nach einer Verantwortung entweder gesiegt haben oder besiegt sein wird. Er will nicht verteidigt werden, sollte er als gottlos oder häretisch erfunden werden; die Wahrheit oder Falschheit der Sache soll jedoch nicht ohne Anhörung und Widerlegung verdammt werden. Dafür hat der Kaiser zu sorgen, daß der Gerechte nicht dem Gottlosen unterliegt. In diesem Sinn empfiehlt sich Luther dem Kaiser. – Das Schreiben zielt also auf ein gerechtes Verfahren über die von Luther vertretene Sache.

Während Luther klar war, was Spalatin mit dem Schreiben an den Kaiser bezweckte und wie es ausgerichtet sein sollte, war dies hinsichtlich des an die Öffentlichkeit zu richtenden „Erbietens" offenbar nicht der Fall. Luthers Entwurf ist erhalten[36]. Er stellt ein interessantes Zeugnis dafür dar, wie Luther damals von

---
[35] Eine ähnliche Wendung begegnet in dem Schreiben an die böhmischen Landstände vom 15. Juli 1522 (WA 10 II 172,7).
[36] WA 9,302–304.

der Öffentlichkeit verstanden sein wollte. Er erinnerte an seine seit drei Jahren anhaltende Friedens- und Diskussionsbereitschaft, die Disputationen und seine Vorliebe für Ruhe, zu der es aber der Teufel nicht kommen läßt. Luther hätte sich nie gegen das Papsttum gewendet, hätten ihn nicht andere aus Neid und Ehrgeiz angegriffen. Nachdem seine zahlreichen Gegner gegen ihn, den einzelnen, in der Sache nichts ausrichteten, greifen sie nun ihn persönlich an und bezeichnen ihn als „peyssig, rachselig", dh streit- und rachsüchtig. Luther sah also seine Aufgabe darin, der Öffentlichkeit seine Rolle als Polemiker zu erklären. An einer Verteidigung der Heiligkeit seines Lebens lag ihm an sich nicht viel. Hätte er vorausgesehen, daß er zu einem theologischen Lehrer werden würde, der auch als ein Vorbild zu fungieren hatte, würde er seine Lehre fruchtbarer traktiert haben. Wie das gemeint ist, ist nicht ganz klar. Entweder hätte Luther anders argumentiert oder sich als Vorbild anders verhalten. Jedenfalls mußte er nun feststellen, daß seine eigene Demut und Selbstverachtung vom Teufel gegen seine Lehre ausgenutzt wurde. Interessant und bezeichnend zugleich ist Luthers Reaktion in dieser Situation. Er beginnt nicht mit einer Selbstrechtfertigung, sondern bittet Freunde und Feinde um Ruhe und Frieden. Sollte Luther im Eifer übers Ziel schießen, sollte man es ihm zum Besten auslegen. Er gesteht, daß er aus Fleisch und Blut und nicht aus Stein ist und daß sich das in der Auseinandersetzung gegen so viele große Gelehrte und böswillige Menschen bemerkbar gemacht hat. Gegen so viele reißende Wölfe mußte der eine Hund bellen und auch beißen. Er meint aber keinem mit gleicher Münze heimgezahlt zu haben und erklärt sich gegen jedermann bereit, das Beste zu hören und anzunehmen. Er wollte nicht unchristlich handeln oder etwas lehren und schreiben, was gegen Gott und die Seligkeit wäre. Sollte allerdings dieses Friedensangebot nicht angenommen werden, warnt Luther seine Gegner, ihn müde und matt machen zu wollen. In diesem Fall getraut er sich, eher die ganze Welt müde zu machen, denn dem Felsen, auf dem er steht, können selbst die Pforten der Hölle nichts anhaben. Luther erklärt also der Öffentlichkeit, daß er sowohl zum Frieden als auch zum Streit bereit ist. Der Vorwurf, er wolle allein das Licht der Welt vor allen anderen Autoritäten sein, rührt ihn nicht. Die andern hätten ihn in seinem Winkel lassen sollen. Im übrigen gab es in der Geschichte des Volkes Gottes immer wieder den Fall, daß ein einzelner gegen alle anderen die Wahrheit auf seiner Seite hatte. Das alles legt Luther jedermann vor, um ihn vor frevelhaftem Urteil und den Gefahren von Haß und Neid zu bewahren. Er selbst hegt gegen niemand Haß oder Ungunst, „dann meyn mütt ist zcu frolich unnd zcu groß datzü, das ich yemand mocht hertzlich feynd seynn". Luther hat nur die Sache der Wahrheit vor Augen, ihr ist er aus dem Herzen „hold". Sollte es geschehen, daß er um ihretwillen zuweilen zu freimütig und „frisch" ist, bittet er um Verzeihung und bietet sie zugleich seinem Gegenüber an. – Der ganze Entwurf ist eine redliche Darlegung von Luthers Motiven und Verhalten, ein schönes Zeugnis seiner offenen Art. Jedem Sympathisanten mußte diese Mischung aus Friedensbereitschaft, Festigkeit und kritischer Selbstdistanzierung imponieren. Für den vorgesehenen Zweck einer politischen Verwendung enthielt dieser Text freilich relativ wenig Fakten und zuviel persönliche Beteuerungen. Auch die drohende Warnung an die Gegner mochte in diesem Zusammenhang unangebracht erscheinen.

So verwundert es nicht, daß Luthers Entwurf höchstwahrscheinlich durch Spalatin eine durchgreifende, nahezu völlige Umarbeitung erfuhr[37]. MW hat man sich bisher nie klargemacht, wie dabei vorgegangen worden ist. Spalatin hat zunächst Luthers Entwurf ganz beiseite geschoben und statt dessen den Mittelteil des Briefes an Karl V. als Vorlage genommen[38], wobei der Satz von den dreijährigen Verfolgungen nunmehr an den Anfang gestellt wurde[39]. Darauf folgt das Argument, daß Luther nur gezwungen durch seine Gegner an die Öffentlichkeit gegangen ist und lieber im Winkel geblieben wäre. Anschließend wird auch hier beteuert, daß es Luther nur um die evangelische Wahrheit gegen die Menschengesetze gegangen ist. Aus dem Entwurf stammt zunächst lediglich der nunmehr etwas erweiterte Satz, daß Luther nichts gegen Gott und die Seligkeit lehren wollte[40]. Wie im Brief an den Kaiser wird nicht versäumt, die Friedensangebote aufzulisten[41], wobei die Erweiterung vielleicht aus dem Eingang des Entwurfs stammt. Das alles bekommt aber nunmehr eine neue Zuspitzung, indem die Angebote zur Disputation, zu Verhör und Beurteilung durch die Universitäten aufrecht erhalten werden und zusätzlich die Bereitschaft erklärt wird, daß Luther vor unverdächtigen, gleichen, geistlichen und weltlichen Richtern bei einem zureichenden Geleit erscheinen und deren Verhör und Urteil annehmen werde. Sofern er mit der heiligen Schrift überwunden werde, wolle er sich weisen lassen und von seinem bisherigen Vornehmen, mit dem es ihm entsprechend seinem Doktoreid ohne Eigennutz um Gottes Ehre und das Heil und den Trost der Christenheit gegangen sei, abzustehen. Daß seine Gegner ihn wegen seines bisherigen Bemühens als Ketzer, Zertrenner der christlichen Eintracht usw schelten, verzeiht er ihnen[42]. Politisch äußerst wichtig war das Angebot, sich einem unabhängigen Gericht zu stellen und seinen Spruch im Falle der Überführung durch die Schrift anzunehmen. Mit dem Verweis auf Luthers aus seinem Doktoreid abgeleitete bisherige Tätigkeit wurde der Spruch dieses Gerichts sehr geschickt ein wenig vorweggenommen. Das pauschale, bedingungslose Angebot der Verzeihung an die Gegner findet sich so im Entwurf nicht. Ob diese neuen Ausführungen von Spalatin oder von Luther stammen, ist schwer zu sagen. Sie entsprachen, was das Verhörsangebot und den Bezug auf den Doktoreid angeht, jedenfalls Luthers Auffassungen und wurden von ihm vor der Drucklegung auch gebilligt. Der Schlußabschnitt nimmt mit der Warnung vor frevelhaftem Urteil und der Entschuldigung für sein durch die Gegner verursachtes etwaiges zu scharfes Schreiben in weithin eigener Formulierung den Schluß des Entwurfs und damit dessen Hauptintention auf[43]. Das auffallende Vorkommen des Verdienstgedankens im etwas schwierigen vorletzten Satz, in dem sich Luther zur Fürbitte für seine Gegner bereit erklärt, könnte darauf hinweisen, daß er aus der Feder Spalatins stammt. Immerhin hat Luther ihn mindestens stehen lassen. Aus einer entschuldigenden Erklärung über Luthers Motive und Verhalten ist durch Spalatin eine knappe

---

[37] WA 6,480f.
[38] WABr 2,176,28–177,51.
[39] WABr 2,177,45–48.
[40] WA 6,480,24–27 = WA 9,304,5f.
[41] WA 6,480,28–481,1 = WABr 2,177,45–48; vgl WA 9,303,4–6.
[42] WA 6,481,1–14.
[43] WA 6,481,15–25; 9,304,23–31.

Schilderung des Konflikts, das Angebot, sich einem gerechten Verfahren zu stellen, und eine abschließende entschuldigende Geste geworden. So ließ sich das „Erbieten" für den vom kursächsischen Hof ständig verfolgten Zweck einsetzen, Luther ein Verhör vor unabhängigen Richtern zu verschaffen, was nur noch im Zusammenhang mit dem kommenden Reichstag geschehen konnte. Anfang November war das Erbieten in Köln angeschlagen und kam da Franz von Sickingen zu Gesicht[44].

Als Luther im letzten Drittel des Januar 1521 von Friedrich dem Weisen erfuhr, daß der Kaiser seine Sache an sich ziehen wolle, sandte er eine Kopie des Erbietens dem Kurfürsten zu und erklärte sich fast mit den dort vorkommenden Wendungen zum Verhör vor einem unparteiischen Gericht bereit. Es spricht einiges dafür, daß dieser Brief so von Spalatin bestellt und vielleicht sogar vorskizziert war[45]. Der Brief an Karl V. vom 30. August ist diesem erst am 6. Februar 1521 überreicht worden. Offenbar hatte sich während des Zusammentreffens Friedrichs des Weisen mit dem Kaiser in Köln Anfang November 1520 keine passende Gelegenheit geboten. Daß ein solches Überreichen eines Briefes von Luther an den Kaiser nicht ganz einfach war, zeigte sich auch später noch einmal (s u). Anders als im Januar war die Situation für die Übergabe im Februar schon nicht mehr günstig, da der Kaiser auf die Position des Nuntius Aleander eingeschwenkt war und Luther nicht nach Worms laden wollte. Er soll den von dem Marschall Herzog Johanns, Nickel von Ende zum Stein, überreichten Brief zerrissen und auf den Boden geworfen haben[46]. Es ist nicht ganz auszuschließen, daß Herzog Johann, anders als sein kurfürstlicher Bruder, eine Übergabe dieses Briefes riskierte. Seine Wirkung für die sächsische Lutherpolitik tat der Brief an den Kaiser ähnlich wie das „Erbieten" vor allem durch die Veröffentlichung im Druck. Ob der Brief an den Kaiser und die lateinische Fassung des „Erbietens" in Worms durch Hans von Erfurt erneut gedruckt worden sind, bedarf nochmals der Überprüfung[47].

Auf der Rückreise vom Wormser Reichstag schrieb Luther auf Veranlassung von Spalatin einen weiteren großen Brief an Karl V. und übersandte ihn zur Besorgung an Spalatin (Nr 401)[48]. Laut dessen Vermerk auf dem Original wurde der Brief dem Kaiser aber nicht übergeben, weil keiner der Vornehmen diese Aufgabe übernehmen wollte. Nichtsdestoweniger wurde der Brief durch Thomas Anshelm in Hagenau gedruckt[49], was nur mit Wissen Spalatins geschehen sein kann. Da das Original vorlag, verzeichnete WA Briefe die Abweichungen dieses Drucks nicht, was in diesem Fall jedoch zu bedauern ist. Eine Überprüfung ergab, daß der Druck

---

[44] WABr 2,208,3–5.
[45] WABr 2,253–255; vgl auch die Einleitung Anm 1.
[46] Vgl WABr 2,174f.
[47] Vgl JOSEF BENZING, Lutherbibliographie = Bibliotheca Bibliographica Aureliana X. XVI. XIX (Baden-Baden 1966) Nr 703. BENZING lokalisiert diesen Druck HANS WERLICHS in Augsburg. Dagegen nennt KARL SCHOTTENLOHER, Hans Werlich, genannt Hans von Erfurt, der Drucker des Wormser Edikts, in: GutJb 2 (1927) 63 Nr 25 Worms als Druckort.
[48] WABr 2,306–310; vgl 318,2f.
[49] BENZING (wie Anm 47) Nr 1027.

sich weithin sehr treu an das Original hält und nur fünf Druck- oder Übertragungsfehler aufweist. Spalatin muß die Druckvorlage ganz leicht durch einige Umstellungen oder Veränderungen des Wortlauts geglättet haben[50].

Durch Spalatin wurde eine deutsche Übersetzung dieses Briefes angefertigt (Nr 402)[51], die gleichfalls durch Thomas Anshelm gedruckt wurde[52]. Der Titel bezeichnet die Schrift als an Kaiser und Reichsstände gemeinsam gerichtet. Damit stellt dieser Druck eine Übergangsform zu der allein an die Reichsstände gerichteten Version dar. Abgesehen von einigen formalen Varianten bietet der Druck die Übersetzung Spalatins[53].

Die an die Kurfürsten, Fürsten und Stände des Reiches umadressierte Fassung[54] muß wenig später entstanden sein, denn sie wird in Anshelms Druck des lateinischen Briefes auf dem Titelblatt erwähnt: „in quam sententiam etiam Electoribus, Principibus et reliquis imperii ordinibus scripsit, sed Caesari latine et ordinibus germanice"[55]. Gegenüber dem Brief an den Kaiser wurden in dieser Fassung im wesentlichen nur die Formalien (Anreden) geändert oder gelegentlich eine Bitte an den Kaiser in eine solche an die Stände um Fürbitte beim Kaiser umformuliert. Auffällig ist, daß die Adresse in den Drucken am Schluß nach dem Gruß steht[56]. Die Form des Briefes ist korrekt gewahrt.

Im Zusammenhang mit dem Brief an die Reichsstände muß zunächst noch auf ein historisches Problem aufmerksam gemacht werden. Es ist unklar, ob das Sendschreiben Luthers, das am Nachmittag des 30. April der Versammlung der Reichsstände übergeben wurde[57], die an die Stände adressierte Fassung gewesen ist. Die Übermittlung aus Friedberg, dem angeblichen Abfassungsort in Hessen, und die Übersetzung waren schwerlich innerhalb von zwei Tagen zu bewältigen. Ferner bereitet die Annahme, daß ein an den Kaiser gerichtetes Schreiben zuerst den Ständen bekannt gemacht wurde, gewisse Schwierigkeiten. Hier lassen sich sichtlich nicht mehr alle Vorgänge aufhellen. Möglicherweise hatte Luther noch in Worms beide Schreiben gemeinsam mit Spalatin vorbereitet.

WA Briefe gibt den Brief nach dem Wittenberger Druck von Rhau-Grunenberg wieder, unter Verbesserung der auch von Luther am 10. Juni beanstandeten

---

[50] Echte Varianten sind: Zeile 32f statt „qua potui humilitate" „Quam potui humillime". Zeile 63 statt „corporalibus" „temporalibus". Zeile 68 statt „mandat", was für den Kaiser möglicherweise anstößig war, „intendit". Zeile 83 statt „Sacrae" „Serenissimae". Zeile 88 nach „optimo" wird „maximo" hinzugefügt. Zeile 114 vor „communem" wird „et" eingefügt.

[51] WABr 2,310–318. Vgl CARL EDUARD FÖRSTEMANN, Neues Urkundenbuch zur Geschichte der evangelischen Kirchen Reformation (Hamburg 1842 / Nachdruck Hildesheim 1976) 76–78.

[52] BENZING (wie Anm 47) Nr 1028. Vgl WABr 2,311f, wo man allerdings korrekterweise diesen Druck von der Bibliographie des Briefes an die Reichsstände deutlicher hätte abheben müssen. Auch BENZING ordnet den Brief falsch ein.

[53] Vgl Anm 51.

[54] WABr 2,314–317. Der textkritische Apparat erwähnt unter dem Siglum HS 2 gelegentlich SPALATINS handschriftliche Vorlage.

[55] Vgl oben Anm 49.

[56] WABr 2,314,1–6.

[57] Vgl Deutsche Reichstagsakten, Jüngere Reihe Bd 2 (Nachdruck Göttingen ²1962) 893,17–21.

zahlreichen Fehler[58]. Die Varianten in Spalatins Handschriften werden angegeben. Begründet wird die Wahl der Vorlage damit, daß der Wittenberger Druck Luther zu Gesicht gekommen sei. Das ist schwerlich ein ausreichendes Argument dafür, daß die übrigen 14 Drucke, abgesehen von einigen Angaben in der Bibliographie, überhaupt nicht berücksichtigt worden sind[59]. Außerdem dürfte mindestens der Druck von Hans von Erfurt[60], der damals in Worms arbeitete, zeitlich vor dem Wittenberger Druck entstanden sein. Schon wegen seiner Nähe zum Schauplatz Worms hätte er von WA Briefe berücksichtigt werden müssen. In der Tat steht er den beiden handschriftlich überlieferten Übersetzungen Spalatins vom Brief an den Kaiser und von dem an die Reichsstände[61] wesentlich näher als der Druck von Rhau-Grunenberg. Die Unterschiede zeigen sich schon im Titel: „Sendbrief" (Hans von Erfurt), „Copia einer Missive" (Rhau-Grunenberg)[62]. Der Druck von Hans von Erfurt kann aber nicht die Vorlage für Rhau-Grunenberg gewesen sein, denn dieser geht gelegentlich mit Spalatins handschriftlichen Übersetzungen zusammen, wo Hans von Erfurt abweicht. Interessanterweise hat aber Hans von Erfurt auch eine wichtige Gemeinsamkeit mit Rhau-Grunenberg, wo beide sich von Spalatin unterscheiden[63]. Insgesamt muß das auch für die Verbreitungsgeschichte wichtige Stemma der Drucke des Briefs an die Reichsstände und deren Verhältnis zu den Vorlagen Spalatins neu erarbeitet werden. Die inhaltliche Bedeutung der zahlreichen Varianten ist zwar nicht allzu groß; immerhin sind sie aber, wie schon der Apparat in WA Briefe zeigt, nicht unerheblich für die Konstitution des Textes, da sowohl der Druck von Hans von Erfurt als auch der von Rhau-Grunenberg schlimme Textverderbnisse aufweisen. Außerdem ist die Textgeschichte, angefangen bei der Entwicklung der beiden Fassungen Spalatins, in sich nicht ohne Reiz. Wenig wahrscheinlich, wenn auch nicht ganz auszuschließen ist, daß Luther selbst auch an der Übersetzung beteiligt war. Dagegen spricht vor allem das Vorhandensein der beiden Handschriften Spalatins.

Ob die Umadressierung von Luthers Brief vom Kaiser an die Reichsstände mit diesem vorbereitet oder vorher abgesprochen war, muß, wie angedeutet, offen bleiben. Zweifellos war aber schon der Brief an den Kaiser mit der breiten Schilderung der Wormser Vorgänge einschließlich Luthers Stellungnahme auf Öffentlichkeitswirkung angelegt. Das Schreiben mündet in die Feststellung aus, daß Luther in Worms nicht überwunden worden sei. Darum wird an den Kaiser bzw die Stände appelliert, daß sie es nicht zulassen sollen, daß Luthers Gegner gegen ihn mit Gewalt vorgehen und ihn verdammen. Luther erklärt sich zu neuerlichem Verhör vor einem unparteiischen Gericht bereit, sofern aufgrund der Schrift geurteilt wird. Die Funktion des Briefes war also, das Verfahren gegen Luther auch nach den Verhandlungen vor dem Reichstag, der eigentlich die letzte denkbare Instanz war, offenzuhalten. Juristisch gesehen hatte das keinen Erfolg. Das Worm-

---

[58] WABr 2,355,28f.
[59] BENZING (wie Anm 33) Nr 1028–1042.
[60] AaO Nr 1036 und 1040.
[61] Vgl Anm 51 und 54.
[62] Alle Drucke außer denen von HANS VON ERFURT haben die Titelbezeichnung „Copia oder Missive".
[63] Es handelt sich um das ursprünglich wirkende „wegen" als Übersetzung für „submissio" (Zeile 73).

ser Edikt mit der ausgesprochenen Reichsacht stellte die definitive Entscheidung des Kaisers dar. Aber beträchtliche Teile der Öffentlichkeit waren von dieser Entscheidung nicht überzeugt und trugen sie auch nicht mit. Soviel hatten Luther und die kursächsische Politik mit dem Auftreten in Worms bis hin zu dem Brief des Reformators an den Kaiser samt dessen Version an die Reichsstände, die einstweilen Luthers letztes Wort in diesem Zusammenhang darstellten, erreicht. Faktisch blieb das Verfahren jedoch offen.

Während seines Aufenthalts auf der Wartburg hatte Luther naturgemäß keine Gelegenheit, offizielle Briefe zu schreiben. Das wurde sofort anders, als Luther von der Wartburg zurückkehrte und seinen Landesherrn damit in reichspolitische Verlegenheiten brachte, zumal die Wittenberger Unruhen beim Reichsregiment in Nürnberg ohnedies unliebsames Aufsehen erregt hatten. Der großartige Brief, den Luther am 5. März 1522 auf der Rückreise Friedrich dem Weisen geschrieben hatte[64], ließ sich politisch nicht verwenden. Durch Hieronymus Schurf bestellte der Kurfürst darum einen anderen Brief von Luther, der etlichen Herren und Freunden bekannt gemacht werden sollte und durch den der Kurfürst reichspolitisch das Gesicht wahren konnte[65]. Luther sollte darin erklären, daß er ohne Zulassung des Landesherrn nach Wittenberg zurückgekehrt sei und niemand beschwerlich fallen wolle. Luther verfaßte den Brief umgehend am 7. oder 8. März (*Nr 456*)[66]. Er betonte, daß seine Rückkehr keinen Ungehorsam gegen den Kaiser oder den Kurfürsten darstelle. Vielmehr zwang ihn die Verantwortung für seine Wittenberger Gemeinde dazu, zumal ihm mit den Wittenberger Unruhen der „Satan in meine Hürde gefallen" war, was seine persönliche Anwesenheit erforderlich machte. Außerdem befürchtete Luther eine drohende Empörung in Deutschland, die von seinen Gegnern durch falsche Maßnahmen eher begünstigt als verhindert wurde. So wollte er sich dieser Gefahr entgegenstellen. Schließlich mußte er wegen des Not leidenden Evangeliums menschliche Rücksichten zurückstellen. Ausdrücklich wird der Kurfürst von der Verantwortung für Luthers Sicherheit und Leben freigesprochen. In einer Nachschrift erklärte er sich zu formalen Änderungen des Briefes bereit.

Der Kurfürst wünschte in der Tat einige Änderungen oder genauer gesagt Entschärfungen[67]. Vor allem mußte eine spitze Bemerkung über das Reichsregiment in Nürnberg entfallen. Die beanstandeten Stellen hatte Spalatin aufgelistet. Luther schrieb danach die endgültige Fassung am 12. März 1522 (*Nr 457*)[68]. Der erste Satz teilt nunmehr „untertäniglich" die Rückkehr nach Wittenberg mit. Das wird sofort mit der Feststellung verbunden, daß dies gegen den Willen des Kurfürsten geschieht, wobei noch betont wird, daß Friedrich der Weise sich in diese Sache nie einlassen wollte. Abgeschwächt ist hingegen die Bemerkung, daß Luther mit seiner Rückkehr außer sich selbst auch den Kurfürsten und das Land gefährde. Es

---

[64] WABr 2,453–457.
[65] WABr 2,458f.
[66] WABr 2,459–462.
[67] WABr 2,465f.
[68] WABr 2,467–470.

ist nur noch von „anderen" die Rede. Offenbar wollte man schlafende Hunde nicht wecken. Die Begründung für die unerwartete Rückkehr wird nunmehr etwas sorgfältiger eingeleitet. Ganz stark wird der Gehorsam gegen den Kaiser beteuert, wobei sich Luther jetzt sogar die Bezeichnung „mein allergnädigster Herr" abrang, obwohl er sie angesichts der bestehenden Umstände für lächerlich hielt[69]. Der Gehorsam gegen den Kurfürsten wird hingegen nicht mehr ausdrücklich erwähnt. Der Hinweis, daß Luther von der Gemeinde Wittenberg zurückgerufen worden war, wurde selbstverständlich getilgt, ebenso eine selbstbewußte Bemerkung über die Richtigkeit seiner Sache. Wie der Eingang ist auch der Schlußabschnitt deutlich devoter formuliert. Luther meinte, die Änderungswünsche verrieten viele Zeichen des Unglaubens des Kurfürsten, war aber bereit, solche Schwachheit zu akzeptieren[70]. Inhaltliche Konzessionen waren von Luther nicht gefordert worden. Vergrößert war die Distanz zwischen dem Kurfürsten und dem Verhalten Luthers. Mit dieser Unterscheidung hat die sächsische Politik immer wieder gearbeitet. Mindestens verbal blieb das Autoritätsgefüge des Reichs ausdrücklich anerkannt. Das geschickte Argument, daß es der Empörung zu wehren gelte, hatte Luther selbst eingebracht. Damit vertrat er Bemühungen, an denen auch das Reichsregiment interessiert war. Insgesamt erwies sich die kursächsische Beschwichtigungspolitik, für die dieser Brief geschrieben werden mußte, als erfolgreich: Die Rückkehr des gebannten Luther vollzog sich ohne reichspolitische Komplikationen.

Auch in diesem Fall läßt WA Briefe insofern Wünsche offen, als nur sehr vage von „vielen Abweichungen" in den beiden aus Augsburg und Straßburg stammenden Drucken von 1523[71] gesprochen wird und noch nicht einmal eine Charakterisierung von deren Tendenz erfolgt. Zwar basiert der Text von WA Briefe auf dem Original, und deshalb mochte es auch in diesem Fall überflüssig erscheinen, sich mit den Drucken näher zu beschäftigen, zumal deren Text vermutlich infolge von Leseschwierigkeiten an vielen Stellen offensichtlich verdorben ist. Es gibt allerdings zwei Varianten, die aufmerken lassen. Vom Kaiser ist als „meins gnedigsten Herrn" anstatt des „allergnedigsten" die Rede, worüber Luther sich ja mokiert hatte[72]. Möglicherweise ist damit Luthers Einwand berücksichtigt. Ferner wird Luther in der Unterschrift nicht als „undertheniger diener", sondern als „undertheniger Capelan bruder" bezeichnet, wodurch seine Beziehung zum Kurfürsten distanzierter erscheint. Man wird davon ausgehen dürfen, daß die Druckvorlage von einer jener Abschriften stammte, die vom kursächsischen Hof und nicht von Luther selbst verbreitet wurden[73]. Das würde bedeuten, daß Spalatin auch in die endgültige Fassung Luthers noch einmal eingegriffen hat. Auf ihn und nicht erst auf die Drukker könnten auch einige sprachlich interessante Glättungen harter und ungewohn-

---

[69] WABr 2,468,29f.   [70] WABr 2,471,9–11.
[71] WABr 2,467 Anm 1 – BENZING (wie Anm 47) Nr 1603 (Augsburg). Dieser Druck war die Vorlage für Nr 1604 (Straßburg).
[72] Vgl Anm 69 und 70.
[73] Dazu müßten die sonstigen Abschriften dieses Briefes (vgl ENDERS 3, Nr 491), die WABriefe überhaupt nicht mehr erwähnt, verglichen werden.

ter Ausdrücke zurückgehen, die sich im Original finden, zB „Unwille" statt „Unzorn", „urteylen" statt „orttern", „Hirtentum" statt „Hürde" usw. Es zeigt sich an diesem Beispiel einmal mehr, daß die Berücksichtigung der weiteren Überlieferung eines Briefes, selbst da, wo das Original erhalten ist, zusätzliche historische und sprachliche Informationen erschließen kann.

Die vorliegende kleine Untersuchung dürfte deutlich gemacht haben, daß eine genaue Analyse des Textes von Schreiben Luthers zu tieferen Einblicken in die Reformationsgeschichte führen kann. Dabei stellen sich freilich immer wieder berechtigte und keineswegs überzogene oder perfektionistische Ansprüche an die Edition, die die Weimarer Briefausgabe nicht befriedigt, weil sie es in methodischer Inkonsequenz immer wieder unterlassen hat, relevante Textzeugen heranzuziehen und zu berücksichtigen. Auf die Dauer wird die Reformationsforschung hier Abhilfe schaffen müssen.

DER STREIT UM BUCER IN ANTWERPEN*

Ein rätselvoller Textfund und ein unbekannter Lutherbrief

von

Gerhard Hammer

I. Einführung

Die Verfolgungen, welche die Anhänger der Reformation in den Niederlanden im 16. Jahrhundert durch die kirchlichen (Inquisition) und weltlichen (habsburgischen) Behörden erdulden mußten, weiter der achtzig Jahre dauernde Freiheitskampf gegen die spanische Herrschaft, der zur Unterwerfung und Rekatholisierung des Südens und zur Unabhängigkeit der sieben nördlichen Provinzen geführt hat, sind der Grund dafür, daß nur wenige Zeugnisse aus der reformatorischen Frühzeit erhalten geblieben sind. Selbst gedruckte Schriften sind oft nur in einem einzigen Exemplar in den Archiven oder Bibliotheken erhalten. Es ist kaum möglich, sich vorzustellen, was verloren gegangen sein mag. Jeder neue Text, der aufgefunden wird, verändert, korrigiert oder bestätigt unser Bild von den Vorgängen sowie vom Leben und Denken der Menschen.

Einen solchen Fund gilt es hier anzuzeigen: Das Exemplar der niederländischen Ausgabe von Johannes Bugenhagens Psalmenkommentar, erschienen *1526* unter dem Titel „Die Souter [dh Psalter] wel verduytscht wt die heylige oft Hebreeusche sprake. Verclaringhe des gheheelen psalters seer claer ende profitelic door Johannem Bugenhag...", das sich heute in der Bibelsammlung der Württembergischen Landesbibliothek in Stuttgart befindet[1], enthält am Schluß nach Drukkerkolophon und Register drei weitere Druckbogen (Duernionen = 12 Blätter),

---

* Diese Studie wurde in ihrer Rohform während des Tübinger Aufenthalts von Herrn Prof Dr CORNELIS AUGUSTIJN (Amsterdam) im Sommersemester 1982 vorgetragen. Ihm verdanke ich kritische Rückfragen, die zu weiterem Nachdenken Anlaß gegeben haben.

[1] Siehe GEORG GEISENHOF, Bibliotheca Bugenhagiana. Bibliographie der Druckschriften des D Joh Bugenhagen (Leipzig 1908 / Nieuwkoop 1963) 38f Nr 18; ferner ISAAC LELONG, Boek-Zaal der Nederduitsche Bybels, Deel 2 (Te Hoorn 1764) 584f; WOUTER NIJHOFF en MARIA ELISABETH KRONENBERG, Nederlandsche Bibliographie van 1500 tot 1540, Deel 1 ('s-Gravenhage 1923/1962) 191f Nr 508; Deel 2 (1940) XXVIII zSt; 3 I (1951) XVI zSt; WOUTER NIJHOFF, L'Art typographique dans les pays-bas pendant les années 1500 à 1540. Reproduction en facsimile des caractères typographiques, marques d'imprimeurs, gravures sur bois et autres ornements employés pendant cette période 2 (La Haye 1926): JOH HOOCHSTRATEN: Tafel II (Typen, Titelblatt, Initialen); Bibliotheca Theologica WILLIAM JACKSON, Katalog Nr 327–331 OTTO HARRASSOWITZ (Leipzig 1910 / Nieuwkoop 1962) 137f Nr 1702; Index Aureliensis. Catalogus librorum sedecimo saeculo impressorum I 5 (Baden-Baden 1974) 491f Nr 126.898.

die in der ausführlichen Druckbeschreibung Georg Geisenhofs nicht verzeichnet sind[2]. Daß sie nicht sekundär dem „Souter" von einem der Vorbesitzer als fremdes Stück beigebunden worden sind, sondern schon von vornherein als sachliche Ergänzung zu dem Psalmenkommentar gedacht waren, ergibt sich eindeutig aus dem Inhalt, der auf den „Souter" Bezug nimmt, vor allem aber daraus, daß die drei Bogen sich in der Zählung – der Kommentar endet mit dem Bogen gg, die angehängten Bogen tragen die Signaturen hh bis kk – drucktechnisch an den „Souter" anschließen und durch die verwendeten Drucktypen auf denselben Drucker hinweisen[3]. Daraus ist zu schließen, daß die drei Duernionen als *Anhang* zu dem Psalmenkommentar gemeint waren.

Außer den bei Geisenhof verzeichneten Exemplaren des „Souter" sind zwei weitere bekannt geworden[4]. Von allen diesen enthielt nur eines der Berliner Exemplare, die leider infolge der Auswirkungen des zweiten Weltkriegs verschollen sind, diesen Anhang. Somit ist er heute nur noch in dem Stuttgarter Exemplar des „Souter" nachweisbar. Nach der kurzen Beschreibung Johannes Luthers hat dem Berliner Exemplar der mittlere Bogen ii des Anhangs gefehlt[5].

Das Stuttgarter Exemplar (Signatur: Theol.qt.1159) stammt nach dem handschriftlichen Besitzereintrag auf dem Titelblatt aus der Bibliothek des großen Bibelsammlers JOSIAS LORCK (geb 3. Januar 1723 in Flensburg, gest 8. Februar 1785 als Pastor an der deutschen Friedrichskirche in Kopenhagen). Über LORCK siehe JOH GEORG MEUSEL, Lexikon der vom Jahr 1750 bis 1800 verstorbenen teutschen Schriftsteller 8 (Leipzig 1808) 360f. Noch zu Lebzeiten LORCKS kaufte HERZOG KARL EUGEN VON WÜRTTEMBERG 1784 dessen Bibelsammlung. LORCK sollte seine Sammlung selbst noch beschreiben und verzeichnen. Er starb aber kurz danach, so daß die Arbeit von seinen Freunden, besonders von JAKOB GEORG CHRISTIAN ADLER (6. Mai 1734 – 2. November 1804) zu Ende geführt werden mußte (J G C ADLER, Bibliotheca biblica Serenissimi Würtembergensium ducis, olim Lorckiana . . . (Altona 1787), pars IV, S 51 Nr 3594. Zur Geschichte der Lorckschen Sammlung siehe ebd Bl a 3ʳ: „Prima quidem et exigua eius fundamenta posuerat [Lorck] anno 1753, sed deinde augendae et indies amplificandae novae huius bibliothecae voluptate captus, indefesso labore bibliorum editiones ex omnibus Europae partibus congesserat, ita ut xxx annis elapsis thesaurum adeo 5000 variarum editionum possideret. Anno 1784 Havniam [Kopenhagen] petiit Serenissimus Würtembergiae Dux Carolus, ut pro Suo in universam eruditionem amore praecipuus urbis bibliothecas et in primis selectum hunc apparatum biblicum inspiceret, cuius fama iam antea ad eum pervenerat. Inspecta bibliotheca Lorckiana comparandae desiderio arsit atque largam pecuniae summam, si ei cederetur, obtulit. Votis eius annuit Lorckius simulque promisit se non solum indicem et recensionem omnium harum editionum evulgaturum esse, sed etiam in posterum Serenissimo Duci in locupletanda collectione, si placeret, adiutorem futurum. Quod tamen consilium deus ratum non esse voluit; libris enim vix Stutgardiam deportatis, diem suum obiit supremum". – Wo LORCK BUGENHAGENS niederländischen Psalmenkommentar erworben hat, ist unbekannt. Ein älterer Besitzereintrag auf dem Titelblatt („Johannes . . .") ist dick ausgestrichen. – Über ADLER siehe Allg Encyclopaedie der Wissenschaften u Künste, hg v J S ERSCH u J G GRUBER 1 (Leipzig 1818) 421f.

[2] Die an das Stuttgarter Exemplar angehängten drei Druckbogen werden kurz beschrieben von J G C ADLER (siehe oben Anm 1): „Ad calcem additur Psalmus CX et animadversio in haeresin Buceri". – GEISENHOF verzeichnet außer dem Stuttgarter folgende Exemplare: Berlin SB (3 Expl: Bn 3025, Bn 3025ᵃ, Bn 3025ᵇ: alle im zweiten Weltkrieg ausgelagert. Verbleib unbekannt); Leiden UB; London BM (3089 ee.9); Lübeck StB (Theol. 4° 1774: im zweiten Weltkrieg ausgelagert. Verbleib unbekannt).

[3] Vgl W NIJHOFF, L'Art typographique (wie Anm 1) Nr 14 und 28.

[4] Amsterdam, K Ned Akad voor Wetenschapen (als Dauerleihgabe in 's-Gravenhage KB) und UB; siehe NIJHOFF-KRONENBERG (wie Anm 1) Deel 2,XXVIII zSt. – Weder das Londoner (British Museum. General Catalogue of printed Books 17 [London 1965] 843) noch die Exemplare in den Niederlanden (NIJHOFF-KRONENBERG 3 I, S XVI zSt) enthalten den Anhang.

[5] J LUTHER, Aus der Druckerpraxis der Reformationszeit, in: Zentralbl für Bibliothekswesen 27 (1910) 262 Nr 42 im Abschnitt „Neusatz eines Teiles zwecks Erhöhung der Auflage".

Der Anhang ist bedeutsam nicht nur, weil in ihm zwei gänzlich unbekannte Reformatorenbriefe, einer von Luther und ein kürzeres Schreiben Bugenhagens, abgedruckt sind, sondern weil der Lutherbrief und der vor allem zu behandelnde Haupttext neue Einblicke in die Reformationsgeschichte Antwerpens und in die Theologie der dortigen Lutheranhänger sowie in deren Verbindung zu den Wittenberger Reformatoren zulassen. Die bisherige niederländische Reformationsgeschichtsschreibung ging im wesentlichen davon aus, daß in Antwerpen nach der Aufhebung des Augustinerklosters 1523 und der Scheidung im Abendmahlsstreit von „Luthertum" in der Stadt nicht mehr die Rede sein könne. Man ließ die Folgezeit von spezifisch niederländischen Richtungen, die mit dem Namen „Sakramentarier" bezeichnet wurden, bestimmt sein[6]. Der Anhang zeigt, daß es im Jahr 1526 noch Lutheranhänger in Antwerpen gab, die ihr reformatorisches Anliegen aber offensichtlich – mehr als von außen – von innerreformatorischen Gegnern theologisch in Frage gestellt und bedroht fühlten.

So wichtig das neue Material ist, es gibt mancherlei Rätsel auf, die uns veranlassen, am Schluß die Frage nach der Echtheit der beiden Reformatorenbriefe und nach der Datierung zu stellen.

II. Der Anhang zur niederländischen Ausgabe von Johannes Bugenhagens Psalmenkommentar

Wir geben zunächst eine kurze Beschreibung des neugefundenen Anhangs[7]. Er trägt den Titel „Den hondert ende thienden Psalm met een andtwoort op die valsche leeringe Butceri vant Sacrament, daer mede hi Pomerani wtlegginge vervalst ende verkeert heeft etce" und enthält vier Textstücke in niederländischer Sprache, genauer in deren Sprachform des 16. Jahrhunderts, die, ebenso wie das Frühneuhochdeutsche eine Weiterentwicklung des Mittelhochdeutschen darstellt, sich vom Mittelniederländischen deutlich abhebt und auf die heutige Schriftsprache vorausweist.

1. Das erste, umfangreichste Stück ist die im Titel bereits angezeigte, „Andtwoort op die valsche leeringe Butceri vant Sacrament..." (Bl hh.j^r – Bl ii.ij^v). In diesem, von uns der Kürze halber „*Sendschreiben*" genannten Text liegt, das macht die Stel-

---

[6] Siehe den Forschungsüberblick bei CASPER CHRISTIAAN GERRIT VISSER, Luther's Geschriften in de Nederlanden tot 1546 (Diss theol Amsterdam [Assen 1969]) 177ff. Vor allem J W PONT (Geschiedenis van het Lutheranisme in de Nederlanden tot 1618 [Haarlem 1911] 3ff) suchte den Einfluß des „Luthertums" möglichst zu reduzieren. VISSER kommt aufgrund seiner Untersuchung der Lutherdrucke in den Niederlanden zu einem positiveren Ergebnis.

[7] Auf die exakte bibliographische Druckbeschreibung kann hier verzichtet werden, da sie im Zusammenhang der Edition des im Anhang abgedruckten Lutherbriefs (WABr 18 Nr 4347 [= 1029a]) vorgesehen ist. – Von Herrn lic phil HANS-RUEDI KILCHSPERGER, dem Redaktor des Briefbandes, erhielt ich bei der gemeinsamen Arbeit an diesem Text wichtige Anregungen und Hinweise, die auch dieser Studie zugute gekommen sind.

lung am Anfang, der Umfang und Inhalt deutlich, der Schlüssel zum Verständnis des ganzen Anhangs. Schon die Titelformulierung weist auf polemische Abzwekkung gegen den Straßburger Theologen Martin Bucer. Blättern wir in der niederländischen Ausgabe von Bugenhagens Psalmenkommentar, so stoßen wir auf dessen vorangestellte Vorrede. Der „Streit um Bucer", den der Anhang dokumentiert, bezieht sich also auf das Buch, dem er beigegeben worden ist. Das Stichwort „Sakrament" signalisiert den historischen Kontext: Der Anhang gehört in den Abendmahlsstreit zwischen den Wittenbergern einerseits und den Oberdeutschen und Schweizern andererseits.

Dem „Sendschreiben" als Haupttext sind die beiden Reformatorenbriefe beigegeben:

2. Der *Lutherbrief* (Bl ii.iij^{r-v}) mit der Unterschrift „D. M. met mijn eyghen handt" ist adressiert: „Den wtvercoren ende getrouwen dienaren Christi in nederlandt, minen lieven broederen ende werdigen heeren, genade ende vrede in Christo Jesu onsen heere". Er ist als einziges Stück des Anhangs datiert: Wittenberg, *17. Juli 1526.*

3. Das ganz kurze *Schreiben Johannes Bugenhagens* (Bl ii.iij^v Z 33 – Bl [ii.4]^r) gilt offensichtlich demselben Empfängerkreis. Es trägt die Unterschrift: „Ic Pomeranus hebt selver ghescreven met mijn eyghen handt".

4. Den Schluß bildet die *Auslegung des Psalms 110* (Vulgata) / 111 (Zählung der Lutherbibel)[8] (Bl [ii.4]^r Z 11 – Bl kk.iij^v), die – wie ein Vergleich zeigt – mit der entsprechenden Auslegung im Kommentar nicht identisch ist. Es handelt sich vielmehr um eine Neuübersetzung nach dem lateinischen Originaltext Bugenhagens ins Niederländische[9].

Bevor wir uns den Texten zuwenden, muß der geschichtliche und theologische Kontext verdeutlicht werden. Wie schon angedeutet, begegnen sich in den Texten zwei Themenkomplexe: (1.) die Vorgeschichte der niederländischen Ausgabe von Bugenhagens Psalmenkommentar und (2.) die Geschichte der reformatorischen Bewegung in Antwerpen.

---

[8] Entsprechend ihren Textgrundlagen folgen BUGENHAGEN der Psalmenzählung der Vulgata, BUCER dagegen, der LUTHERS deutschen Psalter seiner Übersetzung des Kommentars zugrunde gelegt hat, wie jener der Zählung der hebräischen Bibel. Die niederländische Übertragung benutzt wieder die Vulgatazählung. Ihr folgt der Anhang.

[9] Für den vorangestellten Psalmtext von Psalm 110/111 scheint LUTHERS Wittenberger Separatausgabe des Psalters von 1525 (MELCHIOR LOTTHER d J oder MICHAEL LOTTHER; siehe WADB 10 II, S XI Nr 3) benutzt worden zu sein (Vers 3: Lof). MARTIN BUCERS Übersetzung stimmt mit LUTHERS Psalmtext von 1524 überein. Zum Problem von BUCERS Vorlage siehe HANS VOLZ in WADB 10 II, S XLI–XLIII (Ps 110/111,3: Danck).

III. Der „verfälschte" Psalmenkommentar

1. Johannes Bugenhagens Psalmenkommentar und dessen niederländische Ausgabe

Die Geschichte von Johannes Bugenhagens „In librum psalmorum interpretatio" im Zusammenhang der beginnenden Auseinandersetzungen um das reformatorische Verständnis des Abendmahls ist so bekannt[10], daß nur an weniges erinnert werden muß. Der Kommentar des Wittenberger Stadtpfarrers war im März 1524 in der Basler Druckerei des Adam Petri[11] als der erste und für lange Zeit einzige *vollständige* Psalmenkommentar der Wittenberger Reformation erschienen. Bugenhagen hatte damit eine Lücke geschlossen, die dadurch entstanden war, daß Martin Luthers großes Psalmenwerk, die „Operationes in psalmos", ein Torso blieb. Die Freude in Wittenberg war groß. Das zeigen die Vorreden, mit denen Luther und Melanchthon das Werk begleiteten[12].

Wann der Gedanke aufkam, den Kommentar in die deutsche Sprache zu übersetzen, um auch weitere Kreise, die mit dem Gelehrtenlatein nicht so vertraut waren, in das Verständnis der Psalmen einzuführen, wissen wir nicht. Leider sind die Briefe verloren, die Bugenhagen mit der Basler Druckerei schon wegen der Editio princeps und später mit Martin Bucer im Zusammenhang des Übersetzungsplans gewechselt haben muß. Bucer beruft sich in der Vorrede zu seiner Übersetzung ausdrücklich auf einen solchen Brief: Bugenhagen habe das Übersetzungsvorhaben gebilligt und ihm dafür sogar sein eigenes Handexemplar übersandt[13]. Bucer hatte die Übersetzung als Lohnarbeit übernommen[14]. Vermutlich hat er den Auftrag durch die Vermittlung Konrad Pellikans, der für Petri als Korrektor tätig war, erhalten[15]. Obwohl er der langwierigen Arbeit bald überdrüssig wurde, hat er den

---

[10] Siehe besonders WILHELM H NEUSER in: Martin Bucers deutsche Schriften 2: Schriften der Jahre 1524–1528, hg v ROBERT STUPPERICH (Gütersloh, Paris 1962) 177–186 (Literatur).

[11] G GEISENHOF, Bibliotheca Bugenhagiana 3ff Nr 3. Dort auch die Beschreibung der Nachdrucke.

[12] WA 15,(1–7) 8; CR 1,664f Nr 283. – Nach LUTHER habe es BUGENHAGEN vor allen verdient, „psalterii interpres" genannt zu werden. „Hic ... iudicium spiritus certum te docebit mirabilia". Die „papistarum tyrannis" habe Luther gezwungen, „seine Harfe an die Weiden Babylons" (Ps 136/137,2) zu hängen, dh die Arbeit an den Operationes in psalmos abzubrechen. Aber Christus habe ihn wunderbar gerächt: An seiner Stelle (pro uno Luthero paupere et tenui), dessen Regentropfen (stillae) der Satan nicht ertragen wollte, müsse dieser jetzt Donner und ganze Regengüsse (tonitrua et cataractas) aushalten. Vgl auch WA 23,389,4–17 (Vorrede zu STEPHAN ROTHS Übersetzung von Psalm 1 bis 9 der Operationes).

[13] Siehe BUCERS Widmungsvorrede zu seiner Übersetzung (Martin Bucers deutsche Schriften 2,191,15ff): Erstlich hat Joannes Pomeranus selb vil geendert und bessert, wie er mir des ein exemplar mit seiner hand corrigiert und bessert zůgeschickt. In dem hat er mir gwalt geben zů ordnen, zů- und vonzůthun, auch zů endern, nochdem ichs dem leyen nutzlich achten möcht ...

[14] Vgl den Brief WOLFGANG CAPITOS an ZWINGLI vom 27. Dezember 1525, in dem er von der Fertigstellung des Drucks berichtet (CR 95 Zwingli 8,477,7f Nr 428: Bucerus anno superiore [bezieht sich auf 1525] causa parandi victus Pomeranum vertendum receperat.

[15] In seiner Widmungsvorrede zum Kommentar berichtet BUCER, daß ihn „etlich gůte freünd" dazu „beredt" hätten, die Übersetzung zu übernehmen, um „gemeinen verstand zů fürderen" (Martin Bucers deutsche Schriften 2,190,36f).

Auftrag durchgeführt und um den *3. Oktober 1525* herum abgeschlossen[16]. Wie sehr sich inzwischen das zunächst so freundschaftliche Klima zwischen den Theologen und Humanisten des Südens und den Wittenbergern abgekühlt hatte, läßt sich daran ablesen, daß Zwingli noch kurz vor der Fertigstellung von Bucers Übersetzungsarbeit versucht hat, diesen davon abzubringen[17].

Bucers deutsche Wiedergabe von Bugenhagens lateinischem Kommentar erschien im *Januar 1526* ebenfalls bei *Adam Petri* in Basel kurz nacheinander in zwei ganz unterschiedlichen Formaten[18]. Wie frei der Übersetzer mit seiner Vorlage umgegangen ist, werden wir unten exemplarisch am Beispiel der Auslegung des 110. Psalms betrachten[19]. Doch wäre es deshalb nicht zum Streit gekommen, da es doch galt, das Werk für einen ganz anderen Leserkreis verständlich zu machen[20]. Eine wörtlich genaue Wiedergabe konnte von vornherein nicht im Sinne Bucers liegen. Pellikans Formulierung „scripsit imitatus Pomeranum"[21] trifft genau den Sachverhalt. Bucer konnte sich auf Bugenhagens briefliche Zustimmung berufen: „Verdolmetsche disen meinen Psalter auff das freyest, endre, thů zů, thů von, richts in ein andere ordnung, setze ettlichs an sein ort, lege ettlichs klerer auß oder auch anders, das er also nicht weniger dein dann mein Psalter sey. Hierin solle dir durch mich alles gepüren, das du hoffen magst, unseren Teutschen nutzlich werden..."[22].

Die heftige Kontroverse zwischen den Wittenbergern und Bucer, die dessen Übersetzung dann hervorrief, hatte einen anderen Grund: Bucer hat in den Psalmenkommentar an mehreren Stellen, ausführlich aber in die Erklärung von Ps 110/ 111,4f stillschweigend seine eigene Abendmahlsauffassung eingetragen[23].

Diese Bucersche Version mit ihren „oberdeutschen Besonderheiten" in der Sakramentsfrage ist dann ins Niederländische übertragen und gedruckt worden.

---

[16] Datum der Widmungsvorrede; siehe Martin Bucers deutsche Schriften 2,193, 21. Vgl den oben Anm 14 zitierten CAPITO-Brief (ebd 477,8f): Taedia multa devoravit. Vertit. Excusus est liber Basileae.

[17] Vgl BUCER an ZWINGLI im März 1527 (CR 96 Zwingli 9,71,4–6 Nr 599).

[18] Beide Ausgaben tragen die Angabe „im Jenner des iars M.D.XXVI." als Schlußdatum (G GEISENHOF 25–34 Nr 13 u 14 [von der Oktavausgabe hat GEISENHOF nur ein unvollständiges Exemplar beschrieben]). – Die Folioausgabe ist geschmückt mit der schönen Delphin-Bordüre URS GRAFS, die ADAM PETRI auch beim Druck anderer Texte aus dem Wittenberger Kreis, so bei der zweiten Basler Ausgabe der Operationes und bei Teilen von LUTHERS Übersetzung des Alten Testaments benutzt hat. Äußerlich schloß sich BUCERS Übersetzung also eng an diese Wittenberger Texte an (sein Name ist übrigens auf dem Titelblatt nicht genannt). – Daß die Oktavausgabe nach der Folioausgabe gedruckt wurde, ergibt sich daraus, daß PETRI den zweispaltigen Foliosatz so auseinander nahm, daß er ihn für vier Oktavseiten benutzen konnte.

[19] Vgl Martin Bucers deutsche Schriften 2,185.

[20] Das deutet schon der Titel an: aus der „interpretatio" BUGENHAGENS wird der „Psalter wol verteutscht auß der heyligen sprach". Der zugrunde gelegte Text ist nicht mehr die Vulgata, sondern LUTHERS Psalmenübersetzung.

[21] Vgl das Chronikon PELLIKANS (hg v BERNHARD RIGGENBACH [Basel 1877]) 78: „sed et sequenti anno Germanice in psalterium scripsit imitatus Pomeranum Martinus Bucer, id quod duplici in forma imprimebat Adamus [Petri] me cooperante et indices parante in omnes libros, quos imprimebat, non sine magnis meis laboribus".

[22] Martin Bucers deutsche Schriften 2,191,20ff. Der Brief BUGENAGENS an BUCER ist nur aus dessen Referat bekannt.

[23] Weitere Stellen sind aufgeführt in Martin Bucers deutsche Schriften 2,222f.

Sie bildete den Anlaß, daß dem niederländischen „Souter" der neugefundene Anhang beigefügt wurde. Da wir die damit gegebene Thematik später nochmals aufgreifen müssen, lassen wir die Streitfrage, die seither die Gemüter bewegt, noch unentschieden, ob Martin Bucer die Ausführungen Bugenhagens mit Absicht und bewußt, dh hinterhältig, „verfälscht" und damit die großzügige Freiheit, die ihm der Wittenberger Exeget eingeräumt hatte, mißbraucht hat, um das eigene Verständnis vom Abendmahl unter dem Namen Bugenhagens zu verbreiten, oder ob er der Meinung war, sich noch im Rahmen dieser Freiheit zu bewegen und im Sinne der Intention des Autors dessen Gedanken weiterzuführen.

2. Der niederländische „Souter" und sein Drucker

Die niederländische Übertragung des Bugenhagen-Bucerschen Psalmenkommentars muß schnell hergestellt und gedruckt worden sein, trägt sie doch im Kolophon ebenfalls die Jahresangabe 1526. Leider fehlen uns die Quellen, um die Vorgeschichte dieser Ausgaben erhellen zu können. Doch die Eigenart des Buches selbst gibt einige Hinweise, und der neugefundene Anhang wird weitere Anhaltspunkte hinzufügen. Die offensichtliche Eile und das damit verbundene Interesse an dem Buch machen es wahrscheinlich, daß man in bestimmten Kreisen der Niederlande über die „Besonderheit" des Werks genau informiert war. Vermutlich gelangte dieses Wissen mit Bucers Übersetzung den Rhein hinab und scheint in Kreisen verbreitet gewesen zu sein, die sich in der Abendmahlslehre mit den Oberdeutschen und Schweizern auf einem gemeinsamen Boden wußten[24]. Daß es solche gerade in den Niederlanden gab, wird uns noch beschäftigen. Andererseits muß ein Interesse bestanden haben, die eigene Lehrrichtung mit der Autorität eines der bekanntesten Wittenberger zu stützen. Der Verfasser des „Sendschreibens" im Anhang behauptet, daß seine Gegner die Bucersche Übersetzung des Kommentars bewußt zur Täuschung der niederländischen Lutheranhänger lancierten[25].

Tradiert also der „Souter" die von den Wittenbergern später so heftig beklagte „Verfälschung" des Bugenhagenschen Psalmenkommentars, so erweist er sich selbst in anderer Hinsicht als Fälschung: Er trägt am Schluß das Druckerkolophon: „Gedruct te Basel bi mi Adam Anonymus". Damit sollte dem Leser und – was viel wichtiger ist – den Zensurbehörden suggeriert werden, daß das Buch in Basel durch Adam Petri, ebenso wie die lateinische und deutsche Ausgabe, gedruckt worden sei. Dieses Kolophon hat in der Tat viele Bibliographen bis heute fehlgeleitet[26]. Doch ist nach Ausweis der Drucktypen, der Titeleinfassung und der übrigen Druckausstattung eine Druckerzuweisung an Adam Petri unmöglich. Sie führen

---

[24] Siehe unten S 417.
[25] Siehe unten S 446,3-9.
[26] Die Zuschreibung an den Basler Drucker ADAM PETRI findet sich durchgängig in der älteren bibliographischen Literatur über den „Souter" (siehe oben Anm 1). Auch GEISENHOF denkt in dieser Richtung, ebenso noch W H NEUSER in: Martin Bucers deutsche Schriften 2,183 D.

eindeutig in den niederländischen Bereich. Als Drucker konnte dann auch *Johannes Hillenius Hoochstratanus* in *Antwerpen* identifiziert werden[27], der das Pseudonym „Adam Anonymus" nochmals 1528 in einem Lutherdruck mit gleichlautendem Kolophon benutzt hat[28]. Damit ist Antwerpen als Druckort des niederländischen „Souter" gesichert.

Von 1526 bis 1530 erschienen bei Hoochstraten mehrere reformatorische Schriften (Lutherdrucke in niederländischer und englischer Übersetzung) unter verschiedenen Pseudonymen. Sowohl diese Texte als auch die Art seiner Pseudonyme weisen auf enge Verbindungen mit Wittenberg: So benutzte Hoochstraten zB die Namen des Wittenberger Druckers Hans Lufft und des Lutherübersetzers Stephan Roth[29].

Der Weg in die Pseudonymität war für die Drucker, die reformatorische Schriften in den habsburgischen Gebieten der Niederlande herausbrachten, eine bittere Notwendigkeit, um sich vor den Nachstellungen der Behörden zu schützen.

Das Wormser Edikt vom 8. Mai 1521 richtete sich nicht allein gegen Martin Luther und seine „mitverwandten, anhenger, enthalter, fürschieber, gönner und nachvolger", sondern auch gegen die Drucker reformatorischer Schriften, da „kauf, verkauf, lese, behalt, abschreib, druck oder abschreiben oder drucken"[30] Lutherscher Schriften verboten wurde. Mit der niederländischen (und französischen) Ausfertigung des Edikts[31] vom gleichen Tag machte Kaiser Karl V. deutlich, daß er

---

[27] JOHANNES HOOCHSTRATEN, vielleicht ein Sohn des Antwerpener Druckers MICHIEL HILLEN VAN HOOCHSTRATEN, druckte 1525/26 in Antwerpen fünf völlig katholische Werke unter seinem eigenen Namen zusammen mit HADRIANUS TILIANUS, ab 1526 reformatorische Schriften unter wechselnden Pseudonymen. 1531 floh HOOCHSTRATEN nach Lübeck, 1533 nach Malmö. Erst 1535 kehrte er in seine Heimatstadt Antwerpen zurück, wo er weiter bis 1543 druckte, wiederum gezwungen, sich Pseudonyme zu bedienen. Vgl ANNE ROUZET, Dictionnaire des imprimeurs, libraires et éditeurs des XVe et XVIe siècles dans les limites géographiques de la Belgique actuelle (Nieuwkoop 1975) 93f (Literatur). – Die richtige Druckerzuschreibung findet sich mW zum ersten Mal bei M E KRONENBERG, De geheimzinnige drukkers Adam Anonymus te Bazel en Hans Luft te Marburg ontmaskerd, in: Het Boek 8 (1919) 241–280. Frau KRONENBERG führt von HOOCHSTRATEN 64 Drucke von 1525–1543 auf.

[28] LUTHERS Kirchenpostille in niederländischer Übersetzung; siehe JOSEF BENZING, Lutherbibliographie. Verzeichnis der gedruckten Schriften Martin Luthers bis zu dessen Tod, bearb in Verbindung mit der Weimarer Ausgabe unter Mitarbeit v HELMUT CLAUS = Bibliotheca Bibliographica Aureliana X.XVI. XIX (Baden-Baden 1966) Nr 1153.

[29] Eine Aufstellung der Pseudonyme bei W NIJHOFF, L'Art typographique ... (wie Anm 1), Textanhang S 22f Nr 23. – 1528–1530. Als Druckort gibt HOOCHSTRATEN dabei an: „Malborow", „Marburg" „in the lande of Hesse(n)".

[30] Deutsche Reichstagsakten, Jüngere Reihe 2 (Gotha 1896 / Göttingen 1962) 655,3f.18f, überhaupt der ganze Abschnitt 655,12–658,23. – Das Edikt wurde erst am 26. Mai ausgefertigt. Das Publikationsmandat wurde auf den 8. Mai zurückdatiert; siehe WILHELM BORTH, Die Luthersache (Causa Lutheri) 1517–1524 = HS 414 (Lübeck, Hamburg 1970) 122f; L-E HALKIN, La réforme en Belgique sous Charles Quint (Brüssel 1957) 34.

[31] Corpus documentorum inquisitionis haereticae pravitatis Neerlandicae, hg v PAUL FREDERICQ 4 (Gent, 's-Gravenhage 1900) 58ff Nr 47, bes S 74: ... Omme alle welcke redenen, ende om te blusschene zulcke sterflicke ende besmettelicke pestilentien, ontbieden wij ende bevelen, dat niemand, wie hij zij, hem en vervoordere voortan te makene, schrivene, prentene schilderene, vercoopene, coopen, hebben ofte doen prenten, schrivene, vercoopene oft schilderene, in wat manieren dat het zij, zulcke sorten van boucken pestilentiael, diffamerende, vul schimperien oft invectiven schriftueren ... – Noch im Jahr 1521 erschienen in Antwerpen mindestens vier Drucke des Edikts, einer in lateinischer, zwei in niederländischer und einer

nicht nur im Reich, sondern in besonderer Weise in seinen niederländischen Erblanden gegen die „lutherische Ketzerei" einschreiten, ja beispielsetzend damit vorangehen wollte. Hier hatte er als Landesherr auch alle Möglichkeiten dazu, während er im Reich auf die Mitwirkung der Stände angewiesen war.

Es lohnt sich, einen Blick zurück zu tun. Es ergibt sich dann nämlich die interessante Feststellung, daß für die habsburgischen Niederlande das Wormser Edikt nicht der Anfangspunkt der Maßnahmen gegen die „neue Ketzerei" war, sondern eher einen Endpunkt darstellt, dem bereits landesherrliche Mandate vorangegangen waren. Das entscheidend Neue des Wormser Edikts besteht darin, daß jetzt Landesrecht durch übergeordnetes Reichsrecht ersetzt werden konnte. Konsequenterweise beriefen sich von da an alle späteren kaiserlichen Mandate und die örtlichen flankierenden Maßnahmen der niederländischen Städte auf das Wormser Edikt als die grundlegende Rechtsurkunde[32].

Die auffallenden fast wörtlichen Übereinstimmungen – das wird besonders deutlich in den Passagen gegen das Drucken und den Verkauf reformatorischer Schriften – zwischen den vorwormsischen Mandaten und dem Wormser Edikt haben ihren Grund darin, daß diese alle den päpstlichen Nuntius Hieronymus Aleander[33] zum federführenden Verfasser haben. Bereits am 28. September 1520 hatte Aleander durchgesetzt, daß Karl V. ein erstes, von Aleander verfaßtes landesherrliches Plakat gegen die lutherische Bewegung in den Niederlanden erließ, in dem er befahl, alle lutherischen und anderen papstkritischen Schriften öffentlich zu verbrennen[34]. In Brabant verhinderten allerdings die Freiheiten des Herzogstums die

---

in französischer Sprache, die drei letzten vermutlich durch CLAES DE GRAVE hergestellt, der noch kurz zuvor Lutherdrucke herausgebracht hatte (siehe Anm 39ff); vgl Antwerpen in de XVI^{de} eeuw (Antwerpen 1975) 227 Anm 30.

[32] Vgl PAUL KALKOFF, Die Anfänge der Gegenreformation in den Niederlanden, Teil 2 (Halle 1903) 1ff; ders, Das Wormser Edikt in den Niederlanden, in: HV 8 (1905) 69–80; ferner FRANZ HEINRICH REUSCH, Der Index der verbotenen Bücher 1 (Bonn 1883) 98ff (Kap 11: Verordnungen über Bücherwesen in den Niederlanden. Bücherverbote Karls V. 1521–1550); J G DE HOOP-SCHEFFER, Geschichte der Reformation in den Niederlanden von ihrem Beginn bis zum Jahre 1531 (Leipzig 1886) 355–361; MARIA ELISABETH KRONENBERG, Verboden boeken en opstandige drukkers in de Hervormingstijd (Amsterdam 1948); C CH G VISSER, AaO 5ff.

[33] GIROLAMO ALEANDRO (13. Februar 1480 – 1. Februar 1542). Über ihn siehe TRE 2 (1978) 227–231 (Literatur). Seine Kenntnisse des Griechischen, Hebräischen, Aramäischen und Syrischen befähigten ihn zu einer erfolgreichen humanistischen Tätigkeit, die ihn 1502 als Korrektor in die Druckerei des ALDO MANUZIO in Venedig führte, wo er ERASMUS kennenlernte. Ab 1508 lehrte er die alten Sprachen an der Universität von Paris. Schon früh der Politik PAPST JULIUS' II. zugeneigt, wurde er 1517 Sekretär des KARDINALS GIULIO DE' MEDICI, des späteren PAPSTES CLEMENS VII., der unter LEO X. eine einflußreiche Rolle spielte. Aufgrund dieser Beziehungen wurde ALEANDER am 16. Juli 1520 zum außerordentlichen Nuntius bei KARL V. für die „Causa Lutheri" ernannt. Sein Auftrag endete am 1. Dezember 1521 durch den Tod LEOS X. – Zum Folgenden siehe seine Berichte, die er für die Kurie verfaßte (THEODOR BRIEGER, Aleander und Luther 1521. Die vervollständigten Aleander-Depeschen nebst Untersuchungen über den Wormser Reichstag [Gotha 1884]).

[34] In diesem Septembermandat, das sich zunächst nur auf die habsburgischen Gebiete in den Niederlanden bezogen hat, finden wir zum ersten Mal die stereotypen Formulierungen, die auch ins Wormser Edikt eingegangen sind: „... verbieten und untersagen, daß niemand ... in unserm Lande ... sich unterfange in Zukunft noch zu drucken, zu verkaufen, zu kaufen, aufzubewahren oder zu lesen irgendwelche dieser Bücher ..." Angedroht wird die Konfiszierung der Bücher und eine Geldbuße, von welcher der Denunziant ein Drittel erhalten soll. Als Ausführungsbestimmungen werden erlassen: „... sie verbrennt und öffentlich unter Trompetenschall verbrennen und vernichten lasset vor den Stadthäusern, Hallen und

Veröffentlichung des Septembermandats, so daß die Antwerpener Druckerpressen und Buchläden zunächst ungehindert weiterarbeiten konnten. Auf die von ihm geplante Bücherverbrennung in der Stadt mußte Aleander verzichten. Dafür erreichte er am 8. Oktober 1520 ein Autodafé in Löwen[35].

Es könnte den Anschein haben, als sei es Aleanders Verdienst, die ungeheure Bedeutung des Mediums Buchdruck für die Verbreitung neuer Ideen erkannt zu haben. In Wirklichkeit bewegte er sich bereits auf kirchenrechtlich gesichertem Boden: Die Konstitution „Inter sollicitudines" des 5. Laterankonzils vom 4. Mai 1515 erkennt zwar die Kunst des Buchdrucks als Fortschritt und Geschenk der göttlichen Vorsehung an. Aber man sah auch die Gefahren. Deshalb ordnete Papst Leo X. unter Zustimmung des Konzils an, daß in Zukunft kein Buch gedruckt werden dürfe ohne die Prüfung und Druckerlaubnis des Kardinalvikars und des Magisters Sacri Palatii in Rom bzw des Bischofs und Diözesaninquisitors in den anderen Städten. Die vorgesehenen Strafen betrafen sowohl die Bücher – sie sollten auf öffentlichem Platz verbrannt werden – als auch die Drucker, denen außer einer Geldbuße ein zeitlich befristetes Berufsverbot und die Exkommunikation angedroht wurden. Das Konzil folgte damit nur älteren päpstlichen Verlautbarungen, die bis ins letzte Drittel des 15. Jahrhunderts zurückreichen[36].

Auch in der folgenden Zeit, als Aleander nach der Publikation der Bannbulle am 3. Januar 1521 eine reichsrechtliche Verurteilung Luthers und des reformatorischen Schrifttums in Worms durch den Reichstag beim Kaiser durchzusetzen suchte, verlor er die Verhältnisse in den Niederlanden nicht aus den Augen. Ein dem Nuntius befreundeter kaiserlicher Sekretär wurde nach Antwerpen und einigen flandrischen Städten geschickt, um dort mit Hilfe der Statthalterin der Niederlande, Margarete von Österreich, die Durchführung des Septembermandats zu erreichen, das dann am 20. bzw 22. März 1521 neu ausgefertigt wurde[37]. Nach dem Erlaß des Wormser Edikts erschien Aleander am 10. Juli noch vor dem kaiserlichen Hof in Antwerpen. Der Veröffentlichung des Edikts in flämischer Sprache folgte am 13. Juli die erste Bücherverbrennung vor dem Rathaus der Stadt[38].

---

anderen Stätten, wo solche Handlungen nach Recht und Gewohnheit vollzogen werden, also daß sie zerstört und in Asche verwandelt werden als falsch, verdammlich und ketzerisch" (Corp doc inqu 4,43–45 Nr 42, hier zitiert nach der Übersetzung KALKOFFS, Die Anfänge der Gegenreformation ... 1,110–112. Das Septembermandat galt als verloren. KALKOFF (ebd 23.31) hat gezeigt, daß es identisch ist mit dem dann im März 1521 publizierten Plakat. Siehe auch ders, Das ‚erste Plakat' Karls V. gegen die Evangelischen in den Niederlanden, in: ARG 1 (1903/04) 279–283.

[35] P KALKOFF, Die Anfänge der Gegenreformation ... 1,20f.

[36] CARL MIRBT/KURT ALAND (Hg), Quellen zur Geschichte des Papsttums und des römischen Katholizismus 1 (Tübingen [6]1967) 497 Nr 784; Conciliorum Oecumenicorum Decreta, hg v JOSEPH ALBERIGO u a (Freiburg Br [2]1962) 632f; dt in: Geschichte der ökumenischen Konzilien 10: Lateran V und Trient, bearb v O DE LA BROSSE/J LECLER/H HOLSTEIN/CH LEFEBVRE (Mainz 1978) 473–475 (dazu ebd 92ff). – Daß ALEANDER nichts anderes getan hat als die Bestimmungen des Lateranum V auf die „Causa Lutheri" zu übertragen, ergibt sich aus seiner Depesche Nr 37 (ca 27. Juni 1521; TH BRIEGER, AaO 239–243).

[37] P KALKOFF, Ebd. – Schon zuvor, am 15. Februar 1521, hatte der Magistrat von Antwerpen verlangt, „boeken, gemaeckt door eenen geheeten Broeder Lutherus niet te lezen, verkoopen of daermede om te gaen, vermits deselve de ketterije smaecken..." (C CH G VISSER, AaO 9).

[38] Corp doc inqu 4,78 Nr 51.

Die Auswirkung der Mandate läßt sich am Antwerpener Lutherdruck illustrieren. Die Jahre 1520/21 sind die große Zeit des Drucks Lutherscher Schriften. Nie wieder ist in den späteren Jahren die Zahl der Drucke dieses Zeitraums auch nur annähernd erreicht worden[39]. Auffallend ist dabei das Interesse an Übertragungen Lutherscher Texte in die niederländische Sprache[40]. Während die Antwerpener Drucker im Jahr 1520 im Kolophon oft ihren Namen, den Druckort und nicht selten auch den genauen Tag der Fertigstellung nennen[41], bricht diese Gewohnheit im März 1521 abrupt ab. Der Drucker Claes de Grave gibt zum letzten Mal in seiner niederländischen Ausgabe der „Theologia deutsch", die nach dem Kolophon am 13. März 1521 herausgekommen ist, seinen Namen und den Druckort an[42]. Von da an fehlen diese Angaben in den wenigen noch erschienenen Lutherdrucken.

Die Mandate, zuletzt das Wormser Edikt, haben also ihre Wirkung nicht verfehlt. Trotzdem gab es Anlaß, die Verbote immer neu einzuschärfen, in fast stereotyper Wiederholung der Formulierungen des Edikts, das mindestens sieben Mal gedruckt wurde[43], ergänzt in den folgenden Jahren durch immer konkretere Einzelbestimmungen gegen Buchdruck und Buchhandel, die von den praktischen Erfahrungen mit den Verstößen und Umgehungstaktiken bestimmt sind[44]. Ab 1524 wurde die Unterdrückung der Reformation in den Niederlanden noch stärker. Eine Rolle spielten dabei vermutlich die zahlreichen Breven, die der neue Papst Clemens VII. seit Anfang des Jahres in der Luthersache erließ[45]. Am 23. März verlangte der Kaiser von dem Statthalter und Rat von Holland unter Bezugnahme auf

---

[39] Aus den Jahren 1520/21 sind 21 Antwerpener Lutherdrucke bekannt geworden. Dazu kommen vier undatierte, die JOSEF BENZING (Lutherbibliographie [Baden-Baden 1966]) mit „ca 1522" bezeichnet hat. Einen weiteren Lutherdruck (Fragment der Acta Augustana) siehe bei VISSER (AaO 66f Nr 38), der ihn dem Antwerpener Drucker HENRIK ECKERT VAN HOMBERCH zuweist. Diese Ausgaben werden sechs Druckern zugeschrieben: JOHANNES THIBAULT (1), CLAES DE GRAVE (8), MICHIEL HILLEN VAN HOOCHSTRATEN (11), HENRIK ECKERT VAN HOMBERCH (4) und ADRIAN VAN BERGHEN sowie NICLAES VAN OLDENBORCH (je 1). Zu BENZING Nr 911 siehe HELMUT CLAUS/MICHAEL A PEGG, Ergänzungen zur Bibliographie der zeitgenössischen Lutherdrucke. Im Anschluß an die Lutherbibliographie Josef Benzings (Gotha 1982). Über diese Drucker siehe A ROUZET, AaO (Anm 27) sub nominibus.

[40] Vor allem erschienen bei CLAES DE GRAVE (BENZING Nr 10, 11, 83, 179, 202, 608).

[41] BENZING Nr 10, 11, 83, 179, 202, 607, 608, 618.

[42] BENZING Nr 179.

[43] C CH G VISSER, AaO 5f; Antwerpen in de XVIde eeuw (Antwerpen 1975) 209 u Anm 31. 32.

[44] Bereits am 29. April 1522 schärfte ein neues kaiserliches Edikt das Verbot, ketzerische Bücher herauszugeben, neu ein (Corp doc inqu 4,115–118, besonders 116f Nr 79). – Die Quellen berichten in diesen Jahren mehrmals von Strafmaßnahmen gegen Einzelpersonen. Die Verordnung des Magistrats von Antwerpen vom 15. Februar 1522 (ebd 4,98f Nr 68) erinnert an das kaiserliche Edikt, bringt die angedrohten Strafen in Erinnerung und fügt lebenslängliche Verbannung des Beklagten und Belohnung des Denunzianten hinzu. Trotzdem waren die Strafmaße in der Folgezeit unterschiedlich: Am 11. Oktober desselben Jahres wurde der Buchbinder ADRIAN mit anderen Personen zum Pranger verurteilt (ebd 4,139f Nr 100). Am 14. Februar 1525 wurde dem Buchhändler HENDRIK PETERS wegen Verkaufs lutherischer Bücher eine Wallfahrt nach Köln auferlegt (ebd 4,308f Nr 260). Ein ähnliches Strafmaß (Wallfahrt nach Wilsnack) erhielt der Drucker HANS VON RUREMUND am 30. Oktober 1526 (ebd 5,154f Nr 542). Vgl P GÉNARD, Personen te Antwerpen in de XVIde eeuw, voor het ‚feit van religie' gerechtelijk vervolgd, in: Antwerpsch Archievenblad 7 (konnte leider nicht eingesehen werden).

[45] W BORTH, Die Luthersache 144. – Die genannten Breven sind abgedruckt in Corp doc inqu 4,248ff.

das Wormser Edikt die Verbrennung ketzerischer Bücher[46]. Am 1. April erging ein neues Edikt gegen die Drucker. Kein Buch darf gedruckt werden, es sei denn, zuvor sei eine Kopie von einer Zensurkommission, die durch den Gerichtshof ernannt wurde, gebilligt worden[47]. Am 14. Februar 1525 erließ der Magistrat von Antwerpen eine neue Verordnung gegen die Drucker, Buchbinder und Buchhändler, die bestimmt, daß jedes in Antwerpen gedruckte Buch den Namen des Verfassers, das Erscheinungsjahr, den Namen, das Signet und den Wohnort des Druckers tragen müsse, außerdem „te hebben oorlof vanden ordinaris vanden plaetsen oft zynen ghecommitteerden, metten advyse ende consente vander faculteyte vander theologien vander naester Universiteyt [genannt wird im folgenden die Universität Löwen]..." Diese Anordnung wird jetzt auch auf fremde Bücher ausgedehnt, die in Antwerpen verkauft oder gebunden werden sollen. Angedroht wird die Konfiskation der Bücher, der Verlust der Bürgerrechte und zehnjährige Verbannung. Die Strafe soll ebenso den treffen, der sich falscher Namen und Druckortsangaben bedient[48].

Damit sind die Verhältnisse verdeutlicht, unter denen die niederländische Ausgabe des Bugenhagen-Bucerschen Psalmenkommentars erschienen ist. Seit Herbst 1525 wurden auch die Werke Johannes Bugenhagens unter den Büchern genannt, welche „gebracht werden sollen an einen öffentlichen Ort und allda zu Asche verbrannt"[49].

---

[46] Corp doc inqu 4,265f Nr 205: Das Edikt richtete sich vor allem gegen Bücher wie „dat Evangelie van St. Matheus ende ‚Somme der Theologie' ende diergelijke". – Wie die reformatorischen Kreise und ihre Drucker vorgingen, um das Wormser Edikt zu umgehen, und wie wenig dieses ausrichten konnte, zeigt besonders gut die Begründung in diesem Mandat: ... nochtans is tot onse kennesse gecommen, dat zekere prenters nieuwe boucxkens geprent ende die vercoft ende vuytgegeven hebben, contrarie ons voorss. placaet, ende dat veel luyden onse ondersaeten die zelve boucken gecocht ende geleesen hebben ende noch houdende zijn, onder tdecxel vandien dat die zelve boucxkens niet geintituleert en zijn upten naem van Maerten Luther, mair opt ‚Ewangelie' ende der ‚Somme vande theologie' ende andere namen, die schijnen goedt te zijn, hoewel die zelve boucxkens inhouden diversche dwaelingen hier voortijts gecondempneert, twelck wij nyet en willen lijden ...

[47] Corp doc inqu 4,268f Nr 209.

[48] Corp doc inqu 4,309f Nr 261: ... al opte pene ende verbuerte vanden selven boecken, verbuerte oeck van hueren poorteryen, ende daertoe opte pene van thiene jaren lanck vuyter stad ende mercgreefscap ghebannen te wordene; ende, indien men namaels bevonde, dat yemant, het waere prenter, librarier oft boeckbyndere, valschelyck dede noemen eenighe authoers, namen van prenters, plaetsen oft daten, dat die vallen sal inde selve penen ende ghecorrigeert worden als voren.

[49] Am 24. September 1525 veröffentlichte KARL V. ein drittes Plakat gegen die Lutheraner, gerichtet an den Rat von Holland, in dem zum ersten Mal die Namen von Anhängern LUTHERS, an erster Stelle BUGENHAGEN, mitaufgenommen sind (siehe Corp doc inqu 5 [Gent, 's-Gravenhage 1902] 1–5 Nr 391), mit situationsbedingten Veränderungen wiederholt im vierten Plakat vom 17. Juli 1526 an den Rat von Flandern (Corp doc inqu 5,142–148 Nr 529; das folgende Zitat ebd 146): Ghebieden ende statueren voorts, dat de boucken van Martinus Luther, metgaders Pomeranj, Carolostadij, Melanchthonis, Ecolampadij, Franciscj Lambertj, Ione ende andere zijne adherenten ... ende alle Euangelien, Epistelen, Prophetien ende andere boucken vanden Helegher Schriftueren, in Duytsh, Vlaemsch of Walsch, gheappostilleirt, gheglo-seirt, of hebbende prefacien off prologue, inhoudende dolinghen, erreuren of doctrine vanden voorseyden Luther ende zijne adherenten ... gebrocht zullen worden in een openbaer plaetse ende aldaer te pulvere verberrent ..." Das Mandat wurde am 29. Oktober dieses Jahres durch den Magistrat von Antwerpen ausdrücklich eingeschärft (Corp doc inqu 5,154 Nr 541).

3. Die Auslegung von Psalm 110 im Rahmen des beginnenden Abendmahlsstreits

a) Der beginnende Abendmahlsstreit kann hier nicht mit allen seinen Problemstellungen behandelt werden[50]. Wir beschränken uns auf die Aspekte, die zum Verständnis des Folgenden wichtig sind. Der gemeinsame Ausgangspunkt und die Basis für die reformatorischen Theologen im Norden und Süden war ihre Kritik an der mittelalterlichen Lehre von der Messe und der damit verbundenen Frömmigkeit. Einig waren sie in der Ablehnung der Transsubstantiationslehre als unerlaubter theologischer Spekulation über das Gegenwärtigwerden Christi im Abendmahl sowie im Kampf gegen das Verständnis der Messe als gutes Werk und Opfer, weil dadurch das entscheidende Geschehen Gott weggenommen werde. In *Martin Luthers „Sermon von dem neuen Testament, das ist von der heiligen Messe"* von *1520* schienen theologische Grundlinien einer reformatorischen Erneuerung der Messe gezogen, in denen die aus ganz verschiedenen geistigen Traditionen kommenden Theologen eigene Anschauungen wiedererkennen konnten. Luther hält der römischen Lehre den „donum"- bzw „promissio"-Charakter des Abendmahls entgegen, das – extra nos – Christi Testament seiner Gnadenzusage ist. Das eigentliche Subjekt der Messe ist der leidende Christus selbst. Das Abendmahl hat teil am Wortgeschehen als bestätigendes sichtbares Zeichen, das dem Glauben geschenkt wird. Das folgende Zitat aus dieser Schrift ist im Lichte des späteren Streits um Martin Bucers Übersetzung von Johannes Bugenhagens Psalmenkommentar interessant, weil Luther hier Ps 110/111,4f („Er hat eingesetzt ein gedechtnis seyner wunderthatt damit, das er ein speys geben hatt allen, die yhn furchten") zusammen mit Lk 22,19 („Das sollet yhr thun, meyn da bey zu gedencken") und 1Kor 11,26 („Szo offt yhr esset diß brott unnd trinckt dißenn kilch, solt yhr predigen und vorkundigen den todt des herrn, biß das er kumpt") zitiert: „Jnn dißenn sprüchen sihestu, wie die meß eingesetzt ist, Christum zu predigen und loben, seyn leyden und alle seyne gnade und wolthat zu preyssen, damit wir yhn zu lieben, hoffen, glaubenn bewegt, unnd alßo auff die selbenn wort odder prediget auch einn

---

[50] Aus der Fülle der Literatur sei nur auf das Wichtigste verwiesen: WALTHER KÖHLER, Zwingli und Luther. Ihr Streit über das Abendmahl nach seinen politischen und religiösen Beziehungen 1: Die religiöse und politische Entwicklung bis zum Marburger Religionsgespräch 1529 = QFRG 6 (Leipzig 1924 / New York, London 1971); SUSI HAUSAMMANN, Realpräsenz in Luthers Abendmahlslehre, in: Studien zur Geschichte und Theologie der Reformation. Festschrift ERNST BIZER (Neukirchen-Vluyn 1969) 157–173; HARTMUT HILGENFELD, Mittelalterlich-traditionelle Elemente in Luthers Abendmahlsschriften = SDGSTh 29 (Zürich 1971); JOACHIM STAEDTKE Abendmahl III 3, in: TRE 1 (1977) 106ff (ebd 119–122: Quellen u Literatur); HEINRICH BORNKAMM, Martin Luther in der Mitte seines Lebens. Das Jahrzehnt zwischen dem Wormser und dem Augsburger Reichstag (Göttingen 1979) 443ff; GOTTFRIED W LOCHER, Die Zwinglische Reformation im Rahmen der europäischen Kirchengeschichte (Göttingen, Zürich 1979) 221–224. 283ff; EBERHARD GRÖTZINGER, Luther und Zwingli. Die Kritik an der mittelalterlichen Lehre von der Messe – als Wurzel des Abendmahlsstreites (Zürich, Köln, Gütersloh 1980). – Speziell zu BUCER siehe ROBERT STUPPERICH, Straßburgs Stellung im Beginn des Sakramentsstreits, in: ARG 38 (1941) 249–272; JEAN ROTT, Bucer et les débuts de la querelle sacramentaire, in: RHPhR 34 (1954) 234–254; IAN HAZLETT, The Development of Martin Bucer's thinking on the sacrament of the Lord's Supper in its historical and theological context 1523–1534 (Diss theol Münster 1975).

leyplich tzeychenn, das ist das sacrament, empfahen, auff das damit unßer glaub, mit gottlichen worten und zeychen vorsorgt und befestigt, starck werde wider alle sund, leyden, todt und helle, und allis was widder uns ist. Und wo die prediget nit hett solt sein, hett er die meß nymmer mehr eyngesetzt. Es ist yhm mehr am wort den an dem zeychen gelegen..."[51] Das Zitat ist ferner deshalb so signifikant, weil – von den späteren Positionen aus gesehen – einerseits Zwingli und Bucer in Luthers Formulierungen Ansätze ihrer eigenen Interessen finden konnten, während andererseits deutlich wird, daß für Luther die Realpräsenz des Leibes Christi mit Brot und Wein notwendig ist, um das Abendmahl als göttliches Zeichen der Gnadenzusage verstehen zu können.

Auch *Zwingli* lehnt den Opfercharakter der Messe und die Transsubstantiationslehre ab und weiß sich darin mit Luther einig[52]. Aber wenn das Abendmahl „des opfers [Christi] ein widergedechtnuß" wird „und sichrung der erlösung, die Christus unß bewisen hatt"[53], parallel zum alttestamentlichen Passamahl als Gedenk- und Dankfest für die Befreiung aus Ägypten, und für Zwingli der Nachdruck auf dem „Das tut..." der Einsetzungsworte liegt, wird der Unterschied deutlich: Für Zwingli ist die Gemeinde das handelnde Subjekt, die im gläubigen Erinnern an das für unser Heil geschehene Opfer Christi die Gegenwart des Herrn empfängt[54]. Johannes 6 wird zu einem zentralen Text für das Verständnis des Abendmahls[55].

Einem Niederländer scheint das Verdienst zu gebühren, als Katalysator gewirkt zu haben, der Reaktionen hervorrief, welche die von Anfang an latent im reformatorischen Lager vorhandenen fundamentalen theologischen Meinungsverschiedenheiten über das Abendmahl offenbar machten, so daß der Streit um das rechte Verständnis unvermeidlich wurde – und das, obgleich der Traktat des Advokaten *Cornelisz Henricxz Hoen (Honius)* nur einen Teilaspekt der Abendmahlsproblematik behandelt[56]. Wyclifitische Traditionen aufgreifend, die er dem Traktat „De sacramento eucharistiae" des Wessel Gansfort entnommen hatte, deutete Hoen das „est" der Einsetzungsworte als „significat"[57].

---

[51] WA 6,373,16ff.

[52] In der 18. Schlußrede und ihrer Auslegung (Juli 1523) aufgrund des ἐφάπαξ des Hebräerbriefs (CR 88 Zwingli 1,460,5ff; CR 89 Zwingli 2,111ff). Auf LUTHERS Sermon von 1520 spielt wohl die Bemerkung Zwingli 2,137,32ff (vgl auch 150,16ff) an: ... nach etlicher zyt hat Martinus Luther dise spyß ein testament genennet, des namen ich gern wychen wil. Denn er es genempt hat nach siner natur und eigenschafft, und hab ich's genent [nämlich: ein widergedächtnis des lydens Christi] nach dem bruch [usus] und verhandlung [actio]... – Noch meint ZWINGLI, daß zwischen ihm und LUTHER kein Gegensatz bestehen müsse. Vgl G W LOCHER, AaO 221.283ff.

[53] CR 88 Zwingli 1,460,8–10; CR 89 Zwingli 2,111,30–32.

[54] G W LOCHER, AaO 222; CR 89 Zwingli 2,137ff.   [55] CR 89 Zwingli 2,141–144.

[56] Abgedruckt in CR 91 Zwingli 4,(505–511) 512–518; zT übersetzt in: HEIKO A OBERMAN, Die Kirche im Zeitalter der Reformation = Kirchen- u Theologiegeschichte in Quellen 3 (Neukirchen-Vluyn 1981) 144f. – Über HOEN (gestorben 1524 's-Gravenhage) siehe W KÖHLER, AaO 1,154f; GEORGE HUNTSTON WILLIAMS, The Radical Reformation (Philadelphia 1962) 35f; RGG³ 3 (1959) 411.

[57] Durch den Pastor JACOB HOECK, den Freund von WESSEL GANSFORT, lernte HOEN dessen Bibliothek kennen. Über die mittelalterlich-traditionellen Elemente des Traktats siehe H HILGENFELD, AaO 60ff. Daß man von der Herkunft dieser Gedanken aus wyclifitischen Traditionen wußte, belegt der unten anzuführende Brief BUCERS an MARTIN [FRECHT?]. Vgl dazu H BORNKAMM, AaO 448 Anm 24.

Der Einfluß der Abhandlung auf Wittenberg bleibt umstritten[58]. *Luther* nennt Hoen nirgends ausdrücklich[59], aber er scheint in seiner Schrift *"Von Anbeten des Sakraments des heiligen Leichnams Christi"* vom *Frühjahr 1523* auf den Traktat anzuspielen, wenn er von „etlichen" schreibt, „die es dafür gehalten haben, Es sey schlecht brott und weyn ym sacrament, wie sonst die leutt brott essen und weyn trincken..." Er lehnt diese Deutung als Frevel an Gottes Wort ab, „das yemandt on außgedruckte klare schrifft eym wortt wolt eyn ander deutten geben denn seyn natürlich deutten ist, als diße thun, die das worttlin ‚Jst' frevelich on grund der schrifft zwingen da hyn, es solle ßo viel heyssen als das wortlin ‚Bedeut'..."[60] Der Hauptteil der Schrift richtet sich gegen die Unterstellung, Luther lehre, „es sei nit not, daß man das Sacrament Eucharistiae anbete, ehre"[61]. Ausgehend von Joh 4, 20–23 behandelt Luther diese Frage und begründet die Anbetung damit, daß Christus nicht nur im Wort zu uns kommt, sondern daß unter den sichtbaren Zeichen von Brot und Wein Christi Leib und Blut anwesend sei und ausgeteilt werde[62]. „Wyr wissen uns keyns andern tzu leren lassen, denn die wortt des Euangeli sind hell und starck da: ‚Das ist meyn leyb' etc, ‚das ist meyn blutt' etc. Szo mügen wyr ya dem leybe Christi seyn ehre nicht verpieten, wie wol wyr frey seyn wollen, antzubeten, wo es nicht nütz noch nott ist. Aber das hohist, den glawben auff die wortt ym sacrament halten wyr am meysten"[63].

Zur gleichen Zeit und doch wohl in bewußter Abgrenzung von Luthers Betonung der Realpräsenz hat *Andreas Bodenstein von Karlstadt* seine Abendmahlslehre entwickelt. Ob dabei der Hoen-Traktat eine Rolle gespielt hat, ist ungeklärt[64].

---

[58] Die Ansicht von OTTO CLEMEN (Hinne Rode in Wittenberg, Basel, Zürich und die frühesten Ausgaben Wesselscher Schriften, in: ZKG 18 [1898] 346–372. 639 = Kleine Schriften zur Reformationsgeschichte 1 [Leipzig 1982] 24–52), daß der HOEN-Traktat 1521 durch den Niederländer HINNE RODE (s u) nach Wittenberg gebracht worden sei, hat CLEMEN selbst in WA 10 II 315 Anm 3 widerlegt. Sie beruhte auf dem späten, mit Irrtümern durchsetzten Bericht in der Vita Wesseli des ALBERT HARDENBERG (Groningen 1614). – Die lange umstrittene Frage nach dem Adressaten des Traktats – LUTHER oder ERASMUS? (H BORNKAMM, AaO 448 Anm 24) – wurde veranlaßt durch die Titelformulierung, die ZWINGLI dem Erstdruck 1525 gegeben hat: „Epistola Christiana admodum ab annis quattuor ad quendam, apud quem omne iudicium sacrae scripturae fuit, ex Bathavis missa..." (CR 91 Zwingli 4,509f). HOENS Polemik richtet sich vielmehr gegen die „scholastici Romani" (ebd 512,26 u ö).

[59] Im „Brief an die Christen zu Straßburg..." von 1524 spricht LUTHER von „zween", „die geschickter davon zu myr geschrieben haben denn D. Carlstad" (WA 15,[384] 394,17f). Einer könnte HOEN gewesen sein.

[60] WA 11,434,5ff.20ff. – W KÖHLER (AaO 155 Anm 4) hat vermutet, daß LUTHER nur indirekt von HOENS Ansicht gehört hat. Vgl auch H BORNKAMM, AaO Anm 24. – Einen Überblick über neuere Stellungnahmen siehe bei ULRICH BUBENHEIMER, Scandalum et ius divinum. Theologische und rechtstheologische Probleme der ersten reformatorischen Innovationen in Wittenberg 1521/22, in: ZSRG 90 Kanon Abt 59 (1973) 282 Anm 67; siehe ferner H HILGENFELD, AaO 62ff.

[61] Das behaupteten Gegner der Anbetung in Böhmen, die sich damit auf LUTHER beriefen; siehe den Brief des MARKGRAFEN GEORG VON BRANDENBURG-ANSBACH an LUTHER vom 5. Januar 1523 (WABr 3,9,49–51 Nr 568).

[62] WA 11,443,16–450,23.

[63] Ebd 450,18–23.

[64] Wieder ist es die schon genannte (Anm 58) historisch unzuverlässige Vita Wesseli HARDENBERGS, die KARLSTADT mit dem Niederländer HINNE RODE (Anm 72) in Verbindung bringt, der den Traktat HOENS in Wittenberg bekannt gemacht habe; siehe dazu die kritische Stellungnahme HERMANN BARGES

Es spricht manches dafür, daß Karlstadt das darin entwickelte Verständnis gekannt hat⁶⁵. Für das Folgende sind nicht dessen Beweggründe wichtig⁶⁶, sondern seine Erklärung der Einsetzungsworte, denn von Karlstadt war in Straßburg der Anstoß zur Beschäftigung mit dem Abendmahl ausgegangen, als er sich als Flüchtling im *September 1524* einige Tage heimlich in der Stadt aufhielt und nach der Ausweisung seine sieben in Basel gedruckten Abendmahlsschriften verbreiten ließ⁶⁷. Karlstadt versteht die Einsetzungsworte so, daß Christus nicht auf das Brot, sondern auf seinen eigenen Leib gedeutet habe. Damit ist die Realpräsenz hinfällig. Karlstadt stützt diese Erklärung mit grammatischen Gründen: Der Vers „Das ist mein Leib..." sei durch einen Punkt von dem vorhergehenden getrennt und stehe damit mit diesem in keiner inneren Beziehung; der große Anfangsbuchstabe, mit dem das „Τοῦτο" bei Lukas geschrieben sei, spreche gegen dessen Zusammenhang mit dem Brot, dazu komme, daß ἄρτος Maskulinum sei, τοῦτο dagegen Neutrum⁶⁸.

Die Straßburger Theologen *Wolfgang Fabricius Capito* und *Martin Bucer* waren wie Zwingli der Meinung, zusammen mit Luther auf dem Boden eines gemeinsamen evangelischen Abendmahlsverständnisses zu stehen. Einigkeit bestand zumindest in der Abgrenzung gegenüber der römischen Lehre von der Messe. Der Realpräsenz gewinnen die Straßburger allerdings keinen Wert ab. Capito hat ihre Meinung so beschrieben: „Unsern Glauben sollen wir mit des Herrn Brot und Wein durch das Gedächtnis seines Leibes und Blutes speisen und das Übrige fahren lassen". „Wo wir kein hell Wort haben, unterlassen wir zu forschen"⁶⁹. Die Karlstadtschen Traktate erzwangen jetzt das Durchdenken der eigenen Position. Dazu kam der Schock über Luthers Pochen auf der Realpräsenz und über seine schroffe Ablehnung der signifikativen Deutung des „est" der Ein-

---

(Andreas Bodenstein von Karlstadt 2 [Leipzig 1905 / Nieuwkoop 1968] 150f Anm 8). Schon BARGE hat darauf aufmerksam gemacht, daß HOENS Beweisführung gegen die Realpräsenz von derjenigen KARLSTADTS abweicht. – Der Aufsatz von ALBERT HYMA, Hoen's Letter on the Eucharist and Its Influence upon Carlstadt, Bucer and Zwingli, in: PTR 24 (1926) 124–131 war mir nicht zugänglich.

⁶⁵ ULRICH BUBENHEIMER (AaO 281ff) hat darauf aufmerksam gemacht, daß in den Wittenberger Wirren im Umkreis GABRIEL ZWILLINGS die Realpräsenz und damit die Anbetung des Sakraments aufgrund einer symbolischen Deutung der Einsetzungsworte verneint wurde, wogegen sich KARLSTADT damals noch mit der Schrift „Von anbetung und eer erbietung der zaychen des neuen Testaments" (E FREYS / H BARGE, Verzeichnis der gedruckten Schriften des Andreas Bodenstein von Karlstadt [Nieuwkoop 1965] Nr 68–70) gewandt hatte. Die Anhängerschaft ZWILLINGS bestand zum größeren Teil aus niederländischen Augustinereremiten – ihr geistiges Haupt war der spätere Antwerpener Prior HEINRICH VON ZÜTPHEN (siehe unten S 421f; BUBENHEIMER 298ff u Anhang Nr 2 mit Verweis auf NIKOLAUS MÜLLER, Die Wittenberger Bewegung 1521 und 1522 [Leipzig ²1911] 56 Nr 23) –, die sich zu Studienzwecken im Wittenberger Kloster aufhielten. Selbst wenn also RODE nicht in Wittenberg war, sind Verbindungen mit HOEN bzw entsprechenden Vorstellungen denkbar.

⁶⁶ Vgl FRIEDEL KRIECHBAUM, Grundzüge der Theologie Karlstadts = ThF 43 (Hamburg-Bergstedt 1967) 102–104.

⁶⁷ Vgl R STUPPERICH, AaO 251ff.

⁶⁸ H BARGE, AaO 2,169f.

⁶⁹ Zitiert nach STUPPERICH 252f; aus der Schrift „Was man halten vnnd Antwürtten soll von der Spaltung zwischen Martin Luther vnd Andres Carolstadt" [Augsburg 1524]. – CAPITO stand von vornherein mehr auf der Seite von ZWINGLI als BUCER; vgl JAMES M KITTELSON, Wolfgang Capito. From Humanist to Reformer = SMRT 17 (Leiden 1975) 145ff.

setzungsworte⁷⁰, anderseits das Werben des Niederländers *Hinne Rode 1523/24* am Oberrhein für den Hoen-Traktat, der das signifikative Abendmahlsverständnis begründete. *Zwinglis* Lehre vom Nachtmahl hat in dieser Zeit ihre abschließenden – rationalen – Konturen erhalten, dadurch daß Zwingli erkannte, daß sich das Verständnis der Einsetzungsworte, wie er es dem Hoen-Traktat entnahm, auf die rhetorische Lehre vom Tropus zurückführen ließ⁷¹. Auch für *Bucer* bedeutete der Besuch Hinne Rodes im *Herbst 1524* eine Klärung seiner Position⁷². Um die aufgebrochenen Unterschiede in der Abendmahlslehre zu überwinden, schickten die Straßburger Theologen am *23. November 1524* ein Kollektivgutachten an Luther mit der Bitte um Stellungnahme: Sie grenzen sich darin von Karlstadt ab und heben ihre Verbundenheit mit Luther hervor, betonen aber den Gedächtnischarakter des Abendmahls⁷³. Zugleich wandten sie sich an Zwingli, Oekolampad⁷⁴ und die Prediger weiterer oberdeutscher Städte. Zwingli fügte seiner Antwort vom 16. Dezember 1524 eine handschriftliche Abschrift seines angeblichen Briefes an Matthäus Alber mit der Bitte um strengste Diskretion bei. In diesem Schreiben war er zum ersten Mal offen für das tropische Verständnis des „est" eingetreten⁷⁵. Luther entgegnete mit dem gedruckten „Brief an die Christen zu Straßburg wider den Schwärmergeist". Auf die Anfrage der Straßburger geht er darin gar nicht weiter ein, polemisiert vielmehr gegen Karlstadt und verweist auf seine demnächst erscheinende Schrift „Wider die himmlischen Propheten"⁷⁶.

---

⁷⁰ Vgl Capitos Brief an Bugenhagen vom 8. Oktober 1525 (Dr. Johannes Bugenhagens Briefwechsel, hg v Otto Vogt [Hildesheim 1966] besonders 37f Nr 15).

⁷¹ Vgl Hanns Rückert, Das Eindringen der Tropuslehre in die schweizerische Auffassung vom Abendmahl, in: ARG 37 (1940) 199–221 = Vorträge u Aufsätze zur historischen Theologie (Tübingen 1972) 146–164. – Der Hoen-Traktat enthält nicht die Subsumption unter den antik-mittelalterlichen Tropusbegriff. Im Brief an die Straßburger Theologen vom 16. Dezember 1524 spricht Zwingli von Erkenntnissen, die wir „iam annos aliquot senserimus" (Correspondance de Martin Bucer 1, hg v Jean Rott [Leiden 1979] 312,491f = CR 95 Zwingli 8,275,24f). In seiner „Responsio ad epistolam Ioannis Bugenhagii" vom 23. Oktober 1525 erklärt er das näher: „Videbam τροπικῶς dictum esse ‚hoc est corpus meum', sed in qua voce tropus lateret, non videbam" (CR 91 Zwingli 4,560,20f), dh er sei sich über die grammatisch-rhetorische Struktur des Satzes noch nicht klar gewesen. Gemeint ist seine Auslegung der 18. Schlußrede von 1523, wo er den Text unter Berufung auf Joh 6 als Bildrede verstanden hatte (CR 89 Zwingli 2,141ff). Hoen habe ihm den rhetorischen Sinn erschlossen (in ea foelicem hanc margaritam ... inveni": CR 91 Zwingli 4,560,28f). Zum rhetorischen Traditionshintergrund siehe CR 92 Zwingli 5,738ff. Vgl E Grötzinger, AaO 55ff.

⁷² Vgl Willem F Dankbaar, Martin Bucers Beziehungen zu den Niederlanden = Kerkhistorische Studiën 9 ('s-Gravenhage 1961) 8ff. Schon 1522 hatte Bucer eine Reise nach Brabant unternommen (Corresp 1,186,30ff u Anm 8). Vielleicht hat er damals schon persönliche Beziehungen – auch nach Antwerpen? – angeknüpft. – Über Rode, um 1520 Rektor der von den Brüdern vom gemeinsamen Leben geleiteten Schule in Utrecht, siehe O Clemen, AaO (Anm 58); RGG³ 5 (1961) 1135.

⁷³ Corresp 1,288–297 Nr 83 = WABr 3,381–390 Nr 797.

⁷⁴ Ebd 1,281–287 Nr 81 = CR 95 Zwingli 8,245–250 Nr 351.

⁷⁵ Ebd 1,298–315 Nr 84 = CR ebd 261–278 Nr 355, besonders ebd 312,490ff = 275,23ff. – Der sogenannte Brief an den Luther nahestehenden Matthäus Alber (CR 90 Zwingli 3,[322–334] 335–354 Nr 41) hat den Adressaten nie erreicht. Er ist ein theologischer Traktat mit fingierter Briefadresse, den Zwingli in handschriftlichen Kopien unter seinen Freunden kursieren ließ: Der Zweck war, sich von Karlstadts Abendmahlsvorstellungen abzugrenzen. Die Brieffiktion und die Bitte um strenge Diskretion zeigen, daß Zwingli sich der aufbrechenden Lehrunterschiede, welche die Gefahr der Spaltung der reformatorischen Bewegung in sich bargen, bewußt geworden war.

⁷⁶ WA 15,(380–390) 391–397.

Es ist verständlich, daß Zwinglis Antwort eine positivere Reaktion hinterließ als Luthers Brief. Capito berichtete Zwingli am 31. Dezember 1524, daß Bucer mit fliegenden Fahnen von Luther zu diesem übergegangen sei[77]. Er übernahm das signifikative Verständnis der Einsetzungsworte. Die Realpräsenz, an der er schon längere Zeit gezweifelt hatte, gab er jetzt preis.

Martin Bucer hat die Genese dieses Klärungsprozesses und seiner schrittweisen Entfremdung von Luthers Position in dem nur fragmentarisch und ohne Datumsangabe erhaltenen *Brief an Martin (Frecht?)* beschrieben: Zunächst sei er der Autorität Luthers blind gefolgt. Dann aber sei ihm Joh 6,63 („Das Fleisch ist nichts nütze") wichtig geworden und er habe sich bemüht, seine Zuhörer zum geistigen Genuß Christi zu führen, ohne welchen sie sich zum Gericht essen und trinken würden. Durch Karlstadt angeregt, habe er die neutestamentlichen Abendmahlsparallelen untersucht mit dem Ergebnis, daß, ebenso wie in der Taufe nur Wasser, „in eucharistia purum adhiberi panem". Beides seien Symbole; das bedeute: Ein Symbol ist „per se etiam inutile, nisi fide rapiaris in Christum pro te mortuum, carne ad dexteram patris, spiritu tecum habitante et implente omnia". Die Realpräsenz, falls es sie gäbe, wäre ein großes Wunder. Die Schrift kenne aber kein Wunder, von dem man glauben müsse, daß es heute noch gegenwärtig sei – außer: Incarnatus est Christus. Luther habe doch selbst geschrieben „nihil profore, si Christum in pane carnaliter edas, atque ita Christi carnem inutilem, nisi eundem et spiritu manduces". Dann ist das Wunder der Realpräsenz aber nutzlos. Bucer berichtet geradezu begeistert vom Besuch Hinne Rodes, den er sogar über Luther stellt. Rode habe ihn im Gespräch zur Aufgabe der Realpräsenz gezwungen. Bucers Brief zeigt, daß man über die dogmengeschichtliche Traditionskette des neuen Abendmahlsverständnisses (Tertullian – Hieronymus – Eusebius – Wiclif – Wessel Gansfort) genau im Bilde war. Demgegenüber hat Karlstadts Auslegung Bucer nicht mehr gefallen. Auch Luthers Argumentation in „Von Anbeten des Sakraments..." erschien ihm jetzt als unbefriedigend[78].

Daß Bucer am Jahresende 1524 unter dem Einfluß Hoens, Rodes und Zwinglis die Realpräsens aufgab und die signifikative Deutung der Einsetzungsworte übernahm, bedeutet nicht, daß er völlig zu Zwinglis Abendmahlsauffassung überging. Mit Luther verbindet ihn weiterhin der Gabencharakter des Sakraments, in dem sich Christus als „Speise der Seele" darbietet, die im Glauben empfangen wird[79]. Bucer knüpft gewissermaßen an Luthers Abendmahlsverständnis im „Sermon vom neuen Testament..." an, lehnt aber Luthers spätere Lehrentwicklung, wie sie in „Von Anbeten des Sakraments" dargelegt ist, ab. Dieses Verständnis von Bucers

---

[77] CR 95 Zwingli 8,279,12ff Nr 356: qui in tuam sententiam manibus ac pedibus concedit, pridem autem addictior fuit sententiae Lutheranae...

[78] Der Brief ist ediert bei JACQUES V POLLET OP, Martin Bucer. Études sur la correspondance avec de nombreux textes inédits 1 (Paris 1958) 12–18 (Pollet datiert ihn auf Anfang 1526. Zur Person des Adressaten siehe ebd 9–11), ins Deutsche übersetzt von W F DANKBAAR, AaO 9–12.

[79] Vgl W IAN P HAZLETT, Zur Auslegung von Johannes 6 bei Bucer während der Abendmahlskontroverse, in: Bucer und seine Zeit, hg v MARIJN DE KROON u FRIEDHELM KRÜGER = VIEG 80 (Wiesbaden 1976) 74–87.

Position wirft Licht auf dessen Verhalten bei der Übertragung von Bugenhagens Auslegung von Ps 100/111,4f.

Martin Bucer nimmt theologisch eine Zwischenstellung zwischen Zwingli und Luther ein[80]. Sein Bemühen um Ausgleich ist also in der Sache begründet.

b) Vergleichen wir jetzt Martin Bucers inkriminierte „Übersetzung" von Johannes Bugenhagens Auslegung von Ps 110/111,4f mit der Vorlage, so wird deutlich, daß der Übersetzer frei übertragen und auch eigene Gesichtspunkte eingebracht hat[81].

Das zeigt sich schon bei der Bestimmung des Psalmskopus im Summarium: Für Bugenhagen ist der Psalm eine Predigt von der Universalität der opera dei, der göttlichen Werke der Schöpfung sowohl als der der Erlösung, eingeschlossen die von Gott geschenkten Verheißungen, durch die allein wir, wenn wir nur glauben und Gott fürchten, gerettet werden. Bucer gibt diesem Verständnis einen neuen Akzent, indem er – als erster – die Frage nach der Gattung des Psalms stellt. Psalm 110/111 gehöre zum Genus der Dank- und Lobpsalmen[82]: Die Rede sei von Lob und Danksagung für Gottes Werke, „die er den seinen zů gůt und heyl wircket"[83].

Zu Vers 4f führt Bugenhagen an, daß dieser Text gemeinhin auf das Sakrament der Eucharistie gedeutet werde[84], das Christus zurückgelassen habe „in memoriam

---

[80] Ende 1524 erschien BUCERS „Grund und ursach..." (Martin Bucers deutsche Schriften 1, [185–193] 194–278) zur Begründung der gottesdienstlichen Neuerungen in Straßburg. Darin geht BUCER zum ersten Mal von seinem neuen Verständnis aus.

[81] Auch die Gliederung des Kommentars ist bei BUCER anders als in seiner Vorlage. BUGENHAGEN läßt einer kurzen Auslegung der Verse 1 bis 3 einen breit ausgeführten Kommentar der Verse 4 bis 10 folgen. BUCER hat eine andere Einteilung: Er erklärt die einzelnen Teilstücke des Psalms (V 1. 2f. 4f. 6–8. 9f). Die umfangreichste Auslegung ist Vers 4f gewidmet.

[82] In den Prolegomena zu seiner Übersetzung unterscheidet BUCER vier Psalmengattungen: (1.) Lehrpsalmen, (2.) Klage-, Bitt- und Trostpsalmen, (3.) Dank- und Lobpsalmen, (4.) Psalmen, die „... vom reych Christi inn sonderheyt singen" (Martin Bucers deutsche Schriften 2,194ff). – Die Anregung, nach den Gattungen der Psalmen zu fragen, hat LUTHER 1531–1533 in seinen „Summarien über die Psalmen und Ursachen des Dolmetschens" aufgegriffen; siehe besonders WA 38,17,24ff.

[83] Wir stellen die Summarien zum Vergleich gegenüber. – BUGENHAGEN: Opera dei et creationis et redemptionis (ut quoque psalmo 91 et psalmo 103) hic magnificantur, id est, quicquid umquam fecit deus, et praeterea promissiones dei, ex quibus solis, si credimus, salvamur, hic praedicantur esse et veraces et iustae, id est, quas impossibile est non impleri, ut sit summa: Quicquid facit deus, vere facit et iuste, quicquid promittit, vere promittit et iuste, non sicut homines ... Verum omnia opera eius et promissiones salutifera solum sunt timentibus eum, id est, qui intelligentes sequuntur id, quod credunt. – BUCER: Ein gemeyn lob ist diser psalm und dancksagung der werck gottes, die er den seinen zů gůt und heyl wircket ... (vgl Martin Bucers deutsche Schriften 2,213,20f). Ähnlich schon LUTHER im Summarium des Wittenberger Psalterdrucks von 1513: Confessio et gratiarum actio super mirabilibus Christi, praecipue sacramenti eucharistiae (WA 4,236,2f). Zu BUGENHAGENS Summarium vgl LUTHERS Randglosse (ebd 236,26–28): Loquitur autem psalmus proprie de operibus et mirabilibus dei per Christum factis et non de operibus creationis. Quia ad deum incarnatum dirigit sermonem ... Vgl ferner in den Summarien von 1531–33: Ist ein Danckpsalm, dem volck Jsrael gemacht zu singen auff das Osterfest bey dem Osterlam, darinn sie lerneten Gott loben und dancken ... fur alle seine wunderwerck ... (WA 38,55,7–12), mit Verweis auf die Auslegung dieses Psalms (WA 31 I [384–392] 393ff).

[84] Die Deutung auf die Eucharistie besonders ausgeprägt bei LYRA; vgl aber schon CASSIODOR zu „escam ...": significat utique spiritualem cibum ..., id est, communicatio corporis et sanguinis sacri, quae est salus gentium et remissio peccatorum; auch LUTHER in den Dictata (WA 4,236,2f.17f.29ff).

omnium, quae gessit pro nobis in homine assumpto praecipue mortis". Der Pommer bestreitet diese Deutung nicht, nur dürfe man nicht allein an das externum sacramentum denken, sondern müsse den Blick richten „in fidem sacramenti, id est, in ipsam memorialis huius et testamenti rem"[85]. Die *Sache* des Sakraments sei gemeint. Damit kann Bugenhagen diese Deutung einfügen in den Rahmen seines Gesamtverständnisses des Psalms: Alle Werke und Verheißungen Gottes sind eingeschlossen[86]. Als Beispiel werden die wunderbaren Werke der Errettung des Volkes Israel durch Jahwe herausgegriffen. Das Passafest sei das Gedächtnis (memoriale) der Herausführung aus Ägypten. Von daher müsse Vers 4f verstanden werden. Die den Herrn fürchten, haben keinen Mangel bei Gott (Ps 33/34,10f). Das muß im Glauben angenommen werden: „Ista opera dei et verba fide suscepta sive comesta sunt nobis memoriale perpetuum, quod deus bene faveat nobis ... Nam eius promissiones habemus, quibus credimus et credentes salvamur". Die Begriffe ‚promissiones', ‚testamentum', ‚pactum', ‚sacramentum' werden eng aufeinander bezogen: Die Verheißungen Gottes sind sein Testament; deshalb wird er seinen Bund nicht brechen. „Ipse enim est hoc ipsum verbum, quod promittendo locutus est nobis". Das höchste sacramentum ist deshalb die Fleischwerdung des Wortes für uns[87], Speise für die, welche Gott fürchten (Vers 5), dh für die Glaubenden. Für dieses Sakramentsverständnis beruft sich Bugenhagen auf Joh 6. „Est autem sacramentum hoc edere credere Christum pro te carnem et sanguinem factum et utrumque in rem tuae salutis expendisse"[88]. Im Vergleich zu diesem sacramentum ist das „sacramentum externum panis et vini sive corporis et sanguinis Christi" nur dessen Zeichen[89].

Die Geschlossenheit von Bugenhagens Auslegung von Psalm 110/111 ist beeindruckend. Es gelingt ihm, Vers 4f – inklusive der traditionellen Deutung auf das Sakrament der Eucharistie – strikt in sein Gesamtverständnis des Psalms einzubinden, wie er es im Summarium skizziert hat.

Vergleicht man die auf das Sakrament bezüglichen Aussagen mit Luthers eingangs genanntem „Sermon von dem neuen Testament, das ist von der heiligen

---

[85] Exponunt de sacramento eucharistiae, quod reliquit Christus in memoriam omnium, quae gessit pro nobis in homine assumpto praecipue mortis dicens: „Hoc facite in mei commemorationem", quia sequitur: „Escam dedit timentibus se"; aliis enim hanc escam non dedit, qui, si accipiunt ad damnationem sui, accipiunt, quod ipsis non datum est ... Vera sunt haec omnia et certe placent, si non in externum solum sacramentum oculos defigamus, sed in fidem sacramenti, id est, in ipsam memorialis huius et testamenti rem.

[86] Verum nos haec latius exponemus, id quod psalmus requirit, qui de omnibus dei operibus loquitur et omnibus dei mandatis sive, ut dixi, verbis et promissionibus et de redemptione sempiterna ...

[87] Quod verbum denique pro nobis caro factum est, summum sacramentum, certissimum signum et pignus nostrae salutis. Quomodo enim non cum illo nobis omnia donavit?

[88] Dieses Verständnis von Joh 6 stimmt mit dem LUTHERS überein, der seit „De captivitate babylonica ecclesiae praeludium" von 1520 daran festgehalten hatte, daß in Joh 6 „nec syllaba quidem" vom Abendmahl rede, vielmehr vom geistlichen Essen, dh vom Glauben an Christus als incarnatum verbum (WA 6,502,7ff).

[89] BUGENHAGEN fährt fort: quod sine hoc indigne sumpseris ad iudicium ⟨vgl 1Kor 11,29⟩. Quapropter censeo numquam vel docendum vel scribendum esse de externo eucharistiae sacramento sine isto, de quo diximus (quod receptum quidem est ab oculis nostris in coelum, sed tamen semper sua virtute praesens est timentibus deum), ne scilicet sacramentum sine fide amplecti videamur. – Auf diese Stelle beruft sich BUCER später in seiner Rechtfertigungsschrift.

Messe" von 1520, so werden Übereinstimmungen deutlich. Das gilt sowohl für die Betonung der Notwendigkeit des Glaubens beim Empfang des Abendmahls wie von der Gleichsetzung von sacramentum und testamentum[90]. Das Abendmahl als externum sacramentum ist „tantum signum" des summum sacramentum, der Fleischwerdung des Wortes. Die Formulierung „panis et vini sive corporis et sanguinis Christi" signalisiert dabei, daß die Realpräsenz nicht ausgeschlossen, sondern mitgedacht ist.

Andererseits versteht man jetzt, daß Martin Bucer in Bugenhagens Erklärung Ansatzpunkte fand, die seinem eigenen Verständnis des Abendmahls zu entsprechen schienen bzw zumindest in seinem Sinne interpretierbar waren. Abgesehen davon, daß er am Anfang an sein im Summarium dargelegtes Gesamtverständnis des Psalms anknüpft[91], hat er, zwar in freier Wiedergabe mit eigenen Gedanken und verändertem Bibelstellenapparat, den Duktus von Bugenhagens Auslegung von Ps 110/111,4f zutreffend wiedergegeben[92]. Erst am Schluß, dort wo der Pommer das Abendmahl kurz berührt hat, erweitert Bucer seine Vorlage durch zwei umfangreiche Textstücke: „Vom nachtmal des herren" und „Von der anbettung des brots"[93].

Der Abschnitt „Vom nachtmal..." ist ein Abriß von Bucers damaligen Anschauungen vom Abendmahl: Es ist die Danksagung für Christi Opfertod zu unserer Erlösung und bringt mit sich die „verbrüderung mit allen, die solchs glauben genossen sind"; es ist im Glauben anzunehmende „geystliche speyß und wores hymelbrot". „Solche gedechtnis dises grossen wunder gottes, das er sein eynigen sun für unser erlösung in todt geben hat, bringt in allen gleubigen, das sy sich gott frey vertrawen; seytenmal sy durch das blůt Christi zů dem neůwen testament, das in gott ewiglich wil gnedig sein, komen sind; item, das sy mit mer forcht ir leben füren seytenmal sy von sünden so theůer erkaufft sind"[94]. Auf den Glauben an die himmlische Speise der Seele und auf die Verkündigung und das Gedächtnis der Wundertat Gottes in Christus kommt alles an. Daraus zieht Bucer den Schluß: „Das brot brechen und kelch under uns teylen ist nichts dann ein eusserliche geberd", und, polemisch (gegen Luther) gewendet: „Fleischlich niessen mag nit nützen, darumb alles von fleischlicher gegenwertigkeit des leybs und blůts Christi im brot disputieren oder predigen gepürt keim Evangelischen, der ein diener des

---

[90] Vgl zB WA 6,359,4–6 (Alßo hatt auch Christus in dißem testament than, und ein krefftigs, aller edlist sigill und zeychen an und in die wort gehenckt, das ist sein eygen warhafftig fleysch und blůt unter dem brot und weyn). 19f; 361,8 (das sacrament und das testament); 363,4ff; 364,32ff; 365,15f u ö.

[91] Ebd 218,12f: ... allzeyt mit lob zů gedencken haben.

[92] Martin Bucers deutsche Schriften 2,218,6–219,19. Die Veränderungen und Erweiterungen können hier unberücksichtigt bleiben.

[93] Ebd 2,219,20–220,31 und 220,32–222,25. Die seit WILHELM WALTHER (Reformierte Taktik im Sakramentsstreit der Reformationszeit, in: NKZ 7 [1896] 922; siehe auch WA 19,463) oft vertretene Ansicht, nicht BUCER, sondern KONRAD PELLIKAN habe die beiden Abschnitte eingefügt, dürfte nach den Ausführungen W H NEUSERS (Martin Bucers deutsche Schriften 2,181f) endgültig abgetan sein. Die Autorschaft BUCERS hat CAPITO in den beiden Briefen an ZWINGLI vom 27. Dezember 1525 und vom 26. September 1526 ausdrücklich bestätigt.

[94] Ebd 219,24f.34.36–220,3.

geists sein sol und nichts leren, dann das uns frum machet. Das thůt . . . allein, das wir bedencken, glauben und dancksagen, das Christus für uns gestorben ist"[95]. In diesem Zusammenhang lehnt Bucer das Anbeten des Brots und Weins konsequent ab. „Gott wil in keiner leyplichen gestalt sonder im geyst und der warheit angebettet sein" (Joh 4,24)[96]. Mit diesem Satz ist die Absicht des zweiten von Bucer eingefügten Abschnitts umrissen. Aus ihm sei nur die kurze, nicht näher exegetisch begründete Erläuterung von 1 Kor 11,24 angeführt: „Er hats aber heissen essen und gewysen auff sein leib, der für sy in todt geben wardt, das sy das glaubten und in ynwendig empfiengen und geistlich essen . . ."[97] Hier scheint Bucer an die Erklärung der Stelle durch Karlstadt anzuknüpfen[98].

c) Hat Martin Bucer Bugenhagens Psalmenkommentar vorsätzlich verfälscht? Es ist deutlich geworden, daß sich Bucer zu der Zeit, als er mit der Übersetzungsarbeit beschäftigt war, über den Dissens zwischen den Oberdeutschen und Luther im klaren war. Die polemischen Bemerkungen belegen das. Bei Bugenhagen dagegen fand Bucer Anknüpfungspunkte: die Betonung des Glaubens und die Bezeichnung des Abendmahls als „sacramentum externum", dh Bucer meinte zeigen zu können, daß sich seine eigenen Anschauungen aus Bugenhagens Auslegung entwickeln ließen. Der Straßburger hat es später so dargestellt, als sei ihm der Gegensatz, der zwischen ihm und Bugenhagen in der Frage der Realpräsenz tatsächlich bestand, bei der Übersetzungsarbeit noch nicht bewußt gewesen, denn er habe damals dessen neueste Ausführungen zum Abendmahlsverständnis, den *Sendbrief an den Breslauer Pfarrer Dr Johann Heß*, in dem der Pommer zum ersten Mal gegen Zwingli Front gemacht hatte, noch nicht gekannt[99]. Bucers Darstellung wird bestätigt durch Wolfgang Capitos Brief an Zwingli vom 26. September 1526: „Nam antequam Pomeranus per ineptam illam epistolam ad Slesium quendam scriptam declararet perspicuae veritati eucharistiae se adversari, vertit hic [Bucer] psalterium illius et in Psal. 111 quaedam de eucharistia non absurda quidem illa, sed paulo obscuriora latius, quae scripta erant, explicuit, unde videtur Pomeranus stare pro veritate"[100]. Er wolle Bucer nicht entschuldigen, der sich zu sehr auf die ihm von Bugenhagen zugestandene Freiheit verlassen habe. Er, Capito, hätte es lieber gesehen, wenn Bucer seine Abendmahlsauffassung den Lesern in einer eigenen Schrift und nicht in dem Kommentar dargelegt hätte[101]. Diese Äußerungen zeigen, daß man in Straßburg spätestens nach dem Bekanntwerden von Bugenhagens Sendschreiben an Heß

---

[95] Ebd 2,220,13f.24–31.
[96] Ebd 2,220,32f.
[97] Ebd 2,221,11ff.
[98] Siehe oben S 407f.
[99] Martin Bucers deutsche Schriften 2,269,30ff („Das Martin Butzer sich in verteutschung des Psalters getrewlich gehalten" [1527]): Und warlich, wer deine unbedachte Epistel zů dem Hessen Ee, dann diser Psalm gedruckt war, mir zů kommen, ich wolte weytleüffiger vom nachtmal Christi an diesem ort geschriben und der welt, was mein und dein meynung hierin were, angezeygt haben. – Gemeint ist BUGENHAGENS „Ein Sendbrief widder den newen yrrthumb bey dem Sacrament des leybs und blutts"; siehe G GEISENHOF, Bibliotheca Bugenhagiana 200–209 Nr 162–173. Die Schrift erschien im September 1525.
[100] CR 95 Zwingli 8,724,2–7 Nr 531.
[101] Ebd 724,13–16; 725,1–3.

von der Sprengkraft wußte, die in der deutschen Version des Buchs verborgen lag. Capito hat offenbar eine scharfe Reaktion aus Wittenberg erwartet[102]. Bucer hat später Zwingli gegenüber zugestanden, daß er Bugenhagens Psalterium „besudelt" (conspurcavi) habe – allerdings „mit der Wahrheit"[103]. Indem Bucer den „dunklen" Andeutungen in Bugenhagens Auslegung durch die Eintragung seiner Abendmahlslehre die angemessene Konsequenz zu geben meinte, hat er den Zusammenhang von Bugenhagens Gedanken mE am entscheidenden Punkt mißverstanden: „Sacramentum externum" ist für den Pommer das Abendmahl nicht an sich, sondern im Vergleich zum „summum sacramentum" des Heilswerks Christi. Die Anknüpfung an Bugenhagen verbindet Bucer mit polemischen Ausfällen gegen die fleischliche „gegenwertigkeit des leybs und blůts Christi im brot" und gegen „das anbetten des brots und kelchs"[104], was von den Wittenbergern als Angriff gegen Luther verstanden werden mußte – und auch so gemeint war. Bucer wagte damit den Versuch, Bugenhagen gegen Luther in seinem Sinn zu interpretieren. Dabei muß er sich allerdings fragen lassen, ob er so wenig Wittenberger Lokalkenntnis besaß oder so naiv war, gravierende Beurteilungsunterschiede in der Realpräsenzfrage anzunehmen. Hoffte er, Luther und Bugenhagen auseinander dividieren und den letzteren für sich gewinnen zu können?

Wenn Bucer dagegen mit seiner Aktion dasselbe beabsichtigte, was die Straßburger mit der *Gesandtschaft des Gregor Casel* nach Wittenberg im *Oktober 1525* erreichen wollten, nämlich Luther umzustimmen und unter Appell an seine Friedensliebe zu bewegen, Meinungsfreiheit in der Frage der Realpräsenz zuzulassen[105], so muß er sich großer Ungeschicklichkeit zeihen lassen; denn er heizte durch die stillschweigende Eintragung seiner Abendmahlsauffassung die Auseinandersetzungen gerade an. Die Wittenberger interpretierten sein Vorgehen als bewußte Täuschung der Leser an diesem heiklen Punkt, da der Eindruck entstehen mußte, der Wittenberger Stadtpfarrer lehre so. Die Mission Casels war übrigens erfolglos. Luther erklärte, zu Frieden und Eintracht immer bereit zu sein; über die reale Anwesenheit Christi im Abendmahl aber könne er nicht schweigen. Er sei sich seines Glaubens gewiß, weil er einfach dem Wort Gottes folge[106]. Auch Bugenhagen, auf den man verständlicherweise besondere Hoffnungen gesetzt zu haben scheint, erteilte eine scharfe Absage[107].

Die Kunde von der „Besonderheit" von Bucers Übersetzung hat sich offenbar schnell in den interessierten Kreisen des Südens herumgesprochen, lange bevor man in Wittenberg, wohin das fertige Buch sicher alsbald gelangt ist, etwas davon ahnte. Das zeigt der Sonderdruck der deutschen Auslegung des Psalms 110/111, den der

---

[102] Ebd 477,9f Nr 428 (an ZWINGLI vom 27. Dezember 1525).
[103] Ebd 651,17f Nr 503. – „veritate" ist über der Zeile nachträglich eingefügt.
[104] Martin Bucers deutsche Schriften 2,220,25f.29.
[105] Vgl R STUPPERICH, Straßburgs Stellung... 267ff; besonders J ROTT, AaO (beide wie Anm 50).
[106] WABr 3,(603f) 604–607 (LUTHERS Instruktion an CASEL [5. November 1525]); 607–612 (CASELS Bericht).
[107] Vgl THEODOR KOLDE (Hg), Analecta Lutherana (Gotha 1883) 75f; dazu BUGENHAGENS Brief an NIKOLAUS GERBEL vom 4. November 1525 (BUGENHAGEN-Briefwechsel [wie Anm 70] 52ff Nr 17); ferner R STUPPERICH, AaO 270f.

Augsburger Drucker Philipp Ulhart sicher bald im Frühjahr 1526 herausgebracht hat. Bezeichnend ist die Titelformulierung „Der CXI. psalm | Dauidis, mit der exposition | vnd verklerung des Hoch|gelehrte(n) Johannis Bu=|genhagij Pomerani | Pfarrherren zu | Wittenberg. | 1.5.26. | Darin(n) ain rechter Christ=|licher bericht des Nachtmals | Christi, vnnsers herren, ainem | yegkichen [!] verstendiglich ge=|geben wirdt.||"[108] Der Name Bucers als Übersetzer wird nirgends genannt. Der Urheber ist nicht mehr sicher zu ermitteln – Bucer selbst kommt kaum in Frage –; vielmehr wird er in Zwinglischen Kreisen zu suchen sein, denen Ulhart nahestand[109].

Die Methode, oberdeutsche bzw schweizerische Inhalte unter „lutherischem" Etikett zu verkaufen, begegnet in diesen Jahren mehrfach. Bucer hat ein ähnliches Verfahren wie bei Bugenhagens Kommentar nochmals im vierten Band seiner lateinischen Übersetzung von Luthers „Außlegung der Episteln und Evangelien" angewandt[110]. Die Augsburger Sonderausgabe der Auslegung des 111. Psalms ist erwähnt worden. Was immer man damit bezweckte, die Frage nach den Motiven muß in jedem Fall jeweils neu gestellt werden. Die Forschung ist sich bisher nicht einig geworden. Während die lutherische Seite den „Verfälschungs"-Vorwurf Luthers und Bugenhagens weiter tradiert hat – Wilhelm Walther sprach von gezielter „reformierter Taktik" gegen die Wittenberger[111] –, heben reformierte Forscher mehr das Interesse hervor, an den unterschiedlichen theologischen Auffassungen über das Wesen des Nachtmahls die evangelische Einheit nicht zerbrechen zu lassen[112]. Das mag am ehesten für Zwinglis Fiktion des Alber-Briefs vom Herbst 1524 gelten. Bei den Ulhart-Drucken zum Abendmahlsstreit von 1525/26 wird die Lust an der Provokation spürbar. Anders bei Bucer: Bugenhagens Bemerkungen über das Abendmahl in der Auslegung von Ps 110/111,4f scheinen bei Bucer Hoffnungen geweckt zu haben, in dem Pommer einen Wittenberger Bundesgenossen zu besitzen, der in der Realpräsenzfrage und im Verständnis der Einsetzungsworte eine andere Position vertrete als Luther. Welches auch jeweils die Motivation war, die Wirkung war in jedem Fall dieselbe: Die manipulierten Wittenberger reagierten voller Empörung. Der Streit wurde öffentlich.

In diesen Kontext gehört auch die niederländische Ausgabe des Bugenhagen-Bucerschen Psalmenkommentars. Der Verfasser des „Sendschreibens" im Anhang

---

[108] KARL SCHOTTENLOHER, Philipp Ulhart, ein Augsburger Winkeldrucker und Helfershelfer der „Schwärmer" und „Wiedertäufer" (1523–1529) = Historische Forschungen u Quellen 4 (München, Freising 1921) 30f u 125 Nr 133.

[109] Von BUCER hat ULHART sonst nichts gedruckt. K SCHOTTENLOHER hat LEO JUD als Herausgeber der Auslegung von Psalm 111 vermutet, weil ULHART dessen Schrift „Des Hochgelerten Erasmi von Roterdam, vnnd Doctor Martin Luthers maynung, vom Nachtmal vnnsers herren Jhesu Christi . . ." (SCHOTTENLOHER, AaO 30 u 125 Nr 131) nachgedruckt hat. JUD behauptete darin, ERASMUS und LUTHER stimmten mit ZWINGLIS Abendmahlslehre überein. – Übrigens hat ULHART auch den HOEN-Traktat in deutscher Übersetzung herausgebracht (AaO 33f u 126 Nr 136).

[110] WA 19,(462–470) 471–473 (Sendbrief an HERWAGEN vom 13. September 1526).

[111] W WALTHER, AaO (wie Anm 93) 794ff.917ff.

[112] Vgl zB W KÖHLER, Luther und Zwingli 1,354ff.

fühlte sich hinters Licht geführt[113]. Das Gleiche scheint für den Drucker zu gelten. Wie sonst wäre es verständlich, daß er den Druck des Anhangs, mit dem er sein eigenes Druckerzeugnis korrigiert, selbst übernommen hat? Der „Sendschreiben"-Autor klagt den unbekannten Übersetzer der vorsätzlichen Täuschung an. Mehr als die Schnelligkeit, mit der das Werk erschien, spricht die Beobachtung, daß der Herausgeber die Vorreden Luthers, Melanchthons und Bugenhagens weggelassen hat, für die Richtigkeit dieser Beschuldigung. Der Übersetzer wird also mit den Oberdeutschen und Schweizern auf dem gemeinsamen Boden des symbolischen Verständnisses der Einsetzungsworte gestanden haben. Daß diese Auffassung in den Niederlanden verbreitet war, zeigt sich daran, daß es ja Niederländer waren, die in Wittenberg und im Süden dafür eingetreten waren.

Wer den Kommentar nach Antwerpen vermittelt hat, ist nicht bekannt. Es können Buchführer oder der Basler Drucker Adam Petri selbst gewesen sein. Die Parallität zur Ulhartschen Sonderausgabe des 111. Psalms läßt eher an Zwinglische Kreise denken. Bucer scheint ebenfalls Beziehungen zu den Niederlanden gehabt zu haben[114].

IV. Der Streit um Bucer im Lichte der Reformation in Antwerpen

Ausgangspunkt ist die These, daß der Anhang sich auf die reformatorischen Verhältnisse in *Antwerpen* bezieht. Zwar wird der Name der Stadt nirgends ausdrücklich genannt. Aber schon als Erscheinungsort des „Souter" trat sie ins Blickfeld. Auch im folgenden wird es sich bewähren, daß wir den Anhang mit Antwerpen in Beziehung setzen – das darf freilich nicht bedeuten, daß die reformatorischen Bewegungen, von denen die Rede sein wird, auf das eigentliche Stadtgebiet beschränkt waren; gemeint ist vielmehr Antwerpen als geistiges Zentrum der Region.

Die Stadt an der Schelde hatte damals die Rolle Brügges, dessen Lebensnerv, der Meeresarm Swin, fortschreitend versandete, als internationale Hafenstadt und Handelsplatz übernommen. Antwerpen erlebte eine wirtschaftliche und kulturelle Blütezeit mit starkem Anstieg seiner Einwohnerzahl. Die großen Handelshäuser Europas besaßen Kontore in der Stadt. In den Straßen mit ihrem pulsierenden Leben drängten sich Menschen aus aller Welt[115].

Luthers Gedanken waren früh bekannt geworden. Kernzelle war der erst seit 1513 bestehende Konvent der Augustinereremiten, der in den knapp zehn Jahren bis zur Auflösung durch die habsburgische Statthalterin Margarete zum Ausgangspunkt für die Verbreitung reformatorischer Ideen in den südlichen Niederlanden

---

[113] Siehe unten S 446,3–9.
[114] Siehe oben Anm 72.
[115] Siehe dazu das große Sammelwerk „Antwerpen in de XVI[de] eeuw" (Antwerpen 1975), ferner J W PONT, AaO (wie Anm 6) 15ff; C Ch G VISSER, AaO 25.

wurde. Er gehörte der sächsischen Augustinerkongregation, der strengen Reformrichtung des Ordens an[116]. Möglicherweise wurde er auf die persönliche Initiative ihres Generalvikars Johann von Staupitz hin gegründet, der die Stoßrichtung der Ausbreitungspolitik seines Vorgängers fortsetzte und mehrfach auf Visitationsreisen nach Brabant und Holland kam, wobei er sich längere Zeit in Antwerpen aufhielt[117].

Die niederländischen Konvente der Kongregation pflegten enge Beziehungen zum Wittenberger Kloster und zur dortigen Universität. Immer wieder tauchen Namen von niederländischen Augustinern in den Büchern der Hochschule auf. Die enge Verbindung mit Wittenberg gilt auch für den neuen Konvent in Antwerpen. Sein erster Prior, Johannes von Mecheln, hatte selbst in Wittenberg studiert und war am 15./16. September 1511 zusammen mit vier weiteren Ordensbrüder in einem feierlichen Festakt von Johann von Staupitz zum Doctor theologiae Wittembergensis promoviert worden[118].

Vor allem der zweite Prior, Jakob Propst (Praepositus), der 1518 das Amt von Johannes von Mecheln übernahm, trat entschieden für Luthers Theologie ein. Auch er war Zögling der Wittenberger Hochschule[119]. Mit Luther war er freundschaftlich so eng verbunden, daß selbst durch den ihm am 9. Februar 1522 abgerungenen Widerruf die Freundschaft nicht getrübt wurde[120]. Als es im Frühjahr 1519 zum ersten direkten Kontakt zwischen Luther und Erasmus kam, benutzte der Humanist Propst (und Melanchthon) als menschlichen Anknüpfungspunkt: Propst, so

---

[116] Die ersten sieben Brüder kamen aus dem Kloster Enkhuizen. Der dortige Prior JOHANNES VON MECHELN übernahm dieses Amt auch in dem neuen Konvent. Zwei Antwerpener Bürger, MARCUS MUSSCHE und IUDOCUS HOEN, hatten den Brüdern ein Grundstück in der Ritterstraße geschenkt (WABr 6,189). – Einzelheiten siehe bei THEODOR KOLDE, Die deutsche Augustiner-Congregation und Johann von Staupitz (Gotha 1879) 260f; OTTO CLEMEN, Das Antwerpener Augustinerkloster bei Beginn der Reformation (1513–1523), in: MCom 11 (1901) 306–313, jetzt in: Kleine Schriften zur Reformationsgeschichte 1 (Leipzig 1982) 434–441; PAUL KALKOFF, Die Anfänge ... (wie Anm 32) 1,52ff; ADALBERO KUNZELMANN OSA, Geschichte der deutschen Augustiner-Eremiten 5: Die sächsisch-thüringische Provinz und die sächsische Reformkongregation bis zum Untergang der beiden = Cass 26 (Würzburg 1974) 505–507.

[117] Über die Ausbreitung der Augustinerkongregation in den Niederlanden unter ANDREAS PROLES vgl TH KOLDE, AaO 147f; A KUNZELMANN, AaO 420. Zu STAUPITZ siehe KOLDE, AaO 268 u WABr 1,45,45f u Anm 8 Nr 16 (1516).

[118] Liber Decanorum Facultatis Theologicae Academiae Vitebergensis, hg v CARL EDUARD FÖRSTEMANN (Leipzig 1838) 10. – Über JOHANNES siehe A KUNZELMANN, AaO 466f Anm 2312; Germania Sacra, Abt 1: Die Bistümer der Kirchenprovinz Magdeburg 3: Das Bistum Brandenburg 2, hg v FRITZ BÜNGER u GOTTFRIED WENTZ (Berlin 1941) 473f.

[119] Geboren in Ypern um 1495 – gestorben am 30. Juni 1562 als lutherischer Superintendent in Bremen. Vgl H Q JANSSEN, Jacobus Praepositus, Luthers Leerling en Vriend (Amsterdam 1862); RE³ 16 (1905) 110–112; OTTO CLEMEN in: Beiträge zur Reformationsgeschichte aus Büchern und Handschriften der Zwickauer Ratsschulbibliothek 1 (Berlin 1900) 33–39; RGG³ 5 (1961) 639f; A KUNZELMANN, AaO 500f. – Über seinen Studiengang in Wittenberg (immatrikuliert im Wintersemester 1505/06; Baccalaureus artium 1507; Magister 1509) siehe Germania Sacra 468–470. Zwischen 1515 und 1518 scheint er Prior des Wittenberger Klosters gewesen zu sein (zu Schwierigkeiten mit den Daten siehe WABr 12,409).

[120] LUTHER hat ihm um 1540 sein Handexemplar des Wittenberger Psalterdrucks von 1513 geschenkt. PROPSTS Bild und seine eigenhändige Eintragung siehe in: Martin Luther. Wolfenbütteler Psalter 1513–1515. Vollständige Faksimileausgabe, hg v ELEANOR ROACH u REINHARD SCHWARZ ... (Frankfurt M 1983). Vielleicht ist PROPST LUTHERS Schüler in der ersten Psalmenvorlesung gewesen.

schrieb er, predige in Antwerpen fast allein von allen Christus. Die übrigen dagegen predigen nur menschliche Märlein und ihren Profit[121]. Damit hat Erasmus präzise die beiden Punkte herausgestellt, an denen er sich mit Luther verbunden wußte. Propst scheint auch in der folgenden Zeit ein potentielles Verbindungsglied zwischen den beiden gewesen zu sein.

Unter dem nach Antwerpen heimkehrenden Propst kam das dortige Kloster schnell unter den Einfluß Lutherscher Gedanken, die durch die Predigten in der Klosterkirche an die Stadtbevölkerung weitergetragen wurden. Unter so großem Zulauf konnten die Brüder gegen das Ablaßunwesen predigen, „daß ihre Kirche die Menge nicht faßte und Emporen gebaut werden mußten". Auch wenn der spätere Geschichtsschreiber für diese Nachricht kein Jahr angibt, mag es realistisch sein, sie in die Zeit um 1519/20 zu datieren[122].

Kaum war Hieronymus Aleander im September 1520 als Sondernuntius „in causa Lutheri" in die Niederlande gekommen, so wandte er sofort sein besonderes Augenmerk Antwerpen zu, das vor allem das Ziel seiner Aktivität wurde. In seinen Nuntiaturberichten zeigt er sich gut informiert – und doch scheint er, zumindest zunächst, Wesentliches übersehen zu haben. Sein Blick galt in erster Linie den Antwerpener Druckerpressen und Buchhändlern. Mit dem Mittel der Bücherzensur und -verbrennung wollte er das Übel der neuen Ketzerei mit Stumpf und Stiel ausrotten. Die direkte Quelle dagegen sah er nicht: das unmittelbare Einfließen reformatorischer Gedanken über die Antwerpener Augustiner und die Wirkung ihrer Predigten. Es muß offen bleiben, ob es mehr an dem Geschick der Augustiner lag, die in der Öffentlichkeit den Namen Luthers zu vermeiden wußten, oder daran, daß Aleander zu den theologischen Fragen keinen inneren Zugang hatte[123]. Dazu kommt sein geradezu fanatischer Haß auf seinen „alten Freund" Erasmus[124], auf dessen verderblichen Einfluß er noch im Februar 1521 die Ausbreitung der „Ketzerei" zurückführt. „Quid enim Saxonibus cum Flandris?"[125]

---

[121] Opus epistolarum Des. Erasmi Roterodami, hg v P S ALLEN, 3 (Oxford 1913) 606,54–607,57 Nr 980 = WABr 1,413,50–414,53 Nr 183 (vom 30. Mai 1519): Est Antverpiae Prior eius monasterii, vir pure Christianus . . ., tuus olim discipulus, ut praedicat. Is omnium paene solus Christum praedicat. Ceteri fere aut hominum fabulas aut suum quaestum praedicant.

[122] VAN METEREN, Nederlandsche Historie (1608), Bl 10ᵛ (abgedruckt in Corp doc inqu [wie Anm 31], hg v P FREDERICQ, 4,36. FREDERICQ und O CLEMEN (AaO [wie Anm 116] 309 / 437) datieren auf etwa 1520. Die Ablaßfrage spielte allerdings noch 1522 bei der Verurteilung PROPSTS eine Rolle.

[123] Vgl GERHARD MÜLLER, Zum Verständnis Aleanders, in: ThLZ 89 (1964) 533. MÜLLER urteilt über ALEANDER, „daß er das Wesentliche vom Unwesentlichen nicht zu unterscheiden vermochte". – Zum Folgenden vgl P KALKOFF, AaO 2,57ff.

[124] TH BRIEGER, AaO (wie Anm 33) 264 Anm 2; 265,4. Nach der Depesche vom 8. Februar 1521 (BRIEGER 52,7ff) hatten beide in Venedig in derselben Kammer gewohnt. Es erscheint geradezu als Manie, wie ALEANDER ERASMUS zum Erzketzer aufbaut. Immer wieder kommt er in den Depeschen auf ERASMUS zurück; siehe besonders BRIEGER 51,25ff Nr 6: Er bedaure es sehr, daß man in Rom einem ERASMUS, der schlimmere Dinge gegen unsern Glauben geschrieben habe als LUTHER, mehr vertraue als ihm; ferner 41,5ff Nr 4; 59,23ff Nr 7; 81,18; 82,6ff Nr 12; 171,19ff Nr 26 u ö.

[125] TH BRIEGER, AaO 83,28–84,3 Nr 12 (vom 28. Februar 1521).

Neben der „viva vox" der Predigt haben sich die Antwerpener Augustiner auch des Mediums der Flugschriften bedient. Es liegt nahe, sie für die Hintermänner der oben erwähnten zahlreichen Nachdrucke von Lutherschriften und deren Übersetzungen ins Niederländische zu halten, die 1520/21 in Antwerpen gedruckt wurden. Als Übersetzer oder zumindest als Anreger hat man zu Recht Jakob Propst vermutet[126].

Als in Antwerpen im Frühsommer 1521 reformatorische Schriften in Flammen aufgingen und das Wormser Edikt veröffentlicht wurde[127], hielt sich Propst schon einige Zeit (spätestens seit Anfang Mai) wieder in Wittenberg auf, wo er im Schnellverfahren seinen theologischen Studiengang mit der Licentiatenpromotion abschloß[128]. Freiwillig wird er sein Kloster nicht verlassen haben[129]. Als er im Spätsommer nach Antwerpen zurückkehrte, wurde er sogleich Zentrum und Motor der reformatorischen Bewegung. Selbst der um Erfolgsberichte nicht verlegene Aleander muß zugeben, daß die Rückkehr des Priors einen empfindlichen Rückschlag bedeutete. Jetzt kann er die von den Augustinereremiten ausgehende Bewegung nicht länger übersehen. Allerdings scheint Propst gegenüber der Öffentlichkeit in seinen Predigten in der Volkssprache den Namen Luthers vermieden zu haben, wie der Nuntius in seiner Depesche vom 2. September berichtet; aber Propst errege großen Aufruhr (molta sedition)[130].

Unklarheit herrscht leider über zwei andere Gruppen, auf die Aleander in seinen Berichten immer wieder zurückkommt: Kaufleute aus oberdeutschen Städten und in Antwerpen lebende oder verkehrende Marranen, Juden, die in Spanien in die katholische Kirche gezwungen worden waren. Auch hier hat Aleander wieder die Verbreitung reformatorischen Schrifttums im Auge, die er diesen beiden Gruppen anlastet[131]. Im ganzen verfolgt er die Tendenz, seine Erfolge bei der Zurück-

---

[126] C Ch G Visser, AaO 48.59.153–156.
[127] Siehe oben S 402.
[128] Liber Decanorum 25. – Sehr interessant sind für uns die Thesen, die Propst dafür am 12. Juli unter dem Vorsitz Karlstadts disputiert hat (siehe O Clemen, AaO [wie Anm 119] 33–36). Während die zweite Thesenreihe den Mönchsgelübden gewidmet ist (Nr 17–31), trägt die erste die Überschrift „De sacramento panis et eius promissione". Das Abendmahlsbrot ist „signum promissionis" (Nr 5). „In sacramento carnis et sanguinis duo sunt scilicet signum et promissio, sed et potius est signo foedus verborum" (Nr 11). Weder das Fleisch noch die Verheißung nützen etwas, „nisi sermoni iungatur fides" (Nr 15). Das erinnert sowohl an Luthers Sermon von 1520 wie an Bugenhagens Ausführungen im Kommentar zu Ps 110/111,4f (siehe oben S 411ff). Die Thesen machen deutlich, welchen Anstoß zur Weiterführung des Abendmahlsverständnisses Gedanken bedeutet haben, wie sie im Hoen-Traktat dargelegt sind.
[129] Allerdings scheint Propsts Reise nach Wittenberg seit langem geplant gewesen zu sein, wie sich aus Luthers Brief an Staupitz vom 3. Oktober 1519 ergibt (WABr 1,514,25 Nr 202).
[130] Th Brieger AaO 262,31ff Nr 45 vom 2. September 1521.
[131] Ebd 263,9f Nr 45: „. . . maxime per favor de mercanti Alti Alemani et alcuni Marani"; auch 264,4f Nr 46. – Zwischen den oberdeutschen Städten und Antwerpen bestanden enge wirtschaftliche und kulturelle (künstlerische) Beziehungen. So weilte zB Albrecht Dürer in dieser Zeit in der Stadt. Er stand dem Augustinerkloster nahe und war mit Propst befreundet, bis er vor der Inquisition floh. Vgl besonders P Kalkoff, AaO 1,39ff. – Die Marranen nennt Aleander zum ersten Mal in der Depesche Nr 2 (ca Mitte Dezember 1520; Brieger 25,7–11). Sie trügen in Antwerpen und anderswo eine verdächtige Verehrung für Luther zur Schau, weil er weder Ketzer noch andere verbrannt wissen will; siehe besonders Depesche Nr 12 (vom 28. Februar 1521; Brieger 81,6–8). Aleander verdächtigt sie, den Druck der Schriften Luthers in spanischer Sprache zu fördern.

drängung der „Ketzerei" herauszustreichen und den Umfang der neuen Bewegung zu verharmlosen. Dagegen steht der Bericht des Hans Pelt an Thomas Müntzer vom 25. Juni 1521: In Antwerpen „hangt dat gemeyne folck der lere Christi unt Martino dusent mal mer an dan hye"[132].

Jedenfalls waren im Herbst 1521 das Antwerpener Augustinerkloster und sein Prior in die Schußlinie der kirchlichen und staatlichen Inquisition geraten. Propst und Erasmus – Aleander kommt auch jetzt von seiner polemischen Fixierung auf „diesen Freund" nicht los – tragen nach des Nuntius Meinung die Hauptschuld. Der Prior infiziere zwar nicht mehr öffentlich durch seine Predigten, „ut prius, sed clam multos ..., ma questo secundo est ex eo genere daemonum. che ha bisogno di baston"[133].

So lag es nahe, nachdem Erasmus im Herbst aus Löwen nach Basel entflohen war, an Propst ein Exempel zu statuieren. Auf das dramatische Geschehen zwischen dem 5. Dezember 1521, als Propst unter Vorspiegelung falscher Tatsachen aus Antwerpen in die Gefangenschaft nach Brüssel weggeführt wurde, und dem 9. Februar 1522, dem Tag, an dem er dort in der Kollegiatkirche St. Gudula nach einem langen, auf Zermürbungstaktik aufgebauten Prozeß sich endlich zur Unterschriftsleistung unter den Widerruf bereit fand, kann hier nicht im einzelnen eingegangen werden[134].

Mit dem Widerruf und der Verbannung Propsts war dem Konvent die Axt an die Wurzel gelegt. Von der Inquisition nicht mehr aus den Augen gelassen, konnte er nur noch kurze Zeit überleben. Auch Propsts Nachfolger im Amt des Priors, Heinrich von Zütphen – wir sind ihm als Haupt der niederländischen Augustiner begegnet, die in den Wittenberger Wirren 1521 eine Rolle spielen[135] – entging nur knapp der Verfolgung durch Flucht nach Bremen. Am 6. Oktober 1522 wurden die Augustiner auf Befehl der Statthalterin Margarete von Österreich gefangen genommen, das Kloster 1523 aufgehoben und die Konventsgebäude zerstört[136]. Mindestens zwei der Brüder, die standhaft den Widerruf verweigert hatten – Jan van Esschen und Hendrik Vos – wurden am 1. Juli dieses Jahres in Brüssel öffentlich verbrannt. Sie waren die ersten Märtyrer der Reformation[137].

---

[132] THOMAS MÜNTZER, Schriften und Briefe. Kritische Gesamtausgabe, hg v GÜNTHER FRANZ = QFRG 33 (Gütersloh 1968) 375,10–12.

[133] TH BRIEGER, AaO 265,3–9 Nr 46 (ca 8. September 1521).

[134] Siehe PROPSTS eigenen Bericht über die Ereignisse (O CLEMEN, AaO [wie Anm 119] 37–39); ferner Corp doc inqu 4,88–101 Nr 65–70.

[135] Siehe oben Anm 65. – HEINRICH VON ZÜTPHENS (gestorben am 10. Dezember 1524 als Märtyrer in Heide/Dithmarschen) Studiengang in Wittenberg siehe in Germania Sacra 474f. Seit dem Sommer 1522 im Antwerpener Kloster, wurde er am 29. September auf Veranlassung der Statthalterin MARGARETE gefangengesetzt. Von der Volksmenge befreit, konnte er entfliehen. Vgl J FRIEDRICH IKEN, Heinrich von Zütphen = SVRG Jg 3 H 12 (Halle 1886); A KUNZELMANN, AaO 501 Anm 2433.

[136] Bei der Gefangennahme befanden sich sechzehn Brüder im Konvent (Corp doc inqu 4,173 Nr 118). Vgl LUTHERS Bericht an LINCK vom 19. Dezember (WABr 2,632,7ff Nr 557). – Die Kirche wurde in die Pfarrkirche St Andries umgewandelt. Vgl TH KOLDE, AaO 390.

[137] Der Tod der Augustiner löste in Deutschland große Anteilnahme aus. Die Quellen in: Bibliotheca Reformatoria Neerlandica, hg v S CRAMER u F PIJPER 8 ('s-Gravenhage 1911); siehe ferner O CLEMEN, Die ersten Märtyrer des evangelischen Glaubens, in: AaO (wie Anm 119) 40ff; WA 12,(73–77) 77–80; 35,411ff.

Aus den nächsten Jahren sind nur wenige, diffuse Nachrichten bekannt geworden. Alle sich daran anschließenden Fragen, etwa nach Ansätzen und der Art der Gemeindebildung, nach dem Entwicklungsstand einer sich vielleicht bildenden Gemeindenorganisation bleiben unbeantwortet. Offensichtlich hat man sich in geheimen je und je sich zusammenfindenden Konventikeln getroffen, die Schrift gelesen und ausgelegt sowie das Abendmahl miteinander gefeiert[138]. Jeder neue Fund kann unseren Wissenshorizont erweitern. Wenig wissen wir leider auch über die soziale Herkunft der Antwerpener Anhänger der Reformation. Außer von den Augustinermönchen war bisher von oberdeutschen Kaufleuten und Marranen die Rede. Daß sich auch breitere Bevölkerungskreise der blühenden Handelsstadt mit dem Augustinerkloster verbunden wußten, klingt in den Quellen immer wieder an, besonders bei der Wegführung des Jakob Propst[139]. In dem Kreis um die „lutherischen" Augustinerprediger hatten offenbar Leute verschiedenster Geistesrichtungen einen neuen Lebensraum gefunden, humanistisch Interessierte aus der Anhängerschaft des Erasmus[140], Radikale der unterschiedlichsten Prägung, Freisinnige, die unorthodoxe und kirchenkritische Ideen des Spätmittelalters weiter tradierten. Aus kirchenpolitischem Protest gegen die Verweltlichung der offiziellen Kirche entstanden, suchten diese Geister ihre eigenen Wege durch das Studium der Schrift, durch kontemplative Mystik und „imitatio" des armen Lebens Christi. Ihre Frömmigkeitshaltungen, im weitesten Sinne der „Devotio moderna" zugehörig, geprägt durch geistliche Lehrer wie Geert Groote, Florentius Radewijns, Thomas a Kempis und spätere wie Wessel Gansfort und Jan Pupper van Goch[141] hatten tiefgreifenden Einfluß auf breite Schichten des Volkes in den Niederlanden.

Nicht der Lebensnerv der Bewegung um das Antwerpener Kloster scheint durch die Maßnahme der Statthalterin getroffen worden zu sein, wohl aber das Integrationsinstitut[142]. Ab 1525 werden in den Quellen, zu denen jetzt auch das „Sendschreiben" des neugefundenen Anhangs gehört, die zentrifugalen Kräfte nachweisbar.

Diese Quellen zeigen, was an Sonderlehren alles möglich war. Es ist deshalb nicht verwunderlich, daß eine Quelle, die über eine derartige sektiererische Gruppe berichtet, von ihrem Entdecker, Ignaz von Döllinger, in einen mittelalterlich-

---

[138] Im März 1524 wurden 37 namentlich genannte Personen durch den Magistrat zur Verantwortung gezogen, weil sie einer geheimen Versammlung im „Eyckstraetken" beiwohnten. Der Maler ADRIAAN, der das Evangelium gelesen und ausgelegt hatte, wurde zu einer Wallfahrt nach Wilsnach verurteilt (Corp doc inqu 4,259–261 Nr 200; 266f Nr 206).

[139] Corp doc inqu 4,86 Nr 61. – Ebenso wird HEINRICH VON ZÜTPHEN von einer Menschenmenge, in der sich viele Frauen befanden, befreit; siehe WABr 3,632,6f Nr 557; Corp doc inqu 4,137ff Nr 97ff.

[140] Über den starken Einfluß des ERASMUS in Antwerpen siehe MARCEL A NAUWELAERTS in: Antwerpen in de XVI^{de} eeuw (Antwerpen 1975) 257ff.

[141] 1522 erschien „De libertate religionis Christianae" des JAN PUPPER VAN GOCH mit einer Vorrede des Stadtsekretärs CORNELIUS GRAPHEUS. Er wurde am 26. April 1522 nach Brüssel zum Verhör gebracht. Am 8. Mai leistete er den Widerruf.

[142] Wie sehr man die Augustiner fürchtete, zeigt die Strafmaßnahme gegen NIKOLAAS, einen ehemaligen Augustiner aus Ypern, der im Sommer 1525 am Scheldeufer predigte. Er wurde im Steen gefangengesetzt und dann im Fluß ertränkt (Corp doc inqu 4,377–384 Nr 341ff).

katharisch-waldensischen Kontext eingeordnet wurde[143]. Daß sie ins 16. Jahrhundert gehört, ergibt sich aus der Parallelität zu *Luthers „Brief an die Christen zu Antorff"* (= Antwerpen) vom *Frühjahr 1525*[144]. Zwar nicht aufgrund eigener Lokalkenntnis, aber anhand direkter Informationen wendet sich Luther an die Antwerpener Anhänger der Reformation. „Eyn leybhafftiger rumpel geyst"[145] sei aus Antwerpen nach Wittenberg gekommen, um mit ihm zu diskutieren und vor allem um sich von Luther die Rechtmäßigkeit seiner Lehre bestätigen zu lassen. Auch an Spalatin berichtet er am 27. März darüber: „Novum genus prophetarum ex Antwerpia hic habeo asserentium spiritum sanctum nihil aliud esse quam ingenium et rationem naturalem. Quam furit Satan ubique adversus verbum!"[146] Luther nennt in seinem Brief an die Antwerpener acht Artikel des „Rumpelgeists": „Eyn artickel ist, das er hellt, Eyn iglich mensch hat den heyligen geyst. Der ander, Der heylige geyst ist nichts anders denn unser vernunfft und verstand. Der dritte, Eyn iglich mensch gleubt. Der vierde, Es ist keyne helle odder verdamnis, sondern alleyne das fleysch wird verdampt. Der funfft, Eyn igliche seele wird das ewige leben haben. Der sechste, Die natur leret, das ich meynem nehsten thun solle, was ich myr will gethan haben, Solches wöllen ist der glaube. Der siebend, Das gesetz wird nicht verbrochen mit böser lust, so lange ich nicht bewillige der lust. Der achte, Wer den heyligen geyst nicht hat, der hat auch keyne sunde, Denn er hat keyne vernunfft"[147].

Die von Döllinger aufgefundene Quelle stimmt in den Lehraussagen mit den Artikeln überein und ist imstande, diese zu interpretieren. Dort wird der Name der Gruppe mit „Loistae" bzw „Libertini" und das Ketzerhaupt als „Eligius" bezeichnet[148]. Julius Frederichs ist es gelungen, diesen Eligius mit dem „homo illiteratus"[149] *Eligius Pruystinck* oder Loy de Schaliedecker (Schieferdecker) zu identifizieren.

Luther hält die Artikel insgesamt einer Auseinandersetzung nicht für wert[150]. Nur eine These greift er heraus „Das Gotts gepot gut were, und Gott nicht wollt sunde haben", weil er hier die Gefahr sieht, falsch interpretiert zu werden[151]. Von

---

[143] Ignaz von Döllinger, Beiträge zur Sektengeschichte des Mittelalters 2: Dokumente vornehmlich zur Geschichte der Valdesier und Katharer (München 1890) 664–668 Nr 62; wieder abgedruckt bei Julius Frederichs, De secte der Loisten of Antwerpsche Libertijnen (1525–1545). Eligius Pruystinck (Loy de Schaliedecker) en zijne aanhangers (Gent, 's-Gravenhage 1891) 1–3. – Döllinger fand das Quellenstück in der ehem kk Hofbibl (jetzt NB) Wien, Cod 11844, fol 40r-v.

[144] WA 18,(541–546) 547–550.   [145] Ebd 548,31f.

[146] WABr 3,464,9–13 Nr 849.   [147] WA 18,548,31–549,7.

[148] Summa doctrinae quorundam hominum, qui nunc Antwerpiae et passim in aliquibus Brabantiae et Flandriae locis permulti reperiuntur, ac nunc Loistae ab auctore Eligio homine illiterato et mechanico, nunc Libertini a carnis libertate, quam illorum doctrina permittere videtur, appellantur.

[149] Siehe auch WATR 3,16,12–14/17,32–35 Nr 2837: Ita alius ex inferiore Germania ad me veniebat mecum ad unguem disputaturus, homo ineruditissimus, cui dixi: Last uns umb eine kanne bier oder tzwo disputieren. Sic illusus abiit. – Woher Pruystinck seine theologischen Kenntnisse bezog, ist nicht bekannt. Ob man an David Joris denken darf, der sich 1524 in Antwerpen aufhielt?

[150] WA 18,549,8f (eyttel, mutwillige frevel artickel ...).

[151] Ebd 549,29ff. – Grundlage der loistischen Lehre ist die heilige Schrift, die aber eine Reihe sich widersprechender Aussagen zu enthalten scheint. Besonders schwer sind die Stellen über Gottes Gerechtigkeit und Barmherzigkeit zu konkordieren: Seine ‚iustitia' bedroht die Übertreter seines Gesetzes mit

den Artikeln, die mit ihrer spiritualistischen Gleichsetzung der ‚ratio' mit dem ‚spiritus sanctus' ihre illegitime Nachkommenschaft aus der scholastischen Vorstellung vom ‚lumen naturale' im Menschen nicht ableugnen können, andererseits bereits auf späteres rationalistisches Selbstverständnis vorauszuweisen scheinen, begegnen zwei in dem „Sendschreiben" des neugefundenen Anhangs wieder. Als Nr 3 hat sie der Verfasser in seine Liste von vier ketzerischen Lehren aufgenommen, die damals in Antwerpen verbreitet waren[152].

Überaus wichtig ist, daß Luther – ebenso wie später der Verfasser des „Sendschreibens" – Pruystinck und ähnliche Spiritualisten sogleich geschichtstheologisch im Lichte des endzeitlichen Kampfes des Teufels gegen das Evangelium deutet – sowohl im Brief an Spalatin wie in seinem Sendschreiben an die Christen in Antwerpen: „Et hoc inter signa non minima numero, quod et ipse Satan diem illum sentire videtur; ideo novissimam evomit iram"[153]. „Da der Bapst regirte, war es stille von rotten. Denn der starcke [gemeint ist der Teufel] hatte seynen hoff mit friden ynnen. Nu aber der stercker komen ist und uberwindet yhn . . ., so tobet und rumpelt er so, und feret ungerne aus"[154].

Sowohl Luthers Schreiben von 1525 als auch das „Sendschreiben" des Anhangs von 1526 gehen davon aus, daß die „Loisten" nicht die einzige Sektenbildung waren. Ohne sie direkt auf Antwerpen zu beziehen, hat Luther 1525 noch eine Reihe weiterer Sonderlehren aufgezählt, die der Sache nach auch in dem „Sendschreiben" angesprochen werden[155]. Obgleich Pruystinck am 26. Februar 1526 vor der Inquisition hatte widerrufen müssen und zu öffentlicher Kirchenbuße verurteilt worden war[156], ist in dem „Sendschreiben" immer noch von den gleichen Lehrdifferenzen die Rede.

Döllingers Quelle und Luthers Schreiben an die Antwerpener binden also das neugefundene „Sendschreiben" ein in die geschichtliche Lage der reformatorischen Bewegung in Antwerpen um die Mitte des zweiten Jahrzehnts des 16. Jahrhunderts.

Gericht und Verdammnis; andererseits verheißt Gottes Wort allen Menschen das Heil. Diese Dialektik wird als Widerspruch empfunden: „Cum igitur omnes homines legem transgrediantur, consequitur necessario, ut omnes damnentur . . . His ex contrario opponunt promissiones divinas, quibus deus asserat se omnium velle misereri omniumque peccata remittere . . ." Die Loisten meinen, die Lösung in Röm 7 gefunden zu haben, wo Paulus den ‚exterior homo' dem ‚interior homo' gegenüberstellt: Der ‚exterior homo' ist als ‚homo carnalis' gegen Gott ungehorsam. Ihn trifft das Gericht. Der ‚homo interior' ist aus Gott und kann gar nicht sündigen. „Misericordia vero dei omni interiori homini et spiritui exhibetur, cum is ex hoc taetro carnis ergastulo liberatur et redit ad dominum, qui dedit illum".

[152] Siehe unten S 442,40.
[153] WABr 3,464,12f.
[154] WA 18,548,27–30.
[155] Ebd 547,29–34: . . . mit mancherley wilden, dunckelen glauben und leren, Dieser will keyne tauffe haben, Yhener leucket das sacrament, Eyn ander setzt noch eyne welt zwisschen dieser und dem iüngsten tage, Ettliche leren, Christus sey nicht Gott, Ettliche sagen dis, etliche das, und sind schier so viel secten und glauben alls köpffe. . .
[156] J FREDERICHS, AaO XIVff (dort ist auch die spätere Geschichte der Loisten dargestellt). – Weitere Literatur zu PRUYSTINCK und den Loisten: K REMBERT, Die „Wiedertäufer" im Herzogtum Jülich (Berlin 1899) 165–167; RE[3] 11 (1902) 614f; ADB 53 (1907) 136f; MennEnc 3 (1957) 387; GEORGE HUNTSTON WILLIAMS, The Radical Reformation (Philadelphia 1962) 351ff.

V. Die Texte des Anhangs

Wir können uns jetzt dem Inhalt des Anhangs zuwenden und konzentrieren uns dabei auf das „Sendschreiben" als das zentrale und inhaltlich interessanteste Stück und auf den bisher unbekannten Lutherbrief.

Das kurze Schreiben Bugenhagens spiegelt eigentlich nur die Empörung seines Verfassers wider über die Schmach, die man ihm durch die „Verfälschung" seines Kommentars durch die Eintragung der oberdeutschen Abendmahlslehre angetan hat. In seinen Schriften könne man nachlesen, daß er immer gegen die geschrieben habe, die „lochenen ende seggen, dat broot ende den kelc des heeren niet te sijn dat lichaem ende dat bloet Christi"[157]. Deshalb gebe es für die Gegner keine Entschuldigung.

1. Das „Sendschreiben"

Als Verfasser des Sendschreibens und der Neuübersetzung der Auslegung des Psalms 110/111 nach dem lateinischen Originaltext Bugenhagens bezeichnen sich ein *Clemens* und *Jakob*, zwei Personen, über die bisher nichts ermittelt werden konnte[158]. Da der Briefautor in der ersten Person Singularis redet und bedauert, nur eine Sprache zu beherrschen[159], scheint der eine für den Brief, der andere für die Übersetzung die Verantwortung zu tragen.

Das Schreiben beginnt mit der Bitte um den Geist Gottes; denn nur so könne die Eintracht in der „Gemeinde des lebendigen Gottes" erreicht werden. Es ist geschrieben mit der Leidenschaft von Menschen, die wissen, daß sie in apokalyptischer Zeit leben[160]. Daß das „heilige Euangelium Christi aus göttlicher Gnade wiederum auf das allerreichste gepredigt und durch gottselige Bücher in die Welt gebracht worden ist", das ist ebenso apokalyptisches Zeichen – die Menschen sollen dadurch zum großen Herrenmahl eingeladen werden –, wie das Wüten des Teufels gegen die Wahrheit des Evangeliums[161].

Die Schrift gliedert sich in drei Teile, deren erster allgemein den inneren Gemeinschaftsproblemen gewidmet ist[162]. Erst gegen Ende dieses Teils kommt der Verfasser auf sein eigentliches Anliegen zu sprechen: die „Verfälschung" – wie er es sieht – des Bugenhagenschen Psalmenkommentars durch die Abendmahlslehre Martin Bucers[163].

Die Ausführungen des ersten Teils spiegeln Verhältnisse wider, in denen sich offensichtlich verschiedene Gruppierungen mit zT radikaler Ausrichtung gegenüberstehen, während die Anhänger des Evangeliums andererseits von außen verfolgt werden. Die Gemeinde wird dargestellt als eine Kirche im Untergrund mit

---

[157] Siehe unten S 453,3f.
[158] S 446,14–17.
[159] S 449,4f.
[160] S 440,4ff.
[161] S 440,7–14.
[162] S 440,15–446,34.
[163] S 445,33ff.

deutlich urschristlichen Zügen und den entsprechenden Problemen, verbunden mit dem ausgeprägten Bewußtsein, die apokalyptischen Zeichen der nahen Endzeit zu erfahren: Man findet sich zusammen in den Häusern der Gläubigen; ein liturgisches Zentrum, eine organisierte Gemeindeleitung und eine kirchliche Organisation scheinen nicht zu existieren, ganz zu schweigen von einem hierarchischen Gemeindeaufbau. Die Frage nach der Autorität resultiert aus dem Anspruch der vorhandenen charismatischen Begabungen. Das Ergebnis sind „schismata" in der Gemeinde, die offensichtlich so tief reichen, daß kaum von *einer* reformatorischen Gemeinde, vielmehr von einer Mehrzahl von reformatorischen Gruppen gesprochen werden muß, die sich um führende Gestalten scharen. Dieses Bild wird dadurch unterstrichen, daß der Verfasser immer wieder die entsprechenden Zitate der urchristlichen Gemeindebildung aus den Evangelien und besonders aus dem ersten Korintherbrief heranzieht.

Der Schreiber des Briefs versteht sich als Anhänger Luthers und der Wittenberger überhaupt und verfolgt deren theologischen Kurs. Er will Verfolgungen durch die Obrigkeit lieber erdulden, als sich durch die Radikalen in der Gemeinde zur Gewalt provozieren zu lassen. Die Obrigkeit solle man ermahnen, sich ihr aber nicht mit Gewalt widersetzen. Röm 13 wird ausdrücklich angeführt. Man müsse Gott um „gute Werkleute in seiner Ernte" (Mt 9,37f) bitten. „Will sie" – die Obrigkeit – „aber dann nicht evangelische Prediger in der Öffentlichkeit zulassen, so soll man sie nicht mit Gewalt dazu zwingen – denn das Reich Christi ist nicht von dieser Welt –, sondern vielmehr gerne, als die da Freude haben am Evangelium, dorthin gehen, wo Gott sein Wort in der Öffentlichkeit predigen läßt"[164]. Ansonsten solle man christliche Prediger in sein Haus einladen und dort für ihren Unterhalt sorgen, wie es die ersten Christen auch getan hätten[165]. Nur im häuslichen Bereich habe man das Recht, sich einen Prediger zu wählen; sonst stehe dieses Recht dem Fürsten zu. Wo eine tyrannische Obrigkeit auch das verbiete, solle man das gerne erdulden.

Radikale Lösungen wie Klöster- und Bildersturm werden abgelehnt, das tägliche Fleischessen in Anlehnung an die paulinischen Ausführungen im ersten Korintherbrief freigestellt, solange es keinen Anstoß erregt[166]. Durch den Mißbrauch unserer christlichen Freiheit, die nicht Sache des Fleisches, sondern allein des Gewissens ist, das auf dieser Welt einem andern und nicht sich selber leben muß, wie auch Christus nicht für sich selbst, sondern für uns sterben mußte, habe der Teufel viele Menschen zum Abfall vom Glauben angestiftet[167].

Mit Hoffnungen auf ein irdisches Reich habe er durch verblendete Menschen die Bauern dazu verführt, sich gegen die Obrigkeit zu erheben. Luther habe sich in Schriften dagegen gewandt; aber ihm sei seine Mühe nicht gedankt worden[168].

---

[164] Siehe unten S 441,7–13.
[165] S 441,20ff – Der Verfasser beruft sich auf Act 5,42.
[166] S 441,27ff.
[167] S 442,12ff.
[168] S 442,23ff.

Aber nachdem der alte Leviathan durch die Verfolgungen und Lügen des Antichrists, durch die Bilderstürmer, durch den Mißbrauch der christlichen Freiheit, durch die Bauernaufstände nicht habe erreichen können, „daß unser Schatz vernichtet wurde" (Röm 14,16), hat er jetzt neue Rotten und Ketzereien aufgerichtet, „von denen die eine Sekte sich rühmt, die himmlische Stimme zu hören, die andere alle Schrift als unnützes Menschenwort verwirft, die dritten die Existenz der Hölle leugnen und behaupten, daß in allen Menschen der heilige Geist sei, die vierten mit dem Herrn Christus über sein Abendmahl streiten wollen"[169]. Falsche Propheten seien aufgestanden, behauptet der Verfasser unter Hinweis auf Mt 24 [V 11.24], Amos 2 [V 12ff], Kol 2 [V 16ff], 1Tim 4 [V 1–3], 2Tim 3 [V 1ff], 2Petr 2 [V 1ff][170]. „Deshalb, meine Freunde, wie Ihr auch wißt, daß Ihr allein durch den Glauben an Christus Christen seid und um des reinen Glaubens willen allein dafür zu halten seid, sollt Ihr auch diejenigen freiweg für die allerschlimmsten Feinde halten, die unter dem Schein des Euangeliums diesen Glauben fahren gelassen und herumirrend sich in unnütze Sachen eingelassen haben..."[171] Die Brüder sollen festhalten am Wort der Gnade, wie es außer in den Schriften Luthers und Melanchthons besonders in Bugenhagens Psalmenkommentar zu finden sei[172].

Damit ist der Verfasser beim eigentlichen Anlaß seines Schreibens: Diesen Kommentar habe Martin Bucer beim Übersetzen ins Deutsche verfälscht: „Darauf gedachte auch der Satan eine Kapelle bei dieser Kirche Gottes zu zimmern und ist in den Bucer gefahren, und der hat die reine gottselige Lehre Christi im lateinischen Psalter Bugenhagens (besonders in diesem 111. Psalm) hintan gestellt und an seine Stelle seine unnütze, geschwätzige und teuflische Ketzerei von der Verkehrung des Wortes Christi im Abendmahl gesetzt und [so] das Buch des christlichen Bischofs Bugenhagen verfälscht. Diesem Bucer ist auch unser niederländischer Übersetzer lieber als der Wahrheit gefolgt – Gott sei's geklagt! Das hatte ich nicht gemeint noch erwartet und hatte Bugenhagen gegenüber ganz anders von ihm gesprochen und ihn gelobt. Aber, o Gott, ich bin betrogen worden! Dennoch, ginge es um mich allein, so sollte daran nichts liegen. Aber nun ist es auch zu einem Ärgernis und zur Irreführung aller Gemeinden in diesen Niederlanden geworden; denn sie sind beinahe alle hierdurch betrogen und irregeleitet worden"[173]. Bugenhagen habe versprochen, selbst gegen Bucer zu schreiben.

Die Gegner hätten gelogen mit ihrer Behauptung, Luther „achte es nicht für nötig, daß man glaube, daß der Leib Christi nach seinem Wort im Brot ist"[174]. Luther lehre in seinen Büchern ganz anders. Deshalb habe man den Lutherbrief hinzugesetzt, den er „zur Warnung vor dieser giftigen Ketzerei" geschrieben hat[175].

---

[169] Siehe unten S 442,36–443,1.
[170] S 443,13ff. – Schon S 441,4 ist davon die Rede, daß man in Antwerpen „eenen lichtveerdigen gheest" zum Prediger gemacht habe.
[171] S 444,1–6.
[172] S 445,24ff.
[173] S 445,35–446,9.
[174] S 446,18–28.
[175] S 446,23–31.

Im zweiten Teil warnt der Schreiber vor Bucers Einleitung in den Psalmenkommentar und insbesondere vor Bucers Behauptung, Bugenhagen habe ihm Vollmacht gegeben, seinen Psalter auszuweiten oder zu verkürzen[176]. Ja, das sei wohl wahr! Aber Bugenhagen ging von Bucers „Werktreue" aus und rechnete nicht mit dessen schlauer Verschlagenheit, daß er nur deshalb zum Teil gut übersetzt hatte, „um desto besser seinen gekochten Brei in den Herzen, das ist, diese Ketzerei zu seiner Zeit anrichten zu können"[177].

Im dritten Teil wendet er sich speziell gegen Bucers Ausführungen zu Psalm 110/111 Vers 4f[178].

Er warnt davor, daß Bucer „so schön über den Glauben predigt, welcher ist das geistliche Essen Christi". Damit legt er in der Tat den Finger auf das eigentliche Interesse Bucers: Das Abendmahl als Bekenntnis des Glaubens und als dankbares Gedächtnis und Symbol der Erlösungstat Christi am Kreuz[179].

Als ob Bucer das erfunden hätte! Er wolle den Anschein erwecken, er lehre etwas Kostbareres als Luther. In Wirklichkeit verfälscht er das, wodurch dieser Glaube erkannt, geübt und vermehrt wird, das Wort vom Abendmahl unseres Herrn Christi, indem er die Einsetzungsworte Christi so deutet, als ob Christus auf seinen am Tisch anwesenden und bei den Jüngern sitzenden Körper hingewiesen habe[180].

Der niederländische Verfasser sieht in Bucers Verständnis des Abendmahls die Gefahr spiritualistischer Entleerung gegeben[181]. Er illustriert das an drei Beispielen:
a) Wohlbefinden und Genießen machen allein froh, und nicht Geld und Gut. Aber würde wohl jemand auf die Idee kommen, das Geld wegzuwerfen, durch das man zum Genuß und Wohlbefinden kommt, auch wenn Geld allein nichts nützt?[182]
b) Gesetzt, ein Ketzer würde sagen: Christus allein ist unsere Seligkeit; deshalb brauchen wir die Schrift nicht zu lesen; denn sie ist nicht Christus. Wir würden nimmermehr etwas von Christus wissen, da dieser allein im Hören des Wortes, der Schrift, im Glauben erkannt wird (Röm 10,17). Dies gilt, auch wenn die Schrift ohne den Glauben an Christus, der darin gepredigt wird, nichts hilft[183].
c) Bucers Deutung mute manichäisch an: Ein Manichäer würde sagen: Gott macht uns allein selig; deshalb ist die Menschheit Christi nicht vonnöten. Aber Gott hat uns doch allein durch die Menschheit Christi versöhnt und in ihm allein alle Seligkeit gegeben. Aber Christi Menschheit ohne den Glauben an seine Gottheit ist sinnlos[184]. Das Sakrament nützt nichts ohne den Glauben an die Verheißungen Gottes.

---

[176] Siehe unten S 446,35–447,19. – Die Vorrede ist abgedruckt in: Martin Bucers deutsche Schriften 2,187ff.
[177] S 447,9–14. [178] S 447,20ff.
[179] Siehe oben S 413f.
[180] S 447,27–31. Diese Charakterisierung von BUCERS Deutung der Einsetzungsworte bezieht sich auf: Martin Bucers deutsche Schriften 2,221,10ff; vgl auch ebd 219,27–36. – Sie basiert nicht auf ZWINGLIS tropischem Verständnis, sondern geht auf KARLSTADT zurück. Siehe oben S 408.
[181] S 447,35ff. [182] S 447,38–448,3.
[183] S 448,3–9. [184] S 448,9–16.

Aber Gott will uns durch kein anderes Mittel im Glauben Sicherheit geben als durch Taufe und Abendmahl[185].

Martin Bucers Polemik gegen die römische Sakramentslehre hält der Briefschreiber für pure Heuchelei, da doch gerade jener die Schrift verfälsche[186].

Bucers Deutung der Einsetzungsworte auf den beim Abendmahl anwesenden Körper Christi widerspreche dem Zusammenhang des Textes. Der Satz „Nehmet und esset" (Mt 26,26 Parr), der sich eindeutig auf das Brot beziehe, sei mit dem zweiten Teil zu verbinden. „Sollte nicht ein Kind sehen können, daß diese Rede Christi miteinander zusammenhängt, wie es die Art jeder Sprache ist?"[187] Auch dies wird erläutert durch ein Beispiel von einem Bettler, der eine Gabe erhält[188].

Mit äußerster Schärfe verwahrt sich dann der Schreiber dagegen, wie Bucer 1Kor 11,16 benutzt[189]. Bucer wolle damit erreichen, daß man nicht mit der heiligen Schrift gegen ihn kämpfe. Was könnten die Teufel Schlimmeres aussprechen![190] Das ist die falsche Toleranz der Ketzer! 1Kor 11,16 darf nicht auf die Wahrheitsfindung in Lehrauseinandersetzungen bezogen werden. Hätte Bucer recht, so hätten nicht nur die Propheten und Apostel, sondern auch Christus selber nicht nach Art und Weise der Gemeinde Gottes gehandelt; denn sie haben mit dem Wort Gottes gegen die Ketzer gekämpft, ja sie haben mit dem strengen Urteil Gottes gedroht[191]. Der Autor setzt gegen 1Kor 11,16 in Sachen der falschen Lehre Ri 15,11[192], da es hier um die Sache Christi und nicht um unsere gehe[193]. Bucer habe den Streit angefangen, aber jetzt spreche er plötzlich vom Frieden.

Im Schlußteil geht der Verfasser noch auf ein von Bucer in die Polemik einbezogenes Thema ein: das Anbeten des Sakraments[194]. Der Niederländer beruft sich dafür ausdrücklich auf Luthers Schrift „Von Anbeten des Sakraments des heiligen Leichnams Christi" von 1523[195], auf die auch Bucer, allerdings ohne Autor und Schrift zu nennen, angespielt hat. Ebenso wie für Luther ist für den Briefverfasser das Anbeten des Sakraments Sache der christlichen Freiheit. Einigkeit besteht bei allen drei Diskussionspartnern darin, daß für die Beurteilung dieser Frage von Joh 4,20–24 auszugehen sei. Das Anbeten Gottes im Sakrament muß „im Geist und in der Wahrheit" geschehen[196]. Unser Autor fügt noch Röm 8,9 hinzu: Im Gebet wohnt der Geist Christi in uns durch den Glauben und ruft in uns zu Gott. Der Glaube nimmt im Sakrament als einem Mittel, durch das uns Gott seines Geistes versichern will, zu. Der Geist Christi ist frei, und folglich bringt der Gerechte

---

[185] Siehe unten S 448,16ff. [186] S 448,22ff.
[187] S 448,34–449,4. – Zum Verständnis dieser Polemik siehe oben Anm 180. Vgl bes WA 18,145,10ff.
[188] S 449,5–8.
[189] S 448,24–29. – Martin Bucers deutsche Schriften 2,221,19–21. [190] S 449,30–36.
[191] S 450,9–16.
[192] „Wie sie mir getan haben, so habe ich ihnen auch wieder getan". [193] S 450,25f.
[194] S 450,36–451,30. – Für BUCER ist das Anbeten des Sakraments mit der Frage nach der Realpräsenz des Leibes Christi verbunden und bekommt von daher seinen Sinn. Siehe Martin Bucers deutsche Schriften 2, 220,29–222,25.
[195] WA 11,443,16–450,23.
[196] WA 11,443,17ff; Martin Bucers deutsche Schriften 2,220,32ff.

seine Frucht zu seiner Zeit (Ps 1,3). Will etwa Bucer das Gebet zu Gott „im Geist und in der Wahrheit" vor dem Leib Christi verbieten? Denn dieser nenne das ein Ärgernis der Juden und Heiden[197].

Als Zweck des Anhangs gibt der Verfasser am Schluß an, er habe damit seinen Lesern Kriterien an die Hand geben wollen, um Bucers Ausführungen zu Ps 110/ 111,4f beurteilen zu können. Anhand des jetzt auch ins Niederländische übersetzten Originaltexts der lateinischen Auslegung Bugenhagens könne der Leser sich selbst ein Urteil bilden.

2. Der Lutherbrief

Die Aufnahme der beiden bisher unbekannten Reformatorenbriefe in den neugefundenen Anhang muß von dem zentralen Textstück, dem „Sendschreiben" her verstanden werden. Sie sind Bestätigungsbriefe der Wittenberger „Säulen" für den Kampf der Antwerpener Lutheranhänger. Diesen Charakter hat der Lutherbrief noch in besonderem Maß; denn er bestätigt die Lehrübereinstimmung Luthers mit einem Mann, der später durch eine eigene, weit in den linken Flügel der Reformation abdriftende Abendmahlslehre bekannt geworden ist: *Johannes Campanus*[198].

---

[197] Siehe unten S 451,14–25. – Vgl Martin Bucers deutsche Schriften 2,221,8f.

[198] JOHANNES CAMPANUS wurde um 1500 in Maeseyck im Bistum Lüttich geboren und starb etwa 1575 als Gefangener des Herzogs von Jülich nach 25-jähriger Gefangenschaft. Er hat nach einer vermutlich humanistischen Ausbildung an den Lateinschulen in Düsseldorf und Köln an der Kölner Hochschule studiert. In den späteren Jahren galt er als hochgebildet und als „vir trium linguarum". Als Beleg sei verwiesen auf das Urteil GEORG WICELS in seinem „Apologeticon ad Ioannem Saxoniae ducem" (Epistolarum ... libri quatuor [Leipzig: NIKOLAUS WOLRAB, 1537] liber 1, Bl [H 4]ᵛ: „Etenim dic mihi, quis hominum id temporis de Campano male sensit, quando esset in Saxonia? An non in pretio eruditorum magno erat? An non in claritate apud Iuliacenses? An non praedicabatur Coloniensium sophistarum victor?" – Diese letzte Bemerkung spielt darauf an, daß CAMPANUS spätestens 1520 von der Universität Köln vertrieben wurde, vermutlich im Zusammenhang des Dunkelmännerstreits, wie sich vielleicht aus einer Bemerkung des CORNELIUS AGRIPPA von 1520 (Opera [Lyon, o J], Bd 2, S 778) schließen läßt: „ ... Quis enim ignorat hoc esse illos magistros, qui Ioannem Campanum, insigni doctrinae et virtute virum, scholis secluserunt? ..." Daß CAMPANUS Erasmianer gewesen sei, ist nicht gesichert und wurde erst später aus seiner Sakraments- und Trinitätslehre geschlossen, so auch von LUTHER (vgl WATR 3,302,32–303,3 Nr 3392b vom Frühjahr 1534): „Erasmus est rex amphiboliarum, quem in arenam provocabo ... ipse seminavit Crothum, Egranum, Vicelium, Oecolampadium, Campanum".
Über die Lebensumstände des CAMPANUS in diesen Jahren ist wenig bekannt. Nach älteren Angaben, die quellenmäßig nicht nachprüfbar sind (REMBERT [s u] 164 und Anm 1), hat er vermutlich in seiner Heimat eine Pfarrstelle erhalten und begonnen, in reformatorischen Sinne zu predigen. Es ist möglich, daß er vertrieben wurde, als im Mai 1523 Bischof ERARD VON DER MARK in Lüttich das Wormser Edikt verkünden ließ.
Der Lutherbrief belegt jetzt, daß CAMPANUS 1526 ein Parteigänger LUTHERS und vielleicht der Führer der lutherischen Gruppe in Antwerpen war. Spätestens 1528 kam er nach einem Aufenthalt im Herzogtum Jülich nach Wittenberg (an der Universität immatrikuliert am 19. Dezember; siehe Album Academiae Vitebergensis, hg v CARL EDUARD FÖRSTEMANN, 1 [Leipzig 1841 / Aalen 1976] 134ᵃ3). Auf dem Marburger Religionsgespräch 1529 versuchte er aufzutreten, weil er überzeugt war, den Schlüssel zu haben, wie man die schweizerische und die lutherische Position in der Abendmahlslehre konkordieren könne, wurde aber nicht zugelassen. LUTHER hat später den Vorgang in der Tischrede Nr 6874 geschildert (WATR 6,245,10ff; weitere Charakterisierungen in TR 5,213,8–11 Nr 5522 u WA 54,151,1ff). Auch in Torgau 1530 abgewiesen

Antwerpen hat man Campanus zwar schon früher in Verbindung gebracht, allerdings ohne Quellenbelege und in der Absicht, seine späteren Lehren über das Abendmahl und die Trinität mit den extremen Gruppierungen in Verbindung zu bringen, von denen man aus Luthers „Brief an die Christen zu Antorff" von 1525 wußte[199]. Demgegenüber bietet der neue Lutherbrief ein anderes Bild: Luther stellt Campanus bei einem Besuch in Wittenberg das Zeugnis der Rechtgläubigkeit aus, empfiehlt ihn seinen Antwerpener Anhängern und gibt ihm Schriften für die Antwerpener mit. Jetzt erst wird verständlich, weshalb ihn Melanchthon in einem Rückblick als „in primis ... vehementissimus Lutheranus" bezeichnen kann: „postea deficiebat a Lutheranismo et factus est adversarius"[200]. Auch 1530, als die Entfremdung zu den Wittenbergern schon eingetreten war, spricht Melanchthon von ihm als „ille noster Campanus"[201]. Der Lutherbrief unterstreicht diese Äußerungen und erweitert unsere Kenntnis von diesem Mann. Von der Reise des Campanus nach Wittenberg im Frühsommer 1526 war bisher nichts bekannt. Sie wird aber indirekt bestätigt durch ein Gedicht des Campanus, das in demselben Jahr in Wittenberg gedruckt wurde und in dem er Luther gegen die Angriffe des Münsteraner Humanisten Tymann Kemener verteidigt[202].

Luther betont in dem kurzen Brief seine Freude über die Glaubensfestigkeit seiner niederländischen Anhänger, um dann polemisch auf die Gegner in der Abendmahlslehre einzugehen, die den Sinn der Einsetzungsworte verfälschten und Sekten in die Welt setzten. Der Brief schließt mit einer nochmaligen Empfehlung des Campanus und seiner Anhänger.

(siehe Anm 200), verließ CAMPANUS verbittert Kursachsen und legte seine Ideen 1532 in der Schrift „Göttlicher und Heiliger Schrift vor vilen jaren verdunckelt und durch unheylsame Leer und Lerer aus Gottes Zulassung verfinstert, Restitution und besserung" dar. Stark apokalyptisch gefärbt und biblizistisch ausgerichtet, betrafen sie vor allem die Sakraments- und Trinitätslehre. Sie zeigen CAMPANUS als sehr eigenständigen, stark spekulativen Kopf. Dabei bleibt die Frage, ob sich nicht in seiner Lehre Traditionen spiegeln bzw theologisch weiterentwickelt wurden, wie sie aus der PRUYSTINCK-Affäre bekannt sind und auch im „Sendschreiben" des Anhangs anklingen. Die „Restitution" läßt vielleicht einen Rückschluß zu auf die Art der theologischen Reflexion, wie sie Mitte der zwanziger Jahre in Antwerpen betrieben wurde. Dann wäre die Bestätigung des CAMPANUS durch LUTHER ein produktives Mißverständnis auf beiden Seiten gewesen, das erst in Wittenberg den Beteiligten deutlich wurde. LUTHER hat ihn noch lange, besonders in den Tischreden, bekämpft (siehe die Belege in WABr 18 Nr 4347 Anm 24), ebenso die anderen Wittenberger (BUGENHAGENS Meinung siehe in ZHTh 16 [1846] 495–498). – Literaturauswahl: KARL REMBERT, Die „Wiedertäufer" im Herzogtum Jülich. Studien zur Geschichte der Reformation, besonders am Niederrhein (Berlin 1899) 161ff u ö; MennEnc 1 (1955) 499 (Literatur); NDB 3 (1957) 109f; CHALMERS MACCORMICK, The Restitution göttlicher Schrifft of John Campanus. An interpretation and the text (Diss theol Harvard 1959) (Literatur); Bibliotheca Dissidentium. Répertoire des non-conformistes religieux des seizième et dix-septième siècles, hg v ANDRÉ SÉGUENNY 1 (Baden-Baden 1980) 13–35; TRE 7 (1981) 601–604.

[199] K REMBERT, AaO 165ff u ö.
[200] Analecta Lutherana et Melanchthoniana..., hg v GEORG LOESCHE (Gotha 1892) 141.
[201] CR 2,33 Nr 676. MELANCHTHON rechnet ihn hier der „factio Cingliana" zu.
[202] GEORG WOLFGANG PANZER, Annales typographici 9 (Nürnberg 1801 / Hildesheim 1963) 87 Nr 187: „Joannis Campani Carmen, Timanni Cameneri Cantilenae respondens, quo Papam Anti-Christum cum suo Palpone depingit etc. Wittembergae." Am Ende: 1526. in 8°.

3. „Wo Gott eine Kirche baut, da kommt der Teufel und baut daneben eine Kapelle"

Mit Absicht haben wir den Inhalt des Anhangs relativ ausführlich und zT paraphrasierend wiedergegeben, um dem mit dem Niederländischen nicht so vertrauten Leser das Zurechtfinden in den Texten zu erleichtern. Der unmittelbare Anlaß, der niederländischen Ausgabe von Bugenhagens Psalmenkommentar den Anhang beizufügen, war die Eintragung von Martin Bucers Abendmahlsverständnis in die Auslegung von Ps 110/111,4f.

a) Unbeschadet des sachlichen Gegensatzes in der Lehre vom Abendmahl irritiert uns heute die persönliche Schärfe, mit der im „Sendschreiben" der Straßburger Reformator als Werkzeug des Teufels bekämpft wird. Das darf nicht als polemische Übersteigerung zur Ausschaltung des Gegners mißverstanden werden, es darf auch nicht verharmlost werden als Rückgriff auf die Bildersprache des Neuen Testaments, die als zeitgebundenes Kampfmittel angewandt werde. Der Verfasser des „Sendschreibens" deutet sein Erlebnis des reformatorischen Aufbruchs, der aber durch innere Spaltungen und äußere staatliche Repression wieder bedroht wird, als Zeichen der letzten „gefährlichen Zeit", als Hereinbrechen apokalyptischer Wirklichkeit, in der Christus und der Satan im Entscheidungskampf miteinander liegen. Die im Neuen Testament angekündigten Ereignisse der Endzeit werden Gegenwart. Angesichts des Endes schrumpft die Zeit der Kirchengeschichte zusammen: Die reformatorische Gemeinde wird zur Urgemeinde der Endzeit. Der Teufel wird als reale Macht erlebt, die sich nicht nur im Anrennen äußerer Feinde manifestiert, sondern – viel bedrohlicher für die Gemeinde – im Auftreten falscher Propheten innerhalb der Gemeinde selbst, so daß evangelische Wahrheit und satanische Irreführung ganz dicht beieinander liegen. Das ereignet sich im Streit um das Sakramentsverständnis. Die „Verfälschung" von Johannes Bugenhagens Psalmenkommentar durch Martin Bucer muß demnach als Werk des Teufels verstanden werden.

Heiko A Oberman hat wieder ins Bewußtsein gerufen, daß der spätmittelalterliche Mensch sein Leben „zwischen Gott und Teufel" begriffen hat[203]. Luther hatte sich nach langem Zögern dazu durchgerungen, im Zustand des Leitungszentrums der römischen Kirche Züge des endzeitlichen Antichrists zu erkennen, in dem die Macht des Satans in die Kirche eingebrochen sei, sie gelähmt und gefesselt habe. In seinem Schreiben an die Antwerpener von 1525 hat Luther auch Schwärmer wie Loy Pruystinck in diese geschichtstheologische Schau mit einbezogen[204]. Der Verfasser des „Sendschreibens" im Anhang verschärft diese Sicht: Der Streit

---

[203] H A OBERMAN, Luther. Mensch zwischen Gott und Teufel (Berlin 1982); ders, Martin Luther. Vorläufer der Reformation, in: Verifikationen. Festschrift für GERHARD EBELING (Tübingen 1982) 91ff. – Das Sprichwort vom Teufel, der eine Kapelle neben Gottes Kirche baut, scheint spätmittelalterlich zu sein; vgl WA 16,596,6f (vulgo dicitur); 38,558,13–15; 40 III 87,13f/29–31 (proverbium); 45,727,34–36; 47,252,35–38.

[204] Siehe oben S 423f.

innerhalb der reformatorischen Bewegung in Antwerpen um Lehren, wie sie Pruystinck vertrat, vor allem aber der durch Bucers „Verfälschung" ausgelöste Sakramentsstreit sind für ihn *neue* satanische Zeichen des näher gekommenen Endes. Im Vergleich dazu verblaßt die tägliche Bedrohung durch die „gefangene Kirche" Roms und ihren weltlichen Arm. Dem Teufel ist es gelungen, in der evangelischen Bewegung Fuß zu fassen: „So gedachte die Sathan ooc een capelle bi deser kercken gods te timmeren ende is gevaren inden Bucerum..."[205]

b) Das „Sendschreiben" enthält leider fast keine konkreten Hinweise auf die Gemeindesituation und einen eventuellen Gemeindeaufbau. Der Verfasser konnte darauf verzichten, weil er mit den Angesprochenen denselben Lebensumkreis teilte, und sich ganz auf die beabsichtigte Argumentation konzentrieren. Dennoch schimmert da und dort etwas durch: Wie aus dem Jahr 1524 belegt, kann man sich auch jetzt nur heimlich in Privathäusern zur Wortverkündigung versammeln. Dabei scheinen sich einzelne Gruppen um bestimmte Personen geschart zu haben, von denen Loy Pruystinck 1525 einer war. Führer der „Wittenberg"-Gruppe war 1526 vielleicht Johannes Campanus. Dort, wo der Verfasser konkret wird – von Bildersturm und Bauernunruhen ist die Rede –, scheint er die engeren territorialen Grenzen zu überschreiten und die jüngsten Ereignisse im mittel- und süddeutschen Reichsgebiet mit einzubeziehen[206].

c) Der Lutherbrief des Anhangs berichtet von einem Vorgang, zu dem die Reise Pruystincks im März 1525 nach Wittenberg eine Parallele bildet: Er wollte mit Luther über seine Lehrvorstellungen diskutieren und – vor allem – sich von Luther bestätigen lassen. Pruystincks Lehren waren freilich für die Wittenberger so gänzlich indiskutabel, daß er abgewiesen werden mußte. Von der parallelen Bestätigungsreise des Campanus war bisher nichts bekannt; sie wird aber gestützt durch die Parallelität des Vorgangs und durch den Druck seines Verteidigungsgedichtes für Luther in Wittenberg. Das Motiv zu diesen Reisen scheint urchristlichem Vorbild (Apg 15) entnommen zu sein. Interessant ist, daß der Gedanke fast ein Jahrzehnt später bei der Einrichtung evangelischer Ordinationen in Wittenberg wieder aufgegriffen worden ist[207].

---

[205] Siehe unten S 445,35f. – Vgl LUTHERS Verwendung des Sprichworts: zB WA 20,462,10ff (Predigt vom 22. Juli 1526); 34 II 100,16ff; 36,111,9ff.
[206] Nur einmal ist von einem solchen Vorfall in Antwerpen die Rede: Nach der „Chronijcke van Nederlant" (16. Jahrhundert) wurde ein Jahr früher, am 10. Juni 1525, eine Franziskusstatue von der Minderbrüderbrücke gestürzt und zur selben Zeit ein weiteres Bild und ein Kruzifix zerstört (Corp doc inqu 4,357f Nr 307). – Der große Bildersturm fand erst vom 20.–23. August 1566 statt.
[207] Wir haben hier so etwas wie eine Frühform lutherischer Ordination vor uns, wie sie dann 1535 unter dem Druck des immer drängender werdenden Pfarrermangels eingeführt wurde, weil die Bischöfe sich weigerten, evangelische Prediger zu weihen. Schon im „Unterricht der Visitatoren..." von 1528 sollen die Kandidaten vom Superintendenten examiniert werden (WA 26,235,30ff). Siehe besonders WA 41,458,1ff (Ordinationspredigt 1535): Ideo ut non unordnung wurde, ... das unser furst befolhen, ubique, wo man mangel an prediger, huc missi, die sol man hie horen, ob geschickt sein ... Ideo estote testes, quod ordinatus, et schicken hin gen Gotta ..., ne pseudoapostoli an ein an erwachsen.

Bedeutet die generelle Bezeichnung „Lutheraner" in den niederländischen Quellen der Zeit für alles, was mit der reformatorischen Bewegung in Verbindung zu bringen war, nicht viel, so ist es bedeutsam, daß selbst ein Vertreter so radikaler Ideen wie Pruystinck 1525 noch so sehr am Wittenberger Vorbild orientiert war, daß er seine Thesen den dortigen Autoritäten zur Bestätigung vorlegte. Der Anhang bestätigt das: (a) Auch 1526 versuchte eine Gruppe in Antwerpen, die oberdeutsche Abendmahlslehre mit dem Namen des Wittenberger Stadtpfarrers zu decken. (b) Dieselbe Tendenz gilt für die Bestätigungsreise des Campanus als Parallelfall zur Pruystinck-Reise. Nach dem Lutherbrief hat Campanus das erreicht, worum sich Pruystinck ein Jahr zuvor vergeblich bemüht hatte.

d) Waren im Bannkreis des Augustinerklosters angesichts der Bedrohung von außen die aus der unterschiedlichen geistigen Herkunft resultierenden Spannungen noch bedeckt geblieben, so hat der Verlust des zentralen Bezugspunkts zusammen mit den in der reformatorischen Bewegung allenthalben sichtbar werdenden Rissen, besonders in der Abendmahlsfrage, auch in Antwerpen die Gräben aufgerissen. Der Anhang belegt, daß es bis mindestens in das Jahr 1526 eine Gruppe von reformatorisch Gesinnten gab, die sich als Anhänger Luthers verstanden und die auch nach dem Ausbruch des Abendmahlsstreits die Position der Wittenberger vertraten. Johannes Campanus scheint damals ihr Führer gewesen zu sein. Doch wurde diese – vermutlich nur kleine – Gruppe offensichtlich von ihren radikalreformatorischen Gegnern in die Ecke gedrängt. Der Anhang korrigiert also das Bild, das die Forschung bisher gezeichnet hat, indem man die Existenz einer lutherischen Gemeindegruppe in dieser Zeit bezweifelte.

VI. Echt oder gefälscht? – Datierungsfragen

1. Johannes Luther hatte den Anhang beschrieben unter der Überschrift „Neusatz eines Teiles zwecks Erhöhung der Auflage"[208]. Das Ergebnis der vorliegenden Untersuchung ist dagegen, daß der Anhang die Aufgabe hatte, die niederländische Ausgabe von Bugenhagens Psalmenkommentar am entscheidenden Punkt zu korrigieren, wo Martin Bucer seine Abendmahlsauffassung in Bugenhagens Auslegung von Ps 110/111,4f eingetragen hatte. An der Echtheit des Anhangs kann demnach nicht gezweifelt werden, wohl aber an der Authentizität der angehängten Reformatorenbriefe, insbesondere des Lutherbriefs. Es wäre doch denkbar, daß der Verfasser des „Sendschreibens" bzw der Übersetzer der besagten Psalmauslegung nach Bugenhagens Originaltext die beiden Briefe zur Stützung seiner Position fingiert hätte.

---

[208] Siehe oben S 394 u Anm 5.

Von Martin Luther sind in niederländischer Sprache sonst keine Briefe bekannt. Er war des Niederländischen nicht mächtig. Auch der „Brief an die Christen zu Antorff" von 1525 ist nur in hochdeutscher Sprache überliefert[209]. Ebenso gibt es von Johannes Bugenhagen keinen Brief in niederländischer Sprache[210]. Der unbekannte Verfasser des „Sendschreibens" berichtet, Bugenhagen habe sein Schreiben ursprünglich lateinisch verfaßt[211]. Die Übersetzung ins Niederländische ist demnach erst in Antwerpen hergestellt worden. Gleiches mag für den Lutherbrief zutreffen. Auffallend sind Latinismen in der Syntax dieses Briefs, außerdem die Übereinstimmungen in Sprache und Ton mit dem „Sendschreiben"[212]. Sind die beiden Wittenberger Briefe echt, dann sind *lateinisch* verfaßte Originale anzunehmen.

Auffällig sind die Schlußbemerkungen, die den Briefen angefügt sind: „D. M. met mijn eyghen handt" – „Ic Pomeranus hebt selver ghescreven met mijn eyghen handt". Ähnliche Formulierungen finden sich öfters in Briefen Luthers, die nur abschriftlich oder gedruckt überliefert sind[213]. Sie stammen aus der Notariatssprache und sollen die Authentizität der Briefe unterstreichen und ihnen Urkundencharakter verleihen. Das aber stimmt mit dem Inhalt überein: Die Briefe sind als *Bestätigungsurkunden* gedacht. Der Lutherbrief bezeugt die Zuverlässigkeit und Rechtgläubigkeit des Johannes Campanus; der Brief Bugenhagens soll Clemens und Jakob unterstützen in ihrem Kampf gegen den „verfälschten" Psalmenkommentar und die darin ausgesprochene Abendmahlsauffassung Martin Bucers. Vielleicht sind diese Beteuerungen einer ursprünglich eigenhändigen Ausfertigung erst den Übersetzungen zugefügt worden.

Der Lutherbrief wie derjenige Bugenhagens sind im Sinne der Wittenberger und zum Schutze ihrer Abendmahlslehre verfaßt. Mußten die Briefe überhaupt fingiert werden? Stellungnahmen Luthers und Bugenhagens zu dem Streit in Antwerpen waren doch sicher leicht zu bekommen!

---

[209] WA 18,545f = BENZING Nr 2200: Wittenberg, [JOSEPH KLUG], 1525. – Daß LUTHER das Schreiben ursprünglich lateinisch aufgesetzt habe, behauptet JOHANN GEORG WALCH in Teil 10 seiner Lutherausgabe (Halle 1744), Vorrede S 90. – C CH G VISSER (AaO 103f Nr 75) verzeichnet eine niederländische Übersetzung (Fundort: Amsterdam UB) vermutlich aus dem Anfang des 17. Jahrhunderts, hält es aber für denkbar, daß ihr ein früherer Druck vorausgegangen ist.

[210] BUGENHAGEN sprach und schrieb niederdeutsch. Vergleicht man seinen Brief vom 16. November 1524 an die Nicolaigemeinde zu Hamburg (Dr. Johannes Bugenhagens Briefwechsel, gesammelt u hg v OTTO VOGT [Hildesheim 1966] 21–24 Nr 10), so wird der sprachliche Unterschied zum Niederländischen deutlich.

[211] Unten S 447,18f.

[212] Folgende Parallelen seien hervorgehoben: a) Gen 3,15: siehe unten S 444,18 und S 453,19f. b) Die Ablehnung der Exegese der Einsetzungsworte durch KARLSTADT und die Forderung, daß die beiden Teile der Einsetzungsworte in 1Kor 11,24 aufeinander zu beziehen seien: siehe unten S 448,36ff und S 452,34f. c) Mit der Warnung vor dem „manierlicken gelät ende vreedsamen woorden" (S 453,11f) vgl S 450,5–8 und direkt gegen BUCER gewendet: S 450,34f.

[213] Vgl zB WABr 4,412,29; 454,25; 455,26 (ebd auch zur Frage, ob LUTHER niederdeutsche Briefe geschrieben hat); 456,21; 514,55 u ö; vgl auch Br 12,103,17. Zur Formel in eigenhändigen Urkunden vgl zB Br 9,572,1f; 580,18 (diese Stellen verdanke ich Herrn HANS-RUEDI KILCHSPERGER); BUCERS Berufung auf BUGENHAGENS Vollmacht: „..., die er mir mit seiner hand zügeschriben hat" (Martin Bucers deutsche Schriften 2,191,28f).

Andererseits fehlen bisher Belege dafür, daß man in Wittenberg von dieser niederländischen Ausgabe des Bugenhagen-Bucerschen Psalmenkommentars gewußt hat. Spätestens Anfang Juli 1526[214], also etwa zu der Zeit, in die der Lutherbrief des Anhangs datiert ist, hat man in Wittenberg erfahren, welche Bewandtnis es mit Bucers deutscher Übersetzung des Kommentars hatte. Bugenhagen berichtet in seiner „Oratio, quod ipsius non sit opinio illa de eucharistia, quae in psalterio sub nomine eius Germanice translato legitur"[215], die er im Juli oder August 1526 geschrieben haben muß, daß er „fere post dimidium annum" von einem „quidam ex Augusta veniens" darauf hingewiesen worden sei[216]. In den empörten Äußerungen der Wittenberger über Bucers Vorgehen wird der niederländische „Souter" nie erwähnt. Der Hinweis auf den „ex Augusta veniens"[217] legt die Annahme nahe, daß die Angelegenheit weder aufgrund der Basler hochdeutschen Ausgaben des Kommentars noch durch dessen niederländische Übertragung entdeckt wurde, sondern durch den Augsburger Separatdruck der umstrittenen Erklärung von Psalm 110/111[218].

Seltsam erscheint die Beobachtung, daß der Lutherbrief den Streit um Bucers Übersetzung gar nicht ausdrücklich berührt. Anders als in Luthers und Bugenhagens sonstigen Schriften zur Abendmahlskontroverse wird hier der Gegensatz der Positionen nur kurz charakterisiert. Das Schriftstück ist vielmehr eine allgemeine Stellungnahme zum Abendmahlsstreit in Antwerpen. Die Polemik richtet

---

[214] BUCER nennt BUGENHAGEN schon am 9. Juli [1526] einen „minantem Pomeranum" (Brief an ZWINGLI: CR 95 Zwingli 8,651,14–652,2 Nr 503).

[215] Beschreibung der Drucke bei G GEISENHOF 229–234 Nr 199–202 (latein Text); 234f Nr 203 (hochdeutsche Ausgabe). Den latein Text der „Oratio" hat außerdem der Wittenberger Drucker JOSEPH KLUG den von ihm verkauften Exemplaren von BUGENHAGENS Psalmenkommentar (datiert September 1526) vorangestellt (GEISENHOF 13f Nr 8). Auf die komplizierte Druckgeschichte kann hier nicht eingegangen werden. – Die „Oratio" muß zwischen dem 20. Juli und dem 25. August ausgegangen sein, da BUGENHAGEN sie den auf dem Reichstag zu Speyer weilenden Freunden SPALATIN und AGRICOLA dorthin sendet, damit seine Schrift „in dieser fatalen Sache" für ihn rede (WA 19,463 u Anm 8). Die deutsche Fassung folgte der lateinischen, wie sich aus der Randglosse auf der Titelrückseite ergibt, die eine fehlerhafte Angabe im lateinischen Text korrigiert. WOLFGANG CAPITO erwähnt ihr Erscheinen am 26. September 1526 (CR 95 Zwingli 8,724,9f): Proinde orationem scripsit gravem et querulam, qua reum agit suorum librorum depravatorem Bucerum. – Am 13. September hatte LUTHER in einem offenen Brief an den Straßburger Drucker JOHANN HERWAGEN gegen BUCERS Machenschaften protestiert (WA 19,471,23–26).

[216] Ubi coeperat venum exponi psalterium Germanicum, ego securus agebam, quasi omnia, quae volebam, recte curata essent, donec fere post dimidium annum quidam ex Augusta veniens indicaret sacramentariam illam opinionem esse psalterio insertam. Obstipui primum, deinde, ubi addidisset: „Et quia tu sic diceris scripsisse, aiunt propterea totam scholam Wittenbergensem sic sentire", coepi ridere reputans hominem ineptire; „Quid", inquam, „hoc ad totam scholam, si unus Pomeranus ita sentiret et scriberet?" Verum penitius rem intuitus perspexi famam istam non omnino vanam, atque hic patrem illum mendaciorum Satanam satis aptam speciem habere et fucum, quo persuadeat nos omnes ita insentire (Bl a 2ᵛ in der oben genannten Klugschen Ausgabe).

[217] BUCER nennt ihn in seiner späteren Gegenschrift gegen BUGENHAGENS „Oratio" den „Augspurgischen brůder", „bey dem mehr geschreys dann geyst funden wirt, dann ich weiß, wer er ist" („Das Martin Butzer sich in verteutschung des Psalters Johann Pommers getrewlich und Christlich gehalten...", in: Martin Bucers deutsche Schriften 2,269, 22–24; siehe W KÖHLER, Zwingli und Luther 1,360 Anm 2). KÖHLER vermutet, daß es sich um JOHANNES FROSCH oder STEPHAN AGRICOLA gehandelt hat. – Daß JOHANNES CAMPANUS aus Augsburg nach Wittenberg gekommen ist, erscheint als ganz unwahrscheinlich.

[218] Siehe oben S 415f.

sich gegen eine grammatische und signifikative Deutung der Einsetzungsworte, also gegen Karlstadt[219], Zwingli und Oekolampad[220]. Bucers Ausführungen zu Psalm 110/111 werden nicht angesprochen. Eine argumentative Auseinandersetzung über die Streitfragen beim Abendmahl findet im Brief kaum statt. Wer Luthers Gründe für seine Position kennenlernen will, wird auf seine Abendmahlsschriften verwiesen, die Luther dem Campanus mitgegeben habe. Die Schrift „Von Anbeten des Sakraments des heiligen Leichnams Christi" wird im Sendschreiben des Jakob bzw Clemens angeführt[221]. „Wider die himmlischen Propheten, von den Bildern und Sakrament" lag vermutlich der Sendung ebenfalls bei[222]. Indem Luther auf diese Beilagen verweist, kann er auf eine neuerliche Darlegung seiner Position verzichten.

Gerade das Schweigen des Lutherbriefs über den Antwerpener Streit um Bucers Übersetzung ist das *stärkste Argument für die Echtheit* des Briefs. Ein Fälscher hätte es sich nicht entgehen lassen, den eigentlichen Anlaß, der zum Druck der drei nachträglich angehängten Druckbogen geführt hat, in dem Brieftext gebührend mit einer Stellungnahme Luthers dazu zur Geltung zu bringen.

Das läßt Zweifel aufkommen, ob der Lutherbrief vom 17. Juli 1526 überhaupt in den Zusammenhang des Streits um den niederländischen Psalmenkommentar hineingehört. Die Reise des Campanus nach Wittenberg, wo er den vorliegenden Bestätigungsbrief erhalten hat, hatte offenbar mit dem Psalmenkommentar noch nichts zu tun. Sie war in den Schwierigkeiten der Antwerpener Lutheranhänger mit den dortigen spiritualistischen Gruppen begründet. In Wittenberg wußte man zwar schon von Bucers „Verfälschung", aber da man diese zunächst nur auf die Basler Ausgaben und den Augsburger Separatdruck bezog, hatte Luther keinen Anlaß, in seinem Brief an die Niederländer darauf einzugehen.

2. Kann man den Lutherbrief vom 17. Juli 1526 für den Streit um den Kommentar unberücksichtigt lassen, dann lösen sich die Schwierigkeiten des zeitlichen Ablaufs: Es ist kaum vorstellbar, daß innerhalb eines halben Jahres nach dem Erscheinen der hochdeutschen Vorlage im Januar 1526 in Basel das Buch nicht nur in den Niederlanden bekannt geworden und zudem das umfangreiche Werk auch übertragen

---

[219] Siehe unten S 452,34f. – LUTHERS Polemik gegen eine grammatische Argumentation bei der Exegese der Einsetzungsworte, welche die Versteile von 1Kor 11,24 voneinander trennt, so daß man das τοῦτο so verstehen konnte, als habe Christus beim Abendmahl auf seinen Körper gedeutet, trifft BUCERS Ausführungen zu Ps 110/111,4f im Psalmenkommentar nicht, sondern richtet sich gegen KARLSTADT (siehe oben S 107f). BUCER trägt keine Exegese der Einsetzungsworte vor, sondern übernimmt die Anregungen KARLSTADTS in ihrem Ergebnis. So bedurfte der Verfasser des „Sendschreibens", um dieses Argument gegen BUCER wenden zu können, außer der kurzen Bemerkung des Lutherbriefs dessen Auseinandersetzungen mit KARLSTADT in „Wider die himmlischen Propheten". Diese Schrift lag vermutlich der im Lutherbrief erwähnten Büchersendung an die Antwerpener bei.
[220] Siehe unten S 452,36f. – Die Anspielung auf die signifikative Deutung der Einsetzungsworte hat ebenfalls in BUCERS Auslegung von Ps 110/111,4f keinen Anhalt. Sie richtet sich gegen HOEN, ZWINGLI und OEKOLAMPAD.
[221] Siehe unten S 450,38.
[222] Siehe Anm 219.

und gedruckt worden ist[223]. Weitere Zeit war nötig, bis die „Besonderheit" des Kommentars entdeckt wurde, über die dann der Streit ausbrach. Der Verfasser des „Sendschreibens" gibt selbst zu, daß er sich zunächst täuschen ließ[224]. Dagegen setzt Bugenhagens Brief, dessen Echtheit analog zu derjenigen des Lutherbriefs zu beurteilen ist[225], wohl schon den Plan voraus, den Drucker zur Anfertigung des Anhangs zu bewegen. Erst dadurch, daß darin auch der bereits vorliegende Lutherbrief abgedruckt wurde, geriet dieser in den Zusammenhang des Streites um den Psalmenkommentar.

Der undatierte Brief Bugenhagens wird demnach später als der Lutherbrief verfaßt worden sein. Der Verfasser des „Sendschreibens" berichtet, Bugenhagen habe ihm versprochen, gegen den Fälscher seines Psalmenkommentars zu schreiben[226]. Dieses Versprechen hat Bugenhagen mit der oben genannten „Oratio" eingelöst, die im August 1525 erschienen ist. Der Bugenhagen-Brief wird vor der Fertigstellung der „Oratio" geschrieben worden sein. Das „Sendschreiben" im Anhang setzt beide Schreiben von Luther und Bugenhagen voraus[227]. So wird man annehmen können, daß die niederländische Ausgabe des Psalmenkommentars im Juli 1526 in Antwerpen vorlag[228]. Der Anhang wird nicht sehr lange danach, vermutlich noch im September 1526 gedruckt worden sein.

Denkbar ist folgender Ablauf: Campanus hörte bei seinem Besuch in Wittenberg von dem Ärger wegen Bucers Übersetzung von Bugenhagens Kommentar. Nach Antwerpen zurückgekehrt, fand er dort die niederländische Ausgabe vor. Für den Plan, die „verfälschte" Auslegung von Psalm 110/111 durch einen Anhang zu korrigieren, erbat man von Bugenhagen eine Stellungnahme. Anläßlich von deren Übersendung teilte er den niederländischen Freunden mit, er beabsichtige bzw sei bereits damit beschäftigt, Bucers Vorgehen in einer eigens dafür verfaßten Schrift bloßzustellen. Da die „Oratio" zu diesem Zeitpunkt noch nicht erschienen war, nahm er in seiner Stellungnahme darauf nicht Bezug, sondern verwies auf seine älteren Schriften zur Abendmahlsfrage[229].

Jetzt erklärt sich auch, warum der Anhang in den Exemplaren des „Souter" so selten erhalten ist. Er wurde nur von den Lutheranhängern dem Kommentar beigebunden[230].

---

[223] Die Eile, mit der man die niederländische Übertragung in Antwerpen zum Druck brachte, ist offensichtlich.

[224] Siehe unten S 446,5f.

[225] Für die Echtheit des Bugenhagenbriefs sprechen ferner die engen Beziehungen zur deutschen Fassung von dessen „Oratio", nur daß diese viel ausführlicher und bei aller Entschiedenheit weniger scharf im Ton ist.

[226] Siehe unten S 446,10–12.   [227] Siehe unten S 446,23ff.

[228] Das erste indirekte Zeugnis könnte die Aufnahme von BUGENHAGENS Namen in das kaiserliche Plakat vom 17. Juli 1526 sein (Corp doc inqu 5,146 Nr 529).

[229] Siehe unten S 453,4ff. – Vgl G GEISENHOF, AaO 61–67 Nr 36–43; 180–188 Nr 139–149 und besonders „Eyn Sendbrieff widder den newen yrrthumb bey dem Sacrament des leybs und blutts" von 1525 (GEISENHOF 200ff Nr 162ff).

[230] Der Anhang fehlt auch in dem von GEISENHOF (AaO 39–41 Nr 19) beschriebenen späteren Nachdruck der niederländischen Ausgabe des Psalmenkommentars. – Über die Nachwirkung des „Souter" von 1526 siehe S J LENSELINK, De Nederlandse Psalmberijmingen van de Souterliedekens tot Datheen (Assen 1959) 176ff.

3. Abschließend soll noch ein Blick auf das Schicksal der lutherischen Gruppe in Antwerpen geworfen werden. Daß sie 1526 von außen und innen bedrängt war, ist deutlich geworden. Johannes Campanus wird Antwerpen bald danach verlassen haben. Spätestens 1528 taucht er in Wittenberg auf[231]. Davor scheint er sich im Gebiet von Jülich aufgehalten zu haben. Bedeutet sein Weggang das Ende der lutherischen Gruppe? Von dem Drucker des „Souter", Johannes Hoochstraten, sind aus der Zeit bis 1530, bevor er ins Exil gehen mußte, noch ein paar Lutherdrucke in niederländischer Sprache bekannt geworden[232]. Die Wahl der benutzten Pseudonyme läßt auf weitere Verbindung mit Wittenberg schließen[233]. Ein gewisses Leserinteresse muß demnach noch bestanden haben[234]. Das wird bestätigt durch die Nachricht, daß am 28. Januar 1533 dem Kanzler des Rats von Brabant eine Eingabe überreicht wurde, die Klagen über den Druck und die Verbreitung lutherischer Schriften in Antwerpen enthielt und mehrere „Lutheraner" denunzierte. Ein strenges Strafgericht war die Folge[235]. In diesen Zusammenhang gehört ein wenig beachteter Brief, den Leonhard Munssoor, ein Bürger von Antwerpen, „nomine aliquot fratrum" am 12. September 1531 an Luther geschrieben hat und in dem er Gemeindeverhältnisse anspricht, die an die des Jahres 1526 erinnern: Gezwungen durch die Unterdrückung von seiten der Kirche und der Staatsmacht müssen sich die Evangelischen in geheimen Konventikeln zu Wortverkündigung und Sakramentsempfang versammeln. Die Streitfragen, zu denen man auch Luthers Meinung einholt, betreffen wieder die Abendmahlsfrage, allerdings diesmal einen anderen

---

[231] Siehe oben Anm 198.

[232] Um 1526 erschien eine Übersetzung der zweiten Ausgabe von LUTHERS Galaterkommentar (BENZING Nr 430; W NIJHOFF / M E KRONENBERG, AaO Nr 1433; C CH G VISSER, AaO 76f Nr 50), dazu kommt FRANZ LAMBERTS Schrift „In regulam Minoritarum commentarii" mit LUTHERS Vorrede (BENZING Nr 1597; siehe dazu H CLAUS / M A PEGG [wie Anm 39]). 1528 brachte HOOCHSTRATEN eine niederländische Ausgabe der Kirchenpostille heraus (BENZING Nr 1153; NIJHOFF / KRONENBERG Nr 3464; VISSER 78–81 Nr 52). Aus der gleichen Zeit stammen wohl eine Übersetzung des „Deuteronomion Mosi cum annotationibus" (BENZING / CLAUS / PEGG Nr 1861a) sowie der Auslegung der Propheten Jona und Habakuk (BENZING / CLAUS / PEGG Nr 2287 u 2307). 1529 erschien die Übertragung des Marburger Gesprächs (BENZING Nr 2750; NIJHOFF / KRONENBERG Nr 2314; VISSER 81f Nr 53) sowie 1530 der Schrift „Vermahnung an die Geistlichen, versammelt auf dem Reichstag zu Augsburg" (BENZING Nr 2791; NIJHOFF / KRONENBERG Nr 4163; VISSER 82f Nr 54). – 1529 druckte HOOCHSTRATEN außerdem zwei englische Übersetzungen von Lutherschriften (BENZING Nr 888 u Nr 1680), die für den Export nach England bestimmt waren.

[233] Siehe oben Anm 29. – Auch mit BUGENHAGEN scheint HOOCHSTRATEN freundschaftlich in Verbindung geblieben zu sein. Von den zwei Drucken aus der Zeit seines Lübecker Exils 1531 ist der eine ein Text BUGENHAGENS (GEISENHOF 310–312 Nr 270).

[234] Auch später sind noch Luthertexte in niederländischer Übertragung bei Antwerpener Druckern erschienen; doch sind die Erscheinungsjahre meist unsicher und die näheren Umstände ungeklärt: bei ADRIAEN VAN BERGHEN (BENZING Nr 1318 [ca 1535?]), bei NICLAES VAN OLDENBORCH (?) (BENZING Nr 3043 [um 1534]; Nr 2666 [um 1539?]; Nr 340. 2885. 3117. 3281. 3328 [alle vermutlich um 1540]) und bei MATTHIAS CROM (?) (BENZING Nr 2992: 1536). – Andere Drucker arbeiteten wie HOOCHSTRATEN für den Export: französische Übersetzungen brachten JOHANNES STEELS (BENZING Nr 814) und besonders MARTINUS DE KEYSER heraus (BENZING Nr 391. 648. 812. 813. 1356. 2003), dänische im Jahr 1531 WILLEM VORSTERMANN – sie gehen auf den damals mit KÖNIG CHRISTIAN II. im niederländischen Exil lebenden Dänen CHRISTIERN PEDERSEN zurück (BENZING Nr 337. 377. 1312. 1313. 1477. 1886); BENZING (Nr 768) verzeichnet außerdem eine spanische Übersetzung (bei GUILIELMUS MONTANUS?).

[235] WABr 6,189.

Aspekt: Darf der evangelische Christ in Todesnot das Sakrament von einem „papistischen" Priester empfangen? Und – ein typisches Problem von Konventikeln, deren Gefahr durchaus gesehen wird: Welches sind die Kriterien, nach denen jemand zugelassen oder ausgeschlossen werden kann[236].

Der Brief belegt nochmals, daß die Abendmahlsfrage die reformatorische Bewegung in Antwerpen von Beginn an immer wieder umgetrieben hat, von Jakob Propst[237] und Heinrich von Zütphen[238] über den Streit um Bucer von 1526 und Johannes Campanus bis ins Jahr 1531. Dabei scheint die symbolische Deutung der Einsetzungsworte in der Tradition des Wessel Gansfort und Hoen viele Anhänger gehabt zu haben[239].

Text

[hh.j^r] Den hondert ende thienden Psalm met een
andtwoort op die valsche leeringe Butceri vant Sacrament,
daer mede hi Pomerani wtlegginge vervalst ende verkeert heeft etc.

God, die vader alder barmherticheyt ende eendrachticheyt, verleene ons door
5 Jesum Christum ^{a}in sinen warachtigen geloove^a sinen gheest, daer door wi alleen eens sins sullen werden, als dat die gemeynte des levendigen gods wel aenstaet.

Alderliefste in Christo Jesu, want wi nu sijn in die aldervervaerlicste leste tijt, in die welcke dat heylige euangelion Christi opt alderrikelicste wederomme ^{b}wt godliker genaden^b gepredict ende door godsalige boeckeren in die werelt ghevůrt
10 is – ^{c}daer door si alle totter bruloft des eewigen, almachtigen ende heerlijcken vaders ende Christi, ons heeren, genoodet sijn – , so^c råst die duvel nu opt alderstercste teghen die wårheyt des euangelijs op alle manieren; want het woort môt vervult worden, daer hi seyt: „Als die sone des menschen comen sal, meyndi oock, dat hi geloove vinden sal?^{d}" (Luce int xviij. ⟨,8⟩).
15 Ten eersten, hoe grooten schade heeft die duvel gedaen desen warachtigen licht des heyligen euangelijs door die vermetelike gheesten, die dårinne hår chri-

---

[236] WABr 6,190f Nr 1863.
[237] Siehe oben Anm 128.
[238] Siehe oben Anm 65.
[239] In diesem Zusammenhang interessant ist ein Briefentwurf des Prädikanten DIONYSIUS VINNE an LUTHER wohl aus dem Jahr 1532 (WABr 6,357–361 Nr 1958), der „ante 10 annos Hantwerpiae" das „Wort gesät habe" und jetzt im Gebiet von Jülich tätig ist (ebd 358,4–7). In dem Brief bekennt er sich zur lutherischen Abendmahlslehre. In einem von seiner Hand geschriebenen Traktat wird dagegen eine „rein spiritualistische Abendmahlsauffassung vorgetragen" (O CLEMEN, Ebd). – VINNE, der gleichzeitig mit CAMPANUS in Wittenberg immatrikuliert wurde, stellt offensichtlich zu jenem einen Parallelfall dar, der dessen Haltung beleuchten kann.

a–a (in ... gelooue) b–b (wt ... genadē)
c–c (daer ... genoodet sijn) So d ? fehlt

sten wesen hebben willen bewisen, dat si die beelden stormden, papen ende moniken onchristelic ende sonder leeringe lasterden, die ceremonien verachteden – doch sonder gheloove –, vleesch vraten, kercken ende cloosteren stormden! Ende als nu hier, als dan dår eenen lichtveerdigen gheest tot eenen predicant opworpen, meer na lusten des vleesch – ᵉdoch het is alleleens, door wat oorsake dat Christus gepreect werdt, also verre als hi gepreect wordt, (Philip.j. ⟨,18⟩)ᵉ – dan na stichtinge der ghemeynten; want niemant en sal hem tegen der gewalt met fortsen setten (Roma. int xiij. ⟨,1ss⟩), maer God, den vader des oostes, bidden om goede wercluden in sinen oost, ghelijc Christus leert ⟨Mt 9,37s⟩, ende die overheyt vermanen. Maer wil si dan niet euangelische predicanten toe laten int openbaer, so en salmense met gewelt – ᶠwant dat rijcke Christi van deser werelt niet en isᶠ ⟨Ioh 18,36⟩ – daer toe niet dwingen, mår gherne gaen, ᵍals die daer lust hebben aen den euangelioᵍ ⟨Ps 1,2⟩, daer god sijn woordt gheeft openbaerlicken te preken. En is u dat so niet gelegen, so neemt in uwen huise godsalige ende verstandige broeders, die u dat euangelion christelic prediken, ende onderhoutse, gelijc u Christus Math. int x. ⟨Lc 10,7⟩ ende Paulus j.Corin. ix. ⟨,9⟩ ende tot Timo[theum] ⟨1Tim 5,18⟩ ende Galaten leeren; want „een arbeyder is sijns loons weerdich". Want also plegen die Christenen voortijts ooc dat euangelion in die husen te handelen; [hh.jᵛ] dat bewiset Paulus aen Titum ⟨1,10s⟩, daer hi scheldet die valsche apostolen, die gantsche huysen ʰverkeerden. Endeʰ ooc ghelijc wi niet alle princen en sijn, also en hebben wi ooc gheen macht, voorder predicanten te beroepen dan in onsen huysen, ende dår te laten hooren dat woordt gods, so wien dat ons ghelieft. Maer als ons dat ooc die overheyt door haer ongeloovige tyrannie wil verbieden, dan sullen wi ons lieden gheerne liden om Christus wil ende segghen: „Men moet God meer ghehoorsaem sijn dan die menschen" (Actu. v. ⟨,29⟩), daerinne ghi ooc siet, dat die apostolen dat euangelion inden huyse predicten ⟨Act 5,42⟩.

Voort, alle cloosteren ende beelden en behoort eenen oprechten Christenbroeder niet met die hant – ⁱwant dan noch al dat ongeloove ende gierichyet, die daer is die rechte afgoderye, int herte bliveti – te verstooren, maer alleene met den doorsnidende woorde gods, dat daer alleene is dat rechte euangelische sweert, daer mede alleene Christus in sijn rijck gevochten hebben wil ⟨Eph 6,17; Hebr 4,12⟩; want daer door werden die herten tot haerssselfs ende des grouwels bekennisseᵏ ghebracht ende latent dan van selfs vry inden geloove varen. Daeromme sal een Christen alleene dat volc met den euangelio vermanen ende god om sulcke princen bidden, die alle wtwendighe afgoderye na ordinantien af doen.

Voort, hoe wel ons op alle daghen vleysch – ende so wat god met dancbaerheyt te gebruycken gheschapen heeft (j. Timothei int vierde capittel ⟨,3s⟩) – te eten ende alle ceremonien na menschen gheboden vry sijn door dat gheloove in Christo, so

---

e–e (doch ... Philip.j.)
g–g (als ... euāgelio)
i–i (want ... bliuet)
f–f (want ... niet en is)
h–h verkeerden / ende
k bekenuisse

ghebruyct doch een oprecht Christen deser vriheyt also, dat hi daer mede niet alleene die crancken niet en arghert <1Cor 8,9>, maer oock eenen yegeliken stichtet. Ende dat is, dat Paulus spreect <1Cor 8,13>, in eewichheyt en soude hi liever gheen vleesch eten, dan sinen naesten argheren.

Voort, so waer dat die wercheylighen aen hem een oorsaecke mochten nemen ende een ghebot, ˡdie conscientie te bindenˡ, hier wt maecken, daer staet hi [sc die Christen] door die waerheyt des euangelijs teghen die wercheylighen ende haren schijn ende ghebruyct sijnder vriheyt stoutelic in Christo, so wat liden hem daer na ooc toe coemt. Also – ᵐghelijc ghi leset tot ten Galatenᵐ <2,3> – en woude Paulus Titum niet laten besniden, dår hi doch te voren Timo[theum] hadde laten besniden om der cranken broeders wille <Act 16,3>.

Dåromme heeft die duvel doort misbruyc van dese onse christen vriheit – ⁿdie alleen der conscientien, ende niet den vleesch, dat op deser werelt eenen anderen ende niet hem selven en moet leven, gelijc Christus niet voor hem selven, maer voor ons is gestorven, toe behoortⁿ – vele doen afvallen, inden welcken die laetste argernissen grooter gheworden sijn, dan die eerste gweest waren; ende ooc hebben vele onsen schat, dat is dat euangelion, hier door gelastert <Rom 14,16> ende geschuwet. Maer als hier mede die duvel [hh.ijʳ] niet genoch schaden na sinen wille en coste gedoen, so bedachte hi een ander – ᵒgelijc hi dan is een dusent listich schalckᵒ – ende richtet een arger aen ende werpe hem in sommige menschen, die onder den schijn des euangeli wouden een tijtlic ende gewaldich vleeschelic rijc oprichten, so doch onse erve onsienlic, eewich ende onverganckelic, daer toe inden hemel – ᵖghelijc als Petrus seytᵖ <1Pt 1,4> – behouden is. Ende dit dede hi [sc die duvel] door die arme blijnde menschen; daer door die boeren vergadert worden ende hem lieden tegen die overheyt tot een groote argernisse des heyligen euangelijs opworpen, daer tegen D[octor] M[artinus] genoch gescreven ende met den scriven – ᑫghelijc dan sijn moetᑫ – gheenen danck vanden schinenden Christen verdient en heeft; want Christus dencket hem met hem selven te beloonen.

Maer so wat die oude Leviathan <Hiob 40,25> niet door des Antichristus vervolginge ende logen, ende door der beeldenstormers onsinnicheyt ende door alle ander misbruyckers christeliker vriheyt ende door die rotterye der armer verleyder boeren en heeft connen wtgerichten om te bederven onsen schat <Rom 14,16>, dat meint hi nu door dese menichfoudige rotterien ende ketterye wt te richtene. „Maer dat onbewegelike fundament gods staet vast ende heeft den seghel: God, die kent die sine" (ij.Timo.ij. <,19>).

Dåromme hoe wel so vele rotten nu door den lichten euangelischen dach bekent werden, die welcke rotte hem
die eene beroemt, die hemelsche stemme te hooren,
die ander verwerpt alle scrift voor een menschen woordt, dat onnut is,
die derde willen, dat daer gheen helle ende in allen menschen de heylighe gheest is,

---

ˡ⁻ˡ (die conscientie te binden)   ᵐ⁻ᵐ (ghelijc ... Galaten)
ⁿ⁻ⁿ (die alleen ... behoort)   ᵒ⁻ᵒ (gelijc ... schalck)
ᵖ⁻ᵖ (ghelijc ... seyt)   ᑫ⁻ᑫ (ghelijc ... moet)

die vierde willen met den heere Christo te velde over sinen avontmael.
O God, wie mach si doch alle vertellen! So en sullen si doch niemant dan alleene die ghene schaden, die verdoemt sullen worden ende die der waerheyt niet en willen gelooven, maer meer lust hebben totten loghen (ij.Thessa.ij.⟨,10–12⟩).

So en sal hem des nu niemant verwonderen, dat so vele menschen goet euangelisch ende christgeloovich schinen te sijn, ende m̊ar tminste deel dat reyne euangelion en gelooven, ʳdoor welcken geloove men alleene een rechtsinnige Christen isʳ; want hoe vele schijnbaer ende heyliger mannen hebben daer gheweest, die alle in ende door dat rijcke Antichristi verleyt, bedroghen ende verblindet ghewordensijn; ende en hebben niet van dat cl̊ar licht des euangelijs half so veel verstaen als nu – god lof – een arm boer ende wijf doet, na dien mael die voorbedachte raet der hooger godliker maiesteyt sulcs voorsien ende te geschien gewilt heeft nae sijn woordt: „Daer sullen veel valsche propheten opstaen" etc (Mat.xxiiij. ⟨,11.24⟩). Ende ooc voorseyt dit die heere te geschien door Amos den propheetˢ ende door Paulum Colos.ij. ⟨,16ss⟩ ende j.Timo.iiij. ⟨,1–3⟩ ende ij.Timo.iij. ⟨,1ss⟩ ende ij. Petri int tweede capittel ⟨,1ss⟩.

[hh.ijᵛ] Aldus isset nu ooc met ons, ghelijc het was in den voersten tijden, inden welcken die selve heylige scrift ende Euangelion ende die selve Christus gepredict worde; want doen gheloofden deser predicatie het minste deel – dies henᵗ alle propheten beclaghen –, ia ooc so weynich menschen den heere aenhinghen, dat die heylighe Helias meynde (iij.Reg.xix. ⟨,10.14⟩), dat si waren alle afgheweken gheweest; in welck exempel ic mi alleen vertrooste in deser alderbedriechlicster tijt, in die welcke nu onder een groote gemeynte nauwelic een en wort gevonden, die dat reyne Euangelion gheloovet, sonder enighe voergenoemde ketterien aen te hangen. Nu ic hope ende bens in Christo seker – ᵛwant hem die sine niemant wt den handen nemen en mach (Joan.xvij.ᵛ ⟨10,28⟩) –, dat mijn oogen (ghelijct den heylighen Heliam ooc geschiede) niet so veel gods kinderen ghesien en connen, alsser die heere kent te sine. Want doen Helias meynde, datter niet een en ware geweest, doen kende haer god noch seven duysent, die haer knyen voer Baal niet ghebogen en hadden.

Maer, o ghi rechte buycdienaers (Rom.xvj. ⟨,18⟩) ende nieuwe monicken, die het alle onder malcanderen menghen willet – ˣop dat u arme godbuyc ia niet van den rijcken ongemestet en soude blivenˣ –: Christum ende Belial, Euangelische wårheyt ende ketterije, die onder den schijn des Euangelions gheleert wert, licht ende duysternisse, schoone schijnende Christenen ende die warachtighe gheloovighen! Dit merct aen als een woort des heeren: Ten is niet al gods volc, dat gods volc schijnt te sine (Rom.ix. ⟨,6–8⟩); want ooc in een groot huys eerden vaten ende niet alleene sylveren vaten en sijn, als Paulus spreect ij.Tim.ij. ⟨,20⟩.

ʳ–ʳ (door ... christen is)
ᵗ he̅ = hebben; s auch unten S 450,29
ˣ–ˣ (op dat ... bliuen)

ˢ Vgl Amos 2,12ff.
ᵛ–ᵛ (want ... Joan.xvij.)

Daerom, mijn vrienden, ghelijc als ghi wetet, dat ghi alleene dôr dat gheloove in Christum Christen sijt ende om des reynen geloofs wille alleene daer voer te houden sijt, also ooc wilt die ghene vrij voer die alderarchste vianden houden, die onder den schijn des Euangelis dit geloove ghelaten hebben ende dolende ghegaen
5 sijn in onnutte dinghen, dat der gemeynten gods niet en behoort te doen; want si sulcke wise niet en heeft (j.Co.xj.⟨,16⟩).

Daerom, o heylighe broeders, laet ons doch wacker sijn teghen den Sathan, Christi ende onsen viandt, op dat hi dese melaetscheyt aen ons ooc niet en brenghe, ende – ghelijc ons desen psalm ⟨111,4⟩ vermaent –, so laet ons die wonderlicke
10 wercken des heeren ghedencken ende ooc niet vergheten aen hoe luttel menschen die becleven, ende van hoe weynigen die gevattet, verstaen ende in den gheloove ghesmaect sijn, op dat wi niet en verstouten ende alle ketters ende haer valsche leeringhe ânnemen om der schijnender personen wille; want si doer dese groote wercken des heeren (daer om si doch alleene ghedaen sijn) niet alle die goetwillicheyt[y]
15 gods gheproeft en hebben in den geloove, namelic dat die heere vrien- [hh.iij[r]] delick is, dat hi ons genadich doer Jesum Christum is. Want als die ghenadighe god den Adam die eerste Euangelische beloftenisse (dat saet sal dat hooft des serpents vertreden, Gen. int derde capittel ⟨,15⟩) gegeven hadde, doen en gheloofden si niet alle daer aen, die in sinen huyse waren; maer Cain, sijn eerste sone, was
20 een vanden argen – spreect S.Jan ⟨1Ioh 3,12⟩ – ende versloech den rechtvaerdighen Abel, sinen broeder. Siet, sij schenen alle gods kinder te sijn, die inden huyse Ade waren, ende en warens doch niet alle! Also oock en vonde god gheen thien rechveerdighe menschen in Zodoma ende Gomorrha etc (Genesis int xviij.capittel ⟨,32⟩), doen hi tot Abraham seyde, dat hi die stede vernielen ende verderven woude
25 metten viere ofte om thien rechtvaerdighe menschen wille laten staen; maer daer en werde maer die eenighe Loth met sijn wijf ende twee dochteren ghevonden, onder den welcken dat wijf noch sonder omsien niet en conste ghevolghen in des heeren wech doer die enghelen geleydt. Want ghi, o heere, hebt die uwe seer nauwe getellet (Genesis int negentiende capittel). Also oock en hadde die werelt der sint-
30 vloet; maer Noe self acht tot rechtvaerdighen (Genesis int sevende; ij.Petri int tweede capittel ⟨,5⟩). Dattet Christus oock bi nae dreyghet aen sinen dach also te vinden (Matthei int xxiiij.cap[ittel] ⟨,37-39⟩). „Want", spreect hi, „ghelijc het inden tijden Noe was, so salt dan ooc sijn".

Maer wat sal men desen arghen gheslachte segghen, dat doch, als Christus
35 spreect ⟨Mt 11,16s⟩: [z]Ghelijckerwijs die kinderen tot malcanderen seyden[z]: „Niet en weent, al werdet beclaget" – [a]dat is, den heere niet en vreeset (Psalm xiiij. ⟨,1ss⟩) –, al werden si doer sijn woordt beschuldiget[a], „noch oock niet en dansen, al wert hem ghepepen" – dat is, niet alleene op dat blijmaeckende woort der ghenaden (doer

---

[y] goetwillich₃ [z-z] (ghelijckerwijs ... seyden)
[a-a] (dat is ... beschuldiget)

haer ongheloove) en achten. Also dat desen nieuwen wijn <Mt 9,17> – ᵇdat is, die
Euangelische leeringheᵇ – den ouden flesschen – ᶜdat is, den schijnchristenen,
besonder den Sacrament Christi scheyndersᶜ – niet en dient.

Voort, o heylighe broeders, wat mach verschrickelicker voerghehouden werden
desen arghen aert, dan dat also veel volcx nae die beloftenisse gods liep, ende doch
maer der selver twee int landt Canaan – ᵈnamelick Josue, die sone Num, ende
Caleph, die sone Jephoneᵈ <Num 14,30> – en quamen, het welcke die heylighe
gheest doer Paulum in die eerste Epistel, die hi scrijft totten Corinthen int thiende
capittel <,10> onser vermetelheyt voerhoudet opt alderrijckelicste. Ende oock
Christus, onse heere, houdet den Jŏdtschen wercheyligen voer die twee treffelijcke
exempelen Luce int vierde capittel <,25s>: Als dat Helias maer tot eender weduwen
en werde gesonden, hoe wel daer veel weduwen in Jsrael waren (int derde boeck
der Coninghen int seventhiende capittel). Ende <Lc 4,27> dat ooc maer Neheman
van Syrien doer Helizeum en [hh.iijᵛ] werde ghereynighet, hoe wel daer veel
melaetschen waren in Jsrael (int vierde boeck der Coninghen aent vijfde capittel
<4Reg 5,14>), daer mede hi hem lieden sonder twijfel bewijset, wat die oorsaecke
is, dat si hem lieden in sinen woordt argherden; „want ghi niet" – spreect hi – „wt
god ende van mijnen schapen en sijt" (Johannis int achste <,47> ende thiende capittel <,26>).

Ghelijckerwijs Christus oock dat selve met vele gelijckenissen dit vŏrhoudet
onser blinder vermetelheyt, als hi seyt, dat maer dat vierde sayken op een goede
aerde en geraket (Mat.xiij.<,8>). Vanden welcken alle hi die summa wtspreect ende
seyt <Mt 20,16; 22,14>: „Veel sijnder geroepen, mǎr luttel wtvercoren".

Maer, mijn alderliefste in Christo, dit en segghe ick niet, om u alleene te doen
vreesen ende verscricken, veel min, om veel van mi ofte eenighen menschen te hou-
dene – ᵉwant wi alleene wt ghenaden doer den gheloove staen ende wel moghen
toe sien, dat wi niet en vallen (Roma. int thiende capittelᵉ <1Cor 10,12>) – maer
op dat ghi u lieden van desen ketteren soudet reynighen, als Paulus spreect tot
Tymotheum <2Tim 2,21>, ende met den reynen gheloove, ᶠden god werct (Colos-
sen. int tweede capittelᶠ <,12>), aen dat puere ghenadenwoort blijven, dat welcke
u lieden onder alle godsalighen boeckeren D[octoris] M[artini] ende Philippi
Melantonis opt alderrijckelixste ᵍdŏr den Souter van Pomerano wtgeleytᵍ is gegeven. Ende want D[octor] M[artinus] ende Philip[pus] Melanch[thon] dit bŏc met
haren voerredenen, ʰdie welcke doch niet anders dan die godsalige leeringe Christi
en prijsenʰ, ons seer bevelen ende loven. So gedachte die Sathan ooc een capelle
bi deser kercken gods te timmeren ende is gevaren inden Bucerum, ende die heeft
die reyne godsalige leeringe Christi inden Latijnschen Souter – ⁱnamelic in desen
hondert ende elfsten Psalmⁱ – Pomerani laten staen ende aen die stadt sijne onnutte

---

    ᵇ⁻ᵇ (dat is . . . leeringhe)   ᶜ⁻ᶜ (dat is . . . scheynders)
    ᵈ⁻ᵈ (namelick . . . Jephone)   ᵉ⁻ᵉ (want . . . thiende capittel)
    ᶠ⁻ᶠ (den god . . . tweede capittel)   ᵍ⁻ᵍ (dŏr . . . wtgeleyt)
    ʰ⁻ʰ (die welcke . . . prijsen)   ⁱ⁻ⁱ (namelic . . . Psalm)

clapperijc ende duvelsche ketterije ᵏvan der verkeeringhe des woordts Christi int avontmaelᵏ ghesettet ende des Christelicken bisschops Pomerani boeck ghevalschet; den welcken Bucerum onse nederlansche oversetter – god betert – oock liever dan die waerheyt te volghen ghehadt heeft, des ick niet ghemeynt noch ghehoept, ende
veel anders van hem aen Pomeranum ghesproken ende hem ghepresen hadde. Maer, och god, ick ben bedroghen! Nochtans waert alleene met mi te doene, so en soude daer niet aen ligghen. Maer nu isset ooc gheraecket tot een arghernisse ende verleydinghe der gantzer ghemeynten in desen nederlandt; want sij schier alle hier doer bedroghen ende verleyt sijn. God vergevet hem ende wille hem ooc bekeeren!

Daeromme, hoe wel dat Pomeranus selve teghen desen vervalsscheren, ghelijckerwijs hi mi beloefde te doene, sonder twijfel genŏch ghescreven heeft ofte scrijven sal, nochtans op dat ick oock het mijne daer toe doen soude ende aen haren dolen ontschuldich sijn soude ån [hh.4ʳ] den grooten dach des heeren Jesu Christi, so hebben wi, Clemens ende Jacob, na die genade, die ons god gegeven heeft, desen hondert ende thienden Psalm wt den Latijne in onsen nederlanschen duytsche overgheset, ghelijckerwijs hi van Pomerano ghescreven is, op dat die loghenachtighe valscheyt deser ketteren te beter aen den dach ofte int openbaer comen soude. Nu wil ick u luyden, mijn alderliefste ende heylichste broeders, ten eersten ghewaerschouwet hebben voer die onbeschaemde loghen deser valscher gheesten, die hem selven – ˡwant si van der waerheyt gheweken ende afghevallen sijnˡ – alleene met loeghenen troosten moeten ende segghen, D[octor] M[artinus] en achtes niet van nooden te sijne, dat men gheloove, dat den lichaem Christi nae sijn woordt inden brode is, so doch sijn boeckeren ghehelicken anders bewijsen. Ende hoe wel dat wi niet om eens menschen wille en sullen ghelooven ofte niet ghelooven dat woordt ons heeren Jesu Christi, maer alleen daerom, om dattet Christus woordt is, nochtans so hebben wi u lieden hier toe gheset den brief D[octoris] M[artini], welcken brief hi met sijnder eygender handt aen ons nederlanders om te waerschouwen voer deser fenijnder ketterijen ghescreven heeft – ende oock in sijnen anderen boecken rijckelicken met der heyligher scriften dese dolinghe heel bestreden ende overwonnen heeft, op dat ghi haer loghenen met handen soudet moghen tasten ende haer soudt laten varen. Want dese vertwijfelde ketters en sijn niet Christus dienaers; want sij en soecken anders niet, dan den menschen te behagen (Gala.j.⟨,10⟩) ende en souden niet eenen armen maden sack willen verstooren ofte vertoornen, om die eere des woordts Christi te onderhouden.

Ten tweeden willen wi u lieden ghetrouwelicken ghewaerschouwet hebben, dat ghi u wachten sult voer die schoone voerrede Buceri, welcke voerrede, hoe wel sij goet is, nochtans aen desen ordt een schandelicke loeghen is, daer hi seyt, dat Pomeranus hem macht ghegheven heeft, sijnen Souter te verlenghen ende te vercorten. Ja, dat is waer! Maer die heylighe eertsche vader Jacob is hier van sijns wijfs vader Laban bedroghen ⟨Gen 29,23–25⟩, ende die heylige propheet David wordt

---

k–k (van ... avontmael)
l–l (want ... afgheuallen sijn)

vanden onghetrouwen coninc Saul – ᵐal is hi met onder den propheten gods, als
ghi int eerste deel Samuel <1Reg 10,10–12; 19,24> lesetᵐ – sonder sijn schult ende
weten benijt <1Reg 18,9ss etc>. Also benijden dese honden ende verkenen, ⁿals
si Christus, Paulus ende Petrus noemenⁿ <Mt 7,6; 15,26; Phil 3,2; 2Pt 2,22>, die
ghene, die dat lof rechtverdelic aen dat Euangelion hebben, als dese heylighe mannen doen; ende sij hadden liever selve die eere, so sij doch die rechte daet niet en
hebben. Maer oft god gave, dat sij haer begheerte hadden ende dat heylighe Euangelion Christi onghevalschet lieten!

[hh.4ᵛ] Als nu dese Bucerus alle bŏcken D[octoris] M[artini] wt den latijn int
hooghe duitsch ende wt den hoogen duytsch inden latijn overgeset ende daͤrin rede-
lic gehandelt hadde, so meynde Pomeranus, dat hi hier ooc ghetrou soude bevonden
werden, ende en wiste sijn listicheyt niet, dat hi ter avontůren alleene daerom een
deel boecken wel overgesettet hadde, om dat hi te beter sinen gecŏcten bri inder
herten, dat is, dese ketterye tot sijnder tijt aen richten soude; want Pomeranus ghenoch in sinen boecken teghen dese ketterie gestreden hadde, also dat hi niet minders
en dachte, dan dat hi dese ketterye daerinne mengen soude. Ende op dat ghi lieden
noch eens te beter die loghenen van desen gheest, ende hoe hi dat woordt Pomerani
verstaen heeft, moget tasten, so setten wi u hier bi die woorden Pomerani, die hi
met sijnder eygender hant int latijn ghescreven heeft.

Ten derden willen wi u lieden getrouwelic gewaerscout hebben van die ver-
bloemde redene ende wtlegginge Butceri op desen psalm <111>, in dien dat hi so
schoon predict dat gheloove, dwelc daer is dat gheestelic eten Christi (Joannis vj.
<,63>), effen iuyst, als oft hi die yerste man ware, die dat geloove predict, op dat
hi emmers bi den simpelen soude een aensien crighen ende schinen wat costelikers
te leeren, dan ons god door D[octor] M[artinus] gegheven heeft. Niet dat die leeringe vanden geloove quaet, ende veel min door hem eerst ghepredict is. Maer hoe
gonstich dat dese gheest den geloove is, dat sietmen wel; want hi doch dat ghene
verkeert, daer door dat geloove gekent, geŏfent ende vermeert wert, dat is, dat
woordt van ons heeren Christi avontmael, daer hi dat broot langende spreect <Mt
26,26 parr>: „Dat is mijn lijf", daer settet Bucerus toe ende seyt, dat Christus heeft
gewesen op sinen sittenden lichaem. Siet, dat heet bi den Bucero een prophecie,
die den geloove eenlic is (Roma.xij. <,7>)! Ja, hoe dunct u? Js dat niet – als Petrus
wil j.Petri v. – gods woordt sonder af oft tŏ doen gheleert? Als god spreect int
v.boeck Mose <Dtn 5,22>, datmen tot sinen woorde noch af noch toe doen en sal.

Voort, wat leert hi doch hier mede anders, dan dat hi dat opentlijcke woordt
Christi door sijn ongheloove loghen straͤft ende gokelt ons noch daer her vanden
geloove, als oftet hem ernste waer, so hi doch met den gheloove teghen dat gheloove
°als een arch gods viant° stridet, ghelijckerwijs als ofte een sotachtich mensch ende
bespotter seyde: „Eer, ghemack ende wellust maect alleene bli, ende niet ghelt ende
goet", ende woude daer mede doen ghelt ende goet wech worpen, daer door doch

---

ᵐ–ᵐ (al is ... leset)   ⁿ–ⁿ (als si ... noemen)
°–° (als ... viant)

wijn ende alderley costelijcken dranck ende spise, eer ende wellust ende mŏt coemt, hŏ wel dat ghelt sonder gesontheyt ende mŏt niet en helpt?ᵖ En soude desen sotten mensch niet die gantse werelt bespotten?ᑫ Ende ooc [ii.jʳ] gelijc oft een ketter seyde: „Christus is alleen onse salicheyt, daeromme en behoeven wi die heylige scriftŭr
5 niet te lesen; want si en is Christus niet", wat soude doch die anders willen, dan dat wi nemmermeer yet van Christo en souden weten, na den mael hi alleen door dat gehoor godlics woordts, ʳdwelc die heylige scriftŭr isʳ, inden geloove ghekent werdt (Roma.x.<,17>), hoe wel die scrift sonder den geloove in Christum, welc daerinne gepredict werdt, niet en helpt?ˢ Voorder ooc, gelijc als oft een Manicheer
10 woude segghen: „God måct ons alleene salich; dårom en is die menscheyt Christi niet van noode", mår te vergheefs, so doch god ons alleene door die menscheyt Christi hem selve versoent ende door hem alleen alle salicheyt gegeven heeft, hoe wel ooc sine menscheyt sonder dat geloove sijnder godheyt niet en helpt, als ghi Joannis int vj. siet. Also doet dese gheest ooc: Hi lallet vanden geloove, op dat
15 hi dat woort des testaments Christi, ᵗdår door dat geloove gesterct wordtᵗ, verkeeren ende te niet doen soude. Hoe wel nu ooc dat Sacrament ᵛsonder den geloove in die beloftenisseᵛ niet en helpt, so en wil doch god, die vader, door gheen ander middel ons inden geloove met sinen gheest versekeren dan door dat doopsel ende dat broot, dat is, sijn lijf, ende den kelck, dat is, sijn bloet, gelijc hi seyt <Mt 26,26–
20 28 parr>. Siet, mijn heylige broeders, desen getrouwen gheloove prediker, wat hi inden sin heeft aen te richten, wanneert die tijt gheeft!

  Voort gedenct hi der papisten misbruyc, gelijc als oftet [sc dat Sacrament] dese treffelike man allereerst reyn moeste maken. Hoe dunct u? Salmen noch Bucero niet gelooven? Daer toe vŭrt hi effen iuyst den sproeck Pauli j.Cor.xj. <,16> met
25 geliken gheest, als hi den geloove gehandelt heeft (gelijc voor bewesen is) ende seyt: „Die apostel spreect: Niemant en sal met woorden crigen; want sulcken wise en heeft die gemeynte gods niet", dwelc hi sonder twifel dårom dŏt, want hi wel weet, dat sijn harnasch te weec, ia maer een stroyen harnasch en is tegen dat machtige strijtbår swert des woordt godsˣ, dwelc hi loochent ende verkeert.

30 Nu siet – ʸic swige hier, dat wi niet alleene den misbruyc der papisten niet aen en hangenʸ – mår ooc meer dan door hem door D[octoris] M[artini], Melan[chthonis ende] Pomerani boeckeren gestraft is, ende dat dår toe eer hi wiste, wat rechten gebruyck ende misbruyck der heyligen scriften wasᶻ: en wil niet dese gheest gheelic die scrift verkeeren?ᵃ Want ten eersten is emmers claer, dat si alle vianden Chri-
35 sti ende ketters sijn, die gods ende Christi woordt niet en gelooven ende also verkeeren, gelijc dese doet, daer hi seyt tegen die opentlike heylighe scrift, dat Christus op sinen lichaem gewesen heeft, daer hi doch dat broot langende sprac <Mt 26,26 parr>: „Dat is mijn lijf", gelijc dan die Euangelisten die redene aen malcanderen te

---

 ᵖ ? fehlt   ᑫ ? fehlt
 ʳ⁻ʳ (dwelc ... scriftŭr is)   ˢ ? fehlt
 ᵗ⁻ᵗ (dår door ... gesterct wordt)   ᵛ⁻ᵛ (sonder ... beloftenisse)
 ˣ Vgl Eph 6,17; Hebr 4,12; siehe oben S 441,31.   ʸ⁻ʸ (ic swige ... hangen)
 ᶻ was)   ᵃ ? fehlt

hangen bescreven hebben, also: „Maer doen si aten, nam Jesus [ii.j^v] dat broot,
dancten ende bract ende gaeft den iongeren ende sprac: Nemet, etet, dat is mijn
lijf". Soude nu niet een kint sien mogen, dat dese redene Christi aen malcanderen
hanget, gelijc aller sproken aert is?^{b} – ^{c}dat segghe ic stoutelick, hoe wel ick maer
eene sprake en can, god betert!^{c} Ende wanneer yemant seyde tot eenen bedeler: 5
„Neemt hen, dat is mijn ghelt, dat ick u schencke", ende die bedeler en woude
dat niet van des ghevers daer langende ghelt verstaen, maer van dat ghene, dat hi
inder tesschen heeft?^{d} Nu siet – ^{e}hoe wel dat dese gelijckenisse desen onbegripeliken
werck der hooger godliker maiesteyt te cleyn ende onvolcomen is^e –, en soude den
sotten niet yegelijc bespotten? Ja, vrilic waer hi bespottens wårdich! Wåromme en 10
schamen wi ons dan niet voor den hooghen, almachtighen ende eewigen god, ia
prisen ooc, ^{f}gelijc dese Bucerus doet, dese loghen de beste gebrukinge te sine vanden
avontmål Christi^f, die door sinen sone dit tot ons spreect ende insettet?^{g} Mår si
sijn verstoct ende geheel blint! God helpe ende verlichte ons alle door Jesum Christum. Amen.   15

Maer hoe wijsselic – ^{h}gelijc dan die kinder deser werelt wiser sijn, spreect Christus ⟨Lc 16,8⟩, dan die kinderen des rijcs^h – heeft dese geselle gedaen na Christus
woordt (doch recht tegen dat euangelion), die daer, als Lucas scrijft ⟨14,28–31⟩,
datmen den cost, ^{i}wanneer men eenen toren timmeren ende tegen eenen sterckeren
coninc striden wil^i, ierst overslaen sal, op dat den cleynen ende onmachtighen   20
inden strijt ende aen den ghelde niet en soude ghebreken. Dat heeft dese Bucerus
ooc ende also bedacht: „Wel aen, ic weet den strijt gewonnen ende den hoop deser
ketteren recht op getimmert te worden. Ic wil den warachtigen geloovigen wijs
maken wt die scriften, dat si niet met worden en sullen krighen, op dat daer wt
mochte verstaen worden niet der Christen eendrachticheyt" – daer aen Bucero   25
niet vele en leyt –, „maer tegen mine ketterie niet eens te seggen noch te scriven;
want laet ic door scriften met mi handelen, so sien ic den strijt verloren ende dat
‚timmeren' niet te volbrengen". Hoe dunct u?^{k} En hevet Bucerus niet fijn ghetreft?

So nu Bucerus teghen desen sinen viant, ^{l}die emmer met hem striden ende^m
door dit schoon gheclap hem niet af en wil laten setten^l, niet bestaen en mach, hem 30
en werde overtuycht, dat hi een ketter is, om dat hi so opentlic tegen Christus
woordt lastert, ende wil nu die sproec Pauli wtleggen tegen hem niet te vechten
met der heyliger scrift, hoe dunct u, mijn alderliefste in Christo, souden alle duvelen, die inder hellen sijn, oock wel een arger connen wtgespreken, dan hier Bucerus
meyninghe is?^{n} Want hier mede soude eenen yegeliken tegen dat euangelion toe 35
gelaten werden te lieghen, wat hi woude, sonder eenich tegen seggen. Och oft wi
aldus verduldicheyt aen onsen crancken broderen bewesen, die ons in onsen

---

^{b} ? fehlt $^{c-c}$ (dat segghe ... betert)
^{d} ? fehlt $^{e-e}$ (hoe wel ... onuolcomen is)
$^{f-f}$ (gelijc ... christi) ^{g} ? fehlt
$^{h-h}$ (gelijc ... des rijcs) $^{i-i}$ (wanneer ... striden wil)
^{k} ? fehlt $^{l-l}$ (die emmer ... laten setten)
^{m} en ^{n} ? fehlt

le- [ii.ij^r] ven te cort doen (want aenden crancken leven der Christenen salmen barmherticheyt bewisen ende niet die verstocte ketters ongestraft laten), ghelijc ons die duvel in deser verkeerder verdraclicheyt niet alleen niet en bevechtet, mår met allen handen helpt; want ketters schinen die aldersaechtmoedichste te sijn.

Summa, si maken hem selven eenen apostel gods gelijc, als haer vader, die duvel, hem selven een engel des lichts ghelijc maket, als Paulus spreect ⟨2Cor 11,13s⟩, om dat haer loghen door haren geveisden schijn te beter vanden simpelen gelooft soude werden.

Voort moeste hier wt volgen, soudemen den sproec Pauli j.Co.xj. ⟨,16⟩ – °„Die gemeynte gods en heeft die wise niet" etc° – na Bucerus meyninge verstaen, dat niet alleene die propheten ende apostolen, maer ooc Christus selver, niet en hebben na die wise ende maniere der gemeynte gods gedaen; want si niet alleen geleert en hebben, die ketters te straffen, maer ooc selfs opt alderstercste tot inden doot toe gestraft, daer teghen met gods woordt gevochten ende si met haren rechten namen als „honden" etc^p genaemt, daer toe si met dat strenge oordeel gods gedreycht hebben. Siet, hoe dunct u nu om dese fine christelike eenicheyt, die Martinus Bucerus leeren can tegen Christus woort?^q

So seggen wi nu antwoorde op dijn woordt, lieve Bucere. Wi bekennen, dat de gemeynte gods gheene wise om te kiven en heeft, veel min, so ghi doet, tegen Christus woort ketterie te leeren. Ende dår ketterie gescreven, gepredict ofte gheleert wordt, niet te wederstaen na Christus woordt. Daerom, låt ghi u liegen ende lasteren tegen Christus woort, so willen wi ooc onse striden met der scrift tegen u laten. Anders sal ons die sproec Simpsonis in deser saken ghelden, dår hi seyt: „Gelijc si mi gedaen hebben, so hebbe ic hen lieden weder gedaen", als men leest int boec der Rechteren ⟨15,11⟩; want dit is Christus ende niet onse sake, hoe wel si doer ons bestreden werdt. So staet nu desen sproecke Pauli j.Corinthiorum int xj.⟨,16⟩ recht met een ghedranghe des gantsen textes tegen Bucerum, die selver desen kijf met sinen medehulpers aengericht heeft, sonderlinge vanden avontmael, daerinne hen ooc die Corinthen onder malcanderen bekeven ⟨1Cor 11,18ff⟩ – ende aldus is hi selfs een beghinder des strijts – ^rwant wat mach grooter tweedrachticheyt maken dan gods woordt te verkeeren, daer door wi int ongeloove den gheest gods verliesen, die daer is die rechte god alder eendrachticheyt ende des vreedts^r?^s – ende wil doch van peys spreken. Går god, de vader der barmherticheyt, verlosse sine warachtige geloovige Christen van deser listiger ende valscher saechtmõdicheyt Buceri dõr Jesum Christum, onsen heere. Amen.

Voort, en isset bi den Bucero niet ghenoch, datmen dat aenbidden des Sacraments onbedwonghen ende vry late, ghelijct door D[octor] M[artinus] int boecxken, dat welck hi aen die Beemen ghescreven heeft, vry te sijn, [ii.ij^v] wt der scrift bewesen is?^t Mijn vrienden, wie en siet hier niet onse christelike vriheyt ende den

---

° – ° (Die gemeynte ... etce)   ^p Siehe oben S 447,3f.
^q ? fehlt – Kein Absatz   ^r – ^r (want ... vreedts)
^s ? fehlt   ^t ? fehlt

Christum selve verachtet?ᵛ Want het is openbår den geloovigen, dat niemant en biddet inden gheest ende inder warachticheyt (Joan.iiij. ⟨,23s⟩), ten si dat in hem den gheest Christi woone (Ro.viij. ⟨,9⟩) door den geloove ende suchte also sterckeliken in ons tot god, den vader, door Jesum Christum. Ende gelijc nu dat openbår is, dat dat geloove doort sacrament als door een middel – ˣdår door ons god wil versekeren met sinen gheest (Ro.viij.)ˣ – toe neemt, also regeert ons alleen die gheest Christi door ende inden geloove, welcker gheest dan onghedwongen ende -gebonden in ende door ons wil bidden, als hi wil. Ende oft hem nu in mi beliefden te bidden, als ic inden avontmael ende voor dat sacrament ben – ʸwant die gherechtige gheeft sijn vrucht tot sijnre tijt (psal.j.⟨,3⟩)ʸ –, en soude mi dat niet vry sijn, ten wår dat ic vander steden des sacraments liepe?ᶻ Hoe dunct u?ᵃ Is dit niet een fijn eere des tegenwoordighen lichaems Christi na sijn woordt ⟨Mt 26,26 parr⟩: „Dat is mijn lichaem"?ᵇ Wat meynt ghi, dat dese gheest vanden aenbidden op anderen plåtsen, als inden velde, walde, cameren (Math. int vj.) houdet?ᶜ/ᵈ Wil hi ons hier dat aenbidden inden gheest ende inder wårheyt tot god voor den lichaem Christi verbieden?ᵉ O blintheyt alder blintheyt! Hoe is u uwen eergierigen nijt beloont van god?ᶠ Mår dat alderfijnste, dat dese voorsichtige gheest seyt, is noch, dattet niet genoch en is, al is in sommigen een rechte meyninge in desen aenbidden des sacraments; want inden anderen en is si niet. Lieve geselle, veel min sal een rechte meyninge in hen lieden comen daer door, dat ic mine gôde meyninge na Christus woordt late; want coemt door mijn geloove niemant tot kennisse Christi ende sijns warachtigen aenbiddens, veel min salt door mijn ongeloove geschieden, gelijc Bucerus meyninge hier wtwijst.

Summa, bi Bucerum heet dat „een argernisse der ioden ende heyden", datmen Christus woordt met den geloove eert ende inden sacrament aenbiddet. Mår Paulus, door welcken die gheest Christi spreect, heet dat, „den naem gods gelastertt te werden onder den heydenen", dat men gods woordt niet en gelooft (Rom.ij. ⟨,24⟩). Mår aldus verblijntse god, die sijn woordt lasteren ende verkeren, als dese Bucerus doet. God verlicht hem ende houde ons stantachtich in sijn woort te gelooven door Christum. Amen.

Nu een christelic leser die Pomeranus wtlegginge op desen psal[mum] ⟨111⟩ leset, ᵍso wise wt den latijn getrouwelic hebben overgesetᵍ, ende sijn geclap daer tegen houdt, die sal lichtelic sinen gheest mercken door den geloove, sonder yemants aenwisinge, alleen van die salvinge – ʰdat is, den heylighen gheestʰ – geleert. Want om dat hi dies te vôchliker ende bedriechliker sijn ketterie daerin soude mengen, heeft hi al die godsalige leeringe Pomerani achter gelaten ende sijn fenijn daer voor in ghestelt.

   Heere God, u alleene si lof in Christo.

ᵛ ? fehlt	ˣ⁻ˣ (dår door . . . Ro.viij.) – Vgl Rom 8,23.
ʸ⁻ʸ (want . . . psal.j.)	ᶻ ? fehlt
ᵃ ? fehlt	ᵇ ? fehlt
ᶜ ? fehlt	ᵈ Vgl Mt 6,5ff.
ᵉ ? fehlt	ᶠ ? fehlt
ᵍ⁻ᵍ (so wise . . . ouergeset)	ʰ⁻ʰ (dat is . . . gheest)

[Brief Martin Luthers]

[ii.iij^r] Den wtvercoren ende getrouwen
dienaren Christi in nederlandt, minen lieven
broederen ende werdigen heeren, genade ende
vrede in Christo Jesu onsen heere.

5   Als van ons gaen soude onse alderliefste broeder Joannes Campanus, heeft hi
groote sorghe voer u ghedraghen, mijn werdighe mannen ende aensienlicke heeren,
ende heeft mi oock sorchvuldiech ghemaect, dat ick hem niet en hebbe moghen
laten gaen, sonder mine scriften aen u mede te seynden: Ten ersten, op dat ghi
doer onse ghetuychnisse soudt weten, wien ende wat ghi soudt ghelooven; want
10 wi hem hebben oprecht ende getrow bevonden in die dinghen, die Christus saken
aengaen. Ten anderen, op dat ghi van ons soudt versekert werden, wat wi gelooven ende gevoelen ^a in deser vermengder ende verderffeker ende verstoorder tijt,
in welcker Sathan opt aldermeest raest met so veel opgaenden secten^a van den articulen ons gheloofs, besonder vant sacrament, ende voorder, op dat wi ghesterct
15 souden werden met die vermaninghe onder malcanderen, ende ooc met malcander
ons souden verblijden vanden gesonden ende pueren geloove, dat wi noch stantachtich hebben met Christus woorden doerraden ende geleert in den sacrament des
broots ende wijns.
So dwinget ons nu die liefde Christi van u luyden te gelooven, dat ghi u niet luttel
20 en sult verblijden van ons, in dien ghi ons hoort, doer die ghenade gods, noch te
bestaen in den reynen eyghentlijcken sin der woorden Christi, daer doch allerwegen
met bedriechlicken ende bespottelicken woorden so veel menschen – ^b als met scipbrekinge^b – vergaen; ende also en twijfelen wi niet, dat ghi luyden ooc van ons
ghelooft, dat wi met meerder blijtscap niet beweget en mochten werden, dan dat
25 wi hooren dat alderblijclicste, namelic van u luyden, die binae alleen in so veel scipbrekinghen doer die cracht Christi bewaert sijt, inden onverwinlicken steen, oock
van die poorten der hellen <Mt 16,18>. Daerom, mijn alderliefsten ende aldersoetsten broeders, in desen gheloove overvloedich, Christus, die u te bewaren begost
heeft, sal u volmaecken tot int eynde, op dat ghi onbevlect soudt bewaert werden
30 van alder besmettinghe, niet alleen des vleysch, maer ooc des geests, besonder van
deser alderbesmettelicste besmettinghe deses gheestes; want nu ghi van Christo verlicht sijt, so siet ghi, hoe groot die stoutheyt deser gheesten is, welcke den opentlicken ende alderclaersten woorden Christi, ende ooc met die aldersekersten omstaenden ende navolgen- [ii.iij^v] den woorden bevesticht (daer warachtich te sijn
35 dat lichaem ende bloet Christi), dorven so onbeschaemt hår versierde droomen
ende glosen voortbrengen. Ende die eene dat woordeken „is" voer „het bedict",
die andere dat woordeken „dat" voer den opentlicken sittende lichaem Christi.
Die andere nemen dat lichaem voort beduytsel des lichaems Christi, die

---

^a–a (in deser ... secten)   ^b–b (als ... scipbrekinge)

andere droomen anders. Also dat dese sect nu bina seven horner, volnåst met eenen
beghinsel, ende ooc ter stont met haren beghinsel heeft voortgebracht, het welcke
dan een claer openbaerlic teeken is des twistigen ende loghenachtighen gheestes,
van welcken ons Christus vermaent ende waerschouwet, dat wi dien niet ghelooven
en souden, die hem selven niet en gelooven, sonder onder malcander vechten ende 5
twistich sijn met ydelen argumenten ende onnutten vraghen, op dat si souden ver-
vullen, dat Petrus spreect van hem luyden ij.Pet.ij. ⟨‚1ss⟩: Die stouten ende ver-
metelen en schamen noch en vreesen hem niet, secten voort te brenghen, welcke
haer onnutsprekelicke ende ongehoorde vermetenheyt van hem selfs genoech is,
dat wi sullen een opsicht hebben ende mijden allet ghene, dat si voortstellen, hoe 10
seer si oock wtwendich van buyten met manierlicken gelåt ende vreedsamen woorden hem veysen. Dårom bidden wi u in Christo, dat ghi met ons wilt strijden den
strijdt Christi, ende laet ons dat volck met wackerer sorghe ende sorchvuldigher
neestichept inden reynen geloove onderhouden. Desgelijcx laet wi ons malcanderen
helpen met bedinghe, op dat wi mogen bestaen in deser quader tijt ende dit vuyl 15
quade ghiftige fenijn verdrijven; want wanneer hem dit toe ghelaten worde, so souden sij ter stont noch groters beginnen, tot dat Christus wechgenomen ende ver-
stoort, Sathan alle dinc te niet soude doen. Dese sijne gedachtenissen en sijn ons
niet onbekent, maer Christus, die in u lieden begost heeft, te treden den duvel onder
uwe voeten in corter tijt. Amen. 20

Die ghenade gods si met u, ende bidt voer ons. Ick bevele u onsen broeder
Joannem Campanum ende die hi u wtkipt ende aenteekent, daer voer wacht u.
Wittenberg xvij.Julij M.D.XXVJ.

D[octor] M[artinus] met mijn eyghen handt.

[Brief Johannes Bugenhagens]

Ick, Joannes Bugenhagen die Pomer, op dat ic soude aldermeest verloochenen
ende missaken die valsche meyninge ende fenijnde giftighe leeringe alle der geenen,
die dår lochenen ende seggen, dat broot ende den kelc des heeren niet te sijn dat
lichaem ende dat bloet Christi, het welcke ick doch lange voer tijts doer mijn wtghe-
gangen boecken hebbe geleert ende alle die werlt vercondighet ende gheopenbaert. 5
Also en can ic niet ver- [ii.4ʳ] ontschuldigen vander loghenen, sonder moet loghen-
achtich straffen alle die ghene, die met deser valscher meyninghe[a] ende fenijnder
giftigher leeringhe minen Souter hebben vervalschet ende bedorven int duytsch
overgeset in den cx.Psalm ⟨111⟩, welcke also beghint: „Heere, ick wil u dancken
van gantzen herten", int vierde veers: „Hi heeft een ghedachtenisse ghemaket 10

---

[a] meyninhge

sijnder wonderheden" etc. Willen si die waerheyt leeren, wårom behelpen si hem dan met valscheyt ende loeghenen? En pleech Sathan dat selve ooc niet te doen?

Ic Pomeranus hebt selver ghescreven met mijn
eyghen handt.

SIEBEN BIBLISCHE BEGRÄBNISGESÄNGE –

Ein unbekanntes und unediertes Werk Martin Luthers

von

Markus Jenny

So unglaublich es klingen mag: Nach 100 Jahren emsiger editorischer Arbeit am Werke Luthers, wie die Weimarer Ausgabe sie in imponierender Weise repräsentiert, kann zur 500. Wiederkehr von Luthers Geburtstag und zum Abschluß dieser grundlegenden Edition ein zwar bibliographisch erfaßtes, aber dennoch weder erkanntes noch ediertes und darum auch noch nie untersuchtes und gewürdigtes Werk des Reformators nachgewiesen und vorgelegt werden.

Wie ist das möglich? Zunächst nur soviel: Luthers *Christliche Geseng, Lateinisch und Deudsch, zum Begrebnis* (Wittenberg 1542) – um diesen mehrfach aufgelegten Druck handelt es sich – wurden in WA 35,334–336 unter dem Titel *Die besonderen Zusammenstellungen der Begräbnislieder 1541ff* zwar bibliographisch erfaßt[1]. Aber bei der Beschreibung wird nur festgestellt, welche Lieder Luthers der Druck enthält, und von seinem übrigen Inhalt wird kein Wort gesagt. Ebd 478–483 wird dann (an vorletzter Stelle unter den Gesangbuchvorreden) der von Luther verfaßte Textteil dieser Schrift abgedruckt, und ebd 304–307 findet der Leser die übliche Einleitung des Herausgebers (W Lucke) dazu. Darin wird die Vorgeschichte dieser Schrift beleuchtet, worauf es dann heißt (ebd 306): „Eine zusammenfassende Darstellung seiner Ansicht über das christliche Begräbnis gibt jedoch erst die Vorrede zu den Begräbnisgesängen von 1542. In der Art, wie sie einen bestimmten Stoff von allen Seiten beleuchtet, unterscheidet sie sich wesentlich von den übrigen Gesangbuchvorreden Luthers, die viel mehr ihren Zweck als Vorreden im Auge behalten." Diese Erkenntnis ist richtig und hätte eigentlich dazu führen müssen, diese Schrift an anderer Stelle in die Ausgabe einzureihen; aber dazu war es wahrscheinlich schon zu spät[2]. Trotzdem faßte Lucke die Schrift nur als Quelle für einige der deutschen Lieder Luthers ins Auge. Bei den Erwägungen zur Frage, was der Anlaß für die Herausgabe dieser Schrift gewesen sein könnte, heißt es dann: „Einen weiteren Grund für sie werden wir in dem Bedürfnis zu sehen haben, das für die Begräbnisse eine andere Sammlung von Liedern verlangte als für den sonstigen

---

[1] Vgl Das deutsche Kirchenlied. Kritische Gesamtausgabe der Melodien, hg v KONRAD AMELN, MARKUS JENNY u WALTHER LIPPHARDT, Bd I/1: Verzeichnis der Drucke (Kassel u a 1975) (im folgenden zitiert DKL), 1542^{15} = Mi WitK-B 1542^a und 1542^{16} = Mi WitK-B 1542^b und 1543^{14} = Mi WitK-B 1543.

[2] Mehr davon nachher S 460ff.

Gottesdienst. Insbesondere waren ja die lateinischen Lieder, die Luther bei den Leichenfeiern wegen ihrer Melodien nicht missen wollte, in den Gesangbüchern sonst nicht mehr vertreten." Dies bleibt die einzige Erwähnung dieses interessantesten Teils der Schrift[3].

Dieser steht, wie es der Titel ankündigt, nach dem einführenden Text gleich an erster Stelle: Mit römischen Ziffern gezählt, folgen einander zunächst sieben lateinische Gesänge. In seinen grundsätzlichen Ausführungen geht Luther darauf sehr ausführlich ein: „Zu dem haben wir auch, zum guten Exempel, die schönen Musica oder Gesenge, so im Bapstum in Vigilien, Seelmessen und Begrebnis gebraucht sind, genomen, der etliche in das Büchlin drücken lassen, und wollen mit der zeit derselben mehr nehmen – Oder wer es besser vermag denn wir –, Doch andere Text drunter gesetzt, damit unsern Artickel der Aufferstehung zu schmükken, Nicht das Fegfewr mit seiner Pein und gnugthuung, dafur jre Verstorbene nicht schlafen noch rugen können. Der Gesang und die Noten sind köstlich; Schade were es, das sie solten untergehen. Aber unchristlich und ungereimt sind die Text oder wort; die solten untergehen." Es folgen weitere Ausführungen über die Prachtentfaltung in den Gottesdiensten der Altgläubigen mit groben Worten über den Widerspruch zwischen diesem Prunk und der Lebensführung derer, die ihn entfalten. Danach kommt Luther nochmals auf die Musik zu sprechen: „Also haben sie auch warlich viel treffliche und schöne Musica oder Gesang, sonderlich in den Stifften und Pfarrhen, aber viel unfletiger abgöttischer Text da mit geziert. Darumb wir solche abgöttische, todte und tolle Text entkleidet und jnen die schöne Musica abgestreifft und dem lebendigen heiligen Gottes wort angezogen, dasselb damit zu singen, zu loben und zu ehren. Das also solcher schöner schmuck der Musica in rechtem Brauch jrem lieben Schepffer und seinen Christen diene, Das er gelobt und geehret, wir aber durch sein heiliges Wort, mit süßem Gesang ins Hertz getrieben, gebessert und gesterckt werden im glauben. Das helffe uns Gott der Vater mit Son und heiliger Geist. Amen". Damit scheinen diese Ausführungen abgerundet. Aber nein, Luther setzt noch ein drittes Mal an und fährt weiter: „Doch ist nicht dis unser meinung, das die Noten so eben müsten in allen Kirchen gesungen werden. Ein igliche Kirche halte jre Noten nach jrem Buch und Brauch. Denn ichs selbs auch nicht gerne höre, wo in einem Responsorio oder Gesang die Noten verruckt, anders gesungen werden bey uns, weder ich der in meiner Jugent gewonet bin. Es ist umb verenderung des Textes und nicht der Noten zuthun."[4]

---

[3] Auch in den Nachträgen W LUCKES (ebd 613–617) und O ALBRECHTS (ebd 618–633) finden sich entsprechende Äußerungen nicht. – Die Auswirkungen dieser Unterlassung LUCKES zeigen sich zB in KURT ALANDS „Luther Deutsch", Bd 6: ALAND läßt (warum eigentlich?) in seiner Wiedergabe der Vorrede aus den Begräbnisgesängen (unrichtig mit „Begräbnislieder" wiedergegeben) den Passus, den wir im folgenden zitieren, weg. Ebd 330 faßt er das Weggelassene kurz zusammen, wobei deutlich wird, daß er LUTHERS Worte auf die Lieder bezog. Daß die Schrift LUTHERS auch lateinische Gesänge enthält, die nicht Lieder sind, konnte ALAND aufgrund der WA nicht ahnen. Gerade auf diese, und nicht auf die Lieder, bezieht sich jedoch LUTHER in dem weggelassenen Passus.

[4] WA 35,479,19–27 und 480,1–16. Übertragung in heutiges Deutsch in: Martin Luther, Ausgewählte Schriften 5 (Frankfurt/M 1982) 279–284.

Diese Äußerungen lassen an Deutlichkeit nichts zu wünschen übrig. Es scheint klar: Luther hat hier sieben Gesänge aus dem ihm vertrauten musikalischen Repertoire des herkömmlichen lateinischen Bestattungsritus ausgewählt und ihnen neue, biblische Texte untergelegt. Das Wort „Christliche" im Titel meint genau dies[5]. Die sieben biblischen Texte sind die folgenden[6]:

I: Hiob 19,25; Psalm 146,1.2.
II: Jesaja 57,1.2; Psalm 17,15 (von der 1. in die 3. Person versetzt).
III: Matthäus 9,23.24; Markus 6,41.42.
IV: 1.Korinther 15,51.52.54.55.
V: 1.Korinther 15,41–44.45.
VI: 1.Thessalonicher 4,13.14.
VII: 1.Thessalonicher 4,14; 1.Korinther 15,22.

Alle sieben Gesänge haben die Form des Responsorium prolixum, bestehend aus einem Responsum und einem Vers, nach welchem die zweite Hälfte des Responsums wiederholt wird. In IV, V und VI hat Luther den Text des Verses derselben Schriftstelle entnommen wie den des Responsums.

Nun erhebt sich natürlich sofort die Frage, wie Luther bei dieser Neutextierung vorgegangen ist, stand er doch zwanzig Jahre zuvor einem ähnlichen Unternehmen eines Anderen sehr kritisch gegenüber: Als Thomas Müntzer 1523 und 1524 Teile des Proprium missae und des Offiziums so bearbeitete, daß er den völlig unveränderten gregorianischen Singweisen eine deutsche Übersetzung unterlegte, nannte Luther das ein „nachomen wie die affen thun"[7]. Insofern als Luther nun einen lateinischen Text durch einen lateinischen Text ersetzt, liegt der Fall hier etwas anders; insofern er jedoch den ursprünglichen durch einen anderen Text ersetzt, ist der Fall nahezu derselbe. Ja, wir fragen uns, wie es überhaupt zu machen war, daß man ohne „verenderung der Noten" (die Luther ja vermieden zu haben behauptet) einen lateinischen Text gegen einen anderen – in Einzelheiten doch gewiß anders strukturierten – austauschen konnte. Entweder mußte der neue Text den Noten angepaßt werden, oder es mußten wegen des neuen Textes an den Noten gewiße Veränderungen vorgenommen werden – was übrigens ohne Schwierigkeiten möglich ist, wie jeder Choralkundige aus dem Vergleich von Melodiemodellen, die für verschiedene Texte verwendet worden sind, weiß. Um also Umfang und

---

[5] So verwendet auch HANS SACHS das Wort, wenn er das vorreformatorische Marienlied „Maria zart, göttlicher Art" auf dem Wege der geistlichen Parallelkontrafaktur in ein evangelisches Lied umwandelt: O Jesu zart, göttlicher Art, und es überschreibt: „Das Liedt: Maria zart, verendert und Christlich Corrigiert" (PH WACKERNAGEL · Das deutsche Kirchenlied III [Leipzig 1870] Nr 80; vgl auch Nr 81, 85, 86). Nach unserem Sprachgebrauch waren diese Lieder schon vorher „christlich". Im Sprachgebrauch LUTHERS und seiner Gesinnungsgenossen aber ist ein geistliches Lied der Altgläubigen genau so „unchristlich" wie ein weltliches Lied, bei dem es dann allerdings nicht heißt „verendert und christlich corrigiert", sondern „Christlich verendert" (vgl WACKERNAGEL III Nr 84 und 87).

[6] PHILIPP WACKERNAGEL (Bibliographie zur Geschichte des deutschen Kirchenliedes im XVI. Jahrhundert [Frankfurt/M 1855] 177 Nr CDXL) ist, soviel ich sehe, der Einzige, der sich überhaupt diese Gesänge angesehen hat. Er gibt diese Bibelstellen an, allerdings immer nur die Stellenangabe für den Beginn und dies bei III mit einem Druckfehler.

[7] „Wider die himmlischen Propheten" (1525), WA 19,123.

Art der Leistung Luthers erkennen zu können, müßten wir wissen, wie die von ihm verworfenen „unchristlichen" Texte lauteten, und wie die Melodien dazu, so wie Luther sie kannte, aussahen.

Leider kommen wir hier im Augenblick nicht sehr weit. Dank der Hilfe dreier Sachkundiger[7a] kann einstweilen immerhin soviel gesagt werden:

Von Nr III an gibt Luther mit „In tono ..." die Vorlage an, nach welcher er den betreffenden Gesang gestaltet hat. Drei dieser Vorlagen lassen sich wenigstens textlich nach Hesbert[7b] im Totenoffizium des Mittelalters leicht auffinden. Diese Texte lauten:

III (Hesbert 7548): Rogamus te, Domine Deus noster, ut suscipias animas nostrorum defunctorum, pro quibus sanguinem tuum fudisti; recordare quia pulvis sumus, et homo sicut foenum et flos agri. [Versus:] Misericors et miserator et clemens Domine. – Recordare ...

V (Hesbert 6417): Deus aeterne, in cuius humana conditio potestate constitit, animas fidelium defunctorum, quaesumus, ab omnibus absolve peccatis, ut paenitentiae fructum, quem voluntas eorum optavit, praeventi morte non perdant. [Versus:] Qui in cruce positus latronem sero paenitentem suscepisti, eorum precamur pie peccata dilue. – Ut ...

VI (Hesbert 7210): Ne tradas, Domine, bestiis animas confitentes tibi, et animas pauperum tuorum ne obliviscaris in finem. [Versus:] Memorare quae sit nostra substantia, Domine, et quia non vane constituisti omnes filios hominum. – Et animas ...

Nr IV (Absolve) ist bei Hesbert nicht zu finden.

Bei den ersten beiden Stücken fehlt eine „In tono"-Angabe. Das hat seinen guten Grund: Hier hat Luther den ihm vorliegenden Text nicht ersetzt, sondern höchstens verändert. Nr I beginnt textlich und musikalisch wie das bis zur Liturgiereform des II. Vaticanums im römisch-katholischen Totenoffizium nach der ersten Lesung in den Matutin gesungene Responsorium (Liber usualis[7c] S 1785f), das allerdings die ganze Stelle Hiob 19,25–27 (mit kleinen Auslassungen) vertont (Hesbert 6348), während bei Luther für den Versus Psalm 146,1f verwendet ist. Und Nr II ist in der mittelalterlichen Tradition das Responsorium nach der 6. Lesung in der Karfreitags-Matutin (Liber usualis S 728, Hesbert 6605), wobei auch hier im Versus bei Luther statt der Fortsetzung des im Responsum verwendeten Jesaja-Textes ein Psalmtext erscheint. Das dürfte in beiden Fällen nicht eine Maßnahme Luthers sein, denn Responsorien mit Psalmtexten im Versus begegnen auch sonst.

[7a] Prof Dr MAX LÜTOLF, Zürich; P Dr ODO LANG OSB, Einsiedeln; Prof Dr PHILIPP HARNONCOURT, Graz. Ihnen sei auch an dieser Stelle herzlich gedankt.

[7b] Rerum ecclesiasticarum documenta. Cura pontificii athenaei sancti Anselmi de Urbe edita. Series major. Fontes X: Corpus antiphonalium officii, Vol IV: Responsoria, Versus, Hymni et Varia. Editio critica. Editum a RENATO-JOANNE HESBERT monacho Solesmensi (Roma 1970) (Edition nur der Texte, ohne die Noten der Melodien).

[7c] Benützt in der Ausgabe: Paroissen Romain ... (Paris, Tournai, Rome 1936).

Die Melodie ist bei Nr I mit derjenigen des Liber usualis im ersten Teil verwandt (eine Quint tiefer notiert), bei Nr II sogar bis zum Ende. Diejenige von Nr III findet sich in der Tradition der Böhmischen Brüder wieder: Im deutschen Brüder-Gesangbuch steht seit 1566 ein Begräbnisgesang (Laßt uns ansehn die Sterblichkeit)[8], der als Titel das von Luther als „Ton" für Nr III angegebene Incipit (Rogamus te Domine) trägt und dessen Melodie bis in die erste Hälfte des Versus hinein mit der von Luther überlieferten weitgehend übereinstimmt, allerdings in syllabischer Behandlung.

Ganz vorläufig läßt sich sagen: Es ist einigermaßen unwahrscheinlich, daß die durch Luther ersetzten Texte so „unflätig" und „abgöttisch" waren, wie seine Vorrede das behauptet. Von den Hymnen und Sequenzen abgesehen sind die Texte im Gregorianischen Choral ja zum weit überwiegenden Teil biblische Texte. Daß auch andere Texte vorkommen, zeigen gerade die ursprünglichen Texte zu Nr III und V, die wir eben zitierten. Derjenige zu V könnte, wenn es wirklich der Luther vertraute überlieferte Text ist, zu theologischen Bedenken Anlaß geben, insofern das ewige Heil dort als Frucht der Buße und nicht als Frucht der Erlösung durch Christus bezeichnet wird. Im übrigen könnte wohl auch die Interpretation, die bestimmte, sonst nicht anstößige Texte durch den liturgischen Zusammenhang, in den sie gestellt werden, erfahren, Luther zu seinem Vorgehen veranlaßt haben. Das könnte bei Nr VII der Fall gewesen sein, wenn hier das so beginnende Responsorium von Mariae Himmelfahrt Hesbert 7732 zugrundeläge und dieses den Heilandsruf von Markus 5,41 (den Luther im neuen Text von Nr III verwendet) auf Maria bezöge. Es ist im übrigen nicht ganz ausgeschlossen, daß Luther in seiner Vorrede seinem Haß gegen die liturgische Praxis der altgläubigen Kirche etwas zu freien Lauf läßt und dabei in eine jener grobianischen Übertreibungen und Entgleisungen gerät, die in seinen polemischen Schriften ja nicht ganz selten sind. Das änderte aber nichts an dem Wunsch, eines Tages die Vorlagen Luthers für diese sieben Begräbnisgesänge nach Text und Melodie genauer kennenzulernen und dann verläßlichere Angaben über seine bearbeitenden Maßnahmen machen zu können.

Was für uns aber jetzt schon sicher erkennbar ist, das ist ein zweifaches:
1. Luther hat im Zusammenhang mit seinen grundsätzlichen und praktischen Hinweisen zu einem evangelischen Bestattungswesen nicht nur deutsche Lieder, sondern an erster Stelle lateinische Responsorien bereitgestellt, mit denen er eindeutig, vernehmlich und bewußt bei der Tradition anknüpft, diese aber in evangelischem Sinne weiterentwickelt.
2. Wie auch immer die uns vorliegenden Gesänge zustandegekommen sein mögen, so zeigen sie auf jeden Fall die Hand eines Redaktors, der sehr viel von der Sache versteht. Es gibt darin keine Stelle, die uns „geflickt" vorkommt. Das Wort-Ton-Verhältnis ist stets ausgezeichnet, ja, es gibt Stellen, bei denen man vermuten

---

[8] Handbuch der deutschen evangelischen Kirchenmusik, hg von Konrad Ameln, Christhard Mahrenholz u Wilhelm Thomas unter Mitarbeit von Carl Gerhardt, Bd I/1: Der Altargesang / Die einstimmigen Weisen (Göttingen 1941) Nr 316 und S 611.

möchte, daß Luther am Text oder an der Melodie ganz bewußt dahin führende Maßnahmen getroffen hat.

Luther wollte mit diesen Bestattungsgesängen beispielgebend wirken, wie er das knapp 20 Jahre zuvor auch mit seinen Liedern tun wollte. Und hier wie dort rechnet er damit, daß andere ihn dabei sogar übertreffen werden. Der hier vorliegende Anstoß hat – soviel wir sehen – nicht unmittelbare Auswirkungen gehabt. Seine allgemeine Tendenz aber, das Bestreben nämlich, die reichen Schätze des lateinischen Chorals in der erneuerten Kirche nicht brach liegen zu lassen, wurde wirksam, wie die überwiegend lateinischen liturgisch-musikalischen Drucke von Lukas Lossius (Wittenberg 1559 und öfter, mit einem Vorwort Philipp Melanchthons), Franz Eler (Hamburg 1588) und Matthäus Ludecus (Wittenberg 1589) zeigen[9].

Luthers Begräbnisgesänge von 1542 umfassen – und darauf soll hier doch noch hingewiesen werden, damit dieser Beitrag des Reformators zur Gesangbuch-Entwicklung vollständig vorgestellt ist – noch drei weitere Gattungen von Gesängen zur Bestattung: Auf die sieben lateinischen Responsorien folgt – mit der Melodie in Mensuralnoten – der Bestattungshymnus „Iam maesta quiesce querela" des Aurelius Prudentius Clemens, ebenfalls mit seinem lateinischen Text[10]. Daran schließen sich sieben deutsche Lieder an, nämlich von Luther „Aus tiefer Not schrei ich zu dir", „Mitten wir im Leben sind", „Wir glauben all an einen Gott", „Mit Fried und Freud ich fahr dahin" und „Nun bitten wir den Heiligen Geist". Noch vor diesem letzten Luther-Lied steht das einzige eigentliche Bestattungslied, „Nun laßt uns den Leib begraben", und zwar ebenfalls mit Luthers Namen[11]. Alle diese sieben deutschen Lieder haben ihre Noten. An letzter Stelle folgen nochmals vier lateinische Gesänge, von denen drei von Luther am Schluß seiner grundsätzlichen Ausführungen (nebst dem Prudentius-Hymnus und vier deutschen Liedern) als solche ausdrücklich aufgezählt werden, die man singen soll, „wenn man vom Begrebnis heim gehen wil":

Si enim credimus (derselbe Text wie Nr VII mit zwei kleinen Abweichungen und ohne Text des 2. Teils des Responsums, aber mit einer ganz anderen Melodie)
Corpora Sanctorum (eine kurze Antiphon mit *Halleluja*)

---

[9] DKL 1553[10]; 1588[14]; 1589[17].

[10] Es handelt sich hier um einen Ausschnitt aus dem Hymnus „Deus ignee fons animarum" (Analecta hymnica 50,45) aus dem Liber Cathemerinon des PRUDENTIUS. Die Melodie, welche vorher nicht überliefert ist (ZAHN 1454a), trägt den Charakter einer humanistischen Odenweise. Es scheint noch niemand darüber nachgedacht zu haben, von wem sie stammen könnte. ERNST SOMMER würdigt sie in seiner Abhandlung „Das Gesangbuch von Valentin Babst; Leipzig 1545. Eine kritische Betrachtung der Melodien" (JLH 11 [1967] 146–161) keines einzigen Blicks. (Auch die übrigen Begräbnisgesänge bleiben dort gänzlich unbeachtet.) Es liegt durchaus im Bereich des Möglichen – ich würde sogar sagen: des Wahrscheinlichen –, daß LUTHER selbst diese Melodie geschaffen hat.

[11] Daß LUTHER selbst ihn hier eingesetzt hat, weil er dieses Lied MICHAEL WEISSES bearbeitet hat, und ihn, unter anderem Gesichtspunkt (man hatte ihm vorgeworfen, er schmücke sich mit fremden Federn) drei Jahre später wieder zu streichen anordnete, ist die Lösung des Rätsels, welches der Widerspruch zwischen der Namensnennung hier und der gegenteiligen Äußerung LUTHERS im Vorwort zum Leipziger Gesangbuch von 1545 (WA 35,477,20–25) bisher aufgab. Näheres dazu in meinen Ausführungen zu diesem Lied in AWA 4.

Media vita in morte sumus (diese berühmte Antiphona de morte wird von Luther in der Aufzählung nicht genannt, weshalb man annehmen darf, daß er die voranstehende kurze Antiphon diesem Gesang vorausgeschickt wissen wollte und beide Stücke als eines betrachtete)
In pace simul dormiam et requiescam
(alle diese Stücke stehen unter Noten in Choralnotation)

Für diese Gesänge gilt offenbar das im Vorwort Gesagte nicht. Sie scheinen vielmehr unverändert aus dem lateinischen Kirchengesang übernommen zu sein. Das „Media vita" ist ja jene Antiphon aus dem 8. Jahrhundert, auf welche Luthers „Mitten wir im Leben sind" auf dem Umweg über eine deutsche Liedfassung des 15. Jahrhunderts zurückgeht[12].

Ehe wir zum Schluß die sieben lateinischen Begräbnisgesänge Luthers in einem kritischen Abdruck wiedergeben, kehren wir nochmals zur eingangs gestellten Frage zurück, wie es möglich ist, daß dieses Werk Luthers erst zum 500. Geburtstag des Reformators zugänglich gemacht wird. Diese Frage zu erörtern, erscheint uns deswegen nicht überflüssig, weil dadurch grundsätzliche Fragen der Editionspraxis und des Lutherbildes berührt werden.

Die Schuld liegt in erster Linie bei den Herausgebern und Bearbeitern des Bandes WA 35. Dieser wichtige und in vielem bis heute nicht überholte Band war in mehr als einer Hinsicht leider ein recht glückloses Unternehmen[13]. Die Entscheidung, die „Begräbnisgesänge" ausschließlich hier unterzubringen – und nicht in Band 53, wo sie eigentlich hingehört hätten –, muß allerdings schon vorher gefallen sein; denn Band 53 erschien schon 1919, Band 35 aber, obwohl wie Band 53 noch vor dem Kriege begonnen, erst 1923. Hätte man die Begräbnisgesänge da gebracht, wo sie hingehören, so wären vermutlich die sieben von Luther neutextierten Stücke schon damals genau so abgedruckt worden, wie in Band 30 II die lateinische Litanei. So aber las man diese Quelle ausschließlich als eine Luther sehr nahestehende Quelle für einige seiner Lieder. Dafür ist es jedoch, obgleich unter Luthers Augen gedruckt, eine Sekundärquelle. Und über den deutschen Liedern übersah man das, was sonst noch in der Sammlung steht. Dem musikalischen Bearbeiter des Bandes WA 35, Hans Joachim Moser, ging es – dem Titel des Bandes gemäß – um die deutschen Lieder. Für ihre musikalische Gestalt bietet der Abdruck in den „Begräbnisgesängen" nichts Neues. So befaßte er sich mit dieser Quelle wohl überhaupt nicht; und damit entging ihm hier ein wirklicher „Lutherfund"[14].

W Lucke, der Hauptbearbeiter des Bandes, ging von der Vorstellung aus, Luther habe zu dieser Schrift lediglich das Vorwort beigesteuert. Deshalb suchte er keinen Zusammenhang zwischen diesem Text Luthers und dem, was die Sammlung enthält. Zwar ist Luckes Beobachtung richtig, daß Luthers Begleittext am

---

[12] Vgl zum Verhältnis der Choralweise zu derjenigen des Liedes P WAGNER, Das Media vita, in: Schweizerisches Jahrbuch für Musikwissenschaft 1 (1924) 18–40.

[13] Einzelheiten dazu in meiner Neuausgabe der Lieder LUTHERS in AWA 4, die zugleich als Revisionsnachtrag zu WA 35 zu gelten hat.

[14] Daß MOSERS „Zerbster Lutherfund" (Archiv für Musikwissenschaft 2 [1919/20] 337–355 und WA 35,542-544) keiner war, weise ich in AWA 4 nach.

Ende des ersten Bogens, wo mit dem zweiten Bogen die sieben lateinischen Begräbnisgesänge einsetzen, nicht zu Ende ist und seine unmittelbare Fortsetzung erst nach der zweiten Gruppe der lateinischen Gesänge ganz am Ende des Druckes findet. Daraus zu schließen, die Sammlung sei fertig gedruckt gewesen, als Luther das Vorwort schrieb, ist voreilig. Dieser Fall ist zwar beim Leipziger Gesangbuch von 1545 eindeutig gegeben. Hier jedoch zwingt uns nichts zu dieser Annahme. Luther dürfte in diesem Falle die ganze Schrift auf einmal in Druck gegeben haben. Für die Noten mußte jedoch der Holzschneider bemüht werden, während der Text in einer anderen Abteilung der Offizin gesetzt wurde. Es ist anzunehmen, daß in der Notenabteilung mit dem Umbruch und Druck des Bogens B schon begonnen worden war, als man bemerkte, daß der zugehörige Begleittext auf dem Bogen A nicht unterzubringen war. So ließ man eben den Rest auf den letzten Blättern des Bogens D folgen. Luther muß als für die ganze Schrift verantwortlich betrachtet werden.

Für die Editionstechnik bedeutet das, daß bei komplexen Werken, welche die Mitarbeit mehrerer Wissenschafter verschiedener Fachrichtung erfordern, eine gründliche Zusammenarbeit nötig ist. Vor allem aber muß eine Schrift, auch dann, wenn nur ein Teil daraus für die Edition in Frage zu kommen scheint, stets vollständig beschrieben werden. Zumal im vorliegenden Falle müßte der Benützer der Ausgabe ja wissen, worauf sich Luther in seinem Vorwort bezieht. Das Beispiel Alands (vgl Anm 3) zeigt deutlich, welche Mißverständnisse sonst entstehen können. Der Bearbeiter einer Volksausgabe muß sich auf die Edition stützen können und darf nicht gezwungen sein, die Originaldrucke einzusehen. In – zugegeben – schwierigen Fällen wie dem vorliegenden müßte man vielleicht sogar eine Faksimile-Probe geben.

Die „Begräbnisgesänge" von 1542 sind mitsamt den Ausführungen Luthers vollumfänglich in das Leipziger Gesangbuch von 1545 übernommen worden; lediglich die sechs Lieder Luthers, die an anderer Stelle im Gesangbuch schon stehen, wurden an dieser Stelle natürlich nicht wiederholt. Auf diese Weise bekamen Luthers sieben lateinische Begräbnisgesänge eine weite Verbreitung. Dennoch hat sich weder vor, noch nach 1923 – soweit ich die Literatur kenne[15] – jemand näher damit befaßt. Diese Tatsache erklärt sich daraus, daß eine eigentümliche Befangenheit bestand: Luther ist der Vater des deutschen evangelischen Kirchenliedes. Daß er auch etwas tat für den lateinischen Kirchengesang, übersah man darob gerne. Das „Handbuch der deutschen evangelischen Kirchenmusik", dessen erster Band 1941 erschien, zeigte keinerlei Interesse an lateinischen liturgischen Gesängen in der evangelischen Kirche – so etwas galt damals als „artfremd" – obwohl es zum Bild der liturgischen Musik in den lutherischen Gebieten Deutschlands bis zum Ende des Barock gehört, daß Deutsch und Latein in einer ganz natürlichen Mischung den Gottesdienst bestimmen. Luther hat das so gewollt. Als er im Frühjahr 1529 in Wittenberg das Singen der Litanei wieder einführte, geschah das sowohl deutsch als auch lateinisch. Und in seinem Gesangbuch von 1529 steht die

---

[15] Sie ist in AWA 4 zusammengestellt.

Weihnachts-Cantio „Dies est laetitiae" sowohl in einer lateinischen als auch in einer deutschen Fassung (Der Tag, der ist so freudenreich). Und in die gegen Ende des Jahres erscheinende zweite Auflage wurde dann auch die lateinische Fassung der Litanei mit aufgenommen[16].

In den gleichen Zusammenhang gehört die Feststellung, daß der Anteil an lateinischen Stücken im Wittenberger Chorgesangbuch Johann Walters von Ausgabe zu Ausgabe anstieg (1524: 5 von 43; 1534: 11 von 49; 1539: 13 von 51; 1544: 38 von 102; 1551: 49 von 120). Wenn man diesen Tatsachen ins Auge sieht, dann wird man nicht mehr daran vorbeisehen, daß Luther neben seinen deutschen Liedern und anderen liturgischen Gesängen auch eine – allerdings viel kleinere – Zahl von lateinischen Gesängen bereitgestellt hat. Davon seien die sieben bisher unbekannten nun im folgenden mitgeteilt.

Wir übertragen aus der gotischen Hufnagelnotation in moderne Choralnotation. Die in den Vorlagen fehlenden Minimapausen, welche den Melodieablauf gliedern, sind von uns eingefügt ( ). Die Textunterlegung ergibt sich aus den in der Vorlage stehenden Worttrennstrichen und aus dem Zeilenumbruch (durch gekennzeichnet). LpzBa 45 hat fast immer denselben Zeilenumbruch, aber keine Worttrennzeichen, sodaß die Unterlegung allein nach dieser Quelle sehr viel mehr Schwierigkeiten machen würde. Oftmals stehen jedoch auch in der Urquelle die Noten über einem mehrsilbigen Wort zu einer einzigen Neume zusammengerückt, sodaß die Verteilung auf die einzelnen Silben hier einen Vorschlag des Herausgebers darstellen. Diese Notengruppen sind mit bezeichnet. Wo in der Quelle ein Abstand zwischen den Noten steht, obwohl kein Silbenwechsel stattfindet, haben wir diesen stehen lassen, aber an dieser Stelle einen Bogen über das System gesetzt ( ). An allen anderen Stellen ist die Unterlegung in der Vorlage mehr oder weniger eindeutig geregelt.

Dem Editionstext liegt eine Kopie des Zweitdruckes im Exemplar der Brüsseler Konservatoriumsbibliothek zugrunde (DKL 1542[16]). In diesem Exemplar fehlen 6 Blätter aus der Vorrede. Für den kritischen Apparat wurden ferner berücksichtigt DKL 1545[01] (LpzBa 45) und DKL 1553[10] (Mi Los 53, benützt in der in meinem Besitz befindlichen Ausgabe von 1561). Lossius geht nicht auf LpzBa 45 zurück, sondern auf den Urdruck, denn die Überschrift über dem Abdruck der Nrn I, VII und II lautet dort: *Cantiones sex* [!] *funebres, ex libello D. Mart. Luth. desumptae.* Überdies sind die Zeilentrenner, die in LpzBa 45 fehlen, hier konsequent und übereinstimmend mit der Urquelle eingesetzt.

---

[16] Näheres hierzu in AWA 4.

I.

¹ Los 53 fügt hier ein

di - e

² Hier beginnt der Versus. Das Pausenzeichen wurde analog der Notierung in den folgenden Stücken ergänzt; bei Los 53 steht es. An die Neume über „resurgam" angeschlossen steht in WitK-B 42 der Custos d. Mit diesem Ton beginnt der Versus gemäß dem am Schluß notierten Anfang. In LpzBa 45 lautet er hier:

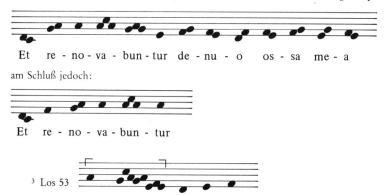

³ Los 53

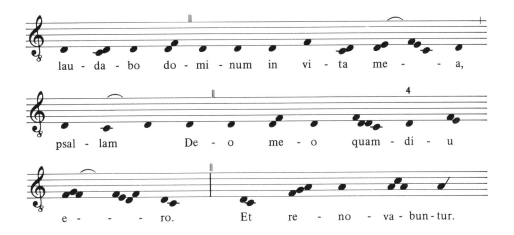

II.

ECCE Ecce quomodo moritur iustus,
et nemo percipit corde, viri
iusti colliguntur, et nemo
considerat. Ante faciem
calamitatis. Colligitur iustus.
Intrat in pacem et quiescit in cubili suo
qui recte ambulavit. [Versus]
Et ipse in iustitia videbit

[1] Los 53 Ecce quomodo

467

---

² Los 53 : e - vi - gi - la - ve - rit in si - mi - li -

III.

In tono: Rogamus te domine.

IV.

In tono: Absolve.

V.
In tono: Deus aeterne.

[1] Diese Pause fehlt in WitK-B 42 und LpzBa 45 und wurde nach Analogie der andern Stücke eingesetzt, weil hier der Versus beginnt.

[2] LpzBa 45 nur d-g.
[3] in LpzBa 45 fehlt der Ton b.

VI.

In tono: Ne tradas Domine.

VII.

In tono: Surge virgo.

SI cre Si cre - di - mus quod Je - sus Chri - stus
mor - tu - us est et re - sur - re - xit,
i - ta et De - us e - os qui ob - dor - mi - e -
runt per Je - sum ad - du - cet cum il - lo.
Qua - re non con - tri - ste - mi - ni sic - ut
et ce - te - ri qui
spem non ha - bent. [Versus] Sic - ut in A - dam om - nes

---

[1] Los 53 nur einfaches Punctum.

[2] Los 53   - us est et re - sur - re - xit,

Markus Jenny

mo - ri - un - tur, i - ta et in Chri - sto om - nes vi - vi - fi - ca - bun - tur. Qua - re

---
[3] Los 53

i - ta et in Chri - sto

NAMEN- UND ORTSREGISTER

Aachen 382
Achten, Gerard 328
Adam Wodeham 329
Adler, Jakob Georg Christian 394
Adriaan (Maler in Antwerpen) 422
Adrian (Buchbinder in Antwerpen) 403
Aegidius (Colonna) von Rom 372
Aegidius von Viterbo 42
Agricola, Johann 47, 51, 131–150, 335, 339
Agricola, Stephan 436
Agrippa von Nettesheim, Heinrich Cornelius 430
d'Ailly, Pierre siehe Petrus von Ailly
Aland, Kurt 29, 105, 193, 196, 402, 456, 462
Alanus de Rupe 362
Alber, Matthäus 409, 416
Alberigo, Joseph 402
Albertus Magnus 306, 372
Albrecht, Otto 456
Alciato, Andrea 351
Aleander (Aleandro), Hieronymus (Girolamo) 386, 401f, 419–421
Alexander der Große 303
Alexander von Hales 266
Allen, P S 365, 419
Aloisius von Puteoli 42
Altaner, Berthold 155, 373
Altenstaig, Johannes 19, 223
Althaus, Paul 105
Altmann, Ursula 316f
Ambrosius von Mailand 44, 342, 372
Ameln, Konrad 455, 459
Amerbach, Bonifacius 351, 355
Amsdorff, Nikolaus von 52f
Amsterdam 394
Andresen, Carl 154f
Anhalt, Fürst Georg III. 225
Anhalt, Fürst Johann IV. 225
Anshelm, Thomas (Drucker) 334f, 340, 342, 350, 386f
Antwerpen (Antorff) 69, 287, 339, 393–395, 400–404, 417–424, 430–440
Appion (griech Grammatiker) 56

Aquila (Übersetzer der hebr Bibel) 246
Archimedes (griech Mathematiker) 39
Aristoteles (Aristotelismus) 6, 9, 13, 23, 28f, 301, 362, 366, 371
Asendorf, Ulrich 87
Astensis, (Innocentius?) 42
Athanasius von Alexandrien 37, 383
Augsburg 94, 335, 378, 381, 386, 390, 436f
Augustijn, Cornelis 61, 393
Augustinereremiten 53, 62, 153, 193f, 315–330, 408, 417–422, 434
Augustinus 6, 37, 41, 44f, 153–192, 205, 211, 219f, 223, 229, 234–237, 240, 247–253, 259, 342, 361, 363, 372
Augustinus von Alfeld 367
Augustinus von Montefalco 42
Aurifaber, Johann 215, 301f, 379f

Babylon 303
Badius, Jodocus (Drucker) 351
Bächtold-Stäubli, Hans 292
Bandt, Hellmut 71f
Bardenhewer, Otto 373
Barge, Hermann 18, 407f
Barth, Karl 68
Basel 209, 397, 399, 408, 421, 436f
Bauch, Gustav 253
Bauer, Karl 138
Bayer, Oswald 29, 133–139, 142, 145, 196
Beatus Rhenanus 219
Bebel, Heinrich 43
Beckmann, Otto 43, 45, 54, 60
Beda, Noël 352, 365
Beintker, Horst 193–218, 231
Beisser, Friedrich 370f
Benediktiner 327
Bense, Walter 365
Benzing, Josef 18, 333, 335, 341f, 350, 352, 386–390, 400, 403, 435, 439
Berbig, Georg 199
Berghen, Adrian van (Drucker) 403, 439
Berlepsch, Hans von 55
Berlin 315–330, 394

Bernhard von Clairvaux 37, 211, 265, 336, 349
Besold, Hieronymus 379f
Biel, Gabriel 7, 43, 75, 255f, 260, 265–268, 329f, 349
Biersack, Manfred 219, 229, 245–268
Bizer, Ernst 133, 141f, 196, 405
Blanck, Christoph 47
Blanke, Heinrich 358
Blumenberg, Hans 4f, 12–15
Böhmen 177, 383, 450, 459
Boehmer, Heinrich 193, 202–211, 281
Boehmer, Julius 146
Bömer, Aloys 356, 358, 363, 367, 369
Börner, Christian Friedrich 197
Böschenstein, Johann 253
Bonaventura 75, 260
Bornkamm, Heinrich 63, 75, 103f, 196, 212, 216, 218, 220, 405–407
Borth, Wilhelm 400, 403
Bos, Frans Tobias 351f, 355, 358, 362f, 365, 369, 371f
Brabant 401, 418, 439
Bräuer, Siegfried 131
Brandenburg 210, 212
Brandenburg, Kardinal Albrecht 225, 335
Brandenburg-Ansbach, Markgraf Georg 407
Brandi, Karl 287
Braunschweig 135f
Braunschweig-Lüneburg, Herzogin Margarethe 52, 54
Braunschweig-Wolfenbüttel, Herzog Heinrich d J 225
Brecht, Martin 29, 50, 59, 95, 136, 149, 193, 196, 201, 330–350, 377–391
Bremen 418, 421
Brenner, Otto 216
Breslau 414
Brieger, Theodor 401f, 419f, 421
Briquet, Charles Moïse 205, 207
Brosse, O de la 402
Brück, Anton Philipp 335
Brück, Gregor 150
Brügge 417
Brüssel 421f, 463
Bubenheimer, Ulrich 407f
Bucer, Martin 221, 393–440, 445–451
Buchowiecki, Walther 283, 285
Buchwald, Georg 87, 283, 355, 375
Bünger, Fritz 418
Bugenhagen, Johannes 194f, 199, 221, 224f, 393–440, 445–448, 451–454

Burgensis siehe Paulus von Burgos
Bussi, Giovanni Andrea 41

Cajetan de Vio, Thomas 37, 335, 366, 381
Campanus, Johannes 430–440, 452f
Capito, Wolfgang Fabricius 17, 397f, 408–410, 413f, 436
Capreolus, Johannes 44
Casel, Gregor 415
Cassiodorus 160, 175, 237, 247, 284, 411
Catharinus (Lancelloto de'Politi), Ambrosius 367
Celtis, Konrad 42f, 49
Chevallon, Claudius (Drucker) 42
Chrosner, Alexius 55
Cicero 17f, 303
Claus, Helmut 400, 403, 439
Clemen, Otto 38, 368, 377, 379, 381f, 387–391, 407, 409, 418–421, 440
Clemens (sonst unbekannter Übersetzer) 425, 435, 446
Coburg 216, 223f
Cochläus, Johannes 357, 373
Cohrs, Ferdinand 333f
Conradus de Argentina 324
Cordatus, Konrad 302
Cramer, Samuel 421
Cranach (Licentiat) 320
Crocus, Richard 367
Crom, Matthias (Drucker) 439
Crotus Rubianus 17
Cruciger, Caspar 87–102, 150

Dänemark, König Christian II. 439
Dankbaar, Willem F 409f
Delius, Walter 132
Demmer, Dorothea 154
Denifle, Heinrich Seuse 75
Dessau 224f
Diefenbach, Lorenz 363, 365
Diels, Hermann 342
Dietrich, Veit 87f, 223, 302, 379–382
Dilthey, Wilhelm 3, 11
Dismer, Rolf 150
Döbler, Eckehard 316
Döllinger, Ignaz von 422f
Döring, Matthias 248, 262
Dominicus Mancinus 41
Dorsten, Johann von siehe Johann von Dorsten
Dositheos (Freund des Archimedes) 40
Dresden 201–204, 381f

Duchesne, Guillaume (=Quercus) 352, 365
Dürer, Albrecht 420
Düsseldorf 430
Dungersheim von Ochsenfart, Hieronymus 47
Duns Scotus, Johannes 44, 329f

Ebeling, Gerhard 3f, 8, 34, 67, 72–77, 103–130, 202, 212, 229–233, 245, 253
Ebner, Hieronymus 45, 52f
Eck, Johannes 37, 362f, 366–368, 371
Eckart, Johann (Drucker) 341
Eckert van Homberch, Henrik (Drucker) 403
Egranus, Johannes Silvius 47, 53
Eilenburg 55
Einsiedel, Haugold von 55
Eisleben 140
Eler, Franz 460
Ellwanger, Benedictus 320
Elze, Theodor 281
Emser, Hieronymus 367f, 371
Enders, Ernst Ludwig 69, 371, 377, 379, 382, 390
Engelland, Hans 141
Erard von der Mark (Bischof von Lüttich) 430
Erasmus von Rotterdam 11, 17, 32–34, 39, 44, 48, 58, 60, 64, 67–77, 80f, 197, 219, 221, 230, 334, 337, 342, 365, 401, 416–422, 430
Erfurt 315–330
Ersch, J S 394
Esschen, Jan van siehe Jan van Esschen
Eusebius von Caesarea 37, 410
Everhard, Nicolaus 365

Faber Stapulensis, Jacobus 157f, 162, 166, 175–177, 188, 231, 250–256
Fabian, Ekkehart 226
Feilitzsch, Fabian von 55, 57, 59, 62
Feld, Helmut 360
Felix Pratensis 219f
Ferdinand (deutscher König) 225, 311
Feret, P 365
Ficker, Johannes 18, 137
Förstemann, Carl Eduard 139, 141, 143, 387, 418, 430
Frank, Beatrice 291–297
Frankfurt/Oder 368
Franzen, August 369
Franziskaner 132
[Frecht?], Martin siehe Martin [Frecht?]

Frederichs, Julius 423f
Fredericq, Paul 400–404, 419, 421f, 433, 438
Freiberg 312
Freitag, Albert 88, 315
Freys, E 18, 408
Friedberg 387
Friedensburg, Walter 194, 197–200, 355
Friedrich, Johann 310, 312
Frondinus, Johannes 230
Frosch, Johannes 436

Gadamer, Hans-Georg 4
Gaese, Heino 219–228
Gansfort, Wessel 406f, 410, 422, 440
Geisberg, Max 368
Geisenhof, Georg 393f, 397–399, 414, 436, 438f
Génard, P 403
Gerbel, Nikolaus 356, 415
Gerhardt, Carl 459
Gerrish, B A 6
Gerson, Johannes 149, 266–268, 329f, 349
Gesenius, Wilhelm 248
Gess, Felician 353, 365, 367
Geyer, Hans-Georg 141f
Gilman, Sander L 146
Glarean (Loriti), Heinrich 365
Glossa interlinearis 189, 247, 252, 262f
Glossa ordinaria 202f, 252, 262f
Goede, Henning 45
Goethe, Johann Wolfgang von 291
Gogarten, Friedrich 3f
Gotha 379
Graf, Urs 398
Gramaye, Thomas 367
Gramsch, A 43
Grapheus, Cornelius 422
Grane, Leif 88, 154, 196, 243
Gratian (Decretum Gratiani) 251, 265f, 372f
Grave, Claes de (Drucker) 401, 403
Gregor der Große 262, 265–268
Gregor von Rimini 19, 41f, 75, 329f, 372
Gregorovius, Ferdinand 284–287
Greiff, Johann Jacob 354
Grimani, Dominicus 42
Grimm, Gebrüder 291
Grimm (?), Laurentius 324, 331
Grötzinger, Eberhard 405, 409
Groote, Geert 422
Grosseclose, John Sidney 292
Grossmann, Maria 43–46
Gruber, J G 394

Günther (Gottfried u Annelore) 315
Gyllenkrok, Axel 196

Habsburg 401ff, 417ff
Hälsig, Friedrich 292
Halkin, Léon-Ernest 400
Hanauer, Charles Auguste 334
Hagen, Kenneth 45
Hagenau 334, 340, 342, 350, 386
Hamburg 333f, 340f, 379
Hamel, Adolf 154, 254
Hamm, Berndt 19, 30
Hammann, Gustav 133, 140f, 144
Hammer, Gerhard 49, 132, 219, 229, 245, 331, 393–454
Hammer, Wilhelm 357
Hans von Erfurt (Werlich) (Drucker) 386, 388
Hardenberg, Albert 407
Harnack, Theodosius 68, 71
Harnoncourt, Philipp 458
Hartmann, Alfred 351
Hausammann, Susi 405
Hausrath, Adolf 281, 286
Hazlett, W Ian P 405, 410
Hegel, Georg Wilhelm Friedrich 4
Heide / Dithmarschen 421
Heidegger, Martin 12
Heidelberg 378
Heinrich von Zütphen 408, 421f, 440
Heintze, Gerhard 134
Heitz, Paul 334
Helbig, Herbert 367
Helena (Kaiserin) 283
Helmstatt (Helmsted), Johannes 323
Hendrix, Scott H 28
Heraklit 342
Hermanin, Federico 284
Hermann, Rudolf 71, 196, 229
Hermelink, Heinrich 368
Herold, Erhard 320, 324
Herwagen, Johann (Drucker) 416, 436
Hesbert, Renatus-Joannes 458f
Hesiod 39
Heß, Johann 378, 414
Hieronymus 44, 46, 158, 166, 179f, 219, 234, 236, 246, 248–252, 380, 410
Hilarius von Poitiers 41, 211
Hilburg, Johannes 197
Hilgenfeld, Hartmut 405–407
Hillen van Hoochstraten, Michiel (Drucker) 340f, 400, 403

Hirsch, Emanuel 3, 11, 102
Hoeck, Jakob 406
Hoen, Iudocus 418
Hoen (Honius), Cornelisz Henricxz 406–410, 416 420, 437, 440
Höß, Irmgard 199f, 356
Holl, Karl 3, 75
Homer 362
Hoochstraten, Johannes (Drucker) 400, 403, 439
de Hoop-Scheffer, J G 401
Horaz 20
Huelsen, Christian 285
Hugo Cardinalis von S. Cher 247, 263
Hutten, Ulrich von 17
Hyma, Albert 408

Iken, J Friedrich 421
Isidorus de Isolanis 367
Ising, Gerhard 220

Jackson, William 393
Jacobus a Voragine 362
Jacobus Carthusiensis 19
Jacob (sonst unbekannter Übersetzer) 425, 435, 446
Jan van Esschen 421
Janssen, H Q 418
Jena 87, 354, 381f
Jenny, Markus 455–474
Joest, Wilfried 236
Johann von Dorsten 320
Johannes von Mecheln 418
Joh de Meien 320
Johannes von Paltz 17, 23
Johanniter 334
Jonas, Justus 53, 64, 201, 305
Jordan von Quedlinburg 9
Joris, David 423
Jud, Leo 416
Jüngel, Eberhard 67–73
Jülich 430f, 439f
Jürgens, Heiko 271–279
Jürgens, Karl 281
Jungermann, Dietrich 141
Junghans, Helmar 39–65, 230

Kaepelli, Thomas 362
Kalkoff, Paul 401f, 418–420
Kant, Immanuel 5, 10f
Karl V. (deutscher Kaiser) 195, 225f, 287, 311, 369, 382f, 385–390, 400–404

Karlstadt, Andreas Bodenstein aus 18, 53, 58–60, 149f, 404, 407–410, 414, 420, 428, 435, 437
Katharer 422
Kattenbusch, Ferdinand 71, 380
Kawerau, Gustav 134, 146, 150, 195, 202, 206f, 211, 214, 367
Kemener, Tymann 431
Kennedy, George A 17
Keyser, Martinus de (Drucker) 439
Kilchsperger, Hans-Ruedi 395, 435
Kittelson, James M 408
Kjeldgaard-Pedersen, Steffen 131
Klaus, Bernhard 88
Klein, Luise 334–336, 340
Kleineidam, Erich 43, 315f, 320, 327
Klug, Joseph (Drucker) 435f
Knaake, Joachim Karl Friedrich 334, 340, 342
Knuth, Hans Christian 231, 233, 236
Koch, Ernst 131–150
Köhler, Hans-Joachim 340
Köhler, Walther 405–407, 416, 436
Köln 351, 367, 386, 403, 430
Königsberg 354
Köstlin, Julius 195, 367
Kolde, Theodor 38, 88, 328, 415, 418, 421
Kopenhagen 394
Kriechbaum, Friedel 408
Kriger, Conradus 320
Kristeller, Paul Oskar 40
Kronenberg, Maria Elisabeth 340f, 393f, 400f, 439
Kuczyński, Arnold 340
Küng, Hans 267
Kunzelmann, Adalbero 327, 418, 421
Kurrelmeyer, W 220

Lämmel, Klaus 299–312
Lambert von Avignon, Franz 404, 439
Lang, Johann 34, 38, 44, 46, 199, 310, 327, 338
Lang, Matthäus 335
Lang, Odo 458
Langosch, Karl 292
Latomus, Jacobus 368
Lauchert, Friedrich 366f
Lauchheim 342
Lausberg, Heinrich 18, 240
Lehner, Paul 323
Leiner, Wolfgang 39–41, 64
Leipzig 200, 209, 351–354, 367, 371, 460–463
LeLong, Isaac 393
Lemp, Jakob 368

Lenselink, S J 438
Leutsch, E L von 359, 361
Lichtenberger, Johannes 304, 309
Linck, Wenzeslaus 225, 310f, 421
Lipphardt, Walther 455
Livius, Titus 305
Locher, Gottfried W 405f
Lockemann, Theodor 63
Loesche, Georg 431
Löscher, Valentin Ernst 197, 367
Löwen 351, 367, 402, 404, 421
Loewenich, Walther von 71
Lohse, Bernhard 6, 29f, 73, 87–102, 154, 196
Loisten 424
Lorck, Josias 394
Lorenz, R 12
Lortz, Joseph 75, 258
Lossius, Lukas 460, 463
Lotther, Melchior d Ä (Drucker) 18
Lotther, Melchior d J (Drucker) 396
Lotther, Michael (Drucker) 396
Lucke, Wilhelm 455f, 461
Ludecus, Matthäus 460
Frankreich, König Ludwig IX. 42
Lübeck 400
Lütolf, Max 458
Lüttich 430
Lufft, Hans (Drucker) 400
Lupinus, Petrus 53, 58, 60
Luther, Martin passim
Luther, Hans (Vater) 56
Luther, Johannes 394, 434
Luther, Katharina 34
Luther, Paul (Sohn) 283, 288
Lutheraner 434
Lyra siehe Nikolaus von Lyra

MacCormick, Chalmers 431
Maecenas 40
Mahrenholz, Christhard 459
Maier, Peter 281–290
Maior, John 360
Malmö 400
Manichäer 210, 128, 118
Mansfeld, Graf Albrecht 52, 54
Manuzio, Aldo (Drucker) 401
Marburg 271, 279, 400, 430
Marcuse, Herbert 4f, 9, 11
Margarete von Österreich (Statthalterin der Niederlande) 402, 417, 421
Martial(is) 40
Martin [Frecht?] 406, 410

Martineau, Ludwig (Drucker) 42
Matsuura, Jun 67–85, 315–332
Maurer, Wilhelm 139, 141, 146, 149, 229, 240
Maximilian I. (deutscher Kaiser) 49
Medici, Giulio de' (Kardinal) 401
Medler, Nikolaus 302
Meinhold, Peter 87
Meissinger, Karl August 202, 210, 212
Melanchthon, Philipp 18, 28, 30, 35, 55, 87, 102, 131, 139–147, 149f, 201, 210, 212, 216, 220f, 230, 240, 299, 301f, 305, 307f, 311, 335, 351–375, 379, 404, 417f, 427, 431, 445, 448, 460
Memmingen 378
Merkle, Sebastian 281
van Meteren 419
Meuche, Hermann 368
Meusel, Joh Georg 394
Midas (phrygischer König der griech Mythologie) 47
Milbach 325
Milet 359
Milich, Jakob 305
Miltitz, Karl von 37, 59
Mirbt, Carl 402
Modernisten 372
Moeller, Bernd 34, 149, 358
Montanus, Guilielmus (Drucker) 439
Moser, Hans Joachim 461
Motz, Philipp 105
zur Mühlen, Karl-Heinz 3–15, 82, 232, 236
Mühlpfordt, Hermann 52f
Müller, Gerhard 362, 419
Müller, Nikolaus 355, 408
München 378
Münster in Westfalen 315, 431
Müntzer, Thomas 131, 150, 421, 457
Muffel, Nikolaus 283, 285f
Munssoor, Leonhard 439
Murner, Thomas 368
Mussche, Marcus 418
Mutian(us), Konrad 44

Nathin, Johannes 327
Naumburg 225
Nauwelaerts, Marcel A 422
Neilos von Ankyra 44f
Nembach, Ulrich 17
Neumeister, Ingeburg 368
Neuser, Wilhelm H 397, 399, 413
Nijhoff, Wouter 340f, 393f, 400, 439
Nikolaus von Havelberg 322f

Nikolaus von Lyra 157, 159, 173, 188, 219, 233–236, 246, 248–264, 411
Nominalismus 7, 9, 12–14
Nürnberg 42, 45, 94, 378, 389

Oberman, Heiko Augustinus 12, 17–38, 67, 69, 71, 75, 137, 243, 331, 368, 406, 432
Ockel, Eberhard 17
Ockham siehe Wilhelm von Ockham
Ockhamisten (Occamistae) 44, 153, 372
Oekolampad, Johannes 271, 404, 409, 437
Oldenborch, Niclaes van (Drucker) 403, 439
O'Malley, John W 17
O'Murdoch, Brian 292
Orpheus (mythischer Sänger) 230
Osiander, Andreas 143
Otto, August 361
Ovid 47
Ozment, Steven E 38

Pannartz, Arnold (Drucker) 41
Panzer, Georg Wolfgang 340, 360, 431
Papst Clemens VII. 287, 401, 403
Papst Julius II. 401
Papst Leo X. 48–51, 59, 368, 401f
Papst Paul II. 41
Papst Sergius II. 283
Papst Sixtus IV. 41, 286
Paris 41, 351–375, 401
Parthey, Gustav 285
Pastor, Ludwig Freiherr von 284, 286f
Paulus von Burgos 246–268
Paulus von Genazzano 42
Pedersen, Christiern 439
Pegg, Michael A 403, 439
Pelagianismus 14, 153, 155
Pellikan, Konrad 397f, 413
Pelt, Hans 421
Perez von Valencia, Jacobus 160f, 174, 246f, 256, 260
Perses (Bruder Hesiods) 39
Peters, Hendrik (Buchhändler in Antwerpen) 403
Petri, Adam (Drucker) 397–399, 417
Petrus von Ailly 223, 329
Petrus Aureoli 19
Petrus de Garanta 42
Petrus Lombardus 40f, 45, 153, 160, 247, 372f
Petzold, Leander 292
Picht, Georg 10
Pico della Mirandola, Giovanni 230
Pietsch, Paul 201

Pijper, Fredrik 421
Pirckheimer, Willibald 43f
Poliander, Johann 354f
Pollet, Jacques V 410
Pollich aus Mellerstadt, Martin 43
Pont, J W 395
Pratau 300
Prenter, Regin 72, 136, 196
Prévost, M 351
Prierias, Sylvester 37, 366f, 378
Proles, Andreas 418
Propst, Jakob 418–422, 440
Prudentius 460
Prüss, Johann (Drucker) 19, 357
Pruystinck, Eligius (= Loy de Schaliedecker) 70, 423f, 431–434
Pupper van Goch, Jan 422

Quentel, Peter (Drucker) 341
Quintilian(us) 58, 63, 240

Raeder, Siegfried 37, 153–192, 197, 209, 213–215, 246, 253
Ranke, Leopold von 226
Rapp, Wolfgang (Johanniter in Hagenau) 334f, 342
Rabbi Salomon (Raschi) 249
Radewijns, Florentius 422
Rauscher, Julius 310
Rechenberg, Hans von 70
Regensburg (Regensburger Buch) 224–228
Regino von Prüm 49
Reichert, Otto 216
Reinhold, Erasmus (Astronom in Wittenberg) 305
Rembert, Karl 424, 430f
Reuchlin, Johann 44–50, 157–159, 165–168, 180f, 211, 220, 230, 233, 236, 246, 253, 356, 363, 367
Reusch, Franz Heinrich 401
Rhadinus, Thomas 366f
Rhau-Grunenberg, Johannes (Drucker) 18, 195, 200, 352f, 357, 387f
Rhein, Adolf 315–327
Ritschl, Albrecht 71
Roach, Eleanor 153, 201, 418
Rode, Hinne 407–410
Rörer, Georg 87–102, 195, 297, 381f
Rogge, Joachim 131–135, 143, 339
Rom 41, 196, 281–290, 303, 305, 312, 335, 366
Rommel, Heinrich 44
Rosenbaum, Udo 380

Roswitha von Gandersheim 42f
Roth, Stephan 201, 397, 400
Rott, Jean 405, 409, 415
Rouzet, Anne 400, 403
Rückert, Hanns 3, 15, 72, 80, 378, 380, 409
Runnenberg, Hermann (Kanzler des Kreuzritterordens in Livland) 45
Rupp, Alexander (Prior des Erfurter Augustinerklosters) 327
Ruremund, Hans von (Drucker) 403

Sachs, Hans 457
Sachsen, Kurfürstin Elisabeth 139
Sachsen, Kurfürst Friedrich III. der Weise 33, 42–45, 50–63, 197–200, 229, 335, 353, 368, 381, 386, 389f
Sachsen, Herzog Georg der Bärtige 352f, 357, 367
Sachsen, Kurfürst Johann der Beständige 52, 54, 60, 386
Sachsen, Kurfürst Johann Friedrich 20, 55, 224
Sakramentarier 395
Salzburg 378
Sam, Konrad 380
Sander, Erich 315
Scarampo (Kardinal) 286
Schade, Petrus (Mosellanus) 367
Schäfer, Rolf 29
Scheel, Otto 195, 281–284, 315
Scheible, Heinz 358
Schenk, Jakob 105
Scheurl, Christoph 45f, 53, 230
Schilling, Johannes 351–375
Schirmer, Arno 144
Schlaginhaufen, Johann 302
Schmalkalden 299
Schmidlin, Joseph 285
Schmitt, Anneliese 317
Schottenloher, Karl 39–41, 49f, 55, 63f, 287, 386, 416
Schunke, Ilse 316–329
Schurf, Hieronymus 389
Schwarz, Reinhard 75, 153, 166, 201–212, 223, 418
Scotus, Amadeus (Drucker) 42
Scultetus, Hieronymus (Bischof von Brandenburg) 377, 381
Seckendorf, Veit Ludwig von 354
Seeberg, Erich 87
Seeberg, Reinhold 362
Séguenny, André 431

Seidemann, Johann Karl 202, 214
Serges von Dorsten, Hermann 327
Setzer, Johann (Drucker) 334f, 339, 342
Seuse, Heinrich 335–339, 346
Sickingen, Franz von 53f, 58, 386
Silen (Dämon der griech Mythologie) 334, 342
Simon Fidati von Cascia 9
Simon, Gertrud 40, 46, 49, 51, 58, 63f
Skotisten 44, 306, 372
Smend, Rudolf 226
Sommer, Ernst 460
Spalatin, Georg 21, 29, 44f, 48, 52–55, 60f, 193, 199f, 308, 311, 352–356, 377–381, 423f, 436
Specht, Paul 17
Sperl, Adolf 141, 144
Speyer 341, 436
Spitta, W 149
Stackmann, Heinrich 44
Stackmann, Karl 34
Staedtke, Joachim 405
Stammler, Wolfgang 292
Stange, E 315f
Staupitz, Johann von 19, 33, 38, 45, 48, 50, 60, 193, 198, 200, 233, 243, 334, 337–339, 342, 347f, 378, 380, 418, 420
Steels, Johannes (Drucker) 439
Stein, Nickel Ende zum 386
Steinbach, Wendelin 43
Stephan, Bernd 44, 61
Stifel, Michael 381f
Stock, Ursula 229–243
Stöckel, Wolfgang (Drucker) 353
Stöffler, Johann 310
Stolt, Birgit 17, 65, 212
Straßburg 19, 94, 357, 390, 408ff
Stromer, Wolfgang 44
Stuiber, Alfred 155, 373
Stupperich, Martin 134
Stupperich, Robert 397, 405, 408, 415
Stuttgart 394
Subilia, Vittorio 196
Sweynheym, Konrad (Drucker) 41
Sykutris, Johannes 39

Targum Jonathan 249
Tauler, Johannes 148–150, 220, 224, 233
Tertullian 410
Theophrastos (griech Philosoph) 48
Thibault, Johannes (Drucker) 403
Thiele, Ernst 134f, 197

Thomas a Kempis 422
Thomas von Aquin 6f, 11–13, 81, 160
Thomas, Wilhelm 459
Thomassius 325
Thomisten 44, 306, 372
Tilianus, Hadrianus (Drucker) 400
Torgau 430
Troeltsch, Ernst 3
Trutvetter, Jodocus 43, 48
Tübingen 350, 368

Ulhart, Philipp (Drucker) 416f
Utrecht 405

Valencia 42
Valla, Lorenzo 82
Varro 19
Velderhoff, Gottfried 285
Venedig 42
Vergil 40
Vincenz von Beauvais 362
Vinne, Dionysius 440
Visser, Casper Christiaan Gerrit 395, 401–403, 417, 420, 435, 439
Vogelsang, Erich 22, 153ff, 187, 193–197, 201f, 205, 208–216
Voit von Lich, Heinrich 326f
Volz, Hans 215, 218, 377, 379, 396
Vorstermann, Willem (Drucker) 439
Vos, Hendrik 421
Vossberg, Herbert 281
Vouilliéme, Ernst 317, 319

Wackernagel, Philipp 146, 457
Wagner, P 461
Walch, Johann Georg (Walchsche Lutherausgabe) 197, 202, 219, 354f, 367, 380, 435
Waldenser 423
Walter, Johann 463
Walther, Hans 361
Walther, Johannes von 73
Walther, Wilhelm 413, 416
Wartburg 53, 195, 197, 352, 356, 378, 380, 389
Weismann, Christoph 340
Weisse, Michael 460
Weissenborn, J C Hermann 34
Weller, Hieronymus 220
Wendorf, Hermann 202–208
Wentz, Gottfried 418
Wicel, Georg 430

Wiemann, Erich 315
Wilhelm von Ockham 13, 44, 49, 328–330
Williams, George Huntston 406, 424
Wilsnack 403
Wimpina, Konrad 368
Witkowski, Georg 367
Wittenberg passim
Wolf, Ernst 337
Wolfenbüttel 44, 200–202
Wolgast, Eike 354f
Wolrab, Nikolaus (Drucker) 430
Worms 195, 386–388, 400–404, 420, 430
Württemberg, Herzog Karl Eugen 394
Wyclif, John 406, 410

York von Wartenburg, Graf Paul 11
Ypern 418, 422

Zahn, J 460
Ziesche, Eva 328
Zschäbitz, Gerhard 367
Zumkeller, Adolar 9, 315, 320, 331
Zwickau 315, 327
Zwilling, Gabriel 408
Zwingli 365, 397f, 406–417, 428, 436f